U0432907

高等院校经济与管理类专业教材

经济法律原理与实务

主　编　姜宪明

东南大学出版社
·南　京·

内 容 提 要

本书从培养实用型高级人才的教学规律出发，根据经济管理类专业教学的要求，在注重理论的同时，密切联系现实经济生活，增强读者的法制观念和法律意识，使其掌握经济活动相关的法律及维护自身合法权益的途径和方法，提高其在经济活动中正确运用法律的能力。力求使内容体现国内最新的相关立法动态，增加了企业经营和市场运作所必须的民商法的知识，使其更加精炼和完善。书中计算机软件保护法、电子商务法的设置则是体现了现代社会对人才培养的要求，也是本书区别于同类教材的特点之一。为方便读者学习和理解，书中每章都编排复习思考题和案例分析题，使其真正能学以致用。本书主要作为高等院校工商管理、市场营销、国际贸易、物流、电子商务和会计等经济管理类相关专业的教材，也可供社会各界读者阅读。

图书在版编目(CIP)数据

经济法律原理与实务 / 姜宪明主编. —南京：东南大学出版社，2013.7

高等院校经济与管理类专业教材

ISBN 978-7-5641-4405-0

Ⅰ.①经… Ⅱ.①姜… Ⅲ.①经济法律—中国—高等学校—教材 Ⅳ.①D922.29

中国版本图书馆CIP数据核字(2013)第160249号

经济法律原理与实务

主　　编	姜宪明	**责任编辑**	陈　跃
电　　话	(025)83795627/83362442(传真)	**电子邮箱**	chenyue58@sohu.com
出版发行	东南大学出版社	**出 版 人**	江建中
社　　址	南京市四牌楼2号	**邮　　编**	210096
销售电话	(025)83794121/83795801		
网　　址	http://www.seupress.com	**电子邮箱**	press@seupress.con
经　　销	全国各地新华书店	**印　　刷**	南京南海印刷有限公司
开　　本	700 mm×1000 mm　1/16	**印　　张**	29.5
字　　数	592千字		
版 印 次	2013年8月第1版　2013年8月第1次印刷		
书　　号	ISBN 978-7-5641-4405-0		
定　　价	49.00元		

本社图书若有印装质量问题，请直接与营销部联系。电话：025-83791830。

前 言

本书编写的体系是按照高等院校经济贸易类、工商管理类专业人才培养规格的要求来考虑的。在现实经济生活中，大量的经济关系主要呈现为横向、纵向两大类，横向经济关系又可以分为两类。一类是横向的非营利性财产关系（经济关系），另一类是横向的营利性财产关系（经济关系）。而这两类财产关系（经济关系）主要是由民法、商法和知识产权法来进行调整的，纵向的国家经济调节关系是有限度的，因此，本书没有按照法学学科的分类来考虑体系的划分，而是从适应"厚基础、宽口径、高素质"人才的培养模式出发，以经济贸易类、工商管理类专业学生应具备的基本法律知识为依据，在体系和结构上以调整横向经济关系的法律为主。因此，本书所述"经济法律"主要包括民法、商法、知识产权法和经济法的核心内容，这样安排既考虑到经济法律自身体系的完整性，又体现了实用性和可操作性的特点。本书内容中已体现了国内最新的相关立法内容。

本书由东南大学姜宪明教授主编。全书的编写具体分工如下：第一章、第二章、第五章、第十四章、第十五章由姜宪明编写，第三章、第九章、第十二章由生沛文编写，第四章、第七章、第十章由孙昊编写，第六章由黄冰清编写，第八章、第十一章、第十三章由宋健刚编写，第十六、第十七章由董黎明编写。最后由姜宪明定稿。

本书的编写和出版得到了东南大学出版社的大力支持和帮助，在此深表谢意。本书在编写过程中，参考和借鉴了我国近些年来法学教学和研究的新成果，我们也作了一些有益的探索和思考，但由于水平有限，加之我国法治国家建设尚处在不断完善过程中，书中不妥之处在所难免，诚请同行与读者不吝指正。

编 者

2013 年 7 月

目　录

第一章　法及经济法律的基础知识

文明是人类所追求的理想状态，它是人类生存、生活、发展的价值与标志。人类文明与人类社会的发展相联系，人类社会的发展面临的其中一大难题是如何处理人与人之间、人与社会之间的关系，实质上就是如何产生或创制人与社会的运行规则问题。法是文明的产物，是文明的标志，也是推进文明的工具。法律是上层建筑的一部分，是社会经济发展到一定阶段的产物，也是人类经验和智慧的结晶，它最突出的价值在于维系社会秩序，可见，法律在人类社会生活中扮演了极其重要的角色。

第一节　法的概念与特征

一、法的概念

（一）法与法律的词义

据我国历史上第一部字书《说文解字》的考证，古代汉语中的法字是“灋”，“灋，刑也，平之如水，从水；廌，所以触不直者去之，从去”。[①] 该词义的解释表明，第一，在古代“法”和“刑”是通用的。古代的刑既有刑戮、罚罪之意，也有规范之意。第二，“平之如水，从水”，表明法有象征“公平”之意。第三，古代法具有神明裁判的特点。

在古代文献中，称法为刑，法与刑通用。如夏朝之禹刑、商朝之汤刑、周朝之吕刑，春秋战国时期有刑书、刑鼎、竹刑。“律”字在《说文解字》中是指“均布也”。“均布”是古代调音律的工具。把律比作均布说明律有规范人们行为的作用，是人人普遍遵守的规范。

《唐律疏义》中明确指出：“法亦律也，故谓之为律。”又称，战国李悝“集诸国刑

① 说文解字.北京：中华书局，1963：202

典，造《法经》六篇……商鞅传授，改法为律”。[①] 法与律合称在古代中国并不常见。“法律”复合使用是清代由日本传渡而来。清末以后，法与法律开始在我国并用。在汉语语意中，法与律并用的内涵丰富，法与权力的概念内在关联，强调平、正、直；律强调规范，人人必须遵守之意。

西方语言中，法、法律的语意比较复杂，除英文中的 Law 外，拉丁文 Jus、Lex，法文中的 Droit、Loi，德语中的 Recht、Gesetz 分别代表着法与法律。在英语系国家中，英文单词 Law 既可作广义理解，也可作狭义理解，即兼有汉语中“法”和“法律”的含义。Law 除有“法”的含义外，还兼有“权利”、“公平”、“正义”或“规律”、“法则”之意，因此常被理解为“客观法”，或“理想法”、“应然法”；而“法律”则主要被理解为人们依主观意志和认识而制定的法律，即“主观法”或“现实法”、“实然法”。这也是西方源远流长自然法传统中的基本认识。

一般来说，西方语言中法与法律的词义的核心首先是正义（公平、公正），法是正义的体现；其次是权利，法与权利具有内在的联系；再次是规则。法与法律是人们一种有关公平与正义的价值观念，是正义与权利和先见与智慧的结合。法律既保护人们正当权利，同时也惩治人的不正当行为。

（二）法与法律的概念

人类法律思想史上出现了诸多从不同角度与立场对法的概念界定。

我国春秋时期的管子说：“尺寸也，绳墨也，规矩也，衡石也。斗斛也，角量也，谓之法”，“法律政令者，吏民规矩绳墨也。”[②]法即规则，法、律、政令，不单是民众要遵守，官吏也无例外地要遵守。在中国古代商鞅的论著中，法律是权力的表现或派生物，他说：“法者，宪令著于官府，刑罚必于民心，赏存乎慎法，而罚加乎奸令者也。”[③]清末法学家沈家本说：“法者，天下之程式，万事之仪表。”[④]他认为，法律是调整人们行为的一种规范，是衡量天下万物的一种客观标准。

在西方，古罗马思想家西塞罗说：“法就是最高的理性，并且它固植于支配应该做的行为和禁止不应该做的行为的自然之中。当这种最高的理性，在人类理智中稳固地确定和充分地发展了的时候，就是法。”[⑤]古罗马法学家赛尔苏斯说：“法是善良公正之术。”英国法学家约翰·奥斯丁在《法理学的范围》一书中指出，“法”是一种“命令”，而且是一种普遍性质的“命令”。“命令”是一类“要求”，是一类“希望”，其中包含了“义务”和“制裁”这两项基本的要素。由此可见，奥斯丁认为，法是以命

① 唐律疏义.北京：中华书局，1983：2
② 管子·七臣七主
③ 韩非子·定法篇
④ 张国华主编.中国法律思想史.北京：法律出版社，1982：465
⑤ 西塞罗.法律篇.西方法律思想史资料选编.北京：北京大学出版社，1983：64

令为核心的。[①] 但是,另一位英国法学家郝伯特·莱昂内尔·哈特对此持否定态度,他认为法律是一种规则。[②]

哈特的观点是,法律规则可以分为两类:主要规则和次要规则。主要规则设定义务,即要求人们从事或不从事某种行为,而不管他们愿意与否。次要规则授予权力,它规定人们可以通过做某种事情或表达某种意思,引入新的主要规则,废除或修改旧规则,或者以各种方式决定它们的作用范围或控制它们的运作。由此,哈特给出了完全不同于奥斯丁的法的定义:所谓的法就是主要规则和次要规则的结合。[③] 著名的社会法学家罗斯科·庞德提出法是一种"社会工程"或"社会控制"工具的学说。"通过法的社会控制"是他的法律思想的核心内容之一。庞德说:"我把法理解为发达的政治上组织起来的社会高度专门化的社会控制形式——一种通过有系统有秩序地适用社会强力的社会控制。在这种意义上,它是一种统治方式,我称之为法秩序的统治方式。"[④]美国新自然法学派的代表人物福勒给法下的定义,其概括的表述是:"法是使人们的行为服从规则治理的事业。"[⑤]

不同的法学家,从不同的视角作出不尽相同的解释,其中,规则论与工具论对后世影响最为深远,而理性说或伦理视野的法律规则代表了人类永恒的谜思与追寻。

法律制度是人类文明的重大成果,是几千年来文明沉淀的精华,从古至今,对法的认知始终伴随着社会进步与法律制度的发展和完善,也呈现了人类文明进步的历史轨迹。

在人类社会,无论是国家的政治生活还是个人的社会活动,都必须在一定的规范和秩序状态下进行,但是在社会生活中,人们的活动不可能是完全自觉地在规范和秩序下进行,这就有必要对人们的活动做出规范。

法是由国家制定和认可并由国家强制力保证实施的,以权利和义务为内容,以确认、保护和发展社会秩序为目的,具有普遍效力的行为规范体系。

法律有广义和狭义之分。广义上的法律是指法的整体。在我国是指宪法、法律、法规、规章等规范性文件。狭义上的法律仅指拥有立法权的国家机关依照立法程序制定、颁布的规范性文件。

在现代社会,法律对社会生活的作用体现在为人们行为指明方向,当人们在行为中出现各种纷争的时候,由法律来提供救济,加以调整和解决。我们很难想象在现代社会没有法律会是一种什么样的状态。从某种程度上讲,现代法律所形成的人类有秩序生活的状态是人类文明进步的重要标志。

---

① 参见哈特.约翰·奥斯丁.国际社会科学百科全书.北京:中国大百科全书出版社,1963:471—472

② 实证主义和法律与道德之分.哈佛法学评论.1958:(第71卷)601

③ 哈特.法律的概念.北京:中国大百科全书出版社出版,2003:82、83、197

④ 庞德.我的法哲学.引自莫里斯.伟大的法哲学家.美国:美国宾夕法尼亚大学出版社,1981:532

⑤ 福勒.法的道德性.美国:美国耶鲁大学出版社,1969:106

二、法的特征

法的特征是法律作为社会现象与其他社会现象相比较所体现出来的独特属性。

（一）法是调整人的行为的社会规范

社会规范是调整人与人之间、人与社会之间社会关系的准则，是以一定的社会关系为内容，以一定的原则、规则、原理为形式，目的是维护一定的社会秩序。法律作为一种调整人们行为的社会规范，具有概括性、普适性的特点，它不针对具体的人和事，而是给人们行为提供一般的普遍的引导，所以可以反复适用。

行为关系是社会关系中的一种，它是一种表现于外部的通过人们行为而发生的社会关系。法是调整人的行为的社会规范。社会规范种类繁多，形式多样，表现方式也都不同，比如道德规范是通过社会舆论、习俗和人们的内心信念来维系和调整社会关系的。法律是通过规范行为的作用来调整社会关系的，但它又不是直接作用于社会关系，而是通过对行为的调整从而间接实现对社会关系的最终调整，对于法律来说，不通过行为的规范就无法调整和控制社会关系。这是法律区别于其他社会规范的重要特征之一。

法律规范对人的行为发生作用，但法律不调整行为以外的思想或情感。正如罗马法谚所言：任何人不因思想受处罚。现代法治社会强调思想自由，任何人不因思想受处罚。如日本宪法第 19 条规定：思想及良心的自由，不得侵犯。在现代法治国家中，一个共同的理念是，法律是行为规范，而不是思想规范，法律不应当禁止人们自由地思想。这是由于，一方面，思想属于人的内部精神活动，用法律来控制思想是徒劳无益的；另一方面，如果用法律来规制思想，就会超越法律的调控界线，导致法律没有适用标准，严重损害公民的自由和权利。在中国传统社会的君主专制制度下，出现了许多限制和打击思想自由的罪名，如“腹诽罪”、“文字狱”。在我们建设法治国家实现“中国梦”的进程中，应该抛弃这些历史糟粕，使法律调整的范围仅限于人们的外部行为。

（二）法是规定权利和义务的社会规范

作为一种特殊的社会规范，法以规定人们的权利和义务为主要内容。法律通过规定人们的权利和义务来分配利益，影响人们的动机和行为，进而作用于所要调整的社会关系，实现维护社会秩序的目的。

法律调整的社会关系，就是通过人们在一定社会关系中权利义务内容的设定来实现的。没有合理的权利和义务的设定，没有正当的权利和义务的运作机制，也就不能达到法律所要调整的社会关系的效果。因此，法律的内容主要表现为权利和义务，法律调整社会关系正是将各种社会关系所体现的社会利益，以法律上的权利和义务的形式固定下来。所以，我们看到在法律中最主要的成分就是法律规则，它是以授权性规范、禁止性规范、义务性规范等形式来规定人们的权利和义务，它明确地告诉人们该怎样行为，不该怎样行为以及必须怎样行为；“对人们行为的任何规范性调整如果只与禁止和义务相联系，就不可能是有效的。”[①]由此，法律对人们行为的调整主要是通过权利义务的设定和运行来实现的。

（三）法是由国家制定的社会规范

法律是由国家制定、认可和解释的社会规范，因而具有国家意志的属性，这是法区别于其他社会规范的重要特征。

法的制定是指享有立法权的国家机关根据法定权限，依照法定程序制定法的活动。法律制定的结果是规范性法律文件。在一个成文法国家中，法律的制定主要是通过立法活动来实现的，法律的表现形态是制定法。

法的认可是指享有立法权的国家机关赋予社会上已存在的某些风俗、习惯、道德、宗教、礼仪等社会规范以法律效力，或者以承认或签订国际条约的方式赋予国际法规范以国内法的效力。

法律解释是指拥有法定权限的国家机关对现存的法律规范、规则进行的说明。法律解释中特别是法定解释，包括立法解释和司法解释。

法律由国家制定或认可，表明法律具有权威性、统一性与普遍适用性，法律对全体社会成员、全体公民具有普遍约束力。这些特点是法律区别于其他社会规范的重要特征。法律的适用范围是以国家主权为界域的，在特定的地域范围内，任何一个公民，甚至外国人、无国籍人士都受该国法律的约束，都可以得到该国法律的保护。

（四）法是由国家强制力保障实施的社会规范

国家颁布实施的法律，具有极高的尊严和权威。法律的权威有两种，一种是通过强制力来建立和维护的，它是任何社会类型的法律的共性，但它在封建专制制度下被异化成淫威；另一种是靠法律自身的优良品格如公正、民主、科学、效率等，来建立和维护的。法律作为一种社会规范，一种社会控制方式，它是以国家强制力来保障实施的。国家强制力指的是以军队、警察、法庭、监狱等为代表的暴力机器。尽管许多社会规范也有强制力，但是其他社会规范的强制力不具有国家性。国家强制力是法律与其他社会规范的重要区别。只有在法律规范将被破坏之际，不以强制力难以正确实施法律，甚至会造成违法、犯罪的严重后果时，法的强制力才表现出来。

当然，法的强制力的实施必须按照法定程序进行，“历史上最早的正义要求看来就是一种程序上的正义，像《圣经》中告诫法官‘既听取隆著者也听取卑微者’”。[②]

---

① 雅维茨著. 法的一般理论——哲学和社会问题（中译本）. 沈阳：辽宁人民出版社，1986：105

② （美）戈尔丁著. 法律哲学. 齐海滨译，王炜校. 北京：三联书店，1987：235

法的程序性要求法的实施必须严格遵循时空上的方式、方法或步骤进行,“程序正义是介于实质正义与形式正义之间的一种东西,它要求规则在制定和适用中程序具有正当性”。① 因此,程序公正,尊重人性、保障人权,既是正确实施法律的要求,也是现代法治国家的要求。在现代法治国家中,当国家对个人或组织作出法律决定时,无论是民事性、刑事性还是行政性决定,都必须满足法律的程序性要求,否则这些行为本身就是非法的。

在现代法治社会,国家强制力并不是法实施的唯一保证力量,甚至不是最佳保证力量。因为,法的实施的要素是多元的,除了国家强制力保障实施以外,还应该依靠道德、文化、宗教等方面的要素。而且强制力并不是社会秩序供给途径中唯一可以选择的方式,一是强制力的行使是需要很高的社会成本。二是基于强制力的社会秩序是一种压迫关系。同时,任何形式的强制力对人的直接影响都是伤害,会给人的身心造成某种痛苦,而且强制性力量越是膨胀,就越是把社会推向对立的边缘,就无疑是在孕育全面社会冲突的种子。

依赖于强制力为提供社会秩序的控制手段不仅表现在政治方面,而且会深入和遍及经济生活的每一个方面。由于社会存在独立的利益追求,掌握强制力的统治者会自觉或不自觉地把他所垄断的强制力也贯穿到经济活动之中,由此,破坏了社会经济生活领域中的平等和公正。一旦一个社会失去了平等和公正,它也就不可能拥有良好的社会秩序。从这个角度来看,通过强制力来实施社会秩序供给的政府往往具有着天然的破坏社会秩序的倾向。

因此,现代社会的发展进程表明,法的实施或者法的实效产生方式已变为多样化:既有基于认知与认可之上的自愿服从,也有因从众而形成的习惯性服从;就强制服从而言,既可能是依靠社会强制力保证实施,也可能是依靠国家强制力保证实施。② 但主要通过自愿服从的方式,这意味着这种法已经确立了至上权威,人们主要通过遵从法律的方式实现和捍卫正义,法治成为一种理所当然的生活方式,对法律的遵从成为一种社会风气,法律并非公共机构强加于公众身上的一种外来的规范,而是一种内生于社会结构当中、满足公众在文明社会合理权益诉求的载体。一部只能靠国家强制力才能贯彻下去的法律,即使理论上有多公正,最终注定是不成功的。哈耶克说得好:“在一个传统和惯例使人们的行为在很大程度上都可预期的社会中,国家强制力可以降低到最低限度。”③

---

① (美)罗尔斯著. 正义论. 何怀宏译. 北京:中国社会科学出版社,1988:80

② 宋功德. 浅析法的实施机制. 北京:国家行政学院学报,2009(4)

③ F. A. 冯. 哈耶克. “个人主义:真与伪”,个人主义与经济秩序. 贾湛、文跃然等译. 北京:北京经济学院出版社,1991:23

第二节 法律体系

一、法律体系的概念与特征

法律体系也称为法的体系，是指一国现行有效的法律规范按不同的法律部门组合构成的统一整体。法律体系是一国现行法构成的体系，反映一国法律的现实状况，它由一国现行有效的各法律部门构成。法律体系有以下特征：

(1) 法律体系所呈现的是一国全部现行法律构成的整体，它不包括历史上的法律或已经失效废止的法律，一般也不包括尚待制定生效的法律。

(2) 法律体系的基本构成单元是法律部门，法律体系是由若干不同的法律部门组合而成的。

(3) 法律体系的内部结构规范严密，内在逻辑关系清楚。

(4) 法律体系的形成是由经济关系和客观经济规律及政治现实所决定的，通常具有较强的稳定性。

把握法律体系的概念有助于我们从宏观上理解法律现象。

二、法律体系与法系

(一) 法系的概念

法系是一个与法律传统相关的法学概念，它是根据法的历史渊源和文化传统、继受关系和法律制度的某些相似性、不变性，对各个国家和地区的法律所进行的分类。凡是具有相同的历史渊源关系和文化传统、继受关系以及具有相似的存在样式和运行方式的法律制度或法律体系，都属同一法系。

当代世界主要法系有三个：大陆法系、普通法系以及前苏联和东欧国家的法律为代表的社会主义法系。其他的法系还有伊斯兰法系、印度法系、中华法系、犹太法系、非洲法系等，其中属于古代的印度法系已经解体；中华法系以唐宋法律文化为代表，以儒家思想为指导，其特点是法律以君主意志为主，礼教是法律的最高原则，重刑轻民，行政司法合一的封建制社会的法律，到清朝末年，在修律的过程中中华法系宣告解体，同时建立了中国近代法制的雏形。

当今世界发挥着主要作用的法系还是大陆法系和普通法系。从当代世界法律的形成和发展看，几乎所有国家的法律都程度不同地受到过大陆法系或普通法系的影响。

1. 大陆法系

大陆法系又称民法法系、罗马法系，它是资本主义国家中历史悠久、分布广泛、影响深远的法系。它是以古代罗马法为传统,依照19世纪《法国民法典》和《德国民法典》的样式而建立和发展起来的法律制度的总称。属于大陆法系的国家和地区主要是以法、德两国为代表的很多欧洲大陆国家,其中有前法国、西班牙、荷兰、葡萄牙等四国的殖民地国家和地区,还包括日本、泰国、土耳其、埃塞俄比亚等亚洲、非洲、拉丁美洲的许多国家。

大陆法系的历史渊源是罗马法和日耳曼法。古代罗马帝国不仅是当时世界上最强大的国家,而且法律制度也最为发达。距今1480多年前,在罗马皇帝查士丁尼亲自主持下,通过对当时罗马帝国的所有法律进行系统的整理和编纂,制定了一部对后世影响极为深远的法律大全——《国法大全》,这一伟大的创举形成了法律法典化的特色,对后世近现代国家产生了深远的影响。

罗马法是建立在简单商品生产基础之上的最完备的法律体系,它对简单商品生产的一切重要关系如买卖、借贷等契约以及其财产关系都有非常详细和明确的规定,以致一切后来的法律都不能对它做任何实质性的修改,成为后世立法的基础。罗马法的立法形式灵活简便、独具特色;诸法合体、私法为主;深湛的原则与制度;科学的概念和术语;法学研究;卷帙浩繁。罗马法对大陆法系的影响最为重大。首先罗马法中关于理性、正义和平等的法治思想对近现代西方法治思想、法制观念的形成有着重大推动作用;其次罗马法中体现的理性原则、平衡观念等,也非常适合近代资本主义社会发展的需要,对近代以来司法的建设与统一作出了卓越贡献,罗马法对私法体系的划分,被西欧大陆国家民事立法成功的借鉴与发展,《法国民法典》和《德国民法典》是近现代影响最大的两部法典,而这两部法典的体系都是来自罗马法。

12至16世纪,伴随着罗马法在欧洲大陆的复兴和法国资产阶级革命的胜利,腐朽的封建势力被摧毁,为了肯定和巩固革命胜利的成果,资产阶级的法治体系正式开始建立实施。在古典自然法学和理性主义思潮的指导下,1804年法国颁布了《法国民法典》,确立了资产阶级的法制原则,不仅为法国资本主义的发展奠定了基础,而且成为欧洲大陆各国建立自己的法律制度的楷模,对当时整个欧洲各国的法律产生了深远的影响,欧洲大陆各国广泛适用或仿效,有些原则甚至一直被沿用至今。1896年德国在继承罗马法的基础上制定了一部在所有资本主义国家民法典中最系统、逻辑最严谨的《德国民法典》。这两部法典至今在法国和德国仍然适用。法国民法典和德国民法典成为自由资本主义时期和垄断资本主义时期两个阶段的典型代表,对欧洲大陆资本主义的发展起到了十分重要的作用。

2. 大陆法系的基本特征

(1) 在法律的历史渊源上,大陆法系国家不仅继承了罗马法成文法典的传统,而且采纳吸收了罗马法的体系、原则、制度以及概念和术语。如《法国民法典》以《法学阶梯》为蓝本,《德国民法典》以《学说汇纂》为模式。

(2) 在法律形式上,以制定法为主要渊源。大陆法系国家一般不存在判例法,对重要的部门法都制定法典，要求法典必须完整、清晰、逻辑严密，并辅之以单行法规，从而使法律规范抽象化和概括化，构成了较为完整的成文法体系。

(3) 在法律结构和内容上，大陆法系国家在法律结构上将全部法律划分为公法和私法两类，并且，严格区分实体法与程序法，强调制定法的权威，制定法的效力优先于其他法律渊源。立法和司法分工明确，法典一经颁行，法官必须严格遵从法律，不得擅自创造法律，违背立法精神。

(4) 在诉讼模式上实行职权主义，庭审方式一般采用纠问式。在法律推理形式和方法上，法官采取演绎法，其作用是从现存的法律规定中找到适用的法律条款，将其与事实相联系，推论出必然的结果。

3. 普通法系

普通法系又称英美法系，是指以英国中世纪以来的法律，特别是以它的普通法为基础，发展起来的法律制度的体系。美国的法律源于英国法的传统，但从19世纪后期开始独立发展，已经对世界的法律产生了很大的影响。普通法系的分布范围除英国(不包括苏格兰)外，主要有曾经是英国的殖民地、附属国的许多国家和地区，包括美国(路易斯安那州除外)、加拿大(魁北克除外)、澳大利亚、新西兰、印度、巴基斯坦、新加坡、南非等国和中国的香港。英国法传统的传播主要是通过殖民扩展实现的。英国法由普通法、衡平法以及制定法三部分构成。

普通法指的是12世纪前后发展起来的、由普通法院创制的全国普遍适用的法律。1066年诺曼公爵威廉征服英国，在英国建立了诺曼人的王国。为加强集权统治和缓和民族矛盾的需要，诺曼王朝允许当时适用英国的盎格鲁——撒克逊习惯法继续有效，同时利用统一的王权削减封建领主的审判权，实行巡回审判制度，在此过程中逐渐建立了一批王室法院，后称为普通法院。由于诺曼人以前没有自己的法律，因此，地方法院适用的法律就是具有约束力的普通法院的判例。这就是普通法院根据国王敕令、通过判案对各地分散的习惯进行总结的基础上，逐步形成了全国普遍适用的共同的习惯法，即普通法。

衡平法产生于14世纪，主要是为了适应资本主义生产关系的要求。当时，英国的封建经济已经发展到较高的水平。随着商品经济不断发展，新的财产关系和人身非财产关系不断产生，普通法实体内容上的缺陷得不到救济或足够的救济，也即原有的判例规则已无法适用，要求法律做出相应的调整，为了弥补普通法的不足，面对日益增多的案件，国王便委托枢密院和大法官审理。15世纪末又进一步设立衡平法院。衡平指公平、正义，可引申为"自然正义"的原则。大法官和衡平法院在处理这类案件时，采用"遵循先例"的原则，其判例逐渐形成一整套与普通法院完全不同的衡平法的基本原则或准则。

17世纪，英国爆发了资产阶级革命。这场革命以新兴资产阶级和封建贵族的妥协而告终，英国继续保持封建传统法制，将普通法与衡平法形式全盘继承下来，同时为了适应资本主义的发展需要，对法律进行了改革，通过制定新法——单行法和创制新判例的方法,删去了封建法制的基本内容,在旧有的封建法制形式中注入了资产阶级法的内容,使其逐渐演变为资本主义的法律制度。

美国曾是英国殖民体系中的一员。美国独立后,最终接受了普通法的传统,并以此为基础来创立新的法律。由于两国法律制度有着共同的历史传统,在法律表现形式上又有着许多共同特征。但是,美国法在发展过程中也表现出不同于英国法的一些特点。如美国法有联邦法和州法之分,采用了成文宪法,制定法占有很大的比例,简化了诉讼程序,取消了普通法法院和衡平法院的区分。由于普通法系有英国和美国两个支系之分,所以又称为英美法系;而该法系的主要渊源是判例,故又称为判例法系。

4. 普通法系的特点

(1) 在法律渊源上,普通法系的法律渊源包括判例法和制定法,其中判例所构成的判例法在整个法律体系中占主导地位。判例法一般是指高级法院的判决中所确立的法律原则或规则。这种原则或规则对以后的判决具有约束力或影响力。在普通法系国家,判例是一种重要的法律渊源,法官不仅可以通过作出新判例创造法律,而且可以通过选择适用原先的判例而发展法律。

(2) 在法律结构和内容上,普通法系国家在法律结构上没有公法和私法之分,而是把法律分为普通法和衡平法。从历史上看,普通法代表立法机关的法律,衡平法主要代表审判机关的法律,衡平法是对普通法的补充规则。

(3) 在诉讼模式上,普通法系国家实行当事人主义,诉讼过程由当事人主导,法官仅处于消极的中立的裁判者地位,庭审中采用辩论式(或称对抗式)诉讼,法官只是双方争论的仲裁人而不能参与争论,与这种辩论式程序同时存在的是陪审团制度,陪审团代表公民参加案件的审理。

(4) 在法律形式上,普通法系国家虽然也有成文立法,但一般不倾向于制定系统性强的成文法典而是制定单行法律、法规。判例法的经验理性使普通法系的法官偏重于归纳式推理,由法官从以前判例中概括出可以适用于本案的法律规则。在这一过程中,法官往往在一定范围内,一定程度上创造了法律。

(二) 法系与法律体系的区别

法系和法律体系是人类政治文明的集大成者,但两者也存在区别:

(1) 在内容上,法系包括法律文化、法律传统、法律制度、法律规范、法律行为等各种法律现象,法律体系仅指法律规范。

(2) 在法律效力上,法系包括历史上已经失效的和现行的所有法律规范,法律体系仅指现行有效的法律规范。

(3) 在空间范围上,法系是若干个国家和地区的法律文化、法律制度等法律现象的总称。法律体系则仅指一个国家的全部现行法律规范,它不包括一国历史上存在的法,也不包括完整意义的国际法即国际公法。

（4）在划分标准上，法系是一种关涉传统的体系，又是一种现实分类，它依据若干个国家和地区法律现象的历史渊源、继受关系和法律制度的共同性等为特征来划分的；法律体系则是按照一国内部现行所有法律的调整对象和调整方法来划分的。

综观两大法系的形成及其发展，既各有特点、差别鲜明，又互相作用、相得益彰。在世界法制文明史上，西方两大法系对人类社会关系调整的时间源远流长、范围涉及广泛、作用影响巨大，迄今依然是无与伦比的。因此，比较研究两大法系之间的差异和特点对于我国的法治建设是有重要的借鉴价值的。

随着现代国际关系的发展，国家之间的交流已经是十分频繁。经济的全球化必然会导致相关法律的全球化。从经济全球化的发展中产生了大量的国际间普遍认可的经济贸易方面的法律制度。这些法律制度本身就是法律全球化的产物和表现。法律全球化趋势为我国法律的发展，实现法治，带来了新的机遇。所以，当代中国的社会主义民主法治建设应当放眼于全球，坚持从中国的实际出发，吸收和借鉴当代世界法律中先进的法律文化和法律技术，来充实、完善我国的法律制度，促进我国法律制度的发展，将我国建设成为社会主义法治国家。

三、当代中国法律体系

按照传统的理论，通常，在单一制国家里，只存在一个统一的法律体系和单一的法域。如我国在实行“一国两制”前，就大陆内地来说，只存在着一个统一的社会主义法律体系，只存在着一个单一性质的法律制度的适用区域。实行“一国两制”后，我国原来单一的法律体系和法域被突破：社会主义和资本主义两种不同性质法律体系并存，形成了“一国两制三法四域”的法律格局。

“一国”，即一个中国，而且是指中华人民共和国，是一个主权统一完整的国际法主体，是所有法系关系的基础；全国适用一部统一的宪法，只有一个中央政府和一个最高国家权力机关。

“两制”，即大陆内地和港澳台特别行政区分别实行性质不同的两种制度，在相当长的一段时期内，大陆内地实行社会主义制度，允许台湾、香港和澳门地区保留资本主义制度基本不变（《香港基本法》和《澳门基本法》明确规定50年不变），包括资本主义的政治制度、社会经济制度和生活方式等。

“三法”，即三个不同的法系。内地实行的法律带有大陆法系的某些特点，但总体上属于社会主义法系，中国香港的法律制度归属于英美法系或称普通法系，澳门和台湾的法律同属于大陆法系。

“四域”，即除宪法外，内地、中国香港、中国澳门、中国台湾四个不同的区域分别适用不同的法律，从而形成四个法域，这四个法域则共同构成了中国特色的混合法域。本书仅以大陆地区的法律为例分析我国法律体系的部门构成。

我国的法律体系大体由在宪法统领下的宪法及宪法相关法、民商法、行政法、经济法、社会法、刑法、诉讼与非诉讼程序法等七个部门构成，包括法律、行政法规、地方性法规三个层次。

（一）宪法及宪法相关法

它是保证宪法实施的宪法相关法部门，是我国社会制度、国家制度、公民的基本权利和义务及国家机关的组织与活动的原则等方面法律规范的总和。我国的宪法部门由《中华人民共和国宪法》和其他有关的法律构成，如《国家机关组织法》、《民族区域自治法》、《特别行政区基本法》、《立法法》、《选举法》、《国籍法》等。

（二）民法商法

民法商法部门，也称为民事和商事法律部门，调整平等主体之间发生的所有法律关系。它是规范社会民事和商事活动的基础性法律。主要体现的是横向经济关系的调整。其中，民法是基本法，商法是特别法。我国的民法商法部门主要有《民法通则》、《物权法》、《合同法》、《担保法》、《侵权行为法》、《知识产权法》、《婚姻法》、《继承法》等；商法（包括商主体法和商行为法）主要包括《公司法》、《企业法》、《保险法》、《票据法》、《破产法》、《海商法》等。

（三）行政法

行政法是调整国家行政管理活动的法律规范的总和。比如《公务员法》、《行政处罚法》、《行政复议法》、《行政许可法》以及国防、外交、人事、民政、公安、国家安全、民族、宗教、侨务、教育、科学技术、文化、体育、医药卫生、城市建设、环境保护等行政管理方面的法律、法规都归于行政法部门。

（四）经济法

通常认为，经济法是调整国家在监管与协调经济运行过程中发生的经济关系的法律规范的总称，主要体现的是纵向的国家经济调节关系。经济法法律部门主要包括两个部分，一是创造平等竞争环境、维护市场秩序方面的法律，最主要的有《反不正当竞争法》、《反垄断法》、《消费者权益保护法》、《产品质量法》、《广告法》等。二是国家宏观调控和经济管理方面的法律，主要有《预算法》、《审计法》、《会计法》、《中国人民银行法》、《价格法》、《税收征收管理法》、《个人所得税法》、《城市房地产管理法》、《土地管理法》等。

（五）社会法

社会法是调整有关劳动关系、社会保障和社会福利关系的法律规范的总和，它是与民生有关的法律部门。现代国家和古代国家最大的区别是现代国家必须提供公共产品，这个公共产品和每个人都有关系，表现为各种各样的社会权利，国家保障公民的社会权利的法律制度叫做社会法。比如《劳动法》、《矿山安全法》、《残疾人保障法》、《未成年人保护法》、《妇女权益保障法》、《老年人权益保障法》、《工会法》、《红十字会法》、《公益事业捐赠法》等。

（六）刑法

刑法是规定犯罪、刑事责任和刑事处罚的法律规范的总和。刑法所调整的是因犯罪而产生的社会关系。如《中华人民共和国刑法》是规定犯罪刑罚和刑事责任的法律，还包括此后的刑法修正案以及全国人民代表大会常务委员会制定的惩治有关犯罪的决定等。

（七）诉讼与非诉讼程序法

诉讼与非诉讼程序法是调整因诉讼活动和非诉讼活动而产生的社会关系的法律规范的总和。我国目前的诉讼与非诉讼程序法主要有《刑事诉讼法》、《民事诉讼法》、《行政诉讼法》、《海事诉讼特别程序法》、《引渡法》、《仲裁法》等。

截至 2011 年 8 月底，中国已制定现行宪法和有效法律共 240 部，行政法规 706 部，地方性法规 8600 多部。到 2013 年 5 月 31 日，我国共颁布实施法律 244 部，这 244 部法律和上述行政法规、地方性法规构成了我们现行的法律体系的核心内容。

中国特色社会主义法律体系的形成，从整体上实现了有法可依，标志着我国社会主义法治建设和依法治国事业进入了一个新的历史发展阶段。但是，必须看到，社会实践是法律的基础，法律是实践经验的总结，并随着社会实践的发展而不断发展。实践没有止境，法律体系也要与时俱进、不断创新，它必然是动态的、开放的、发展的，而不是静止的、封闭的、固定的。我国还处于体制改革和社会转型时期，社会主义制度还需要不断自我完善和发展，社会主义市场经济体制也还有个完善过程，因而反映并规范这种制度和体制的中国特色社会主义法律体系，就必然具有稳定性与变动性的特点，必将适应我国经济社会发展和法治建设进程的现实需要而不断发展完善。只有不断完善我国的法律体系，促进我国法律制度的发展，才能健全社会主义的民主与法制，实现依法治国、建设社会主义法治国家的目标。

四、本书的体系

本书的体系是按照高等院校工商管理类、经济贸易类专业人才培养规格的要求来考虑的。在现实经济生活中，大量的经济关系主要呈现为横向、纵向两大类，横向经济关系又可以分为两类。一类是横向的非营利性财产关系（经济关系），另一类是横向的营利性财产关系（经济关系），而这两类财产关系（经济关系）主要是由民法、商法和知识产权法来进行调整的。纵向的国家经济调节关系是有限度的，因此，本书没有按照法学学科的分类来考虑体系的划分，而是从适应“厚基础、宽口径、高素质”人才的培养的模式出发，以工商管理类、经济贸易类专业学生应具备的基本法律知识为依据，在体系和结构上以调整横向经济关系的法律为主，既考虑到经济法律自身体系的完整性，又体现了基础性和实用性相结合的特点。

全书共由十七章构成。各章依次为：法及经济法律的基础知识、企业法（个人独资企业法、合伙企业法、外商投资企业法）、公司法、企业破产法、合同法（包括担保法的有关内容)、电子商务法、反不正当竞争法、反垄断法、产品质量法、消费者权益保护法、证券法、票据法、保险法、专利法、商标法、计算机软件保护法、经济仲裁法律制度、经济审判法律制度。本书内容中已体现了国内最新的相关立法内容。

第三节　经济法律的基础知识

一、民事法律关系

(一) 民事法律关系的概念和特征

社会生活中存在各种各样的社会关系,其中有的具有法律上意义,有的不具有法律上的意义。通常把具有法律上意义的社会关系称为法律关系。法律关系是指法律规范在调整人们之间的社会关系过程中,所形成的一种权利与义务关系。民事法律关系是法律关系的一种表现形式。民事法律关系,是指社会关系由民事法律规范调整时,在民事主体之间形成的权利义务为内容的关系。如财产所有关系、财产使用关系、商品交换关系、婚姻关系、亲属关系等等。

民事法律关系是现代社会一种重要的社会关系。民事法律规范对社会关系的调整,是通过将民事主体之间的财产关系和人身关系转化为民事权利义务来实现的。因此,任何自然人、法人及其社会组织都无时无刻地处在各种民事法律关系之中。当然,并非所有的社会关系都由民事法律规范所调整和保护。例如宗教关系、师生关系、同学关系、同事关系、恋爱关系、朋友关系等,这些都不属于法律关系,因为并没有法律对其进行调整。所以,民事法律规范是民事法律关系发生的依据,民事法律事实是民事法律关系发生的原因。

民事法律关系与其他法律关系相比,具有以下特征:

(1) 民事法律关系的主体具有平等性。民事法律关系是平等主体之间的财产关系和人身关系在法律上的表现。

(2) 民事法律关系以当事人意思自治为原则,即主要是当事人意思自治的结果。

(3) 民事法律关系的内容是一种具体的权利、义务关系,而且此权利与义务通常是对等的、相互的。

(二) 民事法律关系的要素

民事法律关系的要素是构成民事法律关系的必要条件。民事法律关系由主体、客体和内容三要素构成。要素发生变化,具体的民事法律关系就随之而变化。

1. 民事法律关系的主体

民事法律关系的主体,是指参加民事法律关系,享有民事权利和承担民事义务的人，通常称为民事法律关系的当事人。法律关系至少须有双方当事人参加才能构成，否则便不能产生法律关系。双方当事人可以是单数，也可以是复数。民事法律关系的主体包括权利主体与义务主体。权利主体是在民事法律关系中享受民事权利的一方，义务主体是在民事法律关系中承担民事义务的一方。

在我国，民事法律关系的主体主要有自然人、法人以及不具有法人资格的其他组织，国家在一定范围内也是民事主体。

(1) 民事权利能力与民事行为能力

民事权利能力，是指法律赋予民事主体享有民事权利和承担民事义务的资格。权利能力是作为民事法律关系主体的一种资格，这种资格是由法律赋予的。具有权利能力的主体要实际取得权利，就必须参加实际的民事法律活动，与其他主体发生民事法律关系。如甲与乙签订买卖合同，只有在这个买卖法律关系中甲与乙双方各自享有的权利才能体现出来。

民事行为能力，是指民事主体能够以自己的行为参与民事法律关系，取得民事权利和承担民事义务的能力。行为能力是以自己独立的活动与实际参加民事法律关系的资格。因此，对自然人而言，民事行为能力与当事人的年龄、智力发展状况有关。由此可见，权利能力是行为能力的前提，但是有权利能力的人不一定都具有行为能力。

(2) 公民民事权利能力与民事行为能力

公民是指具有一国国籍的自然人。根据《民法通则》规定，我国公民的民事权利能力始于出生，终于死亡。公民的民事行为能力划分为三类：

① 完全民事行为能力人：18 周岁以上的公民是成年人，具有完全民事行为能力，可以独立进行民事活动，是完全民事行为能力人。16 周岁以上不满 18 周岁的公民，以自己的劳动收入为主要生活来源的，视为完全民事行为能力人；

② 限制民事行为能力人：10 周岁以上的未成年人是限制民事行为能力人，可以进行与他的年龄、智力相适应的民事活动；其他民事活动由他的法定代理人代理，或者征得他的法定代理人的同意。不能完全辨认自己行为的精神病人是限制民事行为能力人，可以进行与他的精神健康状况相适应的民事活动；其他民事活动由他的法定代理人代理，或者征得他的法定代理人的同意；

③ 无民事行为能力人：不满 10 周岁的未成年人是无民事行为能力人，由他的法定代理人代理民事活动。不能辨认自己行为的精神病人是无民事行为能力人，由他的法定代理人代理民事活动。

(3) 法人

法人是具有民事权利能力和民事行为能力，依法独立享有民事权利和承担民事义务的组织。法人是与自然人相对而言的一类民事主体。在现代社会，从事民事活动的主体除自然人外，还有以团体名义进行活动的组织。法人是一种社会组织，但不是任何社会组织都能够成为法人。依据《民法通则》，法人的成立应当具备以下条件：依法成立；有必要的财产或者经费；有自己的名称、组织机构和场所；能够独立承担民事责任。

对法人的分类可以依据法人的宗旨不同来划分。我国《民法通则》将法人分为以下几种：

① 企业法人。企业法人是指以营利为目的，独立从事商品生产和经营活动的法人。企业法人在市场经济体制中，是最活跃的主体。

② 机关法人。机关法人是指因行使职权的需要，而享有相应的民事权利能力和民事行为能力的国家机关。国家机关主要是行政法上的主体，它只有在参与民事活动时才能成为民事法律关系的主体。

③ 事业单位法人。事业单位法人是指为了社会公益事业的目的，从事文化、教育、卫生、体育、新闻等公益事业的单位。这些法人组织不以营利为目的，一般不参与商品生产和经营活动，虽然有时也能取得一定收益，但该收益只能用于目的事业，且属于辅助性质。但随着我国经济体制改革的深入，也有一些事业单位法人采用企业化的管理方式（如出版社、医院等），其营利性显而易见。因此，部分事业单位法人与企业的界限日益模糊。尽管如此，但实际上必须注意事业单位的目的事业主要是公益，这是事业单位法人区别于企业法人的一个特征。因此，在事业单位法人从事商业活动时，判断其行为的合法性，有重大的法律认识价值。

④ 社会团体法人。社会团体法人是指由自然人或法人自愿组成，为实现会员共同意愿，按照其章程开展活动的非营利性社会组织。社会团体法人采取由参加成员出资或由国家资助的办法建立团体财产和活动基金，如中国残疾人联合会、书法协会等。

与自然人相比，法人的权利能力和行为能力具有自己的特点，即法人的权利能力和行为能力同时产生，同时消灭。一般来说，始于法人的成立，终止于法人的撤销或解散。

法人权利能力的内容取决于法人的性质、宗旨和经营范围，法人的权利能力和行为能力在范围上完全一致。因此，不同的法人彼此的权利能力和行为能力并不一样。法人的行为能力由其机关或代表来实现。法人机关或代表的行为，就是法人的行为，法定代表人根据法律或章程的规定代表法人行使职权，以法人的名义进行民事活动，承担其法律后果。

法人的变更是指法人在其存续期间，其组织结构上发生变更（如法人的合并、分立等）、名称、住所、经营范围等重要事项发生的变化，这些事项的变更，可依法人意思自主决定，法人变更应依照设立时同样的程序报经有关主管机关批准或向登记机关申请变更登记。

法人终止也称法人的消灭，是指法人丧失民事主体资格，不再具有民事权利能力和民事行为能力。法人终止的原因主要包括：依法被撤销；解散；依法宣告破产；其他原因。在上述原因发生后，法人主体资格并不立即消灭，只有经过清算，以其独立的财产承担民事责任后，再办理注销登记，法人主体资格才归于消灭。

2. 民事法律关系的客体

民事法律关系的客体，是指民事法律关系主体的权利与义务所指向的客观事物，在法学上也称为标的。如果没有客体，民事权利和民事义务就无法确定，也就不能在当事人之间分配权利和义务。民事法律关系的客体主要包括以下四类：

（1）物。法律上的物，是指具有一定形体，占据一定空间，民事权利主体能够实际控制或支配，有一定经济价值能满足人类需要的财产。物是民事法律关系最为主要的客体，许多民事法律关系的客体都是物。民事法律关系是否成立有效，除了民事法律关系的主体合格、内容合法之外，还要看民事法律关系的客体是否符合法律的要求，如果客体违法将导致民事法律关系无效。物在法律上主要有以下几种分类：

① 流通物与限制流通物。以物在流通过程中是否受限制的程度，物分为流通物和限制流通物。流通物，是指法律允许在民事主体之间自由转让的物。限制流通物是指法律限制自由转让的物，主要是指金银、文物。

② 动产与不动产。以物能否移动以及采用通常方法移动是否会损害其价值，将物分为动产与不动产。动产是指在空间上能够移动而不损害其价值的物。不动产是指不能移动或移动后损害其价值或用途的物。如土地及固定在土地上的建筑物、桥梁等。实际社会生活中，因船舶、飞机、汽车等财产价值比较巨大，虽然形式上是动产，但在法律上视为不动产，或称拟制的不动产。

③ 特定物与种类物。根据物的自然属性或物理特性，分为特定物和种类物。特定物，是指具有自身独特的特征，不能由其他物所代替的物，如鲁迅某书手稿、张大千的画。种类物，是指具有共同的特征，可以重复制造、且可以按数量、重量、尺寸、规格区分的物，具有可替代性。特定物与种类物的区别不是绝对的，种类物经过选择、购买、给付也可以特定化而成为特定物。例如，存放在商店里的许多待售的汽车属于种类物，但当你选购了某辆汽车，这辆汽车便由此而特定化，成为特定物。

④ 可分物与不可分物。根据物能否分割，以及分割是否损害其用途或价值的标准，分为可分物和不可分物。可分物，是指把物分割之后，不影响其用途或价值的物，如金钱、柴、米、油、盐。不可分物，是指经分割之后便会影响其用途或价值的物，如牲畜、汽车、钢琴等。

⑤ 主物与从物。根据物与物之间是否存在着从属或服务的关系，分为主物和从物。在相互关联需要共同使用的两个以上的物中，凡能独立存在，起主要作用的物是主物，起从属作用的物是从物。如汽车与轮胎、锁与钥匙、手机与手机充电器。主物与从物的关系是相对的，从物离开主物也能独立存在。但从物的功能或目的是服务于另一个物，或者说没有从物即减损了主物的价值或效用。此外，主物与从物必须是同属于一个主体时，才会发生主物与从物关系。如两物分属两个不同的

主体,不会发生主物与从物的关系。

⑥ 原物与孳息。原物是能够被使用或收益的物。孳息是原物(包括权利)所产生出来的收益。孳息又可分天然孳息与法定孳息。天然孳息是指依物的自然属性而获得的收益,如牛与牛奶、果树与果实、鸡与鸡蛋等。法定孳息是指依据法律关系所获得的收益,如依照合同收取的租金、存款的利息等。

⑦ 货币与有价证券。货币有时称金钱,是指充当一般等价物的一种特殊的物,属于动产,它直接体现着社会劳动,是一般财富的代表。货币作为一般等价物,是其他商品的价值尺度,又是商品交换的媒介、支付的手段。因此,货币不仅可以作为民事法律关系的客体,而且还是许多民事法律关系对价的支付手段。

有价证券是设定并证明持券人有取得一定财产权利的凭证。有价证券是具有财产价值的一种特殊类型的物。有价证券表现了权利与证券合为一体,即权利证券化。有价证券券面上所记载的金额(或权利)就是持券人所享有的权利内容,离开证券,权利人则不能主张自己的权利。

(2) 行为。法律上所指的行为,是指人有意识的活动,通常是指能满足权利主体某种利益的行为。行为在民事法律关系中是另一个重要客体。当然,不是任何行为都可以作为民事法律关系的客体,实践中应当区分不同的民事法律关系来确定,例如,可以作为民事法律关系客体的行为有:一是给付财产的行为,如在买卖合同法律关系中,出卖人给付出卖物的行为。二是完成一定工作并交付工作成果的行为。如承揽合同中,交付工作成果的行为。三是提供劳务或服务,如保管合同中的保管行为。又如,运输、演出等合同关系的客体也是行为。

(3) 智力成果。智力成果是脑力劳动的产物或结果。反映在法律上就是知识产权,它是典型的无形财产,属于一种非物质的财富,无一定的形体,但它有其表现形式,能够为他人感知,可以满足生产和生活的一定需求,具有价值和使用价值。依照法律的规定,智力成果不仅可以为一定主体所专有使用,还能作为商品进行交换,如专利权人、商标权人依法将自己的专利权或商标权转让或允许他人使用等,因此,也是民事法律关系的重要客体。

(4) 人身利益。在人身权法律关系中,其客体是人身利益。人身利益与主体人身不能分离,但并非主体本身,只是它能够满足主体人身需求的客观事物。人身利益包括生命、健康、姓名、肖像、名誉、尊严、荣誉、身份等等。

3. 民事法律关系的内容

民事法律关系的内容,是指民事主体所享有的权利和承担的义务。任何个人和组织作为民事主体,只要参与民事法律关系,就必然享有民事权利和承担民事义务。

(1) 民事权利

民事权利,是指民事主体为实现某种利益而依法为一定行为或不为一定行为的自由。也即权利主体对实施还是不实施一定行为具有选择权。民事权利的确认、行使和保护,都由国家公权力作为保障。

民事权利一般分为以下几类：

① 财产权与人身权

财产权是指以财产利益为内容，直接体现某种经济利益的权利。如物权、债权、继承权等。人身权是指无直接财产内容，但与权利人的人身不可分离的民事权利。人身权虽无财产内容，但与权利主体的财产权有一定的关联。人身权又可分为人格权和身份权两大类。人格权如生命权、健康权、身体权、姓名权、名誉权、肖像权、隐私权。身份权有配偶权、监护权、荣誉权等。财产权可以在民事主体之间转让，也可以继承，而人身权一般是不能转让和继承的。

② 绝对权与相对权

绝对权又称对世权，是指权利人无须通过义务人实施一定的行为即可实现，并可对抗不特定人的权利，如人身权、物权、知识产权等。绝对权所对应的义务人是不特定的任何人，其义务是不作为。相对权又称对人权，是指权利人必须通过义务人实施一定行为才能实现并只能对抗特定人的权利。相对权所对应的义务人是特定的，义务内容可以是作为，也可以是不作为。债权是典型的相对权。

③ 支配权、请求权、抗辩权、形成权

支配权是指权利人可以直接支配权利客体并排斥他人干涉的权利。支配权的权利人可直接支配标的物，无须他人行为的介入即可实现权利。权利的相对人负有不作为的义务，即不得妨碍权利人对标的物的支配。物权是典型的支配权。

请求权是指权利人请求他人为一定行为或不为一定行为的权利。债权是典型的请求权，债权人不能直接支配债务人的行为，也不能支配债务人的财产，更不能支配债务人的人身，只能请求债务人履行债务。因此，权利的实现须义务人的协助，其表现为特定的行为。

抗辩权是指权利人用以对抗他人请求权的权利。抗辩权与请求权是相对立的权利。它是在对方行使请求权时，行使抗辩权阻止请求权的效力，从而拒绝对相对人履行义务。抗辩权的行使不是因为请求权没有根据，而是抗辩权人也拥有一种将请求权人的权利全部或部分地加以排除的权利。

形成权是指权利人依单方意思表示就能使民事法律关系发生、变更、消灭的权利。如追认权、选择权、解除权等都属于形成权。形成权必须通过行使才能产生效力，否则虽然权利人享有权利，但法律关系不会发生任何变动。

④ 主权利与从权利

主权利是指在相互关联的几项民事权利中，不依赖其他权利而独立存在的权利。从权利是指不能独立存在须以主权利的存在为前提的权利。如担保物权中的抵押权、质权等，都属于主权利的从权利。因此，主权利移转或消灭时，从权利也随之移转和消灭。

⑤ 既得权和期待权

既得权是指已经具备权利取得的一切要件，因而已经发生的权利，一般的权利都是既得权。期待权是指尚未具备全部成立要件、将来有实现可能性的权利。如附条件或附期限的权利、继承开始前法定继承人的权利、保险合同中受益人的权利等。

⑥ 专属权和非专属权

专属权是指专属于权利人自己享有或行使、不能让与的权利。非专属权是指可以转让或可以由他人代为行使的权利。专属权一般不得转让和继承,如人身权、知识产权中的人身权;大多数财产权都是非专属权。

(2) 民事义务

民事义务,是指民事法律关系的义务主体为满足权利主体受法律保护的利益,依法应当为一定行为或不为一定行为的约束。民事义务主体以作为或不作为的方式履行民事义务的目的,在于满足民事权利主体的合法利益。民事义务通常应该自觉履行的,如果义务主体不履行或不适当履行,那么,它对义务主体就会产生法律拘束力。民事义务与民事权利区别在于:权利可以由权利人抛弃,义务则只能由权利人加以免除,义务人是不能任意抛弃的。

在任何一个民事法律关系中,权利和义务都是统一的,权利的内容要通过相应的义务表现,而义务的内容则由相应的权利限定。义务主体只须在民事权利主体合法权益的范围内为一定行为或不为一定行为。因此,民事权利和民事义务是从不同的角度来表现民事法律关系的内容的。

民事义务可以分为以下几类:

① 法定义务和约定义务

法定义务是民事法律规范规定的民事主体应承担的义务。如依法纳税的义务、父母抚养教育未成年子女的义务。约定义务是当事人协商确定的义务。如合同债务人的义务,约定义务只要不违法就受法律保护。

② 积极义务和消极义务

积极义务是义务人应作出一定积极行为的义务,又称作为义务,如交付货物的义务。消极义务是义务人必须不作为或容忍他人行为的义务,又称不作为义务,如不得干涉物权人行使其权利的义务。

③ 给付义务与附随义务

给付义务又称为履行义务,是债务人基于合同约定或法律规定,以实现合同债权人债权利益为目的必须为或不为特定行为的义务。给付义务是债务人所负的首要义务。

附随义务是指除法律规定和当事人约定之外,基于诚实信用原则的要求而产生的义务。目的是旨在圆满实现债权或保护债权人人身或财产利益,是债务人必须履行的除给付义务之外的义务。例如,合同履行过程中的通知、协助、保密等义务。

（三）民事法律事实

1. 民事法律事实的概念

民事法律事实，是指法律所规定的、能够引起民事法律关系产生、变更和消灭的客观现象。法律关系不是自然而然地产生的，也不能仅凭法律规范的规定就在当事人之间发生具体的民事法律关系，只有当一定的法律事实出现或发生，才能在相关当事人之间发生一定的法律关系或者使原来的法律关系发生变更或消灭。

法律事实是能够引起法律关系变动的客观现象，不能够引起法律关系变动的客观情况不是法律事实。但是，并不是任何客观事实都可以成为法律事实，如：日出日落的客观现象就不属于法律事实，因为没有法律效果产生。只有为法律所规定并能产生法律后果的客观现象，才能成为法律事实。也只有通过这些法律事实，才能使民事法律所规定的权利义务，转化为当事人实际享有的权利和承担的义务。

2. 民事法律事实的分类

民事法律事实，可根据其是否与当事人的意志有关，分为事件和行为两大类。

（1）事件

事件是指与当事人意志无关、能够引起民事法律关系发生、变更和消灭的客观现象。如婴儿出生导致人身关系的发生；自然人死亡的事实引起民事主体资格的消灭，同时导致婚姻关系终止和继承关系开始；不可抗力导致当事人房屋所有权关系的消灭，同时保险公司对投保人的房屋理赔关系发生等。

（2）行为

行为是指与当事人意志有关的，能够引起民事法律关系发生、变更和消灭的人的活动。

行为是受人的意志所支配的，人们通过有目的、有意识的活动都能够产生一定的民事法律关系的后果。行为可分为合法行为与违法行为。合法行为与违法行为的出现均可在民事主体之间发生、变更或消灭一定的民事法律关系。

有关民事方面的行政行为和司法行为和发生法律效力的法院判决、裁定以及仲裁机构发生法律效力的裁决等，也可引起一定的民事法律关系的发生、变更或消灭，也是一种法律事实。

民事法律关系的本质是受法律调整的社会关系，基于法律事实中的事件或行为导致随时处在变动之中，即民事法律关系有一个发生、变更和消灭的过程。

二、民事法律行为

（一）民事法律行为的概念和特征

民事法律行为，是指民事主体以意思表示为构成要素，以设立、变更、终止民事权利和民事义务为目的的行为。在现代社会中，人们的民事活动是最基本的活动，它引起民事法律关系不断地发生、变更和终止。行为是人们有意识的、自觉活动的结果，它是人们从外部表现出来的、能够产生一定法律后果的行为。行为是最重要、最广泛的法律事实，现实生活中大多数民事法律关系的设立、变更、终止，都是通过民事法律行为来实现的。民事法律行为具有下述基本特征：

1. 民事法律行为是以意思表示为要素

意思表示是行为人把发生一定法律后果的意思以一定方式表现于外部。意思表示是民事法律行为的基本要素，行为人只有把设立、变更、终止民事权利义务的内在目的以适当方式表达出来，才能为他人所了解。没有意思表示，就没有民事法律行为。当然，行为人的意思表示必须与内在的意思相一致，只有这样才能引起行为人所预期的民事法律后果。

2. 民事法律行为是以发生一定民事法律后果为目的的行为

民事法律行为是民事主体的有意识的行为，它是以设立、变更、终止民事权利义务即发生民事法律后果为目的的行为，因此只有能使行为人产生、变更或消灭其权利、义务的行为，才是民事法律行为。

3. 民事法律行为是一种合法行为

合法性是民事法律行为的根本特征，民事法律行为只有从内容到形式都符合民事法律规范，才能达到行为人预期的目的，才能产生预期的民事法律后果。

（二）民事法律行为的有效条件

1. 行为人具有相应的民事行为能力

只有具备民事行为能力的人才能进行民事法律行为，限制民事行为能力人只能进行与其年龄、智力相适应的民事法律行为。对于法人来说，只有具备与其民事权利能力的范围相应的民事行为能力，方为有效。因此，行为人具有相应的民事行为能力，是民事法律行为有效的必备条件。

2. 行为人意思表示真实

意思表示真实，是指行为人的外在意思表示与其内心的意思相一致。行为人的意思表示必须是自愿的，因为只有意思表示是自愿、真实的法律行为，才具有法律效力。意思表示真实是民事行为的核心要素，因此，行为人在欺诈、胁迫等条件下所作出的意思表示并不是自愿的，也是不真实的和无效的。所以，行为人意思表示的真实是法律行为有效的必要条件。

3. 行为不违反法律或者社会公共利益

民事法律行为内容与形式的合法性是法律行为的一个基本特征。民事法律规范是指导人们进行民事活动的行为准则，因而也就成为人们进行法律行为时必须遵循的行为规则。不得违反社会公共利益，主要是指行为不得违背社会善良风俗、习惯、公共秩序，以及不允许损害公益事业和公共利益。

（三）民事法律行为的形式

民事法律行为的形式是指行为人意思表示的方式。民事法律行为可以采用口头形式、书面形式或者其他形式。法律规定用特定形式的，应当依照法律规定。

1. 口头形式

口头形式，即指行为人通过语言的意思表示而成立的法律行为。口头形式包括双方当事人当面洽谈或采用电话等直接对话协商。凡是法律不要求必须以书面形式进行的法律行为，都可以用口头形式。

2. 书面形式

书面形式，是指行为人通过文字形式进行意思表示而成立的法律行为，书面形式可以把法律行为所产生的当事人双方的权利与义务记载下来，便于明确责任，发生纠纷时也易于处理。所以，金额较大或关系较为复杂的法律行为应采取书面形式。书面形式包括文书、合同书、信件、电报、电传、电子邮件等形式。通常，书面形式要求有民事主体的签名盖章。特殊书面形式需要国家有关机构的认可，主要有两种：公证形式和登记形式。

3. 默示形式

默示形式，是指不通过语言或文字，而以沉默的方式成立的法律行为。这是根据当事人的行为表现推断当事人的内在意思的法律行为的形式。默示形式有两种：推定形式和沉默形式。推定形式是指当事人虽然没有用语言和文字进行意思表示，但通过当事人特定的行为可以推断其意思表示。沉默形式是指当事人既没有用语言、也没有用行为来进行意思表示，仅有单纯的不作为。沉默一般不具有法律意义，即不能作为民事法律行为的形式，除非有法律的特别规定或当事人的特别约定。如《民法通则》第 66 条规定，“本人知道他人以本人名义实施民事行为而不作否认表示的，视为同意”。

（四）无效的民事行为及其法律后果

无效的民事行为是指不具备民事法律行为有效条件的民事行为。它包括确定无效的民事行为和可撤销、可变更的民事行为。

根据《民法通则》的有关规定，下列民事行为无效：(1) 无民事行为能力人实施的；(2) 限制民事行为能力人依法不能独立实施的；(3) 一方以欺诈、胁迫的手段或者乘人之危，使对方在违背真实意思的情况下所为的；(4) 恶意串通，损害国家、集体或第三人利益的；(5) 违反法律或者社会公共利益的；(6) 以合法形式掩盖非法目的的。

可撤销、可变更的民事行为是指行为人有权请求人民法院或仲裁机构予以撤销或变更的行为。《合同法》将一方以欺诈、胁迫的手段或者乘人之危，使对方在违背真实意思的情况下订立的合同行为列入可撤销的范围。由此，可撤销、可变更的民事行为包括以下五种行为：

1. 重大误解的民事行为

重大误解是指行为人对行为的性质，对方当事人，标的物品种、质量、规格和数量等的错误认识，导致行为的后果与自己的意思相悖，并造成较大损失的民事行为。应当指出，行为人的这种错误认识并不是对方故意欺骗造成的。

2. 显失公平的民事行为

显失公平的民事行为是指一方当事人利用优势或者利用对方没有经验，致使双方的权利义务明显违反公平、等价有偿原则的民事行为。

3. 受欺诈而实施的民事行为

一方当事人故意告知对方虚假情况，或者故意隐瞒真实情况，诱使对方当事人作出错误意思表示的，可以认定为欺诈行为。

4. 受胁迫而实施的民事行为

以给公民及其亲友的生命健康、名誉、荣誉、财产等造成损害，或者以给法人的名誉、荣誉、财产等造成损害为要挟，迫使对方作出违背真实的意思表示的，可以认定为胁迫行为。

5. 乘人之危的民事行为

一方当事人乘对方处于危难之机，为牟取不正当利益，迫使对方作出不真实的意思表示，严重损害对方利益的，可以认定为乘人之危。

对于可变更和可撤销的民事行为，当事人请求变更的，人民法院应当予以变更；当事人请求撤销的，人民法院可以酌情予以变更或撤销。当事人变更或撤销请求权的行使期间为1年，自知道或应当知道之日起算。

民事行为被确认为无效或撤销后，从行为开始起就无效，没有法律约束力。民事行为如部分无效且不影响其他部分效力的，其他部分仍有效。民事行为被确认为无效或撤销后，凡是尚未履行的，不得履行；正在履行的，行为人应当立即终止履行，并根据不同情况按下列方式处理：

(1) 返还财产。民事行为被确认为无效或者被撤销后，当事人因该行为取得的财产，应返还给受损失的一方，也即恢复到行为开始前的财产状况。

(2) 赔偿损失。有过错的一方应当赔偿对方因此所受到的损失，双方都有过错的，应当各自承担相应的责任。

(3) 追缴财产。双方恶意串通，实施民事行为损害国家、集体或者第三人利益的，应追缴双方取得的或约定取得的财产，收归国家、集体所有或者返还给第三人。

(五) 效力待定的民事行为

1. 效力待定民事行为的概念

效力待定的民事行为，是指其成立时有效或无效处于不确定状态，尚待享有形成权的第三人同意(追认)或拒绝的意思表示来确定其效力的民事行为。

2. 效力待定民事行为的类型

(1) 限制民事行为能力人实施的依法不能独立实施的双方行为

限制民事行为能力人实施的依法不能独立实施的双方行为(即合同行为)，这种行为的类型属于民事行为能力欠缺。因此，该行为如事后得到其法定代理人追认，则有效；反之，其法定代理人拒绝追认，则该行为无效。

（2）无权代理行为

无权代理人以被代理人名义实施的民事行为，被代理人事后追认的，则对被代理人发生效力；反之，被代理人事后不追认的，该行为自始对被代理人不发生效力。

（3）无权处分行为

无权处分行为是指无处分权人与第三人所为的处分他人财产权利的行为。无处分权人处分他人财产，经权利人追认或者无处分权的人取得处分权的，该行为有效；如权利人不予追认，无处分权的人又未取得处分权，则该行为无效。

追认是追认权人实施的使他人效力未定行为发生效力的补足行为。追认属于单方民事法律行为，在意思表示完成时生效，其作用在于补足效力未定行为所欠缺的法律要件。

相对人可以催告法定代理人或被代理人在1个月内予以追认。法定代理人或被代理人未作表示的，视为拒绝追认。

（六）附条件和附期限的民事法律行为

1. 附条件的民事法律行为

附条件的民事法律行为，是指当事人把民事法律行为效力的开始或终止取决于将来不确定的事实发生或不发生的民事法律行为。该将来不确定的事实即为所附的条件，该条件将来是否会发生不能确定。

以条件对民事法律行为效力的影响为标准，条件可分为两种：延缓条件及解除条件。

附延缓条件的民事法律行为，该法律行为效力的发生以条件成就为前提，条件成就前，民事法律行为成立但不生效；条件成就后，民事法律行为即生效。条件的成就是指作为条件的事实发生，也就是当事人所附的条件，是自然地发生而非当事人人为地促使其发生或不发生。

附解除条件的民事法律行为，该法律行为的效力终止于条件的成就，条件成就前，民事法律行为发生法律效力；条件成就后，民事法律行为解除，其效力终止。

附条件的民事法律行为，能够反映当事人的需求动机，并通过法律形式表现出来。由于符合当事人意思自治原则，因而受到法律的保护。因此，当事人恶意促使条件成就的，法律视为条件不成就；恶意促使条件不成就的，法律视为条件已成就。

2. 附期限的民事法律行为

附期限的民事法律行为：是指当事人以一定期限的到来为其法律行为效力开始或终止原因的民事法律行为。

根据期限对民事法律行为效力所起作用的不同，可以将其分为延缓期限和解除期限。

附延缓期限的民事法律行为，指民事法律行为虽然已经成立，但是在所附期限到来之前不发生效力，待到期限届至时，才产生法律效力。

附解除期限的民事法律行为，该法律行为的效力终止于期限的到来，期限到来前，民事法律行为发生法律效力；期限到来后，民事法律行为解除，其效力终止。

三、代理

（一）代理的概念和特征

代理是指代理人在代理权限内，以被代理人的名义实施民事法律行为，这种行为所产生的法律后果由被代理人承受。代理是一种复杂的法律关系体系，它涉及三个方面的民事法律关系：一是在被代理人与代理人之间存在着代理关系；二是在代理人与第三人之间实施代理民事法律行为（代理行为）；三是在被代理人与第三人之间产生民事法律关系。

代理人以被代理人的名义实施代理行为的代理在法学上称为直接代理，也称显名代理。

代理有如下特征：

1. 代理人必须以被代理人的名义实施民事法律行为

在代理所产生的民事法律关系中，民事主体只能是被代理人，而不是代理人。代理人以自己的名义进行民事活动，就不是代理活动，而是其自己的行为，其法律后果由行为人自己承担。代理的这一特征使它区别于信托、行纪等以自己的名义实施并自己承担法律后果的行为。

2. 代理人在代理权限范围内独立作出意思表示

在代理过程中，代理人以被代理人的名义从事活动，但代理人在代理权限范围内，有权斟酌情况，对第三人独立地进行意思表示。代理的这个特征又把它与代表传话人、居间人区别开来。后者无权作出独立的意思表示，只能起媒介作用。

3. 代理行为必须是具有法律意义的行为

代理人的代理活动能够产生民事法律后果，即在被代理人与第三人之间发生、变更或终止某种民事权利和义务关系。

4. 代理行为的法律后果直接由被代理人承受

在代理活动中，虽然从形式看，代理行为是在代理人与第三人之间进行的，然而它却产生了被代理人与第三人之间的民事法律关系。基于这种法律关系而产生的权利和义务自然应当由被代理人承受。

代理作为一种法律制度，已在我国的民事流转和司法实践中越来越广泛地被采用，它对于实现公民和法人的民事权利，保护民事主体的合法权益，都起着重要的作用。代理人的适用范围很广，具体说来，主要有以下的几个方面：

(1) 代理进行民事法律行为。除去特定的情况外，公民、法人以及其他民事权利主体均可通过代理人进行民事活动。如代理签订买卖等各种合同,行使追认权、撤销权等。

(2) 代理进行民事诉讼行为。在民事诉讼中不能或不便亲自参与诉讼活动的人,可由法定代理人或委托代理人代为进行诉讼。

(3) 代理非民事的其他法律行为。民事主体还可委托代理人进行某些履行财政、行政义务的行为。如代理交纳税款,代理申请专利,代理申请商标登记等。

但是,某些具有人身性质的民事法律行为,如婚姻登记和遗嘱行为,是不能代理的。因为依照法律规定或者按照双方当事人约定,应当由本人实施的法律行为,不得代理。

(二) 代理的种类

按照代理权产生的根据不同,可以把代理分为以下三种:

1. 法定代理

法定代理是根据法律的直接规定而发生的代理关系,即代理人的代理权是基于法律的直接规定而发生的。法定代理以一定的社会关系存在为依据,主要是为无民事行为能力人和限制民事行为能力人而设立的代理。

2. 指定代理

指定代理是指根据人民法院和有关单位的指定而发生的代理关系,即代理权的产生是基于上述单位的指定。对于无行为能力人和限制行为能力人的法定代理人,在民事诉讼中,如果不能行使代理权或者法定代理人之间互相推诿代理责任的,由人民法院指定其中一人代为诉讼。在指定代理中,被指定的人称为指定代理人;依法被指定为代理人的,如无特殊原因不得拒绝担任。

3. 委托代理

委托代理是根据被代理人的委托而发生的代理关系。委托代理以委托授权为基础。委托授权,是被代理人向代理人授予代理权的意思表示,是一种单方的民事法律行为。因此,委托代理又称为授权代理或意定代理。委托代理是代理制度中最重要、运用最广泛的一种代理。

委托代理的授权,可采用书面形式或者口头形式,法律规定用书面形式的,应当用书面形式。书面的授权委托书应载明代理人的姓名或名称、代理事项、权限范围、期限,并由委托人签名或盖章。委托书授权不明的,被代理人向第三人承担民事责任,代理人负连带责任。

根据《民法通则》的规定,代理人应当在被代理人的授权范围内积极进行代理行为。代理人只有在代理权限范围内进行的民事活动,才能被视为被代理人的行为,被代理人对代理行为的法律后果才承担民事责任。因此,代理人要正确地行使代理权,不得擅自转委托。

转委托又称复代理,是指代理人为了被代理人的利益,经被代理人同意,将代理权转托他人的代理。接受转托的人称复代理人。复代理人的代理行为,由被代理人承担法律后果。对于转委托,代理人应从被代理人的利益出发,争取在对被代理人最为有利的情况下完成代理行为。这是代理人行使代理权时应当遵循的一项原则。因此,委托代理人为了被代理人的利益需要转托他人代理的,应当事先取得被代理人的同意。事先没有取得被代理人同意的,应当在事后及时告诉被代理人,如果被代理人不同意,由代理人对自己所转托的人的行为负民事责任,但在紧急情况下,为了保护被代理人的利益而转托他人代理的除外。

（三）间接代理

间接代理是指代理人在代理权限内,以自己名义实施法律行为而其法律后果归于被代理人的代理。间接代理也称隐名代理。目前在国际贸易代理业务中大量存在间接代理的情况,间接代理制度为我国外贸代理活动提供了法律依据。

我国《合同法》第402条规定,受托人以自己的名义,在委托人的授权范围内与第三人订立的合同,第三人在订立合同时知道受托人与委托人之间的代理关系的,该合同直接约束委托人和第三人,但有确切证据证明该合同只约束受托人和第三人的除外。

受托人以自己的名义与第三人订立合同时,第三人不知道受托人与委托人之间的代理关系的,受托人因第三人的原因对委托人不履行义务,受托人应当向委托人披露第三人,委托人因此可以行使受托人对第三人的权利,但第三人与受托人订立合同时如果知道该委托人就不会订立合同的除外。受托人因委托人的原因对第三人不履行义务,受托人应当向第三人披露委托人,第三人因此可以选择受托人或者委托人作为相对人主张其权利,但第三人不得变更选定的相对人。委托人行使受托人对第三人的权利的,第三人可以向委托人主张其对受托人的抗辩。第三人选定委托人作为其相对人的,委托人可以向第三人主张其对受托人的抗辩以及受托人对第三人的抗辩。

在这种情况下,间接代理人负有在特定情事下的披露义务,法律要求受托人向委托人披露交易相对方的义务,并赋予委托人行使介入权,同时赋予第三人享有选择权。间接代理的意义和价值在于:在对外贸易中,当出现交易故障的时候,通过赋予委托人以介入权和第三人以选择权,代理人可以从负担中清晰的解脱出来,委托人和第三人都可以越过代理人直接交涉,使他们直接发生联系,有利于公平合理的保护各方的利益,以满足交易的需要,降低交易成本和费用。

（四）滥用代理权与无权代理

1. 滥用代理权

滥用代理权是指代理人利用代理权的便利从事损害被代理人利益或者损害社会公共利益等违反法律规定的行为。滥用代理权主要有以下三种情形:

(1) 代理人以被代理人名义同自己进行民事行为;

(2) 代理人同时代理双方当事人进行同一项民事行为；

(3) 代理人与第三人恶意串通，损害被代理人利益的行为。

代理人滥用代理权的行为，对被代理人不发生法律效力，由此造成被代理人的经济损失的，代理人还应承担赔偿责任。

2. 无权代理

无权代理是指没有代理权而以他人的名义进行代理活动的民事行为。它包括没有代理权、超越代理权或者代理权终止后所进行的代理行为。凡没有代理人资格而以被代理人的名义进行民事活动的，均属无权代理。《民法通则》第 66 条规定："没有代理权、超越代理权或者代理权终止后的行为，只有经过被代理人的追认，被代理人才承担民事责任。未经追认的行为，由行为人承担民事责任。本人知道他人以本人名义实施民事行为而不作否认表示的，视为同意。"

3. 表见代理

表见代理是指行为人虽无代理权，但善意相对人客观上有充分的理由相信行为人有代理权而与其为民事行为，由此产生的法律后果，由被代理人承担的代理。

表见代理属于无权代理，但只要相对人有理由相信行为人有代理权的事实特征，该代理行为就应作为有权代理来看待。《合同法》第 49 条规定，代理人虽然没有代理权，但相对人有理由相信行为人有代理权的，该代理行为有效。表见代理制度是为了保护善意第三人的信赖利益与交易安全，对疏于注意的被代理人，使其自负后果。

表见代理的构成要件：

(1) 客观上须有使相对人相信行为人具有代理权的情形；

(2) 相对人为善意且无过失；

(3) 无权代理人与相对人所实施的法律行为，符合一般民事法律行为的有效要件和代理行为的表面特征。

表见代理在社会生活中发生的情形主要有：

(1) 被代理人以书面或口头形式，直接或间接地向第三人表示他人为自己的代理人，而事实上并未对该他人进行授权，第三人信赖被代理人的表示而与该他人交易；

(2) 被代理人将有证明代理权存在效力的文件交给他人，第三人信赖此文件而与该他人交易，而事实上被代理人对该他人并无授权的意图；

(3) 代理证书授权不明，代理人超越代理权限的代理行为，第三人善意或无过失地因代理证书的授权不明相信其有代理权；

(4) 代理关系终止后，被代理人未采取措施公开代理关系终止的事实并收回代理人持有的证书，包括业务介绍信、空白合同书等，造成第三人不知代理关系已终止而仍与代理人交易；

(5) 被代理人知道他人以自己的名义进行活动而不作否认表示等。

（五）代理关系中的民事责任

在代理关系中，代理人不履行代理职责而给被代理人造成损害的，应承担民事责任。代理人和第三人恶意串通，损害被代理人利益的，由代理人和第三人负连带责任。第三人知道行为人没有代理权、超越代理权或者代理权已终止还与行为人实施民事行为给他人造成损害的，由第三人和行为人负连带责任。代理人知道被委托代理的事项违法，仍然进行代理活动的，或者被代理人知道代理人的代理行为违法不表示反对的，由被代理人和代理人负连带责任。

（六）代理关系的终止

代理关系的终止是指由于某种法律事实的出现而引起的代理关系的消灭。

1. 委托代理关系的终止

有下列情况之一的，委托代理终止：① 代理期间届满或者代理事务完成；② 被代理人取消委托或者代理人辞去委托；③ 代理人死亡；④ 代理人丧失民事行为能力；⑤ 作为被代理人或者代理人的法人终止。

2. 法定代理和指定代理关系的终止

有下列情形之一的，法定代理或者指定代理终止：① 被代理人取得或者恢复民事行为能力；② 被代理人或者代理人死亡；③ 代理人丧失民事行为能力；④ 指定代理的人民法院或者指定单位取消指定；⑤ 由其他原因引起的被代理人和代理人之间的监护关系消灭。

四、诉讼时效

（一）诉讼时效的概念

诉讼时效是指权利人在法定期间内不行使权利即丧失请求人民法院保护其民事权利的法律制度。时效是指一定的事实状态持续一定时间后即发生一定法律后果的制度。诉讼时效期间是指人民法院依诉讼程序保护民事主体权利的法定期间。因此权利人通过诉讼程序保护其权利的，必须在法定期间内提出，否则权利人将丧失依诉讼程序通过人民法院强制义务人履行义务的权利。

诉讼时效的意义在于促使权利人及时行使权利，从而使权利义务关系确定化，有利于债权债务的及时清结，促进民事财产流转和社会经济的发展；也有利于减少诉讼，保障人民法院正确、及时地处理民事纠纷。

（二）诉讼时效的种类

诉讼时效的种类与诉讼时效的期间有密切联系。我国诉讼时效的种类分为一般诉讼时效和特殊诉讼时效两类。

1. 一般诉讼时效

一般诉讼时效又称普通诉讼时效，是指除法律有特别规定外可以普遍适用于各种民事法律关系的诉讼时效。在我国一般诉讼时效期间为2年。

2. 特殊诉讼时效

特殊诉讼时效是指法律规定仅适用于某些特殊民事法律关系的诉讼时效。下列的诉讼时效期间为1年：

(1) 身体受到伤害要求赔偿的；

(2) 出售质量不合格的商品未声明的；

(3) 延付或者拒付租金的；

(4) 寄存财物被丢失或者损毁的。

除上述规定外，其他单行法律、法规有的也规定有诉讼时效，如《合同法》第129条规定，因国际货物买卖合同和技术进出口合同争议提起诉讼或者申请仲裁的期限为4年，自当事人知道或者应当知道其权利受到侵害之日起计算。

《民法通则》第137条规定："诉讼时效期间从知道或者应当知道权利被侵害时起计算。但是，从权利被侵害之日起超过20年的，人民法院不予保护。有特殊情况的，人民法院可以延长诉讼时效期间。"这一规定可称之为最长诉讼时效。

3. 诉讼时效期间的开始、中止、中断和延长

诉讼时效时间从权利人知道或者应当知道权利被侵害时起计算。因违反合同请求保护的诉讼时效，有履行期限限制的，从履行期限届满之日起计算；没有履行期限的，从权利人主张权利而义务人拒绝履行义务之日起计算。因侵权行为而产生的民事法律关系，损害事实发生时受害人即知道的，从损害时计算；损害事实发生后受害人才知道的，从知道时计算；人身伤害明显的，从受伤害之日起计算；伤害当时未曾发现，但经检查确诊并能证明是由侵害引起的，从伤势确诊之日起计算；侵权行为是持续发生的，诉讼时效从侵权行为实施终了之日起计算。

诉讼时效中止，是指在诉讼时效期间的最后6个月内，因不可抗力或其他障碍不能行使请求权的，诉讼时效暂停计算。从中止时效的原因消除之日起，诉讼时效期间继续计算。

诉讼时效中断，是指在诉讼时效进行中，因发生某种法定事由，致使已经经过的诉讼时效期间全部归于无效，从中断时起，诉讼时效重新计算。引起诉讼时效中断的事由有如下三项：(1) 提起诉讼；(2) 当事人一方提出要求；(3) 一方同意履行义务。

诉讼时效期间的延长是指在诉讼时效期间届满以后，权利人基于某种正当理由，向人民法院提起诉讼时，经人民法院调查确有正当理由而将法定时效期间予以延长。

五、物权的基础知识

(一) 物权的概念和特征

物权是指权利人依法对特定的物享有直接支配和排他性的权利。包括所有

权、用益物权、担保物权。物权是由法律确认的主体对物依法所享有的支配权利,物权反映的不仅是人对物的关系,也是人与人之间对于物的归属和利用关系在法律上的体现。

物权具有下列法律特征:

(1) 物权是权利人享有对物进行直接支配的权利。权利人对物的直接支配无需借助他人的行为就能够行使自己的权利。这意味着物权人对物可以依自己的意志独立进行支配,无需得到他人的同意,在无需他人的意思和行为介入的情况下直接依法占有、使用或以其他方式支配其物。

(2) 物权是对抗世上一切人的绝对权。物权是以不特定的任何人为义务主体的民事权利,当权利人对某物享有物权时,对任何人均有约束力,权利人以外的任何人均应该依法对该权利负不作为的义务。

(3) 物权是权利主体享有排斥他人干涉的权利。物权的实现不需要义务人的积极行为予以协助,权利人在合法范围内能够无条件地、绝对地实现其权利。物权的这种特点反映在对外关系上它排除了他人的意思或行为的介入,因而也称为物权的专有性。

(4) 物权是以特定物的享受利益为内容的权利。

(二) 物权的效力

物权的效力是指基于物权的支配权和排他性,法律赋予物权的作用力和保障力,它体现了法律保障物权人能够对标的物进行支配,并排除他人干涉的程度和范围,是物权效能发挥作用的结果。

1. 物权的优先效力

物权的优先效力是指权利效力的强弱,即同一标的物上有数个利益相互矛盾、相互冲突的权利并存时,具有较强效力的权利排斥或先于具有较弱效力的权利的实现。

物权的这种优先效力源于物权的对物支配权和排他性,法律赋予物权以优先效力,有利于维护既存的财产占有关系,充分发挥物质财富的效用。物权的优先效力主要表现在以下几方面:

(1) 物权相互间的优先效力。根据物权的排他性原理:内容相同的物权之间具有相互排斥性,即在同一物上不容同一性质或同一内容的两种以上物权并存。所以,一物之上不得设立两个或两个以上的所有权。物权相互间的优先效力,是指同一标的物上存在着两个或两个以上内容或性质相同的物权时,先设立的物权优先于后设立的物权。

物权的这种优先效力又可分为两种形态:① 优先享受其权利。例如,同一不动产上设定抵押权后,再在该不动产上设定抵押权的,抵押权的优先效力依抵押权登记的先后确定,在行使抵押权时,登记在先的抵押权优先受清偿;② 先设立的物权优先于后设立的物权。例如，不动产所有人设定土地使用权后，再于同一不动产上设定抵押权时，先设定的土地使用权优先于后设定的抵押权。后设立的物权若对先设立的物权有影响，则后设立的物权将在先设立的物权实现时被排斥或消灭。又如，在某一特定土地上已设立了抵押权，如果再在该土地上设立地上权，则地上权会因抵押权的实行而消灭。

物权之间的优先效力根据物权设立时间的先后而确定，这是一般原则。但是这一原则也有例外情况，例如，在同一标的物上，虽然限制物权设立于所有权之后，但在其支配范围内却具有优先于所有权的效力。这表明限制物权的效力优先于所有权。因为限制物权本来就是根据所有权人的意志设定在所有权上的负担，起着限制所有权的作用，因此限制物权效力要优先于所有权。

(2) 物权先于债权的效力

当物权与债权在同一标的物上并存时，不问各自成立的时间的先后，物权均有优先于债权的效力，其主要情形有：① 当物已为债权的标的，如就该物再成立物权时，则物权具有优先的效力。如一物数卖。甲与乙约定将他的笔记本电脑卖给乙，乙则取得了请求甲交付该笔记本电脑的债权，此后甲又将该笔记本电脑出卖给丙，并已交付给丙。丙虽为后买受人，但丙已取得了该笔记本电脑的所有权，他优先于乙的债权，因而乙只能要求甲承担债务不履行的责任。② 当担保物权与债权并存时，担保物权具有优先于债权的效力。如在债权人依破产程序或强制执行程序行使其债权时，债务人财产上成立的担保物权具有优先的效力。

(3) 物权对于一般人的优先效力

优先购买权，是指财产所有人出卖其财产时，就该项财产与财产所有人存在物权关系的人在同等条件下可优先于其他人购买。例如共有人、承租人。

(4) 物权优先效力的例外

“买卖不破租赁”，是指在租赁合同存续期间，如果房屋所有权因买卖、继承等原因转移到第三人，租赁合同对新所有人继续有效，新所有人不能要求承租人搬走。《合同法》第 229 条规定：租赁物在租赁期间发生所有权变动的，不影响租赁合同的效力。

2. 物权的排他效力

物权的排他效力是指同一物上不得设立两个所有权或设立两个在内容上相互冲突的物权。也就是说，在一标的物上已存在的物权，具有排除在同一标的物上再行设立与之不相容的其他物权的效力，即一物不容二主。物权的排他效力主要表现为：

(1) 同一标的物上，已有所有权存在的，不得再设立所有权。

(2) 同一标的物上，已设立以占有为内容的用益物权存在的，不得另行设立具有同样性质的用益物权。当然物权的排他效力并不否认在同一物之上并存数个内容并不矛盾的物权，如所有权可以与其他任何一种他物权在同一物上并存；所有权人也可以在一物之上设定数个担保物权。

物权的排他效力并不否认在同一物之上并存数个内容并不矛盾的物权，如所有权可以与其他任何一种他物权在同一物上并存；所有权人也可以在一物之上设定数个担保物权。例如，房屋租赁，承租人享有占有和使用该房屋的权利，即用益物权，但不影响房主所享有的所有权，该房主还可以将出租的房屋抵押，产生担保物权。用益物权和担保物权可以在同一物上并存。比如，土地使用权人在土地上给他人设定地役权，同时用该土地使用权作抵押，等等。

3. 物权的追及效力

物权的追及效力是指物权的标的物被他人非法占有时，无论该物辗转流入到何人手中，所有权人都可以直接追及到物，依法向物的占有人索取，请求其返还原物。这在罗马法中称为："物在呼唤主人"。当然，物权的追及效力并不是绝对的，为了保护交易安全，物权法规定了善意取得制度，以此限制物权的追及力。

4. 物上请求权

物上请求权效力是指权利人为恢复物权的圆满状态或者防止侵害的发生，请求义务人为一定行为或者不为一定行为的权利。

物权请求权是基于绝对权而产生的请求权，当物权人在其权利的实现上遇有某种妨害时，权利人有权对造成妨害的义务人请求除去妨害的权利，因此，它不同于债权请求权，也不同于物权本身，而是基于绝对权的支配权而产生，目的在于恢复权利人对物的支配权。

物权请求权的种类：

(1) 确权请求权。因物权的归属和内容发生争议的，利害关系人可以请求确认权利。

(2) 返还原物请求权。他人非法占用所有人的不动产或者动产的，权利人可以请求返还原物。

(3) 恢复原状请求权。所有人的不动产或者动产因受非法侵害遭到损坏时，如果有恢复的可能，权利人可以请求修理、重作、更换或者恢复原状。

(4) 排除妨害请求权。他人的非法行为，妨碍财产所有权人行使其占有、使用、收益、处分的权能时，财产所有人可以请求排除妨碍，以保护财产所有人充分行使其所有权的各项权能。

(5) 消除危险请求权。他人的非法行为足以使财产有遭受毁损、灭失的危险时，财产所有人有权请求其消除危险，以免造成实际的财产损失。

(6) 损害赔偿请求权。侵害物权，造成权利人损害的，权利人可以请求损害赔偿，也可以请求承担其他民事责任。

(三) 物权的分类

1. 自物权与他物权

按照物权产生的依据和范围的大小，可以分为所有权(自物权)和他物权。

自物权是权利人依法对自有物享有的占有、使用、收益和处分的权利，自物权就是所有权。它是物权中最完整、最充分的权利。

他物权是权利人根据法律的规定或合同的约定，对他人所有之物享有的一定程度的直接支配权。学理上通常把他物权称为“限制物权”或“不完全物权”。他物权包括用益物权和担保物权。另外，他物权还可以产生限制所有权的作用。例如，在我国，土地使用权、抵押权、质权、留置权、采矿权、取水权和捕捞权等属于限制物权。

2. 用益物权和担保物权

根据对标的物进行支配的内容的不同，还可以将限制物权划分为用益物权和担保物权。用益物权，是以对物的使用、收益为目的而设立的他物权。用益物权是非所有人对他人之物所享有的占有、使用、收益的排他性权利，通过对他人之物的实体进行利用，以实现其使用价值为目的。如土地承包经营权、建设用地使用权、宅基地使用权和地役权等。

担保物权是以担保债权为目的，确保债务得到履行而设定的限制物权。担保物权以支配物的交换价值为内容，以标的物的卖得价金清偿债务为目的。因此，担保物权以标的物是否具有交换价值为重点。抵押权、质权、留置权属于担保物权。详见本书第五章第五节合同的担保。

3. 动产物权、不动产物权与权利物权

以物权的客体为标准所作的区分。以动产为客体的物权，称为动产物权，如动产所有权、动产的抵押权、动产质权和留置权等；以不动产为客体的物权，称为不动产物权，如不动产所有权、建设用地使用权、土地承包经营权、不动产抵押权等；以权利为客体的，则称为权利物权，如权利抵押权和权利质权等。区分动产物权、不动产物权和权利物权的意义在于，由于物权变动要件和公示方法的不同，一般情况下动产以占有为其享有的公示方法，以交付为其变更的公示方法，不动产以登记为公示方法。

（四）财产所有权

1. 财产所有权的概念和内容

（1）财产所有权的概念

所有权是物权制度的基本形态，是其他各种物权的基础；所有权以外的物权，都是由所有权派生出来的。财产所有权是指所有权人对自己的不动产或者动产，依法享有占有、使用、收益和处分的权利。所有权是一种对自己所有物全面支配的权利，它反映的是所有人在不涉及他人利益关系条件下对自己的所有物的控制、利用和支配关系。在所有权法律关系中，财产所有权的享有者，称为所有人，是所有权法律关系中的权利主体。所有权的权利主体总是特定的，而其义务主体却是不特定的，即任何人均负有不得非法侵犯或者妨碍所有人行使其所有权的义务。在社会经济生活中，所有权是一项最基本的民事权利。

(2) 财产所有权的内容

财产所有权的内容主要由所有人依法对其所有物的占有、使用、收益和处分的四项具体权能所构成。

① 占有权。是指所有人对财产实际控制的权利。一般情况下，占有权由财产所有人行使，但也可能与财产所有人脱离而归非所有人占有。非所有人的占有又分为合法占有和非法占有。合法占有是指依照法律规定或与所有人的约定而享有占有权；非法占有是指没有法律依据或未与所有人约定而实际占有他人的财产。非法占有按占有人是否知情又分两种情况，一是善意占有，是指占有人不知道或不可能知道自己的占有是非法的；二是恶意占有，是指占有人知道或者应当知道自己的占有是非法的。对占有进行这种区分的意义，在于判定是否应该承担返还原物和赔偿损失的法律后果。

占有人因使用占有的不动产或者动产，致使该不动产或者动产受到损害的，恶意占有人应当承担赔偿责任。不动产或者动产被占有人占有的，权利人可以请求返还原物及其孳息，但应当支付善意占有人因维护该不动产或者动产支出的必要费用。

占有的不动产或者动产毁损、灭失，该不动产或者动产的权利人请求赔偿的，占有人应当将因毁损、灭失取得的保险金、赔偿金或者补偿金等返还给权利人；权利人的损害未得到足够弥补的，恶意占有人还应当赔偿损失。

占有的不动产或者动产被侵占的，占有人有权请求返还原物；对妨害占有的行为，占有人有权请求排除妨害或者消除危险；因侵占或者妨害造成损害的，占有人有权请求损害赔偿。

占有人返还原物的请求权，自侵占发生之日起 1 年内未行使的，该请求权消灭。

② 使用权。是指所有人按照财产的性能和用途对财产进行利用的权利，也就是所有人依财产的使用价值进行生产或者消费。所有人通过对财产的使用，以满足自己生产或生活的需要。因此，使用权是所有人行使财产所有权的一项重要权能。使用权同占有权一样，在通常情况下，属于所有人本人，但有时也可能脱离所有人而由非所有人行使使用权。

③ 收益权。是指基于财产的使用而取得某种利益，包括天然孳息和法定孳息两种。收益权在一般情况下归所有人，所有人可以取得所有物的全部孳息，但是，依照法律规定或合同约定，收益权也可与所有人分离而归非所有人行使，由合法占有人享有孳息或由所有人和合法占有人分享孳息。

④ 处分权。是指所有人在法律规定的范围内决定财产在事实上和法律上的命运的权利。处分权是所有人最根本的权利。由于这种处分使得财产所有权归于消灭和转移，因此，处分可分为事实上的处分和法律上的处分两种形式。事实上的处

分，是所有人将自己的财产直接在生活和生产中消耗掉，使原物在自然状态下消灭和变更。法律上的处分，是依所有人的意志，按法律规定通过实施法律行为对财产进行处置。一般情况下，只有所有人才能行使处分权。在法律特别规定的情况下或经所有人同意，非所有人也可以行使处分权。

所有权人有权在自己的不动产或者动产上设立用益物权和担保物权。用益物权人、担保物权人行使权利，不得损害所有权人的权益。

2. 财产所有权的取得

《物权法》第7条明确规定，物权的取得和行使，应当遵守法律，尊重社会公德，不得损害公共利益和他人合法权益。所有权的取得，指民事权利主体依靠一定的法律事实获得对某一个特定财产的所有权。取得所有权的法律事实，是所有权取得的法律根据。财产所有权的合法取得的方式分为原始取得和继受取得两种。

(1) 原始取得

原始取得，是指不以原所有人的所有权和意志为根据而取得物的所有权。原始取得不是所有权主体的变更，而是依照法律的规定，最初取得财产所有权。原始取得的具体方式包括：

① 劳动生产。通过人们的社会劳动获得自然物，创造社会财富。

② 收益。是指民事主体通过合法途径而取得的物质利益，包括天然孳息和法定孳息。天然孳息是依物的自然规律而取得的收益；法定孳息是依法律规定，物在法律关系中取得的收益。

③ 添附。是指不同所有人的物被附合、混合和加工形成不可分割的一种新财产。

④ 善意取得。通过善意取得制度从无权处分人处取得动产所有权，因其权利的取得并不是基于让与行为，而是基于法律的直接规定。

⑤ 没收财产。是国家从社会公共利益出发，通过国家强制力将财产无偿收归国有的措施。

⑥ 征用。指根据国家建设需要，强制地、有偿地征用土地或把某些财产收购为国有。

⑦ 接收无主财产。是所有人不明或没有所有人的财产，包括埋藏物、隐藏物、无人认领的拾得物、漂流物以及无人继承的财产归国家或集体所有。

(2) 继受取得

继受取得，又称传来取得，是指通过某种法律行为从原所有人那里取得对某项财产的所有权。继受取得的方式有两种：一是因合同关系而取得；二是因继承关系而取得。因合同关系取得所有权，最常见的方式是买卖。买卖是一方出让标的物所有权以换取价金，他方以支付价金为对价换取标的物所有权的民事法律行为。

《物权法》第9条规定，不动产物权的设立、变更、转让和消灭，经依法登记，发生效力；未经登记，不发生效力，但法律另有规定的除外。《物权法》第23条规定，动产物权的设立和转让，自交付时发生效力，但法律另有规定的除外。法律明确规定了所有权转移条件的，当事人的约定不得与法律相抵触。因继承或者受遗赠取得物权的，自继承或者受遗赠开始时发生效力。因合法建造、拆除房屋等事实行为设立或者消灭物权的，自事实行为成就时发生效力。

赠与也是取得所有权的一种重要方式。赠与是一方无偿转让财产所有权给另一方的民事法律行为。赠与人必须自愿把物交付给受赠人，受赠人接受赠与物后，赠与物的所有权才发生转移的法律后果。如是附条件的赠与，所附条件没有成就，赠与不发生法律效力。

3. 财产所有权的保护

物权的保护是指在物权受到侵害的情况下，依照法律规定的方式回复物权的完满状态，或者说是使物权人可以行使的权利回复至完满状态。

物权保护的途径：当物权受到侵害时，权利人可以通过和解、调解、仲裁、诉讼等途径解决。物权保护的方式包括：物权确认请求权、恢复原状请求权、返还请求权、妨害排除请求权、妨害防止请求权、损害赔偿请求权。它们可以单独适用，也可以合并适用。

如果当事人选择通过诉讼程序进行。当所有权发生争议或受到侵犯时，所有人可以向法院提起诉讼，要求保护。所有权的保护主要通过以下几种方法：

(1) 确认财产所有权

当所有权的归属问题发生争议时，所有人可以向法院起诉，请求确认其所有权。这种保护方法可以独立使用，也可以与其他方法合并使用。

(2) 恢复原状

当所有人的财产被他人非法侵占遭到破坏时，如果能够恢复，则所有人有权要求加害人进行修复，恢复其本来面貌。

(3) 返还原物

当所有人的财产被他人非法占有后，所有人有权向法院起诉，请求法院依法强令不法占有人返还原物。如果原物灭失，则只能请求损害赔偿。如果财产系他人合法占有，在合法占有期限内，所有人不能请求返还财产。合法占有人将合法占有的财物非法转让给第三人，如果第三人是善意占有，并支付了合理价款，所有人一般不得向第三人请求返还原物，只能要求合法占有人赔偿损失；如果第三人是恶意占有，所有人则有权要求返还原物；非法占有人将占有物非法转让给第三人，合法占有人和财产所有人均可向第三人要求返还。一旦财物被非法占有，非法占有人不仅要返还原物，而且要返还原物所生的孳息或收益。

此外，国家财产被他人非法转让，则不论善意恶意，都要返还。

(4) 排除妨害

所有人因他人的不法行为，妨碍其行使对财产的占有、使用、收益和处分的权利时，有权请求法院排除妨害。所有人对于可能造成的妨碍，也可预先提出此种要求，以避免妨碍的发生。

(5) 赔偿损失

所有人的财产因他人不法行为而遭受毁损或灭失时，所有人有权起诉，要求加害人赔偿。

以上几种方法可以同时使用，也可以分别使用。加害人除承担民事责任外，不排除其依法应当承担的行政或刑事责任。

六、债权的基础知识

(一) 债的概念与特征

债是按照合同的约定或依照法律的规定，在当事人之间产生的特定的权利义务关系。享有权利的人是债权人，负有义务的人是债务人。债权人有权要求债务人按照合同的约定或者依照法律的规定履行义务。债具有以下法律特征：

1. 债的主体是特定的双方当事人，即债权人和债务人。在债权关系中，权利主体和义务主体都是特定的，因此，债权是相对权和对人权。而物权是绝对权和对世权，物权的义务主体是不特定的任何人。

2. 债的内容是一种请求权，即债权人享有请求债务人为一定行为或不为一定行为的权利。债权的实现都需要债务人的协助，只有通过债务人的给付，债权人的债权方可实现，债权本身并不包含对标的物的直接支配权能。而物权是支配权，权利人对物的支配无需借助他人的行为就能够行使自己的权利，义务主体只负有消极的不妨碍或不侵害物权人行使权利的义务。

3. 债的客体具有多样性。债的客体又称债的标的，即债权人的权利和债务人的义务共同指向的对象，它可以是物，可以是智力成果，也可以是行为；而物权的标的只能是物。

4. 债权具有相容性和平等性，不仅在同一标的物上可以同时并存数个债权，而且数个债权人对同一个债务人先后发生数个普通债权时，其效力一律平等。而物权具有优先性，当同一标的物上并存数个相容的物权时，先成立的物权一般优先于后成立的物权，在同一标的物上，既有物权，又有债权时，则物权优先于债权的效力。

由此可见，债权法律关系和物权法律关系是有区别的，但债权与物权都是非常重要法律制度，它们都是由一定社会的生产关系所决定的，是调整社会经济生活和财产关系的重要法律手段。债权所反映的是社会经济生活中的流通、分配和交换方面的财产关系，物权则反映的是对社会物质财富的占有、生产、消费方面的财产关系。债权的发生可以因合法行为而发生，也可以因不法行为发生，而物权只能因合法行为而发生。在社会经济生活中，物权是一项最基本的民事权利，物权的存在是某些债权发生的前提；而债权的实现，往往又导致物权人取得债务人的财产所有权。所以，物权和债权两者的关系极为密切。

（二）债的发生根据

债的发生根据是指能够引起债发生的法律事实。根据《民法通则》的规定，合同、侵权行为、不当得利、无因管理是引起债的关系发生的主要根据。

1. 合同之债

合同是当事人之间订立、变更、终止民事法律关系的协议。当事人通过订立合同设立以债权、债务为内容的民事关系，称为合同之债。合同是一种双方法律行为，是债发生的最为普遍、最为主要的法律事实。因合同产生的债权，就是债的法律关系的双方当事人之间请求对方履行合同义务的权利，因为只有对方履行了合同义务，当事人自己的债权才能实现。

2. 侵权行为之债

侵权行为是指侵害公共财产、公民个人财产或人身权利的不法行为。在民事活动中，当一方实施侵权行为时，依照法律的规定，侵害他人财产或人身权利的不法行为人应当依法承担民事责任。受害人有权要求侵害人赔偿，侵害人有义务负责赔偿。因此，侵害人和受害人之间就产生了特定的民事权利义务关系。所以，因侵权行为发生的债称为侵权行为之债。

3. 无因管理之债

无因管理是指没有法定的或者约定的义务，为避免他人利益受损失而主动为他人管理事务或服务的行为。对他人事务进行管理或者服务的人是管理人，受管理人管理事务或服务的人为本人，又称受益人。无因管理人或无因服务人由于主动助人而付出了必要费用，使自己受到一定的损失，故法律规定他们有权请求受益人支付因管理或服务而支出的必要费用，以及在该活动中受到的损失。由此，在无因管理人或者无因服务人与受益人之间形成了债的法律关系。其中，无因管理人或无因服务人是债权人，受益人为债务人。

无因管理之债，对于发扬团结互助的社会公德，保护公民个人财产和合法利益，保护社会公共财产，防止和缩小损害的发生，促进社会主义精神文明的建设具有积极的意义。

4. 不当得利之债

不当得利是指没有合法的根据而取得某种利益，并造成他人损失的行为。发生不当得利的事实时，因为一方取得利益没有合法的根据，另一方因此而受到损害，所以依照法律规定，受损失的一方有权请求不当得利人返还所得的利益，不当得利人有义务将取得的不当利益返还给受损人。当事人之间发生的返还不当得利的特定权利义务关系，称为不当得利之债。

5. 其他事由发生的债

如缔约过失、遗赠等。

（三）债的消灭

债作为民事法律关系的一种，可以因一定的法律事实的出现而发生，也可以由特定的事实的出现而消灭。债的消灭又称为债的终止，是指因一定法律事实的出现而使当事人之间既存的债权债务关系客观上已不复存在。通常，债的履行是债消灭的最主要的原因，除此之外，其他法律事实的出现也能引起债的消灭，主要有：

(1) 债的抵消。即同种类并已届履行期的对等债务，因当事人抵充其债务而同时消灭。但与身份有关的债务不能采用抵消的方法。

(2) 债的混合。某一具体之债的债权人和债务人的利益合为一体。

(3) 债的提存。即债权人无正当理由拒绝债务人履行义务，债务人将标的物交有关部门保存，以此代替应向债权人的给付，从而免除了自己的债务。提存物意外毁损灭失的风险归属于债权人。

(4) 双方协议。当事人双方协议解除债的关系或者免除债务人的义务。

(5) 免除。即债权人放弃债权，从而解除了债务人所承担的义务。

(6) 当事人死亡。具有严格人身性质之债，因债权人或债务人死亡而消灭。

复习思考题

1. 法的基本特征有哪些?
2. 试比较大陆法系与普通法系的区别。
3. 当代中国法律体系包括哪些法律部门?
4. 如何理解民事法律关系的概念和构成要素?
5. 试述民事权利的概念与分类。
6. 简述法人的概念及应具备的条件。
7. 简述法人的分类。
8. 试述法人的民事权利能力和自然人民事权利能力的区别。
9. 试述民事法律行为有何特点?
10. 附条件民事法律行为中的条件有何特点?
11. 民事法律行为的一般生效条件有哪些?
12. 试析无效民事行为与可撤销、可变更民事行为的区别。
13. 试述效力待定民事行为的种类。
14. 滥用代理权主要有哪些表现?
15. 试述间接代理的法律后果。
16. 简述表见代理的构成条件。
17. 简述诉讼时效的概念和分类。
18. 试述诉讼时效的起算、中止、中断。
19. 物权的特征有哪些?

20. 物权的效力包括哪些?
21. 如何理解物权的效力?
22. 简述所有权的内容。
23. 简述所有权的取得方式。
24. 简述所有权与他物权有何区别?
25. 简述用益物权与担保物权的区别。
26. 简述债权与物权的区别。

案例分析题

案例1 2007年2月8日,张某将一台价值1200元的洗衣机无偿借给周某使用,双方说好3月8日归还。同年3月1日,张某和朋友李某到周某家玩,正好李某需要洗衣机,张某按原价1200元卖给李某,李某当时只带有1000元现金,就预付了1000元,说好到3月8日,周某直接把洗衣机给李某。结果3月5日,周某擅自以自己所有的名义把洗衣机卖给刘某,得价款1500元。3月8日李某来取洗衣机时,周某拿不出洗衣机,但表示愿意付给李某1000元作为补偿。李某不同意。遂发生纠纷。

请回答以下问题:

1. 本案中存在几个法律关系?各当事人的权利、义务分别是什么?
2. 你认为应当如何来处理本案中的纠纷?

案例2 A县某村民甲欲购几匹马搞运输,本村村民乙得知此事,便对甲某声称自己在新疆有朋友,专卖伊犁马,而且价格可以优惠,价款可以收到货物后1个月支付。于是甲便委托乙去新疆买马,约定来回路费由甲承担,生意做成后,还可给乙一定报酬。乙来到新疆向朋友丙出示了甲的授权委托书,商量买马事宜。但丙表示没有甲所要的那种马,只有优良品种的骡子,并介绍骡子强壮、抗逆性强(抗病、耐寒、耐饥饿等)、寿命长。乙觉得骡子跑运输也不错,便以甲的名义与该畜牧场签订了合同:购买骡子6头,每头4000元,共计24000元,同时,合同还约定1个月内以电汇方式支付价款,合同签订时间为2009年10月10日。2009年10月16日,乙将6头骡子带回本村,并向甲说明情况,甲未置可否。次日,甲收到丙的催款来函。

请回答下列问题:

1. 试分析本案中甲与乙之间的关系?
2. 乙与丙签订的买卖骡子的合同对甲有何效力,为什么?
3. 甲对乙以甲的名义与丙签订的买骡子合同可以采取何种措施?
4. 丙对甲可以行使何种权利,为什么?

案例3 罗某在公园散步时,不小心将随身携带的手机丢失,后该手机被公园管理人拾得,交给有关行政部门。罗某未能在规定的保管期内认领,行政管理部门将手机交给代售店拍卖。张某在代售店按拍卖价买了这部手机，赠给自己的男朋友杜某。后来杜某出差时，将手机放在邻居李某家，当日手机被偷走。不久，小偷被抓获。在公安机关的审查中，小偷供认自己曾在李某家偷了手机一部，并将手机卖给了袁某。因为双方是在工厂门口谈妥交易的，所以要价很便宜，当时商定价格是500元，但实际上只付了350元，剩余的150元说定在10天内送达，但袁某见对方不敢催，就拖着一直没付。杜某根据公安机关的通知，前去认领核实后，提出了将手机返还自己的请求。罗某知道通知后，认定该手机是自己在公园内遗失的那部，即向人民法院起诉，要求张某、杜某返还手机或赔偿损失。问：

1. 罗某是否有权要求张某、杜某返还手机或赔偿损失？为什么？
2. 本案中，谁对手机享有所有权？为什么？

案例4　2005年3月，甲骑摩托车将乙撞伤。交警认定系甲车速太快所致。乙当日去医院治疗，花去医药费1000元。2005年10月，乙感觉胸部疼痛，医院检查结果表明，其脾脏因前几个月受到外力撞击而肿大，乙花去治疗费2500元。由于乙近数月并没有受到其他外伤，由此，他确定是甲将其撞伤的结果。2006年5月，乙找到甲，要求甲赔偿，遭到甲的拒绝。乙只好到当地社区，要求社区调解员调解此纠纷，但调解未果。2007年4月，乙起诉法院，要求甲赔偿。甲称乙的请求已过诉讼时效，无权再向法院起诉。

请回答下列问题：

1. 甲、乙纠纷的诉讼时效为多长时间？
2. 乙要求甲赔偿医药费1000元请求的诉讼时效从何时起算？
3. 乙要求甲赔偿治疗费2500元请求的诉讼时效从何时起算？
4. 乙要求社区调解员调解甲、乙之间纠纷能否使诉讼时效中断？
5. 如果乙的请求已过诉讼时效，乙是否还有权到法院起诉？

案例5　甲和乙系某科技公司同事，因工作需要，公司委派甲去国外培训一年。甲临行时，将自己电脑委托给舍友乙保管和使用。三个月后，甲给乙发邮件，说自己在当地买了一台笔记本电脑，宿舍的电脑可找机会卖掉。乙的好友丙得知此事后表示想买下该电脑，但又不愿多出钱。丙对乙说，你可给甲发邮件，告之他该电脑经常出毛病，而且显示屏老化图像不清楚，要求降低价格才能出售。乙有些犹豫，但考虑到与丙关系不错，便按丙的意思给甲发信，甲回信说如电脑真有问题，可以降低价格卖掉。于是乙以800元的低价卖给了丙。甲回国后不久知道了真相，便要求丙返还电脑。丙答复说，半月前已以1500元的价格卖与丁。经查，丁买下电脑时对上述情况并不知情，1500元的价格与当时二手电脑市价相差无几，但在一周前，丁在使用电脑下载资料时，电脑起火并造成其他财产损失近2500元。

根据上述案情，回答下列问题：

1. 乙丙之间买卖电脑的行为属于什么性质的行为，效力如何？
2. 甲可以请求乙、丙承担什么责任？

3. 丙与丁买卖电脑的行为是否有效？为什么？

4. 丁可以向谁要求赔偿损失？请求依据是什么？

案例6 2006年5月，张某与王某签订售房协议，张某以30万元的价格将一套房屋卖给王某，并办理了过户登记手续，王某当即支付购房款20万元，并答应6个月后付清余款。王某取得房屋后，又与赵某签订房屋转让协议，约定以34万元的价格将房屋卖给赵某。在双方正式办理过户登记及付款前，王某又与孙某签订了房屋转让协议，以38万元的价格将房屋卖给孙某，并办理了过户手续。

请回答下列问题：

1. 王某与赵某、孙某签订的房屋转让协议是否有效？为什么？

2. 如赵某要求履行与王某签订的合同，取得该房屋，其要求能否得到支持？为什么？

案例7 大学毕业前夕，吴某决定将自己的电脑卖掉，于是在校内布告栏张贴愿意以1500元的价格转让电脑的广告。张某见到该广告后当即拿出1500元钱交给吴某，并说由于宿舍目前没有电脑桌难以放置，让吴某妥善保管2天。吴某收下钱并答应替张某保管。第二天，周某找到吴某表示愿意以1700元购买该电脑，吴某考虑再三，收下周某的钱并让她将电脑搬走了。第三天，张某来搬电脑，吴某称电脑已卖给他人并将1500元钱退给他，张某表示不要退钱，电脑我已经买下非要其交付电脑不可。请问：

1. 根据法律，张某是否取得了该电脑的所有权？

2. 周某能否以善意取得为由，获得该电脑的所有权？

第二章　企业法

企业是指依法设立的，以营利为目的，从事生产经营活动、服务活动和实行独立核算的经济组织。作为市场经济的基本细胞和竞争主体，企业是国民经济运行的基本载体和微观基础。

第一节　个人独资企业法

一、个人独资企业的概念和特征

（一）概念

个人独资企业是指依照《中华人民共和国个人独资企业法》（以下简称《个人独资企业法》）在中国境内设立，由一个自然人投资，财产为投资人个人所有，投资人以其个人财产对企业债务承担无限责任的经营实体。

（二）特征

个人独资企业具有以下特征：

1. 个人独资企业是由一个自然人投资设立的企业

个人独资企业是一个经营实体，具有组织体的特征。设立个人独资企业只能是一个自然人，国家机关、国家授权投资的机构或者国家授权的部门、企业、事业单位等都不能作为个人独资企业的设立人。《个人独资企业法》第 47 条规定，外商独资企业不适用本法，因此《个人独资企业法》所指的自然人只是指中国公民，不包括外国公民。当然，法律、行政法规禁止从事营利性活动的人不得作为投资人申请设立个人独资企业。

2. 个人独资企业的投资人对企业的债务承担无限责任

个人独资企业的财产为投资人个人所有，因此，个人独资企业自身不是一个独立的财产权主体，从权利和义务上看，出资人与企业是不可分割的。投资人对企业的债务承担无限责任，即当企业的资产不足以清偿到期债务时，投资人应以自己个人的全部财产用于清偿企业债务。

3. 个人独资企业是非法人企业

个人独资企业是自然人从事商业经营的一种组织形式，但这种经营组织由一个自然人出资，投资人对企业的债务承担无限责任，在权利义务上，企业和个人是融为一体的，企业的责任即是投资人个人的责任，企业的财产即是投资人的财产。因此个人独资企业没有独立承担民事责任的能力。但个人独资企业是独立的民商事主体，可以以自己的名义从事民事或者商事活动。

4. 个人独资企业的内部机构设置简单，经营管理方式灵活

个人独资企业的投资人是企业的所有者，对企业具有完全的控制权，投资人可以视企业的情况自主选择经营管理方式。因此，其内部机构的设置较为简单，决策程序也较为灵活。

二、个人独资企业法的概念和立法宗旨

《个人独资企业法》是调整关于个人独资企业的设立、投资人及事务管理、企业的解散、终止等方面关系的法律规范的总称。《中华人民共和国个人独资企业法》于 2000 年 1 月 1 日起实施。该法的立法宗旨是：

(1) 规范个人独资企业的行为；

(2) 保护个人独资企业投资人和债权人的合法权益；

(3) 维护社会经济秩序，促进社会主义市场经济的发展。

三、个人独资企业法的适用范围

《个人独资企业法》只适用于个人独资企业。根据该法规定，个人独资企业是由一个自然人投资设立，财产为投资人个人所有，投资人以其个人财产对企业债务承担无限责任的经营实体。所以，《个人独资企业法》不适用于具有独资特点的全民所有制企业，不适用于国有独资公司及其他一人公司。

四、个人独资企业法的设立

(一) 个人独资企业的设立条件

根据《个人独资企业法》第 8 条规定，设立个人独资企业应当具备下列条件：

(1) 投资人为一个自然人；

(2) 有合法的企业名称；

(3) 有投资人申报的出资；

(4) 有固定的生产经营场所和必要的生产经营条件；

(5) 有必要的从业人员。

(二) 个人独资企业的设立程序

个人独资企业的设立程序，就是指为使个人独资企业成立而依法进行的一系

列法律行为及所经法律程序的总称。个人独资企业的设立程序主要包括：申请、受理和审查、登记。根据《个人独资企业法》规定，申请设立个人独资企业，应当由投资人或者其委托的代理人向个人独资企业所在地的登记机关提交设立申请书、投资人身份证明、生产经营场所使用证明等文件。个人独资企业设立申请书中应当载明下列事项：企业的名称和住所；投资人的姓名和居所；投资人的出资额和出资方式；经营范围。

登记机关应当在收到上述文件之日起15日内，对符合《个人独资企业法》规定条件的，予以登记，发给营业执照；对不符合《个人独资企业法》规定条件的，不予登记，并应当给予书面答复，说明理由。个人独资企业的营业执照签发日期，为个人独资企业成立日期。

五、个人独资企业的投资人及事务管理

（一）投资人的权利和责任

个人独资企业的投资人为一个具有中国国籍的自然人，投资人对企业资产及运营收益享有完全的所有权，对财产享有占有、使用、收益、处分的权利；对企业享有全部的经营决策、管理等权利。由于个人独资企业是一个投资人以其个人财产对企业债务承担无限责任的经营实体。因此，《个人独资企业法》第31条规定个人独资企业财产不足以清偿债务的，投资人应当以其个人的其他财产予以清偿。如果个人独资企业投资人在申请企业设立登记时明确以其家庭共有财产作为个人出资的，应当依法以家庭共有财产对企业债务承担无限责任。

（二）个人独资企业的事务管理

个人独资企业的事务管理方式有两种：一种是自行管理；另一种是委托他人管理。为了保护投资人、受托人和第三人的正当权益，投资人委托或者聘用他人管理个人独资企业事务，应当与受托人或者被聘用的人签订书面合同，明确委托的具体内容和授予的权利范围。

为了保护投资人的合法权益，《个人独资企业法》规定受托人或者被聘用的人员应当履行诚信、勤勉义务，按照与投资人签订的合同负责个人独资企业的事务管理。应当指出的是，投资人对受托人或者被聘用的人员职权的限制，不得对抗善意第三人。所谓第三人是指除受托人或被聘用的人员以外与企业发生经济业务关系的人。个人独资企业的投资人与受托人或者被聘用的人员之间有关权利义务的限制只对受托人或者被聘用的人员有效，对第三人并无约束力。

个人独资企业的投资人委托或者聘用的管理企业事务的人员不得有下列行为：

（1）利用职务上的便利，索取或者收受贿赂；

（2）利用职务或者工作上的便利侵占企业财产；

(3) 挪用企业的资金归个人使用或者借贷给他人;

(4) 擅自将企业资金以个人名义或者以他人名义开立账户储存;

(5) 擅自以企业财产提供担保;

(6) 未经投资人同意,从事与本企业相竞争的业务;

(7) 未经投资人同意,同本企业订立合同或者进行交易;

(8) 未经投资人同意,擅自将企业商标或者其他知识产权转让给他人使用;

(9) 泄露本企业的商业秘密;

(10) 法律、行政法规禁止的其他行为。

投资人委托或者聘用的人员违反规定从事上述行为,侵犯个人独资企业财产权益的,责令退还侵占的财产;给企业造成损失的,依法承担赔偿责任;有违法所得的,没收违法所得;构成犯罪的,依法追究刑事责任。

六、个人独资企业的解散与清算

(一) 个人独资企业的解散条件

个人独资企业的解散是指个人独资企业终止活动使其民事主体资格消灭的行为。根据《个人独资企业法》第 26 条的规定,个人独资企业有下列情形之一时,应当解散:

(1) 投资人决定解散;

(2) 投资人死亡或者被宣告死亡,无继承人或者继承人决定放弃继承;

(3) 被依法吊销营业执照;

(4) 法律、行政法规规定的其他情形。

(二) 个人独资企业的清算

个人独资企业解散时,应当进行清算。清算制度的目的就是为了规范企业清算行为,保护债权人、投资人与其他利害关系人的合法权益,因此,应当坚持公开、公正原则进行清算。《个人独资企业法》对个人独资企业清算作了如下规定:

1. 通知和公告债权人

个人独资企业解散,由投资人自行清算或者由债权人申请人民法院指定清算人进行清算。投资人自行清算的,应当在清算前 15 日内书面通知债权人,无法通知的,应当予以公告。债权人应当在接到通知之日起 30 日内,未接到通知的应当在公告之日起 60 日内,向投资人申报其债权。

2. 财产清偿顺序

个人独资企业解散的,财产应当按照下列顺序清偿:(1) 所欠职工工资和社会保险费用;(2) 所欠税款;(3) 其他债务。个人独资企业财产不足以清偿债务的,投资人应当以其个人的其他财产予以清偿。

3. 清算期间对投资人的要求

清算期间,个人独资企业不得开展与清算目的无关的经营活动。在按前述财产清偿顺序清偿债务前,投资人不得转移、隐匿财产。

4. 投资人的持续偿债责任

个人独资企业解散后,原投资人对个人独资企业存续期间的债务仍应承担偿还责任,但债权人在5年内未向债务人提出偿债请求的,该责任消灭。

第二节 合伙企业法

一、合伙企业与合伙企业法概述

(一) 合伙企业的概念及特征

合伙企业是指由自然人、法人和其他组织依法在中国境内设立的普通合伙企业和有限合伙企业。与其他企业形态相比,合伙企业具有以下法律特征:

1. 合伙协议是合伙企业得以成立的法律基础

合伙企业从法律上讲,属于人合性质。也就是说,合伙本质上是人的结合而不是资本的结合。合伙的信用基础是全体合伙人而不是合伙财产。因此,合伙企业的设立,必须由各合伙人协商一致,订立合同,没有合伙协议,合伙企业就不能成立。所以,合伙协议就是合伙企业的行为规则,它调整合伙关系、规范合伙人相互间的权利义务、处理合伙纠纷的基本法律依据,也是合伙企业得以成立的法律基础。

2. 合伙人共同出资、合伙经营、共负盈亏、共担风险

出资是合伙人的基本义务,也是其取得合伙人资格的前提。合伙企业的资本由全体合伙人共同出资构成,合伙企业在生产经营活动中所取得、积累的财产归合伙人共有。合伙人既是出资者又是经营者。对于共同经营的收益和风险,由合伙人共享和共担。当然,有限合伙企业的情形有所不同,有限合伙人可以不参加合伙企业的营业,不执行合伙事务。

3. 合伙企业从事的行为一般是具有经济利益的营业行为

合伙人的目的都是为了营利,特别是依据《合伙企业法》成立的合伙企业,属于商事合伙的性质,从事营利性行为,是一种营利性组织。合伙企业的营利性,使得它与其他具有合伙形式但不以营利为目的的合伙组织相区别。

4. 合伙人对合伙企业的债务承担无限连带责任

合伙企业是以合伙人个人财产为基础而成立起来的,合伙人的共同出资构成合伙企业的财产。合伙企业的财产属于全体合伙人所共有,由于合伙企业的团体

人格与合伙人的个人人格紧密联系，因此，合伙企业的债务，归根结底是合伙人的债务。为了保障和实现合伙企业的债权人的合法权益，当合伙企业的财产不足以清偿合伙企业的债务时，合伙人应当以自己的其他财产承担剩余债务的连带清偿责任。这一特征是合伙企业与其他企业最主要的区别。

（二）合伙的分类

合伙是一种古老的企业组织形态。在罗马法上，合伙是一种契约，根据该契约，两人以上相互承担义务将物品或者劳作集中在一起，以实现某一合法的且具有共同功利的目的。罗马法上的合伙有三种形式：共有合伙、农艺合伙和商业合伙。欧洲中世纪，随着商品经济的发展，合伙经营日益普遍，合伙形式也得到了新的突破，合伙的团体性质得到了增强。合伙企业是合伙关系中形式较为完备、具有一定的稳定性并以营利为目的的一种合伙形态。由于合伙组织的成立手续简单便捷、经营方式灵活、管理控制集中，因而是众多中小投资者所乐于采用的企业组织形式。在现代市场经济条件下，合伙因其聚散灵活的经营形式和较强的应变能力，普遍受到各国法律的重视，已成为现代社会市场经济所不可缺少的企业组织形式之一。

1. 民事合伙与商事合伙

民事合伙是指不以营利为目的的合伙和虽以营利为目的，但合伙组织体未达到一定程度和经营规模的合伙。商事合伙是指以营利为目的，并且合伙组织体达到一定经营规模的合伙，而且商事合伙必须拥有自己的商号，并且在商号的名义下进行活动。大陆法系是以调整合伙以及合伙人之间的权利义务关系适用法律规范的不同来进行分类的，民事合伙关系适用民事法律规范来调整，商事合伙关系适用商事法律规范来调整。

2. 普通合伙和有限合伙

普通合伙是指全体合伙人享有平等参与合伙企业经营管理的权利，分享合伙收益，同时对企业债务承担无限连带责任的合伙。有限合伙是指至少有一名普通合伙人和一名负有限责任的合伙人组成的合伙。在有限合伙中，普通合伙人行使合伙事务执行权，负责企业的经营管理，并对合伙债务负无限连带责任，而有限合伙人则不参与企业经营管理，对合伙债务仅以其出资额为限负有限责任。

3. 显名合伙与隐名合伙

显名合伙是指各合伙人都公开合伙人身份和姓名，并具体参与合伙的事务执行的合伙。隐名合伙是指合伙中存在一个或一部分合伙人不公开其身份和姓名，并不参与合伙的经营活动，但参与合伙的利润分配，对合伙的债务只承担有限责任的合伙。

4. 一般普通合伙和特殊普通合伙

特殊普通合伙是指以专业知识和专门技能为客户提供有偿服务的专业机构性

质的合伙。特殊的普通合伙企业必须在其企业名称中标明“特殊普通合伙”字样，以区别于普通合伙企业。我国立法对于一般普通合伙以合伙人对于合伙债务负无限连带责任为原则，但在特殊普通合伙中，一个合伙人或者数个合伙人在执业活动中因故意或者重大过失造成合伙企业债务的，应当承担无限责任或者无限连带责任，其他合伙人以其在合伙企业中的财产份额为限承担责任。由此可见，特殊普通合伙有特别规定的情况下，不排除普通合伙人也可能承担有限责任。

（三）合伙企业法

合伙企业作为与个人独资企业和公司并存的三大市场主体之一，在我国经济活动中大量存在。为了规范合伙企业的行为，保护合伙企业及其合伙人的合法权益，维护社会经济秩序，促进社会主义市场经济的发展，1997 年 2 月 23 日第八届全国人民代表大会常务委员会第二十四次会议通过了《中华人民共和国合伙企业法》，将合伙企业导向规范化。但是，随着社会主义市场经济体制的逐步完善，社会经济生活中出现了一些新的情况和问题，《合伙企业法》的有些规定已不适应现实要求，迫切需要修改完善。2006 年 8 月 27 日第十届全国人民代表大会常务委员会第二十三次会议对《合伙企业法》进行了修订，新的合伙企业法(以下称《合伙企业法》)自 2007 年 6 月 1 日起施行。

《合伙企业法》适用于自然人、法人和其他组织在中国境内设立的普通合伙企业和有限合伙企业。而外国投资者在中国境内设立合伙企业则适用国务院颁布的《外国企业或者个人在中国境内设立合伙企业管理办法》。

二、普通合伙企业

（一）普通合伙企业的设立条件与程序

1. 普通合伙企业的设立条件

合伙企业的设立，是指准备设立合伙企业的人员依照法律规定的条件和程序向合伙企业登记机关申请设立合伙企业的行为。设立合伙企业应当具备一定的条件，根据《合伙企业法》第 14 条的规定，设立普通合伙企业应具备以下条件：

(1) 有两个以上的合伙人

根据《合伙企业法》的规定，除自然人外，法人和其他组织均可以成为合伙企业的合伙人，自然人之间可以设立合伙企业，法人或其他组织之间可以设立合伙企业，自然人和法人或其他组织之间也可以设立合伙企业。合伙人为法人或其他组织的，应当具有民事权利能力和民事行为能力。合伙人为自然人的，应当具有完全民事行为能力。

但是，国有独资公司、国有企业、上市公司以及公益性的事业单位、社会团体不得成为普通合伙人。这是法律对普通合伙人的资格限制。此外，法律、行政法规禁止从事营利性活动的人，不得成为合伙企业的合伙人。

(2) 有书面合伙协议

合伙协议不仅是合伙企业设立的基础，而且是合伙企业最重要的法律文件，它是确定合伙人之间权利义务关系的基本依据。合伙协议必须采用书面形式，并载明以下内容：① 合伙企业的名称和主要经营场所的地点；② 合伙目的和合伙企业的经营范围；③ 合伙人的姓名或者名称及其住所；④ 合伙人出资的方式、数额和缴付的期限；⑤ 利润分配和亏损分担方式；⑥ 合伙事务的执行；⑦ 入伙与退伙；⑧ 争议解决办法；⑨ 合伙企业的解散与清算；⑩ 违约责任。合伙协议经全体合伙人签名、盖章后生效。

(3) 有合伙人认缴或实际缴付的出资

合伙人应当按照合伙协议的规定缴纳出资。合伙人的出资方式可以是货币、实物、土地使用权、知识产权或者其他财产权利。经全体合伙人协商一致，合伙人也可以用劳务、技术等出资。合伙人以非货币财产出资的，一般应进行评估作价。评估作价由合伙人协商确定，也可以由全体合伙人委托法定评估机构进行评估，以评估报告作为折价的依据。合伙人以劳务出资的，其评估办法由全体合伙人协商确定，并要在合伙协议中载明。

(4) 有合伙企业的名称和生产经营场所

合伙企业的名称是合伙企业人格特定化的标志，合伙企业只有拥有自己的名称，才能以自己的名义参与民事法律关系，享有民事权利，承担民事义务。合伙企业的名称具有唯一性和排他性。合伙企业的名称中应当标明“普通合伙”的字样。

(5) 法律、行政法规规定的其他条件

2. 合伙企业的设立程序

设立合伙企业，应由全体合伙人指定的代表或者共同委托的代理人向企业登记机关申请设立登记。登记机关为工商行政管理部门。根据《合伙企业法》第9条的规定，申请设立合伙企业应向企业登记机关提交登记申请书、合伙协议书、全体合伙人的身份证明等文件。登记机关自收到申请人提交的符合规定的全部申请文件之日起20日内，作出核准登记或者不予登记的决定。符合合伙企业法规定的条件的，予以登记，发给营业执照。合伙企业的营业执照签发之日，为合伙企业的成立日期。

(二) 普通合伙企业的财产、管理与使用

1. 普通合伙企业的财产及性质

合伙企业财产是指合伙人的出资、以合伙企业名义取得的收益和依法取得的其他财产。合伙企业存续期间，合伙企业的财产主要由三部分构成：

一是合伙人出资形成的财产；二是合伙经营创造和积累的财产，即以合伙名义取得的收益；三是依法取得的其他财产。

在合伙人出资财产中，不同的出资所反映的性质不完全一样：合伙人以现金或

明确以财产所有权出资的，意味着所有权的转移，此时出资人不再享有出资财产的所有权，而由全体合伙人共有。合伙人以土地使用权、房屋使用权、商标使用权，专利使用权等权利出资的，由于出资人并不因出资行为而丧失土地使用权、房屋所有权、商标权、专利权等权利，这些出资财产的所有权或使用权仍然属于出资人，此时合伙企业只享有使用权和管理权。合伙经营创造和积累的财产归全体合伙人共有。

2. 普通合伙企业财产的管理与使用

合伙企业的财产由全体合伙人依照《合伙企业法》规定共同管理和使用。在合伙企业存续期间，合伙人之间可以转让在合伙企业中的全部或者部分财产份额，但应通知其他合伙人。除合伙协议另有约定外，合伙人向合伙人以外的人转让其在合伙企业中的全部或者部分财产份额时，须经其他合伙人一致同意。合伙人向合伙人以外的人转让其在合伙企业中的财产份额的，在同等条件下，其他合伙人有优先购买权。未经其他合伙人一致同意，合伙人以其在合伙企业中的财产份额出质的，其行为无效；由此给善意第三人造成损失的，依法承担赔偿责任。在合伙企业存续期间，除依法退伙等法律有特别规定的情形外，合伙人不得请求分割合伙企业财产，也不得私自转移或者处分合伙企业财产。合伙人在合伙企业清算前私自转移或者处分合伙企业财产的，合伙企业不得以此对抗善意第三人。

（三）普通合伙事务的执行

合伙事务的执行是指为实现合伙目的而进行的对内对外的经营管理活动。每一个合伙人，不管出资额多少，对执行合伙事务享有同等的权利。根据《合伙企业法》的规定，合伙人执行合伙企业事务，可以有以下几种形式：

1. 由全体合伙人共同执行。这种方式适合于合伙人数较少的合伙。

2. 由各合伙人分别单独执行合伙事务。

3. 由一名合伙人执行合伙事务。

即一名合伙人受托代表全体合伙人执行合伙事务。这种方式适合于人数较多的合伙。

4. 由数名合伙人共同执行合伙事务。

即由全体合伙人委托数名合伙人执行合伙事务。这种方式同样适合于人数较多的合伙。每一合伙人有权将其对合伙事务的执行权委托其他合伙人代理，而自己不参与合伙事务的执行。

合伙事务的执行主要规则有：

(1) 对外代表权

按照《合伙企业法》的规定，执行合伙企业事务的合伙人，对外代表合伙企业。

(2) 执行合伙企业事务合伙人与其他合伙人的关系

根据合伙协议的约定或者经过全体合伙人一致同意，由一人或者数个合伙人执行合伙事务的，则其他合伙人不再执行合伙事务；不参加执行事务的合伙人有权监督执行事务的合伙人，检查其执行合伙企业事务的情况；执行合伙企业事务的合伙人应当定期向其他合伙人报告事务执行情况及合伙企业经营状况、财务状况。其执行合伙事务所产生的收益归合伙企业，所产生的费用和亏损由合伙企业承担。合伙人为了解合伙企业的经营状况和财务状况，有权查阅合伙企业会计账簿等财务资料。

（3）重大事项决策权

合伙企业下列事项，除合伙协议另有约定外，应当经全体合伙人一致同意：

① 改变合伙企业的名称；

② 改变合伙企业的经营范围、主要经营场所的地点；

③ 处分合伙企业的不动产；

④ 转让或者处分合伙企业的知识产权和其他财产权利；

⑤ 以合伙企业名义为他人提供担保；

⑥ 聘任合伙人以外的人担任合伙企业的经营管理人员。

（4）合伙人的异议权和撤销权

合伙人分别执行合伙事务的，执行事务合伙人可以对其他合伙人执行的事务提出异议。提出异议时，应当暂停该项事务的执行。受委托执行合伙事务的合伙人不按照合伙协议或者全体合伙人的决定执行事务的，其他合伙人可以决定撤销该委托。

（5）合伙事务表决方式

合伙人对合伙企业有关事项作出决议，按照合伙协议约定的表决办法办理。合伙协议未约定或者约定不明确的，实行合伙人一人一票并经全体合伙人过半数通过的表决办法。

（四）竞业禁止

为了维护全体合伙人共同的利益，对合伙人的行为进行规制，《合伙企业法》规定了合伙人的竞业禁止义务，在合伙企业存续期间，合伙人不得自营或者与他人合作经营与本合伙企业相竞争的业务。除合伙协议另有约定或者经全体合伙人一致同意外，合伙人不得同本合伙企业进行交易。合伙人不得从事损害本合伙企业利益的活动。

（五）利润分配与亏损分担

合伙企业的利润分配、亏损分担，按照合伙协议的约定办理；合伙协议未约定或者约定不明确的，由合伙人协商决定；协商不成的，由合伙人按照实缴出资比例分配利润和分担亏损。无法确定各合伙人的出资比例，则由各合伙人平均分配利润和分担亏损。

(六) 普通合伙与第三人的关系

1. 合伙企业对外代表权的效力

合伙企业与第三人关系,实际是指有关合伙企业的对外关系,它涉及到保护善意第三人的利益、合伙企业和合伙人的债务清偿等问题。合伙人设立合伙的目的是通过合伙经营活动而盈利,而合伙的经营活动不是封闭的,必须通过市场与第三人进行相应的民事活动,达到经营目的。根据《合伙企业法》规定,在合伙企业存续期间,执行合伙企业事务的合伙人,对外代表合伙企业。合伙企业对合伙人执行合伙企业事务以及对外代表合伙企业权利的限制,不得对抗善意第三人。善意第三人是指本着合法交易的目的,诚实地通过合伙企业的事务执行人,与合伙企业之间建立民事、商事法律关系的法人、非法人团体或自然人。

2. 合伙企业和合伙人的债务清偿

(1) 合伙企业的债务清偿与合伙人的关系

合伙人的连带清偿责任。合伙企业的债务是以合伙企业的名义对他人所负的债务,因此承担债务的主体是合伙企业,而不是代表合伙企业对外行使代表权的合伙人个人,但是承担债务的财产范围不只限于合伙企业的财产,同时还包括合伙人的个人财产。因此《合伙企业法》规定:合伙企业对其债务,应先以其全部财产进行清偿,合伙企业不能清偿到期债务的,合伙人承担无限连带责任。

连带责任意味着每个合伙人均须对全部合伙债务负责,债权人可以依其选择,请求全体、部分或者个别合伙人清偿债务,被请求的合伙人即须清偿全部的合伙债务,不得以自己承担的份额为由拒绝;同时每个合伙人对合伙债务的清偿,均对其他合伙人发生清偿的效力。

合伙人之间的债务分担和追偿。以合伙企业的全部财产清偿合伙企业的债务时,其不足部分,由各合伙人用在合伙企业出资以外的个人财产承担清偿责任,各合伙人承担的债务数额依照合伙协议约定的亏损承担比例分担,合伙人未约定亏损分担比例的,由各合伙人平均分担。但是合伙人之间的分担比例对债权人没有约束力。债权人可以根据自己的清偿利益,请求全体合伙人中的一人或数人承担全部清偿责任。如果合伙人实际支付的债务数额超过了他依照既定比例所应当承担的数额,则他有权就该超过部分请求未支付或者未足额支付其应承担数额的合伙人给予补偿,即有权向其他合伙人追偿。

(2) 合伙人个人债务的清偿

在合伙企业存续期间,可能发生个别合伙人因不能偿还其个人债务而被追索的情况。由于合伙人在合伙企业中拥有财产利益,合伙人的债权人可能会向合伙企业提出各种清偿请求。为了保护合伙企业和其他合伙人的合法权益,同时也为了保护债权人的合法权益,《合伙企业法》作了如下规定:

合伙人的债权人不得对合伙企业主张抵消权。合伙企业中某一合伙人的债权人,不得以该债权抵消其对合伙企业的债务。因为,两者的债务性质是不同的。合伙企业的债权独立存在,反映了全体合伙人的利益,而某一合伙人的债务应当由其自行负责,不应当由合伙企业偿还或者冲抵。

合伙人的债权人不得代位行使合伙人的权利。合伙人个人负有债务,其债权人不得代位行使该合伙人在合伙企业中的权利。因为,合伙企业具有人合性质,合伙人之间相互了解和信任是维系合伙关系稳定的基础。合伙人个人债务的债权人作为第三人,不具有合伙资格,与其他合伙人不具有以合伙为基础的关系。此外,合伙人在合伙企业中不仅享有财产性质的收益权,还包括其在合伙企业中的表决权等身份权及法定管理权、监督权等其他权利。而合伙人的债权人对合伙人的其他权利如合伙事务执行权、重大事务表决权、对企业的监督权等等均没有请求权,所以,合伙人的债权人不得代位行使合伙人在合伙企业中的权利。

合伙人的债权人可以依法追索合伙人在合伙企业中的收益和财产份额。合伙人个人财产不足清偿其个人所负债务的,该合伙人可以从其在合伙企业中分取的收益用于清偿;债权人也可以依法请求人民法院强制执行该合伙人在合伙企业中的财产份额用于清偿;对该合伙人的财产份额,其他合伙人有优先购买的权利。这既保护了债权人的清偿利益,也无损于全体合伙人的合法权益。

(七)普通合伙的入伙与退伙

1. 入伙

(1)入伙的概念和入伙的条件

入伙,是指合伙存续其间,不具有合伙人身份的第三人加入合伙企业,从而取得合伙人的资格。

入伙是一种民事法律行为,因此,入伙应具备一定的条件,根据《合伙企业法》的规定,新合伙人入伙成为合伙人,必须具备以下条件并履行相应的法律手续。

① 应当经过全体合伙人的同意。

② 依法订立书面合伙协议。订立合伙协议时,原合伙人应当向新的合伙人告知原合伙企业的经营状况和财务状况。

入伙协议是新合伙人与原合伙人在平等自愿的基础上,就新合伙人的入伙问题以及新合伙人入伙后的权利义务问题所达成的协议。合伙企业接纳新合伙人入伙,可能涉及合伙企业出资比例、盈余分配和债务分担的变动,需要对原有的合伙协议进行重大修改和调整。

(2)入伙的法律效力

入伙的新合伙人与原合伙人享有同等权利,承担同等责任。但是,入伙协议另有约定的,依照合伙协议的约定执行。关于新入伙人对入伙前合伙企业的债务承担问题,根据《合伙企业法》第 44 条规定,入伙的新合伙人对入伙前合伙企业的债务承担无限连带责任。

2. 退伙

退伙，是指在合伙企业存续期间，合伙人资格的消灭。退伙的形式有自愿退伙、法定退伙和除名退伙三种。

(1) 自愿退伙

自愿退伙又称声明退伙，是指合伙人基于自愿的意思表示而退伙。自愿退伙又可分为协议退伙和通知退伙。

协议退伙是指当合伙协议约定了合伙的经营期限时，某一合伙人要求退伙的情形。《合伙企业法》第45条规定：合伙协议约定合伙期限的，在该期限内若有下列情形之一时，合伙人可以退伙：

① 合伙协议约定的退伙事由出现；

② 经全体合伙人一致同意；

③ 发生合伙人难以继续参加合伙的事由；

④ 其他合伙人严重违反合伙协议约定的义务。

合伙人违反上述规定擅自退伙的，应当赔偿由此给其他合伙人造成的损失。

通知退伙是指在合伙协议未约定合伙期限的情况下的退伙。根据《合伙企业法》第46条规定，合伙协议未约定合伙企业的经营期限的，合伙人在不给合伙企业事务执行造成不利影响的情况下，可以退伙，但应当提前30日通知其他合伙人。

合伙人违反上述规定擅自退伙的，应当赔偿由此给合伙企业造成的损失。

(2) 法定退伙

法定退伙，是指合伙人基于法定事由的出现，不再具备合伙人的基本条件而必须退伙的情形。法定退伙又可以分为当然退伙和除名退伙两种。

《合伙企业法》对当然退伙的情形作了规定，即：

① 作为合伙人的自然人死亡或者被依法宣告死亡；

② 个人丧失偿债能力；

③ 作为合伙人的法人或者其他组织依法被吊销营业执照、责令关闭撤销，或者被宣告破产；

④ 法律规定或者合伙协议约定合伙人必须具有相关资格而丧失该资格；

⑤ 合伙人在合伙企业中的全部财产份额被人民法院强制执行。

(3) 除名退伙

除名退伙也称开除退伙，是指在合伙企业存续期间，当某一合伙人出现法定事由或者合伙协议约定的事由时，其他合伙人一致同意将该合伙人开除出合伙企业，而使其丧失合伙人资格。

《合伙企业法》规定了开除退伙的事由，包括：

① 未履行出资义务；

② 因故意或者重大过失给合伙企业造成损失；

③ 执行合伙事务时有不正当行为；

④ 发生合伙协议约定的事由。

由此可见，当然退伙与除名退伙的不同之处在于：当然退伙的原因是客观性的，应当退伙的合伙人并没有实施损害合伙企业利益的行为，也即该合伙人主观上并无过错，而除名退伙的原因是主观性的，即该合伙人发生了损害合伙企业利益的行为，将其除名退伙含有惩罚性的因素。

对合伙人的除名决议应当书面通知被除名人。被除名人接到除名通知之日，除名生效，被除名人退伙。被除名人对除名决议有异议的，可以自接到除名通知之日起30日内，向人民法院起诉。

(4) 退伙的法律效力

退伙的法律效力具体表现为：① 退伙人丧失合伙人身份，脱离原合伙协议约定的权利义务关系。② 退伙将导致退伙人在合伙企业中的财产份额和民事责任的归属变动。这种变动包括：

a. 财产继承

当出现合伙人因死亡或者被宣告死亡而退伙的情况时，按照《合伙企业法》的规定，合伙人死亡或者被依法宣告死亡的，对该合伙人在合伙企业中的财产份额享有合法继承权的继承人，依照合伙协议的约定或者全体合伙人同意，从继承开始之日起，取得该合伙企业合伙人的资格。有下列情形之一的，合伙企业应当向合伙人的继承人退还被继承合伙人的财产份额：

① 继承人不愿意成为合伙人的；

② 法律规定或者合伙协议约定合伙人必须具有相关资格，而该继承人未取得该资格；

③ 合伙协议约定不能成为合伙人的其他情形。

合伙人的继承人为无民事行为能力人或者限制民事行为能力人的，经全体合伙人一致同意，可以依法成为有限合伙人，普通合伙企业依法转为有限合伙企业。全体合伙人未能一致同意的，合伙企业应当将被继承合伙人的财产份额退还该继承人。

b. 退伙结算

退伙结算，是指除死亡和宣告死亡的情形之外，合伙人退伙时，其他合伙人应当与该退伙人按照退伙时的合伙企业财产状况进行结算，退还退伙人的财产份额。退伙人给合伙企业造成的损失负有赔偿责任的，可以在退还其财产的份额中扣减其应当赔偿的数额。退伙时有未了结的合伙企业事务的，待了结后进行清算。

退伙人在合伙企业中财产份额的退还办法，由合伙协议约定或者由全体合伙人决定，可以退还货币，也可以退还实物。如果退伙时合伙企业的财产少于合伙企业债务，亦即资不抵债时，则退伙人应当根据合伙协议的约定办理；合伙协议未约定或者约定不明确的，由合伙人协商决定；协商不成的，由合伙人按照实缴出资比例分担；无法确定出资比例的，由合伙人平均分担。

c. 退伙人责任

合伙人退伙以后，并不能解除对于合伙企业既往债务的无限连带责任。退伙人对其退伙前已经发生的合伙企业的债务，与其他合伙人承担无限连带责任。

三、特殊的普通合伙企业

特殊的普通合伙企业是指以专门知识和技能为客户提供有偿服务的专业服务机构，这些服务机构可以设立为特殊的普通合伙企业。特殊的普通合伙企业适用于以专业知识和专门技能为客户提供有偿服务的专业服务机构，比如律师事务所、会计师事务所、建筑师事务所和资产评估师事务所等，这些以专业知识和专门技能为基础为客户提供有偿服务的机构可以采用成立特殊的普通合伙企业。非专业服务机构不能采取特殊的普通合伙企业形式。

由于不同性质的合伙企业，其合伙人的责任形式是不相同的。因此，特殊的普通合伙企业必须在其企业名称中标明“特殊普通合伙”字样，以区别于普通合伙企业。

特殊的普通合伙企业合伙人的责任形式。特殊的普通合伙企业的一个合伙人或者数个合伙人在执业活动中因故意或者重大过失造成合伙企业债务的，应当承担无限责任或者无限连带责任，其他合伙人以其在合伙企业中的财产份额为限承担责任。这与普通合伙企业是不同的，在普通合伙企业中，合伙人即使是基于故意或者重大过失而给合伙企业造成债务，在对外责任的承担上依然是由全体合伙人承担无限连带责任，尽管对内其他合伙人可以追索有过错的合伙人，而在特殊的普通合伙企业中，出现由于个别合伙人的故意或者重大过失而导致的合伙企业债务时，没有过错的其他合伙人是不需要承担对外责任的，债权人也只能追索有过错的合伙人。

特殊普通合伙企业的合伙人在执业活动中非因故意或者重大过失造成的合伙企业债务以及合伙企业的其他债务，由全体合伙人承担无限连带责任。

特殊普通合伙企业的合伙人在执业活动中因故意或者重大过失造成的合伙企业债务的，首先以合伙企业的财产承担对外清偿责任，不足时由有过错的合伙人承担无限责任或者无限连带责任，没有过错的合伙人不再承担责任。当以合伙企业的财产承担对外责任后，有过错的合伙人应当按照合伙协议的约定对给合伙企业造成的损失承担赔偿责任。

四、有限合伙企业

有限合伙企业是指由普通合伙人和有限合伙人组成，普通合伙人对合伙企业债务承担无限连带责任，有限合伙人以其认缴的出资额为限对合伙企业债务承担责任的经营性组织。

(一)有限合伙企业的设立条件

设立有限合伙企业,应当具备下列条件:

1. 由2个以上50个以下合伙人设立。有限合伙企业至少应当有一个普通合伙人。

2. 有书面合伙协议。

有限合伙企业的合伙协议除需要记载普通合伙企业协议应当载明的事项,还需要载明以下特殊事项:

(1) 普通合伙人和有限合伙人的姓名或者名称、住所;

(2) 执行事务合伙人应具备的条件和选择程序;

(3) 执行事务合伙人的权限与违约处理办法;

(4) 执行事务合伙人的除名条件和更换程序;

(5) 有限合伙人入伙、退伙的条件、程序以及相关责任;

(6) 有限合伙人和普通合伙人相互转变程序。

3. 有限合伙人认缴或者实际缴付的出资。

有限合伙人可以用货币、实物、知识产权、土地使用权或者其他财产权利作价出资。有限合伙人不得以劳务出资。有限合伙人应当按照合伙协议的约定按期足额缴纳出资;未按期足额缴纳的,应当承担补缴义务,并对其他合伙人承担违约责任。有限合伙企业登记事项中应当载明有限合伙人的姓名或者名称及认缴的出资数额。

4. 有限合伙企业的名称和生产经营场所。有限合伙企业名称中应当标明"有限合伙"字样。

5. 法律、行政法规规定的其他条件。

(二)有限合伙企业的事务执行

1. 有限合伙企业事务执行的形式

有限合伙企业的事务由普通合伙人执行,这是有限合伙企业的一项基本原则,普通合伙人执行合伙事务时,应当遵循普通合伙企业的合伙人执行合伙事务的有关规定。有限合伙人不执行合伙事务,也不得对外代表有限合伙企业。这是有限合伙企业与普通合伙企业的重大区别。在普通合伙企业中,任何一个合伙人都有权执行合伙事务,都有权对外代表合伙企业,其地位是完全平等的。

有限合伙人的下列行为不视为执行合伙事务:

(1) 参与决定普通合伙人入伙、退伙;

(2) 对企业的经营管理提出建议;

(3) 参与选择承办有限合伙企业审计业务的会计事务所;

(4) 获取经审计的有限合伙企业财务会计报告;

(5) 对涉及自身利益的情况,查阅有限合伙企业财务会计账簿等财务资料;

(6) 在有限合伙企业中的利益受损时，向有责任的合伙人主张权利或者提起诉讼；

(7) 执行事务合伙人怠于行使权利时，督促其行使权利或者为了本企业的利益以自己的名义提起诉讼；

(8) 依法为本企业提供担保。

2. 合伙人在执行合伙事务中的权利和义务

有限合伙人仅以其认缴的出资额为限对合伙企业的债务承担责任，而普通合伙人需要对合伙企业债务承担无限连带责任。新入伙的有限合伙人对入伙前合伙企业的债务也是以其认缴的出资额为限承担责任。

有限合伙人可以同本有限合伙企业进行交易，但是，合伙协议另有约定的除外。即有限合伙人以可以同本有限合伙企业进行交易为原则，以合伙协议的限制为例外。这一规定与普通合伙企业的规定不同。普通合伙企业的合伙人不得同本合伙企业进行交易，除非合伙协议另有约定或者经过全体合伙人同意。

有限合伙人可以自营或者同他人合作经营与本有限合伙企业相竞争的业务，但是，合伙协议另有约定的除外。即有限合伙人以可以自营或者同他人合作经营与本有限合伙企业相竞争的业务为原则，以合伙协议的限制为例外。这一规定与普通合伙企业的规定不同。普通合伙企业的合伙人有竞业禁止的义务，普通合伙企业的合伙人不得自营或者同他人合作经营与本合伙企业相竞争的业务。

有限合伙人可以按照合伙协议的约定向合伙人以外的人转让其在有限合伙企业中的财产份额，但应当提前 30 日通知其他合伙人。而普通合伙企业的合伙人对外转让财产份额时须经其他合伙人一致同意，除非合伙协议另有约定。

除合伙协议另有约定以外，有限合伙人可以将其在有限合伙企业中的财产份额出质。而普通合伙企业的合伙人须经其他合伙人一致同意方可以其在合伙企业中的财产份额出质。

作为有限合伙人的自然人在合伙企业存续期间丧失民事行为能力的，其他合伙人不得因此要求其退伙。而普通合伙企业的合伙人若丧失民事行为能力，经得全体合伙人一致同意，可以成为有限合伙人。否则只能作退伙处理。

五、表见普通合伙

在有限合伙企业中，有限合伙人仅以其认缴的出资额为限对合伙企业债务承担有限责任，这是有限合伙制度的一项基本原则。但是，如果有限合伙人的行为足以使得第三人合理信赖其为普通合伙人时，则有限合伙人对该行为的后果得承担普通合伙人的责任，即承担无限连带责任。《合伙企业法》规定：第三人有理由相信有限合伙人为普通合伙人并与其交易的，该有限合伙人对该笔交易承担与普通合伙人同样的责任。

有限合伙人未经授权以有限合伙企业名义与他人进行交易，给有限合伙企业或者其他合伙人造成损失的，该有限合伙人应当承担赔偿责任。

六、有限合伙企业与普通合伙企业的转化

在有限合伙企业存续期间，除合伙协议另有约定外，经全体合伙人一致同意，普通合伙人可以转变为有限合伙人，有限合伙人可以转变为普通合伙人。有限合伙人转变为普通合伙人的，对其作为有限合伙人期间有限合伙企业发生的债务承担无限连带责任；普通合伙人转变为有限合伙人的，对其作为普通合伙人期间合伙企业发生的债务承担无限连带责任。

当有限合伙企业仅剩有限合伙人的，则该企业不再是合伙企业，故应当解散。当有限合伙企业仅剩普通合伙人的，有限合伙企业转为普通合伙企业，并应当进行相应的企业变更登记。

七、合伙的解散与清算

（一）合伙的解散

合伙企业的解散是指合伙企业因某些法律事实的发生而使其民事主体资格归于消灭的行为。致使合伙企业解散的法律事实称为合伙企业解散的事由。根据合伙企业解散是否出于自愿，合伙企业解散的事由分为两类：一类是任意解散事由；一类是强制解散事由。前者是基于合伙人的自愿而解散，后者是基于法律或行政法规的规定而被迫解散。合伙企业有下列事由出现时，应当解散：

1. 合伙期限届满，合伙人决定不再经营

合伙协议约定有经营期限，期限届满时合伙人不愿意继续经营，合伙企业应当解散。这意味着合伙协议约定的经营期限届满并不必然引起合伙企业的解散，只有在与合伙人不愿继续经营的条件同时具备时，才会引起合伙企业解散的后果。如果合伙协议约定的经营期限届满后合伙人一致同意延长合伙经营期限，延长后的期限则为不定期限。但此时应在原约定的经营期限届满之日起 15 日内向原登记机关办理有关变更登记手续。

2. 合伙协议约定的解散事由出现

当合伙协议约定的某一事由出现时合伙便解散，这种在设立合伙时的约定行为实际就是附解除条件的法律行为，当条件成就时协议解除，合伙解散。

3. 全体合伙人决定解散

合伙可由合伙人基于合意而设立，自然也可基于合伙人的合意而解散。无论合伙协议是否约定有合伙经营期限，合伙人均可通过合意而终止合伙协议，解散合伙。

4. 合伙人已不具备法定人数满三十天

根据《合伙企业法》的规定，合伙企业的合伙人必须是 2 人以上，若合伙成立后

不断发生退伙而致使合伙企业已经不具备法定人数的条件，这种情形持续满30天时，合伙企业应当解散。

5. 合伙协议约定的合伙目的已经实现或者无法实现

6. 依法被吊销营业执照、责令关闭或者被撤销

7. 法律、行政法规规定的其他原因

（二）合伙企业清算

合伙企业清算是指合伙企业解散后，为了终结合伙企业现存的各种法律关系，依法清理合伙企业债权债务的行为。按《合伙企业法》规定，合伙企业解散后应当进行清算，并通知和公告债权人，清算人由全体合伙人担任；未能由全体合伙人担任清算人的，经全体合伙人过半数同意，可以自合伙企业解散事由出现后15日内指定一名或者数名合伙人，或者委托第三人，担任清算人。自合伙企业解散事由出现之日起15日内未确定清算人的，合伙人或者其他利害关系人可以申请人民法院指定清算人。

1. 清算人的职责

清算人在清算期间执行下列事务：

(1) 清理合伙企业财产，分别编制资产负债表和财产清单；

(2) 处理与清算有关的合伙企业未了结的事务；

(3) 清缴所欠税款；

(4) 清理债权、债务；

(5) 处理合伙企业清偿债务后的剩余财产；

(6) 代表合伙企业参加诉讼或者仲裁活动。

2. 清算程序

清算人自被确定之日起10日内将合伙企业解散事项通知债权人，并于60日内在报纸上公告。债权人应当自接到通知书之日起30日内，未接到通知书的自公告之日起45日内，向清算人申报债权。债权人申报债权，应当说明债权的有关事项，并提供证明材料。清算人应当对债权进行登记。

清算期间，合伙企业存续，但不得开展与清算无关的经营活动。

清算结束后，清算人应当编制清算报告，经全体合伙人签名、盖章后，在15日内向企业登记机关报送清算报告，申请办理合伙企业注销登记。

3. 清偿的顺序

合伙企业财产在支付清算费用后，应按下列顺序清偿：合伙企业所欠的职工工资、社会保险费用和法定补偿金以及缴纳合伙企业所欠税款、清偿合伙企业的债务，合伙企业财产按上述顺序清偿后仍有剩余的，按照合伙协议的约定办理；合伙协议未约定或者约定不明确的，由合伙人协商决定；协商不成的，由合伙人按照实缴出资比例分配、分担；无法确定出资比例的，由合伙人平均分配、分担。

4. 合伙企业注销后的债务承担

合伙企业注销后,原普通合伙人对合伙企业存续期间的债务仍应承担无限连带责任,债权人仍然可以向普通合伙人进行追偿。

5. 合伙企业的破产与债务清偿

合伙企业不能清偿到期债务的,债权人可以依法向人民法院提出破产清算申请,也可以要求普通合伙人清偿。由此可见,当合伙企业不能清偿到期债务时,债权人可以选择以下两种途径中的任何一种以保护自己的债权:

(1) 根据《企业破产法》的规定,向人民法院提出破产清算的申请,通过破产清算程序实现自己的债权;

(2) 直接要求普通合伙人按照无限连带责任的规定偿还债务。如果选择破产清算程序,则合伙企业在依法被宣告破产后,普通合伙人对合伙企业的债务仍应承担无限连带责任。

第三节　外商投资企业法

一、外商投资企业与外商投资企业法的概念

(一) 外商投资企业的概念

外商投资企业,是指依照中华人民共和国法律的规定,在中国境内设立的,由中国投资者和外国投资者共同投资或仅由外国投资者投资的企业。其中中国投资者包括中国的公司、企业或者其他经济组织,外国投资者包括外国的公司、企业和其他经济组织或者个人。

(二) 外商投资企业的特征

(1) 外商投资企业是外商直接投资举办的企业。外商投资的资金直接来自境外,这种直接投资是指投资者将资金投入企业,并不同程度地参与企业的经营决策,通过企业盈利分配获取投资收益的投资方法。其相对于间接投资而言,具有更大的稳定性。

(2) 外商投资企业是一个独立的经济实体,独立核算,自负盈亏,独立承担法律责任。外商投资企业不包括外国企业和其他经济组织在中国境内的分支机构。

(3) 外商投资企业是吸引外国私人投资举办的企业。私人投资是指以公司、企业和其他经济组织或者个人的名义进行的投资。它与政府的对外援助不同,具有民间经济技术合作的色彩。

(4) 外商投资企业是依照中国的法律和行政法规,经中国政府批准,在中国境内设立的企业,是中国的法律主体,受中国法律的保护和管辖。

（三）外商投资企业的种类

外商投资企业是一个总的概念，包括所有含有外资成分的企业。根据我国有关法律和行政法规规定，我国目前的外商投资企业主要有以下几种：

1. 中外合资经营企业

中外合资经营企业按照中外投资者的出资比例来确定投资者的风险、责任和利润分配，各自的权利和义务十分明确。这种形式较多地应用于投资多、技术性强、合作时间长的项目。企业采取有限责任公司的组织形式，故亦称股权式合营。

2. 中外合作经营企业

中外合作经营企业由双方通过合作经营企业合同约定各自的权利和义务，这种形式的特点是合作方式较为灵活，外商在企业注册资本中的份额无强制性要求；并且允许外方投资者先行回收投资，对外方投资者有较大的吸引力；在合作期满后，企业全部固定资产无偿归中方所有。故此种合营称为契约式合营。

3. 外商独资经营企业

外商独资经营企业（简称外资企业）的全部资本均为外商出资和拥有。企业可以是一个外国投资者独资，也可以是若干外国投资者合资。企业是一个独立的经济实体，独立经营，独立核算，独立承担法律责任。

4. 外商投资股份有限公司

外商投资股份有限公司也是外商投资企业的一种形式，是指外国股东同中国股东依照我国法律，在我国境内设立的中外股东共同持股的股份有限公司。外商投资股份有限公司的外国股东购买并持有的公司股份必须占公司的注册资本的25％以上。

（四）外商投资企业法的概念

外商投资企业法是指有关外商投资企业组织和活动的行为规范的法律、法规的总称，是由众多的有关外商投资企业的立法规范形成的一个法律体系。其主要内容包括外商投资企业的组织形式、设立与登记程序、法律地位、投资关系、法律文件、中外双方的权利义务、组织机构、经营管理、劳动关系、税收、外汇管理、解散与清算等。

（五）我国的外商投资企业立法

我国的外商投资企业立法是伴随着我国的改革和对外开放政策而逐步建立并不断完善的，至今已经形成较为完备的外商投资企业立法体系，其中重要的法律、法规有：《中外合资经营企业法》、《中外合作经营企业法》、《外资企业法》、《中外合资经营企业法实施条例》、《中外合作经营企业法实施细则》、《外资企业法实施细则》、《中外合资经营企业合营各方出资的若干规定》、《中外合资经营企业注册资本与投资总额比例的暂行规定》等。

二、中外合资经营企业法

（一）中外合资经营企业的概念

中外合资经营企业（简称合营企业），是指外国的公司、企业和其他经济组织或者个人同中国的公司、企业或者其他经济组织，依照中国的法律和行政法规，经中国政府批准，设在中国境内的，由双方共同投资、共同经营，并按照投资比例共担风险、共负盈亏的企业。

1979年7月第五届全国人民代表大会第二次会议通过了《中华人民共和国中外合资经营企业法》（以下简称《中外合资经营企业法》），并于1990年4月第七届全国人民代表大会第三次会议和2001年3月第九届全国人民代表大会第四次会议进行了两次修正，以及2001年7月国务院修订的《中外合资经营企业法实施条例》，是中外合资经营企业的主要法律依据。

（二）中外合资经营企业的特征

中外合资经营企业具有如下法律特征：

（1）中外合资经营企业是在中国境内，按中国法律规定取得法人资格，为中国法人，组织形式为有限责任公司。

（2）中外合资经营企业的合营各方按照法律的有关规定和合同的约定共同出资、共同参与企业的经营，并且按照各自的出资比例承担风险和分享利润。

（3）在中外合资经营企业的注册资本中，外方的合营者的投资比例有一定的要求。

（4）中外合资经营企业建立由董事会、经理组成的组织机构，实行规范的企业内部管理体制。

（三）中外合资经营企业的设立

1. 设立条件

申请设立的合营企业，必须符合下列一项或数项要求：

（1）采用先进技术设备和科学管理方法，能增加产品品种，提高产品质量和产量，节约能源和材料；

（2）有利于企业技术改造，能做到投资少、见效快、收益大；

（3）能扩大产品出口，增加外汇收入；

（4）能培训技术人员和经营管理人员。

对于申请设立的合营企业有下列情况之一的，不予批准：有损中国主权的；违反中国法律的；不符合中国国民经济发展要求的；造成环境污染的；签订的协议、合同、章程显属不公平，损害合营一方权益的。

2. 设立合营企业的审批机关

设立合营企业必须经国务院对外经济贸易主管部门（以下简称审批机关）审查

批准。合营企业批准设立后，由审批机关发给批准证书。

3. 中外合资经营企业的设立程序

设立合营企业的一般程序是：立项、洽谈、签约、审批、登记、注册。中外合资企业的立项申请由中方提出，然后双方在平等互利、协商一致基础上进行签约；审批机关自接到中国合营者按规定报送的全部文件之日起，在3个月内决定批准或者不批准，批准的发给批准证书；合营企业申请人应在收到审批机关发给的批准证书后1个月内，向合营企业所在地的工商行政管理机关办理合营企业的登记手续，领取营业执照。合营企业的营业执照签发日期，即为企业的成立日期。

4. 中外合资经营企业的资本

(1) 注册资本与投资总额

注册资本是指为设立合营企业在工商行政管理机关登记的资本总额，是合营各方认缴的出资额之和。在合营企业的注册资本中，外国合营者的投资比例一般不低于25%。注册资本在法律上的意义是：

① 合营企业以自己的注册资本承担债务，投资者以其认缴的出资额对企业承担责任。

② 合营各方按各自在注册资本中的比例分享利润和分担风险。

③ 合营企业在合营期内不得减少注册资本，但可增加。增加注册资本应由合营企业董事会会议通过，并报原审批机关批准，向原工商行政管理机关办理变更登记手续。

合营企业的投资总额是指按照合营企业合同、章程规定的生产规模需要投入的基本建设资金和生产流动资金的总和。如果合营各方的出资额之和达不到投资总额，可以以合营企业的名义进行贷款。合营企业的注册资本与企业贷款必须保持一个适当的、合理的比例。国家工商行政管理局发布的《关于中外合资经营企业注册资本与投资总额比例的暂行规定》中，明确了合营企业注册资本与投资总额的比例，其主要内容为：

① 投资总额在300万美元以下的(含300万美元)，注册资本至少应占投资总额的7/10；

② 投资总额在300万美元以上至1000万(含1000万)美元的，注册资本至少应占投资总额的1/2，其中投资总额在420万美元以下的，注册资本不得低于210万美元；

③ 投资总额在1000万美元以上至3000万(含3000万)美元的，注册资本至少应占投资总额的2/5，其中投资总额在1250万美元以下的，注册资本不得低于500万美元；

④ 投资总额在3000万美元以上的，注册资本至少应占投资总额的1/3，其中投资总额在3600万美元以下的，注册资本不得低于1200万美元。

(2) 合营企业合营各方的出资方式

合营者可以用货币出资，也可以用建筑物、厂房、机器设备或者其他物料、工业产权、专有技术、场地使用权等作价出资。以建筑物、厂房、机器设备或者其他物料、工业产权、专有技术作为出资的，其作价由合营各方按照公平合理的原则协商确定，或者聘请合营各方同意的第三者评定。

外国合营者以货币出资时，只能以外币缴付出资，外国合营者出资的外币，应当按缴款当日中国人民银行公布的基准汇率折算成人民币或者套算成约定的外币。

外国合营者作为投资的技术和设备，必须确实是适合我国需要的先进技术和设备，而且该机器设备或者其他物料的作价，不得高于同类机器设备或者其他物料当时的国际市场价格。

中国合营者的投资可包括为合营企业经营期间提供的场地使用权。如果场地使用权未作为中国合营者投资的一部分，合营企业应向中国政府缴纳使用费。

作为外国合营者出资的工业产权或者专有技术，必须符合下列条件之一：(1) 能显著改进现有产品的性能、质量，提高生产效率的；(2) 能显著节约原材料、燃料、动力的。

外国合营者以工业产权或者专有技术作为出资，应当提交该工业产权或者专有技术的有关资料，包括专利证书或者商标注册证书的复制件、有效状况及其技术特性、实用价值、作价的计算根据、与中国合营者签订的作价协议等有关文件，作为合营合同的附件。

外国合营者作为出资的机器设备或者其他物料、工业产权或者专有技术，应当报审批机构批准。

凡是以建筑物、厂房、机器设备或者其他物料、工业产权、专有技术作价出资的，出资者应当出具拥有所有权和处置权的有效证明。

合营企业任何一方不得用以合营企业名义取得的贷款、租赁的设备或者其他财产以及合营者以外的他人财产作为自己的出资，也不得以合营企业的财产和权益或者合营他方的财产和权益为其出资担保。

(3) 合营企业合营各方的出资期限

合营各方应当在合营合同中订明出资期限，并且应当按照合营合同规定的期限缴清各自的出资。合营合同规定一次缴清出资的，合营各方应当从营业执照签发之日起 6 个月内缴清；合营合同规定分期缴付出资的，合营各方第一期出资，不得低于各自认缴出资额的 15%，并且应当在营业执照签发之日起 3 个月内缴清。

外国投资者未依法缴付各期出资的，外资企业批准证书自动失效。

(4) 中外合资经营企业的组织形式和组织机构

① 合营企业的组织形式

中外合资经营企业的组织形式为有限责任公司，具有法人资格，中外合营各方以认缴出资额为限对企业债务承担责任。

② 合营企业的组织机构

根据《中外合资经营企业法》及其实施条例的规定，合营企业的组织机构是董事会和经营管理机构。

a. 董事会

合营企业的董事会是合营企业的最高权力机构。合营企业的组织形式虽然是有限责任公司，但并不设立股东会。

董事会的职权是按合营企业章程的规定，讨论决定合营企业的一切重大问题。董事会的人数，由合营各方协商，在合营企业合同、章程中确定，但不得少于 3 人。

董事名额的分配，由合营各方参照出资比例协商确定。然后，由合营各方按照分配的名额分别委派董事。董事的任期为 4 年，经合营者继续委派可以连任。

董事长和副董事长由合营各方协商确定或由董事会选举产生。中外合营者的一方担任董事长的，由他方担任副董事长。董事长是合营企业的法定代表人。董事长不能履行职责时，应授权副董事长或其他董事代表合营企业。

董事会的职权是按照合营企业章程的规定，讨论决定合营企业的一切重大问题，包括企业发展规划、生产经营活动方案、收支预算、利润分配、劳动工资计划、停业，以及总经理、副总经理等高级管理人员的任命或聘请及其职权和待遇等。

董事会会议每年至少召开一次，由董事长负责召集并主持。经 1/3 以上的董事提议，可以由董事长召开董事会临时会议。董事会会议应有 2/3 以上董事出席方能举行。

下列事项由出席董事会会议的董事一致通过方可作出决议：ⓐ 合营企业章程的修改；ⓑ 合营企业的中止、解散；ⓒ 合营企业注册资本的增加、转让；ⓓ 合营企业与其他经济组织的合并、分立。

b. 合营企业的经营管理机构

合营企业的经营管理机构负责企业的日常经营管理工作。经营管理机构设总经理 1 人，副总经理若干人，其他高级管理人员若干人。总经理、副总经理可以由中国公民担任，也可以由外国公民担任。总经理或者副总经理不得兼任其他经济组织的总经理或者副总经理，不得参与其他经济组织对本企业的商业竞争。

(5) 中外合资经营企业的经营管理

① 合营企业的经营管理

合营企业所需的机器设备、原材料、燃料、配套件、运输工具和办公用品等，有权自行决定在中国购买或者向国外购买。鼓励合营企业向中国境外销售产品，出口产品可由合营企业直接或与其有关的委托机构向国外市场出售，也可通过中国的外贸机构出售。合营企业产品也可在中国市场销售。

② 合营企业的财务与会计管理

合营企业的财务与会计制度，应当按照中国有关法律和财务会计制度的规定，结合合营企业的情况加以制定，并报当地财政部门、税务机关备案。合营企业应向合营各方、当地税务机关和财政部门报送季度和年度的会计报表。年度会计报表应抄报原审批机关。

合营企业原则上采用人民币为记账本位币，但经合营各方商定，也可以采用某一种外币为记账本位币。以外币记账的合营企业，除编制外币的会计报表外，还应另外编制折合人民币的会计报表。

合营企业的税后利润中可以向出资人分配的利润，按照合营企业各方出资比例进行分配。合营企业以前年度尚未分配的利润，可并入本年度的可分配利润中进行分配。

合营企业的下列文件、证件、报表，应经中国注册会计师验证和出具证明方为有效：ⓐ 合营各方的出资证明书（以物料、场地使用权、工业产权、专有技术出资的，应当包括合营各方签字同意的财产估价清单及其协议文件）；ⓑ 合营企业的年度会计报表；ⓒ 合营企业清算的会计报表。

（四）合营企业的合营期限、解散与清算

1. 合营企业的合营期限

合营企业的合营期限是指合营各方根据中国的法律、行政法规的规定和合营企业的经营目标，在合营合同中对合营企业存续期间的规定。

按规定在合同中应约定合营期限的项目，其期限应根据项目的行业类型、投资额、投资风险和投资回收期的长短确定，一般项目原则上为10—30年。属于国家鼓励和允许投资的项目，在合同中约定合营期限的，可适当放宽。如投资大、建设周期长、资金利润率低的项目以及外国合营者提供先进技术或者关键技术生产尖端产品的项目，或者在国际上有竞争力的产品的项目其合营期限可以延长到50年。经国务院特别批准的，可以在50年以上。

举办合营企业，属于下列行业或者情况的，合营各方应当依照国家有关法律、法规的规定，在合营合同中约定合营期限：

（1）服务性行业的，如饭店、公寓、写字楼、娱乐、饮食、出租汽车、彩扩洗相、维修、咨询等；

（2）从事土地开发及经营房地产的；

（3）从事资源勘查开发的；

（4）国家规定限制投资项目的；

（5）国家其他法律、法规规定需要约定合营期限的。

约定合营期限的合营企业，合营各方同意延长合营期限的，应当在距合营期限届满6个月前向审批机关提出申请。审批机关应当在收到申请之日起1个月内决定批准或者不批准。

属于上述行业或者情况以外的合营企业，合营企业的合营各方若一致同意将合营合同中约定的合营期限条款修改为不约定合营期限的条款，应提出申请，报原

审批机关审查,原审批机关应当自收到上述申请文件之日起90日内决定批准或者不批准。

2. 合营企业的解散

合营企业有下列情形之一者,应予解散:(1) 合营期限届满;(2) 企业发生严重亏损,无力继续经营;(3) 合营一方不履行合营企业协议、合同、章程规定的义务,致使企业无法继续经营;(4) 因自然灾害、战争等不可抗力遭受严重损失,无法继续经营;(5) 合营企业既未达到其经营目的,又无发展前途;(6) 合营企业的合同、章程所规定的其他解散原因已经出现。

除合营期限届满外,上述第(2)、(4)、(5)、(6)项情形发生的,合营企业的解散均由董事会提出解散申请,并报审批机关批准。

上述第(3)项情况发生的,由履行合同的一方提出申请,报审批机构批准。在这种情况下,不履行合营企业协议、合同、章程规定的义务一方,应当对合营企业由此造成的损失负赔偿责任。

3. 合营企业的清算

外商投资企业的清算工作应按照公司法和外商投资法律、行政法规的相关规定办理。因为,1996年6月15日国务院批准发布的《外商投资企业清算办法》已于2008年1月15日废止,根据《公司法》第218条规定:外商投资的有限责任公司和股份有限公司适用本法;有关外商投资的法律另有规定的,适用其规定。外商投资法律和行政法规有特别规定而公司法未做详细规定的,适用特别规定。实践中大多数外商投资企业是以公司形式设立的,所以公司制外资企业的清算工作一般适用现行《公司法》的有关规定,外商投资法律有特别规定的适用特别规定。

非公司制外资企业主要包括:按《中外合作经营企业法实施细则》规定取得中国企业法人资格的"非公司制合作企业"和"不具有法人资格的合作企业"、符合《外资企业法实施细则》规定的"其他责任形式的外资企业"、根据《合伙企业法》和国务院《外国企业或者个人在中国境内设立合伙企业管理办法》登记设立的"外商投资合伙企业",以及根据原国家工商行政管理局颁布的《外国(地区)企业在中国境内从事生产经营活动登记管理办法》领取营业执照的"在中国境内从事生产经营活动的外国企业"等涉外非公司制企业。这些非公司制外资企业的清算工作应分别按其企业性质相应适用不同的一般法规范。

本书主要阐述以公司的形式设立外商投资企业的清算工作。外商投资企业的清算开始之日为该企业的经营期限届满之日或审批机关批准企业解散之日。合营企业解散时应当进行清算。

(1) 成立清算组

外商投资企业应在审批机关批准解散之日起15日内成立清算组,依法开始清算。根据《公司法》及有关外商投资法律的规定,清算组由股东或董事或董事会指定的人员组成,并可以聘请中国的注册会计师及律师参加。董事会指定清算组人员的应制作委派书，并由董事签字确认。清算自成立后，应按照规定分别向工商局、税务局、海关等有关政府部门进行清算备案登记。

逾期不成立清算组进行清算的，债权人可以申请人民法院指定有关人员组成清算组进行清算。人民法院应当受理该申请，并及时组织清算组进行清算。

清算组在清算期间行使下列职权：

① 清理公司财产，分别编制资产负债表和财产清单；

② 通知、公告债权人；

③ 处理与清算有关的公司未了结的业务；

④ 清缴所欠税款以及清算过程中产生的税款；

⑤ 清理债权、债务；

⑥ 处理公司清偿债务后的剩余财产；

⑦ 代表公司参与民事诉讼活动。

（2）通知和公告

清算组应当自成立之日起 10 日内通知债权人，并于 60 日内在报纸上公告。债权人应当自接到通知书之日起 30 日内，未接到通知书的自公告之日起 45 日内，向清算组申报其债权。

（3）制订清算方案并进行清算

清算组在清理公司财产、编制资产负债表和财产清单后，应当制订清算方案，并报公司权力机构或者人民法院确认。

清算组在清理公司财产、编制资产负债表和财产清单后，发现公司财产不足以清偿债务的，应当依法向人民法院申请宣告破产。

公司经人民法院裁定宣告破产后，清算组应当将清算事务移交给人民法院。公司被依法宣告破产的，依照有关企业破产的法律实施破产清算。

外资企业的清算方案（程序、原则）等还需提交审批机关备案。

清算报告经公司权力机构确认后，清算组可以将企业剩余资产分配给股东。除中外合资企业必须按照出资比例分配企业清算后剩余资产外，外资企业和中外合作经营企业可以按照章程和协议规定分配企业清算剩余资产，如企业章程和协议没有规定的按照出资比例进行分配。

（4）提交清算报告、缴销批准证书

清算组应在清算期内缴清企业各项税款。清算结束后，清算组应制作清算报告，经企业权力机构确认后，报送审批机关，同时向审批机关缴销批准证书。审批机关收到清算报告和批准证书后，在全国外商投资企业审批管理系统中完成企业终止相关信息的录入和操作，并由系统自动生成回执（可视为审批机构出具的清算报告备案证明），企业凭回执向税务、海关、外汇等部门办理注销手续，并向工商管理部门申请注销登记。

(5) 注销登记,公告终止

清算组应向工商管理部门办理注销登记,公告终止手续。办理注销登记时应提交审批机关的批复,董事会决议,清算报告,其中,清算报告中应当附税务机关的注销证明、海关出具的办结海关手续证明等相关部门注销登记证明,营业执照等材料。

三、中外合作经营企业法

(一) 中外合作经营企业的概念与特征

1. 中外合作经营企业的概念

中外合作经营企业是指外国的公司、企业和其他经济组织或者个人同中国的公司、企业或者其他经济组织,依照中国的法律和行政法规,经中国政府批准,设在中国境内的,由双方通过合作企业合同约定各自的权利和义务的企业。

1988 年 4 月第七届全国人民代表大会第一次会议通过了《中华人民共和国中外合作经营企业法》(以下简称《中外合作经营企业法》),并于 2000 年 10 月第九届全国人民代表大会常务委员会第十八次会议进行了修正以及 1995 年 9 月国务院发布的《中外合作经营企业法实施细则》,是中外合作经营企业的主要法律依据。

2. 中外合作经营企业与中外合资经营企业不同,具有以下的特征:

(1) 合营方式不同

中外合作经营企业,属于契约式的合营企业,合作各方可以用合作条件出资,中外合作经营企业合作者的投资或者提供的合作条件并不折算成股份;中外合资经营企业属于股权式的合营,合营各方则必须用投资出资。

(2) 利润分配方式不同

中外合资经营企业是在毛利润扣除所得税和规定提取的基金后,将净利润按各方的股权比例进行分配;而合作企业是按合同约定的方式和比例分配利润。

(3) 投资回收方式不同

中外合资经营企业只有在依法终止时,外国合营者才能收回自己的资本;而中外合作企业中的外国合营者在一定条件下可以先行回收投资。

(4) 组织形式不同

中外合作经营企业的合作者可以举办具有中国法人资格的合作企业,组织形式为有限责任公司,也可以举办不具有中国法人资格的合作企业;而依法在中国境内设立的中外合资经营企业都是中国法人,企业组织形式为有限责任公司。

(5) 经营管理机构不同

中外合资经营企业的经营管理机构是董事会及董事会领导下的经营管理机构;而中外合作经营企业的经营管理机构具有多样性。

(二) 中外合作经营企业的法律地位

根据《中外合作经营企业法》以及《实施细则》的规定,中外合作经营企业的责任形式为约定责任,合作各方通过平等协商来确定企业的责任形式。具有法人资格的合作企业,以全部资产为限对企业债务承担责任,但合作各方对企业承担的责任可以合作各方各自的出资额或提供的合作条件为限,也可以约定的各方承担责任的比例为限。《中外合作经营企业法》实施细则第50条规定,不具有法人资格的合作企业及其合作各方依照中国民事法律的有关规定,承担民事责任。"非法人式"中外合作经营企业类似合伙型的联营体,《民法通则》第52条规定,企业之间或者企业、事业单位之间联营,共同经营、不具备法人条件的,由联营各方按照出资比例或者协议的约定,以各自所有的或者经营管理的财产承担民事责任。依照法律的规定或者协议的约定负连带责任的,承担连带责任。

因此,不论是"法人式"的中外合作经营企业,还是"非法人式"的中外合作经营企业,它们都是中国的经济组织,依中国的法律而成立,具有中国的国籍,其在批准的经营范围内,依法自主地开展业务、进行经营管理活动,不受任何组织或者个人的干涉。

(三) 中外合作经营企业的设立

1. 设立中外合作经营企业的条件

在中国境内设立中外合作经营企业,应当符合国家的发展政策和产业政策,遵守国家关于指导外商投资方面的规定。国家鼓励举办产品出口的生产型合作企业或者技术先进的生产型合作企业。

根据《中外合作经营企业实施细则》的规定,申请设立合作企业,有下列情形之一的,不予批准:(1) 损害国家主权或者社会公共利益的;(2) 危害国家安全的;(3) 对环境造成污染损害的;(4) 有违反法律、行政法规或者国家产业政策的其他情形的。

2. 设立中外合作经营企业的程序

(1) 申请设立中外合作经营企业,应当由中国合作者向审批机关报送下列文件:设立合作企业的项目建议书,并附送主管部门审查同意的文件;合作各方共同编制的可行性研究报告,并报送主管部门审查同意的文件;由合作各方的法定代表人或其授权的代表签署的合作企业协议、合同、章程;合作各方的营业执照或者注册登记证明、资信证明及法定代表人的有效证明文件,外国合作者是自然人的,应当提供有关其身份、履历和资信情况的有效证明文件;合作各方协商确定的合作企业董事长、副董事长、董事或者联合管理委员会主任、副主任、委员的人选名单;审查批准机关要求报送的其他文件。

(2) 由审批机关审查批准。设立中外合作经营企业的审批机关为商务部或国务院授权的部门和地方人民政府。审批机关应当自收到规定的合作企业设立申请的全部文件之日起45日内决定批准或者不予批准。审批机关认为报送的文件不全或者有不当之处的,有权要求合作各方在指定期间内补全或修正。

(3) 向工商行政管理机关申请登记。经批准设立的合作企业应当自接到批准证书之日起30日内向工商行政管理机关申请登记,领取营业执照。营业执照签发日期,为合作企业成立日期。

(四) 中外合作经营企业的注册资本与出资方式、出资期限

1. 合作企业的注册资本

合作企业的注册资本,是指为设立合作企业,在工商行政管理机关登记的合作各方认缴的出资额之和。注册资本可以用人民币表示,也可以用合作各方约定的一种可自由兑换的外币表示。合作企业的注册资本在合作期限内不得减少。但因投资总额和生产经营规模等变化,确需减少的,必须经审查批准机关批准。

2. 合作企业的出资方式

合作企业的合作各方应依法和依合作企业合同的约定向合作企业投资或提供合作条件。合作各方投资或提供合作条件的方式可以是货币,也可以是实物或者工业产权、专有技术、土地使用权等财产权利。合作各方应当以其自有的财产或者财产权利作为投资或提供合作的条件,对该投资或者提供的合作条件不得设置抵押或者其他形式的担保。中国合作者的投资或者提供的合作条件,属于国有资产的,应当依照有关法律、行政法规的规定进行资产评估。

合作企业的合作各方的出资比例。在依法取得法人资格的合作企业中,外国合作者的投资一般不得低于合作企业注册资本的25%。在不具有法人资格的合作企业中,对合作各方向合作企业投资或者提供合作条件的具体要求,由商务部确定。

3. 合作各方的出资期限

合作各方应当根据合作企业的生产经营需要,依照有关法律、行政法规的规定,在合作企业合同中约定合作各方向合作企业投资或者提供合作条件的期限。

合作各方未按照合同约定缴纳投资或者提供合作条件的,工商行政管理机关应当限期履行;限期届满仍未履行的,审查批准机关应当撤销合作企业的批准证书,工商行政管理机关应当吊销合作企业的营业执照,并予以公告。未按照合作企业合同约定缴纳投资或者提供合作条件的一方,应当向已缴纳投资或者提供合作条件的他方承担违约责任。

(五) 中外合作经营企业的组织形式和组织机构

1. 合作企业的组织形式

合作企业可以申请设立具有法人资格的合作企业,也可以申请设立不具有法人资格的合作企业。

(1) 具有法人资格的合作企业,其组织形式为有限责任公司。合作各方对合作企业的责任以各自认缴的出资额或提供的合作条件为限。合作企业以其全部资产

对其债务承担责任。

(2) 不具有法人资格的合作企业,合作各方的关系是一种合伙型的联营关系。合作各方应根据其认缴的出资额或提供的合作条件,在合作合同中约定各自承担债务责任的比例,但不得影响合作各方连带责任的履行。偿还合作企业债务超过自己应当承担数额的合作一方,有权向其他合作者追偿。

2. 合作企业的组织机构

合作企业在组织机构的设置上有较大的灵活性,与合营企业有很大区别。合作企业的管理形式有以下三种:

(1) 董事会制

具有法人资格的合作企业,一般实行董事会制。董事会成员不得少于3人,其名额的分配由中外合作者参照其投资或者提供的合作条件协商确定。董事会是合作企业的最高权力机构,决定合作企业的重大问题,董事长、副董事长产生的办法由合作企业章程规定,中外合作者的一方担任董事长的,由他方担任副董事长。董事或者委员的任期由合作企业章程规定;但是,每届任期不得超过3年。董事或者委员任期届满,委派方继续委派的,可以连任。

(2) 联合管理制

不具有法人资格的合作企业,一般实行联合管理制。联合管理委员会成员不得少于3人,其名额的分配由中外合作者参照其投资或者提供的合作条件协商确定。联合管理委员会是合作企业的最高权力机构,决定合作企业的重大问题。联合管理委员会主任、副主任的产生办法由合作企业章程规定,中外合作者的一方担任联合管理机构主任的,由他方担任副主任。委员的任期由合作企业章程规定;但是,每届任期不得超过3年。委员任期届满,委派方继续委派的,可以连任。

联合管理机构可以设立经营管理机构,也可以不设立经营管理机构。

(3) 委托管理制

经合作各方一致同意,合作企业可以委托中外合作一方进行经营管理,另一方不参加管理;也可以委托合作方以外的第三方经营管理企业。合作企业成立后改为委托第三方经营管理的,属于合作合同的重大变更,必须经董事会或者联合管理机构一致同意,并报审批机关审批,向工商行政管理机关办理变更登记手续。

3. 议事规则

合作企业的董事会会议或者联合管理委员会会议每年至少召开一次,由董事长或主任召集并主持。1/3以上董事或者委员可以提议召开董事会会议或者联合管理委员会会议。董事会会议或者联合管理委员会会议应当有2/3以上董事或者委员出席方能举行,不能出席董事会会议或者联合管理委员会会议的董事或委员应当书面委托他人代表其出席和表决。

董事会或联合管理委员会作出决议一般由出席会议董事或委员的过半数同意,但合作企业章程的修改;合作企业注册资本的增加和减少;合作企业的解散;合作企业的资产抵押;合作企业的合并、分立和变更组织形式等事项;合作各方约定由董事会会议或者联合管理委员会会议一致通过方可作出决议的其他事项,应由出席董事会会议的董事或者管理委员会的委员一致通过,方可作出决议。

(五) 中外合作经营企业的收益分配和投资回收

1. 合作企业收益分配

合作企业的收益分配可以采取利润分成方式,也可以采用产品分配方式,还可以采取合作各方共同商定的其他方式,分配的具体比例按照合作企业合同的约定执行。

2. 合作企业外国合作者投资的回收

中外合作者在合作企业合同中约定合作期限届满时,合作企业的全部固定资产无偿归中国合作者所有的,外方合作者在合作期限内可以先行回收其投资,先行回收投资的办法一般有三种:

(1) 在按照投资或者提供合作条件进行分配的基础上,在合作企业合同中约定扩大外方合作者的收益分配比例来实现;

(2) 经财政税务机关批准,实行税前分配,即外方合营者在合作企业缴纳所得税前回收投资,但是,合作企业的亏损未弥补前,外国合作者不得先行回收投资;

(3) 经财政税务机关和审查批准机关批准的其他回收投资方式,如通过加速固定资产折旧的办法,用折旧金偿还外方的投资等。

(六) 中外合作经营企业的期限和解散

1. 合作期限

合作企业的期限由中外合作者协商确定,并在合作企业合同中订明。合作企业期限届满,合作各方协商同意要求延长合作期限的,应当在期限届满的180天前向审查批准机关提出申请。审查批准机关应当自接到申请之日起30天内,决定批准或者不批准。

合作企业合同约定外国合作者先行回收投资,并且投资已经回收完毕的,合作企业期限届满不得再延长;但是,外国合作者增加投资的,经合作各方协商同意,可以向审批机关申请延长合作期限。

2. 合作企业的解散

根据《中外合作经营企业法实施细则》的规定,合作企业出现下列情形之一时解散:

(1) 合作期限届满;

(2) 合作企业发生严重亏损,或者因不可抗力遭受严重损失,无力继续经营;

(3) 中外合作者一方或者数方不履行合作企业合同、章程规定的义务,致使合作企业无法继续经营;

(4) 合作企业合同、章程中规定的其他解散原因已经出现;

(5) 合作企业违反法律、行政法规，被依法责令关闭。

合作企业解散后，应当依法对企业资产和债权、债务进行清算，其具体步骤与中外合资经营企业相同。

四、外资企业法

(一) 外资企业的概念和特征

外资企业亦称外商独资企业，是指依照中国有关法律在中国境内设立的全部资本由外国投资者投资的企业，不包括外国公司、企业和其他经济组织在中国境内设立的分支机构。

1986年4月第六届全国人民代表大会第四次会议通过并于2000年10月第九届全国人民代表大会常务委员会第十八次会议修正的《中华人民共和国外资企业法》(以下简称《外资企业法》)及1990年12月国务院发布并于2000年12月修正的《中华人民共和国外资企业法实施细则》是外资企业的主要法律依据。

外资企业的特征是：

(1) 外资企业是外国投资者根据中国法律在中国境内设立的，受中国法律的管辖和保护，是具有中国国籍的企业。这是外资企业与外国企业的根本区别。

(2) 外资企业不同于中外合资经营企业、中外合作经营企业，它的全部资本来自外国投资者的投资。外国投资者可以是外国的企业和其他经济组织，也可以是外国的个人。

(3) 外资企业是独立的法律主体。一般情况下，外资企业以自己的名义进行经营活动，独立承担民事责任。外国企业在中国境内设立的分支机构虽可以从事一些经营活动，但因其不具有独立的民事主体资格，不能对外独立承担法律责任，所以它不属于外资企业的范畴。

(二) 外资企业的设立

1. 设立条件

设立外资企业，必须有利于中国国民经济的发展，能够取得显著的经济效益。国家鼓励外资企业采用先进技术和设备，从事新产品开发，实现产品升级换代，节约能源和原材料，并鼓励举办产品出口的外资企业。禁止或者限制设立外资企业的行业，按照国家指导外商投资方向的规定及外商投资产业指导目录执行。

2. 外资企业的设立程序

(1) 申请前的准备

外国投资者在提出设立外资企业的申请前，应当向拟设立外资企业所在地的县级或者县级以上地方人民政府提交报告，报告的内容包括：① 设立外资企业的宗旨；② 经营范围、规模、生产产品；③ 使用的技术设备；④ 用地面积及要求；⑤ 需要用水、电、煤、煤气或者其他能源的条件及数量；⑥ 对公共设施的要求等。县级或者县级以上地方人民政府应当在收到外国投资者提交的报告之日起 30 日内以书面形式答复外国投资者。

(2) 申请与审批

外国投资者设立外资企业,应当通过拟设立外资企业所在地的县级或县级以上地方人民政府向审批机关提出申请,并报送下列文件:设立外资企业申请书;可行性研究报告;外资企业章程;外资企业法定代表人(或者董事会人选)名单;外国投资者的法律证明文件和资信证明文件;拟设立外资企业所在地的县级或县级以上地方人民政府的书面答复;需要进口的物资清单;其他需要报送的文件。

两个或两个以上外国投资者共同申请设立外资企业,应当将其签订的合同副本报送审批机关备案。

设立外资企业的申请,由商务部或国务院授权的地方人民政府审查批准。审批机关应当在收到申请设立外资企业的全部文件之日起 90 天内决定批准或者不批准。如果发现报送文件不齐备或有不当之处,可以要求限期补报或修改。设立申请经过审批后,应发给审批证书。

(3) 登记

设立外资企业的申请批准以后,外国投资者应当在接到批准证书之日起 30 日内向工商行政管理机关申请工商登记,登记主管机关应当在受理申请后 30 日内,做出核准登记或者不给予核准登记的决定。外资企业的营业执照签发日期,为该企业成立日期。

3. 外资企业的资本

(1) 外资企业的注册资本

外资企业的注册资本,是指为设立外资企业在工商行政管理机关登记的资本总额,即外国投资者认缴的全部出资额,即按其生产规模需要投入的基本建设资金和生产流动资金的总和。外资企业的注册资本要与其经营规模相适应,注册资本与投资总额的比例应当符合法律有关规定。目前参照中外合资经营企业的有关规定执行。

外资企业在经营期限内不得减少其注册资本。但是,因投资总额和生产经营规模等发生变化,确需减少的,须经审批机关批准。外资企业注册资本的增加、转让,须经审批机关批准,并向工商行政管理机关办理变更登记手续。

(2) 外资企业的出资方式

外国投资者可以用可自由兑换的外币、机器设备、工业产权、专有技术等作价出资。经审批机关批准,外国投资者还可以用其从中国境内举办的其他外商投资企业获得的人民币利润出资。

外国投资者以工业产权、专有技术作价出资时,该工业产权、专有技术应当为外国投资者自己所有。其作价金额不得超过外资企业注册资本的 20%。

4. 出资期限

出资可以分期缴付，但其中第一期出资不得少于外国投资者认缴出资额的15%，并应当在外资企业营业执照签发之日起90天内缴清，最后一期出资应当在营业执照签发之日起3年内缴清。

5. 外资企业的组织形式、组织机构和经营管理

(1) 外资企业的组织形式

根据《外资企业法》及其实施细则的规定，外资企业的组织形式为有限责任公司，经批准也可以为其他责任形式。外资企业为有限责任公司的，外国投资者以其认缴的出资额为限，外资企业以其全部资产对其债务承担责任。外资企业为其他责任形式的，外国投资者对企业的责任适用有关中国法律和法规的规定。

(2) 外资企业的组织机构

外资企业的组织机构可以由外国投资者根据企业不同的经营内容、经营规模、经营方式，本着精简、高效、科学合理的原则自行设置，中国政府不加干涉。按照国际惯例，设立外资企业的权力机构应遵循资本占有权同企业控制权相统一的原则，即外资企业的最高权力机构由资本持有者组成。

外资企业应根据其组织形式设立董事会并推选出董事长，同时向审批机关申报备案。董事长是企业的法定代表人。如果一个企业是由多个外国投资者出资建立的，则该企业所设立的董事会中董事的名额，一般应按照每个股东的出资比例分配。外资企业的法定代表人是依照其章程规定，代表外资企业行使职权的负责人。

(3) 外资企业的经营管理

外资企业依照经批准的章程进行经营管理活动，不受干涉。外资企业雇用中国职工应当依法签订合同，并在合同中订明雇用、解雇、报酬、福利、劳动保护、劳动保险等事项。

外资企业应当依照中国法律、法规和财政机关的规定，建立财务会计制度并报其所在地财政、税务机关备案。外资企业依照中国税法规定缴纳所得税后的利润，应当提取储备基金和职工奖励及福利基金。储备基金的提取比例不得低于税后利润的10%，当累计提取金额达到注册资本的50%时，可以不再提取。职工奖励及福利基金的提取比例由外资企业自行确定。外资企业以往会计年度的亏损未弥补前，不得分配利润；以往会计年度未分配的利润，可与本会计年度可分配的利润一并分配。

外资企业的年度会计报表和清算会计报表，应当依照中国财政、税务机关的规定编制。以外币编报会计报表的，应当同时编报外币折合为人民币的会计报表。外资企业的年度会计报表和清算会计报表，应当聘请中国的注册会计师进行验证并出具报告，以上报表及报告应当在规定的时间内报送财政、税务机关，并报审批机关和工商行政管理机关备案。

6. 外资企业的期限、终止和清算

(1) 外资企业的期限

根据《外资企业法》及其实施细则的规定，外资企业的经营期限，根据不同行业的具体情况，由外国投资者在设立外资企业的申请书中拟订，经审批机关批准。外资企业的经营期限，从其营业执照签发之日起计算。

外资企业经营期满需要延长经营期限的，应当在距经营期限满180日前向审批机关报送延长经营期限的申请书。审批机关应当在收到申请书之日起30日内决定批准或者不批准。外资企业经批准延长经营期限的，应当自收到批准延长期限文件之日起30日内，向工商行政管理机关办理变更登记手续。

(2) 外资企业的终止

根据《外资企业法》及其实施细则的规定，外资企业有下列情形之一的应予终止：① 经营期限届满；② 经营不善，严重亏损，外国投资者决定解散；③ 因自然灾害、战争等不可抗力而遭受严重损失，无法继续经营；④ 破产；⑤ 违反中国法律、法规，危害社会公共利益被依法撤销；⑥ 外资企业章程规定的其他解散的事由已经出现。

外资企业如存在上述第②项、第③项、第④项所列情形，应当自行提交终止申请书，报审批机关核准，审批机关作出核准的日期为企业的终止日期。

(3) 外资企业的清算

外资企业宣告终止时，应当进行清算。外资企业的清算应由外资企业提出清算程序、原则和清算委员会人选，报审批机关审核后进行清算。清算委员会应当由外资企业的法定代表人、债权人代表以及有关主管机关的代表组成，并聘请中国的注册会计师、律师等参加，具体步骤参见合营企业的清算。

外资企业清算结束，其资产净额和剩余财产超过注册资本的部分视同利润，应当依照中国税法缴纳所得税，同时，应当向工商行政管理机关办理注销登记手续，缴销营业执照。

复习思考题

1. 什么是个人独资企业？其特征有哪些？
2. 个人独资企业的设立条件和程序是什么？
3. 合伙企业的特征是什么？
4. 什么是无限连带责任？
5. 普通合伙企业设立的条件是什么？入伙和退伙的条件及法律后果是什么？
6. 怎样理解特殊的普通合伙企业合伙人的责任形式？
7. 有限合伙企业与普通合伙企业有哪些不同？
8. 试述合伙人的债务清偿与合伙企业的关系。
9. 简述外商投资企业的概念和种类。

10. 简述中外合资经营企业与中外合作经营企业的不同。

11. 中外合资经营企业、中外合作经营企业、外资企业的组织机构是怎样规定的?

12. 中外合资经营企业的投资总额如何决定注册资本的规模?

案例分析题

案例1 2010年1月,甲、乙、丙共同设立一合伙企业。合伙协议约定:甲以现金人民币20万元出资,乙以房屋作价人民币40万元出资,丙以劳务作价人民币10万元出资;各合伙人按出资比例分配盈利、分担亏损。合伙企业成立后,为扩大经营,于2010年3月向银行贷款人民币20万元,期限为1年半。2010年8月,甲提出退伙,鉴于当时合伙企业盈利,乙、丙表示同意。同月,甲办理了退伙结算手续。2010年9月,丁入伙。丁入伙后,因经营环境变化,企业严重亏损。2011年7月,乙、丙、丁决定解散合伙企业,并将合伙企业现有财产价值人民币14万元予以分配,但对未到期的银行贷款未予清偿。2011年9月,银行贷款到期后,银行找合伙企业清偿债务,发现该企业已经解散,遂向甲要求偿还全部贷款,甲称自己早已退伙,不负责清偿债务。银行向丁要求偿还全部贷款,丁称该笔贷款是在自己入伙前发生的,不负责清偿。银行向乙要求偿还全部贷款,乙表示只按照合伙协议约定的比例清偿相应数额。银行向丙要求偿还全部贷款,丙则表示自己是以劳务出资的,不承担偿还贷款义务。要求:根据以上事实,回答下列问题:

(1) 甲、乙、丙、丁各自的主张能否成立?并说明理由。

(2) 合伙企业所欠银行贷款应如何清偿?

(3) 在银行贷款清偿后,甲、乙、丙、丁内部之间应如何分担清偿责任?

案例2 王某、李某和张某共同设立了有限合伙企业,王某和李某为普通合伙人,张某为有限合伙人。后由于经营不善,企业负债18万。为了改变经营状况,经全体合伙人一致同意,决定改变合伙人的性质,王某转变为有限合伙人,张某转变为普通合伙人。

问:合伙企业的性质转变后,王某、李某和张某应如何承担企业的债务?

案例3 中、法双方企业经协商同意共同出资建立一中外合资经营企业,双方约定:合资企业的组织形式为股份有限公司;法方在出资比例中所占比重为20%;全部注册资本为200万美元;企业投资总额为600万美元;双方按注册资本分享利润和分担风险和损失;合营企业股东大会为最高权力机构,以企业总经理为法定代表人。

问:该合营企业在设立中有哪些不符合《中外合资经营企业法》的地方?该合同应如何订立?

第三章 公司法

第一节 公司法概述

一、公司概念、特征及分类

（一）公司的概念

随着商品经济的发展，公司已成为社会经济最主要的主体和最重要的企业组织形式。根据《公司法》的有关规定，公司是指依法设立的，以营利为目的，由股东投资形成的企业法人。企业是指从事商品生产、流通或服务活动，在法律上具有一定独立地位的营利性经济组织。《公司法》第 3 条规定："公司是企业法人，有独立的法人财产，享有法人财产权。公司以其全部财产对公司的债务承担责任。"

（二）公司的特征

（1）依法设立。这是指公司必须依法定条件、法定程序设立。这一方面要求公司的章程、资本、组织机构、活动原则等必须合法，另一方面要求公司设立要经过法定程序、进行工商登记。在我国，公司通常依《公司法》设立。

（2）以营利为目的。这是指股东即出资者设立公司的目的是营利，即从公司经营中取得利润。因此，营利目的不仅要求公司本身为营利而活动，而且要求公司有盈利时应当分配给股东。某些具有营利活动的组织，如果其利润不分配给股东，而是用于社会公益等其他目的，则不具有营利性。公司的营利活动应是具有连续性的营利，一次性的、间歇性的营利行为不属于经营性的营业活动。

（3）具有法人资格。公司是企业法人，应当符合《民法通则》规定的法人条件，最主要的是有独立的法人财产和独立承担民事责任的能力。我国《公司法》规定的有限责任公司和股份有限公司均具有法人资格，股东以其认缴的出资额或认购的股份为限对公司承担有限责任。这里的有限责任是指股东对公司的有限责任，公司对债权人的责任则是无限的，即公司要以其全部财产对公司的经营活动包括法定代表人、工作人员和代理人的经营活动产生的债务承担责任，而不是限定在股东出资或注册资本的数额范围内。

（三）公司的分类

在大陆法系国家，按照法律的规定或学理的标准，可以将公司分为不同的种类。

1. *以公司资本结构和股东对公司债务承担责任的方式为标准的分类*

（1）有限责任公司，又称有限公司，是指股东以其认缴的出资额为限对公司承担责任，公司以其全部财产对公司的债务承担责任的公司。①

（2）股份有限公司，又称股份公司，是将其全部资本划分为等额股份，股东以其认购的股份为限对公司承担责任，公司以其全部财产对公司的债务承担责任的公司。

（3）无限公司，是指由两个以上的股东组成，全体股东对公司的债务承担无限连带责任的公司。无限公司一般组织结构稳定，股东信用可靠，但是由于股东承担的风险很大，使其规模很难发展。

（4）两合公司，是指由负无限责任的股东和负有限责任的股东组成，无限责任股东对公司债务负无限责任，有限责任股东仅就其认缴的出资额为限对公司债务承担责任的公司。其中，无限责任股东是公司的经营管理者，有限责任股东则是不参与公司经营管理的出资者。实践中，两合公司是大陆法系国家公司法中规定的公司形式。我国《公司法》未对两合公司的形式作出规定。

2. *以公司信用基础为标准的分类*

（1）资合公司，是指以资本的结合作为信用基础的公司。此类公司仅以资本的实力取信于人，股东个人是否有财产、能力或信誉与公司无关。股东对公司债务承担独立、有限的责任，共同设立公司原则上不以相互信任为前提。因此，资合公司以股份有限公司为典型，有限责任公司也在一定程度上具有资合公司的特点。

（2）人合公司，指以股东个人的财力、能力和信誉作为信用基础的公司，其典型形式为无限公司。人合公司的财产及责任与股东的财产及责任没有完全分离，其不以自身资本为信用基础，法律上也不规定设立公司的最低资本额，股东可以用劳务、信用和其他权利出资，企业的所有权和经营权一般也不分离。所以，人合公司的信用依赖于股东个人，股东对公司债务承担无限连带责任，共同设立公司以投资者相互信任为前提。

（3）人合兼资合的公司，是指同时以公司资本和股东个人信用作为公司信用基础的公司，其典型形式为两合公司和股份两合公司。

3. *以公司组织关系为标准的分类*

公司的组织关系有外部和内部之分：外部组织关系指不同公司之间在组织上

---

① 王晓虹，张秋华编著. 经济法概论. 北京：中国人民大学出版社，2010

的相互联系，内部组织关系指某一公司内部的隶属关系。

(1) 母公司和子公司。这是按公司外部组织关系所作的分类。在不同公司之间存在控制与依附关系时，处于控制地位的是母公司，处于依附地位的则是子公司。母、子公司之间虽然存在控制与被控制的组织关系，但它们都具有法人资格，在法律上是彼此独立的企业。《公司法》第 14 条第 2 款规定："公司可以设立子公司，子公司具有法人资格，依法独立承担民事责任。"

母公司以及直接或者间接依附于母公司的公司(如子公司)，以及存在连锁控制关系的公司，属于关联企业的范畴。由于母、子公司、关联企业都是独立法人，但彼此间又存在可能影响公司正常经营决策的控制和依附关系，为了防止控制公司滥用子公司法人人格与控制地位从事损害子公司股东及债权人利益的经营决策和交易，破坏社会经济秩序，法律上须对其相互关系加以控制和调整，由此形成调整关联企业暨关联交易的法律制度。

(2) 总公司和分公司。分公司是公司依法设立的以分公司名义进行经营活动，其法律后果由总公司承受的分支机构。相对分公司而言，公司称为总公司或本公司。总公司和分公司是从公司内部组织关系上进行的分类，不能把它们的关系视为公司间的关系。因为"分公司"其实只是公司的分支机构，并非真正意义上的公司，分公司没有独立的公司名称、章程，没有独立的财产，不具有法人资格，但可领取营业执照，进行经营活动，不过其民事责任由总公司承担。《公司法》第 14 条第 1 款规定："公司可以设立分公司。设立分公司，应当向公司登记机关申请登记，领取营业执照。分公司不具有法人资格，其民事责任由公司承担。"

4. 以公司国籍为标准分类

以公司国籍为标准，可以将公司分为本国公司和外国公司。各国确定公司国籍的标准不尽相同，有的以公司成立地(即注册登记地)为标准，有的以公司住所地(或管理中心地、基本商业地)为标准，有的以控制人国籍为标准，有的以股东国籍为标准，有的以设立依据法律地为标准，还有的综合采用几种标准。根据我国《公司法》第 2 条、第 192 条的规定，我国以公司注册登记地和设立依据法律地为结合标准确定公司的国籍。

5. 以公司组织机构和经营活动是否局限于一国为标准分类

以公司的组织机构和经营活动是否局限于一国为标准，可以将公司分为国内(或内国)公司和跨国公司。跨国公司往往并不是一个单独的公司，而是一个由控制公司与设在各国的众多附属公司形成的国际公司集团。

6. 以公司股份是否允许公开发行和自由转让为标准的分类

以公司的股份是否允许公开发行和自由转让为标准，可以将公司分为封闭式公司和开放式公司。

二、公司法的概念和性质

（一）公司法的概念

公司法是规定公司法律地位，调整公司组织关系，规范公司在设立、变更与终止过程中的组织行为的法律规范的总称。公司法的概念有狭义与广义之分。狭义的公司法，仅指专门调整公司关系的法典，如《公司法》。广义的公司法，除包括专门的公司法典外，还包括其他有关公司的法律、法规、行政规章、司法解释以及其他各部门法之中的调整公司组织关系、规范公司组织行为的法律规范，如《公司登记管理条例》、《民法通则》、《中外合资经营企业法》等。

我国《公司法》所称公司有特定适用范围：其一，依据属地主义原则，为依照《公司法》在中国境内设立的公司；其二，组织形式仅限于有限责任公司和股份有限公司，立法未对其他公司组织形式作出规定，在实践中则不允许设立。《公司法》第2条规定："本法所称公司是指依照本法在中国境内设立的有限责任公司和股份有限公司。"

我国现行的《公司法》由八届全国人大常委会第五次会议于1993年12月29日通过，自1994年7月1日施行；此后，《公司法》于1999年、2004年进行了两次小的修订；2005年10月27日，《公司法》进行了大规模的修订，经第十届全国人大常委会十八次会议审议通过，新《公司法》于2006年1月1日施行。新《公司法》共13章、219条，立法体系与法律结构更为合理严谨。新《公司法》的立法理念更适应市场经济之需要，体现了鼓励投资、简化程序、提高效率的精神，取消了诸多不必要的国家干预的条款，废除了股份公司设立的审批制，减少了强制性规范，强化当事人意思自治，突出了公司章程的制度建构作用，为进一步完善公司治理结构，加强对股东权益的保护提供了制度保障。

（二）公司法的性质

1. 公司法是任意性规范与强制性规范的结合

任意性规范是允许法律调整对象选择或变通适用的法律规范。强制性规范是要求法律调整对象必须予以执行的法律规范。另外，按基本的法学原理，在私法领域，法律没有禁止的，就是可以做的；相反，在公法领域，法律没有许可的，就是不可为的。

2. 公司法是组织法与行为法的结合

公司法在调整公司组织关系的同时，也对与公司组织活动有关的行为加以调整，如公司股份的发行和转让等。公司法规定了公司的法律地位，规范公司股东之间、股东与公司之间的关系，调整公司的设立、变更与终止活动，规范公司内部组织机构的设置与运作、公司与其他企业间的控制关系以及法律责任等。

3. 公司法是实体规范与程序规范的结合

一方面，公司法规定了公司设立、运作和清算等活动；另一方面，公司法也对相关主体之间的权利、义务有所规定。

4. 从公司法所确认的各种规则看，公司法是具有一定国际性的国内法

尽管各国的政治经济情况千差万别，公司法在本质上也属于国内法，但由于经济活动的主体具有共性的、规律性的普遍要求，加上国际商业交往的客观需要，各国公司法在保留其个性特色的同时，还必须概括出公司共同的组织原则和活动准则。因而，公司法就具有一定的国际性的。

第二节　有限责任公司

一、有限责任公司概念和法律特征

有限责任公司是依照公司法设立，股东以其出资额为限对公司承担责任，公司以其全部财产对公司债务承担责任的企业法人。

有限责任公司的法律特征：

(1) 独立的企业法人。有自己独立的财产，独立享有民事权利、承担民事义务。

(2) 股东的有限责任。股东以出资额为限对公司债务承担责任，公司以其全部资产对公司债务承担责任。

(3) 不能公开向社会发行股票。有限责任公司的公司资本全部由股东认缴，股东持有的不是股票而是出资证明书。

(4) 公司资本是不等额的，股东出资时只按出资额确定出资比例，按出资比例承担有限责任。

(5) 股东的出资转让受到一定的限制。股东持有的是权利证书，不能买卖，可以转让。经股东同意转让的股权，在同等条件下，其他股东有优先购买权。两个以上股东主张行使优先购买权的，协商确定各自的购买比例；协商不成的，按照转让时各自的出资比例行使优先购买权。

二、设立有限责任公司应当具备的条件

1. 股东符合法定人数

根据《公司法》第24条规定，有限责任公司由50个以下股东出资设立。

2. 股东出资达到法定资本最低限额

有限责任公司的注册资本为公司在登记机关登记的全体股东认缴的出资额。公司全体股东的首次出资额不得低于注册资本的20%，也不得低于法定的注册资本的最低限额，其余部分由股东自公司成立之日起2年内缴足；其中，投资公司可

以在5年内缴足;有限责任公司注册资本的最低限额为人民币3万元;法律、行政法规对有限责任公司注册资本的最低限额有较高规定的,从其规定。

3. 股东共同制定公司章程

有限责任公司章程是记载公司组织规范和行为准则的重要的书面文件。有限责任公司章程应当载明下列事项:公司名称和住所;公司经营范围;公司注册资本;股东的姓名或者名称;股东的出资方式、出资额和出资时间;公司的机构及其产生办法、职权、议事规则;公司法定代表人;股东会会议认为需要规定的其他事项。

4. 有公司名称,建立符合有限责任公司要求的组织机构

有限责任公司应当有表明"有限责任公司或者有限公司"字样的公司名称,应当建立股东会、董事会、监事会或者建立其他符合法律要求的组织机构。

5. 有公司住所

公司住所是公司独立法律人格的一个外在标志,因为公司法人是法律所创设的商事权利主体,需要进行必要的商事活动。而要进行商事活动就离不开作为开展商事活动必要前提的长期固定的中心活动地址,即住所。有限责任公司应当有主要办事机构所在地作为公司住所。

三、股东的出资

股东可以用货币出资,也可以用实物、知识产权、土地使用权等可以用货币估价并可以依法转让的非货币财产作价出资;但是,法律、行政法规规定不得作为出资的财产除外。对作为出资的非货币财产应当评估作价,核实财产,不得高估或者低估作价。法律、行政法规对评估作价有规定的,从其规定。全体股东的货币出资金额不得低于有限责任公司注册资本的30%。

股东应当按期足额缴纳公司章程中规定的各自所认缴的出资额。股东以货币出资的,应当将货币出资足额存入有限责任公司在银行开设的账户;以非货币财产出资的,应当依法办理其财产权的转移手续。股东不按照上述规定缴纳出资的,除应当向公司足额缴纳外,还应当向已按期足额缴纳出资的股东承担违约责任。股东缴纳出资后,必须经依法设立的验资机构验资并出具证明。股东的首次出资经依法设立的验资机构验资后,由全体股东指定的代表或者共同委托的代理人向公司登记机关报送公司登记申请书、公司章程、验资证明等文件,申请设立登记。

四、有限责任公司的组织机构

(一)股东会

有限责任公司股东会由全体股东组成。股东会是公司的权力机构,有限责任公司的一切重大事项均由股东会决定。首次股东会会议由出资最多的股东召集和主持。有限责任公司设立董事会的,股东会会议由董事会召集,董事长主持;董事

长不能履行职务或者不履行职务的，由副董事长主持；副董事长不能履行职务或者不履行职务的，由半数以上董事共同推举 1 名董事主持。

股东会行使下列职权：决定公司的经营方针和投资计划；选举和更换非由职工代表担任的董事、监事，决定有关董事、监事的报酬事项；审议批准董事会的报告；审议批准监事会或者监事的报告；审议批准公司的年度财务预算方案、决算方案；审议批准公司的利润分配方案和弥补亏损方案；对公司增加或者减少注册资本作出决议；对发行公司债券作出决议；对公司合并、分立、解散、清算或者变更公司形式作出决议；修改公司章程；公司章程规定的其他职权。

（二）董事会

董事会是公司股东会的执行机构，负责公司的经营决策权。有限责任公司设董事会，其成员为 3 至 13 人。股东人数较少或者规模较小的有限责任公司，可以设一名执行董事，不设董事会，执行董事可以兼任公司经理。两个以上的国有企业或者两个以上的其他国有投资主体投资设立的有限责任公司，其董事会成员中应当有公司职工代表；其他有限责任公司董事会成员中可以有公司职工代表。董事会中的职工代表由公司职工通过职工代表大会、职工大会或者其他形式民主选举产生。

董事会对股东会负责，行使下列职权：召集股东会会议，并向股东会报告工作；执行股东会的决议；决定公司的经营计划和投资方案；制订公司的年度财务预算方案、决算方案；制订公司的利润分配方案和弥补亏损方案；制订公司增加或者减少注册资本以及发行公司债券的方案；制订公司合并、分立、解散或者变更公司形式的方案；决定公司内部管理机构的设置；决定聘任或者解聘公司经理及其报酬事项，并根据经理的提名决定聘任或者解聘公司副经理、财务负责人及其报酬事项；制定公司的基本管理制度；公司章程规定的其他职权。董事会设董事长 1 人，可以设副董事长。董事长、副董事长的产生办法由公司章程规定。董事任期由公司章程规定，但每届任期不得超过 3 年。董事任期届满，连选可以连任。

（三）经理

有限责任公司可以设经理，负责公司的日常经营管理工作。经理由董事会决定聘任或者解聘，经理对董事会负责。执行董事可以兼任公司经理。

根据我国《公司法》第 50 条的规定，经理对董事会负责，行使下列职权：(1) 主持公司的生产经营管理工作，组织实施董事会决议；(2) 组织实施公司年度经营计划和投资方案；(3) 拟定公司内部管理机构设置方案；(4) 拟定公司基本的管理制度；(5) 制定公司具体的规章；(6) 提请聘任或者解聘公司副总经理、财务负责人；(7) 决定聘任或者解聘除应当由董事会决定聘任或者解聘以外的管理人员；(8) 董事会授予的其他职权。公司章程对经理另有规定的，从其规定。另外，经理列席董事会会议。

(四) 监事会

有限责任公司设监事会,其成员不得少于3人。股东人数较少或者规模较小的有限责任公司,可以设1至2名监事,不设监事会。监事会应当包括股东代表和适当比例的公司职工代表,其中职工代表的比例不得低于三分之一,具体比例由公司章程规定。监事会中的职工代表由公司职工通过职工代表大会、职工大会或者其他形式民主选举产生。监事会设主席1人,由全体监事过半数选举产生。监事会主席召集和主持监事会会议;监事会主席不能履行职务或者不履行职务的,由半数以上监事共同推举1名监事召集和主持监事会会议。董事、高级管理人员不得兼任监事。监事的任期每届为3年。监事任期届满,连选可以连任。

五、一人有限责任公司

(一) 一人有限责任公司的概念和特征

一人有限责任公司是指只有一个自然人股东或一个法人股东,并由该股东持有公司的全部出资或所有股份的有限责任公司。

一人有限责任公司是公司的一种特殊形式,集传统有限公司和独资企业优点于一身,具有不同于二者的明显的法律特征:

(1) 一人有限责任公司仅有一个股东。这一股东既可以是法人也可以是自然人,其必须持有公司的全部出资。我国公司法只允许一个自然人设立一个一人有限责任公司,而不允许同一自然人设立两个或两个以上的一人有限责任公司,以避免自然人将自己的财产分为若干份,以少量的资本承担较大的经营风险,滥用一人公司优势,损害债权人利益。同时也不允许该一人有限责任公司再投资设立新的一人有限责任公司,以防止出现一人公司的连锁机构。

(2) 股东对公司债务承担有限责任。股东对公司的债务仅以其出资额为限承担责任。对于一人公司的股东来说,可以享有有限责任的优惠。有限责任意味着定量资本的风险和无限利润的可能性,这是一人公司的魅力所在。

(3) 一人有限责任公司内部治理结构相对简化。一人有限责任公司的股东与董事往往二为一体,既省去了股东会议、董事会议的召集、决策传达等程序,又避免了股东与股东之间的纷争所带来的矛盾,提高了工作效率。根据公司法规定,我国一人有限责任公司不设股东会,也可以不设董事会和监事会。

(4) 公司的"所有"与"经营"多数情况下不分离。在一人有限责任公司中,尤其是自然人一人有限责任公司所有者与经营者往往集于一人。公司股东往往身兼董事、经理等数职,既享有股东的各项权利,又经营、管理公司的事务。

(二) 一人有限责任公司的分类

根据分类标准的不同,可以对一人有限责任公司作如下分类:

(1) 根据投资人的不同分为:自然人投资的一人有限责任公司、法人投资的一人有限责任公司和国家投资的一人有限责任公司。

自然人投资的一人有限责任公司,是最古老的、也是最典型的一人有限责任公司。国家投资的一人有限责任公司,即国有独资公司。

(2) 根据一人有限责任公司形成时间之不同分为:原生型一人有限责任公司和衍生型一人有限责任公司。

原生型一人有限责任公司,是指公司由一个股东发起设立,在成立的时候即为一人有限责任公司。

衍生型一人有限责任公司,是指设立的时候股东人数为复数,但公司成立以后,由于股份的流动性而使得公司的股份全部集中于一人,使股东人数由复数转化为仅有一人的公司。

(三) 一人有限责任公司与其他企业的区别

在我国,一人有限责任公司作为有限责任公司的特殊形式而存在,它与个人独资企业和国有独资企业在形式上的一个共同特点就是都由一人投资设立,但一人有限责任公司与个人独资企业和国有独资企业的区别也是不容忽视的。

1. 一人有限责任公司与个人独资企业的区别

个人独资企业是依照《个人独资企业法》在中国境内设立,由一个自然人投资,财产为投资人个人所有,投资人以其个人财产对企业债务承担无限责任的经济组织。一人有限责任公司仅有一个股东,也是由一人出资设立的。尽管一人有限责任公司与个人独资企业在形式上是相似的,但区别也是显而易见的:

(1) 法律依据不同。一人有限责任公司在公司资本制度、公司财务会计审计制度以及公司治理制度等方面适用《公司法》;而个人独资企业适用的是《个人独资企业法》。

(2) 是否具有独立人格不同。一人有限责任公司可依法取得法人资格,使单一股东和一人公司成为不同的主体;而个人独资企业不具有独立法律人格,它是与独资企业主个人属同一人格,同一法律主体,实质上是自然人从事商事经营的一种法律形式。

(3) 承担民事责任的能力不同。一人有限责任公司是独立的企业法人,具有完全的民事责任能力。一人有限责任公司的股东仅以其出资额为限对公司负责,公司对债权人负责,股东不对债权人直接承担责任;而个人独资企业不是独立的企业法人,一旦企业发生对外债务,出资人不仅以投入企业的资产对债权人负责,还应以他拥有但是未投入企业的资产对债权人负责。

(4) 承担的税收义务不同。一人有限责任公司本身和一人公司的股东是不同的法律实体,在确定收益和税收时,是将一人公司和其股东分别对待的,一人公司及其股东需分别就其公司所得和股东股利分配缴纳法人所得税和个人所得税,因此一人有限责任公司是实行双重税收的。个人独资企业则不然,独资企业没有独立的人格，在法律上将其视为独资企业主本人，所以，个人独资企业自身并不缴纳企业所得税，只待投资者取得投资回报的时候才能缴纳个人所得税。

2. 一人公司与国有独资企业的区别

国有独资公司，是指国家单独出资，由国务院或地方人民政府委托本级人民政府国有资产监督管理机构履行出资人职责的有限责任公司。国有独资公司股东仅为一人——即国家。但国有独资公司与一般的一人公司相比，也有明显的区别：

(1) 产生原因不同。一人有限责任公司最初是以一种事实上而非法律上的公司形态出现。对一人有限责任公司的法律规制是基于社会现实的需要；而国有独资公司是在我国特殊情况下，为适应国有企业改制和建立现代企业制度的需要产生的，目的是为国有企业改制提供有效的法律途径，以实现独立的市场主体地位。

(2) 公司的存在形态不同。一人有限责任公司的形态可以是原生型的或衍生型的，也可以是形式上的或实质上的一人有限责任公司；而国有独资公司都是原生型和形式上的一人公司。

(3) 股东身份不同。一人有限责任公司的股东既可以是国家，也可以是法人或自然人，而国有独资公司的这个股东只能是国家。

(4) 机构设置不同。一人有限责任公司可以不设董事会和监事会；而国有独资公司必须设立董事会和监事会，其中要有法定比例的职工代表。

(四) 一人有限责任公司的监管

国外一些公司法确立了一人有限公司唯一股东与公司之间法律行为的书面记载制度，即为了厘清公司行为与股东行为之间的法律边界，提高一人公司决策行为的公信力，一人公司的唯一股东代表公司实施法律行为或同公司实施契约等法律行为，必须采取书面形式，且须记载于公司议事录或制作成其他书面材料。我国《公司法》第 62 条明确规定：一人有限责任公司不设股东会。股东作出《公司法》第 38 条第 1 款所列的决定时，应当采用书面形式，并由股东签字后置备于公司。另外，为了加强一人有限责任公司的财务会计监管，《公司法》第 63 条也明确规定，一人有限责任公司应当在每一会计年度终了时编制财务会计报告，并经会计事务所审计。

第三节　股份有限责任公司

一、股份有限责任公司概念和法律特征

股份有限责任公司是指公司将全部资本划分为等额股份，股东以其所持股份为限对公司债务承担责任，公司以其全部资产对公司债务承担有限责任的企业

法人。

股份有限责任公司具有如下法律特征：

(1) 独立的企业法人，有自己独立的财产承担民事义务。

(2) 股东的有限责任。股东以认购股份为限对公司债务承担责任，公司以其全部资产对公司债务承担责任。

(3) 以公开向社会发行股票募集公司资本，任何人只要愿意支付股金、购买股票就可以成为股份有限责任公司的股东。

(4) 资本划分为等额股份，每个股东可以持有不同数额的股份，但每股金额必须相等。

(5) 股份有限责任公司股东的出资构成了公司的独立财产，股东对其出资的财产失去了所有权，而享有股权。

(6) 公司规模较大。无论从股东人数，抑或公司注册资本等方面，股份有限公司较有限责任公司，规模均较大。

二、设立股份有限责任公司应当具备的条件

(1) 发起人符合法定人数。《公司法》第 79 条规定：设立股份有限公司，应当有 2 人以上 200 人以下为发起人，其中须有半数以上的发起人在中国境内有住所。发起人亦称创立人，是指依据《公司法》的规定承担公司筹办事务的自然人或社会组织。发起人应当签订发起人协议，明确各自在公司设立过程中的权利和义务，并对公司不成立承担法律责任。

(2) 发起人认购和募集的股本达到法定资本最低限额。股份有限公司注册资本的最低限额为人民币 500 万元。法律、行政法规对股份有限公司注册资本的最低限额有较高规定的，从其规定。采取发起设立方式设立的，注册资本为在公司登记机关登记的全体发起人认购的股本总额。公司全体发起人的首次出资额不得低于注册资本的 20%，其余部分由发起人自公司成立之日起 2 年内缴足，投资公司可以在 5 年内缴足，在缴足前，不得向他人募集股份；采取募集方式设立的，注册资本为在公司登记机关登记的实收股本总额。

(3) 股份发行、筹办事项符合法律规定。

(4) 发起人制订公司章程。《公司法》第 82 条规定，股份有限公司章程应当载明下列事项：公司名称和住所；公司经营范围；公司设立方式；公司股份总数、每股金额和注册资本；发起人的姓名或者名称、认购的股份数、出资方式和出资时间；董事会的组成、职权和议事规则；公司法定代表人；监事会的组成、职权和议事规则；公司利润分配办法；公司的解散事由与清算办法；公司的通知和公告办法；股东大会会议认为需要规定的其他事项。采用募集方式设立的经创立大会通过。

(5) 有公司名称，建立符合股份有限公司要求的组织机构。

(6) 有公司住所。

三、股份有限公司的设立方式

股份有限公司的设立,可以采取发起设立或者募集设立的方式。

(1) 发起设立是指由发起人认购公司应发行的全部股份而设立公司;以发起设立方式设立股份有限公司的,发起人应当书面认足公司章程规定其认购的股份;一次缴纳的,应即缴纳全部出资;分期缴纳的,应即缴纳首期出资。以非货币财产出资的,应当依法办理其财产权的转移手续。发起人不依照上述规定缴纳出资的,应当按照发起人协议承担违约责任。

发起人首次缴纳出资后,应当选举董事会和监事会,由董事会向公司登记机关报送公司章程、由依法设定的验资机构出具的验资证明以及法律、行政法规规定的其他文件,申请设立登记。

(2) 募集设立是指由发起人认购公司应发行股份的一部分,其余股份向社会公开募集或者向特定对象募集而设立公司。

以募集设立方式设立股份有限公司的,发起人认购的股份不得少于公司股份总数的35%;但法律、行政法规另有规定的,从其规定。

发起人向社会公开募集股份,必须公告招股说明书。招股说明书应当载明下列事项:发起人认购的股份数;每股的票面金额和发行价格;无记名股票酌发行总数;募集资金的用途;认股人的权利、义务;本次募股的起止期限及逾期未募足时认股人可以撤回所认股份的说明。

发行股份的股款缴足后,必须经依法设立的验资机构验资并出具证明。发起人应当自股款缴足之日起30日内主持召开公司创立大会。创立大会行使下列职权:审议发起人关于公司筹办情况的报告;通过公司章程;选举董事会成员;选举监事会成员;对公司的设立费用进行审核;对发起人用于抵作股款的财产的作价进行审核;发生不可抗力或者经营条件发生重大变化直接影响公司设立的,可以作出不设立公司的决议。

董事会应于创立大会结束后30日内,向公司登记机关申请设立登记。

四、股份有限责任公司的组织机构

(一) 股东大会

股份有限公司股东大会由全体股东组成,是公司的最高权力机构,决定公司的生产经营和发展的大政方针,但无权介入公司的具体事项。关于有限责任公司股东会职权的规定,适用于股份有限公司股东大会。

股东大会应当每年召开1次年会。股东大会会议由董事会召集,董事长主持;董事长不能履行职务或者不履行职务的,由副董事长主持;副董事长不能履行职务或者不履行职务的,由半数以上董事共同推举1名董事主持。董事会不能履行或者不履行召集股东大会会议职责的，监事会应当及时召集和主持；监事会不召集和主持的，连续90日以上单独或者合计持有公司10%以上股份的股东可以自行召集和主持。

股东大会作出决议，必须经出席会议的股东所持表决权过半数通过。但是，股东大会作出修改公司章程、增加或者减少注册资本的决议，以及公司合并、分立、解散或者变更公司形式的决议，必须经出席会议的股东所持表决权的三分之二以上通过。

（二）董事会

股份有限公司设董事会，其成员为5人至19人。董事会成员中可以有公司职工代表。董事会中的职工代表由公司职工通过职工代表大会、职工大会或者其他形式民主选举产生。董事任期由公司章程规定，但每届任期不得超过3年。董事任期届满，连选可以连任。

关于有限责任公司董事会职权的规定，适用于股份有限公司董事会。

董事会设董事长1人，可以设副董事长。董事长和副董事长由董事会以全体董事的过半数选举产生。董事长召集和主持董事会会议，检查董事会决议的实施情况。副董事长协助董事长工作，董事长不能履行职务或者不履行职务的，由副董事长履行职务；副董事长不能履行职务或者不履行职务的，由半数以上董事共同推举1名董事履行职务。

董事会每年度至少召开2次会议，每次会议应当于会议召开10日前通知全体董事和监事。代表十分之一以上表决权的股东、三分之一以上董事或者监事会，可以提议召开董事会临时会议。董事长应当自接到提议后10日内，召集和主持董事会会议。董事会会议应有过半数的董事出席方可举行。董事会作出决议，必须经全体董事的过半数通过。董事会决议的表决，实行1人1票。

（三）经理

股份有限公司设经理，由董事会决定聘任或者解聘。关于有限责任公司经理职权的规定，适用于股份有限公司经理。公司董事会可以决定由董事会成员兼任经理。

（四）监事会

股份有限公司设监事会，其成员不得少于3人。监事会应当包括股东代表和适当比例的公司职工代表，其中职工代表的比例不得低于三分之一，具体比例由公司章程规定。监事会中的职工代表由公司职工通过职工代表大会、职工大会或者其他形式民主选举产生。

监事会设主席1人，可以设副主席。监事会主席和副主席由全体监事过半数选举产生。监事会主席召集和主持监事会会议；监事会主席不能履行职务或者不履行职务的，由监事会副主席召集和主持监事会会议；监事会副主席不能履行职务或者不履行职务的，由半数以上监事共同推举1名监事召集和主持监事会会议。监事的任期每届为3年。监事任期届满，连选可以连任。董事、高级管理人员不得兼任监事。监事会每6个月至少召开1次会议。监事可以提议召开临时监事会会议。监事会的议事方式和表决程序，除本法有规定的外，由公司章程规定。监事会决议应当经半数以上监事通过。

关于有限责任公司监事会职权的规定，适用于股份有限公司监事会。

第四节　董事、监事和高级管理人员

一、董事、监事和高级管理人员的任职资格

公司的能力通过公司的组织机构得以具体的体现和实施，而公司的执行机关、监督机关是由承担信托责任的一个个自然人组成的。根据我国《公司法》的规定，董事、监事和高级管理人员（包括经理、副总经理、财务负责人以及董事会秘书）是法定的担任公司职务的自然人，他们分别行使公司事务的决定权、监督权和执行权。公司的产生虽然不依赖于董事、监事和高级管理人员的行为，但公司的存在和发展与这些人的活动关系极大。因而，除了具备应当具有的学识水平、商业判断经验、决策能力等素质外，董事、监事和高管人员的道德、信仰、价值观方面也必须满足社会公认的标准。我国《公司法》虽然没有正面提及董事、监事和高管人员的道德条件，但明确禁止某一类人员担任公司的董事、监事和高级管理人员，并且进一步规定违反法律规定的选举、委派、聘任无效，这也是对管理人员道德风险的控制。

根据《公司法》第147条的规定，有下列情形之一的人员，不得担任公司的董事、监事、高级管理人员：(1) 无民事行为能力或者限制民事行为能力；(2) 因贪污、贿赂、侵占财产、挪用财产或者破坏社会主义市场经济秩序，被判处刑罚，执行期满未逾5年，或者因犯罪被剥夺政治权利，执行期满未逾5年；(3) 担任破产清算的公司、企业的董事或者厂长、经理，对该公司、企业的破产负有个人责任的，自该公司、企业破产清算完结之日起未逾3年；(4) 担任因违法被吊销营业执照、责令关闭的公司、企业的法定代表人，并负有个人责任的，自该公司、企业被吊销营业执照之日起未逾3年；(5) 个人所负数额较大的债务到期未清偿。公司违反这些规定选举、委派董事、监事或者聘任高级管理人员的，该选举、委派或者聘任无效。董事、监事、高级管理人员在任职期间成为无民事行为能力或者限制民事行为能力人的，公司应当解除其职务。

此外，国家单独出资、由国务院或者地方人民政府委托本级人民政府国有资产监督管理机构履行出资人职责的有限责任公司（国有独资公司），由于不设股东会，并且拥有特殊的股权结构，《公司法》第68条规定，国有独资公司的董事会成员中

除职工代表由公司职工代表大会选举产生外，其他的董事由国有资产监督管理机构委派。《公司法》第70条还规定，国有独资公司的董事长、副董事长、董事、高级管理人员，未经国有资产监督管理机构同意，不得在其他有限责任公司、股份公司或者其他经济组织兼职，以防止缺乏职业操守的经营管理者利用制度漏洞暗箱操作、转移国有资产。

二、董事、监事、高管人员的义务

（一）忠实义务

由于董事、监事和高级管理人员在公司内部分别拥有公司事务的决策权、监督权和执行权，因此与其职责相对应，他们也应当履行一定的义务。根据我国《公司法》第148条和第151条的规定，董事、监事、高级管理人员应当遵守法律、行政法规和公司章程，履行忠实义务和勤勉义务，维护公司利益，不得越权，不得利用职权收受贿赂或者其他非法收入，不得侵占公司的财产。股东会或者股东大会要求董事、监事、高级管理人员列席会议的，董事、监事、高级管理人员应当列席并接受股东的质询。此外，《公司法》第149条进一步细化了公司董事、高级管理人员的忠实义务：

(1) 不得损害公司资产的义务，即不得挪用公司资金；不得将公司资金以其个人名义或者以其他个人名义开立账户存储；不得违反公司章程的规定，未经股东会、股东大会或者董事会同意，将公司资金借贷给他人或者以公司财产为他人提供担保；

(2) 自我交易限制的义务，即不得违反公司章程的规定或者未经股东会、股东大会同意，与本公司订立合同或者进行交易。

(3) 竞业禁止的义务，即不得未经股东会或者股东大会同意，利用职务便利为自己或者他人谋取属于公司的商业机会，自营或者为他人经营与所任职公司同类的业务。

(4) 禁止接受商业贿赂的义务，即不得接受他人与公司交易的佣金归为己有。

(5) 保密义务，即不得擅自披露公司秘密；

(6) 配合监事行使职权的义务，即董事、高级管理人员应当如实向监事会或者不设监事会的有限责任公司的监事提供有关情况和资料，不得妨碍监事会或者监事行使职权。

公司的董事、高级管理人员违反以上忠实义务所得的收入应当归公司所有，也就是说，公司对这些违法所得享有归入权。

（二）勤勉义务

勤勉义务也称为谨慎义务、注意义务、小心义务，它强调公司的董事、监事、高级管理人员履行职责时应当具备善良管理者所应具备的谨慎品质和通常知识，认真、仔细、专注、负责地管理公司事务。较之忠实义务，勤勉义务的标准似乎更难，衡量勤勉义务是否履行的标准主要有客观标准、主观标准和折中标准三种：

(1) 客观标准：要求董事、监事、高级管理人员在履行职责时，应当像普通管理者一样具备通常知识，在同等环境下给予合理注意；

(2) 主观标准：以董事、监事、高级管理人员的个人情况来判断其是否勤勉地履行了职责，这一标准缺乏客观的可操作性；

(3) 折中标准：一般情况下以知识、技能和经验都适用的一个普通管理者的注意程度作为衡量标准，倘若有证据表明该董事、监事、高级管理人员的知识、经验和资格明显高于一般标准时，应当以其是否诚实的贡献出了他实际能力作为衡量标准。

三、针对董事、监事、高级管理人员的股东代表诉讼制度

（一）股东代表诉讼法律制度的概念

股东代表诉讼，也称为股东派生诉讼、股东代位诉讼，是指当公司的董事、监事、高级管理人员或者他人的行为损害了公司利益，而公司怠于通过诉讼方式追究其责任以恢复公司的利益时，由公司的股东基于与公司的利益连接，以自己名义起诉、所获赔偿归于公司的一种诉讼制度。

股东代表诉讼具有代位性、派生性，该制度运用得当可以很好地保护公司和股东的合法利益，并进一步完善公司的治理结构，但运用不当则可能导致股东诉权的滥用，侵犯经营管理者正当的经营管理权，干扰公司的正常经营。因此我国《公司法》在确立股东代表诉讼制度的同时，在立法上也进行了较为严格的限制：

(1) 原告资格的限制：依据该法第 152 条的规定，有限责任公司的股东、股份有限公司连续 180 日以上单独或合计持有公司 1%以上股份的股东才可以提起派生诉讼。

(2) 必须有前置程序：即《公司法》第 152 条第 2 款所规定的，监事会、不设监事会的有限责任公司的监事，或者董事会、执行董事收到具有请求权的股东书面请求后拒绝提起诉讼，或者自收到请求之日起 30 日内未提起诉讼，或者情况紧急、不立即提起诉讼将会使公司利益受到难以弥补的损害的，才可以为了公司的利益，以自己的名义直接向人民法院提起诉讼。

（二）股东代表诉讼的特征

股东代表诉讼区别于股东直接诉讼，也区别于民事诉讼中的代表人诉讼，具有自身的法律特点。股东代表诉讼具有代位诉讼和代表人诉讼的双重属性。一方面，在公司应该亲自行使而怠于或不能行使其损害赔偿请求权时，原告股东为了避免公司损失，最终也是避免自己损失，只得以自己的名义代位行使公司的诉权，这是股东代表诉讼的代位诉讼属性，也是其最本质的特征。另一方面，因为公司还有

其他股东存在，因此某一股东或某些股东在代位行使公司诉权的同时，也意味着代表公司的其他处于同一状态的股东提起诉讼，因而其他股东不得以同一诉讼标的和诉讼理由再行起诉，这是股东代表诉讼的代表诉讼属性。股东代表诉讼与股东直接诉讼主要有如下区别：

(1) 诉因不同。股东代表诉讼并非因股东个人权利受到侵害或者个人利益的纠纷，而是因公司的合法利益受到了非法侵害，股东以自己的名义代表公司提起诉讼。

(2) 诉权不同。股东代表诉讼中程序意义上的诉权由原告股东行使，实际意义上的诉权仍然属于公司享有；而股东直接诉讼中的诉权是统一的，无论程序意义上的诉权还是实体意义上的诉权，均归原告享有。

(3) 诉讼后果不同。在股东代表诉讼中，若原告股东胜诉，则胜诉的利益应归于公司，而非原告股东，原告股东只能与其他股东平等地分享公司由此带来的利益；倘若原告股东败诉，则该案的诉讼费用由原告股东承担。而在股东直接诉讼中，因为只存在股东单一的诉权，不论原告股东胜诉或败诉，都由其承担此种利益或不利的后果。

第五节 公司债券与公司财务、会计制度

一、公司债券的概念

公司债券，是指公司依照法定程序发行，约定在一定期限还本付息的有价证券。公司债券，可以是记名债券，也可以是无记名债券。

二、公司债券的发行条件

根据《中华人民共和国证券法》第 16 条的规定，公开发行公司债券，应当符合下列条件：

(1) 股份有限公司的净资产不低于人民币 3000 万元，有限责任公司的净资产不低于人民币 6000 万元；

(2) 累计债券余额不超过公司净资产的 40%；

(3) 最近 3 年平均可分配利润足以支付公司债券 1 年的利息；

(4) 筹集的资金投向符合国家产业政策；

(5) 债券的利率不超过国务院限定的利率水平；

(6) 国务院规定的其他条件。

公开发行公司债券筹集的资金，必须用于核准的用途，不得用于弥补亏损和非生产性支出。

上市公司发行可转换为股票的公司债券,除应当符合上述规定的条件外,还应当符合《证券法》关于公开发行股票的条件,并报国务院证券监督管理机构核准。

三、公司债券募集办法及其记载事项

发行公司债券的申请经国务院授权的部门核准后,应当公告公司债券募集办法。公司债券募集办法中应当载明下列主要事项:

(1) 公司名称;

(2) 债务募集资金的用途;

(3) 债券总额和债券的票面金额;

(4) 债券利率的确定方式;

(5) 还本付息的期限和方式;

(6) 债券担保情况;

(7) 债券的发行价格、发行的起止日期;

(8) 公司净资产额;

(9) 已发行的尚未到期的公司债券总额;

(10) 公司债券的承销机构。

四、公司的财务、会计制度

(一) 建立财务、会计制度和制作财务会计报告

公司应当依照法律、行政法规和国务院财政部门的规定建立本公司的财务、会计制度。公司应当在每一会计年度终了时编制财务会计报告,并依法经会计师事务所审计。财务会计报告应当依照法律、行政法规和国务院财政部门的规定制作。

有限责任公司应当按照公司章程规定的期限将财务会计报告送交各股东。股份有限公司的财务会计报告应当在召开股东大会年会的20日前置备于本公司,供股东查阅;公开发行股票的股份有限公司必须公告其财务会计报告。

(二) 税后利润的分配

公司分配当年税后利润时,应当提取利润的10%列入公司法定公积金。公司法定公积金累计额为公司注册资本的50%以上的,可以不再提取。

公司的法定公积金不足以弥补以前年度亏损的,在依照上述规定提取法定公积金之前,应当先用当年利润弥补亏损。

公司从税后利润中提取法定公积金后,经股东会或者股东大会决议,还可以从税后利润中提取任意公积金。公司弥补亏损和提取公积金后所余税后利润,有限责任公司股东按照实缴的出资比例分配;股份有限公司按照股东持有的股份比例分配,但股份有限公司章程规定不按持股比例分配的除外。

股东会、股东大会或者董事会违反上述规定,在公司弥补亏损和提取法定公积

金之前向股东分配利润的，股东必须将违反规定分配的利润退还公司。公司持有的本公司股份不得分配利润。

（三）公积金的用途

公司的公积金用于弥补公司的亏损、扩大公司生产经营或者转为增加公司资本。但是，资本公积金不得用于弥补公司的亏损。法定公积金转为资本时，所留存的该项公积金不得少于转增前公司注册资本的25%。

第六节　公司的变更、解散和清算

一、公司的变更概述

公司变更，在德国被称为“公司改组”。公司改组可采取合并、分立、财产移转和形式变更等四种法定方式。在我国，一般来讲，公司变更是指公司设立登记事项中某一项或某几项的改变。[①] 具体来讲，公司变更是指公司依法成立后，在其存续期间，依照法律和行政法规的规定，改变其构成要素的法律行为。

公司依法办理了变更登记手续后，公司变更即产生相应的法律后果。归纳起来，公司的变更引起的法律后果主要是：新公司的设立、原公司的解散；公司组织结构的变动；公司权利能力和行为能力内容的变化；公司债权债务的主体、履行地点和方式的变化；公司财产结构及产权的变化；公司印章、开户银行和税务登记事项的变化。

二、公司合并

（一）公司合并概念

所谓公司的合并，是指两个或两个以上的公司为了生产经营管理之需要，依照公司法的规定，签订合并协议，归并为一个公司的法律行为。简言之，公司的合并就是两个或两个以上的公司变更为一个公司。公司合并是公司之间的合意行为，而不是股东之间的契约行为。公司合并发生法律效力后，参加合并的各方公司股东虽然取得了合并后公司股东的资格，但这只是公司合并的后果。因此，公司合并必须以两个或两个以上公司的存在为逻辑前提。公司合并是两个或两个以上公司之间在平等自愿的基础上所进行的法律行为，合并任何一方均不得强迫、威胁另一方与自己进行合并，否则该项合并就是无效的。公司合并既导致了合并前公司主体和权利的变更，也牵扯到与这些公司建立民商事关系的主体的利益。因此，公司

① 王保树主编. 中国商事法. 北京：人民法院出版社，1996：221

合并必须严格依照公司法规定的条件和程序进行。

我国和世界上大多数国家一样，都在公司法中确认了公司合并的两种法定形态，即吸收合并和新设合并。所不同的是，我国在公司法中独创性的直接对公司合并的形式作了明确界定，具有明显的理论意义和实践意义。因为法律概念是法律体系的基石，法律概念的严谨有助于推动整个法律体系的建立和完善。①

（二）公司合并形式

(1) 吸收合并。吸收合并亦称为存续合并，是指两个或两个以上的公司合并时，其中一个公司继续存在（称为存续公司），而其余公司则归于解散（称为解散公司），即一个公司吸收其他公司，被吸收的公司解散。吸收合并的结果是：一个公司存续，但其内容发生了变化，主要是吸收了其他公司，而其余公司则归于解散，解散的公司则被存续公司所吸收。换句话说，吸收合并是指一个公司接纳一个或一个以上的公司加入本公司，加入方解散，失去法人资格；接纳方继续存在。从大多数国家公司合并的实践来看，吸收合并的形式较为普遍。

(2) 新设合并。新设合并亦称创设合并，是指两个或两个以上的公司合并时，参加合并的各原有公司同归解散而另外成立一个新公司。新设合并由于合并的各原有公司没有一个存续下来，均同时归于解散、失去法人资格、不复存在，而在此基础上另行创立了一个新公司，故新设合并也称为创设合并。

除吸收合并和新设合并这两种传统的、典型的和较为普遍的合并方式外，国外还有简易合并、三角合并与反三角合并等合并类型。简易合并是采取简易程序的特定公司（大小公司、母子公司）之间一种特殊的吸收合并，主要省略了股东大会的决议程序，现已为美国、法国和德国立法所承认。三角合并与反三角合并是涉及三方公司介入的合并，是合并与收购的结合，它们均产生母公司实际收购目标公司的法律后果，是20世纪60年代首先在美国发展起来的一种新型合并方式，且已为美国立法所承认。②

（三）公司合并程序

(1) 拟订公司合并方案；

(2) 作出合并方案；

(3) 签订合并协议；

(4) 编制资产负债表及财产清单；

(5) 通知及公告债权人。公司应当自作出合并决议之日起10日内通知债权人，并于30日内在报纸上至少公告3次。债权人自接到通知书之日起30日内（未接到通知书的，自第一次公告之日起90日内），有权要求公司清偿债权或者提供相

---

① 王长河、孟祥魁合著.公司合并及其相关概念的比较.北京：中国人民大学学报，1998(6)

② 陈丽洁著.公司合并法律问题研究.北京：法律出版社，2001:26—29

应的担保，否则公司依法不得合并；

(6) 申请批准；

(7) 办理登记手续。

(四) 公司合并的法律后果

公司的合并是一种法律行为，必然具有一定的法律效力，产生一定的法律后果。不具备法定条件和不履行法定程序的公司合并，可能导致损害股东、债权人及正常经济秩序的后果，因此许多国家设置了合并无效制度，公司的股东、不愿合并的债权人、清算人均可向法院提起合并无效之诉①。依照法定条件和程序所进行的公司合并可产生以下法律后果：

(1) 公司解散。

(2) 公司的变更。

(3) 公司的设立。

(4) 债权债务的概括承继。

(5) 股东资格的当然承继。

公司合并涉及合并各方及其股东、债权人、职工和市场竞争秩序，因此各国的公司法、证券法、劳动法和反垄断法都有关于公司合并的法律规制。其目的就在于保护公司合并过程中相关主体的合法权益，维护正常的市场竞争秩序。我国关于公司合并的立法在规范公司合并过程中发挥了积极的作用，但也存在一定的缺陷，亟须充实和完善。②

三、公司的分立

(一) 公司分立的含义

所谓公司分立，就是一个公司为了生产经营和管理之需要，依照公司法的规定，将其分成两个或者两个以上公司的法律行为。公司的分立是将原来存在的一个公司划分为两个或两个以上的独立公司，它既不同于公司建立自己的分公司，也不同于划小核算单位，而是一种公司变更的法定形式。

(二) 公司分立的形式

我国《公司法》对公司分立的形式没有明确规定，但根据国外的有关规定和公司分立的实践来看，公司的分立有分解分立和分支分立两种形式。

(1) 分解分立。分解分立又称新设分立，是指把一个原有公司分成两个或两个以上的新公司，原有的公司因此而解散，新分立的公司依法成为新的公司法人。

(2) 分支分立。分支分立又称派生分立，是指把一个原有公司的财产和业务分

① 石少侠主编.公司法教程.北京：中国政法大学出版社，1999：249—250

② 陈丽洁著.公司合并法律问题研究.北京：法律出版社，2001：208—233

出一部分或若干部分组成为新的公司，新组成的公司依法成为新的公司法人，原有的公司法人仍然存在，只是由于被分出去一部分或若干部分而发生了变更。

（三）公司分立的程序

公司的分立不仅涉及分立的公司本身，还关系到债权人的合法权益，甚至对公司的经营管理者和其他雇员都会产生一定的影响。因此，公司的分立必须严格依照公司法所规定的程序进行。一般来说，我国公司的分立必须经过以下法定程序：

（1）作出公司分立的决议。

（2）分割公司财产。

（3）编制资产负债表及财产清单。

（4）通知及公告债权人。

（5）报请批准。

（6）办理登记手续。

（四）公司分立的法律后果

公司的分立是一种法律行为，必然具有一定的法律效力，产生一定的法律后果。公司分立作为公司能够适应市场和在市场竞争中求得生存与发展的重要措施，其重要性已日渐凸显。但在公司分立中，公司股东与债权人的利益又往往因公司分立而受到影响或损害，因此如果公司分立不具备法定条件和不履行法定程序、损害股东和债权人合法权益的，股东、债权人均可提起公司分立无效之诉。依照法定条件和程序所进行的公司分立可产生以下法律后果：

（1）公司的变更。

（2）公司的解散。

（3）公司的设立。

（4）债权债务的承继。

四、公司的组织变更

（一）公司组织变更的含义

公司的组织变更，即公司组织形式或公司组织形态的变更，也即公司法定类型的变更，是指公司不中断其法人资格，依照公司法的规定，变更其组织形式，使其由某一种法定形态的公司变成另一种法定形态公司的法律行为。[①]

（二）公司组织变更的方式

关于公司的组织变更，现代各国公司法多采用限制主义，即只允许性质相似公司间的变更，而不允许性质不同的公司间的变更。归纳起来，各国公司法关于公司

---

① 梁宇贤著. 公司法论. 台湾三民书局，1983：109

组织变更的方式大致有以下几种:(1) 无限公司变更为两合公司;(2) 两合公司变更为无限公司;(3) 有限责任公司变更为股份有限公司;(4) 股份有限公司变更为有限责任公司;(5) 股份有限公司变更为股份两合公司;(6) 股份两合公司变更为股份有限公司。

(三) 我国《公司法》关于公司组织变更的规定

我国《公司法》第 9 条规定,有限责任公司变更为股份有限公司,应当符合本法规定的股份有限公司的条件。股份有限公司变更为有限责任公司,应当符合本法规定的有限责任公司的条件。有限责任公司变更为股份有限公司的,或者股份有限公司变更为有限责任公司的,公司变更前的债权、债务由变更后的公司承继。

据上所述,在我国,公司组织形式的变更包括并且仅限于有限责任公司向股份有限公司的转变和股份有限公司向有限责任公司的转变。有限责任公司的股东会在决定公司形式的变更时,必须经代表 2/3 以上表决权的的股东通过;股份有限公司的股东作出变更公司形式的决议时,须经出席会议的股东所代表的 2/3 以上表决权的多数通过。

五、公司的解散

(一) 公司解散的概念

尽管在理论上对公司解散的概念有“公司消灭的原因”和“公司消灭的程序”之争,但是不管是原因还是程序,公司解散从顺序上讲都发生在公司清算之前,公司解散后会进行公司清算,导致公司人格的消灭。为了便于理解,本书将公司解散的概念界定为:以消灭公司法人资格为目的而进行的终止公司业务活动并对公司财产进行清算的法律程序。

(二) 公司解散的原因

依公司解散原因的不同,公司解散有自愿解散和强制解散之分,前者是基于公司或股东的意愿而解散公司;后者是由于法律规定或者行政机关的命令或司法机关的裁判而解散公司。根据《公司法》第 181 条和第 183 条的规定,公司解散的原因主要有以下几种:

(1) 公司章程规定的营业期限届满或公司章程规定的其他事由出现;

(2) 股东会或股东大会决议解散;

(3) 因公司合并或者分立需要解散;

(4) 依法被吊销营业执照、责令关闭或者被撤销;

(5) 由法院依法对公司予以解散:公司经营管理发生严重困难,继续存续会使股东利益受到重大损失,通过其他途径不能解决的,持有公司全部股东表决权 10% 以上的股东,可以请求人民法院解散公司。

（三）公司解散的效力

公司解散并不直接导致公司法人人格的消灭，但产生一系列的法律后果，主要体现在以下几个方面：

（1）公司存续，但不得开展与清算无关的经营活动。公司解散只是公司终止的原因，公司解散时其法人资格并不立即消灭，公司为清算之目的而继续存在，因此解散后的公司不得开展与清算无关的经营活动。

（2）公司立即进入清算程序。公司因自愿或强制而解散，此时公司的债权债务需要清理了结，因此除了公司因合并或分立解散无需进行清算外，解散之公司应立即进入清算程序，按照法律法规的规定清理债权债务。

（3）公司的清算人为对外代表人。一旦公司进入清算程序，公司的清算人就取代原公司的代表人，对外代表公司进行与清算有关的活动，如清收债权、清偿债务、从事相关民事活动等。

六、公司清算

（一）公司清算的概念

公司清算是指公司解散后处分公司财产，终结其法律关系从而消灭公司法人资格的法律程序。根据我国公司法的规定，公司除合并与分立而解散外，其余原因引起的解散均需经过清算程序，因为公司是由股东投资组建的法人实体，而股东对公司的经营风险承担有限责任，公司在存续期间对内对外发生大量的法律关系，为了保护股东和债权人的利益必须依法将其资产向股东和债权人进行分配，终结其现存的全部法律关系。因此必须进行清算，此为各国的通例。

（二）清算组

公司进入清算程序之后清算组取代公司机关的地位。清算组是公司解散之后依法组成的专门负责清算事务的机构。我国公司法规定在公司解散事由出现之日起15日内应成立清算组。有限责任公司的清算组由股东组成，股份公司的清算组由董事或者股东大会确定的人员组成。逾期不成立清算组的，债权人可以申请法院指定有关人员组成清算组。清算组在清算期间的职权主要有：清理公司财产，分别编制资产负债表和财产清单；通知、公告债权人；处理与清算公司未了的业务；清缴所欠税款以及清算过程中产生的税款；清理债权、债务；处理公司清偿债务后的剩余财产；代表公司参与民事诉讼活动等。清算组成员应当忠于职守，依法履行清算义务。

（三）清算的程序

（1）组成清算组。

（2）公告和通知债权人。

(3) 清理公司财产、编制公司资产负债表和财产清单。公司财产不足以清偿债务的,应当立即向法院申请宣告破产。公司被法院裁定破产时,清算组应当将清算事务移交给法院。

(4) 制订清算方案,并报股东(大)会或者人民法院确认。

(5) 收取债权、清偿债务。清偿债务时应按下列顺序进行:① 支付清算费用;② 支付职工的工资、劳动保险费和法定补偿金;③ 缴纳所欠税款;④ 清偿公司的其他债务。

(6) 分配剩余财产。公司财产在清偿公司债务之后按照股东的出资比例或持股比例分配给股东。

(7) 制作公司清算报告。公司清算结束之后应当制作清算报告,报股东(大)会或法院确认。

(8) 申请公司注销登记。公司结束清算后应报送公司登记机关申请注销公司登记,公告公司终止。

第七节　外国公司的分支机构

一、外国公司与外国公司分支机构的概念

外国公司是指依照外国法律在中国境外设立的公司。外国公司的分支机构,是指外国公司依照我国法律、法规在中国境内设立的分支机构。

外国公司在中国境内设立的分支机构不具有中国法人资格。

外国公司对其分支机构在中国境内进行经营活动承担民事责任。

二、外国公司分支机构的设立程序和条件

外国公司在中国境内设立分支机构,必须向中国主管机关提出申请,并提交其公司章程、所属国的公司登记证书等有关文件,经批准后,向公司登记机关依法办理登记,领取营业执照。外国公司分支机构的审批办法由国务院另行规定。

外国公司在中国境内设立分支机构,必须在中国境内指定负责该分支机构的代表人或者代理人,并向该分支机构拨付与其所从事的经营活动相应的资金。对外国公司分支机构的经营资金所需要规定最低限额的,由国务院另行规定。

外国公司的分支机构应当在其名称中标明该外国公司的国籍及责任形式。外国公司的分支机构应当在本机构中置备该外国公司章程。

三、外国公司分支机构的撤销与清算

外国公司分支机构的撤销分为自行撤销和被动撤销两类。自行撤销是指外国

公司自行将其在中国境内的分支机构撤销,停止一切经营活动。被动撤销是指外国公司分支机构在中国境内从事从业活动时,违反中国的法律,损害中国的社会公共利益,被我国公司登记机关责令停止营业,收回执照。

经批准设立的外国公司分支机构,在中国境内从事业务活动,必须遵守中国的法律,不得损害中国的社会公共利益,其合法权益受中国法律保护。

外国公司撤销其在中国境内的分支机构时,必须依法清偿债务,依照本法有关公司清偿程序的规定进行清算。未清偿债务之前,不得将其分支机构的财产移至中国境外。

复习思考题

1. 试述公司的设立条件和程序。
2. 简述一人有限责任公司的法律规定。
3. 股东享有哪些权利?
4. 试述董事的义务。
5. 如何理解公司解散和清算制度?

案例分析题

案例1 某房地产股份公司注册资本为人民币2亿元。后来由于房地产市场不景气,公司年底出现了无法弥补的经营亏损,亏损总额为人民币7000万元。某股东据此请求召开临时股东大会。公司决定于次年4月10日召开临时股东大会,并于3月20日在报纸上刊登并向所有的股东发出了会议通知。通知确定的会议议程包括以下事项:

(1) 选举更换部分董事,选举更换董事长;

(2) 选举更换全部监事;

(3) 更换公司总经理;

(4) 就发行公司债券作出决议;

(5) 就公司与另一房地产公司合并作出决议。

在股东大会上,上述各事项均经出席大会的股东所持表决权的半数通过。

根据上述材料,回答以下问题:

1. 公司发生亏损后,在股东请求时,应否召开股东大会?为什么?

2. 公司在临时股东大会的召集、召开过程中,有无与法律规定不相符的地方?如有,请指出,并说明理由?

案例2 甲上市公司(以下简称“甲公司”)董事会由11名董事组成,董事会于2006年2月1日召开董事会会议,出席本次董事会会议的董事为7名。该次会议的召开情况以及讨论的有关问题如下:

(1) 为适应市场变化,经出席本次董事会会议的董事一致通过,决定改变招股说明书所列资金用途。

(2) 2005 年甲公司发生重大亏损,董事 A 提议对此不予公告,但在会议表决时,董事 B、董事 C 明确表示异议并记载于会议记录,但该提议最终仍由出席本次董事会会议的其他 5 名董事表决通过。

(3) 经出席本次董事会会议的董事一致通过,决定解聘张某的公司总经理职务,会议决定由王某担任甲公司的总经理。董事 D 提议对公司经理的变动情况及时向中国证监会和上海证券交易所报告并予以公告,但遭到了甲公司董事长的拒绝。

根据以上事实和《公司法》、《证券法》的规定,分析回答下列问题:

1. 根据本题要点(1)所提示的内容,董事会决定改变招股说明书所列资金用途是否符合规定?并说明理由。

2. 根据本题要点(2)所提示的内容,甲公司董事会的做法有哪些不符合规定之处?并说明理由。

3. 根据本题要点(2)所提示的内容,如果甲公司董事会的决议因违反法律、法规或者公司章程,致使公司遭受严重损失,董事 B、董事 C 是否应当承担赔偿责任?

4. 根据本题要点(3)所提示的内容,甲公司董事长的做法是否符合规定?并说明理由。

第四章　企业破产法

第一节　企业破产法概述

一、破产的概念

广义上的破产是预防型破产，是指当债务人不能清偿到期债务时，由法院根据当事人的申请，对债务人实施的挽救性程序以及就债务人的全部财产实行的概括性清算程序的统称，是由破产清算与破产和解、破产重整三种程序共同构成的一个统一的破产法律制度体系。狭义上的破产为清算型破产，是指债务人不能清偿到期债务时，由法院根据债权人或债务人的申请，依法宣告债务人破产，并将其全部财产公平分配给全体债权人的清算程序。本章所说的"破产"采取广义上的概念。

二、破产法的概念

破产法，是指规范破产程序的各种法律规范的总称。广义的破产法即实质意义上的破产法，既包括专门规范破产程序的法律，也包括民法、商法、刑法、诉讼法等法律中有关破产程序的规定；狭义的破产法即形式意义上的破产法，仅指专门规范破产程序的法律。

我国的企业破产法，是指为规范企业破产程序，公平清理债权债务，保护债权人和债务人的合法权益，维护社会主义市场经济秩序，而制定的法律规范的总称，即 2006 年 8 月 27 日通过的《中华人民共和国企业破产法》。

三、破产原因和破产能力

（一）破产原因

破产原因，是指认定债务人丧失清偿能力，当事人得以提出破产申请，法院据以启动破产程序的法律事实和理由。

依据我国《企业破产法》的规定，对于破产原因我们可以具体区分为以下四种：

(1) 债权人对债务人提出破产重整申请或者破产清算申请的,破产原因属于不能清偿;(2) 债务人自身提出破产清算与破产和解申请的,破产原因属于不能清偿且资不抵债或者明显缺乏清偿能力;(3) 债务人自身提出破产重整申请的,破产原因属于明显缺乏清偿能力;(4) 解散后法人的破产清算,破产原因属于资不抵债。

(二) 破产能力

破产能力,是指债务人能够使用破产程序解决债务清偿问题的资格,即破产法的适用范围。我国《企业破产法》适用的范围是具有法人资格的企业,也就是说,除企业法人之外的个体工商户、个人独资企业、自然人等不属于破产范围的主体,均不具有破产能力。此外,金融机构法人(包括商业银行、证券公司、保险公司、信托投资公司等企业)虽适用《中华人民共和国企业破产法》,但上述机构出现破产原因时,自己不能提出破产申请,而只能由国务院金融监督管理机构作为申请人向法院提出申请;如果是债权人对金融机构债务人向法院提出诉讼或执行,国务院金融监督管理机构需要对其采取接管、托管措施的,有权申请法院中止诉讼程序或者执行程序。

四、破产案件的管辖和域外效力

(一) 破产案件的管辖

破产案件的管辖,是指各级人民法院及同级人民法院之间受理破产案件的分工权限。我国未设置专门的破产法院,破产案件由普通法院管辖。

(1) 破产案件的地域管辖。我国《企业破产法》第 3 条规定:“破产案件由债务人住所地人民法院管辖。”债务人住所地是指债务人的主要办事机构所在地。债务人无办事机构的,由其注册地人民法院管辖。

(2) 破产案件的级别管辖。基层人民法院一般管辖县、县级市或区的工商行政管理机关核准登记企业的破产案件;中级人民法院一般管辖地区、地级市(含本级)以上工商行政管理机关核准登记企业的破产案件;纳入国家计划调整的企业破产案件,由中级人民法院管辖。

(3) 破产案件管辖权的转移。上级人民法院审理下级人民法院管辖的企业破产案件,或者将本院管辖的企业破产案件移交下级人民法院审理,以及下级人民法院需要将自己管辖的企业破产案件交由上级人民法院审理的,依照民事诉讼法的有关规定办理;省、自治区、直辖市范围内因特殊情况需对个别企业破产案件的地域管辖作调整的,须经共同上级人民法院批准。

(4) 受理破产申请的人民法院对于有关债务人的民事诉讼进行专属管辖。《企业破产法》第 21 条规定:“人民法院受理破产申请后,有关债务人的民事诉讼,只能向受理破产申请的人民法院提起。”这一规定有利于提高破产程序的效率,便于破产案件的审理。

（二）破产程序的域外效力

破产程序的域外效力，是指破产程序开始后，对债务人的财产、破产人在一定期间内所实施的行为以及其他利害关系人的有关行为，在多大的地域范围内发生效力。在我国，依照《企业破产法》开始的破产程序，对债务人在中华人民共和国领域外的财产发生效力。

对外国法院作出的发生法律效力的破产案件的判决、裁定，涉及债务人在中华人民共和国领域内的财产，由人民法院依照中华人民共和国缔结或者参加的国际条约，或者按照互惠原则进行审查，认为不违反中华人民共和国法律的基本原则，不损害国家主权、安全和社会公共利益，不损害中华人民共和国领域内债权人的合法权益的，裁定承认和执行。

第二节　企业破产的程序

一、破产申请的提出

（一）破产申请的提出

破产申请的提出可以分为以下四种情形：

(1) 债务人提出破产申请。债务人不能清偿到期债务，并且资产不足以清偿全部债务或者明显缺乏清偿能力的，或者有明显丧失清偿能力可能的，可以向人民法院提出重整、和解或者破产清算申请。

(2) 债权人提出破产申请。债务人不能清偿到期债务，债权人可以向人民法院提出对债务人进行重整或者破产清算的申请。

(3) 依法负有清算责任的人提出破产申请。依据我国《公司法》第 188 条第 1 款的规定，清算组作为依法负有清算责任的人，在企业法人已解散但未清算或者未清算完毕时，发现资产不足以清偿债务，应当向人民法院申请破产清算。

(4) 国务院金融监督管理机构提出破产申请。商业银行、证券公司、保险公司等金融机构有《企业破产法》第 2 条规定情形的，国务院金融监督管理机构可以向人民法院提出对该金融机构进行重整或者破产清算的申请。

（二）破产申请书及有关证据材料

提出破产申请，应当提交破产申请书和有关证据。破产申请书应当载明下列事项：(1) 申请人、被申请人的基本情况；(2) 申请目的；(3) 申请的事实和理由；(4) 人民法院认为应当载明的其他事项。债务人提出申请的，还应当向人民法院提交财产状况说明、债务清册、债权清册、有关财务会计报告、职工安置预案以及职工工资的支付和社会保险费用的缴纳情况。

如果债权人提出破产申请,还应当提交能够证明债权清偿期限已经届满,债权人已经提出过清偿要求,债务人明显缺乏清偿能力或者停止支付呈连续状态的证据,如合同、借据等。

（三）破产申请的撤回

人民法院受理破产申请前,申请人可以请求撤回申请。法院受理破产申请后,进入破产程序,为保护其他债权人的利益,不允许撤回破产申请。

二、破产申请的受理

（一）受理程序

1. 法院作出是否受理破产申请裁定的期限

债权人提出破产申请的,人民法院应当自收到申请之日起5日内通知债务人。债务人对申请有异议的,应当自收到人民法院的通知之日起7日内向人民法院提出。人民法院应当自异议期满之日起10日内裁定是否受理。如债务人没有异议,人民法院应当自收到破产申请之日起15日内裁定是否受理。有特殊情况需要延长以上裁定受理期限的,经上一级人民法院批准,可以延长15日。

2. 裁定送达的期限及相关内容

人民法院受理破产申请的,应当自裁定作出之日起5日内送达申请人。债权人提出申请的,人民法院应当自裁定作出之日起5日内送达债务人。债务人应当自裁定送达之日起15日内,向人民法院提交财产状况说明、债务清册、债权清册、有关财务会计报告以及职工工资的支付和社会保险费用的缴纳情况。

人民法院裁定不受理破产申请的,应当自裁定作出之日起5日内送达申请人并说明理由。申请人对裁定不服的,可以自裁定送达之日起10日内向上一级人民法院提起上诉。

3. 受理破产申请的通知及公告。

人民法院应当自裁定受理破产申请之日起25日内通知已知债权人,并予以公告。通知和公告应当载明下列事项:(1) 申请人、被申请人的名称或者姓名;(2) 人民法院受理破产申请的时间;(3) 申报债权的期限、地点和注意事项;(4) 管理人的名称或者姓名及其处理事务的地址;(5) 债务人的债务人或者财产持有人应当向管理人清偿债务或者交付财产的要求;(6) 第一次债权人会议召开的时间和地点;(7) 人民法院认为应当通知和公告的其他事项。

（二）破产案件受理裁定的法律效力

1. 债务人的有关人员应当承担的法定义务

债务人的有关人员,是指企业的法定代表人。经人民法院决定,可以包括企业的财务管理人员和其他经营管理人员。自人民法院受理破产申请的裁定送达债务人之日起至破产程序终结之日,债务人的有关人员承担下列义务:(1) 妥善保管其占有和管理的财产、印章和账簿、文书等资料；(2) 根据人民法院、管理人的要求进行工作，并如实回答询问；(3) 列席债权人会议并如实回答债权人的询问；(4) 未经人民法院许可，不得离开住所地；(5) 不得新任其他企业的董事、监事、高级管理人员。

2. 禁止债务人对个别债权人的清偿行为

为保证对全体债权人的公平清偿，《企业破产法》第 16 条规定："人民法院受理破产申请后，债务人对个别债权人的债务清偿无效。"债务人以其自有财产向债权人提供物权担保的，债权人享有对担保物的优先受偿权，不受这一限制。《企业破产法》第 37 条规定："人民法院受理破产申请后，管理人可以通过清偿债务或者提供为债权人接受的担保，取回质物、留置物。前款规定的债务清偿或者替代担保，在质物或者留置物的价值低于被担保的债权额时，以该质物或者留置物当时的市场价值为限。"

3. 财产移交管理人

人民法院受理破产申请后，债务人的债务人或者财产持有人应当向管理人清偿债务或者交付财产。如果债务人的债务人或者财产持有人故意向债务人清偿债务或交付财产，使债权人受到损失的，不免除其清偿债务或者交付财产的义务。

4. 管理人对合同是否履行享有决定权

人民法院受理破产申请后，管理人对破产申请受理前成立而债务人和对方当事人均未履行完毕的合同有权决定解除或者继续履行，并通知对方当事人。管理人自破产申请受理之日起 2 个月内未通知对方当事人的，或者自收到对方当事人催告之日起 30 日内未答复的，视为解除合同。管理人决定继续履行合同的，对方当事人应当履行；但是，对方当事人有权要求管理人提供担保。管理人不提供担保的，视为解除合同。

5. 有关债务人财产的保全措施应当解除，执行程序应当中止

为了保证破产清偿的公平性，让已经采取了查封、扣押等保全措施的财产能纳入债务人的财产，纳入重整计划、和解协议调整的范围或者依据破产财产分配方案分配给债权人；保障除申请执行人外，债务人的其他债权人的权利，有关债务人财产的保全措施应当解除，执行程序应当中止。

6. 有关债务人的诉讼、仲裁程序中止

人民法院受理破产申请后，已经开始而尚未终结的有关债务人的民事诉讼或者仲裁应当中止；在管理人接管债务人的财产后，该诉讼或者仲裁继续进行。

三、破产管理人

(一) 破产管理人的概念

破产管理人又称管理人，是指在破产程序进行过程中负责接管债务人企业、接

受债权申报并审查,并为了防止债务人恶意处分财产而对债务人财产实施管理、处分,负责业务经营、破产方案拟订和执行的专门机构。

(二) 破产管理人的选任

1. 选任方式

破产管理人由人民法院指定。债权人会议认为管理人不能依法、公正执行职务或者有其他不能胜任职务情形的,可以申请人民法院予以更换。

2. 选任范围与任职资格

破产管理人可以由有关部门、机构的人员组成的清算组或者依法设立的律师事务所、会计师事务所、破产清算事务所等社会中介机构担任。人民法院根据债务人的实际情况,可以在征询有关社会中介机构的意见后,指定该机构具备相关专业知识并取得执业资格的人员担任管理人。具有下列情形之一的自然人、清算组织或者社会中介机构,不得担任破产管理人:(1) 因故意犯罪受过刑事处罚;(2) 曾被吊销相关专业执业证书;(3) 与本案有利害关系;(4) 人民法院认为不宜担任管理人的其他情形。个人担任管理人的,应当参加执业责任保险。

(三) 破产管理人的职责

破产管理人依法履行的职责包括:(1) 接管债务人的财产、印章和账簿、文书等资料;(2) 调查债务人财产状况,制作财产状况报告;(3) 决定债务人的内部管理事务;(4) 决定债务人的日常开支和其他必要开支;(5) 在第一次债权人会议召开之前,决定继续或者停止债务人的营业;(6) 管理和处分债务人的财产;(7) 代表债务人参加诉讼、仲裁或者其他法律程序;(8) 提议召开债权人会议;(9) 人民法院认为管理人应当履行的其他职责。

此外,在第一次债权人会议召开之前,管理人决定继续或者停止债务人的营业或者有下列行为之一的,应当经人民法院许可:(1) 涉及土地、房屋等不动产权益的转让;(2) 探矿权、采矿权、知识产权等财产权的转让;(3) 全部库存或者营业的转让;(4) 借款;(5) 设定财产担保;(6) 债权和有价证券的转让;(7) 履行债务人和对方当事人均未履行完毕的合同;(8) 放弃权利;(9) 担保物的取回;(10) 对债权人利益有重大影响的其他财产处分行为。

(四) 破产管理人的权利与义务

1. 管理人的权利

依据我国《企业破产法》第28条的规定,破产管理人的权利有两个:(1) 工作人员聘用权;(2) 获得报酬权。

2. 管理人的义务

破产管理人的义务包括:(1) 忠实、勤勉义务。管理人应当勤勉尽责,忠实执行职务。(2) 不辞任义务。管理人没有正当理由不得辞去职务。管理人辞去职务应当经人民法院许可。(3) 报告并接受监督义务。管理人依法执行职务,向人民法院报告工作,并接受债权人会议和债权人委员会的监督。管理人应当列席债权人会议,向债权人会议报告职务执行情况,并回答询问。

四、破产债权的申报和债权人会议

(一) 债权申报

债权申报,是指债权人在人民法院受理破产申请后的法定期间内,依照法定程序主张并证明其债权的存在,向法院登记债权,以便参与破产程序的行为。债权申报是债权人参加破产程序的必要条件,应当符合下列规则:

1. 主体要求

人民法院受理破产申请时对债务人享有债权的债权人均可作为破产债权申报的申报人。申报的债权必须是在人民法院受理破产申请之前产生的,在破产申请之后发生的新债权除非法律有特别规定外不在此列。债权申报的受理主体是破产管理人。

2. 债权申报的法定期限

人民法院受理破产申请后,应当确定债权人申报债权的期限。债权申报期限自人民法院发布受理破产申请公告之日起计算,最短不得少于30日,最长不得超过3个月。

3. 特殊破产债权的处理

未到期的债权,在破产申请受理时视为到期。附利息的债权自破产申请受理时起停止计息。附条件、附期限的债权和诉讼、仲裁未决的债权,债权人可以申报。

为保护破产企业职工的合法权益,债务人所欠职工的工资和医疗、伤残补助、抚恤费用,所欠的应当划入职工个人账户的基本养老保险、基本医疗保险费用,以及法律、行政法规规定应当支付给职工的补偿金,不必申报,由管理人调查后列出清单并予以公示。职工对清单记载有异议的,可以要求管理人更正;管理人不予更正的,职工可以向人民法院提起诉讼。

4. 债权人应当在法定期限内申报债权

(1) 债权人应当在人民法院确定的债权申报期限内向管理人申报债权。申报时,债权人应当书面说明债权的数额和有无财产担保,并提交有关证据。申报的债权是连带债权的,应当说明。连带债权人可以由其中一人代表全体债权人申报债权,也可以共同申报债权。

(2) 债务人的保证人或者其他连带债务人已经代替债务人清偿债务的,以其对债务人的求偿权申报债权。债务人的保证人或其他连带债务人尚未代替债务人清偿债务的,以其对债务人的将来求偿权申报债权(但是,债权人已经向管理人申报全部债权的除外)。

(3) 连带债务人数人被裁定适用破产法规定的程序的,其债权人有权就全部债权分别在各破产案件中申报债权。

(4) 管理人或者债务人依照破产法的规定解除合同的,对方当事人以因合同解除所产生的损害赔偿请求权申报债权。

(5) 债务人是委托合同的委托人,被裁定适用破产法规定的程序时,受托人不知该事实,继续处理委托事务的,受托人以由此产生的请求权申报债权。

(6) 债务人是票据的出票人,被裁定适用破产法规定的程序,该票据的付款人继续付款或者承兑的,付款人以由此产生的请求权申报债权。

5. 债权的补充申报

在人民法院确定的债权申报期限内,债权人未申报债权的,可以在破产财产最后分配前补充申报;但是,此前已进行的分配,不再对其进行补充分配。为审查和确认补充申报债权的费用,由补充申报人承担。债权人未依照破产法规定申报债权的,不得依照破产法规定的程序行使权利。

6. 债权表的编制与核查

管理人收到债权人申报材料后,应当登记造册,对申报的债权进行审查,并编制债权表。债权表和申报材料由管理人保存,供利害关系人查阅。债权表应当提交第一次债权人会议核查。债务人、债权人对债权表记载的债权无异议的,由人民法院裁定确认;债务人、债权人对债权表记载的债权有异议的,可以向受理破产申请的人民法院提起诉讼。

(二) 债权人会议

债权人会议,是指在破产程序进行中,为便于全体债权人参与破产程序以实现其破产程序参与权,维护全体债权人的共同利益而由全体登记在册的债权人组成的表达债权人意志和统一债权人行动的议事机构。

1. 债权人会议的组成

依法申报债权的债权人为债权人会议的成员,有权参加债权人会议,享有表决权。债权人会议设主席 1 人,由人民法院从有表决权的债权人中指定。债权人会议主席主持债权人会议。此外,债权人会议应当有债务人的职工和工会的代表参加,对有关事项发表意见。

2. 债权人会议表决权的行使

依法申报债权的债权人享有表决权。债权人可以委托代理人出席债权人会议,行使表决权。代理人出席债权人会议,应当向人民法院或者债权人会议主席提交债权人的授权委托书。但是,有下列情形的,债权人不得行使表决权:(1) 债权尚未确定的债权人,除人民法院能够为其行使表决权而临时确定债权额的外,不得行使表决权。所谓"债权尚未确定",主要包括:① 债权已经发生,但具体数额尚未确定;② 债权为或然债权,如附停止条件的债权、将来求偿权以及有争议或者诉讼未决的债权。(2) 对债务人的特定财产享有担保权的债权人,未放弃优先受偿权利的，对通过和解协议、破产财产的分配方案不享有表决权。

3. 债权人会议的召集

第一次债权人会议由人民法院召集，自债权申报期限届满之日起15日内召开。以后的债权人会议，在人民法院认为必要时，或者管理人、债权人委员会、占债权总额1/4以上的债权人向债权人会议主席提议时召开。召开债权人会议，管理人应当提前15日通知已知的债权人。

4. 债权人会议的职权

债权人会议行使下列职权：(1) 核查债权；(2) 申请人民法院更换管理人，审查管理人的费用和报酬；(3) 监督管理人；(4) 选任和更换债权人委员会成员；(5) 决定继续或者停止债务人的营业；(6) 通过重整计划；(7) 通过和解协议；(8) 通过债务人财产的管理方案；(9) 通过破产财产的变价方案；(10) 通过破产财产的分配方案；(11) 人民法院认为应当由债权人会议行使的其他职权。债权人会议应当对所议事项的决议做成会议记录。

5. 债权人会议的决议规则及其效力

(1) 债权人会议的决议表决。债权人会议的决议，由出席会议的有表决权的债权人过半数通过，并且其所代表的债权额占无财产担保债权总额的1/2以上。债权人会议通过和解协议的决议，由出席会议的有表决权的债权人过半数同意，并且其所代表的债权额占无财产担保债权总额的2/3以上。

(2) 债权人会议决议的效力。债权人会议的决议，对于全体债权人均有约束力。

(3) 债权人会议的决议违法后的司法救济。债权人认为债权人会议的决议违反法律规定，损害其利益的，可以自债权人会议作出决议之日起15日内，请求人民法院裁定撤销该决议，责令债权人会议依法重新作出决议。

(4) 人民法院对债权人会议不能决议的事项的裁定。对债务人财产的管理方案、破产财产的变价方案，经债权人会议表决未通过的；对破产财产的分配方案，经债权人会议二次表决仍未通过的，由人民法院裁定。上述裁定，人民法院可以在债权人会议上宣布或者另行通知债权人。债权人对人民法院作出的关于债务人财产的管理方案、破产财产的变价方案所作裁决不服的，债权额占无财产担保债权总额1/2以上的债权人对人民法院关于破产财产的分配方案所作的裁决不服的，可以自裁定宣布之日起或者收到通知之日起15日内向该人民法院申请复议。复议期间不停止裁定的执行。

(三) 债权人委员会

1. 债权人委员会的组成

债权人会议可以决定设立债权人委员会。债权人委员会由债权人会议选任的债权人代表和一名债务人的职工代表或者工会代表组成，成员不得超过9人，并经人民法院书面决定认可。

2. 债权人委员会的职权

债权人委员会行使下列职权:(1) 监督债务人财产的管理和处分;(2) 监督破产财产的分配;(3) 提议召开债权人会议;(4) 债权人会议委托的其他职权。债权人委员会执行职务时,有权要求管理人、债务人的有关人员对其职权范围内的事务作出说明或者提供有关文件。管理人、债务人的有关人员违反规定拒不接受监督的,债权人委员会有权就监督事项请求人民法院作出决定,而人民法院应当在5日内作出决定。

第三节　破产清算和破产分配

一、破产财产的清理

(一) 破产财产

破产财产是指被宣告破产的债务人的财产,也就是属于破产人所有或由国家授予其经营管理的,在破产宣告后由管理人依法管理和处分,用以清偿破产债权的全部财产。通常将破产财产分为两个部分:

(1) 破产申请受理时属于债务人的全部财产,具体包括:① 有形财产,如厂房、机器设备、原料燃料等;② 无形财产,如属于债务人的商标权、专利权、债权、股权、期权等;③ 设定担保权的财产和未设定担保权的财产;④ 位于境内外的财产等。

(2) 破产申请受理后至破产程序终结前债务人取得的财产,主要包括:① 债务人投资的收益,如公司的分红;② 破产财产的孳息,如债务人的房租收入、银行存款利息、有价证券的收益等;③ 破产程序开始后至破产程序终结前债务人继续经营的收益,如果管理人或者债权人会议决定允许债务人在破产期间继续营业,则继续营业期间所取得的收益为债务人的财产;④ 基于其他合法原因取得的财产。

(二) 破产费用与共益债务

破产费用,是指破产程序开始后,为破产程序的顺利进行以及破产财产的管理、变价和分配而发生的费用。破产费用包括:(1) 破产案件的诉讼费用;(2) 管理、变价和分配债务人财产的费用;(3) 管理人执行职务的费用、报酬和聘用工作人员的费用。

共益债务,是指破产程序中为全体债权人的共同利益而管理、变价和分配破产财产所负担的债务。共益债务包括:(1) 因管理人或者债务人请求对方当事人履行双方均未履行完毕的合同所产生的债务;(2) 债务人财产受无因管理所产生的债务;(3) 因债务人不当得利所产生的债务;(4) 为债务人继续营业而应支付的劳动报酬和社会保险费用以及由此产生的其他债务;(5) 管理人或者相关人员执行职务致人损害所产生的债务;(6) 债务人财产致人损害所产生的债务。

破产费用和共益债务的清偿规则如下:(1) 由债务人财产随时清偿。(2) 债务人财产不足以清偿所有破产费用和共益债务的,先行清偿破产费用。(3) 债务人财产不足以清偿破产费用的,按照未清偿费用的数额比例予以清偿;当债务人的财产足以清偿破产费用,但是不足以清偿共益债务的,将清偿完破产费用后剩余的债务人财产再按照未清偿的共益债务的数额比例对共益债务进行清偿。

债务人财产不足以清偿破产费用的,管理人应当提请人民法院终结破产程序。人民法院应当自收到请求之日起 15 日内裁定终结破产程序,并予以公告。

(三) 别除权、取回权、抵消权、撤销权与追回权

1. 别除权

破产别除权,是指债权人因其债权设有担保物权,可以不依破产清算程序而就破产人的特定担保物享有的优先受偿的权利。在我国,对破产人的特定财产享有担保权的权利人,对该特定财产享有优先受偿的权利。

别除权以抵押权、质权和留置权作为基础性权利,无论是抵押权还是质权,或是留置权,该担保物权应当合法有效。别除权人行使权利不受破产清算程序的约束。如果别除权人占有标的物(如为质权人、留置权人),可以不经清算人同意,直接依担保法的规定,以标的物折价抵偿债务,或者将标的物拍卖、变卖后以价款偿还债务。如果别除权人未占有标的物(如为抵押权人),其别除权的行使要先向清算人主张,经清算人同意,取得对抵押物的占有后,才能按照担保法的规定,行使其权利。

别除权行使后,如果标的物的价值大于其所担保的债权,剩余部分应当交回,作为破产财产。如果标的物的价值小于被担保的债权,则剩余的债权额可作为破产债权,依破产程序行使。如果别除权人放弃了优先受偿权利的债权额,就成为了一般破产债权,别除权人将作为普通破产债权人参加破产清算程序,同其他普通破产债权人一起,就破产财产按比例清偿。

2. 取回权

取回权,是指在破产程序中,对不属于债务人的财产,其所有权人或者其他权利人可依法通过管理人将该财产予以取回的权利。破产取回权以财产所有权及其他物权为基础,是民法上物的返还请求权在破产程序中的一种表现形式,可以分为一般取回权和特殊取回权。

(1) 一般取回权,是指财产权利人基于破产法以外的原因而行使的取回权。除破产法另有规定外,人民法院受理破产申请后,债务人占有的不属于债务人的财产,该财产的权利人可以通过管理人取回。“不属于债务人的财产”,主要包括:① 合法占有的他人的财产,如因共有、委托、租赁、借用、加工承揽、寄存、寄售等法

律关系交由债务人占有、未转移所有权的他人财产；② 非法占有的他人财产，如非法侵占的财产、债务人据为己有的他人遗失的财产等。

(2) 特殊取回权，是指财产权利人基于破产法规定的原因而行使的取回权。主要包括：出卖人取回权、行纪人取回权和代偿取回权。我国《企业破产法》仅规定了出卖人取回权，即出卖人已将买卖标的物向作为买受人的债务人发运，债务人尚未收到且未付清全部价款的，出卖人可以取回在运途中的标的物。但是，管理人可以支付全部价款，请求出卖人交付标的物。

权利人行使取回权应当向管理人主张，通过管理人取回财产。如果管理人对此予以拒绝，权利人可以向人民法院提出取回权确认之诉，对于人民法院予以确认的取回权，管理人不得拒绝权利人的取回请求。

3. 抵消权

抵消权，是指债权人在破产案件受理前对债务人负有债务的，无论其债权与所负债务种类是否相同，也不论该债权债务是否附有期限或条件，均可以用该债权抵消其对债务人所负债务的权利。破产程序中的抵消权只能由破产债权人享有，破产管理人不得主张抵消权。与破产债权相抵消的债务须为破产债权人于破产申请受理前对债务人所负的债务。

享有破产抵消权的债权应当进行申报，否则不得主张抵消。如果管理人承认债权人的抵消请求，即发生抵消的效果。如果管理人对债权人的抵消权有异议，则应通过诉讼予以解决。在行使期限上，破产抵消权应当在破产申请受理后至破产财产最终分配前行使。抵消后的差额，如果属于破产债权大于债务的部分，仍应作为破产债权，债权人可以此参加破产分配；如果属于破产债权小于债务的部分，则属破产财产，管理人有权就此请求该债权人清偿。

有下列情形之一的，不得抵消：(1) 债务人的债务人在破产申请受理后取得他人对债务人的债权的；(2) 债权人已知债务人有不能清偿到期债务或者破产申请的事实，对债务人负担债务的；但是，债权人因为法律规定或者有破产申请 1 年前所发生的原因而负担债务的除外；(3) 债务人的债务人已知债务人有不能清偿到期债务或者破产申请的事实，对债务人取得债权的；但是，债务人的债务人因为法律规定或者有破产申请 1 年前所发生的原因而取得债权的除外。

4. 撤销权

撤销权又称否认权，是指破产管理人拥有的，对于债务人在临近破产程序开始的期间内实施的有害于债权人利益的行为，于破产程序开始后予以撤销并将撤销利益归于破产财产的权利。

依据规定，破产撤销权的适用范围包括：(1) 人民法院受理破产申请前 1 年内涉及债务人财产的下列行为，管理人有权请求人民法院予以撤销：① 无偿转让财产；② 以明显不合理的价格进行交易；③ 对没有财产担保的债务提供财产担保；④ 对未到期的债务提前清偿的；⑤ 放弃债权的。(2) 人民法院受理破产申请前 6

个月内,债务人已知其不能清偿到期债务,仍对个别债权人进行清偿的,管理人有权请求人民法院予以撤销。但是,个别清偿使债务人财产受益的除外。

撤销权的行使,由管理人以诉讼的方式向法院提出。撤销权所撤销的行为只能发生在破产程序开始前法律规定的期间内。

5. 追回权

追回权,是指在破产程序中,破产管理人对于其行使撤销权与主张债务人实施行为无效而取得的债务人的财产以及其他应归属于债务人的财产予以追回的权利。在我国,破产追回权的适用范围规定如下:

(1) 破产管理人因债务人实施的行为无效而取得的债务人的财产有权追回。涉及债务人财产的下列行为无效:① 为逃避债务而隐匿、转移财产的;② 虚构债务或者承认不真实的债务的。

(2) 破产管理人因行使破产撤销权而应取得的债务人的财产有权追回。

(3) 人民法院受理破产申请后,债务人的出资人尚未完全履行出资义务的,破产管理人应当要求该出资人缴纳所认缴的出资,而不受出资期限的限制。

(4) 债务人的董事、监事和高级管理人员利用职权从企业获取的非正常收入和侵占的企业财产,管理人应当追回。

二、破产重整制度

破产重整制度,是由债权人或债务人申请,在法院主持下,由债权人与债务人达成协议,在一定期限内,对具有重整原因和重整能力的债务人进行生产经营上的整顿和债权债务关系上的清理,以使其摆脱财务困境,重新获得经营能力的破产预防制度。

(一) 重整申请

债务人或者债权人可以依照破产法规定,直接向人民法院申请对债务人进行重整。债权人申请对债务人进行破产清算的,在人民法院受理破产申请后、宣告债务人破产前,债务人或者出资额占债务人注册资本 1/10 以上的出资人,可以向人民法院申请重整。

(二) 重整期间

重整期间,自人民法院裁定债务人重整之日起,至重整程序终止。

重整程序的结束时间,包括以下四种情形:

(1) 在重整期间,有下列情形之一的,经管理人或者利害关系人请求,人民法院应当裁定终止重整程序,并宣告债务人破产:(1) 债务人的经营状况和财产状况继续恶化,缺乏挽救的可能性;(2) 债务人有欺诈、恶意减少债务人财产或者其他显著不利于债权人的行为;(3) 由于债务人的行为致使管理人无法执行职务。

(2) 债务人或者破产管理人未按期提出重整计划草案的,人民法院应当裁定终止重整程序,并宣告债务人破产。

(3) 重整计划草案未获得通过且未依照《企业破产法》的第 87 条的规定获得批准,或者已通过的重整计划未获得批准的,人民法院应当裁定终止重整程序,并宣告债务人破产。

(4) 债务人不能执行或者不执行重整计划的,人民法院经管理人或者利害关系人请求,应当裁定终止重整计划的执行,并宣告债务人破产。

(三) 重整期间的财产与营业事务管理

1. 管理人监督债务人管理财产和营业事务

在重整期间,经债务人申请,人民法院批准,债务人可以在管理人的监督下自行管理财产和营业事务。已接管债务人财产和营业事务的管理人应当向债务人移交财产和营业事务,管理人的职权由债务人行使。

2. 管理人管理

破产管理人负责管理财产和营业事务的,可以聘任债务人的经营管理人员负责营业事务。

3. 对担保权行使的限制

在重整期间,对债务人的特定财产享有的担保权暂停行使。但是,担保物有损坏或者价值明显减少的可能,足以危害担保权人权利的,担保权人可以向人民法院请求恢复行使担保权。债务人或者管理人为继续营业而借款的,可以为该借款设定担保。

4. 对取回权行使的限制

债务人合法占有的他人财产,该财产的权利人在重整期间要求取回的,应当符合事先约定的条件。

5. 对投资收益分配权及股权转让的限制

在重整期间,债务人的出资人不得请求投资收益分配。在重整期间,非经人民法院同意,债务人的董事、监事、高级管理人员不得向第三人转让其持有的债务人的股权。

(四) 重整计划的制订、表决与批准

1. 重整计划的制订

(1) 重整计划的制定人。债务人自行管理财产和营业事务的,由债务人制作重整计划草案。管理人负责管理财产和营业事务的,由管理人制作重整计划草案。

(2) 重整计划的制订时间。债务人或者管理人应当自人民法院裁定债务人重整之日起 6 个月内,同时向人民法院和债权人会议提交重整计划草案。如果 6 个月的期限届满,经债务人或者破产管理人请求,有正当理由的,人民法院可以裁定延期 3 个月。

(3) 重整计划的内容。重整计划草案应当包括下列内容:① 债务人的经营方

案;② 债权分类;③ 债权调整方案;④ 债权受偿方案;⑤ 重整计划的执行期限;⑥ 重整计划执行的监督期限;⑦ 有利于债务人重整的其他方案。

2. 重整计划的表决

(1) 分组表决。下列各类债权的债权人参加讨论重整计划草案的债权人会议,依照下列债权分类,分组对重整计划草案进行表决:① 对债务人的特定财产享有担保权的债权。② 债务人所欠职工的工资和医疗、伤残补助、抚恤费用,所欠的应当划入职工个人账户的基本养老保险、基本医疗保险费用,以及法律、行政法规规定应当支付给职工的补偿金。但重整计划不得规定减免债务人欠缴的上述费用以外的社会保险费用;该项费用的债权人不参加重整计划草案的表决。③ 债务人所欠税款。④ 普通债权。人民法院在必要时可以决定在普通债权组中设小额债权组对重整计划草案进行表决。

(2) 重整计划草案的表决。人民法院应当自收到重整计划草案之日起 30 日内召开债权人会议,对重整计划草案进行表决。出席会议的同一表决组的债权人过半数同意重整计划草案,并且其所代表的债权额占该组债权总额的 2/3 以上的,即为该组通过重整计划草案。债务人或者破产管理人应当向债权人会议就重整计划草案作出说明,并回答询问。

(3) 出资人组的表决。债务人的出资人代表可以列席讨论重整计划草案的债权人会议。重整计划草案涉及出资人权益调整事项的,应当设出资人组,对该事项进行表决。

(4) 部分表决组未通过重整计划草案的,债务人或者管理人可以同未通过重整计划草案的表决组协商。该表决组可以在协商后再表决一次。双方协商的结果不得损害其他表决组的利益。

各表决组均通过重整计划草案时,重整计划即为通过。

3. 重整计划的批准

经过债权人会议表决通过的重整计划一经人民法院批准,即具备了法律效力。我国《企业破产法》规定了正常批准和强行批准两种情形:

(1) 正常批准。自重整计划通过之日起 10 日内,债务人或者管理人应当向人民法院提出批准重整计划的申请。人民法院经审查认为符合《企业破产法》规定的,应当自收到申请之日起 30 日内裁定批准,终止重整程序,并予以公告。

(2) 强行批准。依我国《企业破产法》的规定,未通过重整计划草案的表决组拒绝再次表决或者再次表决仍未通过重整计划草案,但重整计划草案符合下列条件的,债务人或者破产管理人可以申请人民法院批准重整计划草案:① 按照重整计划草案,对债务人的特定财产享有担保权的债权就该特定财产将获得全额清偿,其因延期清偿所受的损失将得到公平补偿,并且其担保权未受到实质性损害,或者该表决组已经通过重整计划草案;② 按照重整计划草案,债务人所欠职工的工资和医疗、伤残补助、抚恤费用,所欠的应当划入职工个人账户的基本养老保险、基本医疗保险费用、法律、行政法规规定应当支付给职工的补偿金以及税款将获得全额清偿，或者相应表决组已经通过重整计划草案；③ 按照重整计划草案，普通债权所获得的清偿比例，不低于其在重整计划草案被提请批准时依照破产清算程序所能获得的清偿比例，或者该表决组已经通过重整计划草案；④ 重整计划草案对出资人权益的调整公平、公正，或者出资人组已经通过重整计划草案；⑤ 重整计划草案公平对待同一表决组的成员，并且所规定的债权清偿顺序不违反《企业破产法》第113条的规定；⑥ 债务人的经营方案具有可行性。人民法院经审查认为重整计划草案符合上述规定的，应当自收到申请之日起30日内裁定批准，终止重整程序，并予以公告。

（五）重整计划的执行与效力

1. 重整计划的执行人

重整计划由债务人负责执行。人民法院裁定批准重整计划后，已接管财产和营业事务的破产管理人应当向债务人移交财产和营业事务。

2. 重整计划的执行监督

在重整计划规定的监督期内，由管理人监督重整计划的执行，债务人应当向管理人报告重整计划执行情况和债务人财务状况。监督期届满时，管理人应当向人民法院提交监督报告。自监督报告提交之日起，管理人的监督职责终止。重整计划的利害关系人有权查阅监督报告。经管理人申请，人民法院可以裁定延长重整计划执行的监督期限。

3. 重整计划的效力

经人民法院裁定批准的重整计划，对债务人和全体债权人具有约束力。债权人未依照《企业破产法》规定申报债权的，在重整计划执行期间不得行使权利；在重整计划执行完毕后，可以按照重整计划规定的同类债权的清偿条件行使权利。债权人对债务人的保证人和其他连带债务人所享有的权利，不受重整计划的影响。

4. 重整计划的终止执行

债务人不能执行或者不执行重整计划的，人民法院经管理人或者利害关系人请求，应当裁定终止重整计划的执行，并宣告债务人破产。重整计划对债权债务关系作了调整，如果法院裁定终止重整计划执行，该调整失去效力。人民法院裁定终止重整计划后，会导致如下后果：(1) 债权人在重整计划中作出的债权调整的承诺失去效力。债权人因执行重整计划所受的清偿仍然有效，债权未受清偿的部分作为破产债权。(2) 上述债权人，只有在其他同顺位债权人同自己所受的清偿达到同一比例时，才能继续接受分配。(3) 为重整计划的执行提供的担保继续有效。

5. 重整计划执行完毕的效力

按照重整计划减免的债务，自重整计划执行完毕时起，债务人不再承担清偿责任。

三、破产和解制度

破产和解制度，是指破产程序开始后，经由债务人与债权人会议达成协议，就债务人延期清偿债务、减免债务等事项达成协议，协议经法院认可后生效，以避免破产清算程序的法律制度。

（一）破产和解申请的提出

提出破产和解申请的主体为债务人。债务人申请和解，应当提出和解协议草案。在申请提出的时间上，可以直接向人民法院提出，也可以在人民法院受理破产申请后、宣告债务人破产前提出。所谓和解协议草案，是指债务人向人民法院提交的具体和解办法，以供债权人会议讨论和采纳。实践中，和解协议内容通常包括：债务人财产状况说明；债务承认；债务清偿的方式和期限；确保执行和解协议的措施等。

（二）破产和解的成立与生效

人民法院经审查认为和解申请符合《企业破产法》规定的，应当裁定和解，予以公告，并召集债权人会议讨论和解协议草案。一经法院裁定，和解即告成立，进入破产和解程序。对债务人的特定财产享有担保权的权利人，自法院裁定和解之日起可以行使权利。

破产和解成立后，债权人会议通过和解协议的决议，由出席会议的有表决权的债权人过半数同意，并且其所代表的债权额占无财产担保债权总额的2/3以上。

债权人会议通过和解协议的，由人民法院裁定认可，终止和解程序，并予以公告。管理人应当向债务人移交财产和营业事务，并向人民法院提交执行职务的报告。如果和解协议草案经债权人会议表决未获得通过，或者已经债权人会议通过的和解协议未获得人民法院认可的，人民法院应当裁定终止和解程序，并宣告债务人破产，直接进入破产清算程序。

（三）和解协议的效力

经人民法院裁定认可的和解协议，对债务人和全体债权人均有约束力。

因债务人的欺诈或者其他违法行为而成立的和解协议，人民法院应当裁定无效，并宣告债务人破产。

（四）和解协议的执行

债务人与全体债权人就债权债务的处理自行达成协议的，可以请求人民法院裁定认可，并终结破产程序。按照和解协议减免的债务，自和解协议执行完毕时起，债务人不再承担清偿责任。

债务人不能执行或者不执行和解协议的，人民法院经和解债权人请求，应当裁定终止和解协议的执行，并宣告债务人破产。但在此情形下，为和解协议的执行提供的担保仍继续有效。

四、破产清算制度

（一）破产清算制度的概念

破产清算制度，是指当债务人不能清偿到期债务时，由法院根据债权人或债务人的申请，依法宣告债务人破产，并将其全部财产公平分配给全体债权人的法律制度。破产清算是以直接实现债权人的公平受偿为目的的特殊强制执行程序。

（二）破产宣告

破产宣告，是指人民法院对具备破产原因的债务人，裁定宣告其破产并清偿债务的司法行为。人民法院宣告债务人破产的情形主要有：(1) 债务人被申请破产，而且债务人不能清偿到期债务，并且资产不足以清偿全部债务或者明显缺乏清偿能力。(2) 债务人进入了破产重整程序，但在重整期间出现了法定事由，经管理人或利害关系人请求，由人民法院宣告债务人破产。(3) 债务人进入破产重整程序，但是债务人或者管理人未能在法定期间内提出重整计划草案。(4) 重整计划未获通过，并且人民法院没有强制批准重整计划或者已通过的重整计划未获得批准的，人民法院应当裁定终止重整程序，并宣告债务人破产。(5) 债务人不执行或者不能执行重整计划，人民法院经管理人或利害关系人申请，裁定终止重整计划的执行，并宣告债务人破产。(6) 和解协议草案经债权人会议表决未获得通过或者债权人会议通过的和解协议未获得法院认可的，人民法院宣告债务人破产。(7) 和解协议是因为债务人的欺诈或者其他违法行为而成立的，法院裁定该协议无效并宣告债务人破产。(8) 债务人不执行或者不能执行和解协议规定的条件清偿债务的，人民法院根据和解债权人的申请宣告债务人破产。

人民法院依照《企业破产法》规定宣告债务人破产的，应当自裁定作出之日起 5 日内送达债务人和管理人，自裁定作出之日起 10 日内通知已知债权人，并予以公告。债务人被宣告破产后，债务人称为破产人，债务人财产称为破产财产，人民法院受理破产申请时对债务人享有的债权称为破产债权。

（三）破产财产的变价

依我国《企业破产法》的规定，管理人应当及时拟订破产财产变价方案，提交债权人会议讨论。管理人应当按照债权人会议通过的或者人民法院裁定的破产财产变价方案，适时变价出售破产财产。债权人会议通过破产财产变价方案，应当由出席会议有表决权的债权人过半数通过，并且其所代表的债权额应当占无财产担保的债权总额的 1/2 以上。

破产财产的变价方式主要有：(1) 公开拍卖；(2) 对破产企业进行全部或者部分变价出售；(3) 依照国家规定不能拍卖或者限制转让的财产，应当依照国家规定的方式处理。

（四）破产财产的分配

破产财产的分配应当以货币分配的方式进行。但是债权人会议另有决议的除外。

1. 破产财产的分配顺序

破产财产在优先清偿破产费用和共益债务后，依照下列顺序清偿：（1）破产人所欠职工的工资和医疗、伤残补助、抚恤费用，所欠的应当划入职工个人账户的基本养老金保险、基本医疗保险费用，以及法律、行政法规规定应当支付给职工的补偿金；（2）破产人所欠缴除前项规定以外的社会保险费用和破产人所欠税款；（3）普通破产债权。破产财产不足以清偿同一顺序的清偿要求的，按照比例分配。破产企业的董事、监事和高级管理人员的工资按照该企业职工的平均工资计算。

2. 破产财产分配方案

破产财产分配方案应当由管理人及时拟订，提交债权人会议讨论。破产财产分配方案应当载明的事项有：（1）参加破产财产分配的债权人名称或者姓名、住所；（2）参加破产财产分配的债权额；（3）可供分配的破产财产数额；（4）破产财产分配的顺序、比例及数额；（5）实施破产财产分配的方法。债权人会议通过破产分配方案的决议，由出席会议的有表决权的债权人过半数通过，并且其所代表的债权额必须占无财产担保债权总额的 1/2 以上。债权人会议通过破产财产分配方案后，由管理人将该方案提请人民法院裁定认可。

3. 破产财产分配方案的执行

（1）破产财产分配方案的执行，由管理人进行。管理人按照破产财产分配方案实施多次分配，应当公告本次分配的财产额和债权额。管理人实施最后分配的，应当在公告中指明，同时其公告中应包括下列内容：对于附生效条件或者解除条件的债权，管理人应当将其分配额提存；管理人依照规定提存的分配额，在最后分配公告日，生效条件未成就或者解除条件成就的，应当分配给其他债权人；在最后分配公告日，生效条件成就或者解除条件未成就的，应当交付给债权人。

（2）对未受领的破产财产分配额的处理。债权人未受领的破产财产分配额，管理人应当提存。债权人自最后分配公告之日起满 2 个月仍不领取的，视为放弃受领分配的权利，管理人或者人民法院应当将提存的分配额分配给其他债权人。

（3）对诉讼或者仲裁未决债权的处理。破产财产分配时，对于诉讼或者仲裁未决的债权，管理人应当将其分配额提存。自破产程序终结之日起满 2 年仍不能受领分配的，人民法院应当将提存的分配额分配给其他债权人。

（五）破产程序的终结

1. 破产程序终结的原因

（1）财产不足以支付破产费用。债务人财产不足以清偿破产费用的，管理人应当提请人民法院终结破产程序。

(2) 全体债权人同意。人民法院受理破产申请后,债务人与全体债权人就债权债务的处理自行达成协议的,可以请求人民法院裁定认可,并终结破产程序。

(3) 债权得到全部清偿。破产宣告前,第三人为债务人提供足额担保或者为债务人清偿全部到期债务或者债务人已经清偿全部到期债务的,人民法院应当裁定终结破产程序,并予以公告。

(4) 没有财产可供分配。破产人无财产可供分配的,管理人应当请求人民法院裁定终结破产程序。

(5) 破产财产分配完毕。管理人在最后分配完结后,应当及时向人民法院提交破产财产分配报告,并提请人民法院裁定终结破产程序。

2. 破产程序终结的效力

破产程序终结,自人民法院作出破产程序终结的裁定生效之日起,企业法人的主体资格归于消灭,其所负剩余债务当然免除。管理人应当自破产程序终结之日起10日内,持人民法院终结破产程序的裁定,向破产人的原登记机关办理注销登记。管理人于办理注销登记完毕的次日终止执行职务。但是,存在诉讼或者仲裁未决情况的除外。破产企业的债权人未得到分配的债权,于破产终结裁定作出后视为消灭,不能于程序结束后向债务人另行主张权利。破产人的保证人和其他连带债务人,在破产程序终结后,对债权人依照破产清算程序未受清偿的债权,依法继续承担清偿责任。

3. 追加分配

因财产不足以支付破产费用,没有财产可供分配或者破产财产分配完毕而导致破产程序终结的,自破产程序终结之日起2年内,有下列情形之一的,债权人可以请求人民法院按照破产财产分配方案进行追加分配:

(1) 应当追回的财产。包括:① 人民法院受理破产申请前1年内,债务人有应当予以撤销的行为所涉及的债务人财产;② 人民法院受理破产申请前6个月内,债务人不能清偿到期债务,并且资产不足以清偿全部债务或者明显缺乏清偿能力,仍对个别债务人进行清偿而转移的财产,但个别清偿使债务人财产受益的除外;③ 债务人的无效行为所涉及的财产;④ 债务人的董事、监事和高级管理人员利用职权从企业获取的非正常收入和侵占的企业财产。

(2) 破产人有应当供分配的其他财产。具体包括:① 破产程序中因纠正错误支出收回的款项;② 因权利被承认而追回的财产;③ 债权人放弃的财产;④ 破产程序终结后实现的财产权利;⑤破产程序终结后发现的可以被分配的债务人的其他财产。

如果有应当追回的财产,但财产数量不足以支付为实施追加分配所产生的费用的,就没有再进行追加分配的必要,由人民法院将其上交国库。

复习思考题

1. 简述破产案件受理裁定的法律效力。
2. 简述破产管理人的职责。
3. 简述破产债权申报的规则。
4. 简述债权人会议的职权。
5. 简述我国《企业破产法》对破产追回权的规定。
6. 简述破产重整制度与破产和解制度的异同点。
7. 简述破产财产的清偿顺序。

案例分析题

案例 某企业于2010年4月1日被债权人申请破产,2010年6月1日人民法院依法宣告该企业破产,6月10日成立清算组,企业破产时经营管理的财产评估变现价值如下:(1) 企业厂房价值300万元,全部用于对A银行债务抵押;(2) 企业办公用房价值160万元,属于租用B公司房屋;(3) 对外投资价值140万元;(4) 专利权评估作价70万元;(5) 破产前职工以资本金形式投入的款项(货币资金)30万元;(6) 2009年12月15日破产企业主动放弃对G公司的到期债权100万元。债权人申报债权情况如下:(1) A银行对该破产企业发放3年贷款,本金200万元,年利率10%,到期应计利息共60万元,尚有1年到期;(2) B公司拥有到期债权700万元;(3) C公司为破产企业担保,替破产企业偿还债务本息共350万元;(4) D公司因破产企业提前终止合同造成直接损失140万元,依照合同规定,违约金30万元;(5) 欠税务机关税收罚款90万元。经查明,该破产企业对B公司拥有债权190万元,发生破产费用10万元,欠税款130万元,欠职工工资及劳保费用60万元,破产前为了维持生产经营,向职工筹借的集资款60万元。根据我国《破产法》相关规定,分析回答下列问题:

(1) 分别说明哪些属于取回权、别除权、抵消权、撤销权,金额分别为多少?

(2) 破产企业管理的财产中,哪些属于破产财产,金额为多少?

(3) 哪些属于破产债权,金额为多少?

(4) 破产财产的分配顺序以及每一顺序分配的金额如何确定?

第五章 合同法

第一节 合同法概述

一、合同的概念及分类

（一）合同的概念及其法律特征

合同又称契约，是一种合意或者协议。合同制度是人类社会最为古老的法律制度，它是商品经济发展的产物。古罗马时期合同用来作为确定当事人相互间的债权债务关系的“法锁”，以保证交易的安全与稳定。

合同作为财产流转的法律形式，其产生必须基于财产流转的事实，没有财产流转就没有合同及其立法。大陆法系的合同概念来源于罗马法。查士丁尼的《法学总论》对合同的定义是：“合同是由双方意愿一致而产生相互间法律关系的一种约定。”[①]《法国民法典》第1101条规定：“契约为一种合意，以此合意，一人或数人对于其他一人或数人负担给付作为或不作为的债务。”德国法是以法律行为概念定义合同的，《德国民法典》第305条规定：“以法律行为发生债的关系或改变债的关系的内容者，除法律另有规定外，必须有当事人双方之间的契约。”可见，大陆法系国家通常将合同定义为“一种协议”。

在英美法中，一般认为合同是一种允诺，美国法学会《合同法重述》（第二版）第1条规定：“合同是一个允诺或一系列允诺，违反允诺将由该法律给予救济，履行允诺是法律所确认的义务。”可见，承担此项义务的人为“允诺人”，享受此项权利的人为“受领允诺人”。英国《不列颠百科全书》将合同定义为：“合同是可以依法执行的诺言。这个诺言可以是作为也可以是不作为。”英美合同法中对合同所下的比较经典的定义是：“合同是能够直接或间接地由法律强制执行的允诺。”[②]从经济与法的

① [古罗马]查士丁尼. 法学总论. 张企泰译. 北京：商务印书馆，1989：159

② [美]A·L·科宾. 科宾论合同（一卷版上册）. 王卫国等译. 北京：中国大百科全书出版社，1997：9

角度看，合同关系是可期待的一种信用，法律保护这种信用。从合同自身讲，合同及其法律所保护的是当事人之间的信赖与期待，以实现意思自治的理念。

在我国，学界通说认为，合同有广义和狭义之分。广义的合同是指两个以上的民事主体之间设立、变更、终止民事权利义务关系的协议，包括债权合同、物权合同、身份合同以及行政合同、劳动合同等。狭义的合同仅指债权合同，即两个以上的民事主体之间设立、变更、终止债权债务关系的协议。《中华人民共和国合同法》（以下简称《合同法》）采用了狭义的合同概念，该法第 2 条第 1 款规定，合同是平等主体的自然人、法人、其他组织之间设立、变更、终止民事权利义务关系的协议。在市场经济条件下，合同是使市场交易得到保障的法律形式。以法律的形式确保合同行为的有序，体现了国家规范市场交易行为的意志，对于不断发展和完善社会主义市场经济秩序具有重要意义。

合同具有以下法律特征：

1. 合同是一种民事法律行为

民事法律行为是民事主体实施的以发生一定的民事法律后果为目的行为，它以意思表示为基本特征，目的是要在当事人之间设立、变更、终止民事权利义务关系。合同作为民事法律行为中的一种，它应该是合法的，因为只有当事人所订立的合同是合法的，法律才能够承认其效力，合同才能够受到法律保护，该合同也才对双方当事人具有法律约束力。如果当事人作出了违反法律的意思表示，即使达成一致，也不能产生法律效力，因此亦不受法律保护。

2. 合同的主体具有平等的法律地位

合同主体法律地位平等是合同当事人自由表达意志的前提和保障。因此，作为合同主体的自然人、法人、其他组织在订立合同时他们的法律地位都是平等的，都应当通过平等协商的方式来建立合同关系，任何一方当事人都不得将自己的意志强加给另一方当事人。

3. 合同是当事人意思表示一致的协议

合同是两个或两个以上意思表示相一致的产物，是其合意的载体。这是合同与其他法律行为的重要区别。因此，仅仅有两方以上当事人的意思表示，并不一定能成立合同，还要求这种意思表示一致，形成合意，合同方能成立。

（二）合同法律关系

合同反映的是正常的、典型的商品交换关系。合同是发生在特定主体之间的法律关系。合同作为一种民事法律关系，它是由主体、客体和内容三要素构成的。合同的主体又称为合同的当事人，是指在合同法律关系中形成的享有权利或者承担义务的人，包括债权人和债务人，债权人是合同关系中的权利人，债务人是合同关系中的义务人。合同法律关系的内容为当事人间的权利和义务，即合同债权和合同债务。合同法律关系的客体是双方或多方当事人权利义务所共同指向的对象

(或称为标的),包括物、行为和智力成果。但主要是行为。因为债权人在债务人尚未交付标的之前,并不能实际占有和支配该标的物,而只能请求债务人为一定的行为,所以合同债权指向的对象主要是债务人的行为而非物。

因此,合同主要在特定的当事人之间发生法律约束力。合同关系具有相对性,其存在于特定当事人之间,只有合同当事人才能基于合同向另一方提出请求或诉讼,合同当事人外的第三人不能依合同而提出请求或诉讼,也不可因该合同而对他人承担义务或责任。合同关系的相对性原理表明,非依法律或合同规定,第三人不能主张合同上的权利。

（三）合同的分类

合同的分类是按一定的标准对合同加以区别和划分,它可以从不同的角度反映出合同的性质和特点,便于合同当事人认识和确定合同成立、生效的条件及其法律效力等特点,便于法院和仲裁机构确定合同的法律适用,也有利于指导当事人订立和履行合同。

1. 有名合同与无名合同

根据法律上是否规定一定合同的名称和规则来划分,合同分为有名合同与无名合同。有名合同是指法律上已经确定了一定名称与规则的合同,又称典型合同。如我国《合同法》所规定的 15 类合同,都属于有名合同。无名合同,是指法律上尚未确定一定的名称与规则的合同,又称非典型合同。

区分有名合同与无名合同的意义在于:两种合同的法律适用不同。对有名合同可直接适用《合同法》中该有名合同的具体规定。对无名合同在确定适用法律时,首先应当考虑适用合同法的一般规则,同时,应当比照类似的有名合同的规则或者其他法律中最相类似的规定执行。

2. 双务合同与单务合同

根据合同当事人双方权利义务的分担方式来划分,合同可分为双务合同与单务合同。双务合同是指合同当事人双方互享权利,互负义务的合同。在双务合同中,一方当事人的权利或者义务就是另一方当事人的义务或者权利,当事人之间的权利和义务具有对应性,如买卖、互易、租赁合同等均为双务合同;单务合同是指合同当事人仅有一方负担给付义务的合同,即当事人双方并不互相享有权利和负担义务,而主要由一方承担义务,另一方并不负有相对义务的合同,如借用合同和一般的赠与合同均为单务合同。

区分双务合同和单务合同的意义在于:因两种合同义务承担的不同,从而使它们是否适用同时履行抗辩权不同。双务合同中,存在同时履行抗辩等法律问题,而单务合同没有存在的基础。其次,在风险负担上也不同。单务合同中不发生双务合同中的风险负担问题。

3. 有偿合同与无偿合同

根据当事人取得权益是否支付对价来划分,合同可分为有偿合同与无偿合同。

有偿合同，是指一方通过履行合同规定的义务而给对方某种利益，对方要得到该利益必须为此支付相应代价的合同。有偿合同是商品交换最典型的法律形式。无偿合同，指一方给付对方某种利益，对方取得该利益时并不支付任何对价的合同，也即双方当事人之间的给付不成对价关系。

区分有偿合同与无偿合同的意义在于：合同主体要求不同。有偿合同的当事人原则上应具有完全民事行为能力，限制行为能力人非经其法定代理人同意，不能订立超出其行为能力范围的合同。而对于一些纯获利益的无偿合同，主体的行为能力是无关紧要的，限制行为能力人甚至无行为能力人也具有缔约能力。其次，当事人义务的内容不同。有偿合同的当事人履行义务时，注意义务的程度高，相应的违约责任较重。而无偿合同的当事人原则上只应承担较低的注意义务，相应的违约责任较轻。

4. 诺成合同与实践合同

根据合同的成立是否须交付标的物来划分，合同可分为诺成合同与实践合同。诺成合同是指当事人意思表示一致就能产生法律效果的合同，其特点是当事人双方意思表示一致，合同即告成立。实践合同是指除当事人意思表示一致以外，还必须实际交付标的物才能成立的合同。其特点是当事人意思表示一致，尚不能产生一定的权利义务关系，必须有一方实际交付标的物的行为，才能产生法律效果。

区分诺成合同和实践合同的法律意义在于：二者成立与生效的时间不同。诺成合同自双方当事人意思表示一致时合同即告成立；而实践合同除了当事人达成合意之外，还必须由当事人交付标的物以后，合同才能成立。其次，当事人交付标的物的意义不同。对于诺成合同，交付标的物是当事人的合同义务，违反该义务就产生违约责任；而对于实践合同，交付标的物是先合同义务，违反该义务不产生违约责任，但可以构成缔约过失责任。

5. 要式合同与不要式合同

根据合同的成立是否应采用法律要求的形式来划分，合同可分为要式合同与不要式合同。要式合同是指必须按照法律规定的特定形式订立的合同。不要式合同是指法律未限定其订立的合同的形式，当事人享有合同订立的形式自由，可选择采取口头、书面等多种形式。

区分要式合同与不要式合同的法律意义在于：某些法律和行政法规对合同形式的要求可能成为影响合同效力的因素。例如，法律规定某种合同必须经过批准或登记才能生效，则合同未经批准或登记便不生效；若法律规定某种合同必须采用书面形式合同才成立，则当事人未采用书面形式时合同便不成立。

6. 主合同与从合同

根据合同相互间的主从关系来划分，合同可分为主合同与从合同。主合同指不依赖其他合同的存在即可独立存在的合同，如买卖合同。从合同是指必须依赖于主合同存在而存在的合同，如保证合同。

区分主合同和从合同的法律意义在于:主合同和从合同之间存在着特殊的联系,即从合同具有附属性,主合同的效力决定了从合同的效力。从合同不能独立存在,必须以主合同的成立为其成立和生效的前提;主合同转让,从合同不能单独存在;主合同终止,从合同也随之终止。

7. 格式合同与非格式合同

根据合同条款是否由当事人共同协商拟定来划分,合同可分为格式合同与非格式合同。格式合同又被称为标准合同、定式合同、定型化合同,是指合同条款由当事人一方为了重复使用而预先拟定,并在订立合同时未与对方协商的合同,如保险合同。非格式合同是指合同条款由当事人协商订立的合同。实践中提供格式合同的一方当事人在交易中往往处于绝对优势的地位,即制订格式合同一方当事人的意思表示是自由的,而合同的相对方当事人的意思表示受到限制,所以有必要对格式条款的解释和效力在法律上进行规制。

区分格式合同与非格式合同的法律意义在于:格式合同具有不同于非格式合同的特别规制制度和解释原则,格式合同的提供方必须严格遵守法律的强制性规定,否则将导致格式条款无效。如免除或限制条款提供者的责任、加重合同相对人的责任、限制或剥夺相对人的权利行使、不合理分配合同风险等都会对格式条款的效力产生影响。我国合同法对格式合同的权利义务的明确规定,目的在于尽可能在公平的前提下,保证处在弱势的相对人利益受到切实保障。而非格式合同的内容则完全由当事人双方协商确定,无需再给予特殊的法律救济。

8. 确定合同与射幸合同

根据合同订立时合同法律效果是否确定来划分,合同可分为确定合同和射幸合同。确定合同是指合同的法律效果在缔约时已经确定的合同。大多数合同都属于确定合同。射幸合同是指合同的法律效果在缔约时不能确定,法律效果是否发生取决于偶然事件的出现,或表现为一种机会,因此,射幸合同又称机会合同。保险合同、彩票购买合同是典型射幸合同。

区分确定合同和射幸合同的法律意义在于:确定合同一般要求体现等价有偿原则,若违背等价有偿原则确定合同可能被撤销乃至无效。而射幸合同不能以等价与否的角度来衡量合同是否公平,但由于该合同可能会导致失衡的期待利益产生,所以法律往往从维护社会公序良俗出发,对其种类、效力等加以限制,只有在法律许可的场合或领域才可订立射幸合同。

9. 束己合同与涉他合同

根据合同的履行是否涉及第三人来划分,合同可分为束己合同和涉他合同。束己合同是指严格遵循合同的相对性,合同中约定的权利义务关系仅限于当事人之间享有和承担的合同。涉他合同是指突破了合同的相对性,合同当事人在合同中为第三人设定了权利或约定了义务的合同。

区分束己合同与涉他合同的法律意义在于:两类合同的缔约目的不同,束己合同是为缔约当事人自己设定合同权利义务，涉他合同是为第三人设定权利或者义务；其次，两类合同的效力范围不同，束己合同严守合同的相对性原则，束己合同对缔约当事人有约束力，而涉他合同在一定意义上突破了该原则，合同对第三人不能当然地有约束力，但涉他合同对合同相对性原则的突破是有限度的，却未突破违约责任的相对性。

二、合同法概述

（一）合同法概念

合同法是调整平等主体之间交易关系的法律规范的总称，它通过规定合同的一般原则，规范合同的订立、效力、履行、变更、终止以及违约责任等与此相关的权利与义务关系。合同法是规范市场交易的基本法律，它调整合同当事人的行为，规范交易秩序，涉及社会各个领域，与生产和生活密切相关。

合同法有广义与狭义之分。广义的合同法是指一切调整合同关系的法律规范的总称。广义的合同法包括合同法典、《民法通则》中关于合同的规则以及调整合同关系的有关法律、行政规章、立法与司法解释、国际公约、条约等规范文件。狭义的合同法专指合同法典，在我国，即 1999 年 3 月 15 日第九届全国人民代表大会第二次会议通过，1999 年 10 月 1 日起施行的《中华人民共和国合同法》。

（二）合同法的适用范围

合同法适用于平等主体的自然人、法人和其他组织之间设立、变更、终止民事权利义务关系的协议，即合同法适用于各类民商事合同。但婚姻、收养、监护等有关身份关系的协议，适用其他法律的规定。

（三）合同法的基本原则

1. 平等原则

平等原则是指合同当事人的法律地位一律平等，一方不得将自己的意志强加给另一方。平等原则是商品经济发展的内在要求，是对商品交换关系主体前提条件的规定，即承认交换主体的独立性。平等原则具体表现在：当事人在订立、履行、变更、转让、解除、承担违约责任等涉及合同关系中的法律地位是平等的，无论当事人是法人还是自然人，也不论其经济性质、组织形式、经济实力的大小等，都应当平等地享有权利、履行义务、承担责任。

2. 意思自治原则

意思自治原则又称合同自愿原则，是指当事人是否签订合同、同谁签订合同以及变更、解除合同等，完全取决于他们的自由意志，任何单位和个人不得非法干预。意思自治原则体现了民事活动的基本特征。意思自治原则主要体现在：当事人有选择合同相对人、合同内容和合同形式的自由；在发生合同纠纷时，当事人有选择解决合同纠纷方式的自由。当然，意思自治原则是在不违背强制性法律规范和社会公共利益的基础上享有的订立合同的自由。

3. 公平原则

《合同法》第 5 条规定，当事人应当遵循公平原则确定各方的权利和义务。公平，是法律的基本精神之一，公平原则要求合同当事人应本着公平的观念实施合同行为，合同当事人在合同订立、合同履行、合同解释等过程中，要根据公平的观念，确定各自的合同权利和合同义务以及风险分担、违约责任等内容。

4. 诚实信用原则

诚实信用原则是合同法中的核心原则，在大陆法系，它常常被称为是债法中的最高指导原则或称为"帝王规则"。《合同法》第 6 条规定，当事人行使权利、履行义务应当遵循诚实信用原则。诚实信用原则是指合同当事人在订立和履行合同的过程中，应诚实守信，以善意的方式履行其义务，不得滥用权利及规避法律规定或合同约定的义务。

5. 遵守法律、不损害社会公共利益原则

合同体现的是当事人之间的民事权利义务关系，主要涉及当事人的利益，但是，合同不仅仅是当事人之间的关系，有时可能涉及社会公共利益和市场经济秩序，为了维护社会公共利益，维护正常的社会经济秩序，对于损害社会公共利益、扰乱社会经济秩序的行为，国家应当予以干预。因此，《合同法》第 7 条规定当事人订立履行合同应当遵守法律、行政法规，尊重社会公德，不得扰乱社会公共秩序，损害社会公共利益。合同当事人应当遵守国家的法律，尊重社会公德，承担社会责任，不得作出违背社会公共利益的约定。

第二节　合同的订立

一、合同订立的概念与形式

（一）合同订立的概念

合同的订立，指两个或两个以上的当事人，依法就合同的主要条款经过协商一致达成协议的法律行为。

合同的当事人必须具有订立合同的法定资格，这是合同赖以成立和生效的前提条件。合同当事人可以是自然人，也可以是法人或者其他组织，但都应当具有相应的民事权利能力和民事行为能力。

（二）合同订立的形式

合同的形式，也称合同的方式，是当事人合意的外在表现形式。根据《合同法》规定，当事人订立合同，有书面形式、口头形式和其他形式。

1. 书面形式

书面形式是指合同书、信件和数据电文(包括电报、电传、传真、电子数据交换和电子邮件)等可以有形地表现所载内容的形式。采用书面形式订立合同的优点在于合同权利义务关系记载清楚,有据可查,发生纠纷时容易举证和便于分清责任。

2. 口头形式

口头形式是指当事人以对话方式,包括当面谈判和电话方式为意思表示订立的合同。口头形式简单、方便、迅速,尤其是对即时清结的合同最为适合。但缺点是发生纠纷时,难以取证和分清责任。

3. 其他形式

除了书面形式和口头形式以外,当事人还可以通过自己的行为等其他方式来成立合同。通过对当事人行为的推定来确定合同的内容,这样,虽无语言、文字进行意思表示,但仍然可以建立合同法律关系。这种以其他方式来表现合同的形式,通常有推定形式和默示形式。

二、合同的主要条款

合同的内容是确定双方当事人权利义务关系的根本依据,订立合同的过程就是当事人对合同主要条款协商达成一致的过程。根据《合同法》规定,合同一般应当包括以下主要条款:

(一) 当事人的名称或者姓名和住所

名称是针对法人和其他组织而言,当事人一方或双方是法人或者其他组织的,应当写明该单位的详细名称和主要营业场所的地址;姓名则是针对自然人而言。当事人一方或双方是自然人的,应当在合同中写明自然人的姓名和住所。合同是当事人委托代理人订立的,则在合同中须写明被代理人,也即实质上的合同当事人的名称,并且也应当写明代理人的名称。该条款是判断合同当事人是谁、当事人是否合格的依据。

(二) 标的

标的是合同当事人权利和义务共同指向的对象,又称为合同法律关系的客体。由于合同种类不同,标的也不相同。标的一般分为货物、劳务(行为)、货币、智力成果等。合同标的必须符合国家法律、法规,法律禁止流通的物品和禁止的行为不得成为合同标的,否则会导致合同无效。

(三) 数量

数量是指合同标的的计量尺度。标的的数量是通过计量单位和计量方法来衡量的。由于标的数量关系到当事人义务的履行,因此,在协商确定标的数量的时候,当事人要根据自己的实际履约能力予以明确约定。

（四）质量

质量是指合同标的内在性质和外观形态的综合指标。标的质量，往往通过标的名称、品种、规格、型号、性能、包装等来体现。质量的好坏，直接决定了标的的效用，因此，在合同中应予以明确规定。

（五）价款或者报酬

价款是取得标的物应当支付的代价，报酬是获得服务应当支付的代价。通常情况下，这种代价以货币形式支付。在以货物为标的的合同中，这种代价称为价款，在以劳务、智力成果为标的的合同中，这种代价称为报酬。

（六）履行期限、地点和方式

履行期限是指合同当事人实现权利和履行义务的时间界限，也是确定当事人的履行是否构成违约的因素之一。履行地点是指在何地履行义务，也即支付或者提取标的的地方。履行地点是判断合同是否已经得到履行的一个标准，涉及享有权利一方当事人的权利实现情况。合同的履行方式是指一方当事人履行义务的具体途径和方法，它主要由合同的性质、内容所决定。

（七）违约责任

违约责任是当事人一方和双方不履行合同或不适当履行合同所应承担的责任。违约责任是督促当事人履行合同义务，使非违约方免受损失和减少损失的法律措施，事关当事人的利益，因此在合同中明确违约责任，有利于分清责任和及时解决纠纷，以保证当事人的合法权益得以实现。

（八）解决争议的方法

解决争议的方法是指当发生合同纠纷时，当事人解决争议的方式。当事人在订立合同时，可以约定以何种方式解决可能出现的争议。

三、合同订立的程序

订立合同一般采用要约与承诺的方式进行。订立合同的过程就是当事人在平等互利的基础上经过协商达成合意的过程。这个过程通常分为要约和承诺两个阶段。

（一）要约

1. 要约的概念

要约是指当事人一方向对方发出的希望和对方订立合同的意思表示。发出要约的一方称为要约人，接受要约的一方称为受要约人。在国际贸易中，要约通常又称为发盘、发价、报价、出盘、出价等。

2. 要约应具备的条件

一项要约，要取得法律效力，必须具备一定的条件。根据我国《合同法》的规定，要约应具备以下条件：

(1) 要约必须由具有订约能力的当事人作出。要约是要约人向相对人作出的含有合同条件的意思表示，旨在得到受要约人的承诺并成立合同。因此，要约人必须具有订立合同的法定资格，受要约人才能对之承诺。

(2) 要约必须是向相对人发出。要约通常是要约人向与之订立合同的相对人发出的意思表示。相对人一般为特定的人。

(3) 要约的内容必须具体、确定。要约应该让受要约人能明白要约人的真实意愿，了解订立的合同的一些主要条款。这就要求要约中必须包含合同的主要内容。否则，受要约人难以作出承诺。

(4) 受要约人一旦承诺，要约人即受该意思表示约束。要约是一种法律行为，要约人受到要约的约束，如果受要约人接受要约，合同即告成立。

3. 要约邀请

要约邀请又称要约引诱，是指希望他人向自己发出要约的意思表示。要约邀请的目的不是订立合同，而是在于唤起别人的注意，希望他人向自己发出要约。根据我国《合同法》第 15 条规定，寄送的价目表、拍卖公告、招标公告、招股说明书、商业广告等为要约邀请。可见，一般的商业广告为要约邀请，但如果商业广告的内容符合要约规定的，那么该商业广告可视为要约。

要约与要约邀请的区别在于：

(1) 要约是要约人主动向相对人发出的订立合同的意思表示，以订立合同为直接目的；要约邀请则是希望他人主动向自己提出订立合同的意思表示，其本身不具有任何法律效力。

(2) 要约应包括订立的合同的主要内容，而要约邀请则没有这一方面的要求。

(3) 要约中含有要约人表示愿意接受要约拘束的意思，而要约邀请则不含有这种意思表示。

(4) 要约通常是向特定人发出，往往采用对话方式和信函方式，而要约邀请通常是向不特定多数人发出，往往通过电视、报刊等媒介手段。

4. 要约的法律效力

要约的法律效力是指要约从何时开始对要约人和受要约人产生法律拘束力。《合同法》第 16 条规定，要约到达受要约人时生效。可见，我国合同法采纳到达主义，所谓“到达”是指要约送达到受要约人能够控制的地方。要约的送达方式不同，其到达时间的确定也不同。采取直达方式发出要约的，记载要约的文件交给受要约人时即为到达；采用普通邮寄方式送达的，以受要约人收到要约文件或者要约送达到受要约人的信箱的时间为到达时间；采用数据电文方式(包括电传、电报、传真、电子数据交换和电子邮件)发出要约的，电文进入收件人指定系统的时间或者未指定特定系统情况下，电文进入收件人的任何系统的首次时间为要约到达时间。

5. 要约的撤回和撤销

(1) 要约的撤回是指要约人发出要约以后，在要约生效之前，要约人想使其丧失法律效力的意思表示。要约可以撤回。撤回要约的通知应当在要约到达受要约人之前或者与要约同时到达受要约人。

(2) 要约的撤销，是指要约人在要约到达受要约人并生效以后，要约人想使其丧失法律效力的意思表示。要约可以撤销。撤销要约的通知应当在受要约人发出承诺通知之前到达受要约人。但有下列情形之一的，要约不得撤销：

① 要约人确定了承诺期限或者以其他形式明示要约不可撤销；

② 受要约人有理由认为要约是不可撤销的，并已经为履行合同作了准备工作。

6. 要约的失效

要约的失效指要约丧失了法律约束力，即不再对要约人产生约束。《合同法》第 20 条规定，有下列情形之一的，要约失效：

(1) 拒绝要约的通知到达要约人；

(2) 要约人依法撤销要约；

(3) 承诺期限届满，受要约人未作出承诺；

(4) 受要约人对要约的内容作出实质性变更。

(二) 承诺

1. 承诺的概念

承诺是受要约人同意要约的意思表示。承诺的法律效力在于：一经承诺并送达到要约人，合同即告成立，要约人不得加以拒绝。

2. 承诺的构成要件

作为一项有效的承诺，应当符合以下条件：

(1) 承诺必须由受要约人向要约人作出。因为根据要约拘束力的原则，唯有受要约人才能获得承诺的资格。受要约人的承诺行为，可以由其本人或其授权的代理人作出。第三人不是受要约人，他不具备承诺资格。

(2) 承诺应当在要约确定的期限内到达要约人。要约没有确定承诺期限的，承诺应当依照下列规定到达：要约以对话方式作出的，应当即时作出承诺，但当事人另有约定的除外；要约以非对话方式作出的，承诺应当在合理期限内到达要约人。

(3) 承诺的内容应当与要约的内容一致。承诺以同意要约内容为前提，受要约人对要约的内容作出实质性变更的，即有关合同标的、数量、质量、价款或报酬，履行期限、履行地点和方式，违约责任和解决争议方法等内容的变更，则为新要约。此时，原来的要约人成为新要约的受要约人，原来的受要约人成为新要约的要约人。如果承诺对要约的内容作出非实质性变更的，除要约人及时表示反对或者要约表明承诺不得对要约的内容作出任何变更的以外，该承诺有效，合同的内容以承诺的内容为准。《合同法》如此规定，一是保证了合同双方当事人意思自治，同时又结合实际情况体现灵活性原则,以鼓励交易。

(4) 承诺的方式必须符合法律的要求。我国《合同法》第22条规定,承诺应当以通知的方式作出,但根据交易习惯或者要约表明可以通过行为作出承诺的除外。通知的方式是指受要约人以口头形式或者书面形式明确告诉要约人同意要约内容。通知方式是承诺的表示方式中最为常用的方式。如果法律或要约中没有规定以书面形式表示承诺的,当事人可以用口头形式表示承诺,也可以根据交易习惯或者要约表明可以通过行为作出的承诺。当然,该行为必须是人们可以依照交易习惯或者要约的规定能判断受要约人作出承诺的行为。这种行为一般为积极的作为,如履行行为,而不是消极的不作为。

3. 承诺的法律效力

承诺的法律效力,是指承诺引起的法律后果。《合同法》规定,承诺生效时,合同成立。承诺自通知到达要约人时生效。承诺不需要通知的,根据交易习惯或者要约的要求作出承诺的行为时生效。此时,当事人开始负有履行合同的义务。

我国《合同法》规定了承诺有下列情形时的效力:

(1) 承诺被撤回

承诺撤回,是受要约人在其作出的承诺生效之前将其撤回的行为。承诺人发出承诺后反悔的,可以撤回承诺。《合同法》第27条规定,承诺可以撤回。撤回承诺的通知应当在承诺通知到达要约人之前或者与承诺通知同时到达要约人。承诺被撤回,视为承诺未发出。

(2) 承诺的迟到

承诺的迟到,是指受要约人在承诺期限内发出承诺,按照通常情形能够到达要约人,但因其他原因承诺到达要约人时超过承诺期限的情况。对于承诺的迟到,除要约人及时通知受要约人因承诺超过期限不接受该承诺的以外,该承诺有效。

(3) 承诺的迟延

承诺的迟延,是指受要约人超过承诺期限发出的承诺。受要约人超过承诺期限发出承诺的,除要约人及时通知受要约人该承诺有效的以外,不发生承诺的效力;但因其又符合要约的条件,所以构成一个新的要约。

4. 合同成立的时间和地点

(1) 合同成立的时间

合同成立的时间是由承诺实际生效的时间决定的。《合同法》针对当事人订立合同的不同形式,规定了确认合同成立的不同时间标准。通常情况下,承诺生效时合同成立,也即承诺到达要约人时,合同成立。采取数据电文形式订立合同的按照前述的规定来判断合同成立的时间。如果合同是以书面形式成立,那么应以双方在合同书上签字或盖章的时间为承诺生效时间。如果受要约人根据交易习惯或要约的要求以行为的方式作为承诺的,那么一旦受要约人实施了该行为,则承诺生效,合同成立。

(2) 合同成立的地点

合同成立的地点为承诺生效的地点。当事人采用合同书形式订立合同的,双方当事人签字或盖章的地点为合同成立的地点。采用数据电文形式订立合同的,收件人的主营业地为合同成立的地点;没有主营业地的,其经常居住地为合同成立的地点。当事人另有约定的,则按照其约定。

(三) 格式合同

1. 格式合同的概念和特征

格式合同是采用格式条款订立的合同的简称,它是指一方当事人为了重复使用而预先拟定的,并在订立合同时未与对方协商,由相对方来表示是否接受的合同。格式合同具有以下法律特征:

(1) 格式合同的条款具有单方预先拟定性。格式合同文本是一方当事人事先拟定、事先设计的,在拟定之时,没有经过双方当事人互相协商来决定合同的条款,也没有征求对方当事人的意见。实践中格式合同的条款多为提供商品或服务的一方制订,拟定时并没有征求对方当事人的意见。

(2) 格式合同具有重复使用性。由于格式条款合同的要约事先拟定好被多次的使用,因此要约人不必就每次交易单独拟定和发出要约。同时格式条款合同的承诺又是相当简单,进而便于大量重复使用。

(3) 格式合同的缔约具有高效性和低成本性。由于格式合同适用对象的广泛性、持久性,同时又具有手续简便、节省时间等优点,所以格式条款合同的缔约过程较一般的缔约而言,效率高,交易成本低。这也是格式条款合同得以存在的主要社会原因。

(4) 相对方承诺的无奈性。格式条款合同一般是由在社会上颇具经济或政治影响同时具有一定的垄断地位的一方拟定和使用,其合同内容一般总是与社会大众的生活有密切的关联。因此,作为订立合同的相对方,在承诺与否之间往往只能选择承诺或者拒绝(甚至不能拒绝)而别无它选。

(5) 合同当事人经济地位的不平衡性。通常情况下,格式条款的双方当事人在经济上的实力有着较大的差别。提供格式条款的一方往往有较强的经济实力,在社会的某一行业中居于垄断地位,他们才可能通过格式条款的使用,变相地强制相对人附和其提出的条件,从而排除相对方对合同条款进行协商的可能性。

格式合同一般适用于特种行业,多数是垄断经营行业。我国目前主要适用于邮电、铁路、航空、城市供电、城市供气、城市供水、银行、社会保险、海上运输等行业。

各国立法和司法均有对一方当事人预先制定的格式条款加以监督,以平衡垄断组织与广大消费者之间的利益关系。

2. 合同法对格式条款的规制

(1) 提供格式合同一方当事人的特别义务

根据《合同法》第 39 条的规定，采用格式条款订立合同的，提供格式条款的一方应当遵循公平原则确定当事人之间的权利和义务，并采取合理的方式提请对方注意免除或者限制其责任的条款，按照对方的要求，对该条款予以说明。因此，提供格式合同的一方当事人应当承担下列义务：

① 遵循公平的原则确定当事人之间的权利和义务。

② 提示义务。在格式合同中，提供格式合同的一方往往规定免除或限制自己某些义务的内容，在这种情况下，合同法规定提供格式合同的一方当事人应当提请消费者注意此类条款，而且提请注意应当采用合理的方式。所谓“合理”应当理解为在正常情况下能够引起对方当事人的注意。

③ 说明的义务。提供格式合同一方的当事人应当按照对方要求说明免除或限制其责任的条款。当合同相对方对提供格式合同一方就免除或限制责任的条款不明白时，有权提出并得到必要的解释，格式合同提供者有义务按对方当事人的要求对该格式条款有关内容进行说明或解释。

提供格式合同的一方当事人违反上述关于提示和说明义务的，导致对方没有注意免除或者限制其责任的条款，对方当事人申请撤销该格式条款的，人民法院应当支持。

(2) 规定了格式合同无效的情形

① 有下列情形的合同无效：一方以欺诈、胁迫的手段订立合同，损害国家利益的；恶意串通，损害国家、集体或者第三人利益的；以合法形式掩盖非法目的的；损害社会公共利益的；违反法律、行政法规的强制性规定的。

② 合同中的下列免责条款无效：造成对方人身伤害的；因故意或者重大过失造成对方财产损失的。

③ 提供格式条款一方免除其责任、加重对方责任、排除对方主要权利的，该条款无效。

(3) 确立了格式合同的解释规则

对格式合同的理解发生争议的，应当按照通常理解予以解释。对格式条款有两种以上解释的，应当作出不利于提供格式条款一方的解释。格式条款和非格式条款不一致的，应当采用非格式条款。

(四) 缔约过失责任

1. 缔约过失责任的概念

缔约过失责任，是指在订立合同过程中，一方当事人因违背诚信原则导致另一方的利益损失而应当承担的责任。

《合同法》规定了当事人在订立合同过程中承担缔约过失责任的四种情形：

(1) 假借订立合同，恶意进行磋商

此种情况下，一方当事人并无订立合同的诚意，而与对方进行磋商，目的是为了使其丧失与他人订立合同的机会等,导致损害对方利益。

(2) 故意隐瞒与订立合同有关的重要事实或者提供虚假情况

当事人订立合同时,应当遵循诚实信用的原则将与订立合同有关的重要事实告知对方当事人,而不能违背该原则,如隐瞒甚至提供虚假信息,误导对方,由此给对方造成损失。

(3) 泄露或不正当使用他人商业秘密

在订立合同过程中,一方知悉对方的商业秘密,对此应依诚信原则而负保密义务,无论合同是否成立,不得向外泄露或不正当使用对方的商业秘密。泄露或者不正当地使用该商业秘密给对方造成损失的,还应承担相应责任。

(4) 其他违背诚实信用原则的行为

承担缔约过失责任的形式主要是损失赔偿。缔约过失责任所应赔偿的损失为信赖利益损失,不包括履行利益的损失。实践中以给对方当事人造成的实际损失为限。

第三节 合同的效力

一、合同的生效

合同生效是指依法成立的合同,在当事人之间所产生的法律上的约束力。合同作为民事法律行为的一种,合同当事人也应具备实施一般民事法律行为的条件,即行为人具有相应的民事行为能力;行为人意思表示要真实;行为内容不违反法律、行政法规和社会公共利益;行为的形式要符合法律、行政法规的要求。《合同法》根据不同类型的合同规定了合同生效的时间,主要有以下四种情况:

(一) 成立生效

依法成立的合同,自成立时生效。

(二) 合同自批准登记时生效

法律、法规规定应当办理批准、登记等手续生效的合同,在依照其规定经过办理批准、登记等有关手续后生效。如《担保法》规定,房屋抵押合同自办理登记手续之日起生效。

(三) 当事人对合同的效力可以约定附条件

附条件的合同指合同当事人约定将一定条件作为合同效力的发生或终止的依据的合同。附生效条件的合同,自条件成就时生效。附解除条件的合同,自条件成就时失效。当事人为自己的利益不正当地阻止条件成就的,视为条件已成就;不正当地促成条件成就的,视为条件不成就。

（四）当事人对合同的效力可以约定附期限

附期限的合同指当事人在合同中约定了一定的期限，以该期限的到来作为合同生效或者失效的根据的合同。附生效期限的合同，自期限届至时生效。附终止期限合同，自期限届满时失效。

二、效力待定合同

（一）效力待定合同的概念

效力待定合同是指合同虽已成立，但因其欠缺生效要件，能否发生当事人预期的法律效力尚未确定，而有待于权利人的行为而使之确定的合同。一般经过权利人的追认，合同才能生效。如权利人在一定期间内不予追认，合同归于无效。

（二）效力待定合同的种类

根据《合同法》的规定，效力待定合同具体包括以下三类：

1. 限制民事行为能力人订立的合同

限制民事行为能力人可独立订立与其年龄、智力、精神健康状况相适应的合同，以及纯获利益的合同。限制民事行为能力人订立的其他合同由于存在主体资格上的瑕疵，缺乏完全的缔约能力和处分能力，只有经法定代理人追认后，合同才有效。在未追认前，这种合同的效力处于待定状态。但这种合同一旦经过法定代理人的追认就具有法律效力。根据《合同法》的规定，合同相对人可以催告限制民事行为能力人的法定代理人在1个月内予以追认。法定代理人未作表示的，视为拒绝追认。合同被追认之前，善意相对人有撤销合同的权利。

2. 因无权代理订立的合同

无权代理订立的合同，是指没有代理权、超越代理权或者代理权终止后仍以他人的名义订立的合同。无权代理合同因行为人的代理权存在瑕疵，而使合同效力处于待定状态。这种合同的效力由被代理人是否追认而定。

3. 无权处分合同

无权处分合同就是无处分权的人处分他人财产而与第三人订立的合同。无权处分合同属于效力待定合同。《合同法》第51条规定：无处分权的人处分他人财产，经权利人追认或者无处分权的人订立合同后取得处分权的，该合同有效。对于无权处分合同，权利人追认是权利人同意无权处分行为人先前的意思表示，即同意无处分权人先前处分他的财产，其目的在于使无处分权人的处分行为具有法律效力。

因此，无权处分合同经权利人追认即可自始有效，产生权利变动的效力。

无权处分合同在处分人不能取得处分权，权利人也未追认的情况下，不发生处分行为产生的权利变动的效力，相对人不能取得相应权利。但是，为了维护交易安全，保护善意第三人的利益，2007年颁布的《物权法》确立了善意取得制度，《物权法》第106条规定：无处分权人将不动产或者动产转让给受让人的，所有权人有权追回；除法律另有规定外，符合下列情形的，受让人取得该不动产或者动产的所有权：(1) 受让人受让该不动产或者动产时是善意的；(2) 以合理的价格转让；(3) 转让的不动产或者动产依照法律规定应当登记的已经登记，不需要登记的已经交付给受让人。受让人依照前款规定取得不动产或者动产的所有权的，原所有权人有权向无处分权人请求赔偿损失。当事人善意取得其他物权的，参照前两款规定。在具备善意取得构成要件的情况下，善意第三人可取得相应权利。当然，善意第三人的权利取得并非基于合同的有效性，而是基于法律的直接规定。

三、无效合同

（一）无效合同的概念

无效合同是指合同虽已成立，因欠缺合同生效要件而不能依当事人意思发生法律效力的合同。合同具有法律效力的前提，是合同符合法律规定。无效合同因违反法律、行政法规规定的成立与生效条件而不具有法律约束力。无效合同自成立时起就不具有法律约束力。无效合同可分为合同全部无效和合同部分无效两种情况。对于合同部分无效，若该部分无效不影响其余部分效力时，其余部分仍然有效。

（二）合同无效的种类

根据《合同法》第52条规定，无效合同包括以下五类：

1. 一方以欺诈、胁迫的手段订立，损害国家利益的合同

欺诈是指一方当事人故意陈述虚假事实或隐瞒真实情况，致使他人陷入认识误区，基于错误判断与之订立合同的行为。胁迫是一方当事人以将来要发生的损害或者以直接施加损害相威胁导致对方当事人产生恐惧并与之订立合同的行为。在欺诈、胁迫下订立的合同，由于违背当事人的真实意愿，不符合合同生效条件。

2. 恶意串通，损害国家、集体或者第三人利益的合同

恶意串通的合同是指双方当事人合谋而订立合同，以达到损害国家、集体或第三人利益的目的。在恶意串通的合同中，当事人的意思表示一致且真实，但因其内容具有违法性而无效。

3. 以合法形式掩盖非法目的的合同

以合法形式掩盖非法目的是指当事人实施的行为在形式上是合法的，但在内容和目的上是非法的。以合法形式掩盖非法目的包括两种情况，一是指当事人通过实施合法的行为来达到掩盖其非法的目的；二是指当事人实施的行为在形式上是合法的，但在内容上是非法的。如当事人通过合法的买卖行为而达到隐匿财产，逃避债务的目的。在这里，合同行为只是一种表象，其被掩盖的是一种非法的隐匿行为，这就是当事人签订合同所希望达到的目的，而实施的外表行为只是达到非法目的的手段。这种违法行为违反了法律和行政法规的强制性规定的行为，由于掩盖的目的是非法的，所以该行为因违法而无效。合同要受到法律的保护，其目的必须合法，当事人为达到非法目的所签订的合同是无效的，不受法律保护。

4. 损害社会公共利益的合同

社会公共利益所体现的是全体社会成员的共同利益，代表了社会生活中基本的人道和正义。损害社会公共利益的无效合同是指合同内容违反了社会公共秩序或社会道德，从而损害广大社会公众的利益而导致不能发生合同预期目的的合同。此类合同在现实生活中并不少见。例如，当事人订立的实施的结果会污染环境的合同、赌债偿还合同、购买"洋垃圾"合同、规避课税等合同。

5. 违反法律、行政法规的强制性规范的合同

违反法律、行政法规的强制性规范的合同，因欠缺合法性要件而无效。这类合同称为违法合同，例如，买卖枪支合同和买卖毒品合同。这里的法律是指全国人大及其常委会制定的法律，行政法规是指由国务院制定的法规。

法律及行政法规的强制性规范也是有区分的。只有违反了强制性规范中的效力性规范才会导致合同无效。效力性规范是指法律及行政法规明确规定违反了这些禁止性规定将导致合同无效或者合同不成立的规范。当然，违反法律和行政法规的强制性规范，既包括内容的违法，也包括形式的违法。

四、可变更或可撤销合同

（一）可变更或可撤销合同的概念

可变更或可撤销合同是指当事人订立的合同因意思表示不真实，一方当事人可基于自己的意愿行使变更权使合同的内容变更，或者行使撤销权使已经生效的合同归于无效的合同。

可变更或可撤销合同大多数是对一方当事人利益失衡的合同，法律通过赋予当事人以变更权或撤销权的方式，为其提供救济。当事人在选择救济方式时，是变更合同还是撤销合同，由当事人自己抉择，法院或仲裁机构尊重当事人的选择。

（二）可变更或可撤销合同的种类

根据《合同法》第 54 条的规定，可变更或可撤销合同有四类：

1. 因重大误解而订立的合同

重大误解是指一方当事人因自己的原因对合同的主要内容如：交易行为的性质、对方当事人、标的物的品种、质量、规格和数量等产生误解，并且该误解直接影响到当事人应当享有的权利和承担的义务。可见，《合同法》上的误解，是指当事人对合同关系中重大要素的错误认识与理解。重大误解而订立的合同一旦履行，将会使误解方的利益受到损害。

因重大误解而订立的合同与因欺诈而订立的合同不一样，重大误解往往是由

于误解当事人自己主观上的认识错误造成的，当事人发生错误的原因既可能是其缺乏必要的知识、技能和信息，也可能是缺乏必要的交易能力或经验等，不存在对方的欺诈行为；而在欺诈情况下，受欺诈的一方发生错误认识并不是由于自己的错误所致，而是对方欺诈的结果。因误解而订立的合同，误解可以是一方当事人，如出卖人误将某一标的物当做另一物等，也可以是双方当事人，如买卖双方误将本为赝品的画当成真品买卖等；因欺诈而订立的合同，采取欺诈手段的只能是一方当事人。

2. 显失公平的合同

显失公平的合同是指一方当事人在订立合同时，利用自己的优势地位或另一方缺乏经验、轻率等原因而订立的对另一方严重不利的合同。显失公平是相对于合同结果而言，一般意义上的显失公平可由多种原因造成，如因欺诈、胁迫而订立的，但这里的显失公平仅限于一方利用其优势或对方经验不足而造成双方权利义务的严重不对等。

显失公平与缔约欺诈是有区别的。所谓欺诈，是指一方当事人故意告知对方虚假情况或者故意隐瞒真实情况，诱使对方作出错误意思表示的行为。其中故意隐瞒真实情况与显失公平中利用对方不知情颇为相似，但两者的主要区别在于：欺诈行为中的当事人对合同条款或要约内容是清楚明了的，只是条款或内容缺乏真实性，而显失公平合同中的条款和内容是真实的，但当事人因缺乏经验对其不了解而作出承诺，致使利益受到较大损害。

显失公平的合同与因重大误解而订立的合同尽管后果都是给一方带来重大的不利，但是两者也是有区别的。因重大误解订立的合同是基于发生误解一方或双方当事人主观上的错误引起的，并给误解一方带来重大的不利后果。而显失公平合同中遭受不利后果的一方当事人对合同关系中的重大要素并无误解，即主观上无过错，只是因其缺乏经验或面临紧迫情势而处于被动状态，提出或接受不公平的条件。

显失公平的合同中双方当事人的权利义务明显不对等，违反了公平、等价有偿的原则，因而被归于可变更或可撤销合同。

3. 因欺诈、胁迫而订立的合同

欺诈、胁迫使一方当事人在意思表示不自由的情况下作出了不真实的意思表示，由此而订立的损害国家利益的合同应为无效。一方以欺诈、胁迫的手段订立的合同并没有损害国家利益，只是损害非国家利益，如另一方当事人或集体或第三人的利益，对这类合同属于可变更、可撤销合同。在通常情况下，受欺诈、胁迫方在受欺诈、胁迫后受到的主要影响是意思表示不真实，也就是意志自由受到了限制，当事人作出了不符合其真实意思的表示。在实践中，欺诈、胁迫合同的情形是非常复杂的。因此，《合同法》将此类合同定性为可变更、可撤销合同，赋予受欺诈、胁迫方以选择权，既尊重了当事人的自主意愿，维护受害人的利益，同时也有利于促进交易，加快社会经济的流转。

4. 乘人之危的合同

乘人之危的合同，是指一方当事人利用对方的危难处境或紧迫需要，迫使对方违背其真实意愿作出接受某种明显不公平的条件而订立的合同。

乘人之危的行为一般会带来显失公平的后果，但是，乘人之危与显失公平是不同的。乘人之危行为的特点是一方当事人故意利用对方的危难、紧迫状态，主动地、公然地以“见死不救”进行要挟，迫使对方违背意愿与之为民事行为。乘人之危与显失公平中利用对方发生紧迫情势或急需情况极为相似，但二者有明显的区别：首先，乘人之危中的一方当事人处于危难情况。所谓危难，除经济上有某种迫切需要外，还包括人身及财产安全处于危险或困难之中，其范围较显失公平的急需更加宽泛。其次，乘人之危中的获利方多表现为积极促成行为及其后果的发生，而在显失公平的合同中，获利方处于消极状态，表现为受损一方积极提出不公平的条件或作出承诺。

撤销权的行使，必须由享有撤销权主体资格的当事人以自己的名义向人民法院或仲裁机构提起请求，由人民法院或仲裁机构依法立案、审理并作出撤销合同的裁判。可变更、可撤销的合同，当事人请求变更的，人民法院或者仲裁机构不得撤销。撤销权一般是由受损失人或者受害人行使。具有撤销权的当事人自知道或者应当知道撤销事由之日起1年内行使。1年内没有行使的，撤销权消灭。享有撤销权的当事人知道撤销事由后明确表示或者以自己的行为表示放弃撤销权的，撤销权消灭。

五、无效合同或者被撤销合同的法律后果

无效合同或被撤销合同自始没有法律约束力。合同当事人所设立的权利义务关系不受法律的保护，不能产生当事人预期的法律效果。合同部分无效，不影响其他部分效力的，其他部分仍然有效。合同无效、被撤销或者终止的，不影响合同中独立存在的有关解决争议方法的条款的效力。

无效合同或者被撤销合同所产生的法律后果有三种：

（一）返还财产

合同无效或者被撤销后，当事人之间的财产关系应当恢复到合同订立前的状态，因该合同取得的财产，应当予以返还；不能返还或者没有必要返还的，应当折价补偿。

（二）赔偿损失

因当事人的过错致使合同无效或者被撤销的，有过错的一方应当赔偿对方因此所受到的损失；双方都有过错的，应当各自承担相应的责任。

（三）追缴财产

当事人恶意串通，损害国家、集体或者第三人利益的，因此取得的财产收归国家所有，或者返还集体、第三人。

第四节　合同的履行

一、合同履行的概念

合同履行是指合同依法成立后，当事人双方按照合同规定的内容，全面地、适当地完成各自承担的义务，从而使合同的权利、义务得以实现。如交付约定标的物，完成约定的工作，交付工作成果，支付价款等。当事人完成了自己应尽的全部义务，称为全部履行；当事人完成了自己应尽义务的一部分，称为部分履行。合同的履行是当事人实施给付义务的过程，它既是合同本身法律效力的主要内容，也是合同关系消灭的主要原因。合同履行是合同法的核心，是当事人实现经济目的的手段。

二、合同履行的原则

（一）全面履行原则

全面履行原则是指当事人应当按照约定全面履行自己的义务，即按照合同规定的标的、质量、数量、履行期限、履行地点、履行方式等内容完成自己应尽的义务。按照约定履行，既要全面履行合同义务，又要正确适当履行合同义务。合同的全面履行原则其目的在于督促当事人保质、保量、按时地全面完成合同所规定的义务。它是衡量合同履行程度，落实违约责任的依据。

（二）诚实信用原则

诚实信用原则是《合同法》的基本原则，在合同的履行中相当重要，它要求合同当事人在履行合同时应当诚实守信，以善意的方式履行其义务，根据合同的性质、目的和交易习惯履行通知、协助、保密等义务。要重合同、守信用，相互配合，相互协作提供条件和方便，以利于合同的履行。一旦发生争议，双方当事人也要及时协商，以防止损失的扩大。

（三）情事变更原则

情事变更原则是指合同依法成立后，因不可归责于双方当事人的原因发生了不可预见的情事变更，导致合同的基础动摇或丧失，致使继续履行合同将导致显失公平，因此当事人可以请求法院或仲裁机构变更或解除合同的原则。

情事变更原则的起源要追溯到《查士丁尼法学总论》注释中的情事不变条款，即假定每一个合同均包含如下一个条款：缔约时作为合同基础的客观情况应继续存在，一旦这种客观情况不存在，则准予变更或解除合同。该原则将作为合同基础的客观情况的继续存在作为维持合同效力的前提，一旦此客观情况不复存在，则可以变更或解除合同。至16、17世纪，自然法思想居支配地位，情事不变条款得到广泛适用。到18世纪后期，该条款的适用过于泛滥，损害了法律秩序的稳定，于是受到严厉的批评并逐渐被法学家和立法者所摒弃。直到20世纪20年代以后，情事变更原则得到确立并在审判实践中得以广泛的适用。

我国《合同法》并未规定情事变更原则。但《合同法》颁布实施以来，司法实践中遇到大量的因情事变更而导致的合同纠纷的案件，为了解决这一矛盾，最高人民法院于2009年4月24日出台了《合同法》解释(二)，其第26条规定："合同成立以后客观情况发生了当事人在订立合同时无法预见的、非不可抗力造成的不属于商业风险的重大变化，继续履行合同对于一方当事人明显不公平或者不能实现合同目的，当事人请求人民法院变更或者解除合同的，人民法院应当根据公平原则，并结合案件的实际情况确定是否变更或者解除。"这是我国首次以司法解释的形式明确规定了情事变更原则的适用。为司法实践活动提供了明确的法律依据。情事变更的规定为合同双方当事人提供了相应的救济机会，弥补了合同法在此方面的不足，从而平衡了合同双方当事人的利益，使合同的履行更具公平性。

当然，情事变更极有可能导致当事人之间合同"法锁"的解除，从而影响到经济交易的稳定性，因而有必要防止一方当事人滥用情事变更原则以回避正常的商业风险。作为一般条款，该原则只有在穷尽现有制度提供的救济手段仍不能合理分配风险和避免当事人之间的利益明显失衡时，才有适用情事变更原则的余地，这也体现出情事变更原则具有补充性的特点。

三、合同履行的规则

(一) 合同内容约定不明时的履行

合同生效后，当事人就质量、价款或者报酬、履行地点等内容没有约定或者约定不明确的，可以协议补充；不能达成补充协议的，按照合同有关条款或者交易习惯确定。当事人双方在不能达成补充协议和按照合同的有关条款及交易习惯仍然不能确定合同有关内容的，根据《合同法》第62条的规定，可以适用下列规定：

(1) 质量要求不明确的，按照国家标准、行业标准履行；没有国家标准、行业标准的，按照通常标准或者符合合同目的的特定标准履行。

(2) 价款或者报酬不明确的，按照订立合同时履行地的市场价格履行；依法应当执行政府定价或者政府指导价的，按照规定履行。

(3) 履行地点不明确，给付货币的，在接受货币一方所在地履行；交付不动产的，在不动产所在地履行；其他标的，在履行义务一方所在地履行。

(4) 履行期限不明确的，债务人可以随时履行，债权人也可以随时要求履行，但应当给对方必要的准备时间。

(5) 履行方式不明确的，按照有利于实现合同目的的方式履行。

(6) 履行费用的负担不明确的，由履行义务一方负担。

(二) 执行政府定价或者政府指导价的合同履行

执行政府定价或者政府指导价的，在合同约定的交付期限内政府价格调整时，按照交付时的价格计价。逾期交付标的物的，遇价格上涨时，按照原价格执行；价格下降时，按照新价格执行。逾期提取标的物或者逾期付款的，遇价格上涨时，按照新价格执行；价格下降时，按照原价格执行。

(三) 合同涉及第三人的履行

合同相对性原则是古代合同法体系的基石，它的基本含义是合同仅于缔约人之间发生效力，对合同之外的第三人不发生效力，合同缔约人不得约定涉及第三人权益和义务的事项。但是，随着经济贸易高速发展，科技为国际贸易方式带来的革命性变革已日益显现，极大地增强了贸易活动的能力。电子信息、互联网技术和现代通讯技术使得商业往来更加频繁和复杂，合同相对性原则因此而逐渐受到挑战，合同效力扩张到第三人的情形逐渐普遍。涉他合同是对合同相对性原则的突破。涉他合同包括为第三人设定权利的合同(为第三人利益的合同)和为第三人设定义务的合同(由第三人履行的合同)。

《合同法》第64条、第65条对涉他合同的履行作了原则性的规定：

(1) 当事人约定由债务人向第三人履行债务的，债务人未向第三人履行债务或者履行债务不符合约定，应当向债权人承担违约责任。

(2) 当事人约定由第三人向债权人履行债务的，第三人不履行债务或者履行债务不符合约定，债务人应当向债权人承担违约责任。

(四) 当事人一方发生变更时的履行规则

当事人一方发生变更主要包括合同主体的变更和合同主体内部法定代表人等的变更两种情况，对于这两种情况，应按以下规则履行：

(1) 债权人分立、合并或者变更住所没有通知债务人，致使履行债务发生困难的，债务人可中止履行或者将标的物提存。

(2) 合同生效后，当事人不得因姓名、名称的变更或者法定代表人、负责人、承办人的变动而不履行合同义务。

四、双务合同履行中的抗辩权

抗辩权是指合同一方当事人享有的依据法定事由来对抗对方当事人的履行请求权的权利。抗辩权的主要功能在于能够阻止合同权利效力的发生或延期发生。

抗辩权的行使表现为一方当事人对对方当事人履行合同义务的要求而作出的对抗,这种对抗意味着一方当事人对于合同义务可以不予履行,并且这种不予履行的行为具有合法性,从而不会引起违约责任。

法律赋予当事人履行抗辩权,目的是为当事人提供一种自我保护的手段,使当事人通过抗辩权的行使,预防合同履行的风险,避免遭受损失,同时也促使对方当事人产生及时履行、提供担保等压力,使合同最终得到很好地履行。

(一) 同时履行抗辩权

同时履行抗辩权是指在未约定先后履行顺序的双务合同中,当事人应当同时履行,一方当事人在对方未予对待给付前,有权拒绝对方行使的履行请求权。《合同法》第 66 条规定,当事人互负债务,没有先后履行顺序的,应当同时履行。一方在对方履行之前有权拒绝其履行要求。一方在对方履行债务不符合约定时,有权拒绝其相应的履行要求。同时履行抗辩权的意义在于保护当事人权利,避免不对等履行给另一方造成损失,但从其性质看,同时履行抗辩权的行使并不是赋予一方当事人借对方没有履行合同而免除自己给付的合同义务,而是以促使对方积极履行合同作为自己同时履行的条件。所以,其目的仍然是为了使合同能顺利履行,达到当事人所预期的目的。

(二) 后履行抗辩权

后履行抗辩权是指在有先后履行顺序的双务合同中,负有先履行义务的一方当事人届期未履行义务或履行义务不符合约定条件,后履行义务当事人为了保护自己的期限利益有权拒绝对方请求履行的权利。《合同法》第 67 条规定,当事人互负债务,有先后履行顺序,先履行一方未履行的,后履行一方有权拒绝其履行要求。先履行一方履行债务不符合约定的,后履行一方有权拒绝其相应的履行要求。

后履行抗辩权在本质上是对违约的抗辩,一方当事人行使后履行抗辩权时,先履行一方当事人已经违反了合同的约定,未按期履行或履行义务不符合约定条件。

后履行抗辩权不同于同时履行抗辩权。同时履行抗辩权适用的前提是双务合同当事人互负债务,且当事人之间没有履行的先后顺序,应同时履行。后履行抗辩权适用前提都一样,双务合同双方互负债务,区别在于双方当事人有履行先后的顺序。先履行一方未履行,后履行一方有权拒绝履行。后履行抗辩权的享有主体为后履行一方,而同时履行抗辩权的享有主体为双方当事人。

(三) 不安抗辩权

不安抗辩权又称先履行抗辩权,是指在有先后履行顺序的双务合同中,应当先履行合同的当事人在履行前,如果发现对方当事人财产状况恶化或者履行资信明显减弱,以致可能影响到合同正常的对等履行,在这种情况下,可以要求对方当事人为履行合同提供必要的担保,否则先履行的当事人有权拒绝履行自己的义务。

《合同法》68 条规定,应当先履行债务的当事人,有确切证据证明对方有下列情形之一的，可以中止履行：

(1) 经营状况严重恶化；

(2) 转移财产、抽逃资金，以逃避债务；

(3) 丧失商业信誉；

(4) 有丧失或者可能丧失履行债务能力的其他情形。

当事人没有确切证据中止履行的，应当承担违约责任。

当事人行使不安抗辩权中止履行的，应当及时通知对方。对方提供适当担保时，应当恢复履行。中止履行后，对方在合理期限内未恢复履行能力并且未提供适当担保的，中止履行的一方可以解除合同。

不安抗辩权是为了维护合同当事人实质上的权利义务的公平，确保合同信用而确立的权利。先履行一方当事人在履行之前，发现对方的财务或信用状况发生严重的恶化，如果履行之后，对方极有可能丧失履行债务能力，从而危及到先履行一方当事人的债权，此时强求先履行一方当事人予以履行，徒增债权债务纠纷，虽然在形式上强调了合同的效力，但在实质上损害了先履行一方的利益，对其是不公平的。不安抗辩权就是既保护先履行一方当事人的利益，防范利用合同进行欺诈，规避履行风险，又保护相对人的权益的一项制度设计，即其在合同履行上加上了一层保险，先履行一方当事人可以如约履行义务，但需要相对方提供担保，否则就解除合同。当然，在适用不安抗辩权时，一定要依法进行，当事人不能借不安抗辩权逃避自己的履行义务。

不安抗辩权不同于同时履行抗辩权，不安抗辩权的享有主体为双务合同中先履行义务的一方当事人，权利发生的条件是对方有丧失履行能力的可能；而同时履行抗辩权的享有主体为未约定先后履行顺序的双务合同的双方当事人，权利发生条件为对方尚未履行自己的义务。

不安抗辩权也不同于后履行抗辩权。后履行抗辩权产生于先履行一方不履行或其履行不符合合同约定的场合，并不要求对方有丧失履行能力的可能。同时，后履行抗辩权的享有主体为后履行义务的一方当事人，而不安抗辩权的享有主体是先履行义务的一方当事人。

五、合同的保全

（一）合同保全的概念

合同保全是指法律为防止因债务人财产不当减少而给债权人的债权带来危害，允许债权人对债务人或第三人的行为行使一定的权利，以排除对其债权危害的法律制度。

根据合同相对性原则，债权仅发生在特定的当事人之间。但合同的保全恰恰是针对债务人有关的第三人与债务人的行为，是合同在特殊情况下对外效力的反映。因此,合同的保全制度的确立,在一定程度上突破了合同相对性,扩充了合同的效力范围,确认合同债权可以产生对第三人的效力,即合同债权的对外效力,对保护债权人的合法权益起到应有的积极作用。合同保全制度是保障合同债务履行、保护债权人利益的重要措施。

当债务人与第三人的行为危及债权人的利益时,允许债权人为保全其债权的实现而采取的法律措施称为保全措施,它包括行使代位权和行使撤销权。

(二) 代位权

1. 代位权的概念

代位权,是指当债务人怠于行使其对第三人享有的权利而有害于债权人的债权时,债权人为保全自己的债权,可以以自己的名义代位行使债务人对第三人的权利。《合同法》第 73 条规定,因债务人怠于行使其到期债权,对债权人造成损害的,债权人可以向人民法院请求以自己的名义代位行使债务人的债权,但该债权专属于债务人自身的除外。

代位权不同于代理权。一是主体的名义不同,代理人是以被代理人的名义实施民事法律行为,代位权人是以自己的名义实施民事法律行为;二是实施的权限不同,代理人的权限是委托授权或者指定、法定的范围以内,代位权人的权限是债权人的债权范围以内;三是诉讼资格不同,代理人一般不具有原告资格,代位权人一般具有原告资格;四是法律后果不同,正常代理行为的法律效果归于被代理人,代位行为的法律效果是债权人债权的实现。

2. 代位权行使的条件及范围

债权人行使代位权须具备以下条件:(1) 债权人对债务人的债权合法;(2) 债务人怠于行使其到期债权,对债权人造成损害;(3) 债务人的债权已到期;(4) 债务人的债权不是专属于债务人自身的债权。

所谓"专属于债务人自身的债权"是指基于扶养关系、抚养关系、赡养关系、继承关系产生的给付请求权和劳动报酬、退休金、养老金、抚恤金、安置费、人寿保险、人身伤害赔偿请求权等权利。

代位权的行使范围以债权人的债权为限,该债权包括原债权及其利息、违约金、赔偿金,也包括债权人实现债权的必要费用。超过这一范围的,代位权人无权行使。

3. 代位权行使的法律效力

债权人行使代位权后,会产生以下法律效力:

(1) 对债权人的效力

提起代位权诉讼的债权人行使的是债务人的债权,根据《合同法司法解释(一)》第 20 条规定,"债权人向次债务人提起的代位权诉讼经人民法院审理后认定代位权成立的,由次债务人向债权人履行清偿义务,债权人与债务人、债务人与次债务人之间相应的债权债务关系即予消灭。”因此，债权人可以直接接受次债务人的履行，行使代位权的必要费用，由债务人负担，可以从实现的债权中优先支付。

(2) 对债务人的效力。债权人行使代位权时，债务人的债权受到限制，即债务人不得再对自己的债权行使处分权，也不得妨碍债权人行使代位权。代位权行使的直接效果归属于债务人。

(3) 对次债务人的效力。债权人行使代位权时，对次债务人来说，债权是由债务人行使，还是由债务人的债权人来行使，并不会导致其法律地位和经济利益的任何变化。因此，债权人行使代位权时，次债务人对债务人(即次债务人的债权人)的抗辩，可以向债权人主张。

(三) 撤销权

1. 撤销权的概念

撤销权是指债权人对债务人滥用其财产处分权致使责任财产不当减少而损害债权人的行为，请求人民法院予以撤销的权利。撤销权的行使必须依一定的诉讼程序进行，故又称废罢诉权。《合同法》第 74 条规定，因债务人放弃其到期债权或者无偿转让财产，对债权人造成损害的，债权人可以请求人民法院撤销债务人的行为。债务人以明显不合理的低价转让财产，对债权人造成损害，并且受让人知道该情形的，债权人也可以请求人民法院撤销债务人的行为。可见，撤销权兼有请求权和形成权的特点。

合同保全中的撤销权与可撤销合同中的撤销权不同，合同保全中的撤销权是债权人请求人民法院撤销债务人与第三人之间已经生效的法律关系。此种撤销权突破了合同的相对性，其效力扩及到了第三人，而且其目的是为了使债务人责任财产的恢复，维护债务人清偿债权的能力。而可撤销合同中的撤销权并没有扩及第三人，其目的是为了消除当事人之间意思表示的瑕疵。

2. 撤销权行使的条件及范围

债权人行使撤销权应当具备以下条件：

(1) 债权人对债务人存在有效债权。债权人对债务人的债权可以到期，也可以不到期；

(2) 债务人实施了减少责任财产的行为；

(3) 债务人的行为危害债权人债权的实现。

其中债务人减少财产的行为有：①放弃到期债权；②无偿转让财产；③以明显不合理的低价转让财产，并且受让人知道该情形。

撤销权的主体是因债务人不当处分财产而受到损害的债权人。债权人以自己的名义通过诉讼程序行使该权利。撤销权的行使以保全债权人债权为目的，所以，其范围应以债权人的债权为限。债权人行使撤销权的必要费用，由债务人负担。

3. 撤销权行使的期限

撤销权的行使具有法定期限限制。通常撤销权自债权人知道或者应当知道撤销事由之日起1年内行使。但是,自债务人的行为发生之日起5年内没有行使撤销权的,该撤销权消灭。上述规定中的"5年"期间为除斥期间,不适用诉讼时效中止、中断或者延长的规定。

4. 撤销权行使的法律效力

债权人的撤销权一经法院以判决确定,即对债务人、债权人和受让人或受益人发生效力。债务人的处分行为即归于无效,并可以发生溯及既往的效果。撤销权的效力具体体现在以下几个方面:

(1) 对债权人的效力

在债务人的不当行为被人民法院撤销后,对行使撤销权的债权人从受让人处取回的财产或利益,其有义务将该取回的财产或利益返还给债务人,以增加债务人的责任财产,作为全体债权人的共同担保。因为,撤销权行使的目的是恢复债务人的责任财产,债权人就撤销权行使的结果并无优先受偿权利(除非该债务人只有一个债权人),而是由全体债权人对这些财产平等受偿。

(2) 对债务人的效力

债务人的不当行为一旦被撤销,则该行为自始无效。尚未交付财产的,不得交付;已经交付财产的,请求受让人或受益人返还财产;赠与他人财产的,视为未赠与;债务人免除他人债务的行为视为没有免除,承担他人的债务的行为视为没有承担,为他人设定担保的行为视为没有设定。

(3) 对受让人和受益人的效力

在债务人不当处分财产的行为被撤销以后,受让人和受益人所取得的财产或利益,失去法律上的依据,应承担返还财产或利益的义务。如果原物不能返还则应折价赔偿。

撤销权的行使,对债务人和第三人及债权人都会产生重要影响。合同保全的撤销权正是通过这个效力,保护了债务人的资产和债权,从而保证了债务人既有的偿债能力,最终达到保护债权人利益的目的。

第五节 合同的担保

一、合同担保的概念与方式

(一) 合同担保的概念与法律特征

合同担保是指当事人依据法律规定或双方约定,由债务人或第三人与债权人设立的以确保债权实现和债务履行为目的的法律措施。1995年6月30日八届全国人大常委会第十四次会议通过了《中华人民共和国担保法》(以下简称《担保法》)。为了正确适用《担保法》,2000年9月29日最高人民法院审判委员会第1133次会议通过了《关于适用〈中华人民共和国担保法〉若干问题的解释》,对人民法院审理担保纠纷案件适用法律问题作出规定。2007年3月16日第十届全国人民代表大会第五次会议通过的《物权法》,已于2007年10月1日起施行,其中有关担保物权的制度是在《担保法》及其司法解释的基础上作了补充、修改和完善,因此,在法律适用上《物权法》优先于《担保法》,《担保法》与《物权法》的规定不一致时,应当适用《物权法》。

合同担保的作用在于保障合同履行,从而使债权人的债权能够实现。合同的担保有以下鲜明的法律特征:

(1) 担保合同的从属性。担保法律关系中,存在两个合同关系:一是当事人签订的合同;二是为保障该合同履行而订立的担保合同。根据主合同和从合同关系的一般原理,担保合同是以主合同的存在为前提和根据,随主合同的产生而产生。除担保合同另有约定外,主合同无效,从合同则相应无效。

(2) 担保合同的自愿性和选择性。担保是当事人双方自愿设立的一种法律措施。当事人在订立合同时,可设立担保,也可以不设立担保。合同担保措施是由当事人双方协商选择适用的,担保方式,担保的责任范围、金额等也都是由双方当事人在法律许可的范围内协商选择的。

(3) 担保合同的补充性。由于担保合同的存在导致合同债权人享有担保权利或者担保利益。这种权利使得保障债权实现的责任财产得以扩张,大大地增强了保障债权人的债权得以实现的可能性。担保合同对债权人权利的实现仅具有补充的作用,当主债关系因适当履行而正常终止时,担保人并不实际履行担保义务。只有在主债务不能得到履行时,补充的义务才需要履行,使主债权得以实现。因此,担保具有补充性。

二、合同担保的方式

我国《担保法》规定的担保方式有五种,即:保证、抵押、质押、留置和定金。其中保证、抵押、质押和定金属于约定担保方式,它们都是根据合同约定而成立;留置则属于法定担保方式,系根据法律的直接规定而产生。保证是以保证人的财产和信用作为担保的基础,故属于人的担保;抵押、质押、留置,是以一定的财产作为担保的基础,故属于物的担保;定金则属于金钱的担保,是一种特殊的担保形式。

(一) 保证

1. 保证的概念和特征

(1) 保证的概念

保证是指债务人以外的第三人(保证人)和债权人约定,当债务人不履行债务时,由保证人按照约定履行债务或承担责任的行为。其中为债务人履行合同提供担保的人，称为保证人，保证人是主合同之外的第三人；被担保履行合同义务的当事人为被保证人，是主合同的债务人；在债务人不履行合同时有权向保证人请求履行义务或者要求其承担责任的人为保证人的相对人，是主合同的债权人。

(2) 保证的特征

保证与其他几种担保形式相比，具有以下法律特征：

① 保证只能是合同当事人以外的第三人担保债务人履行债务，保证债务是由保证合同所产生的。保证人根据保证合同的约定承担自己的义务。

② 保证是保证人以自己的信用为基础，以保证人的一般财产为责任财产为他人提供担保。而抵押、质押、留置等担保物权是担保人以自己的一定财产提供担保。因此，保证属于人的担保，其担保效力决定于保证人的财产状况，而担保物权的担保效力不受担保人财产状况的影响。

③ 保证具有从属性和补充性。保证合同是从合同，保证债务亦是一种从债务。保证的本质就是当主债务人无偿还能力时，就由保证人来进行补充偿还。

(3) 保证人

保证人应当具有清偿债务的能力。根据《担保法》规定，凡是具有代为清偿债务能力的法人、其他组织或者公民，可以作保证人。但《担保法》同时规定，下列单位和组织不得为保证人：

① 国家机关不得作为保证人，但经国务院批准为使用外国政府或国际经济组织贷款进行转贷时的除外。

② 学校、幼儿园、医院等以公益为目的的事业单位、社会团体不得作为保证人。从事经营活动的事业单位、社会团体为保证人的，如无其他导致保证合同无效的情况，其所签订的保证合同应当认定为有效。

③ 企业法人的分支机构、职能部门不得作为保证人。

a. 企业法人的分支机构有法人书面授权的，可以在授权范围内提供保证。

b. 企业法人的分支机构经法人书面授权提供保证的，如果法人的书面授权不明，法人的分支机构应当对保证合同约定的全部债务承担保证责任。

c. 企业法人的分支机构经营管理的财产不足以承担保证责任的，由企业法人承担民事责任。

d. 企业法人的分支机构提供的保证无效后应当承担赔偿责任的，由分支机构经营管理的财产承担。债权人和企业法人有过错的，应当根据其过错各自承担相应的民事责任；债权人无过错的，由企业法人承担民事责任。

e. 企业法人的职能部门提供保证的，保证合同无效。债权人知道或者应当知道保证人为企业法人的职能部门的，因此造成的损失由债权人自行承担。

(4) 公司的董事、高级管理人员不得违反公司章程的规定，未经股东会、股东大会或董事会同意，将公司资金借贷给他人或以公司财产为他人提供担保。

(5) 公司为公司股东或实际控制人提供担保的，必须经股东会或股东大会决议。

2. 保证合同

保证合同是指保证人(第三人)与债权人订立的在主债务人不履行其债务时，由保证人承担保证债务的协议。

保证合同因债权人与保证人订立专门的保证合同而成立。保证合同须以书面形式订立。根据《担保法》规定，保证合同应当包括以下内容：

(1) 被保证的主债权种类、数额；

(2) 债务人履行债务的期限；

(3) 保证的方式；

(4) 保证担保的范围；

(5) 保证的期间；

(6) 双方认为需要约定的其他事项。

根据《最高人民法院关于适用〈中华人民共和国担保法〉若干问题的解释》的规定，第三人单方以书面形式向债权人出具担保书，债权人接受且未提出异议的，保证合同成立。主合同中虽然没有保证条款，但是，保证人在主合同上以保证人的身份签字或者盖章的，保证合同成立。

3. 保证方式

保证的方式有一般保证和连带责任保证两种形式。

一般保证是指当事人在保证合同中约定，债务人不能履行债务时，由保证人承担保证责任。

一般保证的保证人在主合同纠纷未经审判或者仲裁，并就债务人财产依法强制执行仍不能履行债务前，对债权人可以拒绝承担保证责任。保证人的这种权利称为先诉抗辩权。

但有下列情形之一的，保证人不得行使先诉抗辩权：

(1) 债务人住所变更，致使债权人要求其履行债务发生重大困难的；

(2) 人民法院受理债务人破产案件，中止执行程序的；

(3) 保证人以书面形式放弃上述规定的权利的。

连带责任保证是指当事人在保证合同中约定保证人和债务人对债务承担连带责任的保证。在连带责任保证的情况下，债务人在主合同规定的债务履行期限届满没有履行债务的，债权人可以要求债务人履行债务，也可以要求保证人在其保证范围内承担保证责任。

当事人对保证方式没有约定或者约定不明确的，按照连带责任保证承担保证责任。

4. 保证范围

保证担保的范围是指保证关系中保证人所承担的保证责任范围。根据《担保法》的规定，保证担保的范围包括主债权及利息、违约金、损害赔偿金和实现债权的费用。保证合同另有约定的，按照约定。当事人对保证担保的范围没有约定或者约定不明确的，保证人应当对全部债务承担责任。

5. 保证期间

保证期间是指法律规定或当事人约定的，保证人承担保证责任的有效期限。在保证期限届满，债权人没有按法定或约定的方式行使权利，保证人就免除了承担债务的责任，即债权人丧失了请求保证人承担债务的胜诉权。

在保证期间，债权人依法将主债权转让给第三人的，保证人在原保证担保的范围内继续承担保证责任。保证合同另有约定的，按照约定。保证人承担保证责任后，有权向债务人追偿。

(1) 一般保证的保证期间：一般保证的保证人与债权人未约定保证期间的，保证期间为主债务履行期届满之日起 6 个月。

(2) 连带责任保证的保证期间：连带责任保证的保证人与债权人未约定保证期间的，债权人有权自主债务履行期届满之日起 6 个月内要求保证人承担保证责任。

6. 保证责任的免除

根据《担保法》规定，在下列情况下，保证人可不承担保证责任：

(1) 主合同当事人双方串通，骗取保证人提供保证的；

(2) 主合同债权人采取欺诈、胁迫等手段，使保证人在违背真实意思的情况下提供保证的；

(3) 保证期间，债权人许可债务人转让债务的，应当取得保证人书面同意，保证人对未经其同意转让的债务，不再承担保证责任；

(4) 债权人与债务人协议变更主合同的，应当取得保证人书面同意，未经保证人书面同意的，保证人不再承担保证责任。保证合同另有约定的，按照约定；

(5) 在一般保证的情况下，在合同约定的保证期间或者法律规定的保证期间，债权人未对债务人提起诉讼或者申请仲裁的，保证人免除保证责任；

(6) 在连带责任保证的情况下，在合同约定的保证期间或者法律规定的保证期间，债权人未要求保证人承担保证责任的，保证人免除保证责任；

(7) 同一债权既有保证又有物的担保的，保证人对物的担保以外的债权承担保证责任；债权人放弃物的担保的，保证人在债权人放弃权利的范围内免除保证责任。

(二) 抵押

1. 抵押的概念和特征

抵押是指债务人或第三人不转移对特定财产的占有，将该财产作为债权的担保。债务人不履行债务时，债权人有权依法将该财产折价或者拍卖、变卖该财产的价款优先受偿。债务人或第三人为抵押人，债权人为抵押权人，提供担保的财产为抵押物。

因抵押法律关系所产生的权利称为抵押权，其具有以下法律特征：

(1) 抵押权是一种担保物权。抵押权是以财产的交换价值设定的一种担保物权，其目的在于以担保财产的交换价值确保债权得以清偿。

(2) 抵押权是不转移标的物占有的物权。抵押期间，抵押人可以不将抵押物转移于抵押权人，仍享有对抵押物的占有、使用、收益的权利。

(3) 抵押权是债务人或者第三人就其财产所设定的物权。抵押人可以是债务人，也可以是主合同外的第三人，其只能对自己所有的或者依法有权处分的财产设定抵押。

(4) 物上代位性。由于抵押权具有直接支配抵押物交换价值的效力，抵押权人对因抵押物的损害或灭失而取得的赔偿、其他对待给付或保险给付享有优先受偿的权利。

2. 抵押物

当事人设立抵押担保的目的在于当债务人不履行合同债务时，债权人可以通过拍卖、变卖该抵押物来使债权得以清偿。因此，充当抵押物的标的物必须符合一定条件。根据《物权法》的规定，债务人或者第三人有权处分的下列财产可以抵押：

(1) 建筑物和其他土地附着物；

(2) 建设用地使用权；

(3) 以招标、拍卖、公开协商等方式取得的荒地等土地承包经营权；

(4) 生产设备、原材料、半成品、产品；

(5) 正在建造的建筑物、船舶、航空器；

(6) 交通运输工具；

(7) 法律、行政法规未禁止抵押的其他财产。

抵押人可以将上述所列财产一并抵押。

根据《物权法》规定，下列财产不得抵押：

(1) 土地所有权；

(2) 耕地、宅基地、自留地、自留山等集体所有的土地使用权，但法律规定可以抵押的除外；

(3) 学校、幼儿园、医院等以公益为目的的事业单位、社会团体的教育设施、医疗卫生设施和其他社会公益设施；

(4) 所有权、使用权不明或者有争议的财产；

(5) 依法被查封、扣押、监管的财产；

(6) 法律、行政法规规定不得抵押的其他财产。

3. 抵押合同

抵押合同是指抵押人与抵押权人签定的确定相互之间担保权利和义务关系的协议。根据《物权法》规定，设立抵押权，当事人应当采取书面形式订立抵押合同。抵押合同一般包括下列条款：

(1) 被担保债权的种类和数额；

(2) 债务人履行债务的期限；

(3) 抵押财产的名称、数量、质量、状况、所在地、所有权归属或者使用权归属；

(4) 担保的范围。

抵押权人在债务履行期届满前，不得与抵押人约定债务人不履行到期债务时抵押财产归债权人所有。

4. 抵押合同的生效与抵押物登记

抵押合同自签订之日起生效。根据《物权法》的规定：当事人之间订立有关设立、变更、转让和消灭不动产物权的合同，除法律另有规定或者合同另有约定外，自合同成立时生效；未办理物权登记的，不影响合同效力。

依照《物权法》规定，不动产抵押需要办理抵押登记手续，即办理抵押登记手续后，不动产抵押权成立且生效，债权人对该不动产才享有优先受偿权，即债务人不履行到期债务或者发生当事人约定的实现抵押权的情形时，债权人有权将抵押财产折价或者拍卖、变卖，并就拍卖、变卖该抵押财产所得的价款优先受偿。

当事人以下列财产抵押的，应当办理抵押登记。抵押权自登记时设立。

(1) 建筑物和其他土地附着物；

(2) 建设用地使用权；

(3) 以招标、拍卖、公开协商等方式取得的荒地等土地承包经营权；

(4) 正在建造的建筑物。

当事人以下列财产设定抵押的，抵押权自抵押合同生效时设立；未经登记，不得对抗善意第三人。

(1) 生产设备、原材料、半成品、产品；

(2) 正在建造的船舶、航空器；

(3) 交通运输工具。

经当事人书面协议，企业、个体工商户、农业生产经营者可以将现有的以及将有的生产设备、原材料、半成品、产品抵押，债务人不履行到期债务或者发生当事人约定的实现抵押权的情形，债权人有权就实现抵押权时的动产优先受偿。

当事人以上述动产抵押的，应当向抵押人住所地的工商行政管理部门办理登记。抵押权自抵押合同生效时设立；未经登记，不得对抗善意第三人。

上述动产抵押不得对抗正常经营活动中已支付合理价款并取得抵押财产的买受人。

5. 抵押物的登记部门

办理抵押物登记的部门分别为：

(1) 以无地上定着物的土地使用权抵押的，为核发土地使用权证书的土地管理部门；

(2) 以城市房地产或者乡(镇)、村企业的厂房等建筑物抵押的，为县级以上地方人民政府规定的部门；

(3) 以林木抵押的，为县级以上林木主管部门；

(4) 以航空器、船舶、车辆抵押的，为运输工具的登记部门；

(5) 以企业的设备和其他动产抵押的，为财产所在地的工商行政管理部门；

(6) 其他财产的登记部门为抵押人所在地的公证部门。

办理抵押物登记，应当向登记部门提供有关文件或者其复印件，包括主合同和抵押合同，抵押物的所有权或者使用权证书。

当事人以其他财产抵押的，可以自愿办理抵押物登记，抵押合同自签订之日起生效。

6. 抵押的效力

抵押的效力表现在，债务人不履行到期债务或者发生当事人约定的实现抵押权的情形，抵押权人可以与抵押人协议以抵押财产折价或者以拍卖、变卖该抵押财产所得的价款优先受偿。协议损害其他债权人利益的，其他债权人可以在知道或者应当知道撤销事由之日起1年内请求人民法院撤销该协议。

抵押权人与抵押人未就抵押权实现方式达成协议的，抵押权人可以请求人民法院拍卖、变卖抵押财产。

抵押担保的范围包括主债权及利息、违约金、损害赔偿金和实现抵押权的费用。抵押合同另有约定的，按照约定。

订立抵押合同前抵押财产已出租的，原租赁关系不受该抵押权的影响。抵押权设立后抵押财产出租的，该租赁关系不得对抗已登记的抵押权。

抵押期间，抵押人经抵押权人同意转让抵押财产的，应当将转让所得的价款向抵押权人提前清偿债务或者提存。转让的价款超过债权数额的部分归抵押人所有，不足部分由债务人清偿。

抵押期间，抵押人未经抵押权人同意，不得转让抵押财产，但受让人代为清偿债务消灭抵押权的除外。

同一财产向两个以上债权人抵押的，拍卖、变卖抵押财产所得的价款依照下列规定清偿：

(1) 抵押权已登记的，按照登记的先后顺序清偿；顺序相同的，按照债权比例清偿；

(2) 抵押权已登记的先于未登记的受偿；

(3) 抵押权未登记的，按照债权比例清偿。

担保期间，担保财产毁损、灭失或者被征收等，担保物权人可以就获得的保险金、赔偿金或者补偿金等优先受偿。被担保债权的履行期未届满的，也可以提存该保险金、赔偿金或者补偿金等。

（三）质押

1. 质押的概念和特征

质押是指债务人或者第三人将其财产或权利移交债权人占有，将该财产或权利作为债权的担保，债务人不履行到期债务时，债权人有权依法以该财产或权利折价或者以拍卖、变卖该财产的价款优先受偿的担保。其中提供财产或权利以供担保的人是债务人或者第三人称为出质人，债权人享有质权称为质权人，用作担保的财产或者权利称为质物。

我国《担保法》规定了两种类型的质押，即动产质押和权利质押。动产质押是以动产作为债权的担保，权利质押是以可让与的财产权利作为债权的担保。

质权具有以下法律特征：

(1) 质权为担保物权。因质权是为担保债权而设定的，这是质权与抵押权、留置权等担保物权相似之处。但质权是以标的物的交换价值来设定的担保物权，并具有直接排他的支配权。因此不论质权的标的为动产还是权利，质权的内容都在于对其交换价值的支配。

(2) 质权具有从属性。质权是以担保债权实现为目的的权利，与其所担保的债权形成主从关系。被担保的债权为主权利，质权为从权利，质权的从属性决定了质权以主债权的有效存在为存在前提，在主债权无效或因其他原因不存在时，质权也就不能存在。

(3) 质权的不可分性。质权设定后，债权人就质押财产之全部行使其权利，质权效力及于被担保债权的全部，及于标的全部，即使债权受到部分清偿也不受影响。质权人仍然对质押财产之全部行使质权。

(4) 质权的物上代位性。质权的物上代位性表现在当质物发生毁损、灭失或者在其价值形态发生改变时，质权的效力及于质物的代位物上。如，当标的灭失毁损而受到赔偿金时（包括损害赔偿金与保险赔偿金），质权人有权就赔偿金优先受偿。

2. 动产质押

动产质押，是债务人或第三人将其动产移交债权人占有以作为债权的担保，在债务人不履行债务时，债权人有权依法以该动产折价或者以拍卖、变卖该动产的价款优先受偿的权利。原则上，除不动产及法律禁止流通的动产外，其他一切动产都可设定质押。

设立动产质权，当事人应当采取书面形式订立质权合同。质权合同一般包括下列条款：

(1) 被担保债权的种类和数额；

(2) 债务人履行债务的期限；

(3) 质押财产的名称、数量、质量、状况；

(4) 担保的范围；

(5) 质押财产交付的时间。

根据《物权法》的规定,质权人在债务履行期届满前,不得与出质人约定债务人不履行到期债务时质押财产归债权人所有。

动产质权的设定不仅要订立书面的质押合同,还必须要移转动产的占有。质权自出质人交付质押财产时设立。出质人代质权人占有质物的,质押权不生效;质权人将质物返还于出质人后,其质权不能对抗第三人。

3. 权利质押

权利质押,是指债务人或第三人以其所享有的可转让的权利出质作为债权的担保。动产所有权以外的可转让的财产权,因其具有交换价值,所以也可以作为担保物权的标的。能够作为权利质押的标的的权利必须是依法可转让的财产权利,而且必须是债务人或者第三人有权处分的权利。根据《物权法》的规定,债务人或者第三人有权处分的下列权利可以出质:

(1) 汇票、支票、本票;

(2) 债券、存款单;

(3) 仓单、提单;

(4) 可以转让的基金份额、股权;

(5) 可以转让的注册商标专用权、专利权、著作权等知识产权中的财产权;

(6) 应收账款;

(7) 法律、行政法规规定可以出质的其他财产权利。

以汇票、支票、本票、债券、存款单、仓单、提单出质的,当事人应当订立书面合同。质权自权利凭证交付质权人时设立;没有权利凭证的,质权自有关部门办理出质登记时设立。

以基金份额、股权出质的,当事人应当订立书面合同。以基金份额、证券登记结算机构登记的股权出质的,质权自证券登记结算机构办理出质登记时设立;以其他股权出质的,质权自工商行政管理部门办理出质登记时设立。

基金份额、股权出质后,不得转让,但经出质人与质权人协商同意的除外。出质人转让基金份额、股权所得的价款,应当向质权人提前清偿债务或者提存。

以注册商标专用权、专利权、著作权等知识产权中的财产权出质的,当事人应当订立书面合同。质权自有关主管部门办理出质登记时设立。

知识产权中的财产权出质后,出质人不得转让或者许可他人使用,但经出质人与质权人协商同意的除外。出质人转让或者许可他人使用出质的知识产权中的财产权所得的价款,应当向质权人提前清偿债务或者提存。

以应收账款出质的,当事人应当订立书面合同。质权自信贷征信机构办理出质登记时设立。应收账款出质后,不得转让,但经出质人与质权人协商同意的除外。出质人转让应收账款所得的价款,应当向质权人提前清偿债务或者提存。

4. 质押的效力

质押的效力表现在,债务履行期届满质权人未受清偿的,质权人可以与出质权人协议以该质押财产折价,也可以就拍卖、变卖质押财产所得的价款优先受偿。

质押担保的范围包括主债权及利息、违约金、损害赔偿金、质物保管费用和实现质权的费用。质押合同另有约定的,按照约定。

因不能归责于质权人的事由可能使质押财产毁损或者价值明显减少,足以危害质权人权利的,质权人有权要求出质人提供相应的担保;出质人不提供的,质权人可以拍卖、变卖质押财产,并与出质人通过协议将拍卖、变卖所得的价款提前清偿债务或者提存。

(四) 留置

1. 留置权的概念

留置权是指当债务人不履行到期债务,债权人可以留置已经合法占有的债务人的动产,并有权就该动产优先受偿。其中,债权人为留置权人,占有的动产为留置财产。根据我国《物权法》的规定,债权人留置的动产,应当与债权属于同一法律关系。但企业之间留置的除外。

留置权是以留置物为标的的权利,其效力直接及于留置物。当具备法定条件时,留置权人就可以排他地占有、支配留置物,不仅可以对抗债务人的返还请求,而且也可对抗一般第三人对留置物的权利主张。留置权是以担保债权受偿为目的的物权,是物权担保的形式之一,它以取得留置物的交换价值为主要内容的权利,当债务人不履行给付义务超过约定期限时,留置权人可以就留置物的交换价值优先受偿。

留置权的适用范围不仅包括保管合同、运输合同和加工承揽合同,而且将其扩展至一切债权人合法占有债务人动产的情况下,在债务人逾期不履行债务时可对其与债权属于同一法律关系的动产行使留置权。

留置设定的目的,是督促债务人及时履行义务,在债务人清偿债务之前,债权人有占有留置物的权利。当规定的留置期限届满后,债务人仍然不履行债务的,债权人可以依照法律规定折价或者拍卖、变卖留置物,并从所得价款中得到清偿。

留置担保的范围包括主债权及利息、违约金、损害赔偿金、留置物保管费用和实现留置权的费用。

当留置权所担保的债权消灭时,留置权人有义务将留置物返还于债务人。

2. 留置权成立的条件

留置权的成立,一般应同时具备以下条件:债权人须合法占有债务人的财产;债权人占有债务人的动产须基于事先存在的债权;留置的财产是与债权属于同一法律关系;债权已届清偿期而未受清偿。

3. 留置权的实现

留置权的实现,是指留置权人的债权届期未受清偿时,于法定条件下将留置物变价或取得其所有权,以优先受偿其债权的行为。

留置权人与债务人应当约定留置财产后的债务履行期间;没有约定或者约定不明确的,留置权人应当给债务人2个月以上履行债务的期间,但鲜活易腐等不易保管的动产除外。债务人逾期未履行的,留置权人可以与债务人协议以留置财产折价,也可以就拍卖、变卖留置财产所得的价款优先受偿。

债务人可以请求留置权人在债务履行期届满后行使留置权;留置权人不行使的,债务人可以请求人民法院拍卖、变卖留置财产。

留置财产折价或者拍卖、变卖后,其价款超过债权数额的部分归债务人所有,不足部分由债务人清偿。

留置权不同于其他担保物权的一个重要特点就在于其发生二次效力,即留置标的物和变价并优先受偿。当债权清偿期限届满而债务人不履行债务时,留置权仅产生留置的效力,即权利人有权留置标的物,但尚不发生优先受偿效力。此时,留置权人不能立即将留置权进行拍卖、变卖并优先受偿,而必须再履行一定的程序方能真正实现留置权。

留置权的实现程序为:

(1) 债权人与债务人应当在主债权合同中约定,当债权人留置财产后,债务人应当在不少于2个月的期限内履行债务。如果经过这一宽限期,债务人仍不履行债务,则债权人可以不经通知,直接行使留置权。

(2) 如果债权人与债务人在合同中未约定宽限期的,债权人留置债务人财产后,应当确定2个月以上的期限,并通知债务人在该期限内履行债务。如果债务人逾期仍不履行债务的,留置权人方可实现留置权,将留置物变价并就所得价款优先受偿。如果债权人没有履行通知义务而直接拍卖、变卖处分留置物的,应当对此造成的损失承担赔偿责任。

(五) 定金

1. 定金的概念

定金是指一方当事人先行给付对方一定数额的货币,以保证债权实现的担保方式。定金应当以书面形式约定。定金合同从实际交付定金之日起生效。定金兼有证约定金和违约定金的性质。

定金的数额由当事人约定,但不得超过主合同标的额的20%。

2. 定金与预付款的区别

定金和预付款都是合同一方当事人在另一方当事人履行合同债务之前向对方给付的一定数额的货币,但二者也有所不同,其区别主要表现在:

(1) 定金是一种债的担保,定金合同为从合同,具有担保作用;而预付款是一种支付手段,不具有担保作用。

(2) 定金在一方当事人违约时,具有制裁违约方并补偿受害方所受损失的作用;而预付款支付后,无论哪一方当事人违约,均不得作为制裁性的给付。

(3) 定金能证明合同的生效,而预付款无证明合同的成立或生效的作用。

3. 定金的效力

定金的效力体现在三方面:一是证明合同的生效;二是抵作价款;三是适用定金罚则。《担保法》第89条规定,当事人可以约定一方向对方给付定金作为债权的担保。债务人履行债务后,定金应当抵作价款或者收回。给付定金的一方不履行约定的债务的,无权要求返还定金;收受定金的一方不履行约定的债务的,应当双倍返还定金。

第六节 合同的变更和转让

一、合同变更

合同的变更有广义和狭义之分。广义的合同变更是指合同主体和内容的变更。合同主体的变更又称合同权利义务的转移,也即合同债权或债务的转让。合同内容的变更是指当事人权利义务的变化。狭义的变更是指合同内容的变更,即合同成立后,尚未履行或者尚未完全履行之前,当事人通过协议修改或者补充合同的内容,变更其权利义务。从合同法规定看,合同的变更仅指合同内容的变更,合同主体的变更称为合同的转让。

合同的变更是指合同成立并生效后,在不改变合同主体的前提下,当事人依法对合同内容进行修改或者补充的行为。合同的变更是一种双方法律行为。合同的变更应当符合下列条件:一是存在有效的合同关系;二是当事人须协商一致;三是合同的内容发生变化。

合同的变更主要是依据当事人协商一致产生的,因此,变更合同的协议必须符合民事法律行为的生效要件,任何一方不得采取欺诈、胁迫等方式来强迫他方当事人变更合同。如果法律、行政法规规定变更合同应当办理批准、登记等手续的,应依照其规定办理批准、登记等手续。当事人对合同变更的内容应作明确的约定,合同法规定,当事人对合同变更的内容约定不明确的,推定为未变更。

二、合同的转让

合同转让,是指合同一方当事人依法将其合同的权利和义务全部地或部分地转让给第三人。合同的转让并不改变原合同的权利义务内容,但合同的转让将发生合同主体的变化。合同转让,按照其转让的权利义务的不同,可分为合同权利的转让、合同义务的转让及合同权利和义务概括转让三种类型。

（一）合同权利的转让

1. 合同权利的转让的概念

合同权利的转让又称债权转让、债权让与，是指合同债权人通过协议将其债权全部或部分地转让给第三人的行为。原债权人称为让与人，第三人称为受让人。合同权利转让的主体为债权人和第三人，是债权人与第三人通过协议将合同债权转让给第三人的行为，债务人不是合同权利转让的当事人。合同权利的转让既可以是全部转让，也可以是部分转让。

2. 合同权利转让的范围

根据《合同法》规定，债权人可以将合同的权利全部或者部分转让给第三人，但有下列情形之一的除外：

（1）根据合同性质不得转让的债权。主要包括：一是基于个人信任关系而发生的债权。如雇佣人对受雇人的债权。二是以当事人特殊能力为基础发生的债权，如演出、培训等。三是不作为债权，是针对合同相对人不作为义务而言（如竞业禁止），即合同内容中包括了针对特定当事人的不作为义务，如果债权人发生变化，则合同的基础将丧失，此类合同中的债权不得转让。

（2）根据当事人约定不得转让的债权。当事人可以在订立合同时或订立合同后特别约定，禁止任何一方转让合同权利。只要此约定不违反法律的禁止性规定和社会公共利益，就应产生法律效力。

（3）依照法律规定不得转让的债权。这类债权是法律禁止转让的，具体包括：以特定身份为基础的债权，例如抚养费请求权；公法上的债权；抚恤金债权；因人身权受到侵害而产生的损害赔偿请求权。

3. 债权人的通知义务

合同权利转让的本质是一种交易行为，债权人转让权利是根据其意志和利益处分其权利的行为。但此种处分通常会涉及债务人的利益，如果债务人对转让毫不知情，必然会给债务人造成损害，因此从兼顾债务人利益出发，《合同法》规定，债权人转让权利的，应当通知债务人。未经通知，该转让对债务人不发生效力。债权人转让权利的通知不得撤销，但是经受让人同意的除外。

债务人接到债权转让通知时，债务人对让与人的抗辩，可以向受让人主张；债务人对让与人享有债权的，并且债务人的债权先于转让的债权到期或同时到期的，债务人可以向受让人主张抵消。

债权转让后，受让人取代原债权人成为该债权的新债权人，同时取得与该债权有关的从权利，但该从权利专属于债权人自身的除外。

（二）合同义务的转让

1. 合同义务的转让的概念

合同义务的转让又称合同义务的转移、债务移转、债务承担，是指债务人将合同的义务全部或者部分转移给第三人的行为。债务承担的发生，通常由债务人与第三人达成协议，该协议就是债务承担合同，第三人为债务承担人。

2. 合同义务转让的条件

合同义务的转让须具备以下要件：

(1) 存在有效债务；

(2) 债务具有可转让性，当事人必须亲自履行的债务不能转让他人，当事人双方约定禁止将债务转让他人的，不得进行债务转让，法律规定不得转让的义务，也不得转让他人；

(3) 债务人与第三人之间达成协议；

(4) 须取得债权人的同意。

根据合同法规定，债务人将合同的义务全部或者部分转让给第三人的，应当经债权人同意。因为，承担债务的第三人是否具有履约能力，其信用度到底如何，这与债权人的利益息息相关，故债务转让合同只有经过债权人的同意，才能使这个由债务人与债务承担人达成的协议对债权人发生法律上的效力。

债务人转让义务的，新债务人可以主张原债务人对债权人的抗辩。新债务人应当承担与主债务有关的从债务，但该从债务专属于原债务人自身的除外。

债务人既可以将债务全部转让，也可以将债务部分转让。债务全部转让的，第三人完全取代债务人承担全部债务，原债务人脱离债务关系，不再承担合同债务。债务部分转让的，第三人与债务人共同承担合同债务。

（三）合同权利和义务的概括转让

1. 概括转让的概念

合同权利义务的概括转让又称债权债务的概括转让，是指一方当事人经对方同意，可以将自己在合同中的权利和义务一并转让给第三人。其结果是第三人取得让与人在合同中的地位，成为合同权利和义务的主体。

2. 概括转让的类型

合同权利义务的概括转让有两种类型：一种是根据当事人之间的合同而发生合同权利义务的概括转让；另一种是根据法律规定而发生的合同权利义务的概括转让。

合同一方当事人在与第三人就合同权利义务的转让达成约定后，应征得合同对方当事人的同意。如果未经同意，合同转让不发生法律效力。因为合同权利义务的概括转让中，所转让的内容除了权利还有义务，而义务的转移必须取得合同另一方当事人的同意。

基于法律的规定而发生的合同权利义务的概括转让，最典型的表现是法人或者其他组织的合并、分立所引起的合同权利义务的移转。《合同法》第 90 条规定，当事人订立合同后合并的，由合并后的法人或者其他组织行使合同权利，履行合同义务。当事人订立合同后分立的，除债权人和债务人另有约定的以外，由分立的法人或者其他组织对合同的权利和义务享有连带债权，承担连带债务。

第七节 合同权利义务的终止

一、合同权利义务的终止概述

合同权利义务的终止又称合同的终止，是指由于一定法律事实的发生，合同当事人之间设定的权利义务关系归于消灭。合同终止原因很多，根据《合同法》第 91 条的规定，合同的权利义务终止的原因包括：

(1) 债务已经按照约定履行；

(2) 合同解除；

(3) 债务相互抵消；

(4) 债务人依法将标的物提存；

(5) 债权人免除债务；

(6) 债权债务同归于一人；

(7) 法律规定或者当事人约定终止的其他情形。

导致合同权利义务终止的诸原因中，债务已经按约定履行，是合同终止最正常、最主要的原因。从满足债权的角度而言，履行又称为清偿。按约、全面履行合同，使债权人实现了债权，从而使债权人的债权消灭，债务人的债务同时消灭，当事人设立合同的目的得以达到，合同关系也就自然终止。

合同终止后，为了维护履行效果或者妥善处理合同终止事宜，当事人应当遵循诚实信用的原则，根据交易习惯履行通知、协助、保密等后合同义务。

二、合同解除

合同的解除，是指合同有效成立后，尚未全部履行之前，因一方当事人的意思表示或者双方协议提前终止合同，从而使合同所产生的债权债务消灭的一种法律行为。

合同解除必须有当事人的解除行为。这种解除行为表现为双方协商一致或者在双方协商一致的基础上一方行使约定的解除权以及一方依据法定条件通知对方解除。合同的解除依其发生的原因不同，可分为约定解除和法定解除。

（一）约定解除

根据《合同法》第93条规定，约定解除包括两种情况：

1. 协议解除

协议解除是合同成立后，在未履行或未完全履行之前，当事人双方通过协商解除合同，使合同效力消灭的行为。由于此种方式是在合同成立后，通过双方协商解除合同，而不是在合同订立时约定解除权，因此又称为事后协商解除。

2. 约定解除

约定解除是指当事人双方可以在合同中约定解除合同的条件，解除合同的条件成就时，并通过行使合同解除权，使合同关系消灭。解除权可以在订立合同时约定，也可以订立合同后另行约定。

（二）法定解除

法定解除，是指在合同成立以后，没有履行或没有完全履行以前，一方当事人根据法律规定的解除条件，行使法定的解除权而使合同效力终止的行为。根据《合同法》的规定，法定解除合同的情形有以下几种：

(1) 因不可抗力致使不能实现合同目的的，当事人可以解除合同；

(2) 在履行期限届满之前，当事人一方明确表示或者以自己的行为表明不履行主要债务的，对方可以解除合同；

(3) 当事人一方延迟履行主要债务，经催告后在合理期限内仍未履行的，对方可以解除合同；

(4) 当事人一方延迟履行债务或者有其他违约行为致使不能实现合同目的的，对方可以解除合同；

(5) 法律规定的其他情形。

（三）合同解除的程序

1. 行使解除权的程序

当事人行使解除权，应当符合约定或法定的解除条件。当出现约定或法定解除的情形时，一方当事人或双方就可以行使解除权。解除权人在行使解除权时只需向对方作出意思表示即可发生解除合同的法律效果，无须对方作出答复，更不需对方同意。

(1) 解除权的行使期限。根据《合同法》的规定：法律规定或者当事人约定解除权行使期限，期限届满当事人不行使的，该权利消灭。法律没有规定或者当事人没有约定解除权行使期限，经对方催告后在合理期限内不行使的，该权利消灭。

(2) 解除权的行使程序。首先，一方行使解除权的，应当通知对方。合同自通知到达对方时解除。对方有异议的，可以请求人民法院或仲裁机构确认解除合同的效力。其次，法律、行政法规规定解除合同应当办理批准、登记等手续的，应遵循其规定。

2. 协议解除的程序

协议解除不以解除权的存在为依据,而以双方当事人协商一致为前提。协议解除的程序必须遵循合同订立的程序,是双方通过要约和承诺达成的合意。

(四) 合同解除的法律后果

合同解除,终止了当事人设定的权利义务关系。《合同法》第 97 条规定:合同解除后,尚未履行的,终止履行;已经履行的,根据履行情况和合同性质,当事人可以要求恢复原状、采取其他补救措施,并有权要求赔偿损失。由此可见,合同解除可以产生溯及力,即引起恢复原状的法律后果,被解除合同自始(从订立时)失去效力。

因合同解除导致实际履行的救济措施已无可能。但合同解除并不影响当事人要求赔偿损失的权利。在一方违约,另一方行使解除权的情况下,守约方可以要求违约方赔偿可得利益。

合同的权利义务终止,不影响合同中结算和清理条款的效力。

三、债务相互抵消

抵消是指合同双方当事人互负债务时,一方通知对方以其债权充当债务的清偿或者双方协商以债权充当债务的清偿,以使双方的债务在对等数额内消灭的行为。抵消分为法定抵消与合意抵消两种。

法定抵消是由法律规定抵消的条件,当条件具备时,依当事人单方的意思即可发生抵消的法律效力。因此,法定抵消权在性质上属于形成权。法定抵消是指当事人互负到期债务,该债务的标的物种类、品质相同的,任何一方可以将自己的债务与对方的债务抵消,但依照法律规定或者按照合同性质不得抵消的除外。当事人主张抵消的,应当通知对方。通知自到达对方时生效。抵消不得附条件或者附期限。

合意抵消又称约定抵消,与法定抵消不同的是合意抵消重视当事人的自由意志,合意抵消是由当事人约定的,其条件和效力取决于当事人的约定。《合同法》第 100条规定,当事人互负债务,标的物种类、品质不相同的,经双方协商一致,也可以抵消。

四、债务人依法将标的物提存

提存,是指债务人的债务已到履行期限,由于债权人的原因而无法向其交付合同标的物时,债务人将该标的物交给提存机关而终止合同的行为。

债务的履行往往需要债权人的协助,如果债权人无正当理由而拒绝受领或者不能受领,此时,债权人虽然应负担受领迟延的责任,但债务人的债务却并不消灭。提存的目的在于消灭合同权利义务关系,是以向提存机关交付标的物来代替向债权人的履行，提存后，认定债务人的债务已经履行，债务人与债权人之间的债权债务即告消灭。因此，只有有合法原因才可提存，而不能由债务人任意提存。

根据《合同法》第 101 条的规定，有下列情形之一，难以履行债务的，债务人可以将标的物提存：

(1) 债权人无正当理由拒绝受领；

(2) 债权人下落不明；

(3) 债权人死亡未确定继承人或者丧失民事行为能力未确定监护人；

(4) 法律规定的其他情形。

标的物提存后，毁损、灭失的风险由债权人承担。提存期间，标的物的孳息归债权人所有。提存费用由债权人负担。

债权人可以随时领取提存物，但债权人对债务人负有到期债务的，在债权人未履行债务或者提供担保之前，提存部门根据债务人的要求应当拒绝其领取提存物。

债权人领取提存物的权利，自提存之日起 5 年内不行使而消灭，提存物扣除提存费用后归国家所有。

五、债权人免除债务

免除是指债权人自愿放弃债权，从而解除债务人所承担的义务，由此导致债的关系的终止。《合同法》第 105 条规定，债权人免除债务人部分或者全部债务的，合同的权利义务部分或者全部终止。可见，债的免除属单方法律行为，只需债权人为意思表示即可成立，无须征得对方的同意。一旦债权人作出免除的意思表示，即产生债务消灭的效果。

债务免除是无因行为、无偿行为、不要式行为。债务免除依债权人表示免除的意思表示即发生效力，而不管原因如何；债务免除不以债权人取得相应的对价为条件；债务免除的意思表示无须特定形式，口头形式或书面形式均可。

六、债权债务同归于一人

债权债务同归一人，致使债的关系消灭的事实称为混同。由于原债权债务均由一人承受，故不能构成债的关系，原来债的关系也就自行终止。混同发生的原因有两种：一是概括承受，这是主要原因，即一方当事人概括承受另一方的债权债务，如企业合并使合并前的两个企业之间的债权债务关系，因同归于一个企业而消灭；二是特定承受，即因债权转让或者债务承担而承受权利或义务，如债务人从债权人处受让债权，因混同导致债权债务消灭。

第八节　违约责任

一、违约责任概述

(一) 违约责任的概念和特征

1. 违约责任的概念

违约责任是指合同的当事人因违反合同的约定所应承担的法律责任。违约责任是合同具有法律约束力的集中体现,与合同债务有密切联系,责任是债务不履行或履行不符合约定的结果。违约责任制度对于约束当事人自觉的履行合同义务和弥补违约造成的损失,维护合同当事人的合法权益和市场经济秩序有着十分重要的作用。

2. 违约责任的特征

违约责任作为一种民事责任,既具有民事责任的一般属性,又具有自身的法律特征:

(1) 违约责任是一种财产责任。在现代合同法理论中,违约责任是一种财产责任,因为合同是财产流转的法律形式,合同规定的权利义务均以财产利益为内容,违约责任是一种具有经济内容的责任,如果一方当事人违反合同就可能给对方造成经济损失时,就应以经济利益为内容的违约责任加以补救。违约责任的主要目的在于补偿合同债权人所受的财产损失,因而,违约责任是财产责任。

(2) 违约责任是违反合同义务产生的责任。违约责任的产生以合同义务存在为前提,以不履行合同义务或者履行合同义务不符合约定为条件。

(3) 违约责任具有相对性。违约责任只能在特定的合同关系当事人之间产生,不涉及合同关系以外的人。因为违约责任是合同违约方向守约方当事人承担的违约责任,而不是向合同以外的第三人承担违约责任。

(4) 违约责任具有补偿性和惩罚性双重属性。违约责任旨在补偿守约方因违约方违约行为所遭受的损失,并以完全补偿为原则。同时,在合同当事人有过错时,违约责任还体现了对违约方的惩罚性,这一般通过支付相当于实际损失数额的赔偿金或高于或等于实际损失数额的违约金来体现,还可以通过强制实际履行、同时支付违约金或赔偿金来体现。

二、违约责任的构成要件

(一) 一般构成要件

一般构成要件是指违约当事人承担任何形式的违约责任都必须具备的条件。

1. 违约行为

违约责任的基本构成要件是有违约行为。违约行为是指合同当事人不履行或者不适当履行合同义务的客观事实。违约行为的发生以合同关系存在为前提。违约行为是构成违约责任的首要条件。无违约行为即无违约责任。

违约行为总体上可分为预期违约和实际违约,预期违约也称先期违约,是指在合同履行期限到来之前,一方无正当理由明确表示其在履行期到来后不履行合同,或者其行为表明其在履行期到来后将不可能履行合同。实际违约又可分为不履行和不适当履行两大类。所谓不履行,是指当事人根本没有履行合同义务,包括拒绝履行和根本违约。不适当履行,是指当事人虽有履行合同义务的行为,但履行的内容不符合法律的规定或者合同的约定。不适当履行包括质的不当(瑕疵履行和加害给付)、量的不当即部分履行、履行方法不当、履行地点不当和履行时间不当(提前履行和迟延履行)等。

2. 不存在法定和约定的免责事由

违约责任的构成另一要件又称消极要件是不存在法定和约定的免责事由。根据《合同法》第 117 条规定,因不可抗力不能履行合同的,根据不可抗力的影响,部分或全部免除责任,但法律另有规定的除外。当事人迟延履行后发生不可抗力的,不能免除责任。这里的"不可抗力"就是法定的免责事由。除法定的免责事由外,当事人如果约定有免责事由,那么一旦免责事由发生,即排除了适用违约责任的条件,当事人就可以不承担违约责任。当然,当事人约定的免责事由的条款本身必须合法有效。

(二) 特殊构成要件

违约责任的特殊构成要件因违约责任的各种形式的不同而各有异。对于不同的违约责任形式,当事人在满足了违约责任的一般构成要件,即有违约行为(特殊合同还需要有过错)、不存在法定和约定的免责事由之外,还应当满足特殊构成要件。如违约金责任的特殊构成要件是:(1) 当事人在合同中事先约定了违约金,或者法律对违约金有规定;(2) 当事人有关违约金的约定是合法成立的。

三、承担违约责任的原则

承担违约责任的原则是指确定违约行为人民事责任的根据和标准。一般来说,大陆法系国家采用过错责任原则,英美法系国家采用严格责任原则。根据我国《合同法》第 107 条规定,只要不履行合同义务或履行合同义务不符合约定,就要承担违约责任。也就是说,不管违约人主观上有无过错,只要客观上有违约行为就要承担违约责任。这实际上就是理论上的严格责任制度。可见,我国《合同法》是将严格责任原则作为违约责任的一般归责原则。

另外,《合同法》分则中的许多规定中也体现了过错责任原则,但从严格责任原则与过错责任原则的关系上来看，两者为一般归责原则与特殊归责原则的关系，除非法律明确规定适用过错责任，否则应适用严格责任原则。采用严格责任原则，有利于促进当事人认真全面履行合同义务，保护当事人的合法利益，

四、承担违约责任的方式

根据《合同法》第 107 条规定，承担违约责任的方式主要有下列几种：

（一）继续履行

继续履行，又称实际履行、强制实际履行，是指当事人一方不履行合同义务或者履行合同义务不符合约定时，另一方当事人要求其在合同履行期届满后继续按照原合同的约定完成合同义务的行为。实际履行通常是受害方向法院或仲裁机构提起实际履行之诉，请求法院或仲裁机构作出要求违约方实际履行的判决。

继续履行的构成要件因金钱债务与非金钱债务不同而有所区别。对于当事人一方未支付价款或报酬的，对方可以要求其支付价款或报酬，因金钱是一般等价物，没有其他可以替代履行的方法。当事人一方不履行非金钱债务或者履行非金钱债务不符合约定的，对方可以要求履行，但有下列情形之一的除外：

(1) 法律上或者事实上不能履行；

(2) 债务的标的不适于强制履行或者履行费用过高；

(3) 债权人在合理期限内未要求履行。

继续履行是承担违约责任的形式之一，继续履行的内容是强制违约方交付按照合同约定本应交付的标的，继续履行可以与违约金、赔偿损失、定金罚则并用，但不能与解除合同并用。

（二）采取补救措施

采取补救措施主要适用于质量、数量等不符合约定的情况。补救措施是指矫正合同不适当履行，使履行缺陷得以消除的具体措施，与继续履行和赔偿损失具有互补性。

受损害方根据标的的性质以及损失的大小，可以合理选择要求对方承担修理、更换、重作、退货、减少价款或者报酬、补足数量等违约责任。

（三）赔偿损失

1. 赔偿损失的概念

赔偿损失是指违约方因不履行合同义务或者履行合同义务不符合约定，给对方造成财产上的损失时，应当依法或依照合同约定承担赔偿责任。违约损害赔偿是违约救济中最广泛最主要的救济方式。其基本目的是用金钱赔偿的方式弥补一方因违约给对方所造成的损害。

违约损害赔偿的前提是因债务人违约而使债权人遭受损害，违约赔偿损失是强制违约方给非违约方所受损失的一种补偿。由于合同关系一般为交易关系，而

交易关系一般可以用金钱来表示或折合为金钱。任何损失一般都可以转化为金钱。因此,违约损害赔偿是以支付金钱的方式弥补损失。但在特殊情况下,也可以以其他替代物代替金钱作为赔偿。

2. 赔偿损失的原则

(1) 赔偿损失以完全赔偿为原则。完全赔偿原则是指违约方对其违约行为给受害方造成的全部损失承担赔偿责任。《合同法》第113条规定,当事人一方不履行合同义务或者履行合同义务不符合约定,给对方造成损失的,损失赔偿额应当相当于因违约所造成的损失,包括合同履行后可以获得的利益,但不得超过违反合同一方订立合同时预见到或者应当预见到的因违反合同可能造成的损失。可见,违约方不仅应赔偿受害人遭受的全部实际损失,还应赔偿可得利益损失,即包括合同履行后可以获得的利益损失。

(2) 赔偿损失以合理预见为原则。完全赔偿原则是对非违约方的有力保护,但为了公平地保护双方当事人利益,减少交易风险,应将这种损害赔偿限制在合理的范围内。合理预见原则是指违约损害赔偿的范围以违约方在订立合同时预见到或者应当预见到的损失为限。合理预见原则是限制法定违约损害赔偿范围的一项重要规则,判断违约方是否预见到或者应当预见到可能的损失,应当根据订立合同时的事实或者情况加以判断。

(3) 避免损失扩大原则。避免损失扩大原则是指当事人一方因另一方违反合同受到损失时,应当及时采取措施防止损失的扩大,没有及时采取措施防止损失的扩大,无权就扩大的损失部分要求赔偿。这是诚实信用原则在合同违约责任领域里的体现。《合同法》第119条规定,当事人一方违约后,对方应当采取适当措施防止损失的扩大;没有采取适当措施致使损失扩大的,不得就扩大的损失要求赔偿。当事人因防止损失的扩大而支出的合理的费用,由违约方承担。

由此可见,受害方有减轻损害,避免损失扩大的义务,在一方违约并造成损害后,受害方必须采取合理措施以防止损害的扩大,否则,受害方应对扩大部分的损害负责,违约方此时也有权请求从损害赔偿金额中扣除本可避免的损害部分。避免损失扩大原则主要体现了对违约方利益的维护,使诚实信用得以践行,它也要求当事人在追求自己的利益时,不得损害社会及相对方的利益,保持当事人双方及当事人利益与社会利益之间的平衡,亦产生对社会整体利益之维护,对避免社会财富减少和浪费、有效地利用资源都有重要意义。

(四) 违约金

违约金是指合同当事人一方由于不履行合同或者履行合同不符合约定时,按照合同的约定,向非违约方支付的一定数额的货币。违约金是由合同当事人约定的。当事人在签订合同时或在履行合同义务前对违约金必须先予确定,当违约方出现不履行或不完全履行合同时,非违约方可以按照合同对违约金的约定得到补偿。

违约金具有赔偿性，其支付的数额应以赔偿损失为主。因此违约金的数额并非由当事人无限制的约定，合同法对违约金责任作了必要的限制：约定的违约金低于造成的损失的，当事人可以请求人民法院或者仲裁机构予以增加；约定的违约金过分高于造成的损失的，当事人可以请求人民法院或者仲裁机构予以适当减少。根据最高人民法院司法解释的规定，当事人以约定的违约金过高为由请求减少的，应当以违约金超过造成的损失30%为标准适当减少，当事人以约定的违约金低于造成的损失为由请求增加的，应当以违约造成的损失确定违约金数额。① 可见，对违约金责任的限制，体现了公平、诚实信用的原则。

违约金与损害赔偿可以并用。如果违约金不足以弥补损害，那么当事人仍可以请求赔偿，这是完全赔偿原则所要求的。根据《合同法》的规定，当事人就迟延履行约定违约金的，违约方支付违约金，还应当履行债务。违约金主要体现了赔偿性，但在某些情况下也具有惩罚性。

当事人在合同中既约定违约金，又约定定金的，当出现一方违约时，非违约方可以选择适用违约金或定金条款，但是两者不能同时并用。

（五）违约责任的免责事由

违约责任的免责事由，是指法律规定或者合同中约定的当事人对其不履行或者不适当履行合同义务免于承担违约责任的情形。当事人可以在合同中自愿约定合理的免责事由。合同法的免责事由可分为两大类，即法定免责事由和约定免责事由。违约责任的免责事由通常包括不可抗力、免责条款和受害人过错。

法定免责事由是指法律直接规定，不需要当事人约定即可援用的免责事由。我国《合同法》第117条规定，因不可抗力不能履行合同的，根据不可抗力的影响，部分或者全部免除责任，但法律另有规定的除外。当事人迟延履行后发生不可抗力的，不能免除责任。不可抗力，是指不能预见、不能避免并不能克服的客观情况。

不可抗力主要包括以下几种情形：

（1）自然灾害，如台风、洪水、冰雹；

（2）政府行为，如征收、征用；

（3）社会异常事件，如罢工、骚乱。

当事人一方因不可抗力不能履行合同的，根据不可抗力所造成的影响和损失，部分或者全部免除责任，但与此同时，发生不可抗力的当事人必须尽相应的义务。当事人一方因不可抗力不能履行合同的，应当及时通知对方，以减轻可能给对方造成的损失，并应当在合理期限内提供有关机关出具的证明。

---

① 见《最高人民法院关于审理商品房买卖合同纠纷案件适用法律若干问题的解释》法释〔2003〕7号 第十六条。

约定免责事由是指当事人约定的免责条款。免责条款,是指当事人在合同中约定的免除或者限制其未来责任的条款。免责条款必须经当事人双方充分协商,并以明示的方式作出,而且内容必须符合法律的规定,否则无效。

受害人过错,是指受害人对违约行为或者违约损害后果的发生或者扩大存在过错。违约责任虽然实行严格责任,但是在某些合同关系中,受害人的过错可以成为违约方全部或者部分免除责任的依据。如债权人的过错致使债务人不履行合同,此时,债务人不负违约责任。《合同法》第 311 条规定,由于托运人、收货人的过错造成运输过程中的货物毁损、灭失的,承运人不负损害赔偿责任。又如,《合同法》第 158 条规定,在约定检验期间的买卖合同中,买受人应当在检验期间内将标的物的数量或者质量不符合约定的情形通知出卖人。买受人怠于通知的,视为标的物的数量或者质量符合约定。对此,出卖人不承担违约责任。

(六)违约责任与侵权责任的竞合

违约责任与侵权责任的竞合是指当事人一方实施的某一违约行为具有违约行为和侵权行为的双重特征,从而在法律上导致违约责任和侵权责任的共同产生。由于现代社会生活的纷繁复杂,违约责任与侵权责任的竞合的现象不可避免。因为违约责任和侵权责任具有的不同特点,在责任承担方面存在很大的区别,如归责原则、举证责任、义务内容、赔偿的范围、构成要件和免责条件、责任形式、责任范围、诉讼时效和诉讼管辖等一系列问题上都不同。所以,当发生违约责任与侵权责任的竞合时,实施该行为的当事人承担何种责任,将导致不同的法律后果产生,并对受害人权益的保护和实施行为人的制裁产生严重影响。因此,法律必须对违约责任与侵权责任的竞合的处理作出明确规定。

《合同法》确立了违约责任与侵权责任竞合的法律适用规则。《合同法》第 122 条规定,因当事人一方的违约行为,侵害对方人身、财产权益的,受损害方有权选择依照本法要求其承担违约责任或者依照其他法律要求其承担侵权责任。违约方因违约行为侵害对方人身、财产权益的要承担损害赔偿责任,这种损害赔偿责任可以通过追究违约责任或侵权责任来实现。如果引起对方人身、财产权益受到损害的违约行为同时也符合侵权行为的特征时,受害人既可以依据合同法追究对方当事人的违约责任,也可以依据侵权行为法直接追究当事人的侵权责任。引入侵权行为法来加强对合同债权的保护,使侵权行为法拓展到传统的合同法规范的领域,也是现代民法理论发展的一大成果。

《合同法》赋予受害人在两种责任中进行选择,避免了对一个违法行为的重复惩罚,体现了法律的公平、公正精神。然而,责任的选择异常重要。责任选择的不同将导致不同的法律后果。对于受害人而言,基于竞合行为而产生的两个请求权,在进行选择时就必须结合具体案情,根据违约责任和侵权责任的不同特点,较好地进行把握和选择,这对受害人充分保障自己的利益,具有非常重要的意义。

复习思考题

1. 试述合同的概念和特征。
2. 试述合同相对性关系的内容。
3. 合同一般包括哪些条款?
4. 试述合同的成立条件。
5. 要约的撤回和要约的撤销有何区别?
6. 简述效力待定合同的类型。
7. 试比较无效合同与可撤销合同的异同。
8. 试述合同履行的各项规则。
9. 简述合同履行中抗辩权的类型。
10. 试述不安抗辩权的成立条件和效力。
11. 合同的保全措施有哪些,具体实施的条件是什么?
12. 试比较一般保证和连带责任保证的区别。
13. 简述抵押物的范围。
14. 试述合同义务移转的条件和效力。
15. 合同法定解除的条件包括哪些?
16. 试述实际履行的适用条件。
17. 试述损害赔偿的适用。
18. 承担违约责任的方式有哪些?

案例分析题

案例 1　刘某从事个体服装生意,经人介绍认识某服装公司的业务员吴某。吴某称有一批纯毛高档西服,并带刘某到其货仓去看样品。刘某见西服款式还不错,于是与吴某订立买卖合同。约定,刘某向吴某购买 1000 套这种西服,先交货 200 套,然后再在三个月内交另外 800 套,每套单价 500 元,采取交款提货方式履行合同。合同签订后,刘某即支付了 10 万元,提走西服 200 套。刘某标价 700 元出售,鲜有人问津。紧接着,刘某发现该西服市场售价一般为 450 元一套,一般批发价在 300 元以下。于是,刘某找到吴某,要求降低价款,并不再购买剩下的 800 套西服。吴某认为,双方签订的合同是自愿的,并且是看样品订货,所以不存在任何问题,要求双方继续履行合同。刘某起诉到法院,要求返还价款、赔偿其损失。

问题:

1. 该合同是什么性质的合同?
2. 刘某能否请求返还价款、赔偿损失?
3. 未履行的合同,刘某是否应当继续履行?

案例 2　乙公司拟向甲公司采购 200 台电脑,要求甲公司于 10 月 31 日以前交货,并负责将货物运至乙公司,乙公司在收到货物后 10 日内付清货款。双方以此内容草拟了一份合同书，但均未签字盖章。9月28日，甲公司与丙运输公司订立货物运输合同，双方约定现由丙公司将200台电脑运至乙公司，10月4日，丙公司先运了120台电脑至乙公司。乙公司全部收到，并于10月12日将120台电脑的货款付清。10月20日，甲公司掌握了乙公司转移财产，逃避债务的确切证据，随即通知丙公司暂停运输其余80台电脑，并通知乙公司中止交货，要求乙公司提供担保，乙公司及时提供了担保。10月27日甲公司通知丙公司将其余80台电脑运往乙公司，丙公司在运输途中发生交通事故，80台电脑全部毁损，致使甲公司10月31日前不能按时全部交货。11月7日，乙公司要求甲公司承担违约责任。

要求：根据以上事实及《合同法》的规定，回答下列问题：

1. 甲乙公司订立的买卖合同是否成立？并说明理由。

2. 甲公司10月20日中止履行合同的行为是否合法？并说明理由。

3. 乙公司11月7日要求甲公司承担违约责任的行为是否合法？并说明理由。

4. 丙公司对货物毁损应承担什么责任？并说明理由。

案例3 2008年6月10日，大华商厦向兴达服装厂订购一批服装。合同约定，大华商厦5月20日前支付全部货款100万元，兴达服装厂9月10日交货。双方未就合同转让事宜进行约定。大华商厦按照合同约定支付了货款。7月10日，大华商厦因忙于改制，将该合同转让给新世纪商场，并通知了兴达服装厂。

9月10日，新世纪商场要求兴达服装厂按期交货，兴达服装厂予以拒绝，称合同是与大华商厦签订的，大华商厦将合同转让给新世纪商场应经过兴达服装厂同意，未经同意，该转让行为无效。要求：根据上述情况和《合同法》的有关规定，回答下列问题：

1. 兴达服装厂认为大华商厦将合同转让给新世纪商场应经过兴达服装厂同意的观点是否符合法律规定？简要说明理由。

2. 大华商厦将合同转让给新世纪商场的行为是否有效？简要说明理由。

案例4 甲与乙订立借款合同一份，双方约定：甲借给乙20万元，乙用自己价值40万的汽车作为抵押，三年后归还本金，如乙到期不能还款，则汽车归甲所有。双方签订合同后并未办理抵押登记。此后，乙的汽车在一次车祸中因毁损严重而报废，甲遂要求乙另行提供担保，乙同意以自己价值25万元的翡翠饰品作为质押，双方签订了质押合同，但乙并未将翡翠饰品交给甲。某日，乙发现翡翠饰品出现损坏，遂送至朱某处修理，三日后欲取回时因忘记带5000元修理费，翡翠饰品被朱某扣留。当晚，朱某的女朋友姚某见到翡翠饰品非常喜爱，朱某为讨女友欢心，便谎称翡翠饰品乃自己的家传之宝，将该翡翠饰品赠送给了姚某。

现请回答下列问题：

1. 甲与乙之间的抵押合同是否生效？为什么？

2. 甲与乙约定在乙不能还款的情况下，汽车归甲所有，是否有效？为什么？

3. 甲与乙之间的质押合同是否生效？为什么？

4. 朱某能否扣留翡翠饰品？为什么？

5. 姚某是否能拥有该翡翠饰品？为什么？

案例5 2010年7月20日，甲公司向某银行贷款60万元，双方签订了借款合同，合同约定由该银行向甲公司提供60万元人民币贷款，借款期限为一年，并由乙公司作为该贷款的保证人。保证合同中约定，甲公司到期不偿还贷款，由乙公司偿还全部本金和利息。该银行为保证该贷款及时收回，又要求甲公司提供相应财产予以担保。甲公司便与常年客户丁公司商议，以丁公司所有的厂房及其土地使用权作为抵押，丁公司表示同意。银行遂与丁公司签订了抵押合同，并在有关部门进行了抵押登记。借款期限届满后，甲公司无力偿还，银行要求乙、丁公司偿还甲公司所借款的本息，俩公司互相推诿，均不予偿还。银行遂诉至法院，请求法院判决乙公司和丁公司承担担保责任，偿还甲公司所欠60万元及利息。

请回答下列问题：

1. 银行可否同时要求两公司偿还本息？如果可以，是否有先后顺序？

2. 如果由丁公司偿还甲公司所欠本息，可否向乙公司追偿？为什么？如果乙公司偿还甲公司所欠本息，可否向丁公司追偿？为什么？

3. 如果银行放弃对丁公司的权利，那么，保证人乙公司如何承担担保责任？

第六章 电子商务法

随着计算机信息技术在商事领域的广泛应用，电子商务风靡全球。这一利用新兴电子技术所带来的商业机会，正进一步冲击到社会的各个角落。同时，与电子商务的发展相伴，一个新的法律领域，电子商务法逐渐兴起。要认识这一领域，首先要对电子商务进行认识和了解。

第一节 电子商务法概述

一、电子商务的概念

（一）国际上关于电子商务的各种定义

国际上对于电子商务的概念有着不同的理解和定义，各国政府、国际组织、学者甚者企业等都根据自身的需要、目的以及其参与电子商务的程度不同，对电子商务做出了不同的定义，比较具有代表性的有：

(1) 世界贸易组织认为，电子商务可以定义为：通过电子通信网络进行商品和服务的生产、市场营销、销售和分配。

(2) 联合国国际贸易法委员会认为，电子商务是采用电子数据交换（EDI）和其他通信方式进行技术传输和商业信息处理的一种商务活动。

(3) 欧洲经济委员会认为，电子商务是参与各方通过电子方式而不是物理交换或者直接物理接触的方式完成的任何形式的业务交易活动。

(4) 美国政府在《全球电子商务纲要》中对电子商务做出了如下定义：电子商务是通过因特网进行的，包括广告、交易、支付、服务等商务活动。

(5) 惠普、IBM、通用电气公司等一些企业也对电子商务进行了不同的定义，他们更多的认为电子商务是通过电子化手段，在企业间、企业与消费者间，进行商业交易的一种方式。

（二）我国关于电子商务的各种定义

有些学者也从电子商务采用的技术与手段、电子商务赖以运行的技术环境等不同的角度对电子商务的概念做出了一定的解释。

（1）从技术与手段的角度定义："电子商务主要是通过文本、声音和图像等数据电子化处理和交换，从而以电子手段来进行的商务活动。"①"电子商务是使用电子传输媒介从事一地到另一地需要进行物理或数字运输的产品和服务的交换，包括购买和销售。"②"电子商务主要是利用WEB技术提供的通信手段在网络上进行的交易活动。"③

（2）从技术环境的角度定义："电子商务是以互联网络为平台而进行的商务活动。"④"电子商务是通过计算机互联网进行的各种商务活动的总称。"⑤

（3）综合二者的定义："电子商务是指对整个交易活动实现了电子化，或者指买卖双方之间依靠计算机网络，按照一定的表中所开展的各类商业贸易活动。"⑥"电子商务是指利用现有的计算机硬件设备、软件和网络基础设施，在按一定的协议和标准连接起来的电子网络环境下从事各种商务活动的方式。"⑦

综合国内外不同组织和学者的定义，可以看出，电子商务更多的是一种经济活动，具有广义和狭义之分。广义的电子商务，包括运用各种电子技术手段和信息技术等新兴科技手段所进行的商务活动。这里的新兴科技手段目前主要包括：电讯、数字、磁力、无线通信、光学等相关或相似的技术。同时，广义的电子商务也是一个开放的概念，随着技术的进步，其内涵会不断地丰富。狭义的电子商务，主要指基于互联网技术所进行的各种商业贸易、金融和服务活动。这是目前发展最快，企业和消费者参与率更高的电子商务形式，是目前电子商务的主流。

二、电子商务的分类

目前电子商务的主要参与者包括政府（Government）、企业（Business）和消费者（Consumer），根据参与者的不同，电子商务主要可分为以下几种类型：

（一）企业与政府之间的电子商务活动（Business to Government）

企业与政府间的电子商务活动，简称B2G，包括了政府机构通过网络进行产品、服务的招标和采购；发放进出口许可证等。企业可通过网络进行电子通关、电

① 杨迅.电子商务的发展及其法律体系的构建.上海：复旦学报（社会科学版），2000(01)

② 同上

③ 蒋坡.我国电子商务法律调整问题.上海：政治与法律，2000(01)

④ 同上

⑤ 刘德良.论我国电子商务立法的指导思想与基本原则.武汉：武汉理工大学学报（社会科学版），2001(04)

⑥ 李晓安.亟待建立电子商务法律机制.北京：法学，2000(02)

⑦ 田文英等.电子商务法概论.西安：西安交通大学出版社，2001

子报税等活动。相对于传统的商务活动,B2G 模式下,电子商务活动更易于监管和追踪,有利于增加政府相关工作的透明度,减少腐败行为。

（二）企业与企业之间的电子商务活动(Business to Business)

企业与企业之间的电子商务活动,简称 B2B,是指企业之间利用专用网络或者 EDI 等方式进行的电子商务活动,如采购商与供应商之间进行的电子交易活动等。这是电子商务中最重要的一种类型。企业与企业间利用网络进行采购、信息沟通、支付、发货等工作,形成电子商务伙伴关系。这本身就是一种重要的经济信息资源,可以降低企业运营成本,增加商务活动的效率。

（三）企业与消费者之间的电子商务活动(Business to Consumer)

企业与消费者之间进行的电子商务活动即人们常说的 B2C,是指企业借助于互联网络所进行的在线消费活动,如电子零售业。这一类型的电子商务活动一方面有利于打破传统零售业的地域性,扩大了企业的市场范围,拥有更广阔的消费群体;另一方面,通过互联网平台,消费者也拥有更多的选择,企业面临着更大的竞争压力。

（四）消费者之间的电子商务活动(Consumer to Consumer)

消费者之间的电子商务活动是指消费者个人在线用户通过互联网络平台将物品出售给其他消费者的交易行为,简称 C2C。这是电子商务活动类型中增长迅速的一种,诸如易趣、淘宝等网络平台的发展,使得该类型电子商务活动的准入门槛大大降低,其灵活自由的交易模式得到了越来越多的用户的认可。

三、电子商务法

电子商务对经济的促进作用,使世界各国开始重视通过政策和法律手段规范这种新兴的商务活动,保障交易的安全和公平,从而使经济更持续、稳健地增长。

（一）电子商务法的概念

一般来说,电子商务法可以认为是调整电子商务活动中所产生的社会关系的法律规范的总和。由于电子商务活动本身涉及多主体、多部门、多学科,因此,电子商务法也具有丰富的内容,表现出与传统法律不同的特性。广义的电子商务法,包括调整平等商事主体之间运用各种电子技术手段从事商务活动所形成经济关系的法律规范的综合。狭义的电子商务法主要是指调整平等的商事主体运用互联网所从事的以电子交易为核心的电子商务活动所形成的经济关系的法律规范的总称。

（二）电子商务法的内容

根据目前电子商务的发展阶段,电子商务法主要包括以下几个方面的内容:

1. *数据电讯法律制度*

包括数据电讯概念、效力以及数据电讯的接收、发送、归属和完整性、可靠性推定规范等。

2. 电子商务的合同规则

包括电子合同的订立、有效性、履行、变更、解除等法律制度。

3. 关于电子证据、电子签名和认证的规则问题

包括电子证据的有效性、证明力；电子签名的要件及其适用、归属与完整性推定以及使用效果；电子认证相关机构的设立与管理、运行规范及其风险防范、认证机构的责任等。

4. 电子支付制度

包括电子支付、网上银行、电子货币、电子资金的划拨等方面的法律制度。

5. 电子商务跨国纠纷的解决规则

包括格式化合同、解决纠纷所依照的国际私法的规则以及确定拥有管辖权的国家和适用的法律法规等。

（三）电子商务法的基本原则

电子商务法的基本原则即贯彻电子商务过程始终，适用于电子商务各个领域的一些基本准则。

1. 意思自治原则

该原则具体含义在第5章合同法中已有阐述，在此不再赘述。根据此原则，当事人具有依法自愿订立合同的权利，任何单位、个人不得非法干预。在电子商务活动中，应该尊重当事人的自由约定，只要不违反法律或社会公共利益，当事人的约定应该优先适用。电子商务法的立法目的在于消除传统法律为电子商务发展所造成的障碍，为当事人在电子商务领域里充分行使其意思自治而创造条件。在电子商务法律法规尚不十分完善的情况下，基本原则中的意思自治原则就显得意义重大。如果双方当事人间的意思表示对双方的权利义务及其他相关事项作出了约定，只要这种约定不违反法律和公序良俗，就可将该意思表示作为调整双方权利义务关系的规范。

2. 技术中立原则

技术中立原则主要指政府机构或立法机关对于有关电子商务活动中使用的技术和媒介保持中立的态度，不限定使用或禁止使用特定的技术和媒介，也不对特定的技术和媒介在法律效力上进行区别对待。从内容上，技术中立原则主要包括技术中立、媒介中立、实施中立和同等保护。

3. 标准开放原则

标准开放原则是指“电子商务立法所涉及的诸如电子商务、签名(字)、认证、原件、书面形式、数据电文、信息系统等有关范畴应保持开放、中立的态度以适应电子

商务不断发展的客观需要，而不能将其局限于某一特定的形态。”[①]标准开放原则是由电子商务活动自身的特点决定的，电子商务赖以运行的技术平台是具有开放性和发展性，则必然要求电子商务立法也应当保持基本定义、基本制度和法律结构的开放性。

4. 交易安全原则

交易安全原则是指在电子商务活动中，确立保障电子商务交易的安全规范，使电子商务在安全和公平的法律环境下运行。商法的基本目标是保障商事交易安全，而电子商务法更是如此。电子商务法是在虚拟的环境中运行，因为在线交易是全球性的、非面对面的交易、是以电子信息或数据电文为手段的，这里既存在传统法律环境下的不安全，如交易对方丧失履约能力等，又存在虚拟的环境中特有的风险，比如交易当事人是否真实存在、资信如何等问题。对此，电子商务法具有保障其交易安全的规范如数字签名、身份认证、电子支付等制度。目前，世界各国的电子商务法都把保证电子商务安全作为最基本的原则。

四、电子商务立法概况

（一）国际立法

1. 联合国国际贸易法委员会制定的规范

联合国国际贸易法委员会（UNICTRAL）在全球电子商务法的推广和应用方面做出了很大的贡献。20 世纪 90 年代以来，随着互联网商业化和社会化的发展，以互联网为基础的电子商务蓬勃发展。1996 年 12 月 16 日，联合国国际贸易法委员会制定和颁布了《电子商务示范法》。该法是世界上第一个电子商务的统一法规，它向各国提供一套国际公认的法律规则，并奠定了电子商务领域立法的基本框架，促进了全球化的电子商务，创造出统一的、良好的法律环境。

2001 年 7 月 5 日联合国国际贸易法委员会又制定和颁布了《贸易法委员会电子签名示范法》。《电子签名示范法》旨在为电子签名和手写签名之间的等同性规定技术可靠性标准，从而促成和便利电子签名的使用。因此《电子签名示范法》可协助各国制定现代、统一、公平的法律框架，以有效解决在法律上如何对待电子签名的问题，并使电子签名的地位具有确定性。

2005 年 11 月联合国大会通过了《国际合同使用电子通信公约》，这是联合国大会继 1980 年 4 月通过《联合国国际货物销售合同公约》后在国际统一合同法领域的又一重要成果，在很大程度上弥补了《销售合同公约》适用于电子订约问题上不足，而且对电子商务法律规则有着诸多创新和发展。《公约》于 2006 年 1 月 16 日至

① 刘德良. 论我国电子商务立法的指导思想与基本原则. 武汉：武汉理工大学学报（社会科学版），2001(04)

2008 年 1 月 16 日开放供签署，目前包括中国在内的 18 个国家已经签署了该公约，《公约》对我国电子商务立法有诸多的启示。

2. 世界贸易组织框架内涉及电子商务的国际协议

世界贸易组织(WTO)就有关电子商务方面通过了 3 项具有突破性意义的国际协议:《信息技术协议》、《全球基础电信协议》和《开放全球金融服务市场协议》。这 3 项协议为电子商务和信息技术稳步有序的发展提供了新的法律基础。

3. 国际商会

国际商会(ICC)于 1997 年 11 月发布的《国际数字化安全商务应用指南》，是由一系列在因特网上进行可靠的数字化交易的方针构成的，其中包括了公开密钥加密的数字签名和可靠第三方的认证等。该指南被认为是第一部真正意义上的电子商务的全球性自律性规范。《UCP500 电子交单附则》则是国际商会就信用证交易中电子交单问题而制定的 UCP500 的附则文件，普遍认为是关于电子信用证的一个国际商事惯例。2005 年 4 月国际商会发布了经过修订的《营销和广告使用电子媒体指南》。为使贸易术语更进一步适应交易中使用电子信息的增多等状况，2010 年 9 月 27 日，国际商会在巴黎召开国际贸易术语解释通则 2010 全球发布会，正式推出其于近期刚刚完成修订的 Incoterms 2010。新版本已于 2011 年 1 月 1 日正式生效。目前，国际商会正在制定的《电子贸易和结算规则》也将成为电子贸易和结算方面的一个重要规则。

4. 经济合作与发展组织的指导性文件

经济合作与发展组织(OECD)是由北美、欧洲和亚太地区的 29 个国家组成的国际性组织。1997 年，OECD 发起召开了以“为全球电子商务扫清障碍”为主题的国际会议，并发表了题为《克服全球电子商务障碍的文件》，并通过《加密政策指南》提出指导各项成员国制定其相关立法与政策的原则。1998 年 10 月 OECD 渥太华电子商务部长级会议公布 3 个重要文件:《OECD 全球电子商务行动计划》、《有关国际组织和地区组织的报告:电子商务的活动和计划》及《工商界全球商务行动计划》。这一系列文件有力地促进了各个参与国间电子商务的合作。

5. 欧洲联盟

欧盟于 1997 年提出《欧洲电子商务行动方案》，为规范欧洲电子商务活动制定了框架；1998 年通过了《关于建立有关电子签名共同法律框架的指令》。1999 年又颁布了《关于信息社会服务的透明度机制的指令》、《关于建立有关电子签名共同法律框架的指令》。2000 年，欧盟颁布了《关于内部市场中与信息社会的服务，特别是与电子商务有关的若干法律问题的指令》(简称《电子商务指令》)。该指令对欧盟各成员国具有约束力。

6. 主要发达国家电子商务立法概况

(1) 美国

美国的电子商务立法，是以各州的立法行动为先导的。犹他州 1995 年颁布的

《数字签名法》,是美国乃至全世界范围的第一部全面确立电子商务运行规范的法律文件。从数量上看,美国州一级关于电子商务的法律文件有近百部之多。美国国会于1997年和1998年分别通过了《全球电子商务框架》和《减少政府纸面文件法案》两部与电子商务有关的文件。2000年6月克林顿签署了国会两院一致通过的《电子签名法》,表明美国的电子商务立法走上了联邦统一制定的道路。

(2) 英国

英国从20世纪90年代中期开始着手电子商务的立法工作。2000年,英国制订了《电子通信法》,该法内容广泛,就密码服务提供商、电子商务的促进与数据储存、电信执照、法律修改、主管机关等作出了详尽规定。此后,英国又颁布了《2002年电子商务(欧盟指令)条例》和《2002年电子签名(欧盟指令)条例》。这两个条例的共同特点是没有遵循2000年《电子通信法》的原则,而基本采纳了欧盟电子商务指令的思路。

(3) 德国

德国于1997年8月制定了《信息和通讯服务规范法》。该法内容广泛,涉及到了与电子商务相关的各个方面,其中包括:《信息服务利用法》、《电信服务数据保护法》、《数字签名法》、《刑法法典的修改》、《治安法的修改》、《传播危害青少年文字法的修改》、《著作权法的修改》、《报价法的修改》等①。德国为实施其电子商务法,已经对整个法律体系进行了全面调整。这种做法,显示了其立法的严谨性。

(4) 法国

法国的电子商务立法采取调整普通法的相关规定和颁布单行的特别法相结合的做法。法国民法典和消费法典成为电子商务法主要的普通法渊源。在单行法方面,目前有三部法律是典型的电子商务法律:2000年3月13日颁布的关于电子证据的法律;2004年6月21日关于数字经济中的信用的法律;2004年8月6日关于私人性质的数据的处理方面对自然人保护的法律。

(5) 俄罗斯

俄罗斯联邦是全世界最早制定电子商务法的国家之一,1995年1月颁布了《俄罗斯联邦信息法》,该法调整所有电子信息的生成、存储、处理与访问活动。与该法律相配套,俄罗斯联邦市场安全委员会于1997年发布了《信息存储标准暂行要求》,具体规定了交易的安全标准。此外,俄罗斯还颁布了一系列电子商务方面的法律法规,如《电子商务法》、《电子合同法》、《电子文件法》、《电子商务组织和法律标准》和《国际信息交流法》等。2002年1月,普京总统签署了《电子数字签名法》。该法规定了国家机构、法人和自然人在正式文件上用电子密码进行签名的条件、电子签名的确认、效力、保存期限和管理办法等内容。

① 参考中国服务贸易指南网,政策法规之国别/地区法规:http://tradeinservices.mofcom.gov.cn/b/1997-08-01/24429.shtml

(6) 日本

日本在电子商务立法方面略显迟缓。作为世界经济大国的日本,为了加速政府职能的转变和发展本国 IT 产业,实现“数字化日本”这一雄心勃勃的目标,日本政府于 2000 年推出了“数字化日本之发端——行动纲领”。2000 年 4 月颁布了《电子签名·认证法案》,该法主要包括:明确了电子签名的法律效力,即电子签名与本人签字、公司的法人印章一样具有代表本人身份的法律效力,在出现电子商务纠纷时,可以作为证据的一种提交法院;规定认证服务为特定业务,提供认证服务的业务机构必须符合政府的资格审查标准,确立了认证中心的资格认证制度;对相关的违法行为处罚的规定等内容。日本正处于制定电子商务法的积极准备阶段,与我国的电子商务的发展阶段基本相近。

从发达国家目前的动向来看,他们基本上是从一个战略发展的角度来规范和建立电子商务立法规则的。发达国家纷纷制定相关法律法规,起草电子商务基本框架,签署双边协定,发表白皮书等,其目的是为了争取制定电子商务国际规则的立法权。

7. 亚太地区主要国家的电子商务立法

(1) 新加坡

新加坡是亚洲乃至世界上积极致力于推广电子商务的国家之一。新加坡 1998 年通过的《电子交易法》,是一部综合性的调整电子商务活动的法律,内容比较全面。该法不仅在条文中对“电子签名”和“安全电子签名”都给出了定义,从法律上承认了电子签名、数字签名以及电子记录的效力,而且还规定了认证机构及其限定性责任。1999 年颁布的新加坡《电子交易(认证机构)规则》,是《电子交易法》的配套法律。它任命了认证机构的管理团,国家计算机委员会是认证管理团的主管机关。该规则规定了认证机构的内部管理结构、评估标准、申请费用、证书的证据推定效力以及限定性责任等,其目的是在新加坡建立一个符合国际水准的市场型认证服务体系。

(2) 韩国

韩国的《电子商务基本法》于 1999 年 7 月正式生效。美国的电子商务漫无边际,着重于具体技术的解决,而欧洲国家的电子商务法,偏重于消费者的保护,该法兼容了欧洲国家与美国在电子商务立法方面的优点,内容角度全面。为了具体实施其《电子商务基本法》,韩国还制定了《电子签名法》。

(3) 马来西亚

马来西亚早在 20 世纪 90 年代中期,就提出了建设“信息走廊”的计划,并于 1997 年制定了《数字签名法》。可以说这是亚洲最早的电子商务立法。该法承认数字签名的法律效力,要求认证机构必须持有许可证,方可从事营业。

(4) 印度

在电子商务立法方面,印度也紧跟国际电子商务的立法潮流,为支持印度信息产业和电子商务的快速发展，1998年印度颁布了《电子商务法》，对电子记录和电子签名予以法律上的承认；同年还颁布了《电子商务支持法》，对以合同法、证据法为代表的若干部重要法律作了一揽子修订，以适应电子商务应用中出现的新的情况。1999年印度又颁布实施了《信息技术法》，进一步对电子记录和数字签名的应用作了规范。

（二）国内立法

中国的电子商务的发展是随着互联网在中国的迅速发展而蓬勃发展起来的。中国关于电子商务的立法主要是针对互联网络的管理、安全和经营。

在全国人大立法层面上，1999年3月，九届人大二次会议颁布了新《合同法》，其中将合同的订立方式由传统意义上的书面形式扩充到数据电文形式，并明确了以数据电文形式订立合同的到达时间，此外还对电子商务合同的生效地点进行了规定。

2004年8月，十届全国人大常委会十一次会议通过的《中华人民共和国电子签名法》，这一法律的出台扫除了电子签名在电子商务及其他领域中应用的法律障碍，推动了我国电子商务的迅速发展，也标志着我国电子商务法制建设进入新阶段。

此外，有关部门还相继出台了一系列政策法规，以规范电子商务活动。2005年1月8日，国务院办公厅发布了《关于加快电子商务发展的若干意见》。2010年5月31日，国家工商行政管理总局制定发布了《网络商品交易及有关服务行为管理暂行办法》。2010年6月24日，商务部为进一步规范我国网络购物市场，发布了《关于促进网络购物健康发展的指导意见》。

电子商务催生了在线交易和第三方交易平台的产生和发展，在线交易金额的日益膨胀，使规范支付机构运营、统一交易流程、设定行业入门标准等成为当务之急。2010年6月14日，中国人民银行发布了《非金融机构支付服务管理办法》，意在促进支付服务市场健康发展，规范非金融机构支付服务行为，防范支付风险并保护当事人的合法权益。此外，为规范支付机构客户备付金的管理，央行分别于2012年1月5日和2013年6月7日发布了《支付机构客户备付金存管暂行办法》和《支付机构客户备付金存管办法》。

2012年6月，由国家工商总局牵头发起《网络商品交易及服务监管条例》的立法工作全面启动，并已被列入国务院“二类立法”计划。这意味着我国首部电子商务监管立法已进入制定阶段。

第二节　电子商务法律关系

一、电子商务法律关系概述

电子商务法律关系是指电子商务法律规范确认和调整的以电子商务活动参与人权利义务为内容的社会关系。

电子商务法律关系具有如下特征：

1. 电子商务法律关系是一种社会关系

电子商务法律关系属于人与人的关系。在电子商务活动中，物或信息尽管十分重要，但终究是处于被人管领、被人支配的地位，是人参与的电子商务关系的附属。

2. 电子商务法律关系是一种具体权利义务关系

电子商务法律关系是按照国家意志建立起来的，依法律形式表现的社会关系。因此，电子商务法律关系体现着国家的意志，只有在交易者的行为符合法律规定时，国家才确认并保护交易者建立起来的电子商务法律关系。

3. 电子商务法律关系具有平等性

电子商务法律关系是平等主体之间财产关系和人身关系在法律上的表现。因此，这种法律关系具有平等的特点，主要表现如下：

(1) 主体地位平等。电子商务法律关系的交易双方各自有着独立的、平等的法律地位，不论何人参与电子商务法律关系，与对方地位都是平等的，双方之间不存在不平等的命令与服从、管理与被管理的隶属关系。

(2) 电子商务法律关系中权利义务一般对等。在多数电子商务法律关系中，交易人双方既享有权利，也负有义务，一方的权利是对方的义务，反之亦然。

二、电子商务法律关系的要素

(一) 电子商务法律关系主体

电子商务法律关系的主体，是指参与电子商务法律关系，享有民事权利、承担民事义务的人。主体是构成法律关系不可缺少的一个要素。根据我国《民法通则》和其他现行的有关立法的规定，电子商务法律关系主体可以是公民、法人和非法人组织。在电子商务法律关系中，享有权利的一方是权利主体，承担义务的一方是义务主体。

电子商务法律关系的主体是随着电子商务发展而出现的一个崭新概念，在日常的电子商务活动中，通过电子方式进行商业交易的企业、个人和其他组织，都可以称之为电子商务主体，主要来说，包括以下几类：

1. 电子商务企业

电子商务企业是以互联网为基础，通过电子化手段完成各项商务活动，包括广告、交易、支付、服务等活动的企业。该企业可以是以网站或网页形态出现的虚拟企业，也可是现实企业在网络中的虚拟表现，如企业网站、在线商店、网络公司等。

2. 个人网络用户

个人网络用户是指通过向网站经营者申请注册登记、付费或免费获得网站提供信息或者信息传输服务的个人。个人网络用户是构成电子商务交易活动的重要主体之一，更多情况下，是以在线消费者的身份出现的。

个人网络用户注册登记时，通过阅读同意服务商所提供的用户服务协议，与服务商建立法律关系，因此服务协议是网络服务提供商给出的一种电子格式合同，当事人确认后发生法律效力，这是成为个人网络用户的一个重要程序和手续。

3. 电子商务交易的第三方

电子商务活动中，除了交易的买卖双方，还存在很多的第三方主体。如网络交易中心、电子银行、认证机构、第三方物流或政府等。这些参与者既不是交易中的买方，也不是卖方，但他们不可避免的参与到普遍的电子商务活动中，无论是作为电子商务的运营平台、支付手段、物流手段还是监管部门，他们伴随着每一次的电子商务活动，是电子商务活动的不可缺少的主体之一。

（二）电子商务法律关系的客体

电子商务法律关系的客体是指主体享有的权利和承担义务所共同指向的对象。主要包括四大类：有形商品、数字化商品、知识产权和信息产权、网络服务等。

（三）电子商务法律关系的内容

电子商务法律关系的内容主要是指电子商务主体在电子商务法律关系中所享有的权利和承担的义务。这种权利义务内容，是电子商务法调整的社会关系在法律上的直接表现。任何个人和组织作为电子商务的法律主体，参与电子商务法律关系，必然享受电子商务权利和承担义务。①

1. 电子商务主体的权利

（1）电子商务主体权利的概念

电子商务主体的权利，是指电子商务主体为实现某种利益而依法做某种行为或不做某种行为的可能性，主要是民事权利。具体包括：① 权利人依法直接实施一定行为或者直接享受某种利益的可能性。② 权利人可以要求义务人履行某种义务，以保证其享有或者实现某种利益的可能性。③ 在自身权利受到侵犯时，有权请求国家机关予以保护。

---

① 秦成德.电子商务法学.北京：电子工业出版社，2010

(2) 电子商务主体权利的行使

电子商务主体权利的行使主要体现为民事权利内容的实现。在权利行使上,可分为事实方式和法律方式两种。所谓事实方式是指权利人通过事实行为来行使权利。所谓法律方式是指权利人通过实施某种民事法律行为来行使权利。

一般情况下,电子商务主体权利和义务是由权利人或义务人自己行使权利或履行义务。但在特殊情况下,法律也允许权利人通过代理人来行使自己的权利。

(3) 电子商务主体权利的保护

电子商务主体权利的保护可分为自我保护和国家保护。电子商务主体权利的自我保护是指权利人自己采取合法手段来保护自己的权利不受侵犯,这种自我救济方式是法律赋予权利本身的属性。但是权利主体采取自我保护的手段只能在法律许可的范围内采取合理的方式,否则就是滥用权利,应依法承担相应的责任。电子商务主体权利的国家保护是指当权利受到侵犯时,由国家机关给予保护。这种公力救济方式,是权利主体依照宪法、行政法、刑法、民法及其他部门法所享有的权利,也是国家应当给予电子商务权利主体的保护。

2. 电子商务主体的义务

电子商务主体的义务,指义务人为了满足权利人的利益要求而实施或者不实施一定行为的必要性。具体包括:① 义务人必须依照法律法规或者合同的约定,实施或者不实施一定的行为,以满足权利人的利益要求。② 义务人只承担法定或约定范围内的有限义务。③ 义务人如果不履行其义务,将会依法承担法律责任。

(1) 电子商务交易买卖方双方义务

① 买方义务

买方应当按照网络交易的规定方式支付价款;买方应按照合同规定的时间、地点和方式接受合同标的物;买方应当承担对标的物验收的义务。

② 卖方义务

卖方应当按照电子合同规定提交标的物;卖方应当对标的物的权利承担担保义务;卖方应当对标的物的质量承担担保义务。

(2) 个人网络用户的义务

个人网络用户的义务主要应当包括:按照协议约定遵守网络规则的义务;在未经许可的情况下,不得擅自对所使用的系统再次转让许可、复制或转交所使用系统的全部或部分;不得对所使用的系统进行逆向工程、反汇编或解体拆卸;不得将信息使用权用于非法用途,如传播色情、淫秽内容,利用网络进行诈骗等。

(3) 电子交易第三方的义务

在电子商务交易中,有些主体是专门为他人提供诸如网络连接、访问及信息服务活动。这些电子交易中的第三方,他们虽不是电子商务交易的买方,也不是卖方,但是他们对电子商务的成功与否起着重要的作用,是电子商务中不可缺少的主体。根据《互联网信息服务管理办法》,其义务大致来说主要有:按照经营许可范围提供合法服务行为的义务;为用户提供良好的服务,并保证所提供的信息内容合法的义务;对于上传到服务器的内容进行审查和监控,避免有害信息传播的义务;协助权利人或有关机关调查的义务。

第三节　电子签名法

传统的交易中,双方当事人签订书面合同需要通过签字或盖章来确定合同成立,签名是法律确定合同有效性的一个重要依据之一。但在电子商务中,合同以电子文本的形式表达和传递,无法采用传统的手写签字或盖章的方式,其信用和身份只能通过电子签名和电子认证等安全保障机制来确认。

一、传统签名与电子签名的概念

(一) 传统签名

传统的签名或签字,是指当事人为了表示负责而在文件或单据上亲自写上姓名或画上记号的行为。民商法意义上的签名,是指当事人为了产生、变更或终止民商事法律关系而在文件或单据上亲自写上姓名或画上记号的法律行为。在世界上许多国家的传统法律制度中,签名是一种最主要的,也是最有效的认证手段。我国《合同法》第32条规定:"当事人采用合同书形式订立合同的,自双方当事人签字或者盖章时合同成立"。

传统意义上的签名必须符合以下要求:

(1) 必须是正确的名字。即签名必须能够证实签名人真实身份的名字。

(2) 必须采用书面形式。即传统的签名是固定保存在纸面上的。这说明传统签名与纸面有天然的、不可分割的联系。

(3) 必须由本人亲笔书写。即传统的签名排除了他人代书、打印或印章刻制的名字。

(二) 电子签名

我国《电子签名法》第2条第1款规定,"本法所称电子签名,是指数据电文中以电子形式所含、所附用于识别签名人身份并表明签名人认可其中内容的数据"。其概念包括以下内容:

(1) 电子签名是以电子形式出现的数据。

(2) 电子签名是附着于数据电文的。电子签名可以是数据电文的一个组成部分,也可以是数据电文的附属,与数据电文具有某种逻辑关系,能够使数据电文与电子签名相联系。

(3) 电子签名必须能够识别签名人的身份并表明签名人认可与电子签名相联

系的数据电文的内容。

二、电子签名的法律要求

（一）电子签名的基本要求

为确保以数字签名为主的电子签名技术的合法有效，促进全球电子商务的顺利发展，世界各国先后制定了本国的电子签名法，联合国、国际商会等国际组织也纷纷进行了电子签名立法，对电子签名提出了法律上的要求。作为一个电子签名，其最低要求主要归结为目的性和可靠性。

（1）目的性要求电子签名不能孤立存在，它是对合同、协议等的认同，表明自己愿意受到其签名对象所列事项的约束。

（2）可靠性是电子签名应当具备的重要性质，由于互联网是一个开放的虚拟空间，可能遇到来自网络本身的交易危险，因此电子签名的可靠性是其成立的一个重要因素。

当法律要求某人签名时，对数据信息所使用的电子签名，也同样能满足该要求，只要根据所有相关环境，包括相关协议，该电子签名对于数据信息生成或传送目的来说是适当与可靠的。《电子签名法》第3章第13条规定，电子签名同时符合下列条件的，视为可靠的电子签名：

① 电子签名制作数据用于电子签名时，属于电子签名人专有；

② 签署时电子签名制作数据仅由电子签名人控制；

③ 签署后对电子签名的任何改动能够被发现；

④ 签署后对数据电文内容和形式的任何改动能够被发现。

为了满足前述要求，不禁止任何人以任何其他方法来确信某电子签名的可靠性；或者证实某电子签名的不可靠。

（二）电子签名服务提供者的法律要求

提供电子认证服务，应当具备下列条件：

（1）具有与提供电子认证服务相适应的专业技术人员和管理人员；

（2）具有与提供电子认证服务相适应的资金和经营场所；

（3）具有符合国家安全标准的技术和设备；

（4）具有国家密码管理机构同意使用密码的证明文件；

（5）法律、行政法规规定的其他条件。

根据我国《电子签名法》的相关规定，从事电子认证服务，应当向国务院信息产业主管部门提出申请，并提交相关材料。国务院信息产业主管部门接到申请后经依法审查，征求国务院商务主管部门等有关部门的意见后，自接到申请之日起45日内作出许可或者不予许可的决定。予以许可的，颁发电子认证许可证书；不予许可的，应当书面通知申请人并告知理由。申请人应当持电子认证许可证书依法向工商行政管理部门办理企业登记手续。

取得认证资格的电子认证服务提供者，应当按照国务院信息产业主管部门的规定在互联网上公布其名称、许可证号等信息。电子认证服务提供者应当制定、公布符合国家有关规定的电子认证业务规则，并向国务院信息产业主管部门备案。电子认证业务规则应当包括责任范围、作业操作规范、信息安全保障措施等事项。

电子认证服务提供者收到电子签名认证证书申请后，应当对申请人的身份进行查验，并对有关材料进行审查。电子认证服务提供者签发的电子签名认证证书应当准确无误，并应当载明下列内容：

(1) 电子认证服务提供者名称；

(2) 证书持有人名称；

(3) 证书序列号；

(4) 证书有效期；

(5) 证书持有人的电子签名验证数据；

(6) 电子认证服务提供者的电子签名；

(7) 国务院信息产业主管部门规定的其他内容。

电子认证服务提供者应当保证电子签名认证证书内容在有效期内完整、准确，并保证电子签名依赖方能够证实或者了解电子签名认证证书所载内容及其他有关事项。电子认证服务提供者拟暂停或者终止电子认证服务的，应当在暂停或者终止服务90日前，就业务承接及其他有关事项通知有关各方。电子认证服务提供者拟暂停或者终止电子认证服务的，应当在暂停或者终止服务60日前向国务院信息产业主管部门报告，并与其他电子认证服务提供者就业务承接进行协商，作出妥善安排。电子认证服务提供者未能就业务承接事项与其他电子认证服务提供者达成协议的，应当申请国务院信息产业主管部门安排其他电子认证服务提供者承接其业务。

三、电子签名的法律效力

电子签名附加于数据电文或与之有联系的电子形式中，用来证明签署者的身份，表明签署者同意数据电文中所包含的信息内容。如果该数据电文构成了一项法律文件，那么经过当事人以电子签名签署后，也可作为法律上的原始证据。对电子签名的效力认可同对电子合同本身的有效性认定是紧密相关的。《电子签名法》确认了电子签名和手写签名或印章具有同等的法律效力，为电子签名在电子商务中的使用与推广提供法律依据。要确立电子签名的法律效力，不仅要通过立法确认电子签名的合法性，同时要确认满足电子签名合法性的条件和适用范围。

随着计算机技术及网络技术的发展，人们可以通过文字对话、语音视频对话、电子邮件等方式在网上进行沟通交流、商谈业务、买卖商品，然而随着交易的活跃，产生纠纷的机会也越多，人们在处理纠纷时经常要用到交易过程中产生的文字资料、图像资料、视频资料等来证明自己的主张，为解决这种新的证据类型，2012 年新《刑事诉讼法》和新《民事诉讼法》正式将“电子数据”规定为法定证据种类之一，电子证据在诉讼中取得了合法地位。

根据新《民事诉讼法》第 63 条的规定，证据包括：(1) 当事人的陈述；(2) 书证；(3) 物证；(4) 视听资料；(5) 电子数据；(6) 证人证言；(7) 鉴定意见；(8) 勘验笔录。

电子数据是指与案件事实有关的电子邮件、网上聊天记录、电子签名、网络访问记录等电子形式的证据。电子数据作为证据的种类，它适应了信息技术的飞速发展，以及电子计算机等各类电子设备在社会生活中广泛运用，越来越多的证据以电子数据的形式表现出来。由于电子数据证据本身又有很大的复杂性和特殊性，将其简单地划入某一现有的证据种类或者是分别划入原 7 种证据种类中，依靠对现有的各类证据的运行规则进行修补难以解决电子数据证据所带来的诸多法律难题，也无法充分发挥电子数据证据的证明价值。因此，把电子数据证据作为一种新类型证据来对待，并在司法实践中逐步建立一套自身统一的有关电子数据证据调查收集、质证、认证等的运用规则，将有助于确立“电子世界”的证据法律秩序。

电子数据证据是以数字化的信息编码的形式出现的，能准确地储存并反映有关案件的情况，是对案件具有较强证明力的独立的证据。电子签名符合证据的认定要求。任何实体法上的要件事实——无论是合同成立要件的事实，还是生效要件的事实，或者效力对抗要件的事实，在诉讼法上都毫无例外地表现为证据方法的事实。电子证据作为新增加的证据种类，将大大方便当事人的举证与维权。

当然，新《民事诉讼法》规定的上述“证据”，严格地说只是可以用于证明案件事实的材料（证据材料），其内容是否真实还需要查证。因此，民事诉讼法规定：证据必须查证属实，才能作为认定事实的根据。

第四节　电子合同

一、电子合同的概念和特点

（一）电子合同的概念

电子合同指的是通过电子技术手段缔结的合同。通常，电子合同概念有广义和狭义之分。广义的电子合同是指当事人利用电子手段、光学手段或其他类似手段订立的合同，具体表现为当事人利用网络、采取电子数据交换、电子邮件等方式订立的合同。狭义的电子合同是指以电子数据交换方式（EDI）订立的合同。

（二）电子合同的特点

电子合同作为一种新的合同形式，与传统合同包含的信息大致相同，都是对签订合同各方当事人权利和义务做出约定的文件，其成立同样要具备要约和承诺两个要件。在订立电子合同的过程中，虽然合同的意义和作用没有发生明显的改变，但是电子合同在订立的手段、方法、形式和风险等方面与传统合同相比，具有明显的区别和自身特点。

1. 电子合同交易主体的虚拟性和广泛性

电子合同订立的过程主要采用的是电子形式，通过电子邮件、EDI 等方式进行合同的谈判、签订及履行等。这些电子合同的缔约人就是虚拟化了的自然人、法人和其他组织，而且作为网络上的供应商，可同时与大量客户签订电子合同，交易对象范围很广。

2. 合同订立过程的电子化

电子合同是采用数据电文形式签订的合同。订立合同的双方或者多方在网络上通过电子数据的传递来完成合同的订立。一方电子数据的发出可视为要约，另一方电子数据的回执可看作承诺。

3. 电子合同的标准化和技术化

电子合同利用网络和计算机设备发布各种信息，并通过网络传输，其整个交易过程需要一系列技术标准予以规范，如：电子签名、电子认证等。这些具体的标准是电子合同存在的基础。

4. 电子合同的安全性问题突出

电子合同不同于传统合同，其信息记录多采用磁性介质保存，通过技术手段，可以修改并不留痕迹。同时电子合同的保存和复制也十分方便，复印件和原件有时难以区分。在电子商务中，缔结合同的双方可能在整个交易过程中都不见面，双方的身份难以确认。同时，由于互联网络本身的开放性，还会存在计算机病毒、黑客攻击而造成的数据丢失或程序混乱等问题，可能会造成电子合同的损毁，合同当事人的利益也可能因此受损。

二、电子合同的法律关系

（一）电子合同法律关系的概念

电子合同法律关系是指由民事法律规范确认的以电子手段签订的具有以合同权利和合同义务为内容的社会关系，是人与人之间为实现一定的物质和精神利益而发生的具有合同权利义务内容的社会关系，其构成包括主体、内容、客体这三个基本要素。电子合同法律关系中的双方当事人，是该电子合同的法律关系主体；主体所享有的合同权利和承担的合同义务是电子合同法律关系的内容；电子合同法律关系中主体权利义务所指的对象即涉及的物质和精神利益，是电子合同法律关系的客体。

（二）电子合同法律关系的主体

电子合同法律关系的主体是指在电子合同法律关系中享受权利、承担义务的人,包括自然人、法人或其他非法人组织。他们借助网络定义自己的身份,表达自己的意思,从而达到缔结合同的目的。

1. 主体身份即当事人的确认

电子合同法律关系主体作为合同权利和义务的享有者与承担者,直接影响合同的效力与履行。在任何法律关系中,对当事人身份的认定,都非常重要。在传统环境中,买卖双方缔结合约,多与对方有直接接触或了解。然而,电子合同的订立却存在虚拟性,当事人身份也难以确定。因此,通过电子签名、电子认证等技术手段,对当事人身份加以确认。

2. 当事人行为能力的认定

当事人的行为能力是涉及合同主体的签约资格。商事合同要求当事人应具有完全民事行为能力,这是合同生效的要件之一。然而,在电子合同的订立中,如何认定当事人的行为能力,存在一定困难。在网络交易中,当事人可以化名、或采用虚假身份登录基本商业网站,也存在冒用他人身份的可能性。尽管存在种种困难,但对完全行为能力人而言,行为者自负责任是毫无疑问的。因此,当事人以虚构的身份进行交易的情况下,如果能够查明该行为与其本人的唯一联系,则可认为是当事人以化名进行交易活动,其交易的意思表示是真实的。当然,在确定行为人与其本身的唯一联系性时,就需要前面所提到的电子签名、数字证书等技术与服务。

在电子合同中,虽然当事人的行为方式可能有多种变化,但仍应按照民商法有关当事人行为能力的规定,来认定其效力。

三、电子合同的订立

(一)电子合同的书面形式

合同订立方式符合法律的规定是合同在法律上有效的必要条件,这在大陆法系和英美法系的法律中都有相应的规定。订立电子合同,首先在法律上遇到的问题是形式上的效力问题。

我国《民法通则》第56条规定:“民事法律行为可以采取书面形式、口头形式或者其他形式。法律规定用特定形式的,应当依照法律规定。”

我国《合同法》第10条规定:“当事人订立合同,有书面形式、口头形式和其他形式。法律、行政法规规定采用书面形式的,应当采用书面形式。当事人约定采用书面形式的,应当采用书面形式。”第11条规定:“书面形式是指合同书、信件和数据电文(包括电报、电传、传真、电子数据交换和电子邮件)等可以有形地表现所载内容的形式。”

我国《电子签名法》第4条规定:“能够有形地表现所载内容,并可以随时调取查用的数据电文,视为符合法律、法规要求的书面形式。”

可以看出,电子合同作为合同的一种特殊形式,如今已逐步得到法律的认可,在一定条件下可视为符合法律规范的书面形式。

（二）电子合同订立的程序

电子合同是一种特殊的合同形式，其订立程序仍然遵循基本的合同订立程序。

1. 要约

要约是指订约人一方以合同为目的，向对方所作出的意思表示。在要约关系中，发出要约的人称为要约人；接受要约的人称为受要约人。要约作为一种意思的表示，应当具备一定条件才能成立，具有法律效力。

根据《国际商事合同通则》第 2.2 条的规定，订立一项合同所构成的要约应具备两个条件：一是内容十分确定；二是表明要约人在得到承诺时也受其约束的意旨。我国《合同法》第 14 条规定，作为要约的意思表示应当符合下列条件：内容具体确定；表明经受要约人承诺，即要约人受该意思表示的约束。综合来看，要约的条件应当包括以下几条：

(1) 要约必须是以订立合同为目的的意思表示

要约人发出要约的最终目的在于订立合同，如果一方向他方发出提议，但该提议并不欲发生订立合同的法律后果，该提议就不是要约。

(2) 要约是由具有订约能力的特定人做出的意思表示

既然要约的目的在于订立合同，而合同的订立必须有双方当事人参加。因此，尽管受要约人可以是未来合同的任何一方当事人，但要约人必须是特定的，即必须在客观上是可以确定的，否则，受要约人无法对要约作出承诺，合同也就无法订立。

(3) 要约的内容必须明确具体确定

根据《合同法》第 14 条规定，要约内容必须具体。所谓具体是指要约内容必须具有足以使合同成立的主要条款。合同的主要条款，应当根据合同的性质和内容来加以判断。合同的性质不同，它所要求的主要条款是不同的。所谓确定，是指要约内容必须明确，而不能含糊不清。要约应当使受要约人理解要约人的真实意思，否则无法承诺。

2. 要约与要约邀请

要约邀请是希望他人向自己发出要约的意思表示，应当与要约有所区别。首先，两者的目的不同。要约的目的在于与受要约人签订合同，其作用在于得到受要约人的承诺；要约邀请的目的在于希望他人发出订立合同的要约。其次，两者的性质不同。要约是一种意思表示，发出后会产生一定的法律约束力，要约人违反有效要约，要承担相应的法律责任；要约邀请则是行为人希望订立合同的准备行为，行为人在法律上无须承担责任。

由于电子商务的特殊性，在电子交易中要约和要约邀请更加要注意区分，对于一项意思表示是要约还是要约邀请需要根据具体情形来认定。

3. 承诺

承诺是指受要约人向要约人作出的同意按要约的内容订立合同的意思表示。

承诺必须具备一定条件，才能产生法律效力：

(1) 承诺必须由受要约人向要约人作出

受要约人是要约人所选定的，准备与之订立合同的对方当事人。只有受要约人才有权做出承诺，受要约人做出的承诺，可以由本人进行，也可以授权代理人进行。

(2) 承诺必须是对要约明确表示同意的意思表示

承诺是对要约的同意，否则不构成承诺。承诺人对要约表示同意，即意味着受要约人具有与要约人订立合同的意思，这种同意必须是完全同意，即承诺的内容必须与要约的内容相一致。

(3) 承诺的内容不能对要约的内容做出实质性的变更

英美法中的"镜像原则"就是要求承诺必须像镜子一样照出要约的内容。如果受要约人对要约的内容有所变更，则这种意思表示不构成承诺，而应当看做一种新的要约。但一般来说，承诺对要约的非实质内容变更，并不影响承诺的成立，这种方法在国际贸易中已被采用。这里所指的实质性内容包括：合同标的、数量、质量、价款、履行的期限、履行地点和方式、违约责任、解决争议的方法等。

(4) 承诺应在要约有效期内做出

承诺必须是在有效时间内作出。所谓有效时间，是指要约定有答复期限的，规定的期限内即为有效时间；要约并无答复期限的，通常认为合理的时间(如信件、电报往来及受要约人考虑问题所需要的时间)，即为有效时间。

由于承诺生效后，合同即宣告成立，因此，承诺的生效时间直接决定着合同的成立时间。关于承诺的生效时间，各国法律存在不同的规定。

我国《合同法》采取到达主义，由于电子商务中电子数据交换，电子邮件存在延迟到达和中途丢失的可能性，因此，以此方式做出的承诺可能会存在撤回的可能性和必要性。对于承诺的撤回，我国《合同法》第 27 条规定："承诺可以撤回。撤回承诺的通知应当在承诺通知到达要约人或者与承诺通知同时到达要约人。"在电子商务中，仍然存在撤回承诺的可能性，因此仍需注意。

(三) 电子合同成立的时间和地点

电子合同成立时间，是指电子合同开始对当事人产生法律约束力的时间。一般认为承诺生效的时间即为合同的成立时间。"合同的成立时间关系到合同的存在与否、合同责任和缔约过失责任的区别、合同效力等，因此合同的成立的时间问题也是电子交易上必须注重的一点"①。

对于承诺的生效时间，我国《合同法》第 16 条规定，采用数据电文形式订立合同，收件人指定特定系统接收数据电文的，该数据电文进入该特定系统的时间，视

① 齐爱民，徐亮. 电子商务法原理与实务(第二版). 武汉：武汉大学出版社，2009.

为到达时间;未指定特定系统的,该数据电文进入收件人的任何系统的首次时间,视为到达时间。

电子合同的成立地点,是指电子合同成立的地方。合同的成立地点是确定合同纠纷诉讼案件的地域管辖的依据之一,在准据法的确定等问题上具有重要的参考价值。我国《合同法》第 34 条规定,承诺生效的地点为合同成立的地点,采用电子意思表示形式订立合同的收件人的主要营业地为合同成立的地点,没有主要营业地的,其经常居住地为合同成立的地点,当事人另有约定的从其约定。

我国立法对电子意思表示采取的是“到达主义”,所以规定以收到地点为合同成立的地点,其原因是考虑到当事人意思自治原则和特殊性问题。我国《合同法》第 34 条之所以这样规定,主要是因为电子交易中收件人接收或者检索数据电文的信息系统经常与收件人不在同一管辖区内,上述规定确保了收件人与视为收件地点的所在地有着某种合理的联系,可以说我国《合同法》这一规定充分考虑了电子商务不同于普遍交易的特殊性。

四、电子合同的法律效力

(一) 电子合同法律效力的概念与内容

电子合同的法律效力是指依法成立的电子合同所产生的法律约束力。电子合同的成立并不意味着立即发生法律效力,有的在当事人之间产生法律约束,有的则不然。确定电子合同的效力,首先应当考虑其是否具有法律效力,然后才能确定其可能发生的法律后果。

电子合同是合同的一种特殊形式,电子合同法律效力的内容表现如下:

1. 当事人之间产生合同债权债务

电子合同是当事人自愿做出的意思表示,电子合同一经生效,就在当事人之间形成法律上的权利和义务关系,即产生合同债权债务关系。

2. 当事人须履行电子合同

依法成立的电子合同,受到法律的保护。合同债权的实现,依赖于合同债务的履行。因此,电子合同中的债务人必须履行义务,这是电子合同效力的必然要求。

3. 当事人不能随意变更、解除电子合同

电子合同成立之后,任何一方都必须受到其一致的意思表示的约束,不得随意变更、解除电子合同。只有在双方当事人协商一致,或者出现当事人约定的或者法律规定的事由时,才可变更、解除电子合同。

4. 电子合同是作为处理当事人纠纷的重要依据

电子合同既是合同债权债务发生的法律事实,也是处理当事人之间纠纷的事实根据。按电子合同约定的内容确定当事人之间的权利义务、相关责任,是承认电子合同法律效力的必然结果,也是“私法自治原则”的重要体现。

（二）电子合同的生效要件

电子合同的成立并不等于电子合同的生效，电子合同的生效，是指已经成立的合同符合法律规定的生效要件。根据我国《民法通则》第55条和《合同法》第44条的规定，电子合同的生效一般来说必须具备以下几个法定要件：

1. 行为人具有相应的民事行为能力

行为人具有相应的民事行为能力，本书第5章《合同法》已有阐述。由于无民事行为能力人不具有缔约资格；限制民事行为能力人可以缔约，但是只能进行与之年龄、智力相适应的民事活动；完全民事行为能力人则具有完整的缔约能力。与传统合同一样，电子合同的当事人在缔约时不仅要具有相应的民事行为能力，而且还要具有相应的缔约能力。合同以当事人的意思表示为基础，以产生一定的法律效果为目的，因此行为人必须具备正确理解自己行为的性质和后果，独立表达自己的意思的能力，也即必须具备相应的民事行为能力。

2. 电子意思表示真实

电子意思表示真实，是指利用资讯处理系统或者计算机而为真实意思表示的情形。电子意思表示的形式是多种多样的，包括但不限于电话、电报、电传、传真、电邮、EDI、因特网数据等，具体通过封闭型的EDI网络，局域网与因特网连接开放型的因特网或传统的电信网络进行电子交易信息的传输。在订立电子合同的过程中，电子意思表示能否真实的“代理”合同当事人的意愿，这与电子媒介的特性有关。一般来说，电子意思是特定的当事人作出的意思表示，通过电脑经由网络将该信息予以传递，电子媒介不过是一种电子意思的表达工具而已。即使是利用电脑自动化处理系统自动缔结的电子合同，看似其中没有任何人类积极行为的介入，也无任何将所做成的表示据为已用的行为出现，但因为电子信息处理系统是基于特定人的意思预先设置，依据进入该系统的资料作为变数，进而依设定的程序进行设置者所预定的反应。因此，此项利用电脑及程序所为的意思表示，仍归属与设置者本身而成为意思表示。

3. 不违反法律和社会公共利益

不违反法律和社会公共利益，是指电子合同的内容和目的不违反法律、法规的强制性或禁止性规定，同时不得违反社会公共利益。在我国，凡属于违反法律或违反社会公共利益或者善良风俗的合同，应当认定其无效。

4. 合同必须具备法律所要求的形式

电子商务中，当事人之间使用计算机电子数据交换，合同主要条款也是通过计算机屏幕显示，各方当事人之间由于数据电文往来而形成的电子记录，不存在任何传统意义上的书面形式，因此只能以电子数字签名（加密）的形式，证明合同的成立。计算机技术的不断发展，给人们提供了许多可供选择的技术解决方案，如电子签名、电子认证技术，并将其法定化，电子记录也就实现了法律上关于书面形式的可储存性功能。

1996年12月16日,联合国国际贸易法委员会通过了《电子商务示范法》采用了“功能等同”法,将电子记录视为符合法律规定的书面形式中的一种;我国《合同法》有关书面形式的规定也采用了同类标准。所以,上述电子记录完全具备了法律上关于书面形式的可视性功能要求。我国《电子签名法》第4条规定:“能够有形地表现所载内容,并可以随时调取查用的数据电文,视为符合法律、法规要求的书面形式。”不管合同采用什么载体,只要可以有形地表现所载内容,即视为符合法律对“书面”的要求,这实际上已赋予了电子合同与传统合同同等的法律效力。

以上是电子合同生效的一般要件,有的电子合同还需具备特殊要件,如有些特殊的电子合同还需到有关部门办理批准登记手续后才能生效。

(三)自动交易和电子错误

1. 自动交易

电子自动交易是指当事人通过事先设置的程序,该程序能根据需求状况自动发出和接受信息并作出相应判断以订立合同。自动交易系统可归结为自动信息数据处理系统,这种处理系统在欧美一些国家称为“电子代理人”。它是不需要人的审查或操作,能用于独立地发出、回应电子记录,以及部分或全部地履行合同的计算机程序、电子的或其他自动化手段。

“电子代理人”的本质,并非据有法律人格的主体,只是一种能执行人的意思的智能化的交易工具。它是当事人为了扩大交易机会,减少营销成本,预先在“电子代理人”中设置了常用的商事意思表示的模式,使之能够代替其发出或接受要约。

这种“电子代理人”的思维能力是预设的、有限的,不像自然人一样具有综合判断行为后果的能力,并且它本身也没有自身独立的利益以及承担义务的财产基础,所以不可能具有法律人格。无论根据大陆法系国家的法律,还是根据英美法系国家的法律,均不承认“电子代理人”是民法上的代理人。“电子代理人”不具有独立的人格和财产,不能独立地承担民事责任。它只是合同当事人预先设定的程序,该程序涵盖了当事人预先设定的要约、承诺条件、订立和履行合同的方式等。但作为一种交易工具,我们不能否定其具有辅助当事人订立、履行合同的能力,所以在正常安全的交易情况下,它发送、接收、处理信息实际上就是当事人在发送、接收和处理信息。

美国《统一计算机信息交易法》[①]中对此就做出了规定,该法第206条规定:“合同可以通过电子代理人之间的互相作用订立。如这种互相作用导致电子代理人进行了根据当时的情况意为承诺的操作,则合同成立,但如果该操作是由于欺诈、电

---

① 本章所使用翻译版本来源:电子商务网 http://eb.mofcom.gov.cn/article/ab/d/200810/20081005826450.shtml

子错误或类似情形所引起，则法院可提供适当的救济。”

2. 电子错误问题

电子错误是指没有提供检测并纠正或避免错误的合理方法，消费者在使用一个信息处理系统时产生的电子信息中的错误。这里的“信息处理系统”指的是交易的商家提供的交易平台，而不是指电脑终端用户自己的信息处理系统。

电子错误的构成要件有：① 电子信息须经当事人使用或制定的计算机信息处理系统进行信息传递或信息处理；② 该计算机处理系统的程序设置不完善。在发生电子错误的情况下，这种错误会对合同的效力产生一定的影响。

电子错误产生的根本原因是源于系统本身设计的缺陷，一是没有提供检测错误的合理方法。二是即使提供检测错误的合理方法，或者检测出错误，如果没有提供纠正或避免错误的合理方法而导致最终出错。这也是电子错误，仍然要按照电子错误的规则原则来追究信息处理系统的提供方的责任。这一点要和电脑终端用户自己的操作错误区分开来。

电子信息系统或网络系统，由于系统设计问题、网络堵塞、人为破坏等原因会造成一些故障。对于真正意外事件造成的当事人不能有效履行合同，可以免除部分责任。例如，在一些电子交易中，如果自动交易系统是由商家提供的，而该系统产生的电子错误，消费者接收到了错误的电子意思并做出相应的行为，由此产生的违约责任就不能由消费者承担。

《合同法》第117条，因不可抗力不能履行合同的，根据不可抗力的影响，部分或者全部免除责任，但法律另有规定的除外。当事人迟延履行后发生不可抗力的，不能免除责任。当事人一方因不可抗力不能履行合同的，应当及时通知对方，以减轻可能给对方造成的损失，并应当在合理期限内提供证明。

五、电子合同的履行

电子合同与传统合同相比，最大的不同在于缔结合同的手段形式，而关于电子合同的履行部分，基本可以适用《合同法》中关于合同履行的规定。

（一）电子合同履行的基本原则

1. 适当履行原则

适当履行原则又称为正确履行原则或全面履行原则，是指当事人应当按照约定全面履行自己的义务，即按照合同规定的标的及其质量、数量，由适当的主体在适当的履行期限、履行地点以适当的履行方式，全面完成合同义务。当事人是否适当履行了合同，是决定当事人是否承担违约责任的界限。

2. 协作履行原则

协作履行原则，是指当事人不仅适当履行自己的合同义务，而且应基于诚实信用原则要求对方当事人协助其履行债务的履行原则。它一般包括以下内容：债务人履行合同债务，债权人应适当受领给付；债务人履行债务，时常要求债权人创造必要的条件，提供方便；因故不能履行或不能完全履行时，应积极采取措施避免或减少损失，否则还要就扩大的损失自负其责；发生合同纠纷时，应各自主动承担责任，不得推诿。

协作履行原则是诚实信用原则在电子合同履行方面的具体体现。《合同法》第60条第2款规定："当事人应当遵循诚实信用原则，根据合同的性质、目的和交易习惯履行通知、协助、保密等义务。"

3. 情事变更原则

情事变更原则，是指合同依法成立后，因不可归责于双方当事人的原因发生了不可预见的情事变更，致使合同的基础丧失或动摇，若继续维护合同原有效力则显失公平，允许变更或解除合同的原则。在电子商务交易中，由于网络和数据交换本身存在一定的不可控风险，例如黑客攻击、计算机病毒等，因此对于这些不可见情况造成的合同基础的丧失或动摇，应当允许依情况变更或解除合同。

情事变更原则有其存在的合理性和生命力，我国最高人民法院关于适用《合同法》若干问题的解释(二)中已认可了该原则。情事变更原则的适用条件：(1) 情事变更事由的出现是在合同成立以后；(2) 情事是指订立合同时无法预见的、非不可抗力造成的不属于商业风险的重大变化；(3) 继续履行合同对于一方当事人明显不公或者不能实现合同目的；(4) 情事变更产生须双方均无过错。如果情事变更的产生原因为一方的违约或者其他过错造成的，则不得引用情事变更原则要求变更或者解除合同。

（二）电子合同的履行

电子合同的标的可以是信息产品，也可以是具有一定物理载体的非信息产品。对于非信息产品，其履行方式与传统合同履行方式无太大差异。而对于信息产品，所订立的合同，通常称为电子信息合同，其合同标的为数字化商品，如杀毒软件、各种电脑应用程序，以及一些在网上传输、可以下载的音频、视频等。电子信息产品具有区别于传统买卖标的物的显著特征，比如它不以实物承载作为必要，使用后也没有损耗，而它本身易于复制并可以迅速传播。

电子合同改变了交易方式。通常情况下，电子商务及消费者日常网购多采用电子合同的形式，与传统的买卖合同交易相比，电子合同的买卖双方通常互不见面，具有交易对象广泛、不确定和交易成本低、效率高、方便快捷的特点。因此，与传统的买卖合同交易相比，有诸多不同，从法律的角度来看，主要体现在三个方面：

(1) 合同形式不同。在传统的买卖合同交易方式下，买卖双方多签订书面的、纸质的买卖合同，并且通过签字盖章的方式确认其意思表示。而通过网购达成的买卖合同通常为电子合同，没有纸质的合同文本。

(2) 标的物交付方式不同。从网购的标的物来看，如果是衣服、饰品等普通商品，通常不是由出卖人直接交付给买受人，而是通过快递公司送货完成交付。如果标的物是无实物载体的电子信息产品，比如电子书、游戏软件等，则无实体货物可交付。

(3) 付款方式不同。网上购物的支付方式既有货到付款的，也有通过网上银行支付的，还有通过第三方在线支付的。这与传统货物买卖多采取现金支付的方式不同。

1. 电子信息合同标的物的交付

电子合同的标的可以划分为有形标的与无形标的两类。当某一标的物为有形物时，电子合同的履行与传统合同的履行没有任何不同。当电子合同某一标的物为无形物时，依据交付方式的不同而有所不同，一般可以采取两种方式进行交付：

(1) 将无形标的物装载于有形物中进行交付，比如将计算机软件装载于光盘内再进行交付，是以有形介质为载体，使无形标的交付变有形标的交付的方式，可以适用传统合同履行的有关规定；

(2) 电子传输交付，即通过电子网络中的数据电文往来完成合同标的交付，比如在得到供方许可的前提下，登录到供方的电子网络中将计算机软件下载完成交付或由供方利用电子网络将标的物直接发送到需方的指定系统中即完成交付，这是电子合同独有的交付方式。该方式已经将传统合同履行过程虚拟化，在需方能够按照合同目的有效地占有和支配电子合同项下的标的物时，供方就已经履行了自己所承担的合同义务。

由此可见，由于信息产品自身的特殊性，对于标的物是无实物载体的信息产品买卖合同而言，其合同履行的法律规则具有一定的特殊性。在电子合同的履行过程中，如果买卖双方对交付问题有约定的，遵照其约定；没有约定或者约定不明的，当事人可以协议补充；不能达成补充协议的，按照合同有关条款或者交易习惯确定。如果按照上述规则仍不能确定的，根据最高人民法院关于审理买卖合同纠纷案件适用法律问题的解释的规定，标的物为无需以有形载体交付的电子信息产品，当事人对交付方式约定不明确，且依照合同法第 61 条的规定仍不能确定的，买受人收到约定的电子信息产品或者权利凭证即为交付。换言之，《买卖合同解释》根据电子信息产品的特点，确定了两种具体的交付方式：一是交付权利凭证，比如使用特定信息产品的专用密码，这就是一种权利凭证。二是以在线网络传输的方式接收或者下载该信息产品。

当然，根据该电子信息产品的特性，交付是分阶段进行的，且各阶段所涉及的信息须结合在一起才能构成完整的电子信息产品，则对任一阶段交付的接收并不等于交付的完成，而需在全部信息都已被接收时，才能视为完成交付。如果分阶段交付的电子信息产品内容相对独立，则每一阶段交付的信息被接收时，该部分的电子信息产品即视为完成交付。

在信息合同的履行中，为了使所交付的信息拷贝达到“商业适用性”，即实现其有效的交付,在交付之中往往还随附着一定的义务。电子信息的交付应将如何控制、访问信息的资料交给客户,使之能有效支配所接收的信息。这些义务对于电子信息的交付而言,是必不可少的。

美国《统一计算机信息交易法》第606条第2款规定:拷贝的交付要求交付方将一份符合要求的拷贝置于另一方处置之下并向另一方发出使其能够访问、控制或占有该拷贝的合理必要的通知。交付必须在合理的时间内进行,并且,如果需要,应当交付访问材料以及协议所要求的其他文件。接受交付的一方应准备好适于接受交付的设施。

此外,如果信息附有权利证书的,可通过普遍接受的业务方式予以交付。当然电子信息交付人,在信息交付后仍对信息掌握着一定的控制权,例如对电子信息使用的范围、期限、次数等方面的限制,但这些控制必须是依照合同条款而行使的。否则,将构成违约,承担侵权责任。

2. 电子信息合同履行中的验收

电子信息合同履行过程中,与交付相对应的是检验和接收。分述如下:

(1) 电子信息的检验

电子信息在履行中的检验分为以下两种类型:立即履行的电子信息检验和特定电子信息的检验。立即履行的电子信息属于大众市场许可交易,即面向公众大批量出售的电子信息。此类交易的成交过程短暂,加之信息使用人自身一般不具备专门检验的手段,并且也不需对信息的拷贝进行特别的检验。因为该类信息合同的标的无须经过专业人士检验,根据通常标准即可确定其使用性能与特点,法律也就无须为此规定专门的检验和接收程序,其使用方合法权益的保护,主要是通过消费者协会对劣质电子信息的干涉来实现,如果违反合同的约定,那么,信息提供方应承担违约责任。特定电子信息主要是指根据客户需要专门制作的,该类信息合同的标的需要经过专业人士检验才能确定其使用性能与特点,并且接收方有机会对其进行检验,并赋予接收方在合理条件下进行检验的权利,以保障接收方的合法权益。经过检验,一方交付的合同标的物符合合同目的时,另一方应当按规定方式予以接收,协助对方完成交付行为,不得为此设置任何障碍;另一方交付时,合同一方负有同样的协助义务。

需要专门检验的电子信息拷贝。如果根据合同或法律,接收人有权检验,那么,只有在当事人有合理的机会检验拷贝后,接收才能发生。在这方面外国的立法对我们是有借鉴作用的。美国《统一计算机信息交易法》第608条规定,除非第603条和604条另有规定,如履行要求交付一份拷贝,下列规则应予适用:

① 除非本条中另有规定,接受拷贝的一方于付款或接受交付之前有权在合理的时间和地点以合理的方式对拷贝进行检验以确定其是否符合合同规定;

② 进行检验的一方应承担检验费用;

③ 双方所确定的检验地点或方法或接收的标准应推定为具有排它性。但地

点、方法或标准的确定不推迟合同标的的特定化，或改变交付的地点以及所有权和风险转移的地点。如关于地点或方法的约定嗣后不能，则应按照本条规定进行检验，除非双方所确定的地点或方法是不可或缺的条件，且其不能实现将导致合同的无效。

④ 一方的检验权不得违反既有的保密义务。

(2) 电子信息的接收

电子信息的接收，是指收受方认可并收受合同标的行为。从接收的方式看，有整体接收与部分接收。此外，根据协议还有经查验的接收、标准版本的接收。接收实际上是当事人对合同标的质量、数量的一种同意的表示，它既可由当事人以明示方式作出，也可以从其行为给予推定。

部分接收是与整体接收相对而言的，一般发生于对由多个拷贝构成的一套电子信息制品接收的情况。鉴于整套电子信息拷贝必须协同使用，虽然从形式上分为多个，但实质上应将多个拷贝视为一个整体。美国《统一计算机信息交易法》第609条(c)规定："如协议要求交付分阶段进行，且各阶段所涉及的信息之结合构成完整的信息，则对任一阶段交付的接受直到全部信息都已被接受才生效。"换言之，只有接收人对整体的接收，才能使各部分的接收有效，而部分的接收，并不构成有效的接收。

六、电子合同的违约责任

(一) 违约责任的概念和特征

违约责任是违反合同的民事责任的简称，是指合同当事人一方不履行合同义务或履行合同义务不符合合同约定所承担的民事责任。《民法通则》第111条，《合同法》第107条对违约责任均作出了概括性规定。违约责任具有以下特征：违约责任是一种民事责任；违约责任具有相对性；违约责任是当事人不履行或不完全履行合同的责任；违约责任可以由当事人约定；违约责任具有制裁性和补偿性。

违约责任的构成要件主要包括：有违约行为和无免责事由。前者称为违约责任的积极要件，后者称为违约责任的消极要件。

(二) 违约责任的形式

违约责任是合同法的核心内容，在电子合同中也不例外。当事人一方不履行或不完全履行合同义务，不存在法定或约定免责事由的，应当依据《合同法》第107条规定："当事人一方不履行合同义务或者履行合同义务不符合约定的，应当承担继续履行、采取补救措施或者赔偿损失等违约责任。"据此，违约责任的基本形式有：继续履行、采取补救措施和赔偿损失。除此之外，还包括违约金、定金责任等其他形式。这些违约责任的形式不仅适用于传统合同方式，也适用于电子合同方式。当然，电子合同违约责任的形式也有其自身的特点。

1. 继续履行

继续履行也称强制实际履行,指在违约方不履行合同时,由法院强制违约方继续履行合同债务的违约责任方式。

2. 停止使用

停止使用是指因被许可方的违约行为,许可方在撤销许可或解除合同时,请求对方停止使用并交回有关信息。对于信息许可访问合同,在访问合同发生重大违约或协议中有特别规定的情况下,一方可以中止违约方所有的访问权并指示协助合同履行的任何人中止其协助行为。

3. 继续使用

继续使用是指许可方违反合同,被许可方在未撤销合同的情况下可以继续使用合同项下的信息和信息权。继续使用与继续履行不同,继续履行是有法律强制违约方履行其义务来保护守约方,它是违约方的一种责任,而继续使用是从守约方的角度来保护守约方的利益。同时被许可方可以寻求就未被弃权的违约行为导致的救济。[①]

4. 赔偿损失

赔偿损失是最基本和最重要的违约救济方式,是指违约方以支付金钱的方式弥补受害方因违约行为所减少的财产或者所丧失的利益的责任形式。赔偿损失的确定方式有法定损害赔偿和约定损害赔偿两种。这里与传统合同相似,就不再赘述。

在电子合同的订立和履行的过程中,经营者对消费者有欺诈、胁迫行为的,应当依照《中华人民共和国消费者权益保护法》的规定承担损害赔偿责任。特别是在合同标的物为无形物时,当事人可以通过在合同中约定定金、预付款等方式来敦促对方履行合同,还可以根据《合同法》的有关规定,积极运用所享有的抗辩权,保障自己的合法权益。

在电子商务交易中,如果一方当事人泄漏或者不正当地使用对方商业秘密,也可能构成民事责任。《合同法》第43条规定,当事人在订立合同过程中知悉的商业秘密,无论合同是否成立,不得泄露或者不正当地使用。泄露或者不正当地使用该商业秘密给对方造成损失的,应当承担损害赔偿责任。

(三)违约责任的归责原则

由于电子合同的特殊性,在追究电子合同当时人的违约责任中应当遵循《合同法》中的基本准则,也要根据具体情况考虑免责事由。

1. 严格责任原则

严格责任原则,是指当事人一方不履行合同义务或者履行合同义务不符合约

① 秦成德.电子商务法学.北京:电子工业出版社,2010

定的，应当承担继续履行、采取补救措施或者赔偿损失等违约责任。它不同于过错责任原则，即违约行为发生后，违约方即应承担违约责任，而不以违约方的主观过错作为其承担违约责任的依据，非违约方无需就违约方是否有过错承担举证责任；相反，违约方则需要就自己没有过错或者出现法定免责事由承担举证责任，方可免除违约责任。

2. 过错责任原则

过错责任原则，是指合同当事人违反合同义务且存在过错时才承担违约责任。在电子商务买卖中，合同标的主要有三种：商品交易、信息交易（包括知识产权交易）、提供约定的服务交易。电子合同当事人中的任何一方不履行合同义务或履行合同义务不符合规定的，都应按照《合同法》的规定承担违约责任，在这一点上，电子合同与普通合同并无区别。

3. 严格责任下的免责事由

严格责任告诉人们，责任可以在没有过错的情况下存在，并通过法律认可的免责事由而免除其责任，因而何种情况可以称为免责事由就成为严格责任原则中一个极为重要的问题。在《合同法》中，严格责任下的免责事由包括：不可抗力、债权人过错、法定免责事由以及合同中约定的免责条款等。

在网络环境中，非因自身原因所引起的网络中断、传输错误或黑客攻击、计算机病毒入侵、因政府管制而造成的暂时性网络关闭等原因造成的合同无法正常履行，且当事人尽到了合理注意的义务，并对此无法预见和控制的，可作为免责事由。

复习思考题

1. 试述电子商务法的概念和基本原则。
2. 电子商务法包括哪些法律制度？
3. 电子商务法的主体具有哪些权利和义务？
4. 阐述传统签名与电子签名的异同。
5. 论述电子签名的法律要求。
6. 简述可靠电子签名的标准。
7. 试述电子合同成立与生效的区别。
8. 电子合同的违约责任形式有哪些？
9. 什么是电子合同？电子合同与传统书面合同有何区别？

案例分析题

2011 年 7 月 28 日，当当网店中店“名鞋库”挂出阿迪达斯的一款运动鞋，原价 680 元的该款货品销售价被标为一元。此事迅速在网上流传，引发抢购，部分客户下单购买了上百双运动鞋。次日，部分下单客户发现订单被取消，或接到当当网电话称该款商品缺货。

8月3日，有网民发现当当网的一款三星手机标价110元出售，而该款手机原价为1100元。一小时后，该商品价格被更正，但已经有多位见到消息的网友下单。随后，下单网友反馈称，订单已经被取消。

8月9日，当当网举行亲子图书抢购活动，大量原本卖到一两百元的亲子图书套装以50元左右的抢购价出售。很多网友因此在零点前即守在电脑前等待抢购。有的消费者称，在网上一直守到凌晨六点多补单。但在早上八点过后，有些网友陆续称订单被取消。当当网通过官方微博予以解释，以操作失误、录入价格错误为由取消大量订单。

部分消费者委托律师提起诉讼。律师先后提起59个诉讼，法院受理6个，并对其中一个进行审理，历经10个月的一审、二审，5次开庭，法院判决当当网按照订单向消费者交付书籍。2012年7月，当当网向起诉的原告交付书籍560册，并同意向其他600多位消费者履行合同。

本案是目前中国最大规模的网络购物维权案件，反映了网络购物违约事件或侵权事件频发，受害消费者众多、分布广，立法和司法保护严重滞后，消费者维权难等问题。

案例分析：

1. 在该案例中，网站标示商品价格、网友发订单等行为属于合同行为吗？

2. 当当网单方面以操作失误、录入价格错误为理由取消订单的行为是否合法有效？

第七章　竞争法

第一节　竞争法概述

竞争是指在市场经济条件下，商品生产经营者为实现自身经济利益最大化，而在投资、生产、销售、管理、技术、服务、消费等诸方面，相互角逐的各种争胜行为，它可以促进资源的合理配置和社会经济发展。[①] 竞争往往与限制竞争、不正当竞争相伴而生。放任限制竞争、不正当竞争现象的自由蔓延，会使市场缺陷周期性出现，造成社会财富的分配不公和巨大浪费。单纯依靠商业道德约束来纠正市场缺陷是不现实的，成熟的市场规则和良性的交易惯例应上升为法律规范，通过国家强制力克服限制竞争、不正当竞争带来的消极后果。因此，竞争法是市场经济健康发展的客观要求。

竞争法是经济法的重要组成部分，其概念有广义和狭义之分。所谓狭义或形式意义上的竞争法是指以竞争关系和竞争管理关系为调整对象的法律规范性文件，如《反垄断法》和《反不正当竞争法》。广义或实质意义上的竞争法一般是指"以市场竞争关系和市场竞争管理关系为调整对象，以保护公平、自由竞争为宗旨，以反限制竞争法、反垄断法和反不正当竞争法为核心内容的竞争实体性法律规范和竞争管理程序性法律规范的总和"。[②] 它不仅包括狭义的竞争法，而且还包括散见于其他法律、法规之中的与竞争行为有关的法律规范，如《价格法》、《商标法》、《专利法》、《招标投标法》、《对外贸易法》等。

---

① 种明钊主编. 竞争法学. 北京：高等教育出版社，2002：5

② 种明钊主编. 竞争法. 北京：法律出版社，2002：13

第二节　反不正当竞争法

一、反不正当竞争法概述

（一）反不正当竞争法的概念

反不正当竞争法是指制止经营者采用欺骗、胁迫、利诱以及其他违背诚实信用原则的手段从事市场交易的各种不正当竞争行为，维护公平竞争的商业道德和交易秩序的法律制度。我国形式意义上的反不正当竞争法，即《中华人民共和国反不正当竞争法》；实质意义上的反不正当竞争法，不仅包括形式意义上的反不正当竞争法，还包括《民法通则》中的基本原则；《商标法》、《专利法》、《著作权法》等知识产权专项立法中维护正当竞争秩序的法律规范；《刑法》中有关不正当竞争构成犯罪的规定；《价格法》、《广告法》、《产品质量法》、《招标投标法》等经济法律中有关禁止不正当竞争的法律规范，以及反不正当竞争的地方性法规、行政规章和行政解释等等。

（二）不正当竞争行为的概念

我国《反不正当竞争法》规定的不正当竞争行为，是指经营者违反法律的规定，损害其他经营者的合法权益，扰乱社会经济秩序的行为。“经营者”是指从事商品经营或者营利性服务的法人、其他经济组织和个人。

二、不正当竞争行为的分类与规制

（一）市场混淆行为

市场混淆行为，也称为欺骗性交易行为或仿冒行为，是指经营者采用假冒或模仿等不正当手段，使其商品、营业或服务与他人的商品、营业或服务相混同，导致或者足以导致购买者误认的不正当竞争行为。主要有：

(1) 假冒他人的注册商标；

(2) 擅自使用知名商品特有的名称、包装、装潢，或使用与知名商品近似的名称、包装、装潢，造成和他人的知名商品相混淆，使购买者误认为是该知名商品；

(3) 擅自使用他人的企业名称或姓名，引人误认为是他人的商品；

(4) 在商品上伪造或者冒用认证标志、名优标志等质量标志，伪造产地，对商品质量作引人误解的虚假表示。

经营者假冒他人的注册商标，擅自使用他人的企业名称或者姓名，伪造或者冒用认证标志、名优标志等质量标志，伪造产地，对商品质量作引人误解的虚假表示的，依照我国《商品法》、《产品质量法》的规定处罚。经营者擅自使用知名商品特有的名称、包装、装潢，或者使用与知名商品近似的名称、包装、装潢，造成和他人的知名商品相混淆，使购买者误认为是该知名商品的，监督检查部门应当责令停止违法行为，没收违法所得，可以根据情节处以违法所得 1 倍以上 3 倍以下的罚款；情节严重的，可以吊销营业执照；销售伪劣商品，构成犯罪的，依法追究刑事责任。

（二）滥用独占地位行为

滥用独占地位行为，是指公用企业或者其他依法具有独占地位的经营者限定他人购买其指定的经营者的商品，排斥其他经营者的行为。这相当于垄断法中的滥用市场支配地位的行为。

在我国，公用企业或者其他依法具有独占地位的经营者，不得限定他人购买其指定的经营者的商品，以排挤其他经营者的公平竞争。如有违反，省级或者设区的市的监督检查部门应当责令停止违法行为，可以根据情节处以 5 万元以上 20 万元以下的罚款。

（三）政府及其所属部门限制竞争的行为

政府及其所属部门限制竞争的行为，是指政府及其所属部门滥用行政权力，限定他人购买其指定的经营者的商品，限制其他经营者正当经营活动，或者限制经营者跨地区、跨部门的交易，干扰、阻碍正常的交易活动。本质上该行为属于行政垄断范畴。

在我国，政府及其所属部门不得滥用行政权力，限定他人购买其指定的经营者的商品，限制其他经营者正当的经营活动。政府及其所属部门不得滥用行政权力，限制外地商品进入本地市场，或者本地商品流向外地市场。如有违反，由上级机关责令其改正；情节严重的，由同级或者上级机关对直接责任人员给予行政处分。

（四）商业贿赂行为

商业贿赂行为，是指经营者为获得交易机会或有利的交易条件，为获取优于其竞争对手的竞争优势而采用财物或其他手段贿赂特定经营者或者与经营活动密切相关的个人的行为。商业贿赂行为包括商业行贿与商业受贿两个方面。前者是指经营者为了销售、购买商品或服务，违反法律向交易相对人或其他人员给付财物或其他利益的不正当竞争行为；后者则是指经营者或与经营活动密切相关的人员，违反法律规定，索取或收受他人的财物或其他利益，为他人谋取经济利益的行为。

在我国，经营者不得采用财物或者其他手段进行贿赂以销售或者购买商品。在账外暗中给予对方单位或者个人回扣的，以行贿论处；对方单位或者个人在账外暗中收受回扣的，以受贿论处。经营者销售或者购买商品，可以以明示方式给对方折扣，可以给中间人佣金。经营者给对方折扣、给中间人佣金的，必须如实入账。接受折扣、佣金的经营者必须如实入账。“财物”，是指现金和实物，包括经营者为销售或者购买商品，假借促销费、宣传费、赞助费、科研费、劳务费、咨询费、佣金等名义，或者以报销各种费用等方式，给予对方单位或者个人的财物。“其他手段”是指提供国内外各种名义的旅游、考察等给予财物以外的其他利益手段。“回扣”是指经营者销售商品时在账外暗中以现金、实物或者其他方式退给对方单位或者个人的一定比例的商品价款。“暗中账外”是指未在依法设立的反映其生产经营活动或者行政事业经费收支的财务账上按照财务会计制度规定明确如实记载，包括不记入财物账、转入其他财物账或者做假账等。如有违反，构成犯罪的，依法追究刑事责任；不构成犯罪的，监督检查部门可以根据情节处以 1 万元以上 20 万元以下的罚款，有违法所得的，予以没收。

（五）引人误解的虚假宣传行为

引人误解的虚假宣传行为，是指经营者在商品上，以广告或其他方法，对商品或服务的质量、制作成分、性能、产地等情况作引人误解或虚假宣传的不正当竞争行为。引人误解的虚假宣传包括虚假宣传和引人误解的宣传两种。前者是指经营者对商品的宣传与实际情况不相符合；后者则是指经营者对商品的宣传可能是真实的，但其效果却是引人误解的。对引人误解的虚假宣传行为，应当根据日常生活经验、相关公众的一般注意力、发生误解的事实和被宣传对象的实际情况等因素进行认定。虽以明显的夸张方式宣传商品，不足以造成相关公众误解的，不属于引人误解的虚假宣传行为。

在我国，经营者不得利用广告或者其他方法，对商品的质量、制作成分、性能、用途、生产者、有效期限、产地等作引人误解的虚假宣传。广告的经营者不得在明知或者应知的情况下，代理、设计、制作、发布虚假广告。可以认定为《反不正当竞争法》规定的引人误解的虚假宣传行为：

(1) 对商品作片面的宣传或者对比的；

(2) 将科学上未定论的观点、现象等当做定论的事实用于商品宣传的；

(3) 以歧义性语言或者其他引人误解的方式进行商品宣传的。

经营者利用广告或者其他方法，对商品作引人误解的虚假宣传的，监督检查部门应当责令停止违法行为，消除影响，可以根据情节处以 1 万元以上 20 万元以下的罚款。广告的经营者，在明知或者应知的情况下，代理、设计、制作、发布虚假广告的，监督检查部门应当责令停止违法行为，没收违法所得，并依法处以罚款。

（六）侵犯商业秘密行为

侵犯商业秘密行为，是指经营者或个人为了竞争或个人目的，通过不正当方法获取、披露或使用权利人的商业秘密的行为。所谓“商业秘密”是指不为公众所知悉，能为权利人带来经济利益，具有实用性并经权利人采取保密措施的技术信息和经营信息。“不为公众所知悉”，指有关信息不为其所属领域的相关人员普遍知悉和容易获得。如有下列情形，可以认定有关信息不构成不为公众所知悉：

(1) 该信息为其所属技术或者经济领域的人的一般常识或者行业惯例；

(2) 该信息仅涉及产品的尺寸、结构、材料、部件的简单组合等内容，进入市场后相关公众通过观察产品即可直接获得；

(3) 该信息已经在公开出版物或者其他媒体上公开披露；

(4) 该信息已通过公开的报告会、展览等方式公开；

(5) 该信息从其他公开渠道可以获得；

(6) 该信息无需付出一定的代价而容易获得。

“能为权利人带来经济利益、具有实用性”是指该信息具有确定的可应用性，能为权利人带来现实的或者潜在的经济利益或者竞争优势。权利人为防止信息泄漏所采取的与其商业价值等具体情况相适应的合理保护措施，应当认定为《反不正当竞争法》规定的“保密措施”。“技术信息和经营信息”，包括设计、程序、产品配方、制作工艺、制作方法、管理诀窍、客户名单、货源情报、产销策略、招投标中的标底及标书内容等信息。

经营者不得采用下列手段侵犯商业秘密：

(1) 以盗窃、利诱、胁迫或者其他不正当手段获取权利人的商业秘密；

(2) 披露、使用或者允许他人使用以前项手段获取的权利人的商业秘密；

(3) 违反约定或者违反权利人有关保守商业秘密的要求，披露、使用或者允许他人使用其所掌握的商业秘密。第三人明知或应知上述违法行为，获取、使用或者披露他人的商业秘密，视为侵犯商业秘密。

经营者违反本法规定，给被侵害的经营者造成损害的，应当承担损害赔偿责任，被侵害的经营者的损失难以计算的，赔偿额为侵权人在侵权期间因侵权所获得的利润；并应当承担被侵害的经营者因调查该经营者侵害其合法权益的不正当竞争行为所支付的合理费用。被侵害的经营者的合法权益受到不正当竞争行为损害的，可以向人民法院提起诉讼。违反《反不正当竞争法》的规定侵犯商业秘密的，监督检查部门应当责令停止违法行为，可以根据情节处以 1 万元以上 20 万元以下的罚款。

(七) 不正当的价格竞争行为

不正当的利用价格竞争包括：

(1) 采取高价购买或者以低于成本的价格销售商品的手段，实行亏损性经营，排挤竞争对手。

(2) 价格歧视。价格歧视是指经营者以不正当理由，对相对方在商品价格或者其他交易条件方面实施差别待遇。

(3) 不当价格限制。这是指经营者利用自己的特殊地位对他人销售商品限定价格，通常属于滥用市场支配地位的垄断行为。

经营者不得以排挤竞争对手为目的，以低于成本的价格销售商品。但有下列情形之一的，不属于不正当竞争行为：(1) 销售鲜活商品；(2) 处理有效期限即将到期的商品或者其他积压的商品；(3) 季节性降价；(4) 因清偿债务、转产、歇业降价销售商品。

(八) 搭售或附加不合理条件的行为

搭售和附加不合理条件的行为，是指经营者利用其经济优势，违背交易相对人的意愿，在交易中搭配销售其他商品或附加不合理交易条件的行为。在我国，经营者销售商品，不得违背购买者的意愿搭售商品或者附加其他不合理的条件。

(九) 不正当有奖销售行为

有奖销售，是指经营者在销售商品或提供服务时，为营利的目的，附带性地向购买者或与购买相关的人提供物品、金钱或者其他经济利益的行为。有奖销售包括附赠式有奖销售和抽奖式有奖销售。

不正当有奖销售行为，是指经营者违反诚实信用原则和公平竞争原则，利用物质、金钱或其他经济利益引诱购买者与之交易，排挤竞争对手的不正当竞争行为。在我国，经营者不得从事下列有奖销售：

(1) 采用谎称有奖或者故意让内定人员中奖的欺骗方式进行有奖销售。包括：① 对所设奖的种类、中奖概率、最高奖金额、总金额、奖品种类、数量、质量、提供方法等作虚假不实的表示；② 故意将设有中奖标志的商品、奖券不投放市场或者不与商品、奖券同时投放市场；③ 故意将带有不同奖金金额或者奖品标志的商品、奖券按不同时间投放市场等行为。

(2) 利用有奖销售的手段推销质次价高的商品。此处所称“质次价高”，应根据同期市场同类商品的价格、质量和购买者的投诉进行认定。

(3) 抽奖式的有奖销售，最高奖的金额超过 5000 元。以非现金的物品或者其他经济利益作奖励的，按照同期市场同类商品或者服务的正常价格折算其金额。

此外，经营者举办有奖销售，应当向购买者明示其所设奖的种类、中奖概率、奖金金额或者奖品种类、兑奖时间、方式等事项。属于非现场即时开奖的抽奖式有奖销售，告知事项还应当包括开奖的时间、地点、方式和通知中奖者的时间、方式。经营者对已经向公众明示的上述事项不得变更。违反明示、告知义务，隐瞒事实真相的，视为欺骗性有奖销售。

经营者违反《反不正当竞争法》的规定进行有奖销售的，监督检查部门应当责令停止违法行为，可以根据情节处以 1 万元以上 10 万元以下的罚款。

(十) 商业诋毁行为

商业诋毁行为，也称商业诽谤行为，是指经营者自己或利用他人，通过捏造、散布虚假事实等不正当手段，对竞争对手的商业信誉、商品声誉进行恶意的诋毁、贬低，以削弱其市场竞争能力，并为自己谋取不正当利益的行为。

在我国，经营者不得捏造、散布虚伪事实，损害竞争对手的商业信誉、商业声誉。否则，从事商业诋毁行为造成其他经营者损害的，加害人应当承担损害赔偿责任，被侵害的经营者的损失难以计算的，赔偿额为侵权人在侵权期间因侵权所获得的利润，并应当承担被侵害的经营者因调查该经营者侵害其合法权益的不正当竞争行为所支付的合理费用。

（十一）串通招投标行为

招标投标，是指招标人发出招标的表示，然后投标人分别提出其条件实行公平竞争，招标人选择其中最优者中标，与之订立合同的法律形式。在我国，投标者不得串通投标，抬高标价或者压低标价。投标者和招标者不得相互勾结，以排挤竞争对手的公平竞争。

投标者串通投标，抬高标价或者压低标价；投标者和招标者相互勾结，以排挤竞争对手公平竞争的，其中标无效。监督检查部门可以根据情节处以 1 万元以上 20 万元以下的罚款。

三、反不正当竞争行为的监督检查

各级人民政府应当采取措施，制止不正当竞争行为，为公平竞争创造良好的环境和条件。县级以上人民政府工商行政管理部门对不正当竞争行为进行监督检查；法律、行政法规规定由其他部门监督检查的，依照其规定。此外，国家鼓励、支持和保护一切组织和个人对不正当竞争行为进行社会监督。

县级以上监督检查部门对不正当竞争行为，可以进行监督检查。监督检查部门在监督检查不正当竞争行为时，有权行使下列职权：

(1) 按照规定程序询问被检查的经营者、利害关系人、证明人，并要求提供证明材料或者与不正当竞争行为有关的其他资料；

(2) 查询、复制与不正当竞争行为有关的协议、账册、单据、文件、记录、业务函电和其他资料；

(3) 检查与市场混淆行为有关的财物，必要时可以责令被检查的经营者说明该商品的来源和数量，暂停销售，听候检查，不得转移、隐匿、销毁该财物。

当事人对监督检查部门作出的处罚决定不服的，可以自收到处罚决定之日起 15 日内向上一级主管机关申请复议；对复议决定不服的，可以自收到复议决定书之日起 15 日内向人民法院提起诉讼；也可以直接向人民法院提起诉讼。

第三节 反垄断法

一、垄断与反垄断法概述

（一）垄断的含义

垄断，从法学角度来看，是指经营者或者其他主体在经济活动中所从事或形成

的受法律禁止的限制和阻碍竞争的行为或状态。垄断作为一种社会经济现象,具有以下特征:

(1) 形成垄断的主要方式是独占或有组织的联合行动。垄断者凭借自己在市场中的独占地位,靠操纵市场牟取非法利润,不具有独占地位的经营者则依靠有组织的联合性行动,共同对付市场上的竞争者,牟取垄断利润,排挤弱小企业。

(2) 垄断者进行垄断行为凭借了一定的优势。这种优势可能是经济地位上的优势,也可能是行政权力等。

(3) 垄断限制和排斥竞争。所谓排斥,是指在一定的交易领域内,垄断者使其他企业公司和经营组织的经济活动难以正常进行,从而把它们从市场上驱逐出去的行为。所谓限制,是指垄断者对其他企业公司和经济组织的生产经营活动进行约束,限制它们在经济活动中的自由竞争行为,垄断的排斥和控制力量给竞争者进入市场造成困难。因此,垄断削弱了竞争的效率。

(4) 反垄断法意义上的垄断是法律禁止的垄断,但基于公共利益、国家安全等原因,各国反垄断法都豁免一些垄断行为。

(二) 反垄断法概述

反垄断法作为竞争法的核心,是经济法体系中支柱性法律制度,素有“经济宪法”之称。形式意义上的反垄断法,一般是指以“反垄断法”或“反对限制竞争法”等命名的法律规范性文件(成文法律或法典)。如反垄断法在美国一般称为“反托拉斯法”;在德国一般称为“反对限制竞争法或卡特尔法”;在日本通常称为“禁止垄断法”;中国台湾地区则称“公平交易法”。在我国,形式意义上的反垄断法即指《中华人民共和国反垄断法》。实质意义上的反垄断法,一般是指调整因规制垄断和限制竞争行为而产生的社会关系的法律规范的总称。从内涵上讲,反垄断法是调整因禁止排除或者限制市场竞争的状态或行为而产生的社会关系的法律规范系统;从外延上讲,反垄断法是禁止反竞争的联合行动、滥用市场优势行为、经营者集中行为和行政垄断行为各种法律规范的有机系统或法律规范的总称。

二、垄断协议

(一) 垄断协议的概念

我国《反垄断法》所规定的垄断协议是指排除、限制竞争的协议、决定或者其他协同行为。经营者达成垄断协议是经济生活中一种最常见、最典型的垄断行动,易造成价格固定、划分市场以及阻碍、限制其他经营者进入市场等排除、限制竞争的后果,对市场竞争危害很大,为各国反垄断法所禁止。

(二) 垄断协议的表现形式

1. 横向垄断协议

横向垄断协议又称为水平垄断协议,是指处于同一生产或流通环节的具有平行横向竞争关系的数个经营者,达成的具有排除、限制竞争效果的协议、决定或者其他协同一致的行为。我国规定的禁止的横向垄断协议包括:

(1) 固定或者变更商品价格;

(2) 限制商品的生产数量或者销售数量;

(3) 分割销售市场或者原材料采购市场;

(4) 限制购买新技术、新设备或者限制开发新技术、新产品;

(5) 联合抵制交易;

(6) 国务院反垄断执法机构认定的其他垄断协议。

2. 纵向垄断协议

纵向垄断协议又称为垂直垄断协议,是指处于同一产业链的有供求关系的纵向环节的数个经营者所实施的联合限制竞争行为。我国禁止的纵向垄断协议包括:(1) 固定向第三人转售商品的价格;(2) 限定向第三人转售商品的最低价格;(3) 国务院反垄断执法机构认定的其他垄断协议。

3. 行业协会组织的垄断协议

行业协会通过"行业自律"行为来限制竞争,以行业协会决议的形式限制价格竞争,也属于垄断协议行为的一种表现形式。我国《反垄断法》明确规定:"行业协会不得组织本行业的经营者从事本章禁止的垄断协议行为。"

(三) 垄断协议的豁免

经营者能够证明所达成的协议属于下列情形之一的,不适用关于禁止垄断协议的规定:

(1) 为改进技术、研究开发新产品的;

(2) 为提高产品质量、降低成本、增进效率,统一产品规格、标准或者实行专业化分工的;

(3) 为提高中小经营者经营效率,增强中小经营者竞争力的;

(4) 为实现节约能源、保护环境、救灾救助等社会公共利益的;

(5) 因经济不景气,为缓解销售量严重下降或者生产明显过剩的;

(6) 为保障对外贸易和对外经济合作中的正当利益的;

(7) 法律和国务院规定的其他情形。

因属于前5种情形之一而不适用关于横向垄断协议和纵向垄断协议的规定的,经营者还应当证明所达成的协议不会严重限制相关市场的竞争,并且能够使消费者分享由此产生的利益。

此外,农业生产者及农村经济组织在农产品生产、加工、销售、运输、储存等经营活动中实施的联合或者协同行为,不适用《反垄断法》。

(四) 法律责任

经营者违反《反垄断法》规定,达成并实施垄断协议的,由反垄断执法机构责令停止违法行为，没收违法所得，并处上一年度销售额1%以上10%以下的罚款；尚未实施所达成的垄断协议的，可以处50万元以下的罚款。行业协会违反《反垄断法》规定，组织本行业的经营者达成垄断协议的，反垄断执法机构可以处以50万元以下的罚款；情节严重的，社会团体登记管理机关可以依法撤销登记。但是，经营者主动向反垄断执法机构报告达成垄断协议的有关情况并提供重要证据的，反垄断执法机构可以酌情减轻或者免除对该经营者的处罚。

三、滥用市场支配地位

（一）市场支配地位的含义

市场支配地位，是指经营者在相关市场内具有能够控制商品价格、数量或者其他交易条件，或者能够阻碍、影响其他经营者进入相关市场能力的市场地位。这里所称的相关市场，是指经营者在一定时期内就特定商品或者服务（以下统称商品）进行竞争的商品范围和地域范围。

对于经营者具有市场支配地位的认定，应当依据下列因素：(1) 该经营者在相关市场的市场份额，以及相关市场的竞争状况；(2) 该经营者控制销售市场或者原材料采购市场的能力；(3) 该经营者的财力和技术条件；(4) 其他经营者对该经营者在交易上的依赖程度；(5) 其他经营者进入相关市场的难易程度；(6) 与认定该经营者市场支配地位有关的其他因素。此外，有下列情形之一的，可以推定经营者具有市场支配地位：(1) 一个经营者在相关市场的市场份额达到1/2的；(2) 两个经营者在相关市场的市场份额合计达到2/3的；(3) 三个经营者在相关市场的市场份额合计达到3/4的。

《反垄断法》一般不禁止经营者通过竞争取得市场支配地位，但要禁止经营者滥用其市场支配地位排除、限制竞争的行为。

（二）滥用市场支配地位的表现形式

滥用市场支配地位，是指经营者获得一定的市场支配地位以后滥用这种优势，对市场中的其他经营者进行不公平的交易或者排除竞争对手的行为。在我国，禁止具有市场支配地位的经营者从事下列滥用市场支配地位的行为：(1) 以不公平的高价销售商品或者以不公平的低价购买商品；(2) 没有正当理由，以低于成本的价格销售商品；(3) 没有正当理由，拒绝与交易相对人进行交易；(4) 没有正当理由，限定交易相对人只能与其进行交易或者只能与其指定的经营者进行交易；(5) 没有正当理由搭售商品，或者在交易时附加其他不合理的交易条件；(6) 没有正当理由，对条件相同的交易相对人在交易价格等交易条件上实行差别待遇；(7) 国务院反垄断执法机构认定的其他滥用市场支配地位的行为。此外，经营者依照有关知识产权的法律、行政法规规定行使知识产权的行为，不适用《反垄断法》；但是，经营者滥用知识产权，排除、限制竞争的行为，适用《反垄断法》。

（三）法律责任

经营者违反《反垄断法》规定，滥用市场支配地位的，由反垄断执法机构责令停止违法行为，没收违法所得，并处上一年度销售额1%以上10%以下的罚款。经营者实施滥用市场支配地位行为，给他人造成损失的，依法承担民事责任。

四、经营者集中

（一）经营者集中的含义

经营者集中，是指经营者通过合并、经营者通过取得股权或者资产的方式取得对其他经营者的控制权以及经营者通过合同等方式取得对其他经营者的控制权或者能够对其他经营者施加决定性影响的情形或行为。

（二）经营者集中的法律规制

1. 经营者集中的申报

我国对经营者集中采取了强制事先申报制度。经营者集中达到国务院规定的申报标准的，经营者应当事先向国务院反垄断执法机构申报，未申报的不得实施集中。

经营者向国务院反垄断执法机构申报集中，应当提交下列文件、资料：(1) 申报书；(2) 集中对相关市场竞争状况影响的说明；(3) 集中协议；(4) 参与集中的经营者经会计师事务所审计的上一会计年度财务会计报告；(5) 国务院反垄断执法机构规定的其他文件、资料。申报书应当载明参与集中的经营者的名称、住所、经营范围、预定实施集中的日期和国务院反垄断执法机构规定的其他事项。

经营者提交的文件、资料不完备的，应当在国务院反垄断执法机构规定的期限内补交文件、资料。经营者逾期未补交文件、资料的，视为未申报。

2. 初步审查

国务院反垄断执法机构应当自收到经营者提交的文件、资料之日起30日内，对申报的经营者集中进行初步审查，作出是否实施进一步审查的决定，并书面通知经营者。国务院反垄断执法机构作出决定前，经营者不得实施集中。国务院反垄断执法机构作出不实施进一步审查的决定或者逾期未作出决定的，经营者可以实施集中。

3. 进一步审查与决定

国务院反垄断执法机构决定实施进一步审查的，应当自决定之日起90日内审查完毕，作出是否禁止经营者集中的决定，并书面通知经营者。作出禁止经营者集中的决定，应当说明理由。审查期间，经营者不得实施集中。有下列情形之一的，国务院反垄断执法机构经书面通知经营者，可以延长上述规定的审查期限，但最长不得超过60日：(1) 经营者同意延长审查期限的；(2) 经营者提交的文件、资料不准确，需要进一步核实的；(3) 经营者申报后有关情况发生重大变化的。国务院反垄断执法机构逾期未作出决定的，经营者可以实施集中。

国务院反垄断执法机构审查经营者集中，应当考虑下列因素：(1) 参与集中的经营者在相关市场的市场份额及其对市场的控制力；(2) 相关市场的市场集中度；(3) 经营者集中对市场进入、技术进步的影响；(4) 经营者集中对消费者和其他有关经营者的影响；(5) 经营者集中对国民经济发展的影响；(6) 国务院反垄断执法机构认为应当考虑的影响市场竞争的其他因素。

经营者集中具有或者可能具有排除、限制竞争效果的，国务院反垄断执法机构应当作出禁止经营者集中的决定。对不予禁止的经营者集中，国务院反垄断执法机构可以决定附加减少集中对竞争产生不利影响的限制性条件。国务院反垄断执法机构应当禁止经营者集中的决定或者对经营者集中附加限制性条件的决定，及时向社会公布。对外资并购境内企业或者以其他方式参与经营者集中，涉及国家安全的，除依照《反垄断法》的规定进行经营者集中审查外，还应当按照国家有关规定进行国家安全审查。

(三) 法律责任

经营者违反《反垄断法》规定实施集中的，由国务院反垄断执法机构责令停止实施集中、限期处分股份或者资产、限期转让营业以及采取其他必要措施恢复到集中前的状态，可以处以 50 万元以下的罚款。

五、行政垄断

(一) 行政垄断的含义

行政垄断，是指政府及其经法律、法规授权的具有管理公共事务职能的组织滥用行政权力，排斥、限制竞争或阻碍商品自由流通的行为。所谓滥用行政权力，是指它们既不属于政府维护社会经济秩序而进行的正常经济管理活动，也不属于政府为实现对国民经济的宏观调控而采取的产业政策、财政政策等经济政策和社会政策。

(二) 行政垄断的表现形式

1. 行政强制交易

行政强制交易是指行政机关和法律、法规授权的具有管理公共事务职能的组织限定或者变相限定单位或者个人经营、购买、使用其指定的经营者提供的商品。

2. 地区封锁

地区封锁是指行政机关和法律、法规授权的具有管理公共事务职能的组织滥用行政权力，实施下列行为，妨碍商品在地区之间的自由流通：(1) 对外地商品设定歧视性收费项目，实行歧视性收费标准，或者规定歧视性价格；(2) 对外地商品规定与本地同类商品不同的技术要求、检验标准，或者对外地商品采取重复检验、重复认证等歧视性技术措施，限制外地商品进入本地市场；(3) 采取专门针对外地商品的行政许可，限制外地商品进入本地市场；(4) 设置关卡或者采取其他手段，阻碍外地商品进入或者本地商品运出；(5) 妨碍商品在地区之间自由流通的其他行为。

3. 排斥或者限制外地经营者的招标投标活动

排斥或者限制外地经营者的招标投标活动，是指行政机关和法律、法规授权的具有管理公共事务职能的组织滥用行政权力，以设定歧视性资质要求、评审标准或者不依法发布信息等方式，排斥或者限制外地经营者参加本地的招标投标活动。

4. 排斥或者限制外地经营者投资或者设立分支机构

排斥或者限制外地经营者投资或者设立分支机构，是指行政机关和法律、法规授权的具有管理公共事务职能的组织滥用行政权力，采取与本地经营者不平等待遇等方式，排斥或者限制外地经营者在本地投资或者设立分支机构。

5. 强制经营者从事垄断行为

强制经营者从事垄断行为，是指行政机关和法律、法规授权的具有管理公共事务职能的组织滥用行政权力，强制经营者从事《反垄断法》禁止的垄断行为。

6. 从事排除、限制竞争的抽象行为

从事排除、限制竞争的抽象行为，是指行政机关和法律、法规授权的具有管理公共事务职能的组织滥用行政权力，制定含有排除、限制竞争内容的规定。

我国《反垄断法》除了规定行政机关和法律、法规授权的具有管理公共事务职能的组织不得滥用行政权力，排除、限制竞争，还明确禁止上述六种行政垄断行为。

(三) 法律责任

行政机关和法律、法规授权的具有管理公共事务职能的组织滥用行政权力，实施排除、限制竞争行为的，由上级机关责令改正；对直接负责的主管人员和其他直接责任人员依法给予处分。反垄断执法机构可以向有关上级机关提出依法处理的建议。法律、行政法规另有规定的除外。

六、反垄法执行机构与执行程序

(一) 反垄断执法机构

我国的反垄断机构采取“双层次多机构”的体制，分别设立反垄断委员会和反垄断执法机构。国务院设立反垄断委员会，负责组织、协调、指导反垄断工作，履行下列职责：(1) 研究拟订有关竞争政策；(2) 组织调查、评估市场总体竞争状况，发布评估报告；(3) 制定、发布反垄断指南；(4) 协调反垄断行政执法工作；(5) 国务院规定的其他职责。

国务院规定的承担反垄断执法职责的机构(以下统称国务院反垄断执法机构)依照《反垄断法》规定，负责反垄断执法工作。国务院反垄断执法机构根据工作需要，可以授权省、自治区、直辖市人民政府相应的机构，依照《反垄断法》规定，负责有关反垄断执法工作。

（二）反垄断执行程序

反垄断执法机构依法对涉嫌垄断行为进行调查。对涉嫌垄断行为，任何单位和个人有权向反垄断执法机构举报。反垄断执法机构应当为举报人保密。举报采用书面形式并提供相关事实和证据的，反垄断执法机构应当进行必要的调查。

反垄断执法机构调查涉嫌垄断行为，可以采取以下措施：(1) 进入被调查的经营者的营业场所或者其他有关场所进行检查；(2) 询问被调查的经营者、利害关系人或者其他有关单位或者个人，要求其说明有关情况；(3) 查阅、复制被调查的经营者、利害关系人或者其他有关单位或者个人的有关单证、协议、会计账簿、业务函电、电子数据等文件、资料；(4) 查封、扣押相关证据；(5) 查询经营者的银行账户。采取上述规定的措施，应当向反垄断执法机构主要负责人书面报告，并经批准。

反垄断执法机构调查涉嫌垄断行为，执法人员不得少于 2 人，并应当出示执法证件。执法人员进行询问和调查，应当制作笔录，并由被询问人或者被调查人签字。反垄断执法机构及其工作人员对执法过程中知悉的商业秘密负有保密义务。

被调查的经营者、利害关系人或者其他有关单位或者个人应当配合反垄断执法机构依法履行职责，不得拒绝、阻碍反垄断执法机构的调查。被调查的经营者、利害关系人有权陈述意见。反垄断执法机构应当对被调查的经营者、利害关系人提出的事实、理由和证据进行核实。

反垄断执法机构对涉嫌垄断行为调查核实后，认为构成垄断行为的，应当依法作出处理决定，并可以向社会公布。

七、反垄断法的域外适用

反垄断法的域外适用，是指将作为国内法的反垄断法适用于发生在本国以外但对本国市场有影响的垄断行为的情形。反垄断法作为国内法，虽不能适用于本国领土以外，但随着全球化进程的加快，发生于一国领域外的垄断行为往往会影响到国内市场，因此，作为保护自由和公平竞争关系的反垄断法的域外适用理论被提出来。自 1945 年美国第二巡回上诉法院审理“美国诉美国铝业公司”案，确立了反垄断法域外适用的“效果原则”后，各国纷纷效仿，赋予其反垄断法以域外效力。

我国《反垄断法》明确规定，不仅是中华人民共和国境内经济活动中的垄断行为，如果中华人民共和国境外的垄断行为，对境内市场竞争产生排除、限制影响的，同样适用。

复习思考题

1. 如何理解竞争法中的垄断与不正当竞争的含义。
2. 如何理解商业贿赂与回扣、折扣、佣金之间的关系。
3. 我国《反不正当竞争法》中禁止的不正当销售行为有哪些？

4. 简述垄断协议豁免制度的主要内容。
5. 简述滥用市场支配地位的表现形式。
6. 简述经营者集中的法律规制。
7. 简述行政垄断的表现形式。

案例分析题

案例 1　2009 年“五一节”期间，某市第一百货商场为了推销其积压多年的润肤露开展有奖销售活动，将原价每瓶 100 元提高到 150 元，并宣布：凡购买润肤露满 400 元者，便可获得奖券一张，润肤露售完后举行抽奖仪式，设一等奖一名，奖金两万元；二等奖三名，奖金一万元；三等奖 10 名，奖金 5000 元。顾客纷纷购买这款润肤露，没几天，润肤露便销售一空。经过抽奖，鲜有获奖者，而且顾客买回去的润肤露也存在质量问题。后经了解，中奖人员多为该商场的员工亲属。根据我国《反不正当竞争法》的相关规定，请问：

1. 某市第一百货商场存在哪些违法行为？
2. 对该商场的行为应当如何处理？

案例 2　中国乐客多航空股份有限公司在 A 省民用航空市场上占有 62%—68%的市场份额，自 2007 年起推出三级代理人制度，按照对其的“忠诚度”将代理人分为三级，分别享受不同的销售待遇，包括供应机票种类和促销奖励等。其中第三级待遇最高，优先保证供应其热线航班机票，并给予较高的折扣，条件是不得销售其他航空公司的机票，不得向其他代理商提供该航空公司的机票和航班信息。其他级别待遇依次下降。为了维持这一制度，航空公司还采取了一系列惩罚措施，如装扮成顾客考察代理商的忠诚度，没收代理商销售的其他航空公司机票。通过网络监控代理商每天的售票情况，对不守规的代理商屏蔽该航空公司的航班信息，增加其退票难度等。请问：

该航空公司的行为是否违反了《反垄断法》？其行为是否构成差别性待遇行为，构成不正当竞争行为？为什么？

第八章　产品质量法

第一节　产品质量法概述

一、产品的范围

产品随着人类文明的发达而变得丰富多样，它本质上是人类的劳动成果，是人类利用生产资料对劳动对象加工、制造而形成的一种消费物。然而并非所有的产品都属于产品质量法的调整范围。因为，法律对产品的范围作了一定的限定。

我国《产品质量法》所称产品是指经过加工、制作，用于销售的产品，但建筑工程不适用该法的规定。因为建筑工程作为整体来说属于不动产，涉及到的法律关系更为复杂，应当依靠更加完善的法律加以规范。需要注意的是，建筑工程整体属于不动产，但建设工程使用的建筑材料、建筑构配件和设备，属于产品范围。另外，军工产品和一些法定违禁品不属于《产品质量法》的调整范畴。

因此，《产品质量法》中的"产品"应当从以下几个方面理解：

(1) 具备消费的特性。产品的生产过程是有意识的人类劳动，是维持人类自身生存或者社会发展的消费品。因此，产品如果不具备消费特性，即满足人类需求，是无法进入市场流通的。

(2) 通过加工或制造。加工、制造是指改变原材料、毛坯或半成品的形状、性质或者表面状况，使之达到规定要求的各种工作的统称。[①] 因此，未经加工制造而天然形成的，或者初级农产品等都不属于该法的"产品"。前者如地上自然生长的草莓，河里的水。当然，如果是河里的水，被人抽取净化后装瓶出售，就成为了产品。后者是指种植业、畜牧业、渔业产品等，但不包括经过加工的这类产品。

(3) 具有销售之目的。产品的生产必须以销售为目的，否则也不在《产品质量法》的调整范围之内。例如，雕刻出来仅供个人欣赏的印章、制造出来供自行科研的仪器等，由于它们并不是以销售为目的，因此不能称之为该法中的"产品"。

---

① 刘文琦. 产品责任法律制度比较研究. 北京：法律出版社，1997：134

（4）药品、食品和计量器具优先使用特别法，即《药品管理法》、《食品安全法》和《计量法》。

二、产品质量的内涵

产品具有使用价值，能够满足人类的需求。产品质量本质是使用价值，它是由各种要素所组成，是指在正常的使用条件下，该产品所必须具备的物质、技术、心理和社会特征的总和。[①] 一般意义上，产品质量应当包含以下几个方面：

（1）功能性。产品的使用价值最主要体现在用途上，即能够实现预定的目标或能力。功能性是产品质量最基本的特性，否则就失去作为产品的意义。

（2）安全性。产品在储存、使用过程中不能危害到人类的健康或生命、财产安全。

（3）可靠性。即产品在规定条件和规定的时间内，完成规定功能的程度和能力。一般可用功能效率、平均寿命、失效率、平均故障时间、平均无故障工作时间等参量进行评定。

（4）可维修性。产品在发生故障时能够获得修理、补救并恢复其正常用途的能力，一般包括故障维修速度、售后服务状况等。但不排除某些产品属于一次性使用的，不存在可维修性的情况。

（5）经济性。产品的经济性包括生产的成本、市场的价格，还包括可获得经济利益的程度，即投入与产出的效益。

三、产品质量法

产品质量法，是指调整因产品质量而产生的社会关系的法律规范的总称。1993年2月22日第七届全国人民代表大会常务委员会第三十次会议通过了《中华人民共和国产品质量法》，成为规范产品质量的特别法。2000年7月8日第九届全国人民代表大会常务委员会第十六次会议《关于修改〈中华人民共和国产品质量法〉的决定》进行了第一次修正。该法是一部综合性的法律规范，由于调整的社会关系相对广泛，体现了国家对经济的适度干预和监管，在法律部门的划分上属于经济法的范畴。

第二节　产品质量监督管理

一、产品质量监督管理体系

产品质量的监督管理属于国家公权力对经济的干预行为，因此，它主要是指国

① 参见漆多俊编. 经济法学. 北京：高等教育出版社，2004：198

家质量监督行政机关依据法定职责和权力对产品质量进行监督管理的活动。目前,我国基本上建立了一个由国务院产品质量监督部门主管负责,国务院有关部门在各自的职责范围内分工负责,各级政府质监部门分级管理的纵横管理体系。

(1) 国务院产品质量监督部门主管全国产品质量监督工作。中华人民共和国国家质量监督检验检疫总局(AQSIQ),是中华人民共和国国务院主管全国质量、计量、出入境商品检验、出入境卫生检疫、出入境动植物检疫、进出口食品安全和认证认可、标准化等工作,并行使行政执法职能的正部级国务院直属机构。

(2) 国务院有关部门在各自的职责范围内负责产品质量监督工作。例如,新闻出版产品由国务院新闻出版总署负责管理,烟草产品由国务院烟草专卖局负责管理等等。因此,对于某些产品也常常会出现几个部委的联合执法现象。

(3) 各级地方政府产品质量监督部门负责本行政区域内的产品质量监督工作。各级地方政府的产品质量监督部门实行省以下垂直管理,主要负责组织实施在本行政区域内的产品质量检验监督工作。

二、产品质量监督规范制度

(1) 产品质量的标准制度。《产品质量法》规定,产品质量应当检验合格,不得以不合格产品冒充合格产品。可能危及人体健康和人身、财产安全的工业产品,必须符合保障人体健康和人身、财产安全的国家标准、行业标准;未制定国家标准、行业标准的,必须符合保障人体健康和人身、财产安全的要求。禁止生产、销售不符合保障人体健康和人身、财产安全的标准和要求的工业产品。具体管理办法由国务院规定。

(2) 企业质量体系认证制度。企业质量体系认证的对象是企业保证产品质量的综合能力。国家根据国际通用的质量管理标准,推行企业质量体系认证制度。企业根据自愿原则可以向国务院产品质量监督部门认可的或者国务院产品质量监督部门授权的部门认可的认证机构申请企业质量体系认证。经认证合格的,由认证机构颁发企业质量体系认证证书。企业质量体系认证的依据是国家质监总局颁布的 GB/TI9000—ISO9000 系列国家标准。

ISO9000 认证标准是国际标准化组织(ISO)在 1987 年提出的概念,延伸自旧有 BS5750 质量标准,是指由 ISO/TC176(国际标准化组织质量管理和质量保证技术委员会)制定的国际标准。ISO9000 不是指一个标准,而是一组标准的统称。根据 ISO9000—1:1994 的定义:"ISO9000 组是由 ISO/TC176 制定的所有国际标准。"采用该系列标准已被公认为是国际通行的准则。

(3) 产品质量认证制度。产品质量认证的对象是某种特定的产品。国家参照国际先进的产品标准和技术要求,推行产品质量认证制度。我国的认证采用独立的第三方认证的方式,企业根据自愿原则可以向国务院产品质量监督部门认可的或者国务院产品质量监督部门授权的部门认可的认证机构申请产品质量认证。经认证合格的，由认证机构颁发产品质量认证证书，准许企业在产品或者其包装上使用产品质量认证标志。产品质量认证分为安全认证和合格认证两种，前者针对的是产品主要涉及人身、财产方面；后者认证是向社会表明，该产品达到了相关的质量水平的要求。质量认证本身也是增加产品美誉度和市场竞争力的手段。

(4) 质量监督检查制度。我国质量监督检查分为法定监督和社会监督两个层面：

① 法定监督检查主要是一种行政机关随机抽查的送检制度，一般由国务院产品质量监督部门负责组织实施。县级以上的地方质监部门在本行政辖区内可自行组织抽检。但抽检不得重复进行，即国家抽检的，地方不得重复抽检；上级抽检的，下级不得重复抽检。国务院和省、自治区、直辖市人民政府的质监机关要定期向社会发布抽检报告，并且不得参与产品的监制、监销、推荐和销售活动。

根据《产品质量法》第 15 条的规定，抽检的产品应当是在市场上或者成品仓库中待售的产品，主要包括：可能危及人体健康和人身、财产安全的产品；影响国计民生的重要工业产品；用户、消费者和有关组织反映的有质量问题的产品。对于依法进行的产品质量检查，生产者、销售者均无权拒绝。生产者、销售者如对抽检结果有异议，可以自收到检验结果之日起 15 日内向实施抽检的部门或者其上级部门申请复验，并由复验的质监部门作出结论。复验合格，不再收取检验费；复验不合格的，应当缴纳检验费。

② 社会监督检查主要是消费者和社会团体的监督，这是一种权利对权力的监督。首先，消费者有权就产品质量问题，向产品的生产者、销售者查询；向产品质量监督部门、工商行政管理部门及有关部门申诉，接受申诉的部门应当负责处理。其次，保护消费者权益的社会组织可以就消费者反映的产品质量问题建议有关部门负责处理，支持消费者对因产品质量造成的损害向人民法院起诉。

第三节　生产者和销售者的责任和义务

一、生产者的产品质量责任和义务

(一) 质量保证义务

生产者对其产品负有质量保证的义务。这是法律对生产者强制规定的义务，即使当事人之间有合同的约定，也不得免除或限制这种义务。生产者应当对其生产的产品质量负责，产品质量应当符合下列要求：

(1) 不存在危及人身、财产安全的不合理的危险，有保障人体健康和人身、财产安全的国家标准、行业标准的，应当符合该标准；

(2) 具备产品应当具备的使用性能,但是,对产品存在使用性能的瑕疵作出说明的除外;

(3) 符合在产品或者其包装上注明采用的产品标准,符合以产品说明、实物样品等方式表明的质量状况。

(二) 产品的标识义务

所谓产品标识,是指用于识别产品及其特征、特性所做的有关表示的统称。产品标识可以用文字、符号、标志、标记、数字、图案等表示。产品标识由生产者提供,其主要作用是表明产品的有关信息,帮助消费者了解产品的质量状况和其他有关情况,说明产品的正确使用、保养方法,指导消费。《产品质量法》第 27 条规定,产品或者其包装上的标识必须真实,并符合下列要求:

(1) 有产品质量检验合格证明;

(2) 有中文标明的产品名称、生产厂厂名和厂址;

(3) 根据产品的特点和使用要求,需要标明产品规格、等级、所含主要成分的名称和含量的,用中文相应予以标明;需要事先让消费者知晓的,应当在外包装上标明,或者预先向消费者提供有关资料;

(4) 限期使用的产品,应当在显著位置清晰地标明生产日期和安全使用期或者失效日期;

(5) 使用不当,容易造成产品本身损坏或者可能危及人身、财产安全的产品,应当有警示标志或者中文警示说明;

(6) 裸装的食品和其他根据产品的特点难以附加标识的裸装产品,可以不附加产品标识。

(三) 产品的包装义务

由于产品的种类繁多,在材质、用途方面的差异,使得产品必须有相应的包装,便于其保护、运输、安装、使用和消费。《产品质量法》对一些特殊商品的包装作了强制性规定,即易碎、易燃、易爆、有毒、有腐蚀性、有放射性等危险物品以及储运中不能倒置和其他有特殊要求的产品,其包装质量必须符合相应要求,依照国家有关规定作出警示标志或者中文警示说明,标明储运注意事项。

(四) 生产者的从业禁止行为

《产品质量法》严格限制以下几种生产者的行为:

(1) 生产者不得生产国家明令淘汰的产品。国家明令淘汰的产品,是指国家行政机关按照一定的程序,发布行政命令,宣布不得继续生产、销售的产品。国家明令淘汰的产品,多是属于性能落后,耗能高,效能小,环境污染较大,毒副反应大,对人体健康或者人身、财产安全和动植物安全危害较大的产品。为维护国家利益和社会公共利益,对国家明令淘汰的产品,生产者不得继续生产;销售者在超过规定的时间后,不得继续销售。否则,将依法追究生产者、销售者的法律责任。

(2) 生产者不得伪造产地，不得伪造或者冒用他人的厂名、厂址。伪造产地是一种在产品或其包装上虚假标注产地的欺骗行为。伪造或冒用厂名、厂址，是指在产品或其包装上虚假标注生产厂家名称、地址，或者未经授权标注生产商名称的欺骗行为。上述行为不仅侵犯了消费者的知情权，同时也侵犯了合法厂家的名称权，故为法律所禁止。

(3) 生产者不得伪造或者冒用认证标志等质量标志。产品质量认证是法定的认定机构，根据严格的检验程序，对合格的产品准许其使用其认证标志的行为。产品一旦使用了认证标志，就对社会产生了一种公信力。在产品或包装上非法制造、编造、捏造或者未经许可擅自使用产品质量认证标志的行为，也属于欺诈行为。

(4) 生产者生产产品，不得掺杂、掺假，不得以假充真、以次充好，不得以不合格产品冒充合格产品。根据司法解释，"掺杂、掺假"是指生产者在产品中掺入杂质或者造假，致使产品中有关物质的成分或者含量不符合国家有关法律、法规、标准规定的欺骗行为。"以假充真"是指生产者以一种产品冒充另一种与其特征、特性不同的产品的欺骗行为。"以次充好"是指生产者以低等级、低档次的产品，冒充高等级、高档次的产品的欺骗行为，也包括用废、旧、弃产品冒充新产品的行为。这类行为的行为人的目的是为了牟取非法利润，一般为故意，结果是造成了对消费者的欺骗，损害消费者的合法权益。而所谓合格产品，对于有国家强制性标准的产品来说，是指符合国家的强制性标准；对于没有国家强制性标准的产品来说，是指符合生产者在产品上明确标注所采用的标准。以不合格产品冒充合格产品，是对消费者的欺骗行为，会造成消费者的财产损失，对于可能危及人体健康和人身财产安全的产品，甚至会造成消费者的人身伤害。

二、销售者的产品质量责任和义务

销售者是生产者与消费者之间的纽带，而实际中往往是销售者直接面对消费者，因此，销售者在整个买卖环节中也必须负有相应的法律义务，基本与生产者相同，包括质量保证义务和权利瑕疵担保义务。前者是指要保证所销售的产品质量符合法律规定；后者是指要保证所销售的产品没有第三方会对此主张权利。《产品质量法》具体规定如下：

(1) 销售者应当建立并执行进货检查验收制度，验明产品合格证明和其他标识。

(2) 销售者应当采取措施，保持销售产品的质量。

(3) 销售者不得销售国家明令淘汰并停止销售的产品和失效、变质的产品。

(4) 销售者销售的产品的标识应当符合《产品质量法》第 27 条的规定，即生产者的产品标识义务。

(5) 销售者不得伪造产地，不得伪造或者冒用他人的厂名、厂址。

(6) 销售者不得伪造或者冒用认证标志等质量标志。

(7) 销售者销售产品,不得掺杂、掺假,不得以假充真、以次充好,不得以不合格产品冒充合格产品。

第四节 违反《产品质量法》的法律责任

违反《产品质量法》的规定,生产者、销售者都要承担相应的法律责任。一般而言,违反《产品质量法》的行为主要涉及民事、刑事和行政责任三大类,其中,民事责任最为广泛。

一、民事责任

在产品使用的关系链条中,一般会有生产者、销售者和消费者三个主体。销售者与消费者之间是买卖合同的关系,而生产者和消费者之间虽然没有直接的合同关系,但生产者却有对自己产品的质量保证义务。因此,《产品质量法》将产品质量责任区分为产品瑕疵责任和产品缺陷责任,两者之间有着显著的不同。前者属于合同责任,后者属于侵权责任。

(一) 产品瑕疵责任

产品瑕疵责任是指产品的质量不合格,或者不符合法定或约定的标准,但不具有危害人身和他人财产安全的不合理危险,导致购买者的合法权益受到损害,应当承担的责任。《产品质量法》第 40 条规定:售出的产品有下列情形之一的,销售者应当负责修理、更换、退货;给购买产品的消费者造成损失的,销售者应当赔偿损失:

(1) 不具备产品应当具备的使用性能而事先未作说明的;

(2) 不符合在产品或者其包装上注明采用的产品标准的;

(3) 不符合以产品说明、实物样品等方式表明的质量状况的。

销售者依照前款规定负责修理、更换、退货、赔偿损失后,属于生产者的责任或者属于向销售者提供产品的其他销售者(以下简称供货者)的责任的,销售者有权向生产者、供货者追偿。

产品瑕疵责任的诉讼时效适用于《民法通则》第 136 条的规定,出售质量不合格的商品未声明的,诉讼时效期间为 1 年。

(二) 产品缺陷责任

产品缺陷责任是指因为产品存在的危及人身、财产安全等不合理危险,或者不符合相关国家法律法规规定的安全保障标准,导致购买者、使用者或他人人身、财产(除缺陷产品)损失所应承担的法律责任。

1. 生产者赔偿责任

《产品质量法》第 41 条规定:因产品存在缺陷造成人身、缺陷产品以外的其他财产(以下简称他人财产)损害的,生产者应当承担赔偿责任。

但生产者能够证明有下列情形之一的,不承担赔偿责任,属于免责事由:

(1) 未将产品投入流通的;

(2) 产品投入流通时,引起损害的缺陷尚不存在的;

(3) 将产品投入流通时的科学技术水平尚不能发现缺陷的存在的。

2. 销售者赔偿责任

《产品质量法》第42条规定:由于销售者的过错使产品存在缺陷,造成人身、他人财产损害的,销售者应当承担赔偿责任。销售者不能指明缺陷产品的生产者也不能指明缺陷产品的供货者的,销售者应当承担赔偿责任。

3. 生产者与销售者的连带责任

因产品存在缺陷造成人身、他人财产损害的,受害人可以向产品的生产者要求赔偿,也可以向产品的销售者要求赔偿。属于产品的生产者的责任,产品的销售者赔偿的,产品的销售者有权向产品的生产者追偿。属于产品的销售者的责任,产品的生产者赔偿的,产品的生产者有权向产品的销售者追偿。

4. 产品缺陷责任的诉讼时效

因产品存在缺陷造成损害要求赔偿的诉讼时效期间为2年,自当事人知道或者应当知道其权益受到损害时起计算。因产品存在缺陷造成损害要求赔偿的请求权,在造成损害的缺陷产品交付最初消费者满10年丧失;但是,尚未超过明示的安全使用期的除外。

二、刑事与行政责任

《产品质量法》对产品生产和销售过程中严重的违法行为,给予更为严厉的刑事和行政责任的处罚,并且对相关责任主体做了进一步的扩展,包括服务业的经营者、社会团体和社会中介机构。具体规定如下:

(1) 生产、销售不符合保障人体健康和人身、财产安全的国家标准、行业标准的产品的,责令停止生产、销售,没收违法生产、销售的产品,并处违法生产、销售产品(包括已售出和未售出的产品,下同)货值金额等值以上3倍以下的罚款;有违法所得的,并处没收违法所得;情节严重的,吊销营业执照;构成犯罪的,依法追究刑事责任。

(2) 在产品中掺杂、掺假,以假充真,以次充好,或者以不合格产品冒充合格产品的,责令停止生产、销售,没收违法生产、销售的产品,并处违法生产、销售产品货值金额50%以上3倍以下的罚款;有违法所得的,并处没收违法所得;情节严重的,吊销营业执照;构成犯罪的,依法追究刑事责任。

(3) 生产国家明令淘汰的产品的,销售国家明令淘汰并停止销售的产品的,责令停止生产、销售,没收违法生产、销售的产品,并处违法生产、销售产品货值金额等值以下的罚款;有违法所得的,并处没收违法所得;情节严重的,吊销营业执照。

(4) 销售失效、变质的产品的，责令停止销售，没收违法销售的产品，并处违法销售产品货值金额2倍以下的罚款；有违法所得的，并处没收违法所得；情节严重的，吊销营业执照；构成犯罪的，依法追究刑事责任。

(5) 伪造产品产地的，伪造或者冒用他人厂名、厂址的，伪造或者冒用认证标志等质量标志的，责令改正，没收违法生产、销售的产品，并处违法生产、销售产品货值金额等值以下的罚款；有违法所得的，并处没收违法所得；情节严重的，吊销营业执照。

(6) 产品标识不符合《产品质量法》第27条规定的，责令改正；有包装的产品标识不符合该法第27条第(4)项、第(5)项规定，情节严重的，责令停止生产、销售，并处违法生产、销售产品货值金额30%以下的罚款；有违法所得的，并处没收违法所得。

(7) 拒绝接受依法进行的产品质量监督检查的，给予警告，责令改正；拒不改正的，责令停业整顿；情节特别严重的，吊销营业执照。

(8) 产品质量检验机构、认证机构出具的检验结果或者证明不实，造成损失的，应当承担相应的赔偿责任；造成重大损失的，撤销其检验资格、认证资格。

(9) 社会团体、社会中介机构对产品质量做出承诺、保证，而该产品又不符合其承诺、保证的质量要求，给消费者造成损失的，与产品的生产者、销售者承担连带责任。

(10) 在广告中对产品质量作虚假宣传，欺骗和误导消费者的，依照《中华人民共和国广告法》的规定追究法律责任。

复习思考题

1.《产品质量法》中的“产品”如何定义？

2. 生产者有哪些产品质量责任和义务？

3. 销售者有哪些产品质量责任和义务？

4. 产品瑕疵担保责任和产品缺陷责任有何区别？

5. 产品缺陷责任的生产者的免责事由有哪些？

案例分析题

案例 2010年3月始，农民曾某等100余农户在被告肖某处购买了数量不等的某农药公司生产的氯氰菊酯农药，价格为每支6元，共计购买了4307支。使用一段时间后，村民们发现该药打不死虫，害虫照样滋生，早稻大面积的被虫吃掉，产量严重减产，100余农户遂投诉到当地农业行政综合执法大队，经检验该种农药不合格。之后，被告某农药公司代表及该药的批发商陈某、销售商肖某共同到村里查看现场，并与村民协商了赔偿事宜，双方达成了赔偿协议。尚有95户农户未得到赔偿，经过多次催讨遭拒，将三被告诉至法院。

被告陈某认为，本人不是生产商也不是销售商，不应成为本案被告。应当驳回对本人的诉请。被告肖某认为，“我每年都是在陈某处批发农药均未发现有质量问题。没想到今年的农药有质量问题，对农药的真假我也无法鉴别，也没检测的设备和条件，我也是一个受害者。不应承担责任”。

问题：

1. 被告是否应对农户的损失承担责任？
2. 被告之间是否存在连带责任？为什么？
3. 本案最终应由谁承担农户的损失？为什么？

第九章　消费者权益保护法

第一节　消费者权益保护法概述

一、消费者的含义

《中华人民共和国消费者权益保护法》(以下简称《消费者权益保护法》)第2条规定:"消费者为生活消费需要购买、使用商品或者接受服务,其权益受本法保护;本法未作规定的,受其他法律、法规保护。"

依据上述规定,消费者具有以下特征:(1) 消费者的消费性质属于生活消费。消费包括生产消费和生活消费。《消费者权益保护法》规定的消费者的消费特指生活消费,而不包括生产消费。因生产消费已纳入其他法律进行调整,《消费者权益保护法》将消费者限定为生活消费者。(2) 生活消费的客体可以是商品也可以是服务,它们的共同特点是可以满足人们物质文化生活的需要。(3) 消费者进行消费的方式是多元的,包括购买、使用商品和接受服务等。

至于消费者的主体范围,理论界存在着不同的观点。大多数学者认为消费者应当限定于个体社会成员即自然人。[①] 也有一部分学者认为,在我国,消费者既包括社会个体成员即自然人,也包括购买生活消费品的单位[②],虽然单位的消费大量的是生产消费,但生活消费也是存在的。一般情况下,单位购买生活消费品最后由个人使用,有些情况下单位还专门为个人购买生活消费品。

虽然《消费者权益保护法》并没有把进行生活消费的单位排除在消费者的范围之外,但把消费者限于个别社会成员,却是国际上通行的做法。国际标准化组织(ISO)消费者政策委员会在1978年首届年会上将消费者界定为"以个人消费为目的而购买和使用商品和服务的个体社会成员"。我国国家标准局于1985年制定的《消费者使用说明总则》中也明确规定:消费者是指为了满足个人和家庭的需要而

---

① 毛玉光.消费者权益损害赔偿.北京:人民法院出版社,2000

② 李昌麟、许明月.消费者保护法.北京:法律出版社,1997

购买、使用商品或服务的个体社会成员。考虑到生活消费的本来含义，消费者立法的主要目的在于保护作为弱者的个人，将消费者界定为个体社会成员即自然人比较妥当，单位在某些情况下购买生活消费品所应享有的权利可以通过《合同法》等其他法律、法规加以保护。

另外应当注意，农民购买、使用直接用于农业生产的生产资料，虽不属于生活消费的范围，但《消费者权益保护法》将其作为一种特殊情况列入，也适用该法。

二、消费者运动

消费者运动发端于19世纪末的美国，1891年，在美国纽约成立全美第一个保护消费者权益的组织—纽约消费者协会。1898年，美国成立了世界上第一个全国性的消费者组织—消费者联盟，极大地推动了美国的消费者运动。1960年，美国、英国、荷兰、澳大利亚、比利时等五国在荷兰海牙成立了国际消费者组织联盟(IOCU)。1983年，国际消费者组织联盟将每年的3月15日定为“国际消费者权益日”。中国消费者协会于1987年成为该联盟的正式会员。

我国的消费者运动在20世纪80年代以后得到发展，在消费者运动早期，针对假冒伪劣商品泛滥的现状、“打假”是运动的主要任务。20世纪90年代以后，消费者运动所涉及的领域逐渐拓宽，除了继续“打假”以外，开始越来越关注消费品的安全、商品(服务)的价格、交易公平等问题。

消费者运动的发展促进了消费者保护立法的发展，也极大的唤醒了消费者的权利意识和自我保护意识。消费者运动还使经营者面临巨大的社会压力，在一定程度上遏制了经营者肆意侵害消费者权益的行为，减少了消费者的损失。

三、消费者权益保护法的产生和存在的问题

(一) 消费者权益保护法的产生

要使消费者权益得到强有力的保护，主要是通过法律手段，因此，消费者权益保护法应运而生。世界上第一部正式的消费者权益保护法是日本于1986年制定的《保护消费者基本法》。此后，许多国家相继制定类似法律，如美国是较早注意用法律手段保护消费者利益的国家。从联邦立法看，数量多，范围广，涉及消费领域的方方面面，美国在1906年制定了《联邦食品和药品法》，英国于1987年制定了专门的《消费者利益保护法》。除了专门立法以外，还在诸如反垄断法、反不正当竞争法、产品质量法、广告法等相关法律中规定了对消费者的保护。同时，在商法、行政法、刑法等部门法中也有关于保护消费者权益的实质性规定。

1993年10月31日举行的第八届全国人大常委会第四次会议审议并通过了我国第一部有关消费者权益保护的基本法《中华人民共和国消费者权益保护法》。它的颁布实施，对于保护消费者的合法权益，维护社会经济秩序，促进社会主义经济

健康发展,都具有十分重要的意义。

（二）我国《消费者权益保护法》存在的问题

随着社会主义市场经济的发展,人们的消费水平和消费结构发生了深刻变化,消费领域出现了许多新情况、新问题。我国现行《消费者权益保护法》颁布时间较长,如今的消费热点在《消费者权益保护法》中多未涉及,在某些领域还存在严重侵害消费者合法权益的问题,在相当程度上制约着消费者的消费需求。我国《消费者权益保护法》主要存在以下问题:(1)“消费者”定义不明确,在实践中难以操作。“消费者”是否包括病人、为打假而购买商品或接受服务者,商品房购买者是否是消费者,一直是《消费者权益保护法》适用没有明确的问题。(2)现行法律规定的法律责任过轻,致使价格欺诈、不平等格式条款、虚假广告、强制交易等消费问题大量存在。(3)消费者面临举证难、鉴定难等问题,维权成本过高,合法权益受到损害时得不到及时的救济。因此,《消费者权益保护法》亟待修改,以适应经济的发展,更好的保护消费者的合法权益。

四、消费者权益保护法的概念和适用范围

（一）消费者权益保护法的概念

消费者权益保护法是经济法的重要部门法,是市场规制法的重要组成部分。消费者权益保护法是指调整消费者在购买、使用商品或接受服务时应享有的合法权益的法律规范的总和。消费者权益保护法有狭义和广义之分。广义的消费者权益保护法是指所有保护消费者权益的法律、法规,主要包括《消费者权益保护法》以及《反不正当竞争法》、《产品质量法》、《广告法》、《价格法》等法律、法规中的相关规定。狭义的消费者权益保护法仅指《消费者权益保护法》。

（二）消费者权益保护法的适用范围和调整对象

1. 我国消费者权益保护法的适用范围

我国《消费者权益保护法》第2条规定了其调整范围:消费者为生活消费需要购买、使用商品或者接受服务,其权益受本法保护;本法未作规定的,受其他有关法律、法规保护。

可见该法的适用范围主要包括以下方面:

(1)对人的适用范围。该法适用的消费者首先必须是个体社会成员,即法人和其他社会组织不能成为该法保护的消费者。但个体社会成员不限于直接购买、使用商品和接受有偿服务的人,还包括该商品的其他使用者。其次,消费者必须是进行生活消费的人,而不是进行生产消费的人。

与消费者相对应的另一类主体是经营者,凡是为消费者提供商品的生产者、销售者或提供服务的服务者,都是经营者。

(2)对行为的适用范围。根据《消费者权益保护法》的规定,能适用本法的消费

行为必须是生活消费，生产消费行为不能适用该法。但该法第54条规定："农民购买、使用直接用于农业生产的生产资料，参照本法执行。"这里的农民的消费行为从本质上说是生产消费，但由于农民是个体小生产者，其经济承受能力和法律意识较弱，生产经营能力和经济实力也都无法和其他生产经营者相比，加上现实生活中农民受伪劣农药、化肥和种子坑害的现象十分普遍，所以对农民的特定生产消费行为给予特别的保护，适用该法。

2. 我国消费者权益保护法的调整对象

我国消费者权益保护法的调整对象可以分为以下三方面：(1) 消费者与经营者之间的关系，主要是指经营者应遵循的有关保护消费者权益的法定义务，消费者在消费过程中依法应享有的有关权利，并就经营者违反相关法定义务、损害消费者的合法权益而进行赔偿的过程中产生的法律关系。(2) 国家机关与经营者之间的关系，主要是指为保护消费者的合法权益，国家有关管理机关在对经营者的生产、销售、服务活动制定相关规范，实行监督管理，对侵犯消费者合法权益的行为给予制裁的活动中产生的法律关系。(3) 国家机关与消费者之间的关系，主要是指国家管理机关为保护消费者合法权益，为消费者提供引导、服务和保护等活动中产生的法律关系。

第二节　消费者的权利

一、消费者权利的概念和特征

（一）消费者权利的概念

法律对某种利益的保护，是通过一定的权利和义务关系体现出来的。权利就是法律赋予法律关系主体为一定行为或不为一定行为的资格和可能性。用法律保护消费者的利益，就必须在法律上赋予消费者一定的权利，否则，当消费者在其利益受到损害而要求保护时，就没有法律上的依据。因此，消费者权利就是消费者在购买、使用商品或者接受服务时依法所享有的、并受到法律保护的利益。

（二）消费者权利的特征

我国《消费者权益保护法》所指的消费者权利具有下列特征：

1. 权利主体的特定性

消费者权利与消费者的特定身份相联系，以消费者资格的存在为必要条件。一方面，只有在以消费者的身份购买、使用商品或接受服务时，才能享有这些权利，即消费者的权利是以消费者资格的存在为必要条件的；另一方面，凡消费者，他们在购买、使用商品或接受服务时，都享有这种权利，即消费者权利又是以消费者身份的存在为充分条件的。因此,消费者权利仅指主体作为消费者的一员在从事消费活动时所享有的权利,是特定主体所享有的权利的统称。

2. 权利内容的法律规定性

消费者权利是法律直接规定的权利,具有强制性,任何人不得剥夺,经营者以任何方式剥夺消费者权利的行为无效。《消费者权益保护法》第 24 条规定;"经营者不得以格式合同、通知、声明、店堂告示等方式作出对消费者不公平、不合理的规定,或者减轻、免除其损害消费者合法权益应当承担的民事责任。格式合同、通知、声明、店堂告示等含有前款所列内容的,其内容无效。"因此,消费者权利是由法律直接规定的、具有强制性的利益。

3. 权利的非对等性①

消费者权利的非对等性,是指消费者权利与经营者权利相比,消费者权利优于经营者的权利。消费者与经营者在交易的过程中虽然都享有法律规定的权利,但是法律赋予消费者的权利明显优于经营者的权利。《消费者权益保护法》中规定的消费者的各项权利在传统上大多属于交易当事人意思自治的范围,基于消费者的弱势地位,现代国家将这些权利法定化,因此,消费者权利是法律规定的消费者民事权利的扩张,而经营者权利则属于法律对于经营者在普通民事权利基础上的限制,消费者权益保护法在赋予消费者多项权利的同时又以经营者诸项义务来保证消费者权利的实现。因此,消费者权利与经营者权利是不对等的权利。

二、消费者权利的内容

(一)保障安全权

保障安全权是消费者最基本的权利。它是指消费者在购买、使用商品和接受服务时所享有的人身和财产安全不受损害的权利。我国《消费者权益保护法》第 7 条规定:"消费者在购买、使用商品和接受服务时享有人身、财产安全不受损害的权利。消费者有权要求经营者提供的商品和服务,符合保障人身、财产安全的要求。"产品的安全性是产品的重要特征,不具备安全性的产品就是不合格的、有缺陷的产品。消费者购买和使用商品或接受服务,最重要的一项权利就是保障安全,这是消费者权利中最重要的一项权利,对任何公民而言,生命和健康是基本的人权,生命和健康得不到保障,其他的任何权利、利益也就没有意义,正因为如此,各国消费者权益保护法中,关于消费者权利的保护,首要的是保护消费者的人身和财产安全权。

消费者的人身和财产安全权包括人身安全和财产安全,其主要表现为②:

---

① 金福海.消费者法论.北京:北京大学出版社,2005:47

② 盛杰名,刘剑文.经济法原理与实务.北京:北京大学出版社,2002:101

(1) 经营者提供的商品应具有合理的安全性,不得提供有可能对消费者人身及财产造成损害的不合格产品或服务;

(2) 经营者提供的服务必须具有可靠的安全保障;

(3) 经营者提供的消费场所应当具有必要的安全保障。

按照法律的规定,为行使其安全权,消费者可以要求经营者修理不合格的商品;修理后仍不合格的,可以要求更换;更换后还是不合格的,可以要求退货。消费者人身、财产因不合格商品而受到损害的,可以请求损害赔偿。

(二) 知悉真情权

知悉真情权简称知情权,即消费者享有知悉其购买、使用的商品或接受的服务的真实情况的权利,这是每位消费者作出消费决定的前提。我国《消费者权益保护法》第 8 条规定:"消费者享有知悉其购买、使用的商品或者接受的服务的真实情况的权利。消费者有权根据商品或者服务的不同情况,要求经营者提供商品的价格、产地、生产者、用途、性能、规格、等级、主要成分、生产日期、有效期限、检验合格证明、使用方法说明书、售后服务,或者服务的内容、规格、费用等有关情况。"根据该规定,消费者知情权的内容主要包括以下方面:

(1) 知悉关于商品或服务的基本情况。如商品的名称、商标、产地、生产者名称、生产日期,服务的内容、规格、费用等。

(2) 知悉商品的技术状况。主要包括商品的用途、性能、规格成分、有效期限、使用说明书、检验合格证等。

(3) 知悉商品或服务的价格以及商品的售后服务情况。

消费者的知情权是消费者的重要权利之一,消费者购买、使用商品或接受服务的目的是为了满足自己的生活需要,一种商品或服务能否满足其需要,只有在对该商品或服务进行适当了解的基础上才能知晓,如果消费者对商品或服务缺少基本的信息,便无法知道该商品或服务能否满足自己的需要,也就不会去购买或接受。因此,《消费者权益保护法》规定,知情权为消费者的一项法定权利,而且,为保障该权利的有效行使和实现,该法第 19 条还明确苛以经营者以保障义务及该义务不履行时应负的法律责任:"经营者应当向消费者提供有关商品或者服务的真实信息,不得作引人误解的虚假宣传。经营者对消费者就其提供的商品或者服务的质量和使用方法等问题提出的询问,应当作出真实、明确的答复。"实践中侵犯消费者知情权的情况是较多的,例如虚假商品的宣传,冒用他人的商品名称,冒用质量标志、安全标志,虚报服务价格,销售失效、变质商品等。对此,消费者可以依法主张权利。

另外,需要说明的是,法律上所讲的消费者的知情权,仅限于知悉与其购买、使用的商品或服务有关的信息,与消费者的消费活动无关的信息,不属于消费者的法定知情权的范围。"从立法目的的角度分析,凡与消费者正确判断、选择使用等有直接联系的商品或服务的信息,消费者都有权了解。但是,属于经营者受法律保护的商业秘密范围的信息，不属于消费者知情权的范围，如经营者的专有技术、商品配方、制造工艺、财务信息、营销方案、客户名单等。”①

（三）自主选择权

自主选择权指消费者有依不同标准自由地对商品和服务作出选择，并自主的决定是否购买商品或接受服务的权利。《消费者权益保护法》第 9 条规定：“消费者享有自主选择商品或者服务的权利。消费者有权自主选择提供商品或者服务的经营者，自主选择商品品种或者服务方式，自主决定购买或者不购买任何一种商品、接受或者不接受任何一项服务。消费者在自主选择商品或者服务时，有权进行比较、鉴别和挑选。”

消费者的选择权是消费者满足其消费需要的前提和根本保证，但任何权利都不得滥用，在消费者行使其选择权时，有两个问题应予注意：第一，必须合法行使，不得滥用自主选择权，即其选择权的行使必须符合法律的规定，尊重社会公德，不得侵害国家、集体和他人的利益。第二，消费者的自主选择权并不排斥经营者向消费者进行商品和服务的介绍和推荐，是否购买和接受取决于消费者自己的主观意志，经营者正当的介绍、推荐行为有助于消费者更多的了解商品的性质、用途和服务的真实情况，也是保障其知悉真情权实现的一种方式。

（四）公平交易权

公平交易权是指消费者与经营者进行消费交易时所享有的获得公平交易条件的权利。公平的交易条件关系到消费者的经济利益。根据《消费者权益保护法》第 10 条的规定：“消费者享有公平交易的权利。消费者在购买商品或者接受服务时，有权获得质量保障、价格合理、计量正确等公平交易条件，有权拒绝经营者的强制交易行为。”

消费者和经营者是两个平等的民事主体，他们的法律地位是平等的，各自均没有相对于对方的特权。这种平等地位决定了在消费领域中消费者能够表达其真实的消费意思，并就商品和服务的条件与经营者进行协商。从消费行为来看，经营者就商品或者服务的价格、质量等出具的条件，实质上是一种要约行为。消费者的看货、验货到最终的买受是一种承诺行为，因此，整个消费行为的完成，就是消费者和经营者之间不断协商、最终达成一致意思的结果，而最终意思表示一致，则是公平交易的本质体现。②

消费者的公平交易权可以概括为以下的几个方面：

1. 质量有保障

这是公平交易的前提，即经营者向消费者提供的商品或服务质量应符合法律

① 金福海. 消费者法论. 北京：北京大学出版社，2005：53

② 刘文华，肖乾刚. 经济法律通论. 北京：高等教育出版社，2006：356

规定、通常质量要求及经营者的承诺等。经营者对商品质量有承诺的，应当符合其承诺的质量标准；无明示承诺的，其提供的商品、服务质量应当符合同类产品或服务应有的质量水平，即达到同类产品或服务的一般水平。

2. 要求价格合理的权利

即商品或服务的价格应与其价值大体相符。在指定商品价格和收费标准时，必须按照国家规定的权限和程序以及国家的相关规定执行。

3. 要求计量正确的权利

经营者在提供商品或服务时，应当保证计量准确。

4. 交易自愿

消费者的交易自愿主要表现为其有权拒绝经营者的强制交易。强制交易是经营者违背消费者的意愿，采取各种手段强行推销其商品或服务的行为，主要表现为：威胁、利诱消费者购买其商品或接受其服务；采取死搅蛮缠的方法，尾随、硬拖消费者接受其商品或服务；采取先斩后奏的方法，硬性强塞迫使消费者购物付款等行为。

（五）依法求偿权

依法求偿权是指因经营者的商品或服务本身的原因给消费者造成财产损失或人身损害时，消费者有向经营者索取赔偿的权利，它是实现消费者其他权利的必要保障。我国《消费者权益保护法》第11条规定：“消费者因购买、使用商品或者接受服务受到人身、财产损害的，享有依法获得赔偿的权利。”消费者的求偿权源于民法中的损害赔偿请求权，是民法中的损害赔偿请求权在消费者保护领域中的延伸，它与民法中的损害赔偿请求权在本质上是相同的，都是指受害人的合法民事权利受到损害时所享有的要求加害人赔偿的权利，但由于消费者权益保护法对消费者的倾斜保护，消费者的民事求偿权要比一般的民事求偿权更为周全。

1. 求偿主体的扩充

商品或服务对消费者的侵害可以造成两类求偿主体：一类是购买并消费商品或服务的消费者；另一类是使用他人购买的商品或服务的消费者，在这种情况下，由于受害人与经营者没有契约关系，因此不能追究对方的违约责任，实践中，这一情形一般按照侵权行为来处理。

2. 消费者的求偿权中有惩罚性赔偿的规定

我国《消费者权益保护法》第49条规定：“经营者提供商品或者服务有欺诈行为的，应当按照消费者的要求增加赔偿其受到的损失，增加赔偿的金额为消费者购买商品的价款或者接受服务的费用的一倍。”本条规定的加倍赔偿责任，不同于传统的民事赔偿责任，学理上称其为惩罚性赔偿责任。依据第49条的规定，一般认为，惩罚性赔偿责任的适用范围和适用条件限于经营者向消费者提供商品和服务的欺诈行为。满足欺诈行为需要具备四个条件：经营者有欺诈故意；经营者有欺诈行为;消费者被蒙蔽;消费者因被蒙蔽而购买不符合自己真意的商品或接受服务。此外,我们还应注意该条规定的惩罚性损害赔偿责任是一种法定合同责任。因此,在适用该条时,我们应当注意:首先,由于合同的效力具有相对性的特征,因此惩罚性赔偿责任作为一种合同责任只能由合同的当事人即商品的销售者或服务的提供者承担,而不能由商品的生产者承担;其次,作为一种合同责任,惩罚性赔偿责任的承担需以有效合同的存在为前提。这就使得消费者在受欺诈后的权利主张分化为两种情形;第一,如果消费者根据合同法的规定以受欺诈以后的权利主张撤销了该合同,则其将因合同自始无效而不得主张惩罚性损害赔偿,但这并不妨碍其要求经营者返还不当得利和承担缔约过失责任;第二,如果消费者未行使撤销权,在合同仍有效的情况下,消费者一方面可以依据该条规定要求经营者承担惩罚性赔偿责任,另一方面还可以要求其承担诸如更换瑕疵商品等其他违约责任。[①]

(六)依法结社权

依法结社权是指消费者享有的依法成立维护自身合法权益的社会团体的权利。我国《消费者权益保护法》第12条规定:“消费者享有依法成立维护自身合法权益的社会团体的权利。”依法结社权是随着消费者运动的兴起而在法律上的必然表现,消费者行使结社权是为了保护其自身利益的需要,同时可以促进经营者加强经营管理,提高商品和服务的质量。因为消费者是孤立的、分散的个体社会成员,其面对的经营者却多为具有强大的经济实力的企业,尽管法律规定交易当事人双方法律地位平等,但由于交易双方实力的悬殊,消费者很难在交易中取得真正平等的地位,自己的权益受到侵害时,往往也很难与一些大企业进行对抗。因此,在实践中经常出现消费者在其利益受到损害时却不得不忍气吞声,自认倒霉的情况。同时,经营者为了垄断市场而常常进行联合,这就使消费者更处于不利的地位。因此,赋予消费者结社权,使消费者组织起来,并通过自己的组织维护自身的权益,是保护消费者利益的重要组织保障。

自从世界上第一个消费者组织——“纽约市消费者协会”成立以来百余年间,各国都通过立法赋予消费者协会合法地位,以此来抗衡日益强大的经营者。我国自1982年成立第一个消费者组织团体以来,全国已经成立许多消费者保护团体,他们在维护消费者的权益方面做了大量的工作。

(七)接受教育权

消费者的受教育权,是指消费者享有获得有关消费知识和消费者权益保护知识的权利。此处所讲的知识不是一般意义上的关于消费物品的信息和知识,而是消费过程中必须具备的知识和国家、社会怎样保护消费者利益方面的知识。我国《消费者权益保护法》第13条第1款确立了消费者的这一权利,该条规定:“消费者

---

① 漆多俊.经济法学.武汉:武汉大学出版社,2004:199

享有获得有关消费和消费者权益保护方面的知识的权利。”

消费者的受教育权包括两方面的内容：

1. 获得消费知识教育的权利

即获得关于商品、服务、市场、消费心理等方面的知识，具体指与消费者正确的选购、公平的交易、合理的使用商品或者接受服务有关的知识。国家和社会应当向消费者提供与商品和服务有关的选购、使用、保养等方面的知识，以提高消费者的消费知识水平。

2. 获得消费者权益保护知识教育的权利

主要是指国家保护消费者利益方面的法律、政策、机构等方面的知识，即消费者的权利、经营者的义务、消费者权益受到损害时如何救济和保障以及消费者权利行使时应注意的问题等方面的知识。为了真正的保护消费者的利益，国家和社会有必要采取措施，如通过普法、大众传媒的宣传等，将有关保护消费者权益的一些知识传达给消费者，使消费者懂得如何维护自己的权益。

接受教育权是从知情权中引申出来的一种消费者权利，是知情权的进一步深化，知情权的范围一般仅限于与消费的商品和服务有关的信息，不包括消费者权益保护方面的知识，因此，单单的知情权不足以保护消费者的权利，只有保障消费者的接受教育权，才能使消费者更好的掌握所需商品或服务的知识和使用技能，使其正确使用商品，提高自我保护意识。

（八）获得尊重权

获得尊重权是指消费者在购买、使用商品或接受服务时所享有的人格尊严、民族风俗习惯受到尊重的权利。经营者不得对消费者进行侮辱、诽谤，不得搜查消费者的身体及其携带的物品，不得侵犯消费者的人身自由。消费者的正常交易活动或正当交易不受影响，经营者不得以野蛮的服务方式侵犯消费者的人身权利。《消费者权益保护法》第 14 条规定：“消费者在购买、使用商品和接受服务时，享有其人格尊严、民族风俗习惯得到尊重的权利。”尊重消费者的人格尊严和民族风俗习惯，是社会文明进步的表现，也是尊重和保障人权的重要内容。消费者的获得尊重权分为消费者的人格尊严受尊重和民族风俗习惯受尊重两部分。

消费者的受尊重权属于消费者权利的范围，是消费者的重要权利之一。在消费者的诸多权利中，消费者的受尊重权有其特殊性，主要体现在[①]：

1. 消费者受尊重的权利为消费者的人格权

消费者所享有的权利多数属于财产权的范围，如公平交易权、赔偿请求权等皆为财产权，而消费者受尊重权则是一种人格权，是消费者的人格尊严受尊重的权利，与财产权不同。

---

① 金福海. 消费者法论. 北京：北京大学出版社，2005：64

2. 消费者受尊重的权利主要体现为精神性人格权

人格权中有物质性人格权与精神性人格权之分。物质性人格权,如生命权、健康权、身体权等,侵害物质性人格权一般直接表现为有形的损害,如身体受到伤害。而精神性人格权受到侵害往往表现为无形的损害——精神上的痛苦,如名誉权受到损害。消费者受尊重的权利,主要是消费者的人格尊严受到尊重的权利,它与消费者安全权中侧重保护消费者的物质性人格权,即生命、身体、健康等有所不同。

3. 消费者受尊重的权利为消费者的固有权利

消费者的人格受到尊重是消费者作为一般公民所应享有的基本人权的表现形式之一,是消费者作为人本来就享有的权利,该项权利不是通过消费交易而设定的。而诸如公平交易权、依法求偿权等,并非消费者的固有权利,而是基于特定的交易活动所产生的权利。

(九) 监督批评权

监督批评权简称监督权,是指消费者对于商品和服务以及消费者权益保护法工作进行监察、督导及批评、建议的权利。《消费者权益保护法》第 15 条规定:“消费者享有对商品和服务以及保护消费者权益工作进行监督的权利。消费者有权检举、控告侵害消费者权益的行为和国家机关及其工作人员在保护消费者权益工作中的违法失职行为,有权对保护消费者权益工作提出批评、建议。”监督批评权是公民的宪法性权利在消费者权益保护法中的体现,该权利的有效实施,对于消费者其他权利的实现,对于形成消费者权益保护法运行的良性反馈机制具有重要作用。消费者的该项权利包括两方面的内容①:

1. 消费者有对商品和服务进行监督的权利

对经营者提供的商品和服务的质量进行的监督,对经营者提供的商品和服务的数量进行的监督;对经营者提供的商品和服务的价格进行的监督;对经营者的经营态度、服务作风进行的监督。

2. 消费者有对消费者保护工作进行监督的权利

对于国家进行消费者权益立法的监督;对于消费者权益保护法律的实施的监督;对生产者、经营者的侵权行为有权通过大众传播媒介进行曝光和批评。

随着社会经济的发展,新的经济现象的出现,我国消费者权益保护法规定的上述几项权利已经不能满足消费者在消费过程中的权利需求,因此有学者主张应当在原有的几项权利的基础上增加诸如:保护消费者隐私权的规定;保护消费者网络隐私权的规定;消费者个人信息资料保护的规定;关于虚拟财产的规定等②。

---

① 金福海. 消费者法论. 北京:北京大学出版社,2005:72

② 王利明. 消费者权益保护法的完善,上海:法治论丛,2005(4):8—9.

第三节 经营者的义务

一、经营者义务的一般规定

经营者是为消费者提供其生产、销售的商品或者提供的服务的市场主体，是与消费者直接进行交易的另一方，因此，法律除赋予消费者权利外，还要规定与之相对应的经营者的义务。在消费者与经营者双方的法律关系中，消费者的权利就是经营者的义务，消费者权益的实现过程就是经营者履行义务的过程。我国《消费者权益保护法》专门设立"经营者的义务"一章，通过规定经营者的义务来达到保护消费者正当合法权益的目的。

经营者对消费所承担的义务，可以分为两种类型：一种是法律直接规定的义务，即法定义务；另一种是经营者与消费者通过合同所约定的义务。我国《消费者权益保护法》第16条规定："经营者向消费者提供商品或者服务，应当依照《中华人民共和国产品质量法》和其他有关法律、法规的规定履行义务。经营者和消费者有约定的，应当按照约定履行义务，但双方的约定不得违背法律、法规的规定。"因此，可以说，法定义务是为保护消费者的最基本利益而直接苛以经营者的义务，对经营者而言，可以说是其对消费者承担的最低义务，也是法律对消费者利益的最低保护限度的体现；约定义务，是指按照民事活动的意思自治原则，经营者与消费者在进行某项具体消费交易时，可以就双方的义务进行约定，约定义务在很大程度上是经营者义务的扩大化。

约定的义务必须在法定义务的基础上设定，必须严于法定义务，不能低于法定义务的标准。法定义务是对经营者最基本的要求，是经营者应当履行的最低标准，它具有不可抛弃性与不可更改性，所以，经营者与消费者的约定义务，不得减轻或免除经营者的法定义务，不能违背法律、法规的规定，否则就会无效。

二、经营者义务的具体内容

（一）依法定或约定履行义务

经营者向消费者提供商品或服务，应当依照我国的《产品质量法》和其他有关法律、法规的规定履行义务，即经营者必须依法履行其法定义务。此外，经营者与消费者有约定的，应当按照约定履行义务，但双方的约定不得违背法律、法规的规定，即在不同强行法相抵触的情况下，经营者应依约定履行义务。

（二）听取意见和接受监督的义务

《消费者权益保护法》第17条规定："经营者应当听取消费者对其提供的商品

或者服务的意见，接受消费者的监督。”经营者听取消费者的意见，接受消费者监督的义务是与消费者的监督批评权相对应的，是经营者的一项法定义务。由于经营者与消费者总是处于既对立又依赖的关系，在赋予消费者监督权的同时，强调经营者有接受监督的义务，对经营者转变经营观念，有意识的站在消费者的立场上检验自己的工作，认真听取消费者意见，从而自觉接受批评与监督是十分必要的。

（三）保证商品和服务安全的义务

《消费者权益保护法》第18条规定：“经营者应当保证其提供的商品或者服务符合保障人身、财产安全的要求。对可能危及人身、财产安全的商品和服务，应当向消费者作出真实的说明和明确的警示，并说明和标明正确使用商品或者接受服务的方法以及防止危害发生的方法。经营者发现其提供的商品或者服务存在严重缺陷，即使正确使用商品或者接受服务仍然可能对人身、财产安全造成危害的，应当立即向有关行政部门报告和告知消费者，并采取防止危害发生的措施。”消费者购买商品或接受服务是为了满足个人生活消费需求，人身、财产安全受到威胁，不仅需求无法满足，现有利益还要受到损害，这完全违背了商品生产和交换的初衷。安全权是消费者的最基本权利，保障商品和服务安全的义务也就成为经营者的一项法定义务。

（四）提供真实信息的义务

《消费者权益保护法》第19条规定：“经营者应当向消费者提供有关商品或者服务的真实信息，不得作引人误解的虚假宣传。经营者对消费者就其提供的商品或者服务的质量和使用方法等问题提出的询问，应当作出真实、明确的答复。商店提供商品应当明码标价。”第20条规定：“经营者应当标明其真实名称和标记。租赁他人柜台或者场地的经营者，应当标明其真实名称和标记。”经营者有义务提供一切真实信息，不作虚假宣传，这是消费者实现知情权的保障。这一义务包括：(1)经营者应当向消费者提供有关商品或者服务的真实信息，不得作引人误解的虚假宣传；(2)经营者对消费者就其提供的商品或者服务的质量和使用方法等问题提出的询问，应当作出真实、明确的答复；(3)商店提供商品应当明码标价；(4)经营者应当标明其真实名称和标记；(5)租赁他人柜台或者场地的经营者，应当标明其真实名称和标记。商品经济中信息失真现象是引起消费者问题的原因之一。消费者对商品或服务正确的判断、评价、选择、使用，均有赖于经营者提供必要的真实信息。因此，此项义务有助于克服信息失真的消极影响，改善消费者的地位。

（五）出具相应凭证和单据的义务

《消费者权益保护法》第21条规定：“经营者提供商品或者服务，应当按照国家有关规定或者商业惯例向消费者出具购货凭证或者服务单据；消费者索要购货凭证或者服务单据的，经营者必须出具。”购货凭证和服务单据通常表现为发票、收据、保修单等形式，它是经营者与消费者之间签订合同的凭证，是消费者享受有关权利以及受到损害时向经营者索赔的法定依据。因此,经营者应当主动依照法律规定或者商业习惯向消费者出具凭证或单据,该凭证或单据应当按照规定的方式制作,条目齐备、填写正确。消费者要求购货凭证或服务单据时,经营者必须出具,拒不出具的要受到有关机关的制裁,消费者也有权解除合同。

(六) 担保商品或者服务品质的义务

《消费者权益保护法》第 22 条规定:“经营者应当保证在正常使用商品或者接受服务的情况下其提供的商品或者服务应当具有的质量、性能、用途和有效期限;但消费者在购买该商品或者接受该服务前已经知道其存在瑕疵的除外。经营者以广告、产品说明、实物样品或者其他方式表明商品或者服务的质量状况的,应当保证其提供的商品或者服务的实际质量与表明的质量状况相符。”即经营者应当保证提供的商品或者服务的品质。品质担保义务来源于民法中的物的瑕疵担保义务,它是各国法律普遍确立的经营者的义务之一。所谓瑕疵,是指商品或服务存在非根本性的缺点,即该商品的使用或该服务的接受并不导致对人体健康和财产安全的危害,仅是在质量、性能、用途上不能完全达到商品或服务应有的质量要求。

(七) 保证提供可提供的商品或服务义务①

经营者对已有的、可提供的商品和服务,应当保证提供;不得寻找借口拒绝提供,如对供不应求的紧俏商品不上柜台而进行内部销售、出租车司机无正当理由而拒载等。

(八) 保证售后服务义务

《消费者权益保护法》第 23 条规定:“经营者提供商品或者服务,按照国家规定或者与消费者的约定,承担包修、包换、包退或者其他责任的,应当按照国家规定或者约定履行,不得故意拖延或者无理拒绝。”传统民法理论中,有关售后服务的问题几乎完全由当事人双方通过契约约定,成为一种纯粹的约定义务。在消费者保护领域,为防止出现某些经营者重销售、轻售后服务的现象,切实保障消费者利益的实现,法律规定经营者必须建立健全售后服务体系,这就将经营者的这一民法上的约定义务扩张至法定义务,从而突破了传统民法理论的桎梏。②

(九) 不得为不当免责的义务

《消费者权益保护法》第 24 条规定:“经营者不得以格式合同、通知、声明、店堂告示等方式作出对消费者不公平、不合理的规定,或者减轻、免除其损害消费者合法权益应当承担的民事责任。格式合同、通知、声明、店堂告示等含有前款所列内容的,其内容无效。”有些经营者从自己利益出发,通过各种单方面的规定对消费者

---

① 李昌麒.经济法学.北京:中国政法出版社,2002:333

② 赵康、谭玲.经济法新论.北京:法律出版社,2002:109

作出不公平、不合理的规定,并以此来减轻或免除自己应承担的责任。因此,我国消费者权益保护法规定经营者不得从事不合理、不公平的交易行为,具体包括:经营者提出的一般契约条款应当公平、合理;经营者不得通过一般契约条款免除其损害消费者利益的责任;不公平、不合理及不当免责约定无效。

(十) 尊重消费者人格尊严的义务

《消费者权益保护法》第 25 条规定:"经营者不得对消费者进行侮辱、诽谤,不得搜查消费者的身体及其携带的物品,不得侵犯消费者的人身自由。"这项义务是与消费者的获得尊重权相对应的。消费者的人身权是其基本人权,消费者的人身自由、人格尊严不受侵犯。侵犯消费者的人格尊严是一种严重的侵权行为,因此,引起的责任当然不能通过一般契约条款加以免除,如有些店堂告示称"对带入本店的任何物品,本店有检查的权利",诸如此类的店堂告示当然是无效的,而且是对消费者人格的一种侵害,有关国家机关应及时予以制止。当然,这也不能排除极个别消费者在购买商品或接受服务过程中,对经营者的财产有盗窃、损害之类行为时,经营者可以采取的自助行为。

第四节　消费者合法权益的保护

一、国家对消费者合法权益的保护

依据我国《消费者权益保护法》第 4 章的规定,国家对消费者的合法权益的保护作出了明确的规定。

(一) 立法机关的保护

国家在制定有关消费者权益的法律、法规和政策时,应当听取消费者的意见和要求。此外,立法机关在把消费者政策上升为法律时,也应听取消费者的意见和要求。

(二) 行政机关的保护

各级人民政府应当加强领导、组织、协调、督促有关行政部门做好保护消费者合法权益的工作。各级人民政府应当加强监督,预防危害消费者人身、财产安全的行为发生,及时制止危害消费者人身、财产安全的行为。

各级人民政府工商行政管理部门和其他有关的行政部门应当依照法律、法规的规定,在各自的职责范围内,采取措施,保护消费者的合法权益。有关行政部门应当听取消费者及其社会团体对经营者交易行为、商品和服务质量问题的意见,及时调查处理。

（三）对违法犯罪行为者有惩处权利的国家机关的保护

有关国家机关应当依照法律、法规的规定，惩处经营者在提供商品和服务中侵害消费者合法权益的违法犯罪行为，以切实保护消费者的合法权益。

（四）人民法院的保护

人民法院应当采取措施，方便消费者提起诉讼。对符合《中华人民共和国民事诉讼法》起诉条件的消费者权益争议，必须受理，并应及时审理，以使消费者权益争议尽快得到解决。

二、消费者组织对消费者合法权益的保护

消费者组织是指依法成立的对商品和服务进行社会监督的保护消费者合法权益的社会团体，包括消费者协会和其他消费者组织。消费者组织设立的宗旨是对商品和服务进行社会监督，保护消费者合法权益，因此，法律禁止消费者组织从事商品经营和营利性服务，禁止以牟利为目的向社会推荐商品和服务。

从1983年起，我国陆续成立了一大批消费者组织，其中最主要的是中国消费者协会和地方各级消费者协会。这些消费者组织在保护消费者合法权益方面起着重要作用。因此，《消费者权益保护法》充分肯定了消费者协会的法律地位，并赋予它可履行以下职能：

(1) 向消费者提供消费信息和咨询服务；

(2) 参与有关行政部门对商品和服务的监督检查；

(3) 就有关消费者合法权益的问题，向有关行政部门反映、查询、提出建议；

(4) 受理消费者的投诉，并对投诉事项进行调查、调解；

(5) 投诉事项涉及商品和服务质量问题的，可以提请鉴定部门鉴定，鉴定部门应当告知鉴定结论；

(6) 就损害消费者合法权益的行为，支持受损害的消费者提起诉讼；

(7) 对损害消费者合法权益的行为，通过大众传播媒介予以揭露、批评。

各级人民政府对于消费者协会履行职能应当予以支持。

第五节 消费者争议的解决与法律责任

一、解决争议的途径

消费者和经营者发生消费者权益争议的，可以通过下列途径解决：

(1) 与经营者协商和解；(2) 请求消费者协会调解；(3) 向有关行政部门申诉；(4) 根据与经营者达成的仲裁协议提请仲裁机构仲裁；(5) 向人民法院起诉。

二、责任主体

由于商品从生产到消费需经过若干中间环节，即商品需通过生产者、销售者，最后才能到达消费领域。为了防止和避免生产者和销售者之间相互推诿，保证消费者合法权益得到保护，《消费者权益保护法》对损害赔偿责任主体确定作出了较为详细的规定。

（一）损害赔偿责任主体确定的一般规定

消费者在购买、使用商品时，其合法权益受到损害，可以向销售者要求赔偿。销售者赔偿后，属于生产者责任或属于向销售者提供商品的其他销售者的责任的，销售者有权向生产者或其他销售者追偿。

消费者或其他受害人因商品缺陷造成人身、财产损失的，可以向销售者要求赔偿，也可以向生产者要求赔偿。属于生产者责任的，销售者赔偿后，有权向生产者追偿。属于销售者责任的，生产者赔偿后，有权向销售者追偿。

消费者在接受服务时，其合法权益受到损害的，可以向提供服务者要求赔偿。

（二）损害赔偿责任主体确定的特殊规定

消费者在购买、使用商品或接受服务时，其合法权益受到损害。如果原销售商品或提供服务的企业分立、合并的，可以向变更后承受其权利义务的企业要求赔偿。

使用他人营业执照的违法经营者提供商品或服务，损害消费者合法权益的，消费者可向其要求赔偿，也可向营业执照的持有人要求赔偿。

消费者在展销会、租赁柜台购买商品或接受服务，其合法权益受到损害的，可以向销售者或服务者要求赔偿。展销会结束或柜台租赁期满后，也可向展销会举办者、柜台的出租者要求赔偿。展销会的举办者、柜台的出租者赔偿后，有权向销售者或服务者追偿。

消费者因经营者利用虚假广告提供商品或服务，使其合法权益受到损害的，可以向商品经营者要求赔偿。广告经营者发布虚假广告的，消费者可以请求行政主管部门予以惩处。广告的经营者不能提供经营者的真实名称、地址的，应当承担赔偿责任。

三、民事责任

经营者提供商品或服务有下列情形之一的，应当依照《消费者权益保护法》、《产品质量法》和其他有关法律、法规的规定，承担民事责任：(1) 商品存在缺陷的；(2) 不具备商品应当具备的使用性能而出售时未作说明的；(3) 不符合在商品或者其包装上不注明采用的商品标准的；(4) 不符合商品说明和实物样品等方式表明的质量状况的；(5) 生产国家明令淘汰的商品或销售失效、变质的商品的；(6) 销售的商品数量不足的;(7) 服务的内容和费用违反约定的;(8) 对消费者提出的修理、重作、更换、退货、补足商品数量、退还货款和服务费用或赔偿损失的要求,故意拖延或无理拒绝的;(9) 法律、法规规定的其他损害消费者权益的情形。

1. 侵犯消费者人身权的民事责任。

(1) 经营者提供商品或服务,造成消费者或其他受害人人身伤害的,应当支付医疗费、医疗期间的护理费、因误工减少的收入等费用;造成残疾的,还应当支付残疾者生活自助费、生活补助费、残疾赔偿金以及由其扶养的人所必需的生活费等费用。

(2) 经营者提供商品或服务,造成消费者或其他受害人死亡的,应当支付丧葬费、死亡赔偿金以及由死者生前扶养的人所必需的生活费等费用。

(3) 经营者侵害消费者的人格尊严或侵犯消费者人身自由的,应当停止侵害、恢复名誉、消除影响、赔礼道歉,并赔偿损失。

2. 侵犯消费者财产权的民事责任。

(1) 经营者提供商品或服务,造成消费者财产损害的,应当按照消费者的要求,以修理、重作、更换、退货、补足商品数量、退还货款和服务费用或赔偿损失等方式承担民事责任。消费者与经营者另有约定的,按照约定履行。

(2) 对国家规定或经营者与消费者约定"包修、包换、包退"的商品,经营者应当负责修理、更换或退货。在保修期内两次修理仍不能正常使用的,经营者应当负责更换或退货。对包修、包换、包退的大件商品,消费者要求经营者修理、更换、退货的,经营者应当承担运输等合理费用。

(3) 经营者以邮购方式提供商品的,应当按照约定提供。未按照约定提供的,应当按照消费者的要求履行约定或退还货款,并应当承担消费者必须支付的合理费用。

(4) 经营者以预收款方式提供商品或服务的,应当按照约定提供。未按照约定提供的,应当按照消费者的要求履行约定或退回预付款,并应当承担预付款的利息和消费者必须支付的合理费用。

(5) 依法经有关行政部门认定为不合格的商品,消费者要求退货的,经营者应当负责退货。

3. 惩罚性赔偿责任。

根据《消费者权益保护法》第 49 条的规定,经营者提供商品或服务有欺诈行为的,应当按照消费者的要求增加赔偿其受到的损失,增加赔偿的金额为消费者购买商品的价款或接受服务的费用的 1 倍。惩罚性赔偿责任对于惩罚不法经营者,鼓励消费者积极维护自身合法权益具有重要意义。

四、行政责任

经营者有下列情形之一,《产品质量法》和其他有关法律、法规对处罚机关和处罚方式有规定的，依照法律、法规的规定执行；法律、法规未作规定的，由工商行政管理部门责令改正，可根据情节单处或并处警告、没收违法所得，处以违法所得1倍以上5倍以下的罚款；没有违法所得的，处以1万元以下罚款；情节严重的，责令停业整顿、吊销营业执照：

(1) 生产、销售的商品不符合保障人身、财产安全要求的；

(2) 在商品中掺杂、掺假，以假乱真，以次充好，或者以不合格商品冒充合格商品的；

(3) 生产国家明令淘汰的商品或销售失效、变质的商品的；

(4) 伪造商品产地，伪造或冒用他人的厂名、厂址，伪造或冒用认证标志、名优标志等质量标志的；

(5) 销售的商品应当检验、检疫而未检验、检疫或伪造检验、检疫结果的；

(6) 对商品或服务作引人误解的虚假宣传的；

(7) 对消费者提出的修理、重作、更换、退货、补足商品数量、退还货款和服务费用或赔偿损失的要求，故意拖延或无理拒绝的；

(8) 侵害消费者人格尊严或侵犯消费者人身自由的；

(9) 法律、法规规定的对损害消费者权益应当予以处罚的其他情形。

经营者对行政处罚不服的，可以自收到处罚决定之日起15日内向上一级机关申请复议，对复议决定不服的，可以自收到复议决定书之日起15日内向人民法院提起诉讼；也可以直接向人民法院提起诉讼。

五、刑事责任

根据我国《消费者权益保护法》的有关规定，追究刑事责任的情况主要有：

(1) 经营者提供商品或服务，造成消费者或其他受害人人身伤害、构成犯罪的，依法追究刑事责任；造成消费者或其他受害人死亡、构成犯罪的，依法追究刑事责任。

(2) 以暴力威胁等方法阻碍有关行政部门工作人员依法执行职务的，依法追究刑事责任；拒绝、阻碍有关行政部门工作人员依法执行职务，未使用暴力、威胁方法的，由公安机关依照《治安管理处罚法》的规定处罚。

国家机关工作人员有玩忽职守或包庇经营者侵害消费者合法权益的行为的，由其所在单位或上级机关给予行政处分；情节严重、构成犯罪的，依法追究刑事责任。

复习思考题

1. 如何理解“消费者”这一概念？
2. 试述消费者的权利和经营者的义务。举例说明。
3. 消费者争议有哪些解决途径？救济程序是怎样的？如何完善？

案例分析题

案例1　张女士在某百货店购买一件纯羊毛大衣，售价1280元．商店标明“换季商品，概不退换”，穿了3天后衣服起满毛球，于是到市质量监督检验：鉴定结果证明羊毛大衣所用原料为100％腈纶，张女士到购买衣服的百货店要求退货并赔偿因此而造成的损失，商店营业员回答：当时标明“换季商品，概不退换”，再说店内该柜是出租给个体户的，现在他已破产，租借柜台的费用尚未付清，人也找不到，你只好自己倒霉。

请问：

1. 商店（经营者）违反了我国消费权益保护法的哪些内容？

2. 商店对张女士应负哪些责任？

案例2　原告：刘××。被告：某烟酒食品商店。

原告于1997年2月20日在被告处购买五香牛肉干和沙嗲牛肉干各10盒，同月23日，又在被告处购买上述两种牛肉干各15盒，共计50盒。其中，五香牛肉干单价为每盒11.50元，沙嗲牛肉干单价为每盒12元，共计587.50元。该牛肉干包装盒所标注的生产日期为1996年7月3日，保质期6个月，即原告购买之日，该食品已超过保质期1个月有余。同年3月5日，原告曾就他人于2月24日所购买的价值235元的上述牛肉干向被告索赔，被告退款并双倍赔偿共计739元。嗣后不久，原告又就2月20日、23日两次所购买的牛肉干向被告索赔，要求双倍赔偿，因协商未果，原告遂诉至某市玄武区人民法院要求退还货款并双倍赔偿。

另原告提出要求被告承担的其他损失有：交通费39元，其中某市小公共汽车发票三张，共6元，系原告与其他二位同志共同前往被告处所花费，某市出租车发票二张，共33元；诉状费3元，有法院收据；复印费2.60元，有发票；法律咨询费60元，无发票；误工费80元，电话费10元，均无相关证据。

被告诉称：我们确实因经营管理不善，两次出售过期食品给原告。但是原告购买牛肉干是以加倍赔偿为目的，并不是为了生活消费需要，故不是《消费者权益保护法》所保护的消费者，不应获得加倍赔偿。只同意退货，并承担适当损失。

问：

1. 原告索赔的法律依据是什么？

2. 被告的辩称是否成立？

3. 本案应当如何处理？

第十章　证券法

第一节　概　　述

一、证券

广义上的证券，是指能够用以证明或设定权利所做成的书面凭证，它表明证券持有人或第三人有权取得该证券拥有的特定权益，或证明其曾经发生过的行为，包括无价证券和有价证券。无价证券，是表明证券持有人具有一定资格的书面凭证，如电影票、车船票、银行存折、借据、收据等。有价证券包括：(1) 商品证券，也称实物证券，是指在商品流通中发行的、代表一定量商品请求权的实物凭证，其功能是作为货物的收据和物权的证明，持有者的权利是请求支付特定货物如提单、仓单、运货单等。(2) 货币证券，又称金钱证券，是指本身能使持券人或第三者取得货币索取权的有价证券，如汇票、本票和支票等。(3) 资本证券，是指由金融投资或与金融投资有直接联系的活动而产生的证券。狭义上的证券仅指资本证券。

我国《证券法》规定的“证券”就是指资本证券。范围涵盖了股票、公司债券和国务院认定的其他证券。[①]

二、证券市场

证券市场是股票、债券、投资基金份额以及各种证券衍生品种等有价证券发行和交易的场所。证券市场属于资本市场，通过发行证券的方式进行直接融资，从横向角度看，证券市场包括股票市场、债券市场、基金市场以及衍生证券市场；从纵向角度看，证券市场包括证券发行市场和证券流通市场。

证券发行市场，又称一级市场或初级市场，是指发行人以筹集资金为目的，依据法律规定的证券发行条件和发行程序，将某种证券首次出售给投资者的市场。就我国目前的证券发行而言，发行者一般不直接同证券购买者进行交易，而是由中

① 其他证券主要是指投资基金份额、证券衍生品等。

介机构办理，政府证券及金融证券主要通过商业银行进行发行；公司证券大多通过证券交易所进行。

证券流通市场，又称证券交易市场、二级市场或次级市场，是指已发行的证券通过买卖交易实现流通转让的场所。证券流通市场为投资者之间的交易提供了场所，主要表现为证券交易所，也包括场外交易市场。与发行市场的一次性行为不同，在流通市场上证券可以不断地进行交易。

三、证券法

（一）证券法的概念

证券法，是调整证券发行、交易及证券监管过程中所发生的各种社会关系的法律规范的总称。狭义上的证券法，在我国，即《中华人民共和国证券法》。广义上的证券法，即实质意义上的证券法，是指与证券有关的一切法律规范的总称，既包括专门的证券法，也包括公司法、票据法、民法、刑法等其他法律中涉及证券内容的部分，以及相关的证券行政法规与部门规章。

（二）证券法律关系主体

1. 证券发行人

证券发行人，是指为了筹措资金而发行债券和股票的主体。具体包括：公司和企业；政府和金融机构。

2. 证券投资者

证券投资者，是证券市场上买入证券并承担投资风险的机构投资者和个人投资者。包括：(1) 机构投资者。具体分为：① 政府机构，即中央和地方各级人民政府、中央银行，以及我国的国有资产监管部门及其授权部门。② 金融机构，包括证券公司、商业银行、保险公司、合格境外投资者（QFII）和其他金融机构如信托投资公司等。③ 企业和事业法人。④ 各类基金，包括证券投资基金、企业年金等。(2) 个人投资者。个人投资者是指从事证券投资的社会公众个人。由于证券交易所实行会员制，个人投资者需要委托具有会员资格的证券公司代为进入证券交易所进行交易。

3. 证券市场中介机构

证券市场中介机构是连接证券筹资者与投资者的媒介，包括：(1) 证券经营机构，又称证券商，在我国仅包括证券公司。(2) 证券服务机构，是指依法设立的从事证券服务业务的机构。证券服务机构主要包括：① 证券交易所；② 证券登记结算公司；③ 其他证券服务机构，如律师事务所、会计师事务所、资产评估机构、信用评级机构等。(3) 证券市场监督机构及自律组织。在我国，证券监管机构即中华人民共和国证券监督管理委员会。证券自律组织包括证券行业协会和证券交易所。

(三) 证券法的基本原则

1. 公平、公开、公正原则

证券的发行、交易活动必须公平、公正、公开。公开原则要求证券发行者必须依法将与证券有关的一切真实情况予以公开,以供投资者投资决策时参考;公平原则强调发行人、投资人、证券商和证券专业服务机构的法律地位完全平等,其合法权益受到同等保护;公开原则是指证券监管机构和司法机关在履行职责时,应当依法行使职责,对一切主体给予公正的待遇。

2. 坚持自愿、有偿、诚实信用原则

证券发行、交易活动的当事人具有平等的法律地位,应当遵守自愿、有偿、诚实信用原则。因此,证券的发行、交易活动,必须遵守法律、行政法规;禁止欺诈、内幕交易和操纵证券市场的行为。

3. 分业经营、分业管理的原则

在我国,证券业和银行业、信托业、保险业实行分业经营、分业管理,证券公司与银行、信托、保险业务机构分别设立。国家另有规定的除外。

4. 国家统一监管和证券业自律管理、审计监督相结合的原则

国务院证券监督管理机构依法对全国证券市场实行集中统一监督管理。国务院证券监督管理机构根据需要可以设立派出机构,按照授权履行监督管理职责。在国家对证券发行、交易活动实行集中统一监督管理的前提下,依法设立证券业协会,实行自律性管理。国家审计机关依法对证券交易所、证券公司、证券登记结算机构、证券监督管理机构进行审计监督。

第二节 证券的发行

一、股票的发行

(一) 设立发行

设立发行包括发起设立与募集设立两种方式。由于发起设立不涉及向发起人之外的其他人发行股票,因此不属于《证券法》的调整范围。募集设立分为公开募集设立和定向募集设立两种,我国《证券法》仅对公开募集方式下的发行作了规定。

设立股份有限公司公开发行股票,应当符合《公司法》规定的条件以及经国务院批准的国务院证券监督管理机构规定的其他条件,向国务院监督管理机构报送募股申请和下列文件:(1) 公司章程;(2) 发起人协议;(3) 发起人姓名或者名称,发起人认购的股份数、出资种类及验资证明;(4) 招股说明书;(5) 代收股款银行的名称及地址;(6) 承销机构名称及有关的协议。依照《证券法》规定聘请保荐人的,还

应当报送保荐人出具的发行保荐书。法律、行政法规规定设立公司必须报经批准的,还应当提交相应的批准文件。

（二）新股发行

公司公开发行新股,应当符合下列条件:(1) 具备健全且运行良好的组织机构;(2) 具有持续盈利能力,财务状况良好;(3) 最近3年财务会计文件无虚假记载,无其他重大违法行为;(4) 经国务院批准的国务院证券监督管理机构规定的其他条件。上市公司非公开发行新股,应当符合国务院批准的国务院证券监督管理机构规定的条件,并报国务院证券监督管理机构核准。

公司公开发行新股,应当向国务院证券监督管理机构报送募股申请和下列文件:(1) 公司营业执照;(2) 公司章程;(3) 股东大会决议;(4) 招股说明书;(5) 财务会计报告;(6) 代收股款银行的名称及地址;(7) 承销机构名称及有关的协议;(8) 依照《证券法》规定聘请保荐人的,还应当报送保荐人出具的发行保荐书。

（三）募集资金的使用

公司对公开发行股票所募集的资金,必须按照招股说明书所列资金用途使用。改变招股说明书所列资金用途,必须经股东大会作出决议。擅自改变用途而未作纠正的,或者未经股东大会认可的,不得公开发行新股,上市公司也不得非公开发行新股。

二、公司债券的发行

公开发行公司债券,应当符合下列条件:(1) 股份有限公司的净资产不低于人民币3000万元,有限责任公司的净资产不低于人民币6000万元;(2) 累计债券余额不超过公司净资产的40%;(3) 最近3年平均可分配利润足以支付公司债券1年的利息;(4) 筹集的资金投向符合国家产业政策;(5) 债券的利率不超过国务院限定的利率水平;(6) 国务院规定的其他条件。

公开发行公司债券筹集的资金,必须用于核准的用途,不得用于弥补亏损和非生产性支出。上市公司发行可转换为股票的公司债券,除了符合上述条件之外,还应当符合《证券法》关于公开发行股票的条件,并报国务院证券监督管理机构核准。

申请公开发行公司债券,应当向国务院授权的部门或者国务院证券监督管理机构报送下列文件:(1) 公司营业执照;(2) 公司章程;(3) 公司债券募集办法;(4) 资产评估报告和验资报告;(5) 国务院授权的部门或者国务院证券监督管理机构规定的其他文件;(6) 依照《证券法》规定聘请保荐人的,还应当报送保荐人出具的发行保荐书。

三、证券发行的申请与核准

（一）证券发行的申请

发行人向国务院证券监督管理机构或者国务院授权的部门报送的证券发行申请文件，必须真实、准确、完整。为证券发行出具有关文件的证券服务机构和人员，必须严格履行法定职责，保证其所出具文件的真实性、准确性和完整性。

发行人申请首次公开发行股票的，在提交申请文件后，应当按照国务院证券监督管理机构的规定预先披露有关申请文件。

（二）证券发行的核准

1. 审核机构

国务院证券监督管理机构设发行审核委员会，依法审核股票发行申请。发行审核委员会由国务院证券监督管理机构的专业人员和所聘请的该机构外的有关专家组成，以投票方式对股票的发行进行表决，提出审核意见。发行审核委员会的具体组成办法、组成人员任期、工作程序，由国务院证券监督管理机构规定。

2. 核准程序

国务院证券监督管理机构依照法定条件负责核准股票发行申请。核准程序应当公开，依法接受监督。参与审核和核准股票发行申请的人员，不得与发行申请人有利害关系，不得直接或者间接接受发行申请人的馈赠，不得持有所核准的发行申请的股票，不得私下与发行申请人进行接触。

3. 核准时间

国务院证券监督管理机构或者国务院授权的部门应当自受理证券发行申请文件之日起3个月内，依照法定条件和法定程序作出予以核准或者不予核准的决定，发行人根据要求补充、修改发行申请文件的时间不计算在内；不予核准的，应当说明理由。

4. 公告程序

证券发行申请经核准，发行人应当依照法律、行政法规的规定，在证券公开发行前，公告公开发行募集文件，并将该文件置备于指定场所供公众查阅。发行证券的信息依法公开前，任何知情人不得公开或者泄露该信息。发行人不得在公告公开发行募集文件前发行证券。

5. 法律责任

国务院证券监督管理机构或者国务院授权的部门对已作出的核准证券发行的决定，发现不符合法定条件或者法定程序，尚未发行证券的，应当予以撤销，停止发行；已经发行尚未上市的，撤销发行核准决定，发行人应当按照发行价并加算银行同期存款利息返还证券持有人；保荐人应当与发行人承担连带责任，但是能够证明自己没有过错的除外；发行人的控股股东、实际控制人有过错的，应当与发行人承担连带责任。

四、证券承销制度

（一）证券承销制度概述

证券承销，是指证券经营机构根据其与发行人签订的证券承销协议，向证券投资者销售、促成销售或代为销售拟发行证券，并因此收取一定比例的承销费用的行为。经中国证监会批准，可以经营证券承销与保荐业务的证券公司，均拥有证券承销资格，成为承销商。发行人向不特定对象发行的证券，法律、行政法规规定应当由证券公司承销的，发行人应当同证券公司签订承销协议。证券承销业务采取代销或者包销方式。

证券代销，又称代理发行，是指证券公司代发行人发售证券，在承销期结束时，将未售出的证券全部退还给发行人的承销方式。证券包销，是指证券公司将发行人的证券按照协议全部购入，或者在承销期结束时将售后剩余证券全部自行购入的承销方式。在我国，证券代销主要用于公司债券的发行，股票公开发行时基本采用证券包销方式。相较于包销方式而言，采取代销方式的承销商无需承担风险，其收取的手续费较低。

证券公司承销证券，应当同发行人签订代销或者包销协议，载明下列事项：(1) 当事人的名称、住所及法定代表人姓名；(2) 代销、包销证券的种类、数量、金额及发行价格；(3) 代销、包销的期限及起止日期；(4) 代销、包销的付款方式及日期；(5) 代销、包销的费用和结算办法；(6) 违约责任；(7) 国务院证券监督管理机构规定的其他事项。

证券的代销、包销期限最长不得超过 90 日。股票发行采取溢价发行的，其发行价格由发行人与承销的证券公司协商确定。公开发行股票，代销、包销期限届满，发行人应当在规定的期限内将股票发行情况报国务院证券监督管理机构备案。

（二）承销团承销

承销团承销，又称联合承销，是指两个以上的证券承销商共同接受发行人的委托，向投资者发售某一证券的承销方式。承销团至少由两个以上的承销商组成，既可适用于证券代销，也可适用于证券包销。向不特定对象发行的证券票面总值超过人民币 5000 万元的，应当由承销团承销。承销团应当由主承销和参与承销的证券公司组成。

（三）证券承销商的特殊义务

1. 禁止不正当竞争义务

公开发行证券的发行人有权依法自主选择承销的证券公司。证券公司不得以不正当竞争手段招揽证券承销业务。

2. 发行文件核查义务

证券公司承销证券，应当对公开发行募集文件的真实性、准确性、完整性进行核查；发现有虚假记载、误导性陈述或者重大遗漏的，不得进行销售活动；已经销售的，必须立即停止销售活动，并采取纠正措施。

3. 禁止为本公司预留承销的证券

证券公司在代销、包销期内，对所代销、包销的证券应当保证先行出售给认购人，证券公司不得为本公司预留所代销的证券和预先购入并留存所包销的证券。

五、证券保荐制度

保荐制度，是指由保荐机构及其保荐代表人负责发行人的辅导、发行和上市推荐，对发行文件和上市文件中所载资料的真实性、准确性和完整性进行核实，协助发行人建立严格的信息披露制度，并承担风险防范责任的一种制度。

我国《证券法》也确认了保荐制度，发行人申请公开发行股票、可转换为股票的公司债券，依法采取承销方式的，或者公开发行法律、行政法规规定实行保荐制度的其他证券的，应当聘请具有保荐资格的机构担任保荐人。

第三节　证券交易

一、证券交易概述

（一）证券交易的概念

证券交易，是指当事人之间在法定交易场所，按照特定交易规则，对依法发行并交付的证券进行买卖的行为。依法公开发行的股票、公司债券及其他证券，应当在依法设立的证券交易所上市交易或者在国务院批准的其他证券交易场所转让。

证券在证券交易所上市交易，应当采用公开的集中交易方式或者国务院证券监督管理机构批准的其他方式。这里的“其他方式”包括：协议转让、大宗交易、做市商制度和债券回购交易。

（二）证券持有、交易的限制规则

证券交易当事人依法买卖的证券，必须是依法发行并交付的证券。非依法发行的证券，不得买卖。这是对证券交易的标的所作的最基本的限制。能够在证券交易所进行交易的证券包括：股票、债券、债券回购、权证和经证监会批准的其他交易品种，其中，债券除了公司债券，还包括国债（国库券）和企业债券。证券交易当事人买卖的证券可以采用纸面形式或者国务院证券监督管理机构规定的其他形式。

1. 限定期内禁止买卖

依法发行的股票、公司债券及其他证券，法律对其他转让期限有限制性规定的，在限定的期限内不得买卖。证券转让期限的限制主要包括：(1) 对发起人所持股份的转让限制。为了避免发起人借设立公司投机牟利、损害其他股东及社会公众的利益，发起人持有的本公司股份，自公司成立之日起 1 年内不得转让。公司公开发行股份前已发行的股份，自公司股票在证券交易所上市交易之日起 1 年内不得转让。[①] (2) 对公司董事、监事、高级管理人员持有本公司股份的转让限制。为了防止董事、监事、高级管理人员持有本公司股票时，利用内幕消息炒作本公司股票牟利，公司董事、监事、高级管理人员应当向公司申报所持有的本公司的股份及其变动情况，在任职期间每年转让的股份不得超过其所持有本公司股份总数的 25%；所持本公司股份自公司股票上市交易之日起 1 年内不得转让。上述人员离职后半年内，不得转让其所持有的本公司股份。[②]

2. 特定人员禁止持有和买卖股票

证券交易所、证券公司和证券登记结算机构的从业人员、证券监管机构的工作人员以及法律、行政法规禁止参与股票交易的其他人员，在任期或者法定期限内，不得直接或者以化名、借他人名义持有、买卖股票，也不得收受他人赠送的股票。任何人在成为上述所列人员时，其原已持有的股票，必须依法转让。

3. 特定证券服务机构和人员买卖股票的限制

为股票发行出具审计报告、资产评估报告或者法律意见书等文件的证券服务机构和人员，在该股票承销期内和期满后 6 个月内，不得买卖该种股票。为上市公司出具审计报告、资产评估报告或者法律意见书等文件的证券服务机构和人员，自接受上市公司委托之日起至上述文件公开后 5 日内，不得买卖该种股票。

4. 保守客户账户秘密

为了保护投资者的合法权益，证券交易所、证券公司、证券登记结算机构必须依法为客户开立的账户保密。但是，这种保密义务不得对抗司法机关及证券监督管理机构依法行使职权时上述机构所应履行的协助义务。

5. 合理收费规则

证券交易的收费必须合理，并公开收费项目、收费标准和收费办法。证券交易的收费项目、收费标准和管理办法由国务院有关主管部门统一规定。这里的收费项目通常包括印花税、佣金、过户费等。

6. 大股东交易的特殊规则

上市公司董事、监事、高级管理人员、持有上市公司股份 5%以上的股东，将其持有的该公司的股票在买入后 6 个月内卖出，或者在卖出后 6 个月内又买入，由此

---

① 参见《公司法》第 142 条第 1 款。

② 参见《公司法》第 142 条第 2 款。

所得收益归该公司所有,公司董事会应当收回其所得收益。公司董事会不按照上述规定执行的,股东有权要求董事会在30日内执行。公司董事会未在上述期限内执行的,股东有权为了公司的利益以自己的名义直接向人民法院提出诉讼,负有责任的董事依法承担连带责任。但是,证券公司因包销购入售后剩余股票而持有5%以上股份的,卖出该股票不受6个月时间限制。

二、证券上市制度

证券上市,是指依法公开发行的证券,在证券交易所或者其他依法设立的证券交易场所公开挂牌交易的过程。在证券交易所或者其他依法设立的证券交易场所进行交易的证券称为上市证券。上市证券不仅包括股票,还包括债券、基金及其他证券衍生品种,其中,上市股票的发行人被称为上市公司,而其他上市证券的发行人则不能称为上市公司。

(一) 证券上市的条件

1. 股票上市的条件

国家鼓励符合产业政策并符合上市条件的公司股票上市交易。股份有限公司申请股票上市,应当符合下列条件:(1) 股票经国务院证券监督管理机构核准已公开发行;(2) 公司股本总额不少于人民币3000万元;(3) 公开发行的股份达到公司股份总数的25%以上;公司股本总额超过人民币4亿元的,公开发行股份的比例为10%以上;(4) 公司最近3年无重大违法行为,财务会计报告无虚假记载。证券交易所可以规定高于上述规定的上市条件,并报中国证监会批准。

2. 公司债券上市的条件

公司申请公司债券上市交易,应当符合下列条件:(1) 公司债券的期限为1年以上;(2) 公司债券实际发行额不少于人民币5000万元;(3) 公司申请债券上市时仍符合法定的公司债券发行条件。

(二) 证券上市的程序

1. 上市保荐人保荐

申请股票、可转换为股票的公司债券或者法律、行政法规规定实行保荐制度的其他证券上市交易,应当聘请具有保荐资格的机构担任保荐人;而证券发行保荐制度适用于证券上市保荐人。

2. 证券上市申请

申请股票上市交易,应当向证券交易所报送下列文件:(1) 上市报告书;(2) 申请股票上市的股东大会决议;(3) 公司章程;(4) 公司营业执照;(5) 依法经会计师事务所审计的公司最近3年的财务会计报告;(6) 法律意见书和上市保荐书;(7) 最近一次的招股说明书;(8) 证券交易所上市规则规定的其他文件。

申请公司债券上市交易,应当向证券交易所报送下列文件:(1) 上市报告书;

(2) 申请公司债券上市的董事会决议;(3) 公司章程;(4) 公司营业执照;(5) 公司债券募集办法;(6) 公司债券的实际发行数额;(7) 证券交易所上市规则规定的其他文件。申请可转换为股票的公司债券上市交易,还应当报送保荐人出具的上市保荐书。

3. 证券交易所审核

我国两大证券交易所均设立了上市委员会对上市申请进行审议,作出独立的专业判断并形成审核意见,证券交易所据此审核意见作出是否同意上市的决定。

4. 签订上市协议

申请证券上市交易,应当向证券交易所提出申请,由证券交易所依法审核同意,并由双方签订上市协议。证券交易所根据国务院授权部门的决定安排政府债券上市交易。证券发行人应履行证券交易所相关规则所确定的义务,证券交易所则有权依照法律、法规及证券交易所相关规则对证券发行人进行监管。

5. 上市公告

股票上市交易申请经证券交易所审核同意后,签订上市协议的公司应当在规定的期限内公告股票上市的有关文件,并将该文件置备于指定场所供公众查阅。签订上市协议的公司除公告上市申请文件外,还应公告下列事项:(1) 股票获准在证券交易所交易的日期;(2) 持有公司股份最多的前十名股东的名单和持股数额;(3) 公司的实际控制人;(4) 董事、监事、高级管理人员的姓名及其持有本公司股票和债券的情况。

公司债券上市交易申请经证券交易所审核同意后,签订上市协议的公司应当在规定的期限内公告公司债券上市文件及有关文件,并将其申请文件置备于指定场所供公众查阅。

6. 挂牌交易

证券获准上市并依法履行上市公告手续后,即可在证券交易所指定的日期挂牌交易,从而真正完成证券上市程序。

(三) 证券上市交易的暂停和终止

1. 股票暂停上市

上市公司有下列情形之一的,由证券交易所决定暂停其股票上市交易:(1) 公司股本总额、股权分布等发生变化不再具备上市条件;(2) 公司不按照规定公开其财务状况,或者对财务会计报告作虚假记载,可能误导投资者;(3) 公司有重大违法行为;(4) 公司最近 3 年连续亏损;(5) 证券交易所上市规则规定的其他情形。

2. 股票终止上市

上市公司有下列情形之一的,由证券交易所决定终止其股票上市交易:(1) 公司股本总额、股权分布等发生变化不再具备上市条件,在证券交易所规定的期限内仍不能达到上市条件;(2) 公司不按照规定公开其财务状况,或者对财务会计报告作虚假记载,且拒绝纠正;(3) 公司最近3年连续亏损,在其后1个年度内未能恢复盈利;(4) 公司解散或者被宣告破产;(5) 证券交易所上市规则规定的其他情形。

3. 公司债券暂停上市与终止上市

公司债券上市交易后,公司有下列情形之一的,由证券交易所决定暂停其公司债券上市交易:(1) 公司有重大违法行为;(2) 公司情况发生重大变化不符合公司债券上市条件;(3) 发行公司债券所募集的资金不按照核准的用途使用;(4) 未按照公司债券募集办法履行义务;(5) 公司最近2年连续亏损。

公司有下列情形之一的,由证券交易所决定终止其公司债券上市交易:(1) 公司有重大违法行为,经查实后果严重的;(2) 公司情况发生重大变化不符合公司债券上市条件,在限期内未能消除的;(3) 发行公司债券所募集的资金不按照核准的用途使用,在限期内未能消除的;(4) 未按照公司债券募集办法履行义务,经查实后果严重的;(5) 公司最近2年连续亏损,在限期内未能消除的;(6) 公司解散或者被宣告破产。

三、信息披露制度

(一) 信息披露制度概述

信息披露制度,又称信息公开制度,是指公开发行证券的公司在证券发行与交易诸环节中,依法将有关信息资料,真实、准确、完全、及时地披露,以供证券投资者作出投资判断的法律制度。信息披露制度包括证券发行的信息披露制度和持续信息披露制度。发行人、上市公司依法披露的信息,必须真实、准确、完整,不得有虚假记载、误导性陈述或者重大遗漏。

(二) 发行信息披露制度

发行信息披露,又称初始信息披露,是证券发行时发行人依法所承担的信息披露义务,是为了向社会公众募集或发行证券而进行的信息披露。经国务院证券监督管理机构核准依法公开发行股票,或者经国务院授权的部门核准依法公开发行公司债券,应当公告招股说明书、公司债券募集办法。依法公开发行新股或者公司债券的,还应当公告财务会计报告。

(三) 持续信息披露制度

持续信息披露,又称继续信息公开、持续信息公开,是指在证券进入证券交易所上市交易之后,证券发行人依法向社会投资者披露对投资者投资决策有重大影响的信息。

1. 定期报告

定期报告是上市公司和公司债券上市交易的公司在法定期限内制作并公告的公司文件,包括年度报告、中期报告和季度报告,前两者适用于上市公司和公司债券上市交易的公司,后者仅适用于上市公司。

(1) 年度报告。上市公司和公司债券上市交易的公司,应当在每一会计年度结束之日起 4 个月内,向国务院证券监督管理机构和证券交易所报送记载以下内容的年度报告,并予公告:① 公司概况;② 公司财务会计报告和经营情况;③ 董事、监事、高级管理人员简介及其持股情况;④ 已发行的股票、公司债券情况,包括持有公司股份最多的前十名股东名单和持股数额;⑤ 公司的实际控制人;⑥ 国务院证券监督管理机构规定的其他事项。

(2) 中期报告,又称半年度报告。上市公司和公司债券上市交易的公司,应当在每一会计年度的上半年结束之日起 2 个月内,向国务院证券监督管理机构和证券交易所报送记载以下内容的中期报告,并予公告:① 公司财务会计报告和经营情况;② 涉及公司的重大诉讼事项;③ 已发行的股票、公司债券变动情况;④ 提交股东大会审议的重要事项;⑤ 国务院证券监督管理机构规定的其他事项。

(3) 季度报告,又称简式中期报告,是在每个会计年度的前 3 个月、9 个月结束后,由上市公司依法制作并提交的,反映公司季度基本经营状况、财务状况等重大信息的文件。季度报告作为中期报告的重要形式,其内容要求同样适用于《证券法》第 65 条的规定。

2. 临时报告

临时报告,又称重大事件临时报告。上市公司在发生可能对上市公司股票交易价格产生较大影响的重大事件,投资者尚未得知时,应当立即将有关该重大事件的情况向国务院证券监督管理机构和证券交易所报送临时报告,并予公告,说明事件的起因、目前的状态和可能产生的法律后果。“重大事项”包括:(1) 公司的经营方针和经营范围的重大变化;(2) 公司的重大投资行为和重大的购置财产的决定;(3) 公司订立重要合同,可能对公司的资产、负债、权益和经营成果产生重要影响;(4) 公司发生重大债务和未能清偿到期重大债务的违约情况;(5) 公司发生重大亏损或者重大损失;(6) 公司生产经营的外部条件发生的重大变化;(7) 公司的董事、1/3 以上监事或者经理发生变动;(8) 持有公司 5%以上股份的股东或者实际控制人,其持有的股份或者控股公司的情况发生较大变化;(9) 公司减资、合并、分立、解散及申请破产的决定;(10) 涉及公司的重大诉讼,股东大会、董事会决议被依法撤销或者宣告无效;(11) 公司涉嫌犯罪被司法机关立案调查,公司董事、监事、高级管理人员涉嫌犯罪被司法机关采取强制措施;(12) 国务院证券监督管理机构规定的其他事项。

(四) 信息披露规则

1. 披露义务主体的责任

(1) 诚信责任。上市公司董事、高级管理人员应当对公司定期报告签署书面确认意见。上市公司监事会应当对董事会编制的公司定期报告进行审核并提出书面审核意见。上市公司董事、监事、高级管理人员应当保证上市公司所披露的信息真实、准确、完整。(2) 保密责任。证券监督管理机构、证券交易所、保荐人、承销的证券公司及有关人员,对公司依照法律、行政法规规定必须作出的公告,在公告前不得泄露其内容。(3) 赔偿责任。发行人、上市公司公告的招股说明书、公司债券募集办法、财务会计报告、上市报告文件、年度报告、中期报告、临时报告以及其他信息披露资料,有虚假记载、误导性陈述或者重大遗漏,致使投资者在证券交易中遭受损失的,发行人、上市公司应当承担赔偿责任;发行人、上市公司的董事、监事、高级管理人员和其他直接责任人员以及保荐人、承销的证券公司,应当与发行人、上市公司承担连带赔偿责任,但是能够证明自己没有过错的除外;发行人、上市公司的控股股东、实际控制人有过错的,应当与发行人、上市公司承担连带赔偿责任。

2. 披露方式

依法必须披露的信息,应当在国务院证券监督管理机构指定的媒体发布,同时将其置备于公司住所、证券交易所,供社会公众查阅。

3. 披露监管

国务院证券监督管理机构对上市公司年度报告、中期报告、临时报告以及公告的情况进行监督,对上市公司分派或者配售新股的情况进行监督,对上市公司控股股东和信息披露义务人的行为进行监督。

四、证券交易的禁止行为

(一) 禁止内幕交易行为

内幕交易,是指知悉证券交易内幕的知情人和非法获取内幕信息的人,利用内幕信息进行证券交易活动而获利的行为。

1. 内幕信息

内幕信息,是指证券交易活动中,涉及公司的经营、财务或者对该公司证券的市场价格有重大影响的尚未公开的信息。内幕信息的范围包括:(1)《证券法》第67条第2款所列的重大事件,如公司的经营方针、经营范围的重大变化、重大投资行为等;(2) 公司分配股利或者增资的计划;(3) 公司股权结构的重大变化;(4) 公司债务担保的重大变更;(5) 公司营业用主要资产的抵押、出售或者报废一次超出该资产的30%;(6) 公司的董事、监事、高级管理人员的行为可能依法承担重大损害赔偿责任;(7) 上市公司收购的有关方案;(8) 国务院证券监督管理机构认定的对证券交易价格有显著影响的其他重要信息。

2. 内幕信息的知情人

证券交易内幕信息的知情人包括:(1) 发行人的董事、监事、高级管理人员;(2) 持有公司5%以上股份的股东及其董事、监事、高级管理人员,公司的实际控制人及其董事、监事、高级管理人员;(3) 发行人控股的公司及其董事、监事、高级管理人员;(4) 由于所任公司职务可以获取公司有关内幕信息的人员;(5) 证券监督管理机构工作人员以及由于法定职责对证券的发行、交易进行管理的其他人员；(6) 保荐人、承销的证券公司、证券交易所、证券登记结算机构、证券服务机构的有关人员；(7) 国务院证券监督管理机构规定的其他人。

证券交易内幕信息的知情人和非法获取内幕信息的人，在内幕信息公开前，不得买卖该公司的证券，或者泄露该信息，或者建议他人买卖该证券。内幕交易行为给投资者造成损失的，行为人应当依法承担赔偿责任。

（二）禁止操纵证券市场行为

操纵证券市场行为，是指在证券市场中，制造虚假繁荣、虚假价格，诱导或者迫使其他投资者在不了解真相的情况下作出错误投资决定，使操纵者获利或减少损失的行为。

在我国，禁止任何人以下列手段操纵证券市场：(1) 单独或者通过合谋，集中资金优势、持股优势或者利用信息优势联合或者连续买卖，操纵证券交易价格或者证券交易量；(2) 与他人串通，以事先约定的时间、价格和方式相互进行证券交易，影响证券交易价格或者证券交易量；(3) 在自己实际控制的账户之间进行证券交易，影响证券交易价格或者证券交易量；(4) 以其他手段操纵证券市场。

操纵证券市场行为给投资者造成损失的，行为人应当依法承担赔偿责任。

（三）禁止虚假陈述行为

禁止国家工作人员、传播媒介从业人员和有关人员编造、传播虚假信息，扰乱证券市场。禁止证券交易所、证券公司、证券登记结算机构、证券服务机构及其从业人员，证券业协会、证券监督管理机构及其工作人员，在证券交易活动中作出虚假陈述或者信息误导。各种传播媒介传播证券市场信息必须真实、客观，禁止误导。

（四）禁止证券欺诈行为

禁止证券公司及其从业人员从事下列损害客户利益的欺诈行为：(1) 违背客户的委托为其买卖证券；(2) 不在规定时间内向客户提供交易的书面确认文件；(3) 挪用客户所委托买卖的证券或者客户账户上的资金；(4) 未经客户的委托，擅自为客户买卖证券，或者假借客户的名义买卖证券；(5) 为牟取佣金收入，诱使客户进行不必要的证券买卖；(6) 利用传播媒介或者通过其他方式提供、传播虚假或者误导投资者的信息；(7) 其他违背客户真实意思表示，损害客户利益的行为。

欺诈客户行为给客户造成损失的，行为人应当依法承担赔偿责任。

（五）其他的禁止交易行为

我国《证券法》还规定：(1) 禁止法人非法利用他人账户从事证券交易；禁止法人出借自己或者他人的证券账户。(2) 依法拓宽资金入市渠道，禁止资金违规流入股市。(3) 禁止任何人挪用公款买卖证券。(4) 国有企业和国有资产控股的企业买卖上市交易的股票,必须遵守国家有关规定。

证券交易所、证券公司、证券登记结算机构、证券服务机构及其从业人员对证券交易中发现的禁止的交易行为,应当及时向证券监督管理机构报告。

第四节　上市公司收购

一、上市公司收购概述

(一) 上市公司收购的概念

上市公司收购,是指投资者依法定程序公开收购股份有限公司已经发行上市的股份,以达到对该公司控股或兼并目的的行为。投资者可以采取要约收购、协议收购及其他合法方式收购上市公司。

(二) 上市公司收购中的信息公开

通过证券交易所的证券交易,投资者持有或者通过协议、其他安排与他人共同持有一个上市公司已发行的股份达到5%时,应当在该事实发生之日起3日内,向国务院证券监督管理机构、证券交易所作出书面报告,通知该上市公司,并予公告;在上述期限内,不得再行买卖该上市公司的股票。投资者持有或者通过协议、其他安排与他人共同持有一个上市公司已发行的股份达到5%后,其所持该上市公司已发行的股份比例每增加或者减少5%,应当依照上述规定进行报告和公告;在报告期限内和作出报告、公告后2日内,不得再行买卖该上市公司的股票。

上市公司收购中的信息公开应当制作书面报告和公告,并包含以下内容:(1) 持股人的名称、住所;(2) 持有的股票的名称、数额;(3) 持股达到法定比例或者持股增减变化达到法定比例的日期。

二、要约收购制度

要约收购,是指收购人通过向目标公司全体股东发出收购要约的方式就同类股票以相同价格购买部分或全部发行在外股票的收购。所谓"收购要约",是指通过证券交易所的证券交易,投资者持有或者通过协议、其他安排与他人共同持有一个上市公司已发行的股份达到30%时,继续进行收购的,应当依法向该上市公司所有股东发出收购上市公司全部或者部分股份的要约。

(一) 收购要约的内容

发出收购要约的,收购人必须事先向国务院证券监督管理机构和证券交易所报送上市收购报告书,并载明下列事项:(1) 收购人的名称、住所;(2) 收购人关于收购的决定;(3) 被收购的上市公司名称;(4) 收购目的;(5) 收购股份的详细名称和预定收购的股份数额;(6) 收购期限、收购价格;(7) 收购所需资金额及资金保证;(8) 报送上市公司收购报告书时持有被收购公司股份数占该公司已发行的股份总数的比例。

(二) 收购要约的公布

收购人在报送上市公司收购报告书之日起 15 日后,公告其收购要约。在上述期限内,国务院证券监督管理机构发现上市公司收购报告书不符合法律、行政法规规定的,应当及时告知收购人,收购人不得公告其收购要约。

(三) 收购要约的期间

收购要约约定的收购期限不得少于 30 日,并不得超过 60 日。

(四) 收购要约的变更与撤销

在收购要约确定的承诺期限内,收购人不得撤销其收购要约。收购人需要变更收购要约的,必须事先向国务院证券监督管理机构及证券交易所提出报告,经批准后,予以公告。

(五) 要约收购的适用

1. 收购上市公司部分股份的收购要约应当约定,被收购公司股东承诺出售的股份数额超过预定收购的股份数额的,收购人按比例进行收购。

2. 收购要约提出的各项收购条件,适用于被收购公司的所有股东。

3. 采取要约收购方式的,收购人在收购期限内,不得卖出被收购公司的股票,也不得采取要约规定以外的形式和超出要约的条件买入被收购公司的股票。

(六) 终止上市交易和应当收购

收购期限届满,被收购公司股权分布不符合上市条件的,该上市公司的股票应当由证券交易所依法终止上市交易;其余仍持有被收购公司股票的股东,有权向收购人以收购要约的同等条件出售其股票,收购人应当收购。

三、协议收购制度

协议收购,是指收购人不通过证券市场集中交易系统,而以直接同目标公司股东达成股份转让协议的方式,从目标公司股东处取得上市公司股份的行为。

(一) 订立协议

采取协议收购方式的,收购人可以依照法律、行政法规的规定同被收购公司的股东以协议方式进行股份转让。

(二) 报告与公告

以协议方式收购上市公司时,达成协议后,收购人必须在 3 日内将该收购协议向国务院证券监督管理机构及证券交易所作出书面报告,并予公告。在公告前不得履行收购协议。

（三）保管股票与存放资金

采取协议收购方式的，协议双方可以临时委托证券登记结算机构保管协议转让的股票，并将资金存放于指定的银行。

四、上市公司收购的法律后果

(1) 在上市公司收购中，收购人持有的被收购的上市公司的股票，在收购行为完成后的12个月内不得转让。

(2) 收购行为完成后，收购人与被收购公司合并，并将该公司解散的，被解散公司的原有股票由收购人依法更换。被收购人不具备股份有限公司条件的，应当依法变更企业形式。

(3) 收购行为完成后，收购人应当在15日内将收购情况报告国务院证券监督管理机构和证券交易所，并予公告。

第五节　证券机构

一、证券交易所

（一）证券交易所概述

证券交易所，是为证券集中交易提供场所和设施，组织和监督证券交易，实行自律管理的法人。证券交易所的设立和解散，由国务院决定。我国的证券交易所目前有两个，一是1990年11月26日成立的上海证券交易所；二是1991年4月11日成立的深圳证券交易所。

证券交易所本身并不从事任何证券买卖，而是向投资者提供一个竞价交易的中介场所，具有较强的自律监管色彩。进入证券交易所参与集中交易的，必须是证券交易所的会员。

（二）证券交易所的设立

依照我国《证券法》的相关规定，设立证券交易所，应当符合下列条件：

1. 有自己的名称

证券交易所必须在其名称中标明证券交易所字样。其他任何单位或者个人不得使用证券交易所或者近似的名称。

2. 有自己的章程

设立证券交易所必须制定章程。证券交易所章程的制定和修改，必须经国务院证券监督管理机构批准。

3. 有一定数量的会员或资本金

证券交易所可以自行支配的各项费用收入,应当首先用于保证其证券交易场所和设施的正常运行并逐步改善。

4. 有自己的组织机构

证券交易所设理事会。证券交易所设总经理1人,由国务院证券监督管理机构任免。

(三) 证券交易所的任职资格

下列情形之一的,不得担任证券交易所的负责人:(1) 无民事行为能力或者限制民事行为能力;(2) 因贪污、贿赂、侵占财产、挪用财产或者破坏社会主义市场经济秩序,被判处刑罚,执行期满未逾5年,或者因犯罪被剥夺政治权利,执行期满未逾5年;(3) 担任破产清算的公司、企业的董事或者厂长、经理,对该公司、企业的破产负有个人责任的,自该公司、企业破产清算完结之日起未逾3年;(4) 担任因违法被吊销营业执照、责令关闭的公司、企业的法定代表人,并负有个人责任的,自该公司、企业被吊销营业执照之日起未逾3年;(5) 个人所负数额较大的债务到期未清偿;(6) 因违法行为或者违纪行为被解除职务的证券交易所、证券登记结算机构的负责人或者证券公司的董事、监事、高级管理人员,自被解除职务之日起未逾5年;(7) 因违法行为或者违纪行为被撤销资格的律师、注册会计师或者投资咨询机构、财务顾问机构、资信评级机构、资产评估机构、验证机构的专业人员,自被撤销资格之日起未逾5年。

因违法行为或者违纪行为被开除的证券交易所、证券登记结算机构、证券服务机构、证券公司的从业人员和被开除的国家机关工作人员,不得招聘为证券交易所的从业人员。

证券交易所的负责人和其他从业人员在执行与证券交易有关的职务时,与其本人或者亲属有利害关系的,应当回避。

(四) 证券交易所的监管职权

1. 依法制定业务规则

证券交易所依照证券法律、行政法规制定上市规则、交易规则、会员管理规则和其他有关规则,并报国务院证券监督管理机构批准。

2. 依法监管证券交易

证券交易所应当建立市场准入制度,并根据证券法规的规定或者中国证监会的要求,限制或者禁止特定证券投资者的证券交易行为。证券交易所对证券交易实行实时监控,并按照国务院证券监督管理机构的要求,对异常的交易情况提出报告。证券交易所根据需要,可以对出现重大异常交易情况的证券账户限制交易,并报国务院证券监督管理机构备案。

证券交易所应当为组织公平的集中交易提供保障,公布证券交易即时行情,并按交易日制作市场行情表，予以公布。未经证券交易所许可，任何单位和个人不得发布证券交易即时行情。

3. 依法对证券交易人员进行监管

在证券交易所内从事证券交易的人员，违反证券交易所有关交易规则的，由证券交易所给予纪律处分；对情节严重的，撤销其资格，禁止其入场进行证券交易。

4. 依法对上市公司进行监管

证券交易所依法决定证券是否上市，并对上市公司及相关信息披露义务人披露信息进行监督，督促其依法及时、准确地披露信息。

5. 其他事项

因突发性事件而影响证券交易的正常进行时，证券交易所可以采取技术性停牌的措施，即临时中止某种证券交易的手段；因不可抗力的突发性事件或者为维护证券交易的正常秩序，证券交易所可以决定临时停市，即临时停止所有证券交易的行为。证券交易所采取技术性停牌或者决定临时停市，必须及时报告国务院证券监督管理机构。

（五）证券交易所的风险准备金制度

证券交易所应当从其收取的交易费用和会员费、席位费中提取一定比例的金额设立风险基金。风险基金由证券交易所理事会管理。证券交易所应当将收存的风险基金存入开户银行专门账户，不得擅自使用。

二、证券公司

（一）证券公司概念

证券公司，是指依照公司法和证券法规定的设立条件，经证券监督管理机构批准并在公司登记机关登记设立的，经营证券业务的有限责任公司或者股份有限公司。实践中常将证券公司称为“证券商”或“券商”，符合条件的证券公司也可以上市，称为“上市证券公司”。

（二）证券公司的设立、变更和终止

1. 证券公司的设立

设立证券公司，必须经国务院证券监督管理机构审查批准。未经批准，任何单位和个人不得经营证券业务。证券公司的设立应符合以下条件：

（1）有符合法律、行政法规规定的公司章程。

（2）主要股东应具有持续盈利能力，信誉良好，最近3年无重大违法违规记录，净资产不低于人民币2亿元。

（3）有符合证券法规定的注册资本。

证券公司经营证券经纪、证券投资咨询以及与证券交易、证券投资活动有关的财务顾问这三项业务的，注册资本最低限额为人民币5000万元；经营证券承销与

保荐、证券自营、证券资产管理以及其他证券业务之一的，注册资本最低限额为人民币1亿元；经营证券承销与保荐、证券自营、证券资产管理以及其他证券业务中两项以上的，注册资本最低限额为人民币5亿元。证券公司的注册资本应当是实缴资本。国务院证券监督管理机构根据审慎监管原则和各项业务的风险程度，可以调整注册资本最低限额，但不得少于上述限额。

(4) 董事、监事、高级管理人员具备任职资格，从业人员具有证券从业资格。

证券公司董事、监事和高管人员应当正直诚实，品行良好，熟悉证券法律、行政法规，具有履行职责所需的经营管理能力，并在任职前取得国务院证券监督管理机构核准的任职资格。

(5) 有完善的风险管理与内部控制制度。

证券公司应当建立健全内部控制制度，采取有效隔离措施，防范公司与客户之间、不同客户之间的利益冲突。证券公司必须将其证券经纪业务、证券承销业务、证券自营业务和证券资产管理业务分开办理，不得混合操作。

证券公司客户的交易结算资金应当存放在商业银行，以每个客户的名义单独立户管理。证券公司不得将客户的交易结算资金和证券归入自有财产。禁止任何单位或者个人以任何形式挪用客户的交易结算资金和证券。证券公司破产或者清算时，客户的交易结算资金和证券不属于其破产财产或者清算财产。非因客户本身的债务或者法律规定的其他情形，不得查封、冻结、扣划或者强制执行客户的交易结算资金和证券。

(6) 有合格的经营场所和业务设施。

(7) 法律、行政法规规定的和经国务院批准的国务院证券监督管理机构规定的其他条件。

国务院证券监督管理机构应当自受理证券公司设立申请之日起6个月内，依照法定条件和法定程序并根据审慎监管原则进行审查，作出批准或者不予批准的决定，并通知申请人；不予批准的，应当说明理由。证券公司设立申请获得批准的，申请人应当在规定的期限内向公司登记机关申请设立登记，领取营业执照。证券公司应当自领取营业执照之日起15日内，向国务院证券监督管理机构申请经营证券业务许可证。未取得经营证券业务许可证，证券公司不得经营证券业务。

2. 证券公司的变更与终止

证券公司设立、收购或者撤销分支机构，变更业务范围或者注册资本，变更持有5%以上股权的股东、实际控制人，变更公司章程中的重要条款，合并、分立、变更公司形式、停业、解散、破产，必须经国务院证券监督管理机构批准。证券公司在境外设立、收购或者参股证券经营机构，必须经国务院证券监督管理机构批准。

(三) 证券公司的业务范围

证券公司依法享有自主经营的权利，其合法经营不受干涉。经国务院证券监

督管理机构批准,证券公司可以经营下列部分或者全部业务:

1. 证券经纪业务

证券公司在证券经纪业务中属于商事代理人中的经纪人,证券公司收取固定佣金,而买卖证券的风险则由客户自行承担。投资者应当与证券公司签订证券交易委托协议,并在证券公司开立证券交易账户,以书面、电话以及其他方式,委托该证券公司代其买卖证券。证券公司根据投资者的委托,按照证券交易规则提出交易申报,参与证券交易所场内的集中交易,并根据成交结果承担相应的清算交收责任;证券登记结算机构根据成交结果,按照清算交收规则,与证券公司进行证券和资金的清算交收,并为证券公司客户办理证券的登记过户手续。

证券经纪业务的行为规则包括:

(1) 证券买卖委托管理规则。证券公司办理经纪业务,应当置备统一制定的证券买卖委托书,供委托人使用。采取其他委托方式的,必须作出委托记录。客户的证券买卖委托,不论是否成交,其委托记录应当按照规定的期限,保存于证券公司。

(2) 证券买卖委托执行规则。证券公司接受证券买卖的委托,应当根据委托书载明的证券名称、买卖数量、出价方式、价格幅度等,按照交易规则代理买卖证券,如实进行交易记录;买卖成交后,应当按照规定制作买卖成交报告单交付客户,证券交易中确认交易行为及其交易结果的对账单必须真实,并由交易经办人员以外的审核人员逐笔审核,保证账面证券余额与实际持有的证券相一致。

(3) 禁止接受客户的全权委托规则。证券公司办理经纪业务,不得接受客户的全权委托而决定证券买卖、选择证券种类、决定买卖数量或者买卖价格。

(4) 禁止证券公司承诺证券交易后果规则。证券公司不得以任何方式对客户证券买卖的收益或者赔偿证券买卖的损失作出承诺。

(5) 禁止私下接受客户委托规则。证券公司及其从业人员不得未经过其依法设立的营业场所私下接受客户委托买卖证券。

2. 证券自营业务

证券公司在自营业务中作为证券买卖的当事人,自行承担证券交易的风险和法律后果。证券公司的自营业务必须以自己的名义进行,不得假借他人名义或者个人名义进行。证券公司的自营业务必须使用自有资金和依法筹集的资金。证券公司不得将其自营账户借给他人使用。

3. 证券资产管理业务

证券资产管理业务,是指证券公司接受客户委托,根据与客户签订的证券资产管理协议,对客户的证券资产进行经营运作和提供管理服务。资产管理业务的本质是商事信托,是客户(委托人)基于信任而将自己的资产交由证券公司(受信人)进行投资并自行承担投资的法律后果及风险,证券公司按照约定收取管理费用。因此,证券公司应当了解客户并揭示风险,引导其审慎投资。

4. 融资融券业务

融资融券业务，是指在证券交易所或者国务院批准的其他证券交易所进行的证券交易中，证券公司向客户出借资金买入证券或者出借证券供其卖出，并由客户交存相应担保物的经营活动。

5. 承销与保荐业务

证券承销是指由证券公司代理证券发行人发行证券。保荐则是由证券公司作为公司的上市推荐人辅导、确保其符合上市的规范性条件。具体内容可参见本章第二节。

6. 财务顾问业务

证券公司从事的财务顾问业务，是指与证券交易、证券投资咨询活动有关的咨询、建议、策划业务，主要是为拟上市公司或上市公司提供的服务。

7. 证券咨询业务

证券公司开展的证券咨询服务业务，是指证券公司为证券投资人或者客户提供证券投资分析、预测或者建议等直接或者间接有偿咨询服务的活动。

8. 证券公司中间介绍业务

证券公司的中间介绍业务，是指证券公司接受期货经纪商的委托，为期货经纪商介绍客户参与期货交易并提供相关服务的业务。我国的证券公司目前不能直接代理客户进行期货买卖，但是，可以为期货经纪商介绍客户，并收取该期货经纪商支付的佣金。

（四）对证券公司的监管

1. 对证券公司的监管规则

（1）净资本与负债比例的管理。国务院证券监督管理机构应当对证券公司的净资本，净资本与负债的比例，净资本与净资产的比例，净资产与自营、承销、资产管理等业务规模的比例，负债与净资产的比例，以及流动资产与流动负债的比例等风险控制指标作出规定。证券公司不得为其股东或者股东的关联人提供融资或者担保。

（2）交易风险准备金的管理。证券公司从每年的税后利润中提取交易风险准备金，用于弥补证券交易的损失。

（3）证券投资者保护基金的管理。国家设立证券投资者保护基金。证券投资者保护基金由证券公司缴纳的资金及其他依法筹集的资金组成。

（4）证券公司融资、融券交易的管理。证券公司为客户买卖证券提供融资融券服务，应当按照国务院的规定并经国务院证券监督管理机构批准。

（5）证券公司承担其从业人员违规责任的义务。证券公司的从业人员在证券交易活动中，执行所属的证券公司的指令或者利用职务违反交易规则的，由所属的证券公司承担全部责任。

(6) 证券公司应依法保存有关资料的义务。证券公司应当妥善保存客户开户资料、委托记录、交易记录和与内部管理、业务经营有关的各项资料,任何人不得隐匿、伪造、篡改或者毁损。上述资料的保存期限不得少于20年。

(7) 依法报送或提供有关信息、资料的义务。证券公司应当按照规定向国务院证券监督管理机构报送业务、财务等经营管理信息和资料。国务院证券监督管理机构有权要求证券公司及其股东、实际控制人在指定的期限内提供有关信息、资料。证券公司及其股东、实际控制人向国务院证券监督管理机构报送或者提供信息、资料,必须真实、准确、完整。

(8) 证券监管机构有权对证券公司审计或者评估的规则。国务院证券监督管理机构认为有必要时,可以委托会计师事务所、资产评估机构对证券公司的财务状况、内部控制状况、资产价值进行审计或者评估。

2. 对证券公司违规操作的监管措施

(1) 对不符合风险控制指标的监管措施。证券公司的净资本或者其他风险控制指标不符合规定的,国务院证券监督管理机构应当责令其限期改正;逾期未改正,或者其行为严重危及该证券公司的稳健运行、损害客户合法权益的,国务院证券监督管理机构可以区别情形,对其采取下列措施:① 限制业务活动,责令暂停部分业务,停止批准新业务;② 停止批准增设、收购营业性分支机构;③ 限制分配红利,限制向董事、监事、高级管理人员支付报酬、提供福利;④ 限制转让财产或者在财产上设定其他权利;⑤ 责令更换董事、监事、高级管理人员或者限制其权利;⑥ 责令控股股东转让股权或者限制有关股东行使股东权利;⑦ 撤销有关业务许可。证券公司整改后,应当向国务院证券监督管理机构提交报告。国务院证券监督管理机构经验收,符合有关风险控制指标的,应当自验收完毕之日起3日内解除对其采取的上述规定的有关措施。

(2) 对虚假出资、抽逃出资的股东采取的监管措施。证券公司的股东有虚假出资、抽逃出资行为的,国务院证券监督管理机构应当责令其限期改正,并可责令其转让所持证券公司的股权。上述股东按照要求改正违法行为、转让所持证券公司的股权前,国务院证券监督管理机构可以限制其股东权利。

(3) 法定情形下对证券公司管理层采取的监管措施。证券公司的董事、监事、高级管理人员未能勤勉尽责,致使证券公司存在重大违法违规行为或者重大风险的,国务院证券监督管理机构可以撤销其任职资格,并责令公司予以更换。

(4) 证券公司违法经营或出现重大风险时的监管措施。证券公司违法经营或者出现重大风险,严重危害证券市场秩序、损害投资者利益的,国务院证券监督管理机构可以对该证券公司采取责令停业整顿、指定其他机构托管、接管或者撤销等监管措施。在证券公司被责令停业整顿、被依法指定托管、接管或者清算期间,或者出现重大风险时,经国务院证券监督管理机构批准,可以对该证券公司直接负责的董事、监事、高级管理人员和其他直接责任人员采取以下措施:① 通知出境管理机关依法阻止其出境；② 申请司法机关禁止其转移、转让或者以其他方式处分财产，或者在财产上设定其他权利。

三、证券登记结算机构

（一）证券登记结算机构的概念

证券登记结算机构，是指为证券交易提供集中登记、存管与结算服务，不以营利为目的的法人。我国的证券登记结算机构是2011年3月30日成立的中国证券登记结算有限责任公司。证券登记结算采取全国集中统一的运营方式，证券登记结算机构章程、业务规则应当依法制定，并经国务院证券监督管理机构批准。

证券登记结算机构的设立，必须经国务院证券监督管理机构批准，并且应当符合下列条件：(1) 自有资金不少于人民币2亿元；(2) 具有证券登记、存管和结算服务所必须的场所和设施；(3) 主要管理人员和从业人员必须具有证券从业资格；(4) 国务院证券监督管理机构规定的其他条件。

证券登记结算机构申请解散，应当经国务院证券监督管理机构批准。

证券登记结算机构履行下列职能：(1) 证券账户、结算账户的设立；(2) 证券的存管和过户；(3) 证券持有人名册登记；(4) 证券交易所上市证券交易的清算和交收；(5) 受发行人的委托派发证券权益；(6) 办理与上述业务有关的查询；(7) 国务院证券监督管理机构批准的其他业务。

（二）证券登记结算机构的业务规则

1. 存管证券

证券持有人持有的证券，在上市交易时，应当全部存管在证券登记结算机构。证券登记结算机构不得挪用客户的证券。

2. 证券资料的提供

证券登记结算机构应当向证券发行人提供证券持有人名册及其有关资料。证券登记结算机构应当根据证券登记结算的结果，确认证券持有人持有证券的事实，提供证券持有人登记资料。证券登记结算机构应当保证证券持有人名册和登记过户记录真实、准确、完整，不得隐匿、伪造、篡改或者毁损。

3. 业务保障措施

证券登记结算机构应当采取下列措施保证业务的正常进行：(1) 具有必备的服务设备和完善的数据安全保护措施；(2) 建立完善的业务、财务和安全防范等管理制度；(3) 建立完善的风险管理系统。

4. 原始凭证及有关文件、资料的保存

证券登记结算机构应当妥善保存登记、存管和结算的原始凭证及有关文件和资料。其保存期不得少于20年。

5. 证券结算风险基金的设立与运作

证券登记结算机构应当设立结算风险基金,用于垫付或者弥补因违约交收、技术故障、操作失误、不可抗力造成的证券登记结算机构的损失。证券结算风险基金从证券登记结算机构的业务收入和收益中提取,并可以由结算参与人按照证券交易业务量的一定比例缴纳。证券结算风险基金的筹集、管理办法,由国务院证券监督管理机构会同国务院财政部门规定。

证券结算风险基金应当存入指定银行的专门账户,实行专项管理。证券登记结算机构以证券结算风险基金赔偿后,应当向有关责任人追偿。

6. 证券账户的开立

投资者委托证券公司进行证券交易,应当申请开立证券账户。证券登记结算机构应当按照规定以投资者本人的名义为投资者开立证券账户。投资者申请开立账户,必须持有证明中国公民身份或者中国法人资格的合法证件。国家另有规定的除外。

7. 结算原则

证券登记结算机构为证券交易提供净额结算服务时,应当要求结算参与人按照货银对付的原则,[①]足额交付证券和资金,并提供交收担保。在交收完成之前,任何人不得动用用于交收的证券、资金和担保物。结算参与人未按时履行交收义务的,证券登记结算机构有权按照业务规则处理上述所述财产。

8. 结算资金与证券的存放

证券登记结算机构按照业务规则收取的各类结算资金和证券,必须存放于专门的清算交收账户,只能按业务规则用于已成交的证券交易的清算交收,不得被强制执行。

四、证券监督管理机构及证券业协会

(一) 证券监督管理机构

我国的证券监督管理机构是国务院证券监督管理委员会,即中国证券监督管理委员会,简称"中国证监会"。中国证监会依法对证券市场实行监督管理,维护证券市场秩序,保障其合法运行。

中国证监会履行下列职责:(1) 依法制定有关证券市场监督管理的规章、规则,并依法行使审批或者核准权;(2) 依法对证券的发行、上市、交易、登记、存管、结算,进行监督管理;(3) 依法对证券发行人、上市公司、证券交易所、证券公司、证券登记结算机构、证券投资基金管理公司、证券服务机构的证券业务活动,进行监督管理;

① 货银对付原则,又称钱货两清原则、款券两讫原则,是指证券登记结算机构与结算参与人在交往过程中,当且仅当资金交付时给付证券、证券交付时给付资金。

(4) 依法制定从事证券业务人员的资格标准和行为准则，并监督实施；(5) 依法监督检查证券发行、上市和交易的信息公开情况；(6) 依法对证券业协会的活动进行指导和监督；(7) 依法对违反证券市场监督管理法律、行政法规的行为进行查处；(8) 法律、行政法规规定的其他职责。此外，中国证监会可以和其他国家或者地区的证券监督管理机构建立监督管理合作机制，实施跨境监督管理。

中国证监会有权采取下列措施：(1) 对证券发行人、上市公司、证券公司、证券投资基金管理公司、证券服务机构、证券交易所、证券登记结算机构进行现场检查；(2) 进入涉嫌违法行为发生场所调查取证；(3) 询问当事人和与被调查事件有关的单位和个人，要求其对与被调查事件有关的事项作出说明；(4) 查阅、复制与被调查事件有关的财产权登记、通讯记录等资料；(5) 查阅、复制当事人和与被调查事件有关的单位和个人的证券交易记录、登记过户记录、财务会计资料及其他相关文件和资料；对可能被转移、隐匿或者毁损的文件和资料，可以予以封存；(6) 查询当事人和与被调查事件有关的单位和个人的资金账户、证券账户和银行账户；对有证据证明已经或者可能转移或者隐匿违法资金、证券等涉案财产或者隐匿、伪造、毁损重要证据的，经国务院证券监督管理机构主要负责人批准，可以冻结或者查封；(7) 在调查操纵证券市场、内幕交易等重大证券违法行为时，经国务院证券监督管理机构主要负责人批准，可以限制被调查事件当事人的证券买卖，但限制的期限不得超过15个交易日；案情复杂的，可以延长15个交易日。

（二）证券业协会

证券业协会，是指依法设立的旨在对证券业进行自律性管理的具有法人资格的非政府组织。证券业协会是证券业的自律性组织，是社会团体法人。证券公司应当加入证券业协会。证券业协会由全体会员组成会员大会作为权力机构并制定章程，并报中国证监会备案。证券业协会设理事会，成员依章程的规定由选举产生。证券业协会履行以下职责：

(1) 教育和组织会员遵守证券法律、行政法规；

(2) 依法维护会员的合法权益，向证券监督管理机构反映会员的建议和要求；

(3) 收集整理证券信息，为会员提供服务；

(4) 制定会员应遵守的规则，组织会员单位的从业人员的业务培训，开展会员间的业务交流；

(5) 对会员之间、会员与客户之间发生的证券业务纠纷进行调解；

(6) 组织会员就证券业的发展、运作及有关内容进行研究；

(7) 监督、检查会员行为，对违反法律、行政法规或者协会章程的，按照规定给予纪律处分；

(8) 证券业协会章程规定的其他职责。

五、证券服务机构

证券服务机构，是指依法设立的从事证券服务业务的机构。证券服务机构包括：投资咨询机构、财务顾问机构、资信评级机构、资产评估机构、会计事务所和律师事务所。上述证券服务机构从事证券服务业务，必须经国务院证券监督管理机构和有关主管部门批准。其中，投资咨询机构、财务顾问机构、资信评级机构从事证券服务业务的人员，必须具备证券专业知识和从事证券业务或者证券服务业务2年以上经验。

证券服务机构为证券的发行、上市、交易等证券业务活动制作、出具审计报告、资产评估报告、财务顾问报告、资信评级报告或者法律意见书等文件，应当勤勉尽责，对所制作、出具的文件内容的真实性、准确性、完整性进行核查和验证。其制作、出具的文件有虚假记载、误导性陈述或者重大遗漏，给他人造成损失的，应当与发行人、上市公司承担连带赔偿责任，但是能够证明自己没有过错的除外。

第六节　法律责任

一、违反证券发行规定的法律责任

(1) 未经法定机关核准或审批，擅自发行证券的，或者制作虚假的发行文件发行证券的，责令停止发行，退还所募资金并加算银行同期存款利息，并处以非法所募资金金额1%以上5%以下的罚款。

(2) 证券公司承销或者代销买卖未经核准或者审批而擅自发行的证券的，由证券监督管理机构予以取缔，没收违法所得，并处以违法所得1倍以上5倍以下的罚款。

(3) 依照证券法规定，经核准上市交易的证券，其发行人未按照有关规定披露信息，或者所披露的信息有虚假记载、误导性陈述或者有重大遗漏的，由证券监督管理机构责令改正，对发行人处以30万元以上60万元以下的罚款。

对上述违反证券发行规定的直接负责的主管人员和其他直接责任人员给予警告，并处以3万元以上30万元以下的罚款，构成犯罪的，依法追究刑事责任。

二、违反证券交易规定的法律责任

(1) 证券交易内幕信息的知情人员或者非法获取证券交易内幕信息的人员，在涉及证券的发行、交易或者其他对证券的价格有重大影响的信息尚未公开前，买入或者卖出该证券，或者泄露信息，或者建议他人买卖该证券的，责令依法处理非法获得的证券，没收违法所得，并处以违法所得1倍以上5倍以下或者非法买卖的证券等值以下的罚款。

(2) 违反证券法的规定,操纵证券交易价格,或者制造证券交易的虚假价格或者证券交易量,获取不正当利益或者转嫁风险的,以及挪用公款买卖证券的,没收违法所得,并处以违法所得 1 倍以上 5 倍以下的罚款。

(3) 证券交易所、证券公司、证券登记结算机构、证券交易服务机构、社会中介机构及其从业人员,或者证券业协会、证券监督管理机构及其工作人员,在证券交易活动中做出虚假陈述或者信息误导的,责令改正,处以 3 万元以上 20 万元以下的罚款;属于国家工作人员的,还应当依法给予行政处分。

违反证券交易规定的上述人员构成犯罪的,依法追究刑事责任。

三、违反证券机构管理、人员管理的法律责任

(1) 非法开设证券交易场所的,由证券监督管理机构予以取缔,没收违法所得,并处以违法所得 1 倍以上 5 倍以下的罚款。没有违法所得的,处以 10 万元以上 50 万元以下的罚款。对直接负责的主管人员和其他直接责任人员给予警告,并处以 3 万元以上 30 万元以下的罚款。

(2) 未经批准并领取业务许可证,擅自设立证券公司经营证券业务的,由证券监督管理机构予以取缔,没收违法所得,并处以违法所得 1 倍以上 5 倍以下的罚款。没有违法所得的,处以 3 万元以上 10 万元以下的罚款。

(3) 法律、行政法规规定禁止参与股票交易的人员,直接或者以化名、借他人名义持有、买卖股票的,责令依法处理其非法持有的股票,没收违法所得,并处以所买卖股票等值以下的罚款;属于国家工作人员,还应当依法给予行政处分。

(4) 证券交易所、证券公司、证券登记结算机构、证券交易服务机构的从业人员、证券业协会或者证券监督管理机构的工作人员,故意提供虚假资料,伪造、变造或者销毁交易记录,诱骗投资者买卖证券的,取消从业资格,并处以 3 万元以上 5 万元以下的罚款;属于国家工作人员的,还应当依法给予行政处分。

上述人员构成犯罪的,依法追究刑事责任。

四、会计师事务所、资产评估机构、律师事务所的法律责任

(1) 为股票的发行或者上市出具审计报告、资产评估报告或者法律意见书等文件的专业机构和人员,违反证券法的规定买卖股票的,责令依法处理非法获得的股票,没收违法所得,并处以所买卖的股票的等值以下的罚款。

(2) 为证券的发行、上市或者证券交易活动出具审计报告、资产评估报告或者法律意见书等文件的专业机构,就其所应负责的内容弄虚作假的,没收违法所得,并处以违法所得 1 倍以上 5 倍以下的罚款,并由有关主管部门责令该机构停业,吊销直接责任人员的资格证书。造成损失的,承担连带赔偿责任。构成犯罪的,依法追究刑事责任。

复习思考题

1. 简述证券法律关系主体的范围。
2. 简述我国《证券法》的基本原则。
3. 简述证券转让期限的限制。
4. 简述证券上市的程序。
5. 简述信息披露的规则。
6. 简述我国法律禁止的证券交易行为。
7. 简述协议收购与要约收购的关系。
8. 简述证券交易所的监管职权。
9. 简述我国证券公司的业务范围。
10. 简述对证券公司违规操作的监管措施。
11. 简述证券登记结算机构的业务规则。
12. 简述证券监管机构的监管措施。

案例分析题

案例 1 兴业公司是我国境内的上市公司，目前已发行股份为 5000 万股，长发公司作为我国境内的一家有限责任公司，希望通过证券交易所的证券交易，逐步购买兴业公司的股票，达到借壳上市的目的。假设在收购过程中，兴业公司股本总额没有发生变化，那么，根据我国《证券法》相关规定，请问：

1. 长发公司持有兴业公司 250 万股时，应当如何处理？
2. 当长发公司通过证券交易所的证券交易，持有兴业公司 1500 万股时，如果长发公司欲继续收购兴业公司股份，应当如何处理？
3. 当收购要约的期限届满，长发公司持有兴业公司已发行股份达到多少万股时，兴业公司股票应当在证券交易所终止上市交易？

案例 2 2009 年，友嘉房地产公司通过兴华证券公司成功上市，德兴合成纤维厂持有友嘉房地产公司 10%的股份。2010 年 6 月，友嘉房地产公司与德兴合成纤维厂产生矛盾，德兴合成纤维厂遂以多个账户持续买入友嘉房地产公司的股票 2000 万股，占友嘉房地产公司流通股的 25%，将友嘉房地产公司的股价拉高 1 倍左右。期间，德兴合成纤维厂多次利用不同账户对该只股票做价格相近、方向相反的交易，并与任职于兴华证券公司的客户经理宋某串通，利用宋某职务之便，向广大投资者推荐购买友嘉房地产公司的股票，以制造交易活跃的现象。宋某也抓住时机，挪用客户账户上的资金进行交易，谋取巨额利益。根据我国《证券法》的相关规定，请问：

1. 友嘉房地产公司公开发行股票必须具备哪些条件？
2. 德兴合成纤维厂有哪些违法行为？
3. 宋某有哪些违法行为？

第十一章　票据法

第一节　票据法概述

一、票据的概念和种类

（一）票据的概念

票据的概念本身有广义和狭义之分，广义的票据是指具有一定权利，或者具有一定经济价值的凭证，如股票、国库券、企业债券、发票、提单等。票据法上的票据是狭义的定义，它是指出票人签发的、自己或者委托他人无条件支付一定金额给持票人或收款人的有价证券。我国票据法上所指的票据仅有汇票、本票和支票。票据的概念至少包含以下几层含义：

1. 票据是一种有价证券

所谓有价证券，是指具有一定民事权利，且权利的主张、行使、转移和处分以持有证券为必要条件的书面凭证。票据首先表现了一种民事上的财产权，它可以作为有经济价值的物的载体，可以直接转化为财产本身。票据上记载了一定金额，可以在金额的范围内，代替金钱本身进入市场流通，这实际上形成了权利的流转。因此，票据本身也是权利和有价证券的一种结合。

2. 票据是以无条件支付为付款要件

票据是银行承诺在见票时无条件履行支付票面金额义务的凭证，但根据票据种类的不同，出票人可能是银行本身，也有可能是其他人。所谓“无条件”是指，这种支付必须是单纯的支付，不得附加任何条件。该支付行为在票据表面法律关系上没有对价（实际上，票据基础关系层面依然是有对价的）。票据付款的无条件性，也是保证票据能够正常流通的关键因素之一。

3. 票据是以支付一定的金额为目的

票据的出具都是以支付一定的金额为目的的行为，尽管为了支付金额的行为本身是具有一定的原因基础，比如结算工程款，支付劳务酬金等。也可以说，是出具票据的原因,但是票据一旦签发,就脱离其原因的影响而独立存在。

4. 票据只由票据法规范调整

票据属于有价证券,但是有价证券本身也有许多复杂的分类,其中一部分例如公司债券,则属于证券法调整。我们这里所说的有价证券——票据,只能在普通民事法律规范的前提下,主要由特别法、票据法规范来调整。

票据一般具有五种功能,即汇兑功能、支付功能、信用功能、流通功能和融资功能。也正因为票据存在上述功能,才成为现代经济不可或缺的工具。

(二) 票据的种类

1. 学理分类

(1) 自付证券与委托证券

根据票据关系中,付款人是否为出票人,可以分为自付证券和委托证券。前者是指出票人即是付款人。后者是指付款人不是出票人,而是由出票人委托他人支付票据记载的金额。本票是自付证券,汇票、支票属于委托证券。

(2) 支付证券与信用证券

根据票据本身的功能,可以分为支付证券和信用证券。前者是指见票即付的票据,并且仅限于金融机构支付的票据。后者是指根据票据记载的指定日期才能支付的票据,在到期之前,持票人也可以通过转让、贴现等方式获得相应的支付。支票一般是支付证券,汇票、本票一般具有更明显的信用证券特征。

(3) 记名票据与不记名票据

根据票据在出票时是否记载权利人(收款人)姓名,分为记名票据和不记名票据。记名票据要在出票时记名特定的人,作为权利人,记名票据的转让以背书而为。不记名票据是指不写明特定权利人的票据,一般只写上"请付来人"等字样。不记名票据的转让,交付即可。在我国,汇票、本票只能是记名票据,支票可以不记名。

(4) 完全票据、不完全票据与空白票据

根据票据出票时的绝对应记载事项是否记载完全为标准,分为完全票据、不完全票据和空白票据。出票时,应记载事项记载完全的票据,为完全票据。出票时,没有将绝对记载事项记载完全,也没有填写授权填充空白的,为不完全票据。出票时,有意不记载绝对应记载事项,授予收款人以及其后手补充完善的,为空白票据或未完成票据。在我国,支票的收款人和金额可以由出票人授权补记,汇票、本票都不允许空白票据。

2. 立法分类

(1) 汇票

汇票是出票人签发的,委托付款人在见票时或者在指定日期无条件支付确定金额给收款人或者持票人的票据。

汇票又分为银行汇票和商业汇票,银行汇票是出票银行签发的,由其在见票时按照实际结算金额无条件支付给收款人或者持票人的票据;商业汇票是出票人签发的,委托付款人在指定日期无条件支付确定的金额给收款人或者持票人的票据。

汇票还可以分为即期汇票和远期汇票。即期汇票是指见票即付的汇票,其付款日期可以选择为"见票即付"、记载付款日期与出票日期相同、付款日期空白不做任何记载。远期汇票是指必须等到约定的日期才能请求付款的汇票,其付款日期可以选择为定日付款、出票后定期付款(例如:"出票后 1 个月")、见票后定期付款(例如:"见票后 1 个月付款")。

(2) 本票

本票是出票人签发的,承诺自己在见票时无条件支付确定的金额给收款人或者持票人的票据。

本票可以分为银行本票和商业本票。银行本票是银行签发的,承诺自己在见票时无条件支付确定的金额给收款人或者持票人的票据,又可进一步分为不定额本票和定额本票两种。商业本票是指由银行以外的企业或者个人签发的本票,但我国不承认商业本票。

本票根据到期日不同还可以分为即期本票和远期本票。前者是指出票人见到持票人提示本票就应当付款的本票;后者是指必须等到约定的日期才能请求付款的本票。我国法律只允许发行即期本票。

(3) 支票

支票是出票人签发的,委托办理支票存款业务的银行或者其他金融机构在见票时无条件支付确定的金额给收款人或持票人的票据。

支票可以分为现金支票、转账支票和普通支票。支票上印有现金字样的为现金支票,现金支票只能用于支取现金。支票上印有转账字样的为转账支票,转账支票只能用于转账。支票上未印现金或转账字样的为普通支票,普通支票可以用于支取现金,也可以用于转账。《支付结算办法》还有特殊规定:在普通支票左上角划两条平行线的,为划线支票,划线支票只能用于转账,不得支取现金。

支票也有即期支票与远期支票的划分。前者是出票人所签发的出票日与实际出票日相一致的支票。后者是指出票人在签发支票时,不记载实际出票日,将尚未到来的日期填为出票日的支票。我国法律只允许即期支票,《支付结算办法》禁止签发远期支票。

二、票据法的概念

广义的票据法是指调整与票据法律关系有关的各种法律规范的总称,不仅包括票据基本法律,也包括实施细则、附属法规,以及其他部门法中有关于票据的规定等。狭义的票据法是指以票据法命名的法律法规总称,包括票据基本法,实施细则和其他附属法规。本书的票据法概念属于狭义。在我国,票据法主要包括《中华人民共和国票据法》、《票据管理实施办法》。

（一）票据法的特征

1. 强行性

票据在经济领域中的重要性不言而喻，如果当事人随意决定票据的权利义务关系，就会对票据的信用和使用安全带来重大不利，所以法律对票据的规定一般都是强行性规范，不允许当事人自己选择，比如票据的类型、背书转让、承兑等等。不过，并非所有的规定都具有强行性，法律也在一定的空间内保证当事人的意志自由，例如关于背书转让，出票人可以按照法律规定，选择禁止背书，从而使该票据不得转让。

2. 技术性

票据在实施其功能的过程中，主要与银行的业务联系紧密，涉及大量的金融专业技术，一般不易被平常人熟知。因此，票据法对票据法律关系的调整就不可避免地体现出了技术性的特征。例如，对法定要式、出票、背书等方法的规定，具有显著的技术特点，只有通过专门的训练才能掌握。

3. 国际性

在各种部门法当中，商事法的统一化程度比较高。票据本身也是为了适应商品经济的大发展而生的，这必然将在法律制度上体现出人们的共识性。随着全球化程度的提高，各国在票据制度上逐渐趋于统一，《日内瓦统一票据法公约》正是这个趋势的表现。因此，票据法的国际性特征比较明显。

（二）我国票据法的发展

清朝以前，我国没有成文的票据法，涉及票据的关系也都是由民间习惯调整。早在唐朝，由于全国各地贸易往来的密切，人们创设了“飞钱”，以代替大量的金属货币输送。宋朝时，四川等地又出现了“便钱务”、“交子务”以及地方政府机构，其职能基本相当于唐朝飞钱制度。明朝之后，我国社会产生了资本主义萌芽，在一些商业比较发达的地区（如晋商所在的山西）出现了票号、钱庄等经营汇兑业务和存放款业务。在这些机构中，已经广泛使用的银票、期票等，类似于现代意义上的票据。清朝末年，清政府颁布《大清商律草案》，对票据制度有了明确规定。辛亥革命之后，国民政府先后公布了《票据法》、《票据法施行法》，使得中国现代意义上的票据制度基本上得以确立。

新中国建立后，全国人大常委会于 1995 年通过了《中华人民共和国票据法》，成为新中国的第一部票据法，第一次比较系统地规定了汇票、本票和支票的各种制度。1997 年，国务院依法颁布了《票据管理实施办法》，是对票据法的细化实施法规。同年，中国人民银行又颁行《支付结算办法》，进一步对票据结算进行了规定。《票据法》在 2004 年进行了重新修订，自 2004 年 8 月 28 日开始实行。

第二节　票据法律关系

一、票据当事人

票据当事人是指，在票据关系之中享有票据权利、承担票据义务，或有其他关联关系的人，包括出票人、背书人、承兑人、保证人、付款人、持票人。票据当事人也被有的学者称之为票据关系主体。票据当事人可以是自然人，也可以是特殊的主体，例如银行。我国《票据法》没有明确规定票据当事人的主体资格，但否认无行为能力和限制行为能力人在票据上签章的效力。因此，票据当事人的主体资格原则上参照民法的规定。

另外，《票据法》还有一些特殊主体的资格规定，例如本票的签发主体只能是银行。

（一）基本当事人和非基本当事人

这种分类是根据当事人是否依据基本票据行为即出票行为而划分的。因出票行为而产生的票据当事人就是基本当事人；非因出票行为而产生的当事人就是非基本当事人。因此，基本当事人包括汇票、支票的出票人、付款人和收款人；本票的出票人和收款人。基本当事人不存在、不完全或者不确定，票据关系不能成立，票据也无效。所以，票据当事人是构成票据关系的前提。

非基本当事人包括背书人、保证人、承兑人、追索人。背书人就是指持有票据并在票据上背书转让票据或者授权他人行使票据权利的人。背书有前手与后手之分，前手是指在票据签章人或者持票人之前签章的其他票据债务人。简言之，在前背书的就是前手，在后背书的就是后手。

（二）票据债权人与票据债务人

这种分类是根据票据关系中的主体享有权利、承担义务的不同来划分的。合法取得票据的持有人为票据债权人，例如最初的持票人为出票时的收款人，收款人即是票据的债权人。如果持票人通过背书让票据转让给后手，那么后手此时成为票据债权人。如果票据在银行出现拒付，持票人就有向其前手追索的权利，此时后手亦成为票据债权人，而前手清偿债务后取得继续向上一前手追索的权利。

有义务依票据记载金额和期限付款的人为票据债务人。一般来说，一旦在票据上实施了票据行为而在票据上签名的人，都是票据的债务人。票据债务人又分为第一债务人（主债务人）和第二债务人（次债务人）。前者主要是指票据的付款人，即持票人有权向其主张付款请求权。后者主要是指依法负有担保付款责任的人。如果票据出现付款人（一般是银行）拒付，或者拒绝承兑，第二债务人有义务向票据的持有人付款。第二债务人通常是票据付款人之外的人，例如汇票的出票人，票据的背书人或者保证人等。

二、票据关系

票据当事人之间发生的法律关系为票据关系。与之相对应，非因票据而发生的关系为非票据关系。有三种非票据关系为我国《票据法》规定。

（一）票据关系

(1) 票据发行关系，即出票人在票据上记载应当记载的事项并交付给收款人而产生的票据关系，其中包括出票人与收款人之间的关系，收款人与付款人的关系。

(2) 背书转让关系，即持票人在票据背面或者粘单记载有关事项并签章，并将其转让给后手而产生的票据关系。背书人要对持票人负有担保承兑和担保付款的义务，只要背书是连续的，那么前手对后手都负有上述同样的义务。

(3) 承兑、付款关系，前者是指持票人向付款人请求承兑，付款人保证在票据到期之日向持票人付款而产生的票据关系，承兑只在汇票中发生。如果持票人遇到拒绝承兑的情况，则取得对前手的追索权。而付款关系就是付款人向持票人支付票据金额并收回票据而产生的关系。付款人应当审核票据背书、持票人身份，并按照规定支付票面金额。如果付款人拒绝付款，持票人也取得对前手的追索权。

(4) 票据保证关系，即出票人或者背书人对票据付款的担保义务，以及出票人、背书人以外的人对票据付款的担保。这里面有两层意思，前者就是指的票据发行关系和背书转让关系，后者才是这里要介绍的票据保证关系。它实际上是由于保证人的出现而产生的票据关系，保证人向持票人保证在拒付或拒绝承兑的情况下付款，同时在自身履行义务的前提下，也取得对被保证人的追偿权。

（二）非票据关系

(1) 票据返还关系，即持票人因取得票据的原因不合法，或者持有的合法依据丧失，真正的票据权利人有权主张返还票据。《票据法》规定，以欺诈、偷盗或者胁迫等手段取得票据的，或者明知有前列情形，出于恶意取得票据的，不得享有票据权利。持票人因重大过失取得不符合本法规定的票据的，也不得享有票据权利。不得享有票据权利，就意味着真正享有票据权利的人有返还请求权。另外，付款人如果向持票人履行了付款义务，也享有请求持票人返还票据的权利。

(2) 利益返还关系，票据本身并不能反映出接受票据的原因，也就是说，单从票面上是无法知道出票人和持票人之间有什么交易关系和债权债务关系。但是根据法律规定，票据的取得除税收、继承、赠与外，一般是向对方支付了对价。如果因为时效等原因，无法实现票据债权，持票人可以向已经获利的出票人或者承兑人主张返还未获支付的票据金额。这种请求权是一种返还请求权，并非票据权利。

(3) 损害赔偿关系，即票据当事人不按照法定的规则行使票据权利义务，给他人造成损害的，应当负赔偿责任。

上述两大类关系，虽然都与票据关系密切，但还是有显著的区别。首先，票据关系是基于票据行为而产生的，非票据关系是基于票据法律的直接规定产生的。其次，票据关系中的权利是一种基于票据金额的债权，非票据关系一般都是一种请求权。最后，票据关系中权利人行使权利，以持有票据为前提，但是非票据关系中的权利行为则无此要求，只要基于某种法律事实即可。

三、票据基础关系

票据基础关系是票据关系产生的基础，也就是指的票据关系发生的实际债权债务关系。如果说，票据关系是表明谁向谁支付多少钱，那么票据基础关系就是表明谁为什么要支付这些钱。票据基础关系主要是在民法范畴内，一般包括以下几种关系：

（一）原因关系

所谓票据原因关系，是票据当事人签发、转让、接受票据的实质原因，也可以称之为票据原因。票据原因各不相同，有可能是买卖、担保、赠与、借贷、支付酬金、清偿债务等，都属于民法上的债权债务关系。

票据的原因关系与票据关系是相互独立的，也就是票据的无因性原理。票据的原因关系与票据关系的独立性，主要体现在以下3个方面：

（1）票据的发行或背书行为，只要具备了法定形式要件，即可产生有效的票据关系，即使票据原因关系存在着瑕疵、被解除或者无效，也不影响票据的效力。（2）票据债权人行使票据权利，一般仅以持有票据为要件，无须证明取得票据的原因。（3）票据债务人不得以票据的原因关系的瑕疵来对抗正当的票据持票人。

法律之所以允许票据原因关系与票据关系相分离，是基于票据的流通性，因为一张票据可能会存在多个票据原因。如果因为票据原因关系的无效而导致票据关系无效，那么票据的交易安全性和流通性会大大降低，难以保障持票人的合法权益。

需要特别指出的是，票据的无因性也是有特殊情况的，叫做票据无因性的例外规则。在以下几种特殊情况下，票据原因关系和票据关系又具有一定的牵连性：

（1）《票据法》第11条规定，因税收、继承、赠与可以依法无偿取得票据的，不受给付对价的限制。但是，所享有的票据权利不得优于其前手的权利。也就是说，除法定情形之外，如果无对价取得了票据的持票人，不能享有优先于前手的权利，要受到前手票据原因关系的牵连。

（2）票据债务人不得以自己与出票人或者与持票人的前手之间的抗辩事由，对抗持票人。但是，持票人明知存在抗辩事由而取得票据的除外。

（3）票据债务人可以对不履行约定义务的与自己有直接债权债务关系的持票

人,进行抗辩。例如,银行与装修公司签订装修合同,约定装修款以银行签发本票形式支付,如果装修公司没有进行装修活动,那么银行可以拒绝付款。此时,装修公司与银行是直接的债权债务关系。

(二)资金关系

票据的资金关系是指汇票、支票的付款人与出票人之间存有票据付款的资金约定关系。这种资金的支付,可以是出票人存在付款人处的资金,也是可以付款人给予出票人的一种资金信用额度,还可以是出票人是付款人的债权人。形成资金关系也是一种合同关系。由于本票属于自付证券,付款人与出票人为同一人(银行),因此不发生资金关系。

资金关系与票据关系相分离。首先,出票人与付款人之间有无资金关系,不影响持票人所享有的票据权利。如果甲签发给乙一张空头支票,金额为100万,乙持票去银行兑付,银行以甲在其账户上没有资金为由拒付,该支票并非无效,仍然有效,此时乙取得向出票人甲的追索权。追索权就是票据权利。

其次,付款人并非票据的授受人,没有资金关系情况下,付款人可以自行选择是否承兑或付款。一旦予以承兑,付款人就必须承担票据责任,不得再以没有资金关系为由进行对抗。如果有资金关系,付款人选择拒付的话,付款人本身不承担票据责任,而是要对出票人承担违约责任。此时的出票人可能会因为涉嫌欺诈而承担刑事责任。

复次,存在资金关系,出票人不得以存有资金关系为由,在持票人或者其后手被付款人拒付的情况下,对抗他们的追索权。

但注意以下两个例外:一是汇票承兑人在承兑后,如果持票人超过了权利行使期限,承兑人就可以以没有资金关系、资金不足或违约等理由提出抗辩。二是在支票行使规则中,《票据法》第89条规定,出票人必须按照签发的支票金额承担保证向该持票人付款的责任。这实际上是对支票的资金关系与票据付款关系做了强制牵连。

(三)预约关系

票据预约是指票据当事人之间预先约定使用票据的合同关系,实际上是出票人与付款人之间关于票据的种类、金额、到期日、付款地等票据事项达成的合意,形成合同关系。一般来说,先有原因关系,才会有预约关系。

预约关系也与票据关系相分离。首先,预约关系的成立、生效或违约情形,不影响票据关系的效力,只要票据符合完备的形式要件,即发生票据的效力;其次,预约关系的消灭不影响票据关系的消灭,如果预约关系先行消灭,已发行的票据和正在进行的票据行为继续有效。但是,预约关系的当事人一旦履行的票据预约关系中的权利义务,进行了出票或者背书等票据行为后,票据预约关系即行消灭。

第三节 票据行为

一、票据行为概述

(一) 票据行为的含义

票据行为并没有一个明确而统一的法律定义,票据本身就是实践经验的结合体。如果参考我国的《票据法》,票据行为具体是指出票、背书、承兑、保证,这也是狭义上的票据行为。广义的票据行为还包括参加承兑、划线、付款、更改、编造、涂销等其他引起法律关系变动的行为。一般认为,票据行为是以发生票据权利义务关系为目的的法律行为。本书只讨论狭义上的票据行为。

票据行为可以分为基本票据行为与附属票据行为。前者是指创设票据权利的行为,也就是票据的发行。出票行为就是典型的基本票据行为。后者是指在有效成立的票据上所为的票据行为,它以出票为前提。背书、承兑、保证都属于附属票据行为。之所以称之为"附属",是因为该行为必须建立在有效的基本票据行为上,只有基本票据行为有效,票据才能有效存在,才能在票据上为其他法律行为。如果基本票据行为无效,票据就无效,其附属票据行为均无效。

(二) 票据行为的特征

票据行为有以下几个显著的特征:

(1) 要式性。由于票据本身的流通特性,法律不允许自行生造出新的票据形式。票据的款式必须统一明确,当事人不可以随便选择取舍。

(2) 无因性。所谓无因性,就是指票据行为只要具备了形式要件即发生效力,不论其背后的基础关系如何。

(3) 独立性。一张有效票据上,可能存在多个票据行为,这些票据行为分别独立产生效力,不因其他票据行为无效而受到影响。

(4) 文义性。由于法律对票据制度的严格规定,要求票据的字面文义具有公示公信的效力。

二、票据行为构成要件

(一) 实质要件

(1) 票据能力。票据能力可以分为权利能力和行为能力,前者是指可以享受票据权利的能力,可以理解为有没有资格的问题。根据民法基本原理,自然人的票据权利能力,始于出生,终于死亡;而法人的票据权利能力始于登记,终于清算结束。非法人组织的权利能力基本上与法人相同。

票据的行为能力,对于自然人而言原则上使用民法关于行为能力的规定,但又有所不同。《票据法》规定,无民事行为能力人或者限制民事行为能力人在票据上签章的,其签章无效,但是不影响其他签章的效力。无民事行为能力人和限制民事行为能力人都无票据行为能力。对于法人与非法人组织而言,行为能力与权利能力的时间是一致的。

(2) 意思表示。作为民事法律行为构成要件之一的意思表示,也适用于票据行为。但是票据行为中的意思表示也有自己的特点。在票据行为的意思表示中,一般采用意思表示主义,票据上的记载实际上就是意思表示,只要在外观上足以使人相信该意思表示为真实的,当事人一般不能提出异议。这是因为,出现票据当事人意思表示与票据记载的文义不一致,如果真实的意思表示否定票据文义的情况,将极大地威胁到票据流通安全。

(二) 形式要件

(1) 记载事项。票据以文字记载来表明自己的意思,为了保障票据的流通,法律对票据的记载事项做了严格的规定。记载事项一般可以分为以下几种:

绝对必要记载事项。汇票为:表明“汇票”的字样、无条件支付的委托、确定的金额、付款人名称、收款人名称、出票日期、出票人签章。本票为:表明“本票”的字样、无条件支付的承诺、确定的金额、收款人名称、出票日期、出票人签章。支票为:表明“支票”的字样、无条件支付的委托、确定的金额、付款人名称、出票日期、出票人签章。保证人必须在汇票或者粘单上记载下列事项:表明“保证”的字样、保证人名称和住所、被保证人的名称、保证日期、保证人签章。没有绝对必要记载事项,则票据无效。

相对必要记载事项,如没有记载,票据或票据行为仍然有效,未记载的根据法律来推定。汇票上未记载付款日期的,为见票即付;未记载付款地的,付款人的营业场所、住所或者经常居住地为付款地;未记载出票地的,出票人的营业场所、住所或者经常居住地为出票地。《票据法》第 76 条、第 86 条对本票和支票的相对必要记载事项也作了类似规定。

可以记载事项,也称任意记载事项,是法律允许票据行为人依自己的意思在票据上记载的事项,不记载也不影响票据或票据行为的效力。例如,支票上的金额可以由出票人授权补记,未补记前的支票,不得使用。支票上未记载收款人名称的,经出票人授权,可以补记,出票人可以在支票上记载自己为收款人。

不得记载事项,即法律规定不允许记载的内容,如有记载,票据或票据行为无效,或者本身不发生效力。例如,汇票不得记载附条件支付的委托,否则汇票无效;背书也不得附条件,即使附条件了也不发生效力。

(2) 签章。签章本身就是票据的必须记载事项,没有签章,则票据或票据行为无效。

(3) 交付。对于交付是否为票据行为的构成要件,各国的规定都不相同,但根据我国法律的规定,票据行为只有在行为完成上述所有内容后交给收款人,票据行为才能成立。

三、票据代理行为

(一) 票据代理的概念

代理是指代理人在代理权限内,以被代理人名义做出意思表示,并由被代理人承担相应法律责任的行为。票据法上的代理,是一种特殊的民事代理行为。票据当事人可以委托其代理人在票据上签章,并应当在票据上表明其代理关系,授权代理人必须在票据上签章——这就是票据代理行为法律规定。

(二) 有效票据代理的构成要件

1. 形式要件

(1) 须有被代理人本人的姓名或者名称。由于票据代理依然是以被代理人名义的法律行为,因此票据上必须有被代理人本人的姓名(自然人)或者名称(法人或非法人组织)。未载明被代理人的,即使票据代理关系真实存在,被代理人也无需承担任何票据责任,由代理人自行负责。

(2) 须有代理人的签章。代理人既然作为票据行为的实际实施人,自己也需要在票据上签章,表明自己是代理人的身份。除此之外,以其他任何形式表明自己为票据代理人身份的,均视为无效。如果没有代理人的签章,代理人不承担任何票据责任,而由被代理人自行负责。

(3) 须有代理的意思。《票据法》第5条第1款明确规定,票据代理行为必须要在票据上表明其代理关系。代理的意思究竟如何记载,法律没有明确的规定,一般的做法是记载“张三代理李四”字样,如果没有明确写“代理”字样,能够凭借常识判断出票据上代理人与被代理人身份的,也可以构成票据代理行为。

2. 实质要件

票据代理行为的实质要件是指,代理人必须在代理权限的范围内行使代理行为。一般而言,民法代理权限主要有法定代理、指定代理和委托代理,票据代理同样适用。只有在代理权限范围内行使的票据代理行为,才是有效的行为。票据法关于票据代理必须以书面形式记载代理关系,仅仅是指代理行为本身,至于代理权限如何获得,法律并没有明确规定。委托代理一般可以以书面或者口头形式、默认方式授予代理权。

(三) 无权票据代理与越权票据代理

1. 无权的票据代理行为

无权的票据代理行为是指行为人在没有获得他人的任何授权的情况下,以他人的名义,在票据上表明代理意思,记载票据事项,并自己在票据上签章的行为。

这样的票据，从外观上看基本上符合了法定的条件，相对人从表面上相信对方有权代理，但由于缺乏有效票据代理行为的实质要件，该行为是无效的。根据《票据法》第5条第2款的规定，没有代理权而以代理人名义在票据上签章的，应当由签章人承担票据责任。我国票据相关法律不承认民法上的追认制度，无权票据代理行为的无效，是指对被代理人不发生效力，但实际上已经实施票据行为本身发生了效力，行为人应当对此承担责任。

2. 越权的票据代理行为

越权的票据代理行为，代理人本身具有被代理人的授权，但代理人超出了代理权限的行为，这实质上是一种代理权的瑕疵，不能成立效力完全的票据代理行为。《票据法》第5条第2款的规定，代理人超越代理权限的，应当就其超越权限的部分承担票据责任。

（四）票据的表见代理

表见代理实际上也是一种无权代理，而票据的表见代理与票据的无权代理只有一个区别，就在于无权代理的行为让相对人足以确信其有代理权。它具体是指代理人没有代理权，但客观上足以使相对人确信其有代理权，而与其进行民事行为，由被代理人承担法律责任的行为。表见代理制度也是为了保障善意第三人的利益，以及票据本身的流通性。

票据的表见代理形式上完全具备有效的票据代理的一切要件，而实际上代理人没有代理权，但在表面上让相对人确信有代理权，最终的票据责任将由被代理人来承担。被代理人承担了票据责任后，可以向无权代理人进行追责。

第四节 票据权利

一、票据权利概述

所谓票据权利，是指持票人向票据债务人请求支付票据金额的权利，包括付款请求权和追索权。票据权利有三个基本特征：

（1）票据权利具有无因性。由于票据和票据行为的无因性，票据权利也同样具有无因性。持票人只凭借合法持有票据，或者有效背书流通的票据，即可行使票据权利。不论该票据的基础关系以及发生原因是否有效，也无需证明其取得票据的原因合法。

（2）票据权利是证券化的权利。票据权利与票据发生黏合关系，票据权利的转移只能交付票据，行使票据权利也必须持有票据。票据权利必须附着在票据之上，具有典型的证券化权利的特征。

(3) 票据权利具有双重性。票据权利与一般的债权不同,它包括了两次请求权,也就是双重性。票据权利可以先后行使付款请求权与追索权,但这并不意味着行使两次请求权能够获得两倍的利益。实际上,追索权的行使是对付款请求权不能获得满足的一种救济和补充。

二、票据权利的取得

票据权利的取得必须以票据的取得为必要条件,但是票据持有人并非一定就是票据的权利人。因为我国《票据法》的规定表明,只有已支付对价,没有欺诈、胁迫、恶意或者重大过失,并对曾经发生的抗辩事由不知情的持票人,才能取得票据权利。

(一) 原始取得

票据的原始取得是指持票人不经过其他前手权利人,而最初取得的票据权利。一般包括发行取得和善意取得两种。

发行取得实际上是票据的创设行为。权利人依出票人的出票行为而取得了票据权利就是发行取得,这种票据权利的取得当然地需要出票人交付的行为,收款人才能获得票据权利。

善意取得是指票据受让人依法定方式,善意地从无处分权人处取得票据,并享有票据权利。票据的善意取得制度,仍然是保证票据的流通性,保护善意第三人利益。一般而言,票据善意取得构成要件包括如下内容:

(1) 受让人取得票据必须符合法定方式。法定方式就是票据法规定的两种转让方式,直接交付和背书转让,无记名票据可以直接交付转让,记名票据则必须背书转让。

(2) 处分票据的人是无权处分。无权处分是指不享有处分权利的人,包括通过欺诈、胁迫、盗窃等非法手段取得票据的人,还包括如票据的保管人等合法持有票据,但无权处分的人。如果持票人有权处分票据,那就属于继受取得。

(3) 受让人善意无过失。善意无过失是指,受让人在接受票据时不知道,也不可能知道处分票据的人是无权处分。如果在受让时,受让人明知让与人是无权处分,或者通过一般常识就能知道是无权处分,却因疏忽大意没有认识到,都不属于善意无过失。

(4) 受让人付出对价。票据的取得,必须给付对价,即应当给付票据双方当事人认可的相对应的代价。对价也就是与票据面额价值相当的金钱或者实物。因税收、继承、赠与可以依法无偿取得票据的,不受给付对价的限制。但是,所享有的票据权利不得优于其前手的权利。前手是指在票据签章人或者持票人之前签章的其他票据债务人。

（二）继受取得

1. 票据法上的继受取得

（1）依转让取得票据权利。这种转让一般为背书转让和直接交付。前者是针对记名票据，转让人在票据背面签章，可以自行将票据转让至下手，但背书必须连续。直接交付针对不记名票据，只要交付，受让人就获得了票据权利。

（2）依清偿取得票据权利。具体内容如下，合法持票人向票据记载的付款人主张付款，如果遭到拒绝，持票人可以向自己的前手行使追索权。而票据一旦发生追索，所有被追索的票据债务人均有清偿义务。而清偿人履行清偿义务后，即取得向前手继续追索的权利，直到出票的票据债务人止。

2. 非票据法上的继受取得

非票据法上的继受取得主要是包括继承、赠与、企业事业单位及机关团体分立合并、法院的司法裁定或者主管部门的行政决定等民法普通债权转让方式，或者行政司法渠道取得票据权利，不再赘述。

三、票据权利的行使与保全

票据权利的行使是指，票据权利人请求票据义务人履行票据义务，实现票据权利的行为。一般包括付款请求权、追索权中的请求清偿权。票据权利的保全是指，票据权利人为免于票据权利的丧失而为的行为。一般包括按期提示承兑、按期提示付款等。

（一）票据权利行使与保全的方法

1. 按期提示

按期提示是指在票据法规定的期间内，向票据债务人出示票据，请求其履行票据债务。如果持票人要行使票据权利，应当按照法定程序在票据上签章，并出示票据。汇票的按期提示包括提示承兑和提示付款。本票和支票仅有按期提示付款，因为本票和支票不需要承兑。实际上，如果没有按期提示，票据权利将面临不能付款的危险，所以按期提示属于票据权利的行使与保全措施。

2. 依法取证

依法取证是指，为了证明持票人曾经依法行使票据权利的付款请求权而遭到拒绝，或者根本无法行使票据的付款请求权而依法取得的相关证明。最为重要的就是，对于追索权行使，做成拒绝证书是保全追索权的重要程序，也是行使追索权的前提。拒绝证书的形式一般有三种：拒绝证书；退票理由书；承兑人、付款人或代理银行在票据上记载提示日期、拒绝事由、拒绝日期并签章。除此之外，法院、有关行政主管部门、公证机关、公安机关或者医院等也可以出具拒绝证书。

3. 中断时效

票据权利时效的中断是指，票据人通过提起诉讼、向债务人主张履行票据义务等手段，使得票据权利以前经过的时效期间归于无效，时效从中断事由发生之日起重新计算。《票据法》本身没有对中断时效做出特别规定，而是根据民法原理对主张权利保全的一种措施。《票据法》第17条规定，票据权利在下列期限内不行使而消灭：持票人对票据的出票人和承兑人的权利，自票据到期日起2年；见票即付的汇票、本票，自出票日起2年；持票人对支票出票人的权利，自出票日起6个月；持票人对前手的追索权，自被拒绝承兑或者被拒绝付款之日起6个月；持票人对前手的再追索权，自清偿日或者被提起诉讼之日起3个月。票据的出票日、到期日由票据当事人依法确定。根据上述规定，持票人只有在上述票据时效内提出相关的中断事由，才能起到保全的效果，而票据权利时效发生中断的，只对发生时效中断事由的当事人有效，并不是票据上所有的权利人。

（二）票据权利行使与保全的时间

持票人对票据债务人行使票据权利，或者保全票据权利，应当在票据当事人的营业场所和营业时间内进行，票据当事人无营业场所的，应当在其住所进行。

（三）票据权利行使与保全的地点

世界上其他国家的票据专门法律对票据权利行使和保全的地点有着比较详细的规定，但是我国票据法的规定却相对简单。根据民法原理，债务人履行债务的地点，一般应该在债权人的住所地，也有例外情况。《票据法》第16条仅规定，持票人对票据债务人行使票据权利，或者保全票据权利，应当在票据当事人的营业场所和营业时间内进行，票据当事人无营业场所的，应当在其住所进行。

四、票据权利的消灭

（一）付款

付款就是票据债务人履行票据义务，支付规定的金额给票据权利人，使得债权债务归于消灭的情形。一般情况，持票人收到付款义务人票据规定的金额后，在票据上记载收讫字样并签章，将票据交付给付款人。由于持票人与票据债务人之间的权利义务清结，付款请求权也得以消灭。但需要注意的是，这里的付款人不包括付款的保证人和参加付款的人付款，因为保证人和参加付款的人付款后，他们可以取得付款请求权，此时消灭的仅仅是对持票人的付款请求权。从观念上看，付款金额的多少，决定着权利消灭多少。

（二）清偿

持票人向票据付款人依法主张付款请求权遭拒或者不能实现时，持票人在履行了相关保全手续(取得拒绝证书)后，可以向票据上所有的债务人(前手)进行追索，所有的票据债务人对持票人承担连带清偿责任，任何一个票据债务人对票据进行了清偿，持票人的追索权即归于消灭。此时，清偿人获得了继续追索的权利，直到出票人清偿后，所有的追索权归于消灭。

(三) 未按期提示

票据的提示承兑和提示付款期限都由法律进行规定。提示承兑是指持票人向付款人出示汇票,并要求付款人承诺付款的行为。《票据法》规定,定日付款或者出票后定期付款的汇票,持票人应当在汇票到期日前向付款人提示承兑。见票后定期付款的汇票,持票人应当自出票日起 1 个月内向付款人提示承兑。汇票未按照规定期限提示承兑的,持票人丧失对其前手的追索权。见票即付的汇票,持票人自出票日起 1 个月内向付款人提示付款;定日付款、出票后定期付款或者见票后定期付款的汇票,自到期日起 10 日内向承兑人提示付款。本票自出票日起,付款期限最长不得超过 2 个月。支票的持票人应当自出票日起 10 日内提示付款;异地使用的支票,其提示付款的期限由中国人民银行另行规定。如果持票人未按照上述规定提示承兑或提示付款的,都会丧失对出票人以外其他前手的追索权。

(四) 未依法取证

持票人行使追索权必须提供有关证明。如果持票人向票据债务人主张付款请求权遭到拒绝,或者根本无法主张权利的时候,未能按照法律规定取得拒绝证书等相关证据,持票人不能出示拒绝证明、退票理由书或者未按照规定期限提供其他合法证明的,丧失对其前手的追索权。但是,承兑人或者付款人仍应当对持票人承担责任。汇票到期被拒绝付款的,持票人可以对背书人、出票人以及汇票的其他债务人行使追索权。汇票到期日前,有下列情形之一的,持票人也可以行使追索权:汇票被拒绝承兑的;承兑人或者付款人死亡、逃匿的;承兑人或者付款人被依法宣告破产的或者因违法被责令终止业务活动的。不能依法提供有关拒绝证明的,就会导致持票人对前手票据权利(追索权)的丧失。

(五) 时效经过

在民法上时效经过可能导致两种情况,一种是实体权利的消灭,即消灭时效;另一种是实体权利不消灭,但丧失胜诉的机会,即诉讼时效。法律规定的票据权利行使时间一旦经过,票据权利就会丧失。

第五节　票据的时效

一、票据时效的概述

(一) 票据时效的概念

西方有句法律谚语:“法律不保护在权利上睡觉的人”,法律上的各种时效也是为了敦促权利人及时行使权利,避免司法资源浪费和司法成本提高。票据时效是指票据权利的消灭时效，即票据权利人在法定期限不行使其票据权利，该权利即归于消灭的法律制度，从《票据法》第17条的规定来看，票据权利实际上是消灭时效。

（二）票据时效的起算日

（1）出票日。即期汇票、本票和支票的出票人的票据时效，均自出票日起算。票据的出票日，均应由出票人在出票时予以记载，属于票据的绝对记载事项。票据上记载的出票日，如果与实际出票日不同，以票据上记载的出票日为准。

（2）到期日。票据的到期日分为两种，一种是指定到期日，即依照当事人的约定而记载于票据上的到期日。由于本票和支票只有即期一种，所以不能指定到期日。只有汇票中的定期汇票，可以指定到期日，定期汇票对出票人和承兑人的票据时效，自指定到期日起算。另一种就是法定到期日。法定到期日可以进一步分为依法推定到期日和依法确定到期日。前者如，汇票没有记载到期日的，推定为见票即付，到期日自出票之日起1个月内。后者本票与支票均为见票即付，那么到期日即为法律所确定的日期。本票的到期日为自出票之日起2个月内，同城支票的到期日为自出票之日起10日内。

（3）事实发生日。票据法规定的追索权和再追索权的行使，都是依据一定的事实发生日为起算日的。一般而言，追索权起算的事实发生日是被拒绝承兑或者被拒绝付款之日，再追索权起算的事实发生日是清偿之日或者被提起诉讼之日。

（三）票据时效的中止与中断

（1）票据时效的中止。时效的中止是指，在时效期间内发生了法定的事由，时效期间停止计算，等法定事由消除后，时效期间在原来的基础上继续计算的制度。《票据法》没有对时效中止作出具体规定，因此，票据时效为2年的，仍然参考民法通则关于时效的规定。

（2）票据时效的中断。时效的中断是指，由于法定事由的出现，已经进行的时效归于无效，重新计算的制度。《票据法》对此也没有具体的规定，应当参考《民法通则》第140条规定。票据法律关系中，造成时效中断的原因具体是指持票人向承兑人出示提示票据，请求付款；持票人向前手行使追索权；持票人提起诉讼。当然，票据权利时效发生中断的，只对发生时效中断事由的当事人有效。

二、票据时效的期间

（一）汇票、市票的持票人对承兑人、出票人的权利时效期间

持票人对票据的出票人和承兑人的权利，自票据到期日起2年。见票即付的汇票、本票，自出票日起2年。此项所谓的权利就是持票人对票据的出票人和承兑人的付款请求权。对汇票而言，适用于出票人和承兑人；对于本票，适用于出票人，因为本票的出票人即承兑人；对于支票也没有承兑人，支票的出票人时效另行规定。

（二）支票持票人对出票人的权利时效期间

持票人对支票出票人的权利，自出票日起6个月。该权利的内容包括持票人请求出票人清偿支票金额、利息以及相关费用。支票的出票人所签发的支票金额不得超过其付款时在付款人处实有的存款金额。出票人签发的支票金额超过其付款时在付款人处实有的存款金额的，为空头支票。法律禁止签发空头支票。支票持票人对出票人的追索时效相对而言更短，由于支票支付的款项是存在付款人处实际的金额，因此支票的出票人只有在支票被拒绝付款时，才是票据的主债务人。而汇票和本票的出票人本身就已经是主债务人。

（三）持票人对前手追索权的时效期间

《票据法》规定，持票人对前手的追索权，自被拒绝承兑或者被拒绝付款之日起6个月。但持票人行使该追索权应当注意以下几点：

(1) 仅限于第一次追索权，即持票的第一追索人最初向前手的追索。

(2) 仅限于向除汇票出票人、支票出票人以外的票据债务人行使的追索权。尽管出票人也属于前手，向其行使的也属于追索权，但因为票据时效有特别规定，因此不适用此项时效。

(3) 追索的对象不仅仅限于直接的前手，行使追索权时，持票人可以向任何一个背书人或保证人前手，或者所有权的前手行使，只要是第一追索人。

(4) 票据时效为6个月，起算日为被拒绝承兑或被拒绝付款之日。

（四）持票人对前手的再追索权的时效期间

再追索权，顾名思义，就是票据债务中，因被追索而已经履行了清偿义务的人，取得对其前手追索的权利，可以请求其前手支付已经清偿的所有金额以及自清偿日起至再追索清偿日止期间的利益和相关费用。持票人对前手的再追索权，自清偿日或者被提起诉讼之日起3个月。

第六节　出　票

一、概述

出票是指出票人签发票据并将其交付给收款人的票据行为。出票又称之为票据的签发、或者票据的发行，本质上是一种创设票据权利义务的法律行为。出票行为应当从以下两个方面理解：

(1) 出票是创设票据的法律行为。出票是法律行为，也是票据行为。只有经过了出票这个阶段，票据才因创设而存在，才能进行其后的一系列票据行为。因此，出票行为是一种法律意义上的创设，出票行为也是基本的票据行为，其他票据行为都必须以出票为前提，属于附属的票据行为。

(2) 出票行为本身要经历创设和交付两个阶段。所谓创设，就是依法在票据上记载一定的事情，产生法律权利义务，作成票据。票据作成后，没有交付的话，出票行为依然没有完成。交付即出票人基于自己真实的意思，将做成的票据交给他人占有，以实现票据上的权利义务的行为。只有票据交付后，整个出票行为才全部完成。

二、出票的记载事项

出票的记载事项属于出票的形式要件，对于法律规定出票时必须记载的，没有记载则票据无效，进而导致其后的附属的票据行为无效。

(一) 绝对应记载事项

(1) 表明“汇票”、“本票”、“支票”字样。我国票据法上规定三种票据，在出票时必须有表明其种类的字样，而且法律规定必须使用统一印刷的票据格式，当事人在出票时只要认真选择相应的票据格式即可。

(2) 无条件支付的委托或者承诺。这实际上就是规定票据付款不得附条件。我国票据实践中，这种无条件的委托或者承诺一般都予以印刷在汇票正面，银行汇票一般在出票行签章处印有“凭票付款”字样；银行承兑汇票在出票人签章处印有“本汇票请你行承兑，到期无条件付款”的字样；支票上印有“上列款项请从我账户内支付”的字样。银行本票是自付证券，本身就表明自己无条件支付，相关文句也已印刷至票面。

(3) 确定的金额。票据金额以中文大写和数码同时记载，二者必须一致，二者不一致的，票据无效。如果是银行定额本票，则无需另行记载票面金额。支票上的金额可以由出票人授权补记，否则不得使用。

(4) 付款人名称。付款人是指受出票人委托，向持票人支付票据金额的人。本票的付款人就是出票人，即银行(我国只有银行本票)。支票的付款人限于银行或者其他法定金融机构，我国一般为出票人的开户银行。

(5) 收款人名称。收款人也就是出票时的票据权利人，我国《票据法》规定，汇票和本票出票时必须记载收款人名称，否则票据无效。但是，支票作为例外，允许出票人不记载收款人，经出票人授权可以补记。

(6) 出票日期。出票日期是确定票据到期日的重要标准，它是记载在票据上的票据签发日期。欠缺出票日期，票据无效。票据金额、日期、收款人名称不得更改，更改的票据无效。

(7) 出票人签章。票据上的签章，为签名、盖章或者签名加盖章。法人和其他使用票据的单位在票据上的签章，为该法人或者该单位的盖章加其法定代表人或者其授权的代理人的签章。在票据上的签名，应当为该当事人的本名。

（二）相对应记载事项

（1）付款日期。付款日期是汇票上记载的付款人应当支付票据金额的具体日期。见票即付的汇票，自出票日起1个月内向付款人提示付款；定日付款、出票后定期付款或者见票后定期付款的汇票，自到期日起10日内向承兑人提示付款。汇票没有记载付款日期，则为见票即付。本票和支票均为见票即付，不需要记载付款日期。

（2）付款地点。票据上记载付款地点对明确票据权利义务履行地和法院管辖地有着重要的作用。此项为我国三类票据的相对应记载事项。汇票如果没有记载的，付款人的营业场所、住所或者经常居住地为付款地。本票未记载的，以出票人的营业场所为付款地。支票未记载的，以付款人的营业场所为付款地。

（3）出票地点。票据上未记载出票地点的，不影响票据效力，但是法律有如下推定：汇票和支票未记载出票地点的，以出票人的营业场所、住所或者经常居住地为出票地；本票上未记载出票地的，以出票人的营业场所为出票地。

（三）可以记载事项

（1）禁止转让事项的约定。持票人可以通过背书将汇票权利转让给他人或者将一定的汇票权利授予他人行使。但是，出票人在汇票上记载"不得转让"字样的，汇票不得转让。此项约定，为可以记载的事项。一旦记载上述字样，票据则无法背书转让。

（2）有关汇票支付货币种类的约定。《票据法》规定，汇票金额为外币的，按照付款日的市场汇价，以人民币支付。汇票当事人对汇票支付的货币种类另有约定的，从其约定。也就说，原则上汇票的支付货币种类是人民币，但如果当事人对此有特殊约定，可以记载于票据，则应当按照约定的内容进行支付。

（四）其他记载事项

《票据法》第24条规定，汇票上可以记载本法规定事项以外的其他出票事项，但是该记载事项不具有汇票上的效力。同时，第26条还规定，出票人签发汇票后，即承担保证该汇票承兑和付款的责任。如果出票人有记载"免除担保承兑"或者"免除担保付款"等字样，均为无效。另外，如果违反票据法相关规定，记载有害事项，有可能导致票据无效。例如，出票人签发的票据金额不确定等。

三、出票的效力

（一）汇票出票的效力

1. 对出票人的效力

出票人签发汇票后，即承担保证该汇票承兑和付款的责任。出票人在汇票得不到承兑或者付款时，应当向持票人清偿《票据法》第70条、71条规定的金额和费用。《票据法》第 26 条的规定，实际上表明汇票的出票人就其签发的票据，承担以下两种保证义务：

(1) 担保承兑。如果汇票的持票人请求付款人承兑，遭到拒绝，出票人应当对持票人的请求负保证偿还票据金额的责任。这是因为，汇票的付款人实质上是被委托付款的一方，不是票据义务人，因此，付款人没有承担承兑和付款的义务。付款人有权决定是否付款，如果付款人拒绝付款，则出票人承担保证承兑的责任。

(2) 担保付款。如果汇票的持票人向付款人请求付款，遭到拒绝，出票人有义务对该票据金额进行偿付。此时，持票人一般行使追索权，向任何一个前手(背书人)请求付款，直至到出票人。出票人承担的是最终的担保付款义务。而背书人的担保义务可以因为持票人未按期提示免除，出票人的担保义务则不能因此免除。

2. 对付款人的效力

出票是单方法律行为，一般不能为他人设定义务。因此，出票行为对付款人而言并不能起到直接作用，而付款人之所以愿意承兑或付款，也只是因为他们与出票人存在着资金关系，资金关系本身属于一种契约关系，但却不会反映在票据上。如果这种资金的契约关系存在，那么，付款人无故拒绝付款显然要向出票人承担违约责任。

3. 对收款人的效力

出票人完成出票行为之后，收款人即获得三种权利，即付款请求权、追索权、背书转让权。

(二) 本票出票的效力

1. 对出票人的效力

在我国，本票的出票人都是银行，出票行为一旦完成就意味着出票人自身成为了票据的付款义务人，承担无条件向持票人偿付票据金额的义务。在票据的时效内，出票人的付款义务始终存在，直到时效届满。银行本票的持票人超过规定期限提示付款的，丧失对出票人以外的前手的追索权，持票人在作出说明后，仍可以向出票人请求付款。

2. 对收款人的效力

出票人一旦出具本票后，收款人或者其背书转让的后手即依法取得票据上的付款请求权和追索权。

(三) 支票出票的效力

1. 对出票人的效力

出票行为一旦完成，出票人就承担了担保支付票据金额的义务，即出票人必须按照签发的支票金额承担保证向该持票人付款的责任。超过提示付款期限的，付款人可不予付款；付款人不予付款的，出票人仍应当对持票人承担票据责任。《票据法》还规定，支票的出票人所签发的支票金额不得超过其付款时在付款人处实有的存款金额。出票人签发的支票金额超过其付款时在付款人处实有的存款金额的，为空头支票。我国禁止签发空头支票。

2. 对付款人的效力

出票后，付款人对空头支票拒付，持票人逾出票日期 10 日提示付款的，付款人可以拒付。票据的付款人对见票即付或者到期的票据，故意压票，拖延支付的，由金融行政管理部门处以罚款，对直接责任人员给予处分。票据的付款人故意压票，拖延支付，给持票人造成损失的，依法承担赔偿责任。

3. 对收款人或持票人的效力

出票后，收款人或者持票人即取得在法定提示付款期间内付款请求权、追索权，以及背书转让的权利。

四、空白票据

（一）空白票据的概念与种类

空白票据又称为未完成票据，它是出票人在签发票据时，有意将票据上应记载的事项不记完全，授权于持票人以后补充记载的票据。但需要注意的是，如果票据上绝对必要记载事项记载不全，票据则无效，空白票据有效实属法律特例。

（二）空白票据构成要件

(1) 必须有出票人签章。票据的签章就是为了确定权利义务人，因此，空白票据也必须具有出票人的签章，才能发生法律效力。此处的签章，也包括承兑人、背书人以及保证人的签章。

(2) 出票人授权持票人空白票据补记权。补记权也就是出票人授予持票人，有权对欠缺的记载事项进行补充记载，使其成为完全票据。但是这种授权不需要特别为之，只是在空白票据成立之时即授权，不论授权人死亡与否还是丧失民事行为能力与否，授权均发生效力，并不允许授权人撤回。

(3) 交付。空白票据出具后，也必须交付才能发生法律效力。

（三）空白票据的效力

1. 补充记载前的效力

《票据法》第 85 条规定，支票上的金额可以由出票人授权补记，未补记的支票，不得使用。空白授权票据的持票人行使票据权利时，未对票据必须记载事项补充完全，因付款人或者代理付款人拒绝接收该票据而提起诉讼的，人民法院不予支持。

2. 依授权补记完全后的效力

依授权补充记载完全之后，空白票据即成为完全票据，也同时具备了普通票据一样的法律效力，不再赘述。

3. 补记权滥用的效力

我国《票据法》没有对此作出规定，但是根据《日内瓦统一汇票本票法》以及《日内瓦统一支票法》的相关规定，滥用补记权而补记完成的空白票据，授权人只能对直接滥用补记权的当事人进行抗辩，授权人承担举证责任，而对持有票据的善意第三人，授权人则无法行使抗辩权，应当负票据责任。

第七节　背　书

一、概述

（一）概念

背书是指在票据背面或者粘单上记载有关事项并签章的票据行为，是票据流通的基本形式，也是票据权利转让的必备条件。背书的概念至少包括以下几个层面的意思：

（1）背书行为是持票人的一种票据行为。一次背书行为中，背书人一般为持票人，接受背书票据的人是被背书人。在一个完整票据流通关系链条中，背书人与被背书人的身份是相对而言，也是可以转化的，当被背书人在票据上背书后，就成为背书人。只有经过背书后，被背书人才能取得合法的持票人资格。

（2）背书以转让票据权利为目的。背书的目的还是为了票据权利的流转，从而保证票据的流通性。我们通常意义上的背书，是指转让背书，但随着社会经济的发展，背书不仅仅是为了转让，也出现了以委托收款或者设定质权为目的。但无论如何，都涉及票据权利的全部或者部分转移。

（3）背书是附属的票据行为。背书必须建立在有效的出票行为基础上，否则票据无效，票据权利也无效，背书当然无效。如果票据形式有效，实质要件无效，比如出票人无行为能力，那么背书效力不受影响，背书人自负票据责任，而出票人对背书人负责。

（二）背书的方式

《票据法》规定，背书的位置一般都在票据背面。以背书转让或者以背书将一定的汇票权利授予他人行使时，必须记载被背书人名称。背书由背书人签章并记载背书日期。汇票背书未记载日期的，视为在汇票到期日前背书。背书也不得附有条件，如果附有条件的，所附条件不具有汇票上的效力。

二、背书的种类

（一）转让背书

转让背书是背书人以转让票据权利为目的而进行的票据行为。它实际上是通过背书这种形式，将票据与票据权利一并转移给他人。转让背书可以分为以下两种：

1. 一般转让背书

一般转让背书是指根据票据法的一般规定转让票据权利，并无特殊情事的背书，又称之为完全背书。根据是否记载背书人的名称，又可以分为记名背书和不记名背书。但是，根据《票据法》第 30 条的规定可知，我国只承认记名背书，不承认不记名背书。我国现行的票据纸张背面均印有背书栏，在背书栏中留有背书人和被背书人的空白栏，可以填写。也允许在票据的粘单上背书。

2. 特殊转让背书

（1）限制背书。限制背书主要是指禁止转让背书和无担保背书两种：前者是指背书人在票据上记载“不得转让”字样，使得被背书人在收到票据的转让权利受到限制。如果被背书人再转让，那么背书就不再连续，原背书人对后手的被背书人不承担保证责任，被背书人自行承担票据责任。后者是指在背书中记载对票据的承兑或者付款不负担保证责任的背书，又名免责背书。《票据法》第 37 条规定，背书人以背书转让汇票后，即承担保证其后手所持汇票承兑和付款的责任。

（2）空白背书。空白背书是指背书人不记载被背书人的名称，仅签章于票据或者粘单上的背书。空白背书的绝对应记载事项就是背书人的签章，但是我国《票据法》仍然不承认空白背书。如果实践中发生空白背书，权利主张时，被背书人的名称没有记载完全，背书行为无效。

（3）回头背书。回头背书是票据上的原债务人为被背书人的背书，实际上就是票据的债权债务人归位同一人的情况，票据的债权人同时也成了票据的债务人。最后导致的结果就是，债权债务的消灭。我国《票据法》承认回头背书，因为回头背书本身不影响票据的流通性。当回头背书的被背书人是汇票的出票人时，如果票据未承兑，出票人请求付款遭拒时，不能让其中任何一位债务人追索，因为自己才是最终责任的承担者。如果票据已经承兑，承兑人是票据第一债务人，出票人可以请求承兑人付款。

（4）期后背书。期后背书是指在票据被拒绝承兑，或者被拒绝付款，或者超过付款提示期限后转让的背书。《票据法》第 36 条规定，汇票被拒绝承兑、被拒绝付款或者超过付款提示期限的，不得背书转让；背书转让的，背书人应当承担汇票责任。

（二）非转让背书

非转让背书是非以转让票据为目的，而将部分票据权利授予他人的一种背书行为，主要包括以下两种形式：

1. 委任背书

委任背书是委托他人代表自己行使票据权利，收取票据金额为目的的背书，也称之为委托收款背书。此形式的背书实际上是一种委托授权，背书人是委托人，被背书人是受托人。《票据法》第35条规定,背书记载“委托收款”字样的,被背书人有权代背书人行使被委托的汇票权利。但是,被背书人不得再以背书转让汇票权利。

2. 设质背书

设质背书是背书人将票据转移给他人,设定担保,用以清偿被背书人的债权的一种保证形式。设质背书本质上是设定质权的书面凭证,背书人是出质人,被背书人是质权人。《票据法》第35条第2款规定,汇票可以设定质押;质押时应当以背书记载“质押”字样。被背书人依法实现其质权时,可以行使汇票权利。设质背书的被背书人行使权利,是为自己的利益,一旦权利主张遭拒,被背书人有权向背书人行使追索权。

三、背书的连续

(一) 背书连续的效力

背书的连续应当包括以下几个形式要件:第一,票据上的所有背书在形式上均为有效,否则一个无效的背书,会导致后手背书失去连续性;第二,所有背书的记载顺序依次衔接。简单说,就是上一个背书的被背书人,必须是下一个背书的背书人;第三,前一次背书的被背书人与后一次背书的背书人是同一人;第四,转让背书为认定连续的标准。背书连续的效力,即证明票据权利的有效性。如果是转让背书,那么证明持票人现在是合法的持票人资格;如果是委任背书,那么证明持票人取得所委托的相关票据权利。

(二) 背书不连续的效力

背书不连续,顾名思义,就是指背书在形式上没有前后相随,没有衔接性,或者欠缺背书连续的其他法定要件。背书不连续会产生两个法律后果:第一,背书不连续导致持票人欠缺形式上的合法持票资格。如果持票人要主张权利,必须负举证责任;第二,背书不连续,债务人应当拒付。如果债务人付款,持票人非真正的权利人,即使付款人为善意,也不得免责,其付款义务仍然未消灭。

第八节　承兑与保付

一、概述

承兑与保付之间存在的密切的联系,承兑一般为汇票制度,而保付为一种支票制度。因此,本章所述承兑是指汇票承兑,而保付是指支票的保付。然而,我国没有真正意义上的保付制度,本章对此仅简单介绍。

（一）承兑

承兑是指汇票付款人承诺在汇票到期日支付汇票金额的票据行为。承兑这一定义具有以下几个层面的意义：

（1）承兑是一种附属的票据行为。汇票之所以能承兑，首先要以合法有效的汇票存在为前提，即有完整有效的出票行为。承兑与背书一样，效力受到出票行为效力的影响。如果出票行为无效，即使承兑行为本身合法有效，也不发生票据效力。

（2）承兑是远期汇票的特有制度。见票即付的汇票，自出票日期即到期，持票人可以在付款提示期间内随时向付款人请求付款，无需承兑。只有远期汇票才存在承兑的问题。没有承兑行为，远期汇票上的权利义务的状态就不确定。

（3）承兑是一种法定的要式行为。付款人承兑汇票的，应当在汇票正面记载"承兑"字样和承兑日期并签章；见票后定期付款的汇票，应当在承兑时记载付款日期。《支付结算办法》第84条规定，付款人承兑商业汇票，应当在汇票正面记载承兑字样和承兑日期并签章。可见，承兑是要式行为。

（二）保付

保付是支票的付款人为承诺承担支票付款义务而实施的一种票据行为。支票保付时，付款人应发票人或其他持票人的请求，在票面上记载"照付"、"保付"等字样并签章。保付也是一种附属的票据行为，仅仅适用于支票制度。

二、承兑程序与保付款式

（一）承兑的程序

1. *提示承兑*

提示承兑是持票人向付款人出示汇票，并要求付款人承诺付款的行为。提示承兑的人成为提示人，一般为收款人、合法的票据受让人，或者票据权利人的受托人。承诺付款的人是被提示人，一般是汇票上所载的付款人。

关于提示承兑的法定期间，《票据法》规定，定日付款或者出票后定期付款的汇票，持票人应当在汇票到期日前向付款人提示承兑。见票后定期付款的汇票，持票人应当自出票日起一个月内向付款人提示承兑。付款人对向其提示承兑的汇票，应当自收到提示承兑的汇票之日起3日内承兑或者拒绝承兑。

2. *承兑记载*

持票人提示承兑，付款人如果同意按照票据金额付款，就应当在票据上记载承兑文句，通常为"承兑"、"已承兑"、"同意承兑"等具体词句，承兑人与票据记载的付款人的名称应当一致，如果名称有变化，但实际上为同一主体，承兑依然成立生效。承兑时必须记载承兑日期，拒绝承兑的，付款人必须出具拒绝证明或者退票理由书。

3. 交还汇票

付款人作成承兑记载后，应当将汇票交还给持票人，交付之后承兑行为全部完成。交还汇票之前，付款人可以涂销承兑，但交付之后付款人就承担了绝对付款的责任。

(二) 保付的款式

(1) 法定记载位置。一般而言，支票的保付行为时，法律应当明确记载行为的票面位置。各国对此规定都有差异，实质上法定的记载位置也说明了保付行为也是一种要式行为。

(2) 记载法定事项并签章。保付行为时，应该明确记载支票保付的文句，如“照付”、“保付”或者其他同义的字样，并且由支票付款人签章。

(3) 保付应无条件。支票的保付不得附有任何条件，或者变更支票上原有的记载事项，否则一般不能发生票据效力。

三、承兑与保付的效力

(一) 承兑的效力

(1) 对付款人的效力。付款人一旦承兑，就承担了绝对付款责任，承兑人不能以不存在事实上的资金关系为由，对抗持票人。

(2) 对持票人的效力。付款人一旦承兑，持票人对票据的可期待权利便转化为确定的现实权利，只要汇票到期，持票人即可行使付款请求权。

(3) 对出票人和背书人的效力。付款人一旦承兑，如果汇票因为拒绝承兑而发生期前追索，出票人和背书人均免责。也就是说，汇票一旦经过付款人承兑，持票人就必须在汇票到期之前，先向承兑人请求付款，只有在被拒绝付款的情况下，才可以持拒绝证书向出票人或背书人行使追索权。出票人和背书人在经过承兑前，承担了汇票的承兑和付款的双重保证，承兑后，就成为了第二位的票据债务人。

(二) 保付的效力

(1) 对付款人的效力。保付行为一旦成立，支票的付款人即成为保付票据中的保付人，也就是该票据的主债务人，承担绝对付款责任。

(2) 对持票人的效力。支票保付行为的成立生效，持票人取得了绝对付款请求权，只要票据权利存续，不管有关法定的提示付款期限是否经过，保付支票的支票人都可以向支票保付人请求付款。

(3) 对发票人和背书人的效力。支票保付行为的成立生效，支票发票人和支票背书人可以因此而免除其原来所承担的担保付款责任。

第九节　保　证

一、概述

（一）概念

票据保证是指票据债务人以外的任何第三人以担保票据债务的一部分或者全部的履行为目的所为的附属票据行为。因此，票据的保证可以从以下几个层面理解：

（1）票据的保证以担保票据债务的履行为目的。诚如前文所述，票据的信用使其具有较高的流通性。对票据的保证行为，本质是保证人对票据债务履行的承诺，出现保证一般是因为被保证人（票据债务人）自身的信用或者偿债能力不足。

（2）票据的保证是除债务人之外的第三人。我国《票据法》第 45 条第 2 款规定，保证人由汇票债务人以外的他人担当。这是因为，票据债务人本身就有履行票据责任的法定义务，票据债务人本身的担保对票据信用不能起到任何增强的作用。因此，第三人对票据债务履行做出的担保，才具有实质意义。票据债务人和票据保证人之间相互独立，从而保证了票据的信用。

（3）票据的保证是一种附属票据行为。保证行为与背书、承兑行为一样，必须在出票行为的基础上才能发生，不再赘述。

（二）分类

1. 全部保证与部分保证

全部保证就是保证人对票据的全部金额履行作出的保证；部分保证就是保证人就票据的部分金额作出的保证。但我国《票据法》不承认部分保证，依据《票据法》的规定，被保证的汇票，保证人应当与被保证人对持票人承担连带责任。汇票到期后得不到付款的，持票人有权向保证人请求付款，保证人应当足额付款。如果保证人明确记载对票据部分金额保证，视为附条件保证，所附条件不影响保证人的票据责任。

2. 单独保证与共同保证

这是从保证人的人数进行的划分，单独保证就是仅有一个保证人的保证；共同保证是两个或两个以上的保证人进行的保证。《票据法》第 51 条规定，保证人为二人以上的，保证人之间承担连带责任。因此，共同保证对票据信用的增强比单独保证要高。

3. 正式保证与略式保证

正式保证是指保证人在签章时记载“保证”的文句；略式保证就是保证人在签

章时,没有记载"保证"的文句。我国《票据法》不承认略式保证。

二、保证的记载事项

(一) 绝对必要记载事项

(1) 保证文句。所谓保证文句,就是在票据上明确记载"保证"字样,或者相近的字句如"担保"、"担保人"、"保证人"等等。保证人未在票据或者粘单上记载"保证"字样而另行签订保证合同或者保证条款的,不属于票据保证,即不发生票据保证效力。该"保证"行为,只能适用《担保法》关于民事担保的法律规定。

(2) 保证人签章。保证人必须在票据上签章,欠缺保证人签章,或者签章不符合法律规定的,票据保证无效,票据保证人不承担票据的保证责任,但由此产生的责任影响根据过错原则分担。

(二) 相对必要记载事项

(1) 保证人的名称与住所。从票据实践的情况看,没有记载保证人名称或者住所的,都可以通过保证人的签章获知,如果保证人签章欠缺上述两个要素导致签章不符合法定要求,就属于绝对必要记载事项的缺失,保证行为无效。

(2) 被保证人名称。被保证人的名称如果没有记载,由法律推定。《票据法》第47条第1款规定,保证人在汇票或者粘单上未记载被保证人姓名的,已承兑的汇票,承兑人为被保证人;未承兑的汇票,出票人为被保证人。

(3) 保证的日期。《票据法》第47条第2款规定,保证人在汇票或者粘单上未记载保证日期的,出票日期为保证日期。保证日期用以确定保证行为何时作出,从而可以确定保证人行为时有无行为能力。

(三) 无效的记载事项

《票据法》第48条规定,保证不得附有条件;附有条件的,不影响对汇票的保证责任。也就是说,如果在保证的同时记载的其他条件,该条件无效,不影响票据的保证责任。

三、保证的效力

(一) 保证人的责任

被保证的汇票,保证人应当与被保证人对持票人承担连带责任。汇票到期后得不到付款的,持票人有权向保证人请求付款,保证人应当足额付款。由此,我们可以看出,在全部保证的情况下,票据保证人与票据被保证人应该承担的责任是完全相同的。保证人一旦偿付了票据金额,票据债务即归于消灭,但保证人与被保证人之间的债务依然存在。

(二) 保证人的权利

保证人清偿汇票债务后,可以行使持票人对被保证人及其前手的追索权。该项票据再追索权与票据背书人清偿后行使的追索权基本相同。作为独立的票据关系人,票据保证人行使再追索权时,不受票据债务人与原持票人或相关保证人之间存在的抗辩事由的影响。

第十节 付 款

一、概述

(一)概念

票据的付款是指票据关系中,特定的一方(一般是付款人或者代理付款人)向持票人支付票据金额,从而导致票据关系归于消灭的一种票据行为。票据的付款至少包括以下几个层面的意义:

(1)付款行为只能由特定的票据关系人作出。并非所有的票据关系人支付金钱的行为都是票据法上的付款行为,它仅限于汇票付款人、汇票承兑人、汇票的代理付款人,本票的发票人、本票的代理付款人,支票的付款人、支票的保付人。

(2)付款行为必须由付款人或者代理付款人依法记载相关内容,并签章于票据之上。

(3)付款行为能够消灭票据关系。付款行为作出后,票据的债权债务关系清结,票据关系终止,票据因此也退出流通领域。

(二)分类

(1)付款人付款与代理人付款。前者是指由票据上记载的付款人直接向持票人支付票据金额的行为;后者是指由付款人指定的其他人(银行)代替其进行付款。

(2)全部付款与部分付款。前者是指付清票据所载的全部金额的行为;后者是指仅对部分票据金额支付的行为。根据《票据法》第54条、第89条的规定,我国不承认票据的部分付款。

(3)到期付款与期外付款。前者是指在到期日或者其后的法定期间内,或者经过持票人同意延长的期限内进行的付款;后者是指不在上述期限内的付款。

(三)效力

在部分付款的情况下,票据关系的消灭以支付的金额为限,未支付的部分,票据关系依然存在,票据债务人仍然要承担未支付部分的票据责任。全部付款的情况下,票据上全体债务人的责任解除,债权债务归于消灭。这不仅包括票据债务人的票据责任,也包括票据上签章的所有背书人、保证人等的票据责任。根据《票据法》第57条的规定,付款人及其代理付款人付款时,应当审查汇票背书的连续,并审查提示付款人的合法身份证明或者有效证件。完成上述法定程序和步骤,付款后票据关系归于消灭。但是,付款人及其代理付款人以恶意或者有重大过失付款的,需要自行承担责任。

二、付款的程序

(一) 提示

提示是付款程序的第一步,是持票人向票据上记载的付款人或者承兑人出示票据,请求其支付票据金额的行为。提示付款本身是一种法律权利。

付款的提示人应当是合法持票人,包括汇票上的收款人,或者最后背书人。当然,在有背书的情况下,最后背书应当能够证明自己是合法的背书人,比如票据上的背书必须连续。被提示人一般是票据上记载的付款人、承兑人或者付款代理人(银行)。

提示付款也有一定的期限,应该由持票人在票据到期日之前进行。根据到期日的不同,有两种不同的情况。对于有确定到期日的票据付款提示期限,《票据法》第 53 条第 2 款规定,定日付款、出票后定期付款或者见票后定期付款的汇票,自到期日起 10 日内向承兑人提示付款。持票人未按照上述规定期限提示付款的,在作出说明后,承兑人或者付款人仍应当继续对持票人承担付款责任。对于见票即付的票据付款提示期限,《票据法》第 91 条规定,支票的持票人应当自出票日起 10 日内提示付款;异地使用的支票,其提示付款的期限由中国人民银行另行规定。超过提示付款期限的,付款人可以不予付款;付款人不予付款的,出票人仍应当对持票人承担票据责任。

提示付款后,即产生《票据法》上所规定的法律效力。持票人依法提示付款后,即具有行使票据上的付款请求权和保全追索权之效。付款提示后,付款人即可确定付款日期,并有履行付款的义务。但经审查不符合法定条件的,也有义务作出拒绝证书或者退票理由书。既未履行付款义务,也未履行制作拒绝证书、退票说明书义务的,付款人应当承担法律责任。如果汇票的持票人逾期提示承兑或者提示付款,出票人免除付款提示责任。但本票的出票人不得因为上述理由免除付款和担保付款的责任。如果持票人在法定提示期限内提示付款而未获付款,背书人将负有被追索的义务。如果持票人逾期提示而未获付款,则丧失追索权。

(二) 审查

(1) 形式审查。形式审查主要包括两个方面:① 审查持票人形式上是否为合法票据权利人。② 审查背书的连续状况,只要背书前后连续,最后背书人即为合法权利人。

(2) 实质审查。实质审查主要是核实持票人是否为真实权利人,是否依据真实有效的背书而取得票据权利等实质问题。但实际上,大量的票据付款过程中,对持票人详细可靠的实质审查比较困难,因此仅仅限于形式审查。实质审查常见于涉外票据。《票据法》第58条规定了一个比较特殊的情形:对定日付款、出票后定期付款或者见票后定期付款的汇票,付款人在到期日前付款的,由付款人自行承担所产生的责任。这表明,付款人在到期前付款的,必须通过实质审查来确认持票人的权利身份,否则不能获得有效的免责。

(3) 附带审查。《票据法》第57条第1款规定,付款人及其代理付款人付款时,应当审查汇票背书的连续,并审查提示付款人的合法身份证明或者有效证件。该款后半段实际上规定的就是附带审查,这主要是针对提示付款人证件的审查,而且是法律的强制规定。附带审查也并非实质审查,它仅仅限于对该提示付款人身份证明的核实。

(三) 支付

支付环节不仅仅是票据记载的现金给付,还包括票据的签收与收回。经过审慎的审查,付款人、承兑人或者付款代理人应当支付票据记载的金额。根据《票据法》第57条第2款规定,付款人及其代理付款人以恶意或者有重大过失付款的,应当自行承担责任。该规定表明,如果付款人是善意的情况下,即使付款发生错误,也免除付款人的责任。

持票人获得付款的,应当在汇票上签收,并将汇票交给付款人。持票人委托银行收款的,受委托的银行将代收的汇票金额转账收入持票人账户,视同签收。付款人、承兑人或者付款代理人一旦支付了票据金额,票据本身即应当被回收,退出流通领域。否则,由此产生的法律责任,由过错方承担。

第十一节 票据的法律责任

一、票据法律责任的概念

票据法律责任与票据责任是不同的,我们说的票据责任是指票据债务人向持票人支付票据金额的义务。简单说,票据责任实际上是一种票据上的金钱给付义务,具有付款和担保付款的双重性。而本节票据的法律责任是指违反票据法律规定,应当依法承担法定的法律后果。只有在违反法律义务,或者法律规定的特别情形下,才会产生法律责任的承担。

一个行为是否要承担票据上的法律责任,应当依照以下要件进行判断:

(1) 违法行为的存在。违法行为可以是作为,也可以是不作为。一般而言,作为行为违反的是消极义务,不作为行为违反的是积极义务。前者如涂改票据数字、伪造票据,后者如未形式审查持票人身份等。

(2) 主观过错。主观过错包括故意和过失,从《票据法》的具体规定来看,两者兼有。例如伪造票据行为的主观过错就是故意，而金融玩忽职守造成损失的，其主观过错就是过失。还存在只要有违法行为、损害结果和因果关系就需要承担票据法律责任的情形。

(3) 损害后果。民法意义上的损害后果包括财产损害和人身损害。但是，《票据法》上的损害后果，只限于财产损害范围，一般不会造成人身损害。

(4) 违法行为与损害后果之间存在因果关系，不再赘述。

二、民事责任

(一) 金融机构工作人员的违法行为

金融机构工作人员在票据业务中玩忽职守，对违反本法规定的票据予以承兑、付款或者保证的，给予处分；造成重大损失，构成犯罪的，依法追究刑事责任。由于金融机构工作人员因前款行为给当事人造成损失的，由该金融机构和直接责任人员依法承担赔偿责任。本条除了构成犯罪的规定，其他赔偿损失等都属于民事责任。

(二) 付款人故意压票、拖延支付行为

票据的付款人对见票即付或者到期的票据，故意压票，拖延支付的，由金融行政管理部门处以罚款，对直接责任人员给予处分。票据的付款人故意压票，拖延支付，给持票人造成损失的，依法承担赔偿责任。

(三) 其他违法行为

其他违法行为主要包括：伪造、变造票据的行为人给他人造成损失的，应当承担赔偿责任。应当出具而未出具拒绝证明或者退票理由书的，承兑人或者付款人应当承担赔偿责任。追索权人怠于履行通知义务，给前手或者出票人造成损失的，应当承担赔偿责任。

三、刑事责任

(一) 伪造、变造金融票据罪

伪造、变造国库券或者国家发行的其他有价证券，数额较大的，处 3 年以下有期徒刑或者拘役，并处或者单处 2 万元以上 20 万元以下罚金；数额巨大的，处 3 年以上 10 年以下有期徒刑，并处 5 万元以上 50 万元以下罚金；数额特别巨大的，处 10 年以上有期徒刑或者无期徒刑，并处 5 万元以上 50 万元以下罚金或者没收财产。

伪造、变造股票或者公司、企业债券，数额较大的，处 3 年以下有期徒刑或者拘役，并处或者单处 1 万元以上 10 万元以下罚金；数额巨大的，处 3 年以上 10 年以下有期徒刑，并处 2 万元以上 20 万元以下罚金。单位犯前述罪的，对单位判处罚金，

并对其直接负责的主管人员和其他直接责任人员,依照前两款的规定处罚。

汇票、本票、支票三种法定票据当然属于金融票据,因此,数额较大,触犯《刑法》的伪造、变造行为原则上都适用于该条的罪名。

(二) 票据诈骗罪

有下列情形之一,进行金融票据诈骗活动,数额较大的,处5年以下有期徒刑或者拘役,并处2万元以上20万元以下罚金;数额巨大或者有其他严重情节的,处5年以上10年以下有期徒刑,并处5万元以上50万元以下罚金;数额特别巨大或者有其他特别严重情节的,处10年以上有期徒刑或者无期徒刑,并处5万元以上50万元以下罚金或者没收财产:

(1) 明知是伪造、变造的汇票、本票、支票而使用的;

(2) 明知是作废的汇票、本票、支票而使用的;

(3) 冒用他人的汇票、本票、支票的;

(4) 签发空头支票或者与其预留印鉴不符的支票,骗取财物的;

(5) 汇票、本票的出票人签发无资金保证的汇票、本票或者在出票时作虚假记载,骗取财物的。使用伪造、变造的委托收款凭证、汇款凭证、银行存单等其他银行结算凭证的,依照前款的规定处罚。

(三) 非法出具票据罪

银行或者其他金融机构的工作人员违反规定,为他人出具信用证或者其他保函、票据、存单、资信证明,造成较大损失的,处5年以下有期徒刑或者拘役;造成重大损失的,处5年以上有期徒刑。单位犯前款罪的,对单位判处罚金,并对其直接负责的主管人员和其他直接责任人员,依照前款的规定处罚。

(四) 对违法票据承兑、付款、保证罪

银行或者其他金融机构的工作人员在票据业务中,对违反票据法规定的票据予以承兑、付款或者保证,造成重大损失的,处5年以下有期徒刑或者拘役;造成特别重大损失的,处5年以上有期徒刑。单位犯前款罪的,对单位判处罚金,并对其直接负责的主管人员和其他直接责任人员,依照前款的规定处罚。

四、行政责任

(一) 情节轻微的票据欺诈行为

《票据法》第102条规定,有下列票据欺诈行为之一的,依法追究刑事责任:伪造、变造票据的;故意使用伪造、变造的票据的;签发空头支票或者故意签发与其预留的本名签名式样或者印鉴不符的支票,骗取财物的;签发无可靠资金来源的汇票、本票,骗取资金的;汇票、本票的出票人在出票时作虚假记载,骗取财物的;冒用他人的票据,或者故意使用过期或者作废的票据,骗取财物的;付款人同出票人、持票人恶意串通，实施前六项所列行为之一的。同时该法第 103 条规定，上述情形之一的，情节轻微，不构成犯罪的，依照国家有关规定给予行政处罚。根据全国人大常委会《关于惩治破坏金融秩序犯罪的决定》第 21 条，情节轻微不构成犯罪的，可以由公安机关处 15 日以下拘留、5 千元以下罚款。

（二）票据付款人故意压单、压票或违规退票行为

承兑行对收到的到期汇票，必须于收到的当日将票款付给持票人，不得压票、拖延付款。对压票、拖延付款的，要责成其立即付款，并对其按票据金额处以每天万分之七的罚款。

承兑银行对已承兑的商业汇票，应当承担到期无条件付款的责任。除法律法规有规定外，承兑行不得拒绝付款，承兑行编造理由无理拒付的，一经查实，要责令其立即付款，并对其按票据金额处以每天万分之七罚款。

（三）金融机构对违法票据作出的票据行为

金融机构对违反票据法规定的票据，予以承兑、贴现、付款或者保证的，给予警告，没收违法所得，并处违法所得 1 倍以上 3 倍以下的罚款，没有违法所得的，处 5 万元以上 30 万元以下的罚款；对该金融机构直接负责的高级管理人员、其他直接负责的主管人员和直接责任人员，给予记大过直至开除的纪律处分；造成资金损失的，对该金融机构直接负责的高级管理人员，给予撤职直至开除的纪律处分。

复习思考题

1. 票据具有哪些功能？
2. 票据有哪些分类？我国立法上的分类主要包括哪些？
3. 票据权利善意取得的构成要件有哪些？
4. 什么是空白票据？空白票据的构成要件有哪些？
5. 出票的绝对必要记载事项包括哪些？

案例分析题

案例　甲公司向某银行申请一张银行承兑汇票，该银行作了必要的审查后受理了这份申请，并依法在票据上签章。甲公司得到这张票据后没有在票据上签章便将该票据直接交付给乙公司作为购货款。乙公司又将此票据背书转让给丙公司以偿债。到了票据上记载的付款日期，丙公司持票向承兑银行请求付款时，该银行以票据无效为理由拒绝付款。问题：

1. 从以上案情显示的情况看，这张汇票有效吗？

2. 根据我国《票据法》关于汇票出票行为的规定，记载了哪些事项的汇票才为有效票据？

3. 银行既然在票据上依法签章，它可以拒绝付款吗？为什么？

第十二章　保险法

第一节　保险法概述

一、保险的概念

保险，从经济学角度，是指具有同类危险的众多的社会单位或者个人，集中一定的资产建立保险基金，以此对于因该危险事故的发生而造成的特定社会单位或个人的经济损失予以补偿的经营性行为。从法律角度出发，保险是指投保人与保险人之间建立的一种保险合同关系，即根据保险合同约定，投保人向保险人支付保险费，保险人对于约定的保险事故发生造成的承保财产的损失或被保险人的生、老、病、死、残等承担保险责任的法律行为。

我国《保险法》第2条的规定："本法所称保险，是指投保人根据合同约定，向保险人支付保险费，保险人对于合同约定的可能发生的事故因其发生所造成的财产损失承担赔偿保险金责任，或者当被保险人死亡、伤残、疾病或者达到合同约定的年龄、期限等条件时承担给付保险金责任的商业保险行为。"可见，《保险法》中的保险是一种约定的商业保险行为，这种约定行为的法律形式就是保险合同。

二、保险法

（一）保险法的概念

保险法是调整保险关系的法律规范的总和，其旨在调整保险活动中保险人与投保人、被保险人以及受益人之间的法律关系，保障国家对保险企业、保险市场实施监督管理。1995年6月30日，第八届全国人民代表大会常务委员会第十四次会议通过了《保险法》，同年10月1日正式施行。2002年10月28日，第九届全国人民代表大会常务委员会第十三次会议通过了《关于修改〈中华人民共和国保险法〉的决定》，于2003年1月1日开始施行。2009年2月28日，第十一届全国人民代表大会常务委员会第七次会议表决通过了《保险法》的修订草案，修订后的《保险法》自2009年10月1日起施行。

（二）保险法的调整对象

根据我国保险法的规定，保险法的调整对象实质上包括商业保险的私法关系与公法关系。(1) 保险私法关系。保险私法关系主要包括：保险合同关系，即保险合同当事人之间的权利义务关系；保险中介关系，即保险代理人、保险经纪人与保险公估人在辅助保险合同当事人订立、履行保险合同的过程中所发生的权利义务关系；保险组织关系，即保险组织在设立、变更、消灭等过程中的对内关系，以及在保险营业行为中发生的对外关系。(2) 保险公法关系。保险公法关系包括国家对保险人、保险中介人及其行为的监督和管理关系。

（三）保险法的内容

保险法一般由保险合同法律制度、保险组织（保险业）法律制度与保险监管法律制度三部分组成。(1) 保险合同法律制度。保险合同法律制度调整的是保险合同投保人、被保险人、受益人与保险人之间因合同订立、履行而发生的权利义务关系。(2) 保险组织法律制度。保险组织法律制度调整的是关于保险组织的设立、变更和终止关系。(3) 保险监管法律制度。保险监管法律制度调整的是保险监管机构对保险合同和保险组织的产生、变动进行监督管理的关系。

（四）保险法的基本原则

保险法的基本原则包括：损失补偿原则、保险利益原则、最大诚信原则和近因原则。

(1) 损失补偿原则是指当保险事故发生使被保险人遭受损失时，保险人应在其责任范围内对被保险人所遭受的实际损失进行赔偿。这是保险理赔的基本原则。通过补偿，使被保险人的保险标的在经济上恢复到受损前的状态，但不允许被保险人因损失而获得额外的利益。

(2) 保险利益原则。保险利益原则是指享有保险合同利益的主体与保险标的之间须具有利害关系，否则合同效力受到影响。保险利益的功能在于区分保险与赌博，防止道德危险等。

(3) 最大诚信原则。因保险合同以风险为转移或分散对象，而风险的测定与维持不仅靠保险人的技术检测，更须依赖相对人善尽注意义务。因此，合同订立及履行中，双方应以诚相待，善意为之。对投保人一方而言，须履行如实告知义务和维持保险标的风险的义务；对保险人而言，在合同订立时，须对合同内容善尽说明义务。在发生保险事故时，须善意履行保险金给付义务。

(4) 近因原则。危险发生与损失间须有因果关系，保险人才对损失负保险给付义务。保险法上的近因，就是保险事故与损害后果之间的因果关系，在英美法中被称为近因原则。虽然解释和确立近因原则的诉讼多与海上保险有关，但这一原则适用于所有的保险。

保险中的近因原则是经过了几个世纪才被普遍接受的。近因,非指时间上最接近损失的原因,而是指直接促成损失结果的原因,效果上起支配作用或主导作用的原因。损失发生后,保险人从致损原因与损害后果之间的因果关系入手,判断直接造成损失或者最接近损失后果的原因是否属于其承保范围,进而决定是否承担赔偿责任。通过近因原则的适用,保险合同的各方当事人从复杂多变的事实中,按照法定标准排除各种非决定性因素,寻求一条公平合理、确定无误的法律原因(近因)作为认定依据,从而既可以防止无限制的扩大保险人的保险责任,又可以避免保险人任意推卸应当承担的保险责任。

第二节　保险合同

一、保险合同的概念与特征

(一) 保险合同的概念

保险合同是指投保人与保险人约定,投保人向保险人给付保险费,保险事故发生则由保险人给付保险金的协议。其核心内容在于:在投保人一方,投保人须承担给付保险费的义务,在发生保险事故时,享有保险金给付请求权;在保险人一方,保险人享有受领投保人给付的保险费的权利,承担约定的危险,并在保险事故发生时负给付保险金的义务。

(二) 保险合同的特征

(1) 保险合同是非典型的双务合同。投保人与保险人互负对待给付义务,即投保人负无条件的保险费给付义务,而保险人亦负无条件的危险承担义务,并不单纯是在保险事故发生时的给付保险金义务。保险合同虽系双务合同,但具有非典型性。同时履行抗辩权、不安抗辩权等在保险合同上不能完全适用。保险人对于第一期以后的保险费不得以诉讼方式请求交付,即对保险人的强制履行请求权作了一些限制。但保险法并不限制保险人用其他方式来影响合同效力,以使投保人交付保险费的义务和保险人的保险给付义务对等。

(2) 保险合同是强制性的有偿合同。保险合同的投保人须给付保险费,保险人须承担危险,在保险事故发生时给付保险金。在保险合同中,无给付保险费的约定或约定免除投保人给付保险费义务的,保险合同无效。保险合同亦不能依当事人的意思由有偿转化为无偿。

(3) 保险合同是格式合同。一般情况下,保险合同的订立,并非投保人与保险人自由协商的结果,而是投保人对保险人事先确定的合同内容表示“同意”,亦即投保人对保险单的内容不能自行拟定,也不能对其修改。在某些情况下,若需要变更保险合同的内容,投保人也只能采用保险人事先拟定的附加条款或附属单据。

保险合同作为一种格式合同,其订立缺乏协商的过程。若格式合同的拟定人在拟定合同时,能站在公平正义的立场,不仅考虑自身利益,亦兼顾他方利益,诚为至美之事。但事实上格式合同使用人无法处于超然地位,多借合同自由的美名,利用其经验制定出倾向于自身利益的合同条款。因此,针对格式合同的特点,为了消除此种不平等交易的缺陷,一般由政府监督管理机关制定基本条款,或在保险法中设立规定。

(4) 保险合同是射幸合同。保险合同中,投保人给付保险费的义务在合同成立时即已确定。但是,保险人是否应履行给付保险金义务以及应给付的具体数额,则须待不确定事实(保险事故)是否发生以及发生的结果而定。须注意的是,保险合同作为一种不确定合同,是就各单个保险合同而言的。若就全体保险合同而言,保险费给付义务与保险金给付义务之间的关系,具有确定性的特点,其以一定的统计计算为基础,即就投保人总体与保险人订立的合同总体而言,其保险费给付与保险金给付数额之间的关系是依精确的数理计算而确定的。同时亦须注意,在保险人给付保险金义务是否确定上,而不是在保险人危险承担义务是否确定上来说,保险合同才属于一种射幸合同。

(5) 保险合同是非要式合同。我国《保险法》第 13 条第 1 款规定:“投保人提出保险要求,经保险人同意承保,并就合同的条款达成协议,保险合同成立。保险人应当及时向投保人签发保险单或者其他保险凭证,并在保险单或其他保险凭证中载明当事人双方约定的合同内容。”可见,保险合同经当事人双方意思表示一致即告成立,签发保险单或其他保险凭证仅为保险人的法定义务。据此,保险合同具有非要式性。同时,保险合同的非要式性不仅可以使得被保险人于双方当事人意思表示一致后,保险单证签发前一段时间内获得保险保障,还能有效预防保险人方面的道德危险,即保险人对所承包的危险持观望态度,故意拖延保险单证的签发,一旦出险,则以合同尚未成立为由拒绝承担保险责任。

二、保险合同的种类

(一) 财产保险合同与人身保险合同

根据保险标的的性质的不同,保险合同可分为财产保险合同与人身保险合同。财产保险合同是指以财产及其相关利益为保险标的的保险合同;人身保险合同是指以人的生命或身体为保险标的的保险合同。

(二) 自愿保险合同与强制保险合同

依保险合同的订立是否由当事人自由决定,可分为自愿保险合同和强制保险合同。自愿保险合同是指当事人自己决定是否订立的保险合同;强制保险合同是指基于法律规定,当事人无任意决定权,而必须订立的保险合同。在强制保险合同情况下,对投保人而言,有加入保险的义务;对保险人而言,有接受保险的义务。

（三）原保险合同与再保险合同

根据两个以上相互牵连的保险合同的相互关系，即保险人承担责任的不同次序为标准，保险合同可分为原保险合同与再保险合同。原保险合同又称“第一次保险合同”，是指保险人对被保险人或受益人承担直接的、原始的赔偿或给付责任的保险关系。相对于再保险合同而言，原保险合同的保险给付义务具有“第一次”或“原”的意义。原保险合同是相对于再保险合同而言的，是纯粹理论上的称谓。再保险合同又称“第二次保险合同”、“分保合同”，是指保险人将其承保的业务的一部分或全部分给其他保险人承担，由其他保险人与之共担风险的一种保险。再保险的保险标的是原保险人的保险责任，原保险人通过再保险，使危险损失在若干保险人之间又发生了转移。分出保险给付义务的一方为原保险人，原保险人又称“分出人”；接受原保险人分出的给付义务的保险人又称为再保险人，又称“分入人”。我国《保险法》第 28 条第 1 款规定：“保险人将其承担的保险业务，以分保形式部分转移给其他保险人的，为再保险。”

（四）单保险合同与复保险合同

依是否以同一保险标的、保险利益、保险事故，在同一保险期间，与两个以上的保险人分别订立两个以上的保险合同为标准，保险合同可分为单保险合同与复保险合同。单保险合同，系指投保人对某一保险标的，基于某一保险利益、就某一保险事故与某一保险人订立的保险合同。复保险合同，系指投保人对于同一保险标的，基于同一保险利益，以同一保险事故，在同一或重叠的保险期间内分别与两个以上的保险人订立两个以上的保险合同。划分单保险与复保险的要旨在于，复保险情形下，当事人可能获得不当利益，因此，特设法律规则对其予以调整。

（五）超额保险合同、等额保险合同与不足额保险合同

依保险金与保险价值之间的关系，保险合同可分为超额保险合同、等额保险合同与不足额保险合同。超额保险合同，是指保险金额大于保险价值的保险合同。保险金额超过保险价值的，超过的部分无效。等额保险合同，是指保险金额等于保险价值的保险合同。在保险事故发生时，若保险标的全损，保险人可能按保险金额全额给付，若部分损失，保险人按实际损失确定给付金额。不足额保险合同，是指保险金额小于保险价值的保险合同。在保险事故发生时，若保险标的全损，若无其他约定，保险人按保险金额与保险价值的比例确定保险金数额。

三、保险合同的主体

（一）保险合同的当事人

保险合同的当事人，系订立保险合同，享有保险合同权利，负担保险合同义务的人，包括投保人与保险人。

1. 保险人

保险人，指与投保人订立保险合同，按合同约定有权收取保险费，并承担危险，在保险事故发生时履行给付保险金义务的经营保险的组织。在我国，经营商业保险的保险人只能是保险公司。

2. 投保人

又称要保人，是指向保险人发出投保请求，与保险人订立保险合同，并依合同负有交付保险费义务的人。换言之，投保人是为了自己或他人的合法利益，以特定的标的，为了对抗不可抗力或意外事故造成的损失，而与保险人订立合同的保险合同关系中的一方当事人。投保人是保险合同的缔约人，作为保险合同的一方当事人，虽不当然享有合同利益，却须依约履行保险合同义务。投保人依合同负有交付保险费的主给付义务。

投保人应具有一定资格。投保人的资格系指投保人所须具备的要件。一般来说，投保人须具备如下条件：第一，须具有权利能力与相应的行为能力。凡具有权利能力者，不论是自然人、法人或其他组织，均可以成为保险合同的投保人。第二，投保人对保险标的应具有保险利益。这是立法为预防道德危险，避免赌博行为，对投保人资格所做的一种限制。我国《保险法》第 12 条第 1、2 款规定："人身保险的投保人在保险合同订立时，对被保险人应当具有保险利益。财产保险的被保险人在保险事故发生时，对保险标的应当具有保险利益。"

（二）保险合同的关系人

保险合同关系人，指虽非保险合同当事人，但因保险合同的订立而与保险合同具有利害关系的人，包括被保险人与受益人。

(1) 被保险人。被保险人是指其财产或人身受保险合同保障，享有保险金请求权的人。

投保人与被保险人可以是同一个人，也可以不是同一个人。被保险人必须具备以下两个条件：

其一，被保险人须是发生保险事故时遭受损失的人；

其二，被保险人须是享有保险赔偿请求权的人，即被保险人因保险事故而遭受损害，享有保险赔偿请求权。

(2) 受益人。受益人也称保险金受领人，是指在人身保险合同中由被保险人或者投保人指定的享有保险金请求权的人。投保人、被保险人均可以为受益人。关于受益人的资格，在法律上未对之加以限制。因此，自然人，无论是完全民事行为能力人、限制民事行为能力人，还是无民事行为能力人，均得成为受益人。甚至胎儿也可以成为受益人，但以其出生时为活体为限。[①] 已死亡（包括自然死亡和宣告

① 温世扬主编. 保险法（第二版）. 北京：法律出版社，2007：67

死亡)的人不得成为受益人。出于控制风险、预防道德危险及保障被保险人的人身安全等方面的考虑,我国《保险法》第61条规定:“人身保险的受益人由被保险人或投保人指定。投保人指定受益人时须经被保险人同意。被保险人为无民事行为能力人或者限制民事行为能力人的,可以由其监护人指定受益人。”可见,受益人产生的最终决定权在被保险人手中。

四、保险合同的内容

保险合同的条款,可分为基本条款与特约条款。通常所谓的“基本条款”,是指保险合同必须具备的条款,欠缺它,保险合同不成立。基本条款决定着合同的类型,确定当事人各方权利义务的质和量。一般认为,我国保险法所规定的必备的法定事项即为基本条款。保险人根据法律的规定,依据不同的险种,在保险单中预先拟定的关于当事人权利义务的基本事项主要包括:当事人的姓名及住所、保险标的、保险金额、保险费、保险责任、保险期限等。此即为保险合同的主要内容,缺此则保险合同不成立。

保险合同的基本条款是由《保险法》以列举方式直接规定的,是保险合同必不可少的条款,也叫法定条款,由保险人拟定。特约条款是指保险人与投保人双方在已经拟定的基本条款的基础上,为满足各自的特殊需要而约定的合同内容。特约条款的事项,任由当事人自行约定。如有关被保险人在保险有效期间为保证标的安全而应遵守的规定,或者为适应被保险人的特殊保险需要而应由保险人承担的特别保险义务等内容。特约条款是对保险合同基本条款的补充或更改。

五、保险合同的订立与效力

(一)保险合同的订立与成立

当事人须经投保与承保两个阶段订立保险合同。投保是投保人向保险人发出订立保险合同的意思表示;承保是保险人完全接受投保人发出的保险要约的意思表示,即保险人接受投保人在投保请求书中提出的全部条件,在发生约定的保险事故时承担保险给付义务。保险合同成立与订立是不同的概念,保险合同的成立是合同订立的一部分,标志保险合同的产生与存在,是静态的协议结果;保险合同订立除了包括成立,还有投保人与保险人接触和洽商的其他动态过程。保险合同的成立是认定其效力的前提。

(二)订立保险合同中的先合同义务

1. 告知义务

告知义务是指在保险合同订立时,告知义务人将保险标的的有关事实情况对保险人所作的如实陈述。投保人故意隐瞒事实,不履行如实告知义务的,或者因过失未履行如实告知义务,足以影响保险人决定是否同意承保或者提高保险费率的,保险人有权解除保险合同。投保人故意不履行如实告知义务的，保险人对于保险合同解除前发生的保险事故，不承担赔偿或者给付保险金的责任，并不退还保险费。投保人因重大过失未履行如实告知义务，对保险事故的发生有严重影响的，保险人对于保险合同解除前发生的保险事故，不承担赔偿或者给付保险金的责任，但应当退还保险费。

2. 保险人的说明义务

保险人的说明义务是指保险人在与投保人订立保险合同时，须对合同内容作确定的解释和澄明，使投保人能够了解合同的内容。订立保险合同，保险人应当向投保人说明保险合同的条款内容。保险合同中规定有关于保险人责任免除条款的，保险人在订立保险合同时应当向投保人明确说明，未明确说明的，该条款不产生效力。

（三）保险合同的生效

保险合同的成立不同于保险合同的生效。保险合同的成立是指保险协议存在的事实，即保险合同的成立只是解决合同是否存在的问题，虽然亦受法律的规范引导，但遵循意思自治的原则，是当事人意思自治的结果。对于已经存在的保险合同进行怎样的法律评价，是合同效力等制度所调整的内容。保险合同的生效是国家通过法律评价投保人与保险人的合意的表现，是法律肯定其意思的结果。成立的保险合同符合法律的要求才能生效；否则，或无效，或得撤销，或效力待定。

（四）保险合同的形式

保险合同的形式是保险当事人双方合意的载体，是保险合同内容的外部表现。

1. 投保单

投保单亦称为投保申请书，是指投保人为订立保险合同而向保险人发出的书面要约。投保单经保险人签章承诺后，即成为保险合同的一部分。

2. 暂保单

暂保单亦称临时保险单，是指在签发正式保险单之前，保险人出立的临时保险凭证。暂保单的内容较为简单，但与正式保单的法律效力相同，待正式保单签发后，自动失效。

3. 保险单

保险单，简称“保单”，系指保险合同成立后，保险人向投保人签发的正式书面凭证，以载明当事人双方的保险合同权利、义务。保险单由保险人制作，经签单后交付给投保人。

4. 保险凭证

保险凭证亦称小保单，是保险人向投保人签发的证明保险合同已经成立的书面凭证，是一种简化了的保险单。其法律效力与保险单相同，只是内容较为简单。

六、保险合同的履行

（一）保险合同履行的概念

保险合同的履行，是指保险合同依法成立并生效后，合同主体全面、适当完成各自承担的约定义务的行为。从程序上看，履行包括索赔、理赔、代位求偿三个环节。

（二）保险合同履行的内容

从内容上看，履行包括投保人、被保险人和保险人的合同义务的履行。

1. 投保人、被保险人的义务

（1）交纳保险费的义务。交纳保险费是投保人员重要的义务，同时也是保险合同生效的重要条件。投保人按照约定的时间、地点、方式交纳保险费是对履行保险合同有诚意的表示。如果投保人不依约交纳保险费，保险人可以根据具体情况或要求其尽快补交保险费及利息，或终止保险合同。《保险法》第 38 条规定，保险人对人寿保险的保险费，不得用诉讼方式要求投保人支付。

（2）告知的义务。投保人的告知义务是指投保人在保险合同订立时，依法就保险标的或被保险人的有关情况向保险人作出真实准确的陈述的义务。保险业是一种风险行业，投保人不履行告知义务的，必须承担相应的法律责任。《保险法》第 16 条第 1、2 款规定，订立保险合同，保险人就保险标的或者被保险人的有关情况提出询问的，投保人应当如实告知。投保人故意或者因重大过失未履行上述规定的如实告知义务，足以影响保险人决定是否同意承保或者提高保险费率的，保险人有权解除合同。

（3）保险事故发生后通知的义务。《保险法》第 21 条规定，投保人、被保险人或者受益人知道保险事故发生后，应当及时通知保险人。故意或者因重大过失未及时通知，致使保险事故的性质、原因、损失程度等难以确定的，保险人对无法确定的部分，不承担赔偿或者给付保险金的责任，但保险人通过其他途径已经及时知道或者应当及时知道保险事故发生的除外。

（4）防灾减损的义务和施救义务。防灾减损的义务是指保险合同有效期限内，投保人或被保险人应维护保险标的的安全，防止灾害的发生，避免损失。施救义务，是指保险事故发生时，投保人或被保险人应积极组织施救，以减少损失。由于投保人或被保险人往往最了解保险标的的安全状况，而当保险事故发生时，一般也先于其他人知道出险情况，能更有效的防止灾害或减少损失。因此，防灾减损和积极施救是责任保险经营的重要内容。

（5）协助义务。在保险人依合同对保险标的进行查验，或者在保险人于保险事故发生后核实损害、查实证据以及进行抗辩时，被保险人应当对保险人提供一切必要的协助。但保险人、投保人、被保险人为查明和确定保险事故的性质、原因和保险标的的损失程度所支付的必要的、合理的费用,由保险人承担。

(6) 索赔举证的义务。保险事故发生后,依照保险合同请求保险人赔偿时,投保人、被保险人应当向保险人提供其所能提供的与确认保险事故的性质、原因、损失程度等有关的证明和资料。

2. 保险人的义务

(1) 说明义务。说明义务是指保险人于合同订立阶段,依法对保险合同有关情况向投保人进行必要的解释的义务,它包括两个方面:说明合同条款内容的义务与说明免责条款的义务。《保险法》第 17 条规定,订立保险合同,采用保险人提供的格式条款的,保险人向投保人提供的投保单应当附格式条款,保险人应当向投保人说明合同的内容。对保险合同中免除保险人责任的条款,保险人在订立合同时应当在投保单、保险单或者其他保险凭证上作出足以引起投保人注意的提示,并对该条款的内容以书面或者口头形式向投保人作出明确说明;未作提示或者明确说明的,该条款不产生效力。

法律规定保险人的说明义务,主要考虑到保险合同是格式合同,拟约方经济实力比较强大,并且合同条款专业性较强,对合同条款予以说明,有利于双方当事人真实的表达意愿、避免纠纷的发生。

(2) 赔偿或给付保险金的义务。保险人受到被保险人或者受益人要求赔偿或者给付保险金的请求后,应当及时作出核定,属于合同约定的保险责任,必须作出赔偿或给付保险金。如果经核实,不属于保险责任的,保险人应当向被保险人或者受益人发出拒绝赔偿或给付保险金的通知书。

(3) 保密义务。保险合同订立时,投保人对保险人关于保险标的或被保险人的有关情况的询问,应当如实告知,这样,保险人就可能了解或掌握投保人或被保险人业务、住所、收入、健康状况和生理特征等诸多信息。对于这些信息,无论保险合同是否成立,保险人都负有保密义务。

(三) 保险合同履行的程序

1. 索赔

索赔,是指被保险人或受益人在保险标的因发生保险事故而遭受损失,或者在保险合同的期限届满之时,依据保险人签发的保险单及其他有关规定向保险人要求赔偿损失或者给付保险金的行为。保险索赔是被保险人实现保险权益的具体体现。

(1) 保险索赔的权利人。一般情况下,财产保险合同的索赔权利人是被保险人。保险事故发生时,被保险人死亡或终止的特殊情况下,则由其法定继承人或财产继承人相应取得保险索赔权。责任保险合同的受害第三人是索赔权利人。人身保险合同的索赔权利人是受益人,但若受益人放弃或故意造成被保险人死亡或伤残,保险索赔权丧失。人身保险合同没有指定受益人时,则由被保险人享有保险索赔权，若被保险人死亡，其法定继承人是索赔权利人。

(2) 索赔时效。索赔时效是指保险索赔权人行使保险索赔权的有效期间，即超过法定期间保险索赔权人若不行使索赔权，则索赔权自行消灭。

在我国，非人寿保险和人寿保险的索赔时效不同。人寿保险的被保险人或者受益人向保险人请求给付保险金的诉讼时效期间为5年，自其知道或者应当知道保险事故发生之日起计算。人寿保险以外的其他保险的被保险人或者受益人，向保险人请求赔偿或者给付保险金的诉讼时效期间为2年，自其知道或者应当知道保险事故发生之日起计算。

(3) 索赔程序包括以下几个环节：首先，投保人在保险事故发生后，应及时将保险事故发生的时间、地点、原因及其他情况，以最快捷的方式通知保险人，并提出索赔请求。投保人、被保险人的索赔请求有时间限制，超过请求期限，将丧失索赔请求权。其次，提供索赔单证，这是投保人、被保险人索赔的依据。包括：保险单，原始单据(账册、发票、收据、装箱单、提单等)，出险核验证明(出险证明书、出险调查报告、损失鉴定证明等)，财产损失清单及施救费用单据等。再次，达成赔偿协议，领取保险金。最后，开具权益转让书。保险事故的发生涉及第三者的责任时，被保险人领取赔偿金后，开具权益转让书给保险人，使保险人拥有向第三人追究责任的请求权。

2. 理赔

理赔是指保险人按投保人、被保险人的请求，根据保险合同约定，履行有关保险赔偿责任的行为。理赔是保险职能作用的具体体现，它直接关系到保险人的信誉和被保险人、受益人的利益。

理赔程序包括以下几个环节：

(1) 立案检查。保险人收到投保人、被保险人发出的出险通知后现场查勘，及时了解损失原因及情况。

(2) 审核保险责任。按立案检查所得材料及保险人自己了解的情况，分析确定保险事故与发生损失之间是否有因果关系，然后作出是否给予保险赔偿的判断。

(3) 给付保险金。

为了防止保险人以未完成核定为由，故意拖延赔付时间，或保险人认为不属于保险责任的，不及时通知被保险人或者受益人，《保险法》明确规定了相应的时限。《保险法》第23条规定，保险人收到被保险人或者受益人的赔偿或者给付保险金的请求后，应当及时作出核定；情形复杂的，应当在30内作出核定，但合同另有约定的除外。保险人应当将核定结果通知被保险人或者受益人；对属于保险责任的，在与被保险人或者受益人达成赔偿或者给付保险金的协议后10日内，履行赔偿或者给付保险金义务。保险合同对赔偿或者给付保险金的期限有约定的，保险人应当按照约定履行赔偿或者给付保险金义务。保险人未及时履行前款规定义务的，除支付保险金外，应当赔偿被保险人或者受益人因此受到的损失。《保险法》第24条规定，保险人依照本法第23条的规定作出核定后，对不属于保险责任的，应当自作出核定之日起3日内向被保险人或者受益人发出拒绝赔偿或者拒绝给付保险金通知书，并说明理由。

3. 代位追偿

在财产保险理赔中，涉及第三者责任时，在保险人向被保险人赔偿保险金后，保险人有权向第三者追偿。《保险法》第60条规定，因第三者对保险标的的损害而造成保险事故的，保险人自向被保险人赔偿保险金之日起，在赔偿金额范围内代位行使被保险人对第三者请求赔偿的权利。前款规定的保险事故发生后，被保险人已经从第三者取得损害赔偿的，保险人赔偿保险金时，可以相应扣减被保险人从第三者已取得的赔偿金额。保险人依照第60条第1款规定行使代位请求赔偿的权利，不影响被保险人就未取得赔偿的部分向第三者请求赔偿的权利。

七、保险合同的效力变动

（一）保险合同的变更

保险合同的变更，是指保险合同依法成立后，在没有履行或没有完全履行之前，因订立合同所依据的主客观情况发生变化，由当事人依照法定的条件和程序，在协商一致的基础上，对原合同的某些条款进行修改和补充。保险合同的变更包括在主体、客体、内容、效力上的变更。

1. 保险合同主体的变更

保险合同主体的变更是指在不改变合同内容的前提下，只改变保险合同中的保险当事人和关系人，即改变保险人、投保人、被保险人、受益人。在保险单主体变更的同时往往保险标的不发生变化，实质上是保险合同的债权债务的移转，习惯上又称保险单的移转。值得注意的是，货物运输保险单随标的转移而自动移转；非货物运输保险单转让须经一定程序；在人身保险中，被保险人不允许更换。

2. 保险合同客体的变更

客体变更是指投保人的保险利益的变更。当事人双方协商一致，方可变更。

3. 保险合同内容的变更

保险合同内容的变更是指保险合同在主体不变的情况下，改变事先合同中已有的事项。通常有：标的存放地点的变化；标的数量增减，标的品种、价值等方面的变化；保险期限、金额、责任等方面的变化；人身保险合同中的一些事项的变更等。所有保险合同内容的变更，必须经保险人同意，并按规定办理了变更手续后才有效。

4. 保险合同效力的变更

保险合同的效力变更指的是人寿保险合同的失效和复效。复效制度是指在分期支付保险费的人身保险合同中，被保险人在约定交费期限内超过一定期限未交保险费,保险合同失效。当被保险人在一定期限内重新申请,经保险人同意补缴保险费后,保险合同效力重新恢复。

(二) 保险合同的解除

保险合同的解除是指保险合同生效以后,保险期限届满之前,当事人依照法定或约定的事由,提前终止合同效力的一种法律行为。一般由有解除权的一方向他方为意思表示,使已经成立的保险合同失效。但保险合同的解除权,在法律有限制性规定的情况下不得行使。《保险法》第50条规定,货物运输保险合同和运输工具航程保险合同,保险责任开始后,合同当事人不得解除合同。

1. 投保人的解除权

投保人解除保险合同即退保。保险合同的解除权一般由投保人行使,因为保险合同从根本上说是为分担投保人的损失而设,赋予投保人以保险合同解除权可以很好的维护其利益。《保险法》第15条规定,除《保险法》另有规定或者保险合同另有约定外,保险合同成立后,投保人可以解除合同,保险人不得解除合同。

2. 保险人的解除权

保险合同成立后,保险人应当承担保险事故发生后的赔付责任,原则上不能解除保险合同,只有当法律规定或合同约定事由出现时,保险人才可依法行使合同解除权。

(三) 保险合同的终止

保险合同终止是指合同当事人之间的权利义务归于消灭。保险合同终止的原因有以下几种:

(1) 保险合同因解除而终止;

(2) 保险合同因期限届满而终止;

(3) 保险合同因行使终止权而终止;《保险法》第58条规定,保险标的发生部分损失的,自保险人赔偿之日起30日内,投保人可以解除合同,除合同另有约定外,保险人也可以解除合同,但应当提前15日通知投保人。合同解除的,保险人应当将保险标的未受损失部分的保险费,按照合同约定扣除自保险责任开始之日起至合同解除之日止应收的部分后,退还投保人。

(4) 保险标的由于保险事故以外的原因而灭失;

(5) 保险人履行赔偿责任或给付义务;

(6) 保险人、投保人破产或被保险人死亡;

(7) 因保险合同约定的终止条件成立而终止。

第三节　财产保险合同

一、财产保险合同的概念

财产保险合同是指以财产及其有关利益为保险标的的合同。它具有以下几个主要特征：

1. 财产保险合同的保险标的为特定的财产及与财产有关的利益

这是财产保险合同区别于人身保险合同的基本特征，它决定了保险标的可以随其所有权的转移而转移。根据《保险法》规定，保险标的转让的，保险标的的受让人承继被保险人的权利和义务。保险标的转让的，被保险人或者受让人应当及时通知保险人，但货物运输保险合同和另有约定的合同除外。而这种情况在人身保险合同中是不存在的。

2. 财产保险合同是一种损失补偿合同

财产保险的目的是对约定保险事故的实际损失进行补偿，而不可能使被保险人获得额外的收益。因此，财产保险的赔偿额是以事故的实际损失为计算依据的。在订立合同时，当事人所确定的保险金额不得高于保险价值，保险金额超过保险价值的，超过部分无效。在重复保险中，保险金额总和超过保险价值的，各保险人赔偿金额的总和也不得超过保险价值。

3. 财产保险合同实行保险代位制度

这一特征是由财产保险合同的补偿性决定的，如果被保险人在获得保险赔偿金的同时，又从事故责任者处得到赔偿，显然违背补偿原则。因此，财产保险合同一般规定，保险人支付保险金后，可以在赔偿金额范围内代位行使被保险人对事故责任者请求赔偿的权利。人身保险合同中是不具有这一特征的。

二、财产保险合同的种类

1. 财产损失保险合同

财产损失保险合同是指以补偿生产资料、生活资料等有形资产的实际损失为目的的保险合同。一般包括企业财产保险合同、家庭财产保险合同、运输工具保险合同及货物运输保险合同等。

2. 责任保险合同

责任保险合同是指以被保险人对第三者依法应负的赔偿责任为保险标的的合同。一般包括公众责任保险合同、产品责任保险合同、雇主责任保险合同及职业责任保险合同等。

3. 信用保险合同

信用保险合同是指保险人对债务人的信用或履约能力提供保证的合同。信用保险合同的主要形式有出口信用保险合同、投资信用保险合同与国内商业信用保险合同等。

4. 保证保险合同

保证保险合同是指保险人对被保证人的作为或不作为给被保险人带来的损失承担保险责任的保险合同。比较典型的保证保险合同有忠诚保证保险合同、履约保证保险合同等:

三、财产保险合同的主要内容

1. 财产保险合同的保险标的

财产保险合同的保险标的是投保人寻求保障的对象,它的种类十分广泛,既可以是有形财产,也可以是无形利益。但并不是所有的财产或与财产有关的利益都可以成为保险标的。一般来说,对于损失率难以预测、价值的评估没有客观标准、道德危险大的财产不属于可保危险;法律规定不得为保险标的的财产或财产利益,不管合同是否约定,均不能成为财产保险的保险标的。

2. 保险价值与保险金额

保险价值是当事人在订立财产保险合同时对保险标的估定的实际价值或在保险事故发生时保险标的的实际价值;保险金额是投保人对财产保险的实际投保金额,也是保险人计算保险费和承担保险责任的最高限额。

保险价值是确定保险金额与保险责任的基础:保险金额是以保险价值为基础确定的,它可以低于或等于保险价值,但不得高于保险价值。

(1) 保险金额低于保险价值的,称为不足额保险,不足的部分由被保险人自保。保险人在损失发生后,除合同另有约定外,保险人按保险金额与保险价值的比例承担赔偿保险金的责任;

(2) 保险金额等于保险价值的,称为足额保险,被保险人在损失发生后,能够按实际损失获得足额的赔偿;

(3) 保险金额超过保险价值的,称为超额保险。我国《保险法》第55条明确规定,保险金额不得超过保险价值。超过保险价值的,超过部分无效,保险人应当退还相应的保险费。

3. 保险责任与除外责任

(1) 保险责任。保险人承担保险责任的程度与范围是保险合同双方当事人最为关注的问题,也是财产保险合同的重要内容之一。一般来说,保险人承担责任的范围包括三大类:因自然灾害(如暴风、洪水、雷电等)造成的损失、因意外事故(例如火灾、爆炸等)造成的损失及其他保险危险(如停电、停汽等)造成的损失。对于这些保险责任,只要当事人在合同中有所约定,就有法律约束力。

(2)除外责任即依照法律规定或合同约定,保险人不负赔偿责任的范围。在财产保险中,一般不能加保或法定的除外责任主要有:投保人或被保险人的故意行为、战争行为或敌对行为、核辐射与核污染、因财产本身的缺陷导致的损失。

需注意的是,保险合同中关于责任免除的条款,保险人在订立合同时应向投保人作出足以引起投保人注意的提示并作出明确说明,否则该条款不发生法律效力。

4. 保险代位权

《保险法》中的代位权制度只适用于财产保险,它是指财产保险的保险人,在赔偿被保险人的损失后,可以在赔付保险金的范围内,享有向造成损失的第三者进行索赔的权利的制度。《保险法》中的保险代位权具有以下五个特征:第一,保险人因保险事故对有过错的第三人享有赔偿请求权,这是保险代位权产生的基础;第二,保险代位权的产生必须是在保险人给付保险金之后;第三,保险代位权的范围不得超过保险人的赔付金额;第四,代位求偿权在被保险人取得保险赔付后自动转移给保险人;第五,被保险人有义务协助保险人向第三人追偿,不得损害保险人的代位求偿权。

第四节　人身保险合同

一、人身保险合同的概念

人身保险合同是以人的寿命和身体为保险标的的保险合同。当被保险人的生命或身体因意外事故、意外灾害、疾病、衰老等原因,以致死亡、残废,或丧失劳动能力,或年老退休,或达到合同约定的年龄期限时,保险人按照保险合同规定,向被保险人或受益人给付保险金或年金。

二、人身保险合同的分类

人身保险合同在各国法律上涵盖的范围不尽相同。早期的人身保险合同仅以被保险人的生死或存亡作为保险危险,所以又称人寿保险合同,后来逐渐扩大到以被保险人的身体可能出现的疾病或意外伤害作为保险危险。随后为满足各种不同对象、不同生活的需求,进一步发展为品种繁多的人身保险合同。现代意义上的人身保险几乎涵盖了人的生、老、病、伤、残等各种风险。但是,不同形式的人身保险合同总是以被保险人的生死为保险危险的基本内容,因此可以说人寿保合同是人身保险合同的核心。

按保险合同的保障范围的不同,分为以下三大类:

(一)人寿保险合同

人寿保险合同,是指以被保险人的生命为保险标的,保险人在被保险人死亡或者保险单到期时给付保险金的合同。人寿保险合同的被保险人只能限于自然人，法人或未出生的胎儿及死尸，均不能作为保险对象。人寿保险合同中不存在超额保险的问题，投保人可以以本人为被保险人同时订立几种人寿保险合同，并从各种合同中得到约定的保险金。如某人投保了人寿保险，出去旅游时，旅行社为他投保了旅游者保险。后来他在旅途中乘船时因意外事故死亡。这样，其受益人既可以取得轮船旅客意外伤害保险的保险金，又可以取得旅游者保险和人寿保险的保险金。人寿保险合同中也不存在代位求偿的问题，如果被保险人的死亡是由第三者所造成的，其受益人除可以向责任者索赔外，还可以从保险人处取得保险金，保险人不得行使代位求偿权。

人寿保险合同又可分为：

1. 死亡保险合同

死亡保险合同，是指以被保险人在保险期间内的死亡为保险事故，在保险事故发生时，由保险人给付一定金额的保险金的保险合同。被保险人死亡，将引起家庭经济的困难，如投保以死亡为保险人给付保险金条件的死亡保险，即可确保经济生活的稳定。为避免道德风险，各国法律一般均要求订立死亡保险合同应经被保险人同意。

2. 生存保险合同

与死亡保险合同恰恰相反，生存保险合同是指以被保险人在约定期限内生存作为给付保险金条件的保险合同。被保险人如果在保险期限内死亡，保险合同即告终止，投保人所付保险费不予退还。订立生存保险合同的目的主要是为了使被保险人到一定年龄后，可以领取一笔保险金以满足其生活上的需要。如为养老所需而投保生存保险，生存到退休年龄，即可领取保险金。一般来说，保险人很少单独举办生存保险，通常都是将其附加在其他种类的保险上，如生死两全保险。

3. 混合保险合同

混合保险合同，又称生存和死亡两全保险合同，是指被保险人不论在保险期限内死亡或生存，到保险期限届满时，均可领取约定保险金的一种保险合同。它是由生存保险合同与死亡保险合同合并组成的，所以称为生存和死亡两全保险合同，简称生死两全保险合同。我国目前订立的简易人身保险合同即属此类。

4. 简易人寿保险合同

这种保险合同顾名思义，即以简易的方法经营的人寿保险合同。在简易人寿保险中，被保险人免检身体，即可订约，保险费每星期、每半月或每月缴付一次，且常由保险人按期派人收取。简易人寿保险一般只办理小额的生死两全保险或限期交费的终身险，保险期间统一规定，保险费按照份数计算。简易人寿保险通常采用等待期制度，被保险人加入保险后，必须经过一定期间，保险合同始能生效；如在一定期间内死亡者，保险人不负给付保险金的责任，或减少保险金。简易人寿保险以工薪阶层为被保险人，帮助他们减轻经济生活上的威胁，以达到维护社会安全的目的，所以虽属商业保险，但兼有社会保险的性质。

（二）健康保险合同

健康保险合同，又称疾病保险合同。它是指投保人和保险人约定，在被保险人发生疾病、分娩以及由此引起的残废、死亡时，保险人依约向被保险人或受益人支付保险金的合同。在美国，由于习惯于将健康与伤害混同起来，故称为伤害健康保险合同。

健康保险合同是一种综合保险合同。主要有以下类型：

1. 医疗给付保险合同

它是指被保险人因疾病或者分娩而就医或住院治疗所应支出的医疗费用，在扣除免赔额后，由保险人负责支付保险金的合同。

2. 工资收入保险合同

它是指被保险人因疾病或分娩而不能工作时，由保险人负担被保险人的医疗费用并给付被保险人所失工资收入的保险合同。

3. 残废和死亡保险合同

它是指被保险人因疾病而致残或死亡时由保险人向受益人给付生活费、教育费、婚嫁费、扶养费、赡养费、丧葬费等的保险合同。

健康保险合同在保险实务中，有时也可以作为人寿保险合同的一种附加保险，也就是投保人在订立普通人寿保险合同时附加疾病、分娩责任。

（三）伤害保险合同

伤害保险合同，又称意外伤害保险合同，是指被保险人在保险期限内，因遭受意外伤害或因此而导致残废或死亡时，保险人依约给付保险金的合同。为使伤害保险合同中的意外伤害的含义更为明确，往往使用“外来、意外、突发的事故”等词句。

伤害保险合同一般可分为五类：

1. 普通伤害保险合同

该保险合同又称普通意外伤害保险合同。它是指专门为被保险人因意外事故以致身体蒙受损伤而提供保险保障的合同。一般依据双方当事人的约定，决定合同的内容、保险金额和保险方法。

2. 团体伤害保险合同

它是指以被保险人多数人为一个团体而订立的伤害保险合同。

3. 旅行伤害保险合同

它是指以被保险人在旅行期间所发生的意外伤害事故为保险责任范围而订立的保险合同。

4. 交通事故伤害保险合同

它是指以被保险人因为交通事故所受伤害为保险责任范围而订立的保险

合同。

5. 职业伤害保险合同

它是指被保险人因执行职务所受身体伤害而致暂时或永久丧失劳动能力时保险人给付保险金(补偿医药费、工资收入等)的保险合同。

三、人身保险合同的常见条款

人身保险合同除应订明投保人、被保险人的姓名和住所、保险责任、除外责任、保险金额、保险期限、保险费的交纳与保险金的结付等基本事项外,保险人在人身保险单上还往往订有以下一些常见条款:

1. 年龄误告条款

被保险人的年龄是人身保险合同中的重要因素,也是决定保险费率的主要依据。因此,人身保险合同一般要求投保人真实的告知被保险人的年龄,出现误报可能会影响合同的效力与保险金额的调整。

2. 不可争条款

不可争条款,又称不可抗辩条款,它一般规定,自人身保险合同成立之日起满两年后,保险人不得以投保人投保时的误告、漏告、隐瞒为由,否定合同的效力。

3. 宽限期条款

宽限期条款的基本内容是对未按时缴纳保险费的投保人给予一定时期的宽限期,只要投保人在宽限期内补交保险费,保险合同继续有效。宽限期条款主要是考虑投保人的利益。由于相当一部分人身保险合同具有长期性,投保人在较长时期内很可能受到经济实力等因素的影响暂时没有缴纳保险费,如果因此导致合同无效,对投保方过于苛刻。

4. 复效条款

复效条款一般规定,当投保人因不能按时缴纳保险费致使合同中止或失效时,允许投保人保留一定期限的复效权。

5. 不丧失价值条款

不丧失价值条款的核心内容是投保人在合理范围内对保单享有的现金价值的权利,不因保险合同效力的消灭而丧失。大多数的人身保险具有储蓄性质,人身保险的保险费在一定时期后形成一笔责任准备金,这就是保单的现金价值。现金价值是属于投保人的,即使投保人不愿意继续投保致使保险合同失效,也不会丧失对现金价值的所有权。

6. 受益人条款

受益人由被保险人或投保人指定,投保人的指定应经过被保险人同意。人身保险合同可以约定受益人是否可以变更。约定可变更受益人的,变更事项必须经过被保险人的同意,并应书面通知保险人。

7. 自杀条款

以死亡为给付保险金条件的合同中，为了避免道德风险的出现，对保险人规定了期间，即被保险人在保险合同成立之日起一定时期内，如果出现被保险人自杀的情形可以免责。这就是所谓的自杀条款。

第五节　保险公司的设立与管理

一、保险公司的设立

1. 保险公司的设立条件

根据《保险法》第68条的规定，设立保险公司应当具备下列条件：

(1) 主要股东具有持续盈利能力，信誉良好，最近3年内无重大违法违规记录，净资产不低于人民币2亿元；

(2) 有符合本法和《中华人民共和国公司法》规定的章程；

(3) 有符合保险法规定的注册资本；

(4) 有具备任职专业知识和业务工作经验的董事、监事和高级管理人员；

(5) 有健全的组织机构和管理制度；

(6) 有符合要求的营业场所和与经营业务有关的其他设施；

(7) 法律、行政法规和国务院保险监督管理机构规定的其他条件。

《保险法》第69条规定，设立保险公司，其注册资本的最低限额为人民币2亿元。国务院保险监督管理机构根据保险公司的业务范围、经营规模，可以调整其注册资本的最低限额，但不得低于2亿元的限额。保险公司的注册资本必须为实缴货币资本。

2. 保险公司设立的程序

保险公司的设立必须经过法定的程序，其设立过程一般可以按照下列步骤进行：

(1) 设立申请。申请人欲设立保险公司，首先应向国务院保险监督管理机构提出书面申请，并提交如下文件：设立申请书(载明拟设立的保险公司的名称、注册资本、业务范围等)；可行性研究报告；筹建方案；投资人的营业执照或者其他背景资料，经会计师事务所审计的上一年度财务会计报告；投资人认可的筹备组负责人和拟任董事长、经理名单及本人认可证明；国务院保险监督管理机构规定的其他资料。国务院保险监督管理机构应当对设立保险公司的申请进行审查，自受理之日起6个月内作出批准或者不批准筹建的决定，并书面通知申请人。决定不批准的，应当书面说明理由。

(2) 筹建保险公司并提出开业申请。设立保险公司的申请经初步审查合格后，申请人应依法定的设立条件进行筹建，申请人应当自收到批准筹建通知之日起1年内完成筹建工作，筹建期间不得从事保险经营活动。筹建工作完成后，具备法定设立条件的，即可向国务院保险监督管理机构提出开业申请。国务院保险监督管理机构应当自受理开业申请之日起60日内，作出批准或者不批准开业的决定。决定批准的，颁发经营保险业务许可证；决定不批准的，应当书面通知申请人并说明理由。

(3) 登记。经国务院保险监督管理机构批准设立保险公司并发给经营保险业务许可证的保险公司，在取得证件之日起6个月内，应向工商行政管理机关办理登记。超过法定期限未登记的，经营保险业务许可证自动失效。

二、保险公司的分设、变更、终止

1. 保险公司的分设

保险公司的分设是指保险公司设立分支机构和代表机构的行为。保险公司的分支机构是指保险公司依法定程序设立的，以本公司名义进行经营活动，其经营后果由保险公司承担的分公司或者其他分支机构。保险公司的分支机构不具有独立的法人资格，不能独立承担民事责任和义务，其民事责任由本公司承担；分支机构以本公司的名义从事保险活动，产生的法律后果也由本公司承担。保险公司设立分支机构必须经金融监管部门的批准，未经监管部门的批准，任何保险公司不得设立保险分支机构。

保险公司设立的另一种分支机构是代表处。保险公司的代表处是保险公司的派驻机构，主要从事咨询、联络、市场调查等非经营性活动。代表处的行为必须来源于保险公司的授权，代表处不得从事经营性的活动。设立代表处同样需要经金融监管部门的批准。

2. 保险公司的变更

保险公司的变更是指保险公司在存续期间内法定事项的变更。保险公司的变更必须经金融监管部门的批准，未经批准不得进行保险公司的变更。

3. 保险公司的终止

保险公司的终止是指依法设立的保险公司因为法定事项的出现或者经金融监管机构的批准，关闭其营业机构而停止从事保险业务。保险公司终止的法定原因主要有：经金融监管部门的批准而解散，但经营人寿保险业务的保险公司除分立合并外，不得解散；因违法经营被吊销保险业务许可证；被依法宣告破产。

保险公司终止应当进行清算。清算应当按照一定的程序来进行。

《保险法》第91条规定，破产财产在优先清偿破产费用和共益债务后，按照下列顺序清偿：(1) 所欠职工工资和医疗、残疾补助、抚恤费用，所欠应当划入职工个人账户的基本养老保险、基本医疗保险费用，以及法律、行政法规规定应当支付给职工的补偿金；(2) 赔偿或者给付保险金；(3) 保险公司欠缴的除第(1)项规定以外的社会保险费用和所欠税款;(4)普通破产债权。破产财产不足以清偿同一顺序的清偿要求的,按照比例分配。破产保险公司的董事、监事和高级管理人员的工资,按照该公司职工的平均工资计算。

三、保险业经营规则

(一)保险公司的业务范围

保险公司的业务范围主要包括财产保险业务、人身保险业务以及国务院保险监督管理机构批准的与保险有关的其他业务。

1. 财产保险业务

财产保险业务主要包括财产损失保险、责任保险、信用保险和保证保险等保险业务。

2. 人身保险业务

人身保险业务主要包括人寿保险、健康保险、意外伤害保险等保险业务。

3. 其他业务

如从事企业补充保险受托管理业务,参与失地农民养老保险、新型农村合作医疗改革试点工作等。

(二)保险分业经营规则

1. 禁止兼营

所谓禁止兼营,是指同一保险人不得同时经营财产保险业务和人身保险业务。根据《保险法》规定,保险人不得兼营人身保险业务和财产保险业务。但是,经营财产保险业务的保险公司经国务院保险监督管理机构批准,可以经营短期健康保险业务和意外伤害保险业务。

2. 禁止兼业

所谓禁止兼业,是指保险公司不得经营保险业以外的其他业务和非保险业者不得经营任何保险业务。禁止兼业的目的主要在于,避免保险公司分散精力,以便于保险监督机构的监督管理。

(三)保险公司的资金运作

1. 保险公司的资金运作的概念

所谓保险公司的资金运作是指保险公司在经营过程中,将其积聚的部分保险资金用于投资,从而使之不断增值的活动。

保险公司的各类资金是在发生保险事故后才提取的,因此,总有一部分资金会处于闲置状态。如果能合理运作这部分资金,使其能够升值,对保险合同的各方主体来说,都是有益无害的。

2. 保险公司的资金运作的原则——安全原则与效益原则

保险公司的资金中的各种保险金担负着随时赔付保险金的责任,所以,保险公司的资金运作必须遵循一定的原则。其中,最主要的是安全原则与效益原则,而在这两个原则里,安全原则是首要的,保险公司不可为了追求效益而放弃资金运作的安全。依据《保险法》的规定,保险公司的资金运用必须稳健,遵循安全性原则。保险公司的资金运用限于下列形式:银行存款、买卖债券、股票、证券投资基金份额等有价证券;投资不动产;国务院规定的其他资金运用形式。

第六节　保险代理人和保险经纪人

保险辅助人,是指依照保险法的规定,并按照保险公司的委托或者为投保人的利益而代办保险业务的人员。主要包括保险代理人和保险经纪人。

一、保险代理人

我国《保险法》第5章对保险代理人作了原则性规定。保险人委托保险代理人代为办理保险业务的,应当与保险代理人签订委托代理协议,依法约定双方的权利义务及其他代理事项。保险代理人一般具有以下几个特征:

(1) 保险代理人必须以保险人的名义进行保险活动。保险代理人的任务,就是代为办理保险业务,如代理销售保险单、代理收取保险费、代理保险人进行损失勘查和理赔等。因此,保险代理人只有以保险人的名义进行代理活动,才能为保险人设定权利和义务,而不能以自己的名义进行保险活动,否则由此产生的法律后果由其自己承担。

(2) 保险代理人必须在代理权限内进行保险活动。保险代理人因保险人的委托才享有代理权,因此必须在代理权限内进行活动。保险代理人超越代理权限的行为对保险人无约束力。但是,《保险法》引入了表见代理制度,保险代理人为保险人代为办理保险业务,有超越代理权限行为,投保人有理由相信其有代理权,并已订立保险合同的,保险人应当承担保险责任,但是保险人可以依法追究越权的保险代理人的责任。因此,保险代理人超越代理权限的行为,并不绝对对保险人无约束力,表见代理就是一个例外。

(3) 保险代理人代理活动的法律后果由保险人承担。保险代理人在代理权限内所进行的保险活动,在法律上视为保险人自己的活动,故保险代理人的代理行为虽然发生在其本人与投保人之间,但保险法律关系却产生于保险人与投保人之间,基于这种法律关系而产生的权利和义务理应由保险人承受。保险代理人根据保险人的授权代为办理保险业务的行为,由保险人承担责任。保险代理人为保险人代为办理保险业务,有超越代理权限行为,投保人有理由相信其有代理权,并已订立保险合同的,保险人应当承担保险责任,但是保险人可以依法追究越权的保险代理人的责任。

二、保险经纪人

旧社会俗称保险掮客或跑街，是指基于投保人的利益，代向保险人洽谈保险合同，而向承保的保险人收取佣金的人。保险经纪人是基于投保人的利益，为投保人与保险人订立保险合同提供中介服务，并依法收取佣金的单位。在国外，尤其是欧美国家，盛行保险经纪人制度，相当多的保险合同是通过保险经纪人而订立的。因为保险经纪人一般都是保险专家，熟悉保险业务与市场，能为投保人提供最合理、最有效、最佳的保险方案，同时也可为投保人提供各种咨询服务。关于保险经纪人的责任，我国《保险法》第128条规定，保险经纪人因过错给投保人、被保险人员成损失的，依法承担赔偿责任。

三、开展保险业务的其他有关人员

（一）保险公估人

保险公估人是指向保险人或被保险人收取费用，为其办理保险标的查勘、签订、估价及理算等业务，并予以证明的人。在我国，依照《保险公估机构管理规定》，保险公估人的组织形式既可以是合伙企业、有限责任公司，也可以是股份有限公司。经中国保监会批准，保险公估机构可以经营下列业务：保险标的承保前的检验、估价及风险评估；对保险标的出险后的勘查、检验、估损及理算，以及中国保监会批准的其他业务。

（二）体检医师

体检医师主要是针对人身保险而言的，即在订立人身保险合同时，为了准确估计投保人的危险程度，受保险人的委托而对投保人的身体健康状况进行检查的人。保险人则根据体检医师的检查情况决定是否承保及承保的方式和条件。在我国，人身保险以低额免检的简易人身保险为主，因而体检尚未受到应有的重视，更无专门的体检医师。

复习思考题

1. 试述财产保险合同和人身保险合同的区别。
2. 保险公司有哪些主要形式？
3. 保险监管主要有哪些方面，具体内容包括哪些？
4. 开展保险业务的辅助人有哪些，保险代理人和保险经纪人有何不同？

案例分析题

案例1　张某有配偶李某和儿子张甲，2004年1月，张甲经与张某协商取得其书面同意，为张某办理了人寿保险，期限为3年，张某指定受益人为其妻李某。保险合同约定张某死亡后保险公司一次性向李某支付保险金2万元。2004年4月，张某突感身体不适，经查为肝癌晚期，6月5日，张某死亡。李某根据张某的临终交代，向其子张甲索要保险单，张甲此时才告诉李某：他向同事许某借款1万元，将保险单质押给了许某。李某遂找许某索要保险单，许某则以保险单是质押物为由拒绝返还。李某诉至法院请求许某归还保险单。许某则称，只有李某还他1万元，才能将保险单交出。法院受理后，通知张甲参加诉讼，张甲提出，是他为张某投的人寿保险，保险费也是他交的，2万元的保险金应属张某的遗产，他有权继承其中的1万元用于还债。

问：1. 张甲与保险公司所订立的保险合同效力如何，为什么？

2. 李某能否要回保险单，为什么？

3. 张甲的主张是否成立，为什么？

案例2 甲公司于2009年11月4日就其全部财产向乙保险公司投保企业财产保险，同时签发了保险单，并约定于11月8日甲公司向乙保险公司交纳保险费6万元，保险金额为60万元。当年11月6日，由于甲公司相邻的丙公司长期懈怠安全隐患，造成仓库起火，致使甲公司财产损失40万元。由于甲公司在灾害发生后，认为既然已经将全部财产投保，就没有必要采取措施挽回其他损失，于是放任损失扩大，结果又造成20万元的损失。甲公司于是向乙保险公司索赔，甲公司声称：由于该公司已经将公司全部财产投保，因此乙保险公司应当对全部财产损失承担保险责任。乙保险公司则不予以任何赔偿，理由是：由于甲公司没有支付保险费，乙保险公司不承担任何责任。甲公司一气之下，宣布放弃对于丙公司请求赔偿的权利，向人民法院起诉，要求乙保险公司承担损失。

请问：

(1) 乙保险公司以甲公司没有支付保险费为由拒绝承担保险责任的主张能否成立？为什么？

(2) 甲公司要求乙保险公司承担全部财产损失的主张能否成立？为什么？

(3) 甲公司向人民法院起诉，要求乙保险公司承担保险责任的主张能否成立？为什么？

第十三章　专利法

第一节　专利法概述

一、专利权

专利(patent)是工业产权的重要组成,是特定主体专门享有的利益和权利。简言之,专利权是指发明人对其发明所享有的一种权利。[①] 而现实生活中,我们经常接触到的一个概念是“知识产权”,我国台湾地区又称之为“智慧财产权”。它所保护的客体是人类的智力成果。早在1883年的《巴黎公约》中就规定:“工业产权的保护对象是专利、实用新型、外观设计、商标、服务标记、厂商名称、产地标记或原产地名称以及制止不正当竞争。”该公约虽然没有明确什么是知识产权,但却将人类的智力成果纳入了条约的保护范围中,体现对工业产权等相关权利的广泛认同趋势。

1967年《建立世界知识产权组织公约》第2条对知识产权的内容做了列举性的规定,包括:

(1) 文学、艺术和科学作品;

(2) 表演艺术家的表演以及唱片和广播节目;

(3) 人类一切活动领域的发明;

(4) 科学发现;

(5) 工业品外观设计;

(6) 商标、服务标记以及商业名称和标志;

(7) 在工业、科学、文学艺术领域内由于智力创造活动而产生的一切其他权利。

上述第3、5、6项列举的属于工业产权的部分,因此,专利既是工业产权的组成部分,也是知识产权的组成部分。专利本质上是依附于人类智力活动成果和技术思想的一种无形财产,能给权利人带来经济上的利益。专利权通过国家法律的规

① 文希凯主编.专利法教程.北京:知识产权出版社,2011:1

定和政府主管部门授予专利证书等形式获得保护。

专利权一般具有以下几个主要特征:

(1) 时间性。专利权具有一定的时间限制,只在规定的时间内才享有法定的权利。因此,专利权是一种暂时性的权利。例如,我国《专利法》规定,发明专利权的期限为20年,实用新型专利权和外观设计专利权的期限为10年,均自申请日起计算。

(2) 公示性。由于专利权的保护客体是人类的智力成果,是一种无形物,不便于公众认知。所以,专利权的取得必须要申请专利内容的公开,由政府主管部门对权利的范围进行明确,从而产生一种官方的公示效应。这种公示为取得专利权的前提。

(3) 独占性。专利权也具有物权的部分属性,即对物(无形物)占有、使用、收益和处分权,因此专利权也具有独占性和排他性。每一个发明只能授予一项专利。一旦该专利成立授权,禁止其他人未经许可的任何工商业目的实施行为。

(4) 地域性。地域性的最早表述要见于《巴黎公约》,该公约规定了同一发明在不同国家取得的专利权相互具有独立性。因此,地域性就是指专利权只在特定领土范围内有效。

二、专利制度

一般认为,现代意义上的专利制度起源于欧洲的中世纪。早在12、13世纪,西欧的封建王室为了鼓励发明创造,促进商业发展,就开始对能工巧匠授予一种发明人对新发明或者新工艺的独占经营权。到了14世纪,英国国王向引进新技术的外国技工授予垄断使用的权利,不受封建行会的限制。

世界上第一部专利法产生于威尼斯。1474年威尼斯共和国颁布法令,规定了对以前未曾制造使用的新工艺、新装置或者技术改进等,应当向政府登记。并且在10年内受到法律保护,其他人未经许可不得制造,否则处以罚金和销毁侵权物品的处罚。《威尼斯专利法》是为了保护和调动发明人创造积极性,其相关规定已经接近现代专利法的特点。

1623年英国议会通过了《垄断法》。《垄断法》旨在限制英国王室对新工业的泛滥保护,废除国王对垄断的授权,仅仅准许国王对新产品的第一个发明人授予垄断权。英国《垄断法》体现出普通法对王权的限制作用,扭转了因为专利权的滥用而导致民众日常消费品价格飞涨的混乱局面。

法国在经历了资产阶级革命后,于1791年颁布了《专利法》。该法宣布每一项新发现或新发明都是其作者的财产。法国《专利法》不仅体现出发明者的权利神圣不可侵犯的要义,还在平衡发明人与国家利益的关系中体现出了契约精神。可以说,这部法律也是法国大革命的结晶。

美国独立战争后,在1787年宪法中就对专利权做出了明确的规定,国会有权授予作者和发明者在一定期限内就其著作和发现分别享有独占的权利，以促进科学和有用的技术进步。19 世纪中，欧洲的西班牙、普鲁士、荷兰、俄罗斯，北美的加拿大，南美的阿根廷、巴西、智利，亚洲的日本都制定了专利法律，专利制度在世界范围内的认可获得了空前的提高。

三、专利法

我国封建统治经历了一千多年，直到 19 世纪，伴随着西方列强的侵略，专利制度也在民族屈辱的阵痛中逐渐被国人认识。1898 年，光绪帝颁布了《振兴工艺给奖章程》。但是由于戊戌变法的失败，该制度没有施行。1944 年的国民政府《专利法》是我国历史上第一部正式的专利法律。

新中国建国后，在 1984 年 3 月 12 日召开的第六届全国人民代表大会常务委员会第四次会议上，《专利法》获得通过。1985 年 1 月 19 日国务院批准了该法的实施细则。《中华人民共和国专利法》及《实施细则》于 1985 年 4 月 1 日同时施行。

我国《专利法》分别于 1992 年、2000 年和 2008 年历经三次修正。2010 年 2 月 1 日起开始施行修订后的《专利法实施细则》。

第二节　专利法律关系

一、专利保护的客体

专利权的地域性使得每一个国家专利权保护的客体不尽相同，每一个条约的规定也有差别。本书以我国《专利法》为依据，介绍专利权保护的客体。所谓专利保护的客体，是指专利法律规范所保护的承载一定价值利益的客观存在物。简言之，就是专利权保护的物（无形物）。我国《专利法》第 2 条第 1 款明确规定了专利保护的三种客体："本法所称的发明创造是指发明、实用新型和外观设计。"

（一）发明

我国《专利法》规定，发明是指对产品、方法或者其改进所提出的新的技术方案。同时《专利法》还对不授予专利权的发明和实用新型作出了列举性的限定。无论哪一种定义，我们对"发明"的认识至少包含以下两个方面。

1. "发明"是人类利用自然规律创造出的新的技术方案

世界知识产权组织对发明的比较权威的定义是：发明是指某个特定的技术问题的解决方案。而这个技术方案首先要在利用自然规律的基础之上。自然规律作为一种客观存在，是不以人的主观意志为转移的。因此，违背自然规律无法创造出新的客观存在。而这种"利用"行为，就是能使在具备同一条件的情况下，特定的现象可靠地重复。其次，技术方案是发明人设想出来的一个构思，并且按照构思应用于实践，就能够解决一个具体的、特定的问题。第三，技术方案不仅可以是全新创造出来的，也可以是对已有技术方案的重大改进或革新，而这种重大改进或革新显然能比已有技术方案更能够解决实际问题。第四，所谓技术方案，必须属于技术领域。[①] 在文艺、体育以及某些其他领域的技术，如吉他演奏中的大横按技术，足球比赛中的过人技术，实际上是一种技巧，不属于技术领域，自然也不是专利法上所指的“发明”。

2. “发明”分为产品发明和方法的发明

产品的发明是指一切包括有形物体的新创造，例如生产机器、精密仪表、电子设备、防爆器械等等。方法的发明是指对利用自然规律的方法进行新的组合、调整、整合。一般对加工方法、制造工艺、测试方法等做出的发明，例如东南大学的压力隧道与采矿井巷岩爆防治技术就属于方法的发明。

我国《专利法》规定，对违反法律、社会公德或者妨害公共利益的发明创造，不授予专利权。对违反法律、行政法规的规定获取或者利用遗传资源，并依赖该遗传资源完成的发明创造，不授予专利权。同时，第 25 条还对不属于发明的智力成果进行了列举，主要是：

(1) 科学发现。科学发现，是指对自然界中客观存在的物质、现象、变化过程及其特性和规律的揭示。科学理论是对自然界认识的总结，是更为广义的发现。它们都属于人们认识的延伸。这些被认识的物质、现象、过程、特性和规律不同于改造客观世界的技术方案，不是专利法意义上的发明创造，因此不能被授予专利权。例如，居里夫人发现了镭和钋元素，仅仅是一种科学发现，并非发明。

(2) 智力活动的规则和方法。它是指用来指导人们思维、推理、分析、判断的规则和方法。例如，篮球的比赛规则、欧几里得算法等，都不属于发明。

(3) 疾病的诊断和治疗方法。前者是指发现、识别、研究和确定疾病的状况、原因而采取的各种方式方法，如，超声诊断法、验血诊断法等。后者是消除疾病、恢复健康而采取的方式方法，如，拔火罐疗法，鸡尾酒疗法等。

(4) 动物和植物品种。但是，动物和植物品种的生产方法，可以授予专利权。动、植物品种是利用生物学技术进行繁殖的，尽管也利用了自然规律，但我国《专利法》对动、植物新品种本身不授予专利的保护，而对于动、植物新品种的生产方法保护。

(5) 用原子核变换方法获得的物质。原子核变换方法是指使一个或者几个原子核经分裂或者聚合形成一个或者几个新原子核的过程。使用该方法获得的新物质关系到国防、科研和原子能工业的重大利益，不能为他人所垄断，因此不授予专利权。

---

① 参见汤宗舜. 专利法教程. 北京：法律出版社，2004:40

（二）实用新型

实用新型是指对产品的形状、构造或者其结合所提出的适于实用的新的技术方案。各国对实用新型的保护范围不同，但总体而言，实用新型也是一种发明。只是，这种"发明"在新颖性和创造性方面较之发明，稍微弱一些，但同样具有较高的应用价值。

1. 实用新型只保护产品，不保护方法

这里所指的产品应当是经过加工制作工序而形成的实体性物体。这是实用新型与发明的显著差异。这里应当注意两点：第一，实用新型保护的是人工制造物，因此，自然形成或未经人工加工而成物不属于实用新型的保护范围；第二，有关于产品的制造方法、处理技术、使用方法等都不属于实用新型的保护范围。

2. 实用新型适用于产品的形状

产品形态是指产品所具有的，能够从外部观察到的产品确定的空间形状。因此，可以对产品的二维和三维形态提出技术方案，例如，对型材断面做的技术改进，对茶杯外形的设计改进。根据2010年新修订的《专利审查指南》，无确定形状的产品，例如气态、液态、粉末状、颗粒状的物质或材料，其形状不能作为实用新型产品的形状特征。

3. 实用新型适用于产品的构造

产品的构造是指各个组成部分的安排、组织和相互关系。《专利审查指南》进一步规定，产品的构造可以是机械构造，也可以是线路构造。机械构造是指构成产品的零部件的相对位置关系、连接关系和必要的机械配合关系等；线路构造是指构成产品的元器件之间的确定的连接关系。复合层可以认为是产品的构造，产品的渗碳层、氧化层等属于复合层结构。物质的分子结构、组分、金相结构等不属于实用新型专利给予保护的产品的构造。

（三）外观设计

外观设计是指对产品的形状、图案或者其结合以及色彩与形状、图案的结合所作出的富有美感并适于工业应用的新设计。外观设计一般应注意以下几个方面的内容。

（1）外观设计必须以产品为载体。不能重复生产的手工艺品、农产品、畜产品、自然物不能作为外观设计的载体。

（2）构成外观设计的是产品的外观设计要素或要素的结合，其中包括形状、图案或者其结合以及色彩与形状、图案的结合。产品的色彩不能独立构成外观设计，除非产品色彩变化的本身已形成一种图案。可以构成外观设计的组合有：产品的形状；产品的图案；产品的形状和图案；产品的形状和色彩；产品的图案和色彩；产品的形状、图案和色彩。

形状，是指对产品造型的设计，也就是指产品外部的点、线、面的移动、变化、组合而呈现的外表轮廓，即对产品的结构、外形等同时进行设计、制造的结果。

图案，是指由任何线条、文字、符号、色块的排列或组合而在产品的表面构成的图形。图案可以通过绘图或其他能够体现设计者的图案设计构思的手段制作。产品的图案应当是固定、可见的，而不应是时有时无的或者需要在特定的条件下才能看见的。

色彩，是指用于产品上的颜色或者颜色的组合，制造该产品所用材料的本色不是外观设计的色彩。

(3) 适于工业应用的富有美感的新设计。适于工业应用，是指该外观设计能应用于产业上并形成批量生产。富有美感，是指在判断是否属于外观设计专利权的保护客体时，关注的是产品的外观给人的视觉感受，而不是产品的功能特性或者技术效果。

根据《专利法》第 2 条第 4 款的规定，以下属于不授予外观设计专利权的情形：

① 取决于特定地理条件、不能重复再现的固定建筑物、桥梁等。例如，包括特定的山水在内的山水别墅。

② 因其包含有气体、液体及粉末状等无固定形状的物质而导致其形状、图案、色彩不固定的产品。

③ 产品的不能分割或者不能单独出售且不能单独使用的局部设计，例如袜跟、帽檐、杯把等。

④ 对于由多个不同特定形状或者图案的构件组成的产品，如果构件本身不能单独出售且不能单独使用，则该构件不属于外观设计专利保护的客体。例如，一组由不同形状的插接块组成的拼图玩具，只有将所有插接块共同作为一项外观设计申请时，才属于外观设计专利保护的客体。

⑤ 不能作用于视觉或者肉眼难以确定，需要借助特定的工具才能分辨其形状、图案、色彩的物品。例如，其图案是在紫外灯照射下才能显现的产品。

⑥ 要求保护的外观设计不是产品本身常规的形态，例如手帕扎成动物形态的外观设计。

⑦ 以自然物原有形状、图案、色彩作为主体的设计，通常指两种情形，一种是自然物本身；一种是自然物仿真设计。

⑧ 纯属美术、书法、摄影范畴的作品。

⑨ 仅以在其产品所属领域内司空见惯的几何形状和图案构成的外观设计。

⑩ 文字和数字的字音、字义不属于外观设计保护的内容。

⑪ 产品通电后显示的图案。例如，电子表表盘显示的图案、手机显示屏上显示的图案、软件界面等。

《专利审查指南》还对不授予外观设计专利的作了特殊规定：

① 违反法律。是指外观设计专利申请的内容违反了由全国人民代表大会或者全国人民代表大会常务委员会依照立法程序制定和颁布的法律。带有人民币图案

的床单的外观设计,因违反《中国人民银行法》,不能被授予专利权。

② 违反社会公德。社会公德,是指公众普遍认为是正当的、并被接受的伦理道德观念和行为准则。它的内涵基于一定的文化背景,随着时间的推移和社会的进步不断地发生变化,而且因地域不同而各异。中国《专利法》中所称的社会公德限于中国境内。例如,带有暴力凶杀或者淫秽内容的图片或者照片的外观设计不能被授予专利权。

③ 妨害公共利益。妨害公共利益,是指外观设计的实施或使用会给公众或社会造成危害,或者会使国家和社会的正常秩序受到影响。专利申请中外观设计的文字或者图案涉及国家重大政治事件、经济事件、文化事件,或者涉及宗教信仰以致妨害公共利益或者伤害人民感情或民族感情的,或者宣扬封建迷信的、或者造成不良政治影响的,该专利申请不能被授予专利权。以著名建筑物(如天安门)以及领袖肖像等为内容的外观设计不能被授予专利权。以中国国旗、国徽作为图案内容的外观设计,不能被授予专利权。

二、专利权的主体

专利权的主体是指有权提出专利申请,享有专利权,并承担相应义务的人。一般而言,谁是该专利的发明人或者设计人,谁就有权提出授予专利的申请,经过专利审查合格并公告后,即为该专利的专利权人。当然,专利权本身也可以通过继受取得。《专利法》对专利权人和专利申请权人做了区分,就是基于专利权的可继受性。因此,专利申请权人的范围包括发明人和设计人及其合法受让人,发明人和设计人的工作单位,外国的个人和单位。

确定专利权主体一般要遵循以下原则:

(1) 谁先发明,谁先享有。同样的一项发明,如果两个人均是独立开发完成的,那么谁先发明,谁就享有专利权。但是,由于专利权需要经过申请,再由政府主管部门的审查和公告,因此该原则缺乏实际操作性。

(2) 谁先申请,谁先享有。两个以上的申请人分别就同样的发明创造申请专利的,专利权授予最先申请的人。所谓"最先"要以申请日来确定。《专利法实施细则2010》规定了申请日的确定方法:向国务院专利行政部门邮寄的各种文件,以寄出的邮戳日为递交日;邮戳日不清晰的,除当事人能够提出证明外,以国务院专利行政部门收到日为递交日。

《专利法实施细则 2010》第 41 条规定:两个以上的申请人同日(指申请日;有优先权的,指优先权日)分别就同样的发明创造申请专利的,应当在收到国务院专利行政部门的通知后自行协商确定申请人。协商不成的,均予以驳回。

(3) 禁止重复授权。同样的一项发明,只能被授予一项专利。同一申请人在同日(指申请日)对同样的发明创造既申请实用新型专利又申请发明专利的,应当在申请时分别说明对同样的发明创造已申请了另一专利;未作说明的,关于同样的发明创造只能授予一项专利权。

（一）发明人或设计人

专利法所称发明人或者设计人，是指对发明创造的实质性特点作出创造性贡献的人。在完成发明创造过程中，只负责组织工作的人、为物质技术条件的利用提供方便的人或者从事其他辅助工作的人，不是发明人或者设计人。这里的人均为自然人。

发明人或者设计人有权在专利文件中写明自己是发明人或者设计人。这是发明人或者设计人的署名权。发明人应当使用本人真实姓名，不得使用笔名或者其他非正式的姓名。多个发明人的，应当在申请书文本中自左向右顺序填写。申请人改正请求书中所填写的发明人姓名的，应当提交补正书、当事人的声明及相应的证明文件。发明人也可以请求专利局不公布其姓名，经审查符合条件的，专利局可以不公布姓名。

根据《专利法》第8条相关规定，两个以上个人合作完成的发明创造，除另有协议的以外，申请专利的权利属于共同完成的个人；申请被批准后，申请的个人为专利权人。这是对于共同发明人或设计人的规定。但只负责组织工作的人、为物质技术条件的利用提供方便的人或者从事其他辅助工作的人，不属于共同发明人或者设计人。

（二）发明人或设计人的工作单位

执行本单位的任务或者主要是利用本单位的物质技术条件所完成的发明创造为职务发明创造。职务发明创造申请专利的权利属于该单位；申请被批准后，该单位为专利权人。利用本单位的物质技术条件所完成的发明创造，单位与发明人或者设计人订有合同，对申请专利的权利和专利权的归属作出约定的，从其约定。

属于职务发明创造的行为，被授予专利权的单位应当对职务发明创造的发明人或者设计人给予奖励；发明创造专利实施后，根据其推广应用的范围和取得的经济效益，对发明人或者设计人给予合理的报酬。发明人或者设计人也有权在专利文件中写明自己是发明人或者设计人。

（三）外国人

《专利法》第18条规定：在中国没有经常居所或者营业所的外国人、外国企业或者外国其他组织在中国申请专利的，依照其所属国同中国签订的协议或者共同参加的国际条约，或者依照互惠原则，根据本法办理。

在确认申请人是在中国没有经常居所或者营业所的外国人、外国企业或者外国其他组织后，应当审查请求书中填写的申请人国籍、注册地是否符合下列三个条件之一：

(1) 申请人所属国同我国签订有相互给予对方国民以专利保护的协议；

(2) 申请人所属国是《保护工业产权巴黎公约》(以下简称《巴黎公约》)成员国

或者世界贸易组织成员；

(3) 申请人所属国依互惠原则给外国人以专利保护。

申请人是外国人、外国企业或者外国其他组织的，应当填写其姓名或者名称、国籍或者注册的国家或者地区。申请人在请求书中表明在中国有经常居所的，应当提交公安部门出具的可在中国居住1年以上的证明文件。

在中国没有经常居所或者营业所的外国人、外国企业或者外国其他组织在中国申请专利和办理其他专利事务的，应当委托依法设立的专利代理机构办理。

三、专利权的内容

（一）专利权人的权利

1. 自己实施专利的权利

《专利法》并未明确规定专利权人的自己实施权利，但专利权人对自己的发明创造，显然有独占实施的权利。如果该专利权人有经济实力去批量实施自己的专利产品或专利方法，这种垄断性的权利依然受到法律的保护。

2. 许可他人实施其专利的权利

《专利法》第11条规定了禁止未经专利权人许可实施其专利的行为，反之，专利权人可以允许他人在一定条件下实施自己的发明创造，许可权是专利权人的当然权利，是独占或者非独占专利使用权一种许可。

3. 禁止他人未经许可实施其专利的权利

《专利法》第11条规定，发明和实用新型专利权被授予后，除本法另有规定的以外，任何单位或者个人未经专利权人许可，都不得实施其专利，即不得为生产经营目的制造、使用、许诺销售、销售、进口其专利产品，或者使用其专利方法以及使用、许诺销售、销售、进口依照该专利方法直接获得的产品。外观设计专利权被授予后，任何单位或者个人未经专利权人许可，都不得实施其专利，即不得为生产经营目的制造、许诺销售、销售、进口其外观设计专利产品。

4. 转让专利的权利

专利权人有权将专利产品和方法转让给其他的个人或者单位，这种转让是专利所有权的转让，《专利法》第10条规定，专利申请权和专利权可以转让。中国单位或者个人向外国人、外国企业或者外国其他组织转让专利申请权或者专利权的，应当依照有关法律、行政法规的规定办理手续。转让专利申请权或者专利权的，当事人应当订立书面合同，并向国务院专利行政部门登记，由国务院专利行政部门予以公告。专利申请权或者专利权的转让自登记之日起生效。

5. 在专利产品上标注的权利

《专利法》第17条第2款规定，专利权人有权在其专利产品或者该产品的包装上标明专利标识。

6. 获取经济利益的权利

专利权人可以通过许可他人实施自己的专利获得经济利益，可以通过转让专利权获利，也可以自行实施获利。同时《专利法》第 16 条还规定，被授予专利权的单位应当对职务发明创造的发明人或者设计人给予奖励；发明创造专利实施后，根据其推广应用的范围和取得的经济效益，对发明人或者设计人给予合理的报酬。

7. 放弃专利权的权利

权利是可以放弃的，专利权也可以放弃，但必须经登记和公告等相关程序。

（二）专利权人的义务

专利权人的主要义务是缴纳专利年费。《专利法》第 43 条明确规定，专利权人应当自被授予专利权的当年开始缴纳年费。如果没有按照规定缴纳年费的，或者专利权人以书面声明放弃其专利权的，专利权在期限届满前终止。《专利法实施细则》进一步细化，专利权人向国务院专利行政部门申请专利和办理其他手续时，应当缴纳下列费用：

（1）申请费、申请附加费、公布印刷费、优先权要求费；

（2）发明专利申请实质审查费、复审费；

（3）专利登记费、公告印刷费、年费；

（4）恢复权利请求费、延长期限请求费；

（5）著录事项变更费、专利权评价报告请求费、无效宣告请求费。

四、不视为侵犯专利权的行为与强制许可

（一）不视为侵犯专利权的行为

《专利法》第 69 条规定，有下列情形之一的，不视为侵犯专利权：

（1）专利产品或者依照专利方法直接获得的产品，由专利权人或者经其许可的单位、个人售出后，使用、许诺销售、销售、进口该产品的；

（2）在专利申请日前已经制造相同产品、使用相同方法或者已经作好制造、使用的必要准备，并且仅在原有范围内继续制造、使用的；

（3）临时通过中国领陆、领水、领空的外国运输工具，依照其所属国同中国签订的协议或者共同参加的国际条约，或者依照互惠原则，为运输工具自身需要而在其装置和设备中使用有关专利的；

（4）专为科学研究和实验而使用有关专利的；

（5）为提供行政审批所需要的信息，制造、使用、进口专利药品或者专利医疗器械的，以及专门为其制造、进口专利药品或者专利医疗器械的。

同时，该法第 70 条还规定，为生产经营目的使用、许诺销售或者销售不知道是未经专利权人许可而制造并售出的专利侵权产品，能证明该产品合法来源的，不承担赔偿责任。这实际上也是一种非侵犯专利权的行为。

（二）强制许可

1. 滥用专利权的强制许可

《专利法》第48条规定，有下列情形之一的，国务院专利行政部门根据具备实施条件的单位或者个人的申请，可以给予实施发明专利或者实用新型专利的强制许可：

（1）专利权人自专利权被授予之日起满3年，且自提出专利申请之日起满4年，无正当理由未实施或者未充分实施其专利的。未充分实施其专利，是指专利权人及其被许可人实施其专利的方式或者规模不能满足国内对专利产品或者专利方法的需求。

（2）专利权人行使专利权的行为被依法认定为垄断行为，为消除或者减少该行为对竞争产生的不利影响的。

2. 特别情况下的强制许可

《专利法》第49条规定，在国家出现紧急状态或者非常情况时，或者为了公共利益的目的，国务院专利行政部门可以给予实施发明专利或者实用新型专利的强制许可。

同时，第50条规定，为了公共健康目的，对取得专利权的药品，国务院专利行政部门可以给予制造并将其出口到符合中华人民共和国参加的有关国际条约规定的国家或者地区的强制许可。取得专利权的药品，是指解决公共健康问题所需的医药领域中的任何专利产品或者依照专利方法直接获得的产品，包括取得专利权的制造该产品所需的活性成分以及使用该产品所需的诊断用品。

3. 从属专利的强制许可

《专利法》第51条规定，一项取得专利权的发明或者实用新型比之前已经取得专利权的发明或者实用新型具有显著经济意义的重大技术进步，其实施又有赖于前一发明或者实用新型的实施的，国务院专利行政部门根据后一专利权人的申请，可以给予实施前一发明或者实用新型的强制许可。

4. 国家指定的许可

国有企业事业单位的发明专利，对国家利益或者公共利益具有重大意义的，国务院有关主管部门和省、自治区、直辖市人民政府报经国务院批准，可以决定在批准的范围内推广应用，允许指定的单位实施，由实施单位按照国家规定向专利权人支付使用费。但该指定许可应当注意以下几点：（1）该许可对国家利益或者公共利益有重大意义；（2）该许可的类型仅限于发明专利；（3）该发明专利归属仅限于国有企事业单位；（4）并非无偿，要向专利权人支付专利实施费。

第三节　授予专利的条件

一、发明、实用新型的专利条件

（一）新颖性

新颖性，是指该发明或者实用新型不属于现有技术，也没有任何单位或者个人就同样的发明或者实用新型在申请日以前向国务院专利行政部门提出过申请，并记载在申请日以后公布的专利申请文件或者公告的专利文件中。

现有技术，是指申请日以前在国内外为公众所知的技术。现有技术的确定以申请日（不含申请日）或者优先权日（如果申请优先权的话）为界限。应当注意的是，处于保密状态的技术内容由于公众不能得知，不属于现有技术。而为公众所知，一般指以出版物公开、使用公开、或者以其他公开方式（学术报告、研讨会）在社会范围内为公众所了解。

《专利法》第24条规定了不丧失新颖性的例外：申请专利的发明创造在申请日以前六个月内，有下列情形之一的，不丧失新颖性：

1. 在中国政府主办或者承认的国际展览会上首次展出的

在中国政府主办或者承认的国际展览会上首次展出，其中中国政府主办的国际展览会，包括国务院、各部委主办或者国务院批准由其他机关或者地方政府举办的国际展览会。

2. 在规定的学术会议或者技术会议上首次发表的

规定的学术会议或者技术会议，是指国务院有关主管部门或者全国性学术团体组织召开的学术会议或者技术会议，不包括省以下或者受国务院各部委或者全国性学术团体委托或者以其名义组织召开的学术会议或者技术会议。在后者所述的会议上的公开将导致丧失新颖性，除非这些会议本身有保密约定。

3. 他人未经申请人同意而泄露其内容的

他人未经申请人同意而泄露其内容所造成的公开，包括他人未遵守明示或者默示的保密信约而将发明创造的内容公开，也包括他人用威胁、欺诈或者间谍活动等手段从发明人或者申请人那里得知发明创造的内容而后造成的公开。

（二）创造性

创造性，是指与现有技术相比，该发明具有突出的实质性特点和显著的进步，该实用新型具有实质性特点和进步。《专利审查指南》第4章对创造性有着详细的规定：

1. 发明的创造性体现在突出的实质性特点和显著的进步两个方面

前者是指与现有技术相比，对所属技术领域的技术人员来说，是非显而易见的。后者是指发明与现有技术相比能够产生有益的技术效果。例如，发明克服了现有技术中存在的缺点和不足，或者为解决某一技术问题提供了一种不同构思的技术方案，或者代表了某种新的技术发展趋势。

2. 实用新型的创造性体现在实质性特点和进步方面

总体来看，实用新型的创造性程度要比发明低。但对其创造性作出判断时，参照有关实用新型所属的技术领域的技术人员的知识水平，将实用新型同申请日以前公开的技术相比，判断其是否具有实质性特点与进步。

（三）实用性

实用性，是指该发明或者实用新型能够制造或者使用，并且能够产生积极效果。授予专利权的发明或者实用新型，必须是能够解决技术问题，并且能够应用的发明或者实用新型。换句话说，如果申请的是一种产品（包括发明和实用新型），那么该产品必须在产业中能够制造，并且能够解决技术问题；如果申请的是一种方法（仅限发明），那么这种方法必须在产业中能够使用，并且能够解决技术问题。只有满足上述条件的产品或者方法专利申请才可能被授予专利权。

二、外观设计的专利条件

《专利法》第 23 条规定，授予专利权的外观设计，应当不属于现有设计；也没有任何单位或者个人就同样的外观设计在申请日以前向国务院专利行政部门提出过申请，并记载在申请日以后公告的专利文件中。授予专利权的外观设计与现有设计或者现有设计特征的组合相比，应当具有明显区别。该外观设计不得与他人在申请日以前已经取得的合法权利相冲突。总体而言，外观设计的专利条件是最低的，但 2008 年《专利法》修改后，也提高了外观设计的新颖性和创造性要求。

（一）新颖性

与发明和实用新型一样，新颖性也是外观设计的条件之一。外观设计在申请专利时必须与已经公开的现有设计不相同，所谓现有设计是指申请日（有优先权的，指优先权日）以前在国内外为公众所知的设计。需要注意的是，外观设计必须与产品融为一体，应用于具体产品才行，因此外观设计的公开不存在口头的方式。

（二）创造性

外观设计专利必须要与现有设计或现有设计特征的组合相比，有明显的区别。

（三）美感性

富有美感，是指在判断是否属于外观设计专利权的保护客体时，关注的是产品的外观给人的视觉感受，而不是产品的功能特性或者技术效果。

（四）适于工业应用

适于工业应用，是指该外观设计能应用于产业上并形成批量生产。这是出于外观设计专利的经济发展目的而设置的。

第四节　专利的申请、审查和批准

一、专利的申请

专利权的授予实际上是一种行政确认行为①，而这种行政确认本身又需要经过法定的程序来审查。专利授权按照意思自治的原则进行，专利权人不主动申请，专利主管部门不会，客观上也不可能主动进入审查程序。

（一）专利申请文件的种类和要求

1. 发明与实用新型

申请发明或者实用新型专利的，应当提交请求书、说明书及其摘要和权利要求书等文件。

（1）请求书应当写明发明或者实用新型的名称，发明人的姓名，申请人姓名或者名称、地址，以及其他事项。

（2）说明书应当对发明或者实用新型作出清楚、完整的说明，以所属技术领域的技术人员能够实现为准；必要的时候，应当有附图。摘要应当简要说明发明或者实用新型的技术要点。

（3）权利要求书应当以说明书为依据，清楚、简要地限定要求专利保护的范围。权利要求书应当有独立权利要求，也可以有从属权利要求。独立权利要求应当从整体上反映发明或者实用新型的技术方案，记载解决技术问题的必要技术特征。从属权利要求应当用附加的技术特征，对引用的权利要求作进一步限定。

2. 遗传资源专利申请的特殊规定

专利法所称遗传资源，是指取自人体、动物、植物或者微生物等含有遗传功能单位并具有实际或者潜在价值的材料；专利法所称依赖遗传资源完成的发明创造，是指利用了遗传资源的遗传功能完成的发明创造。

依赖遗传资源完成的发明创造，申请人应当在专利申请文件中说明该遗传资源的直接来源和原始来源；申请人无法说明原始来源的，应当陈述理由，并填写国务院专利行政部门制定的表格。

① 参见杜颖、王国立. 知识产权行政授权及确权行为的性质解析. 法学，2011(8)：92-101

3. 外观设计

申请外观设计专利的，应当提交请求书、该外观设计的图片或者照片以及对该外观设计的简要说明等文件。申请人提交的有关图片或者照片应当清楚地显示要求专利保护的产品的外观设计。

（1）请求书。请求书填写的内容基本与发明专利相同，但应使用专利局现行规定格式的请求书。使用外观设计的产品名称对图片或者照片中表示的外观设计所应用的产品种类具有说明作用。使用外观设计的产品名称应当与外观设计图片或者照片中表示的外观设计相符合，准确、简明地表明要求保护的产品的外观设计。

（2）图片或照片。申请人请求保护色彩的，应当提交彩色图片或者照片。申请人应当就每件外观设计产品所需要保护的内容提交有关图片或者照片。《专利审查指南》就立体产品和平面产品的外观设计都有具体的规定。此外，申请人可以提交参考图，参考图通常用于表明使用外观设计的产品的用途、使用方法或者使用场合等。色彩包括黑白灰系列和彩色系列。

（3）简要说明。外观设计的简要说明应当写明外观设计产品的名称、用途、外观设计的设计要点，并指定一幅最能表明设计要点的图片或者照片。省略视图或者请求保护色彩的，应当在简要说明中写明。对同一产品的多项相似外观设计提出一件外观设计专利申请的，应当在简要说明中指定其中一项作为基本设计。

（二）专利申请的提出

1. 专利申请的提出

根据《专利法》和《实施细则》规定提交的各种文件应当使用中文；国家有统一规定的科技术语的，应当采用规范词；外国人名、地名和科技术语没有统一中文译文的，应当注明原文。

向国务院专利行政部门邮寄的各种文件，以寄出的邮戳日为递交日；邮戳日不清晰的，除当事人能够提出证明外，以国务院专利行政部门收到日为递交日。国务院专利行政部门的各种文件，可以通过邮寄、直接送交或者其他方式送达当事人。当事人委托专利代理机构的，文件送交专利代理机构；未委托专利代理机构的，文件送交请求书中指明的联系人。

专利申请涉及国防利益需要保密的，由国防专利机构受理并进行审查；国务院专利行政部门受理的专利申请涉及国防利益需要保密的，应当及时移交国防专利机构进行审查。保密专利申请的审查、复审以及保密专利权无效宣告的特殊程序，由国务院专利行政部门规定。

根据国家知识产权局 2004 年颁布的新规定，发明、实用新型和外观设计均可以网上提交电子文件形式的申请，但应当事先与国家知识产权局签订《电子专利申请系统用户注册协议》。

2. 专利申请优先权

申请人自发明或者实用新型在外国第一次提出专利申请之日起 12 个月内，或者自外观设计在外国第一次提出专利申请之日起6个月内,又在中国就相同主题提出专利申请的,依照该外国同中国签订的协议或者共同参加的国际条约,或者依照相互承认优先权的原则,可以享有优先权。申请人自发明或者实用新型在中国第一次提出专利申请之日起12个月内,又向国务院专利行政部门就相同主题提出专利申请的,可以享有优先权。

申请人要求优先权的,应当在申请的时候提出书面声明,并且在3个月内提交第一次提出的专利申请文件的副本;未提出书面声明或者逾期未提交专利申请文件副本的,视为未要求优先权。

外观设计专利申请的申请人要求外国优先权,其在先申请未包括对外观设计的简要说明,申请人按照《专利法实施细则》第28条规定提交的简要说明未超出在先申请文件的图片或者照片表示的范围的,不影响其享有优先权。

(三)专利申请的修改、分案与撤回

1. 专利申请的修改

申请人可以对其专利申请文件进行修改,但是,对发明和实用新型专利申请文件的修改不得超出原说明书和权利要求书记载的范围,对外观设计专利申请文件的修改不得超出原图片或者照片表示的范围。专利主管部门在审查的时候,也可以要求申请人对需要修改的地方做出修改或者补正,但不能与原申请内容有出入或增加新内容。

2. 专利申请的分案

一件发明或者实用新型专利申请应当限于一项发明或者实用新型。属于一个总的发明构思的两项以上的发明或者实用新型,可以作为一件申请提出。一件外观设计专利申请应当限于一项外观设计。同一产品两项以上的相似外观设计,或者用于同一类别并且成套出售或者使用的产品的两项以上外观设计,可以作为一件申请提出。

《专利法实施细则》规定:可以作为一件专利申请提出的属于一个总的发明构思的两项以上的发明或者实用新型,应当在技术上相互关联,包含一个或者多个相同或者相应的特定技术特征,其中特定技术特征是指每一项发明或者实用新型作为整体,对现有技术作出贡献的技术特征。将同一产品的多项相似外观设计作为一件申请提出的,对该产品的其他设计应当与简要说明中指定的基本设计相似。一件外观设计专利申请中的相似外观设计不得超过10项。

一件专利申请包括两项以上发明、实用新型或者外观设计的,申请人可以在国务院专利行政部门发出授予专利权的通知后,申请人应当自收到通知之日起2个月的期限届满前,向国务院专利行政部门提出分案申请;但是,专利申请已经被驳回、撤回或者视为撤回的,不能提出分案申请。

3. 专利申请的撤回

申请人可以在被授予专利权之前随时撤回其专利申请,撤回也不能附加任何

条件。撤回有主动撤回与被动撤回之分，前者是由申请人自行主动行使的，后者是因为申请人不积极履行义务，而被推定为“撤回”的情形，即视为撤回。

二、专利的审查和批准

（一）发明专利的审查

1. *初步审查*

审查申请人提交的申请文件是否符合专利法及其实施细则的规定，发现存在可以补正的缺陷时，通知申请人以补正的方式消除缺陷，使其符合公布的条件；初步审查中，对于申请文件存在不可能通过补正方式克服的明显实质性缺陷的专利申请，应当发出审查意见通知书。审查意见通知书中应当指明专利申请存在的实质性缺陷，说明理由，同时指定答复期限。

2. *申请公布*

国务院专利行政部门收到发明专利申请后，经初步审查认为符合本法要求的，自申请日起满 18 个月，即行公布。国务院专利行政部门可以根据申请人的请求早日公布其申请。

3. *请求实质审查*

发明专利申请自申请日起 3 年内，国务院专利行政部门可以根据申请人随时提出的请求，对其申请进行实质审查；申请人无正当理由逾期不请求实质审查的，该申请即被视为撤回。国务院专利行政部门认为必要的时候，可以自行对发明专利申请进行实质审查。

4. *实质审查*

发明的实质审查主要针对新颖性、创造性和实用性。有违反法律规定和社会公德、公共利益的发明创造不授予发明专利。该阶段首先要审查请求书和权利说明书是否清楚、完整、和能否实现。从技术的角度去审查上述授予发明专利的三个条件。

国务院专利行政部门对发明专利申请进行实质审查后，认为不符合本法规定的，应当通知申请人，要求其在指定的期限内陈述意见，或者对其申请进行修改；无正当理由逾期不答复的，该申请即被视为撤回。

（二）实用新型与外观设计的审查

由于实用新型和外观设计在新颖性、创造性和实用性上相对于发明较低，因此我国采用了世界上大多数国家对该类专利的规定，即只进行初步审查，不进行实质审查。实用新型和外观设计在初步审查上的程序步骤与审查内容大体相同，也包括形式审查、明显缺陷审查、合法性审查等方面。专利行政部门通过审查，认为上述内容有不符合法律规定的，应通知申请人，并限期修改或补正。申请人逾期未作修改或者补正，或者所做修改与补正仍然不符合要求的，国务院专利行政部门应当作出驳回申请的决定。

（三）专利的复审

国务院专利行政部门设立专利复审委员会。专利复审委员会由国务院专利行政部门指定的技术专家和法律专家组成，主任委员由国务院专利行政部门负责人兼任。

专利申请人对国务院专利行政部门驳回申请的决定不服的，可以自收到通知之日起3个月内，向专利复审委员会请求复审。同时，应当提交复审请求书，说明理由，必要时还应当附具有关证据。

专利复审委员会进行复审后，认为复审请求不符合《专利法》和《实施细则》有关规定的，应当通知复审请求人，要求其在指定期限内陈述意见。期满未答复的，该复审请求视为撤回；经陈述意见或者进行修改后，专利复审委员会认为仍不符合规定的，应当作出维持原驳回决定的复审决定。

专利复审委员会进行复审后，认为原驳回决定不符合《专利法》和《实施细则》有关规定的，或者认为经过修改的专利申请文件消除了原驳回决定指出的缺陷的，应当撤销原驳回决定，由原审查部门继续进行审查程序。

专利申请人对专利复审委员会的复审决定不服的，可以自收到通知之日起3个月内向人民法院起诉。

（四）专利权的授予

发明专利申请经实质审查没有发现驳回理由的，由国务院专利行政部门作出授予发明专利权的决定，发给发明专利证书，同时予以登记和公告。发明专利权自公告之日起生效。

实用新型和外观设计专利申请经初步审查没有发现驳回理由的，由国务院专利行政部门作出授予实用新型专利权或者外观设计专利权的决定，发给相应的专利证书，同时予以登记和公告。实用新型专利权和外观设计专利权自公告之日起生效。

专利人在收到国务院专利行政部门授权通知之日起的2个月内办理登记手续。申请人按期登记的，国务院专利行政部门应当授予专利，颁发专利证书，予以公告。期满未办理登记的，视为放弃取得专利权的权利。

第五节　专利权的期限、终止和无效

一、专利权的期限

专利权的期限是指，专利行政部门授予专利权从发生法律效力到失效之间的时间段，是法律对专利权的保护时间。期限届满后，法律对该专利权不再保护。一方面，专利权的期限保护了发明人或设计人为发明创造活动所付出的努力，另一方面，专利权期限届满后，该项专利成为公共财富，有利于推广实施，促进社会的技术进步。我国《专利法》第 42 条规定，发明专利权的期限为 20 年，实用新型专利权和外观设计专利权的期限为 10 年，均自申请日起计算。

二、专利权的终止

专利权的终止是指专利因为法定情形的出现而导致失去法律效力，一般而言，有期限届满和法律规定的其他原因两种。第一，期满后，专利权自然终止。第二，有下列情形之一的，专利权在期限届满前终止：

(1) 没有按照规定缴纳年费的；(2) 专利权人以书面声明放弃其专利权的。

专利权在期限届满前终止的，由国务院专利行政部门登记和公告。

三、专利权的无效

我国《专利法》规定，自国务院专利行政部门公告授予专利权之日起，任何单位或者个人认为该专利权的授予不符合本法有关规定的，可以请求专利复审委员会宣告该专利权无效。因此，所谓专利权的无效就是，被授予的专利权因不符合法律规定的情形，由专利复审委员会通过法定程序宣布其不受法律的保护。

(一) 专利权无效的理由

请求宣告专利权无效或者部分无效的，应当向专利复审委员会提交专利权无效宣告请求书和必要的证据，一式两份。无效宣告请求书应当结合提交的所有证据，具体说明无效宣告请求的理由，并指明每项理由所依据的证据。无效宣告请求的理由主要有：

(1) 指被授予专利的发明创造不符合《专利法》第 2 条规定，即不属于发明、实用新型或者外观设计。

(2) 指被授予专利的发明创造不符合《专利法》第 20 条第 1 款规定，即任何单位或者个人将在中国完成的发明或者实用新型向外国申请专利的，应当报经，但没有事先报经国务院专利行政部门进行保密审查的，应当宣布无效。

(3) 指被授予专利的发明创造不符合《专利法》第 22 条规定，即不符合专利的新颖性、创造性或实用性条件的。

(4) 指被授予专利的发明创造不符合《专利法》第 23 条规定，即不符合现有技术或者现有设计的内容，或者外观设计与现有设计没有明显区别的，或者外观设计与在申请日前他人在先权利相冲突的。

(5) 指被授予专利的发明创造不符合《专利法》第 26 条第 3 款、第 4 款规定，即申请专利权的说明书不能对发明或者实用新型作出清楚、完整的说明，或者应当附图，却没有附图的，或者摘要的撰写不符合相关规定的，或者权利要求书与说明书不一致，不能清楚、简要地限定要求专利保护范围的。

(6) 指被授予专利的发明创造不符合《专利法》第 27 条第 2 款规定，即申请人提交的有关图片或者照片无法清楚地显示要求专利保护的产品的外观设计的。

(7) 指被授予专利的发明创造不符合《专利法》第 33 条规定，即申请人对发明和实用新型专利申请文件的修改超出原说明书和权利要求书记载的范围，或者对外观设计专利申请文件的修改超出原图片或者照片表示的范围的。

(8) 指被授予专利的发明创造不符合《专利法实施细则》第 20 条第 2 款规定，即申请人的独立权利要求不能或不能完全从整体上反映发明或者实用新型的技术方案，记载解决技术问题的必要技术特征的。

(9) 指被授予专利的发明创造不符合《专利法实施细则》第 43 条第 1 款的规定，即申请人提出分案申请时，可以保留原申请日，享有优先权的，可以保留优先权日，但是不得超出原申请记载的范围，超出的应当宣布无效。

(10) 指被授予专利的发明创造不符合《专利法》第 5 条规定。对违反法律、社会公德或者妨害公共利益的发明创造，不授予专利权。对违反法律、行政法规的规定获取或者利用遗传资源，并依赖该遗传资源完成的发明创造，不授予专利权。

(11) 指被授予专利的发明创造不符合《专利法》第 25 条规定，即不授予专利权的六种情形。

(12) 依照《专利法》第 9 条规定不能取得专利权的情形。

（二）无效宣告请求的审查

1. 审查的原则

(1) 一事不再理。对已作出审查决定的无效宣告案件涉及的专利权，以同样的理由和证据再次提出无效宣告请求的，不予受理和审理。如果再次提出的无效宣告请求的理由(简称无效宣告理由)或者证据因时限等原因未被在先的无效宣告请求审查决定所考虑，则该请求不属于上述不予受理和审理的情形。

(2) 当事人处置原则。请求人可以放弃全部或者部分无效宣告请求的范围、理由及证据。对于请求人放弃的无效宣告请求的范围、理由和证据，专利复审委员会通常不再审查。

(3) 保密原则。在作出审查决定之前，合议组的成员不得私自将自己、其他合议组成员、负责审批的主任委员或者副主任委员对该案件的观点明示或者暗示给任何一方当事人。为了保证公正执法和保密，合议组成员原则上不得与一方当事人会晤。

2. 无效宣告请求的客体

无效宣告请求的客体应当是已经公告授权的专利，包括已经终止或者放弃(自申请日起放弃的除外)的专利。无效宣告请求不是针对已经公告授权的专利的，不予受理。专利复审委员会作出宣告专利权全部或者部分无效的审查决定后，当事人未在收到该审查决定之日起3个月内向人民法院起诉或者人民法院生效判决维持该审查决定的，针对已被该决定宣告无效的专利权提出的无效宣告请求不予受理。

3. 无效宣告请求人资格

《专利审查指南》规定，请求人属于下列情形之一的，其无效宣告请求不予受理：

(1) 请求人不具备民事诉讼主体资格的。

(2) 以授予专利权的外观设计与他人在申请日以前已经取得的合法权利相冲突为理由请求宣告外观设计专利权无效，但请求人不能证明是在先权利人或者利害关系人的。其中，利害关系人是指有权根据相关法律规定就侵犯在先权利的纠纷向人民法院起诉或者请求相关行政管理部门处理的人。

(3) 专利权人针对其专利权提出无效宣告请求且请求宣告专利权全部无效、所提交的证据不是公开出版物或者请求人不是共有专利权的所有专利权人的。

(4) 多个请求人共同提出一件无效宣告请求的，但属于所有专利权人针对其共有的专利权提出的除外。

4. 无效宣告决定

专利复审委员会对宣告专利权无效的请求应当及时审查和作出决定，并通知请求人和专利权人。宣告专利权无效的决定，由国务院专利行政部门登记和公告。对专利复审委员会宣告专利权无效或者维持专利权的决定不服的，可以自收到通知之日起3个月内向人民法院起诉。人民法院应当通知无效宣告请求程序的对方当事人作为第三人参加诉讼。

(三) 无效宣告的法律效力

宣告无效的专利权视为自始即不存在。宣告专利权无效的决定，对在宣告专利权无效前人民法院作出并已执行的专利侵权的判决、调解书，已经履行或者强制执行的专利侵权纠纷处理决定，以及已经履行的专利实施许可合同和专利权转让合同，不具有追溯力。但是因专利权人的恶意给他人造成的损失，应当给予赔偿。依照上述规定不返还专利侵权赔偿金、专利使用费、专利权转让费，明显违反公平原则的，应当全部或者部分返还。

第六节 保护专利权的国际公约

专利权本身就是伴随着社会经济的发展而兴起，经济全球化的趋势也将专利权的全球保护日益加强，各国对专利权的保护制度虽然有共性，但更多的是存在差异，所以，订立保护专利权的国际公约就成了一种必然的需要。根据国际法“有约必守”的原则，只要某个国家签署或者加入了该条约或协定，就将享有条约或协定中的国家权利，但同时也要承担相应的国际保护义务。本节将介绍前两类中几个主要的国际公约：

一、建立世界知识产权组织公约

现在的专利权方面的国际组织主要是世界知识产权组织（WIPO），它是依据1967年在瑞典的斯德哥尔摩签订的《建立世界知识产权组织公约》而成立的，其前身是保护知识产权组织联合国际局（BIRRI）。世界知识产权组织于1970年成立，并于1974年成为联合国的专门机构，总部设在日内瓦。我国于1980年加入该公约。公约的主要内容有：

（一）知识产权的权利范围

该公约对“知识产权”做了一个列举性的解释，具体权利包括：

（1）关于文学、艺术和科学作品的权利；

（2）关于表演艺术家的演出、录音和广播的权利；

（3）关于人们努力在一切领域的发明的权利；

（4）关于科学发现的权利；

（5）关于工业品式样的权利；

（6）关于商标、服务商标、厂商名称和标记的权利；

（7）关于制止不正当竞争的权利；

（8）以及在工业、科学、文学或艺术领域里一切其他来自知识活动的权利。

（二）世界知识产权组织的宗旨与职权

世界知识产权组织的宗旨主要有两个：第一，通过各国间的合作，并与其他有关国际组织适当配合，促进在全世界保护知识产权；第二，保证各联盟间的行政合作。

公约同时还规定，该组织通过其适当机构，并根据各联盟的权限：

（1）促进旨在便利全世界对知识产权的有效保护和协调各国有关这方面的法令的措施的发展；

（2）执行巴黎联盟及其有关专门联盟和伯尔尼联盟的行政任务；

（3）可同意担任或参加其他旨在促进知识产权保护的国际协定的行政工作；

（4）鼓励缔结旨在促进知识产权保护的国际协定；

（5）对请求知识产权方面的法律与技术援助的国家给予帮助，促进发展中国家在知识产权国际保护的法律与技术上的合作；

（6）收集和传播有关知识产权保护的情报，从事并促进这方面的研究，并公布这些研究的成果；

(7) 提供促进知识产权国际保护的服务,并适当办理这方面的注册并公布有关注册的资料;

(8) 采取其他适当的行动。

(三) 世界知识产权组织的秘书机构

国际局为世界知识产权组织的秘书处。国际局由总干事指导,并辅以两个以上副总干事。总干事为本组织的行政首脑,任期不得少于6年,可以连任。初次任期和可能的连任期以及其他任命条件由成员国大会规定。

(四) 世界知识产权的机构地位

联合国与世界知识产权组织于1974年先后经过联合国大会和世界知识产权组织大会通过,并于1974年2月17日正式生效成为联合国的一个专门机构,专门负责知识产权领域的国际事务,联合国与其专门机构有权对其约束和限制。

二、保护工业产权巴黎公约

1883年,由法国、意大利、荷兰、西班牙、比利时等11个国家最先在法国巴黎签订了《保护工业产权巴黎公约》,该公约1884年生效后,截止2004年12月底,缔约方总数为168个国家,我国于1985年3月19日加入该公约,但我国政府在加入书中声明:中华人民共和国不受公约第28条第1款的约束。该公约提出几个实质性的规定,并且影响广泛。

(一) 公约的保护范围

《巴黎公约》首先对工业产权做了一个最广义的定义:不仅应适用于工业和商业本身,而且也应同样适用于农业和采掘业,适用于一切制成品或天然产品,例如:酒类、谷物、烟叶、水果、牲畜、矿产品、矿泉水、啤酒、花卉和谷类的粉。

工业产权的保护对象为专利、实用新型、外观设计、商标、服务标记、厂商名称、货源标记或原产地名称和制止不正当竞争。专利应包括《巴黎公约》成员国国家的法律所承认的各种工业专利,如输入专利、改进专利、增补专利和增补证书等。

但是公约规定的是所有缔约国在这些工业产权的保护方面应当遵守的最低标准。

(二) 国民待遇原则

公约规定的国民待遇是,缔约成员国任何国家的国民,在保护工业产权方面,在成员国所有其他国家内应享有各该国法律现在授予或今后可能授予各该国国民的各种利益,一切都不应损害本公约特别规定的权利,因此,他们应和各该国国民享有同样的保护,对侵犯他们的权利享有同样的法律上的救济手段,但是以他们遵守对各该国国民规定的条件和手续为限。公约还规定,成员国以外各国的国民,在成员国中的一个国家领土内设有住所或有真实和有效的工商业营业所的,应享有与成员国国民同样的待遇。

（三）优先权原则

《巴黎公约》规定，缔约国的国民在一个缔约国提出发明专利、实用新型或者外观设计注册等的申请后，在一定期限内又到其他缔约国申请保护的，应当享有优先权。

（1）享有优先权的主体资格有两类：一是缔约国国民；二是在缔约国领域内有住所或者有真实或起作用的工商业营业所的非缔约国国民，并且在缔约国正式提出发明、实用新型或者外观设计等的申请。

（2）享有优先权的前提是，外国申请必须是同一主题的第一次申请。即主张优先权只能以在某一缔约国的第一次申请为基础，而且主题内容不能有改变或改进。

（3）第一次申请必须足以确定在有关国家中提出申请日期，包括地区专利申请和国际申请，以及某些国家的临时申请在内。申请的结果如何，在所不问，只要确定申请日，即可以作为主张优先权的基础。

（4）在国外第一次提出申请的人与在国内提出第二次申请人相同，并且申请主题也必须相同。这里申请人可以是申请人本人，或者其继承人、权利受让人。主题相同即两次申请必须是同样的发明、实用新型或者外观设计等。

（四）独立性原则

由于主权和地区差异的原因，根据《巴黎公约》第4条的规定，一个缔约国授予申请人的发明专利，与其他国家就同一发明所授予的发明专利之间是相互独立的。其他国家包括缔约国与非缔约国。公约进一步对“独立性”做了解释。

（1）一个缔约国对一项发明授予了发明专利，并不意味着其他缔约国必须对同一项发明授予其发明专利。

（2）一个缔约国对一项发明专利驳回申请、宣告专利权无效或者专利权已经不再维持或者终止，其他缔约国不能以此为理由，而将申请驳回、宣告专利权无效或者以其他形式终止。

（3）因享有优先权利益而授予的专利权期间，不得与没有享有优先权利益而授予的专利权期间有不同的起算日。

除此之外，《巴黎公约》还对发明人的署名权、强制许可、外观设计等多个方面都有所规定，并且形成了一些共同性的规则，不再赘述。

三、与贸易有关的知识产权协定

《与贸易有关的知识产权协定》（TRIPs）简称《知识产权协定》，是世界贸易组织管辖的一项多边贸易协定。该协定是乌拉圭回合推动的结果，美国等发达国家的强势在这个过程中起到了主导的作用，协定于1995年1月1日生效。我国于2001年加入世界贸易组织，该协定已对我国发生效力。

2003年8月30日，世贸组织全体成员就修改与贸易有关的知识产权协定，就发生公共健康危机时，发展中国家和最不发达国家可对专利药品实行强制许可达成共识，作为临时性措施实施。2005年12月6日通过将该修正纳入《与贸易有关的知识产权协定》的决定，在世贸组织2/3的成员批准后，正式生效。

（一）国民待遇

TRIPs协议第3条关于国民待遇的规定，在《巴黎公约》的基础上有所拓展，也有所不同。具体规定：在服从分别在1967《巴黎公约》、1971《伯尔尼公约》、《罗马公约》或《有关集成电路知识产权条约》中已作的例外规定的条件下，在保护知识产权方面，每一成员方应给予其他成员方的待遇其优惠不得少于它给予自己国民的优惠。同时，该协议补充了《巴黎公约》在授予专利的技术领域、条件、相关权利和期限，以及外观设计等方面没有规定的缺陷，协议对这些问题规定了最低保护要求，并且要求成员国必须使之实质性生效。

（二）最惠国待遇

TRIPs协议首次在知识产权领域内提出了最惠国待遇的条款，协议规定：由一成员方授予任一其他国家国民的任何利益、优惠、特权或豁免均应立即无条件地给予所有其他成员方的国民。一成员方给予的下列利益、优惠、特权或豁免，免除此项义务：

（1）得自国际司法协助协定或一种一般性的并非专门限于保护知识产权的法律实施的；

（2）按照认可所给予的待遇，只起在另一国所给予的待遇的作用，而不起国民待遇作用的1971《伯尔尼公约》或《罗马公约》的规定授予的；

（3）有关本协议未作规定的录音与广播组织的表演者及制作者权利的；

（4）得自世界贸易组织协定生效之前已生效的与知识产权保护有关的国际协定的，条件是此类协定已通报与贸易有关的知识产权理事会，并且不得构成一种对其他各成员方国民随意的或不公正的歧视。

此外，TRIPs协议还在知识产权的最低保护方面，做出比《巴黎公约》和《伯尔尼公约》（即《保护文学和艺术品伯尔尼公约》）在专利、工业品外观设计等领域，更多较为实质性的规定。

四、专利合作条约

《专利合作条约》（PCT）是继《保护工业产权巴黎公约》之后专利领域的最重要的国际条约，它被认为是该领域进行国际合作最具有意义的进步标志。该条约于1970年6月19日由35个国家在华盛顿签订。1978年6月1日生效，由总部设在日内瓦的世界知识产权组织管辖。我国于1994年1月1日加入该条约。

（一）条约的术语

《专利合作条约》对相关术语进行了解释，它定义的“专利”为：述及发明专利、发明人证书、实用证书、实用新型、增补专利或增补证书、增补发明人证书和增补实用证书。包括“国家专利”，是指由国家机关授予的专利；“地区专利”，是指有权授予在一个以上国家发生效力的专利的国家机关或政府间机关所授予的专利；“国际申请”是指按该条约提出的申请。

国际申请的申请人包括：

(1) 缔约国的任何居民或国民；

(2) 由PCT联盟大会决定的允许《保护工业产权巴黎公约》缔约国但不是本条约缔约国的居民或国民；

居所和国籍的概念，以及这些概念在有几个申请人或者这些申请人对所有指定国并不相同的情形的适用。

（二）国际申请的程序

1. 提交

该条约规定，权利人可以自由选择，将国际申请提交其作为居民的缔约国专利局，或者提交其作为国民的缔约国专利局，或者国际局。提交的文件必须符合规定的内容和语言。提交国际申请，还需要缴纳各种费用，经受理局进行形式审查合格后，授予国际申请日。国际申请一式三份，由受理局、国际局和主管的国际检索单位各执一份，交送国际局的登记本属于正本。

2. 检索

国际申请要经过国际检索，检索的目的在于避免发生现有技术或者同类技术的重复申请。检索由PCT联盟大会选定的具有资质的国际检索单位承担，中国国家知识产权局属于国际检索单位之一。国际检索单位在收到检索本之日起3个月内，或者在自优先权日起9个月内提出评价报告，对其审计技术的新颖性和创造性做出意见。

3. 公布

国际检索单位做出报告后，国际局应当自优先权日起满18个月将国际申请连同国际报告一并予以公布，并通知指定国（在提交国际申请书时，应当记载一个或者几个缔约国，要求这些国家在国际申请的基础上给予发明的保护，这些国家就是“指定国”）的专利局。如果国际申请在其公布的技术准备完成以前被撤回或被认为撤回，即不进行国际公布。

4. 初审

初审不是国际申请的必经程序，申请人可以自愿选择。国际初步审查应由国际初步审查单位进行。初步审查是对请求保护的发明看来是否有新颖性，是否有创造性（非显而易见性）和是否有工业实用性的评估。申请人自优先权起28个月获得初步审查报告。如无异议,可以自优先权之日起30个月届满之前向全部或者部分选定国专利局提供国际申请的译文,并缴纳国家费用。如未提交申请和缴纳费用,国际申请效力终止。

复习思考题

1. 专利权人的权利主要有哪些?
2. 授予发明和实用新型的条件有哪些?
3. 我国《专利法》规定的强制许可的情形有哪些?
4. 发明专利的审查程序主要有哪些?
5.《与贸易有关的知识产权协定》关于最惠国待遇的内容是什么?

案例分析题

案例 甲厂委托乙研究所研制一种水稻收获机,研究经费由甲厂负担,双方未就技术成果权的归属作出约定。乙按期完成研制任务,并交付甲厂使用,同时,以自己的名义就该技术申请并取得专利。甲厂为满足市场需要,许可丙厂使用该技术生产水稻收获机。吴某从丙厂处购进该专利产品,并转手销售。乙发现后向甲、吴某提出交涉,甲认为该技术属于自己所有,并认为乙将自己出资委托其开发的技术申请专利侵犯了自己的权利。吴某认为是从丙厂处购进的产品,自己没有侵权。从而引起诉讼。

问题:

1. 专利权的归属,属于甲还是乙?为什么?
2. 乙是否侵权?甲是否有权许可丙厂使用技术生产?
3. 丙厂使用该技术生产是否侵权?吴某销售该专利产品是否侵权?为什么?
4. 侵权者应承担哪些法律责任?

第十四章　商标法

第一节　商标及商标法概述

一、商标的概念、特征和分类

（一）商标的概念

商标，是指生产经营者用以标明自己所经营的商品或提供的服务与其他经营者经营的商品或提供的服务有所区别的一种专用识别标志，通常由具有显著特征的文字、字母、数字、图形、颜色或其组合构成。商标的根本，是区别商品的服务的来源，即 WTO《与贸易有关的知识产权协议》指出的："只要能够将一企业的货物和服务区别于其他企业的货物或服务，即能够构成商标。"

商标通常置于商品表面或者其包装上、服务场所及服务说明书上。商标的构成要素可以是文字、图形、字母、数字、声音、三维标志和颜色组合，以及上述要素的组合。

（二）商标的特征

商标作为商品或者服务的标记，具有以下特征：

（1）商标是识别商品或服务来源的一种显著标志。通常是由文字、图形、字母、数字、三维标志和颜色及其组合构成，具有显著特征的人为标记。

（2）商标依附于商品或者服务的从属性。商标的存在是以商品或者服务为前提的，并且服从于商品或者服务。商标的价值取决于商品的品质或者服务的信誉。

（3）商标标示商品或服务的质量。商标能使购买者把商品与特定的生产者或经营者及其信誉相联系。

（4）商标是企业的无形资产和宝贵财富。它凝聚了经营者的信誉，反映的是该商品的特定企业的状况，代表和象征着该企业所拥有的生产技术、管理水平、经营特色和市场信誉。

（三）商标的分类

商标从不同的角度可以进行不同的分类。

（1）按商标的构成要素划分，可以将商标分为文字商标、图形商标和组合商标。

文字商标：是指由汉字、汉语拼音及字母、数字和外国文字组成，具有显著性的特征。

图形商标：是指由以人物、动植物、自然风景等自然的物象为对象所构成的平面或立体图形商标。

组合商标：是指由文字、数字、字母、图形及颜色组合形成的商标。

（2）按照商标的用途进行划分，可以将商标分为商品商标、服务商标、商业商标、证明商标。

商品商标就是商品的标记，它是商标的最基本表现形式，是指用在特定商品上标明商品来源的标志。如“红豆”（西服），“海尔”（冰箱），“张裕”（葡萄酒）等。

服务商标是指提供服务的经营者为将自己提供的服务与他人提供的服务相区别而使用的标志。如航空、电信、保险和金融、饭店、电视台等单位使用的标志，就是服务商标。

商业商标又称销售商标，是指销售者（经营者）为了销售商品而使用的商标，也即生产者或经营者将特定的标志或企业名称用在自己制造或经营的商品上的商标，这种标志也称为“厂标”或“店标”。使用这种商标的往往是一些有较高声誉和实力的商业企业，他们通过定牌生产含有自己商标的商品，从而对消费者作出某种信誉的保障。如沃尔玛、家乐福等在一些商品上所贴的标识。这种商标的重点是宣传商品销售者的标记，而不是商品生产者。

证明商标是指由对某种商品或者服务具有监督能力的组织所控制，而由该组织以外的单位或者个人使用在商品或者服务上，用以证明该商品或者服务的原产地、原料、制造方法、质量或者其他特定品质的标志。如绿色食品标志，长城电工认证标志，羊毛织品标志等。

（3）按商标使用者的使用目的划分，可以将商标分为联合商标、防御商标和集体商标。

联合商标是指同一个商标所有人在同一种或者类似商品和服务中注册两个或两个以上近似的商标。这种相互近似的商标注册后，不一定都使用，其目的是为了防止他人仿冒或注册，从而更有效地保护自己的商标。联合商标以其中的一个商标为主，称为主商标，亦称之为正商标。

防御商标是指商标所有人将已为公众知晓的商标，在该商标核定使用的商品和服务类别之外的其他类别上注册相同的商标，其目的在于扩大商标专用权的范围，以防止其他经营者恶意注册使用，保护驰名商标。如海尔集团就在所有的商品类别上都注册了“海尔”商标。

集体商标是指以团体、协会或者其他组织名义注册，提供给该组织成员在商事活动中使用，以表明使用者在该组织中的成员资格的标志。《商标法》和《商标实施条例》规定，集体商标注册申请人的主体应当是某一组织，可以是工业或者商业的团体，也可以是协会、行会或者其他组织，而不能是某个单一的企业法人或者自然人。

(4) 按商标是否注册划分，可以将商标分为注册商标和非注册商标。

注册商标是指经国家商标管理机关依法核准注册的商标，包括商品商标、服务商标和集体商标、证明商标。注册商标的商标注册人依法享有商标的专用权。按照我国商标法的规定，只有注册的商标才受法律的保护。

非注册商标是指未经国家商标管理机关核准注册，自行在商品上使用的商标。非注册商标虽然可以使用，但商标使用人不享有商标专用权，不得侵犯注册商标人的合法权益。

二、商标制度

商标是商品交换的产物，是商品经济发展到一定程度的必然现象。商标起源于标记。人类很早就在商品上或服务中开始使用标记，商标在多个文明古国都有起源，古希腊、古罗马、古埃及、印度、中国等文明古国就出现了在各种陶器、金属器具和手工制品上使用各种标记，这些标记是一个真正指示来源的标记，它指示的是产品的实际生产者，以便于官方征税，或用于作坊主与工匠之间记账，这是商标的萌芽。

14 世纪时，出现了知识的复兴，贸易也大量发展，这时有很多不同种类的标记被大量使用。欧洲大陆盛行的各种行会要求成员在其商品上打上行会认可的标记，目的之一在于起到区分生产者的作用，其二在于确定质量不合格商品的责任。这时的标记已经具备了现代商标内涵。可见，标记在贸易中的应用促进了近代商标的形成。标记是一个符号，只有经过在商品或服务中的使用，才变成为商标，"商标这种事物原本是为区别商品的服务的来源应运而生的。这是商标的根本功能，也是它生存的唯一理由"①。

17～18 世纪后，西方的社会思想已经认为应该保护作者和发明者的权益不受国家侵犯，使作品和思想可以自由传播，专利、商标等私权逐渐得到公认。商标法律制度起源于 19 世纪的欧洲。1803 年法国制定《关于工厂、制造场和作坊的法律》第一次肯定了商标权受保护，1809 年法国颁布的《备案商标保护法令》被认为是最早的商标成文法，1857 年法国颁布的《关于以使用原则和不审查原则为内容的制造标记和商标的法律》确立全面注册商标保护制度，这是世界上第一个建立起商标注册制度的国家。

---

① 刘春田.商标法代表了我国民事立法的方向.北京：中华商标，2002(8)

虽然1618年英国最早处理了商标侵权纠纷，但是，直到1862年英国才颁布《商品标记法》，1875年颁布《商标注册法》，1905年通过新商标法；1870年美国制定《联邦商标条例》，同年8月制定对侵犯商标权行为适用刑事制裁的法规，1881年颁布新商标法；德国于1874年先后颁布了注册商标法。西方国家的商标法在实践中完成了它制度化、法律化的进程。1883年，保护专利和商标的“巴黎公约”被通过；1886年，保护版权的“伯尔尼公约”又获签署。这标志着工业产权保护体系在西方社会的普遍确认。

三、商标法

1840年鸦片战争之后，中国政府被迫授予西方列强诸多贸易和外交特权，商标制度和知识产权制度就是在这样的背景下开始被引入。1902年，中英签订了《续议通商行船条约》，其中涉及到为商标立法，以法的形式保护商标的专用权等问题。1904年8月4日清光绪皇帝钦定颁布实施了《商标注册试办章程》，这是中国历史上的第一部商标法规。1930年中国国民党政府制定新的《商标法》及《商标法实施细则》，并于1931年1月1日起实行。

新中国建立后，1982年8月23日五届人大常委会通过《中华人民共和国商标法》。该法自1983年3月1日起施行。它是新中国制定的第一部保护知识产权的法律，该法承认并规定注册商标人的商标专用权，确立商标权属于私权的观念，标志着我国商标法律制度的逐步建立和完善。

1993年2月22日七届人大常委会第三十次会议通过了《关于修订〈中华人民共和国商标法〉的决定》，对《商标法》进行了修正，使之进一步适应经济发展的要求。为适应加入WTO，2001年10月27日第九届全国人民代表大会常务委员会第二十四次会议再次对《商标法》进行了修订，使商标法律制度趋于完善，并且能够符合世贸组织相关规则的要求。2002年8月3日国务院在对《中华人民共和国商标法实施细则》进行再次修改后，根据新颁布的《商标法》重新公布了《中华人民共和国商标法实施条例》(以下简称《实施条例》)。

商标法是调整在商标注册、使用、管理和商标专用权保护过程中发生的社会关系的法律规范的总称。《商标法》及其《实施条例》是我国目前有关商标方面的两个基本的规范性文件。

四、商标权

(一) 商标权的概念及特征

商标权不是商标本身所固有的，它是商标所有人在对其商标进行注册后所享有的权利，也就是由国家工商行政管理局商标局依照法律规定的程序，通过核准注册赋予注册商标所有人的一种排他性的商标权，并受到国家强制力的保护。商标权的基础是对商标的占有，只有当法律赋予了商标权，这种占有才具有专有权的性质，才能受到法律的保护。

商标权一般具有以下基本特征：

1. 专有性

专有性又称独占性或垄断性。商标权的专有性是指商标注册人对其注册商标所享有的权利是专有的，未经注册人的许可，任何人都不得使用该商标。商标的基本功能是区分同类商品或者服务，因而不允许同类商品或者服务中出现商标相同或者相近似，因而商标专用权是商标权利中的核心。

2. 时间性

商标权的时间性是指商标权人对其注册商标所享有的专用权仅在法定的时间内有效，超过这一时间则不再受到法律保护。

3. 地域性

指在一国核准注册的商标，仅在该注册国领域内受到法律保护，在其他国家则不发生法律效力。也即注册商标所有人只能在商标的注册国享有商标权，并受该国法律保护，在其他国家不享有商标权。如果需要在其他国家取得商标保护，则必须按照该国法律的规定，在该国申请商标注册。

（二）商标权的主体

商标权的主体即商标专用权人，是指通过法定程序对其注册的商标依法享有权利承担义务的商标注册人。根据我国《商标法》及其《实施条例》规定，商标权主体包括依法成立的企业、事业单位、社会团体、个体工商户、个人合伙及外国企业或外国人，它们是商标权利的享有者。

（三）商标权的客体

商标权的客体是指经国家工商行政管理局商标局核准注册的商标，即注册商标，也即商标权所保护的对象。因此，只有注册商标才能成为商标法律关系的客体。作为商标权客体的商标，在申请注册时必须具备以下条件：

1. 必须具备法定的构成要素，符合可视性要求

任何能够将自然人、法人或者其他组织的商品与他人的商品区别开的可视性标志，包括文字、图形、字母、数字、三维标志和颜色组合，以及上述要素的组合，均可以作为商标申请注册。

2. 必须具备显著特征，便于识别

商标的显著特征一般通过两种途径获得：一是商标本身固有的显著性特征，如立意新颖、设计独特的商标；二是通过长期使用获得显著特征。《商标法》第 9 条规定，申请注册的商标，应当有显著特征，便于识别，并不得与他人在先取得的合法权利相冲突。

3. 申请注册商标的标记不得侵犯他人的在先权利或合法利益

主要是指：不得在相同或类似商品上与已注册或申请在先的商标相同或近似；即不得：(1) 在同一种商品上与他人注册的商标相同；(2) 在同一种商品上与他人注册的商标近似；(3) 在类似商品上与他人注册的商标相同；(4) 在类似商品上与他人注册的商标近似。此外，不得以不正当手段抢先注册他人已经使用并有一定影响的商标；不得侵犯他人的其他在先权利，如外观设计专利权、著作权、姓名权、肖像权、商号权、特殊标志专用权、奥林匹克标志专有权、知名商品特有名称、包装、装潢专用权等。

4. 不得使用禁止使用的标志申请注册商标

(1) 同中华人民共和国的国家名称、国旗、国徽、军旗、勋章相同或者近似的，以及同中央国家机关所在地特定地点的名称或者标志性建筑物的名称、图形相同的；

(2) 同外国的国家名称、国旗、国徽、军旗相同或者近似的，但该国政府同意的除外；

(3) 同政府间国际组织的名称、旗帜、徽记相同或者近似的，但经该组织同意或者不易误导公众的除外；

(4) 与表明实施控制、予以保证的官方标志、检验印记相同或者近似的，但经授权的除外；

(5) 同“红十字”、“红新月”的名称、标志相同或者近似的；

(6) 带有民族歧视性的；

(7) 夸大宣传并带有欺骗性的；

(8) 有害于社会主义道德风尚或者有其他不良影响的。

县级以上行政区划的地名或者公众知晓的外国地名，不得作为商标。但是，地名具有其他含义或者作为集体商标、证明商标组成部分的除外；已经注册的使用地名的商标继续有效。

下列标志不得作为商标注册：

(1) 仅有本商品的通用名称、图形、型号的；

(2) 仅仅直接表示商品的质量、主要原料、功能、用途、重量、数量及其他特点的；

(3) 缺乏显著特征的。

根据《商标法》的规定，以三维标志申请注册商标的，仅由商品自身的性质产生的形状、为获得技术效果而需有的商品形状或者使商品具有实质性价值的形状，不得注册。就相同或者类似商品申请注册的商标是复制、模仿或者翻译他人未在中国注册的驰名商标，容易导致混淆的，不予注册并禁止使用。

就不相同或者不相类似商品申请注册的商标是复制、模仿或者翻译他人已经在中国注册的驰名商标，误导公众，致使该驰名商标注册人的利益可能受到损害的，不予注册并禁止使用。未经授权，代理人或者代表人以自己的名义将被代理人或者被代表人的商标进行注册,被代理人或者被代表人提出异议的,不予注册并禁止使用;商标中有商品的地理标志,而该商品并非来源于该标志所标示的地区,误导公众的,不予注册并禁止使用。

(四)商标权的内容

商标权是指商标注册人在法定期限内对其注册商标所享有的受国家法律保护的各种权利,从内容上看,主要包括商标注册人对其注册商标的专有使用权、处分权、许可权、转让权、续展权和禁止权。

1. 专有使用权

商标专用权是商标权中最基本的核心权利,是指商标权主体对其注册商标依法享有的自己在指定商品或服务项目上独占使用的权利。专有使用权具有相对性,只能在法律规定的范围内使用。注册商标专有使用权的效力范围是,以核准注册的商标和核定使用的商品为限。商标作为区别同类商品或服务的不同生产者、经营者的标志,只有商标所有人享有专有使用权,才能达到表明自己区别其他生产者、经营者的目的,才能表明这一商品或服务的质量。由此在社会生活中实现和提升商标的信誉,也只有专有使用注册商标,才能更好地体现商标权的价值。

2. 许可权

许可权是指商标权人可以通过签订使用许可合同许可他人使用其注册商标的权利。许可使用是商标权人行使其权利的一种方式。许可人是注册商标所有人,被许可人根据合同约定,支付商标使用费后在合同约定的范围和时间内有权使用该注册商标。许可使用的法律后果是一定期限内允许他人使用注册商标,或者说是注册商标使用权的转让,而不涉及商标的所有权。

《商标法》规定,注册商标的许可使用必须签订注册商标使用许可合同,将许可合同副本交其所在地县级工商行政管理机关存查,由许可人将其中一份合同连同备案表报送商标局备案,商标局对上报合同进行审查。符合规定的,予以备案并公告。许可人应当监督被许可人使用其注册商标的商品质量,被许可人应当保证使用该注册商标的商品质量。被许可人必须在使用该注册商标的商品上标明被许可人的名称和商品产地。商标的使用许可的类型主要有独占使用许可、排他使用许可、普通使用许可等。

3. 转让权

商标转让权,是指注册商标所有人将其享有的注册商标依照法定程序和条件转让给他人的权利。转让商标权是商标所有人行使其权利的一种方式,既可以通过合同方式进行有偿转让,也可以通过继承、遗赠、赠与等方式进行无偿转让。转让时应当履行法定手续,自行转让注册商标的行为无效。商标权转让后,受让人取得注册商标所有权,原来的商标权人丧失商标专用权,即商标权从一主体转移到另一主体。

《商标法》规定，申请转让注册商标的，转让人和受让人应当共同向商标局提出申请，由商标局核准并予以公告。受让人自公告之日起享有商标专用权。受让人必须具备注册商标申请人的资格。此外法律还要求，转让注册商标的，转让人对其在同一种或者类似商品上注册的相同或者近似的商标，必须一并转让。受让人必须保证使用该注册商标的商品质量，保证商标的信誉。

4. 禁止权

商标禁止权是商标权人依法享有的禁止他人未经其许可而使用注册商标和与之相近似的商标的权利。WTO《与贸易有关的知识产权协议》第16条规定：禁止任何第三方未经其许可在相同或类似的商品或服务上使用与其注册商标相同或近似的商标的权利。商品专有使用权的效力范围是"核准注册的商标和核定使用的商品"，而禁止权由"核准注册的商标和核定使用的商品"，扩展至与核准注册的商标相近似的商标和与核定使用的商品相类似的商品。可见，商标禁止权的范围比商标专用权的范围广，当注册商标具有一定的知名度，尤其是驰名商标时，则禁止权的范围还将进一步扩大至非类似的商品或服务上。这一规定的目的是为了防止产生市场混淆。

第二节　商标注册

商标注册，是指商标使用人将其使用的商标依照法定的条件和程序，向商标管理机关提出注册申请，经国家工商行政管理局商标局审核批准后，依法取得商标专用权的法律活动。

一、商标注册的原则

（一）自愿注册为主，强制注册为辅原则

自愿注册原则指商标所有人根据自己的需要和意愿，自行决定是否申请商标注册。经国家工商行政管理局商标局核准注册的商标为注册商标。注册人对该注册商标享有专用权，受法律的保护；未经注册的商标也能使用，但使用人不享有商标专用权，不得与他人的商标相冲突。强制注册原则是指国家对生产经营者在某些商品或服务上所使用的全部商标，规定必须经依法注册才能使用的强制性规定。《商标法》第6条规定："国家规定必须使用注册商标的商品，必须申请商标注册，未经核准注册的，不得在市场销售。"目前，我国规定强制性注册的商标只有烟草制品（卷烟、雪茄烟和有包装的烟丝）。

（二）申请在先原则为主，使用在先原则为辅

申请在先原则是指两个或两个以上的申请人，在同一或者类似的商品上以相

同或者相近似的商标申请注册时，商标权授予注册申请在先的人。我国《商标法》第 29 条规定："两个或者两个以上的申请人，在同一种商品或者类似的商品上，以相同或者近似的商标申请注册的，初步审定并公告申请在先的商标；同一天申请的，初步审定并公告使用在先的商标，驳回其他人的申请，不予公告。"商标注册的申请日期，以商标局收到申请文件的日期为准。

使用在先原则是指在无法确认申请（注册）在先的情况下采用最先使用者取得商标注册的原则。两个或者两个以上的申请人，在同一种商品或者类似商品上，分别以相同或者近似的商标在同一天申请注册的，各申请人应当自收到商标局通知之日起 30 日内提交其申请注册前在先使用该商标的证据。同日使用或者均未使用的，各申请人可以自收到商标局通知之日起 30 日内自行协商，并将书面协议报送商标局；不愿协商或者协商不成的，商标局通知各申请人以抽签的方式确定一个申请人。

（三）申请单一性原则

申请单一性原则是指申请人在申请时按照"一类商品，一件商标，一份申请"的原则提出申请。根据《商标法》规定，商标注册申请人在不同类别的商品上申请注册同一商标的，应当按商品分类表提出注册申请。注册商标需要在同一类的其他商品上使用的，应当另行提出注册申请。

（四）优先权原则

优先权原则是指商标注册申请人自其商标在外国第一次提出商标注册申请之日起 6 个月内，又在中国就相同商品以同一商标提出商标注册申请的，依照该外国同中国签订的协议或者共同参加的国际公约，或者按照相互承认优先权的原则，可以享有优先权。《巴黎公约》对优先权的规定为：任何人或其权利继承人，已经在本联盟某一成员国正式提出商标的注册申请的，应以在 6 个月的期间内，为在其他国家提出的申请享有优先权。

二、商标注册的程序

商标注册必须依法定程序进行，在我国商标注册大致经过以下步骤：

（一）商标注册的申请

商标注册的申请是取得商标专用权的前提。商标注册申请人应当按规定的商品分类表填报使用商标的商品类别和商品名称。由于世界各国商标法规定的商品分类不尽相同，为了避免商品类别和商品名称的不一致，许多国家采用的是 1957 年 6 月 15 日在法国尼斯达成的《商标注册用商品和服务国际分类尼斯协定》，目前世界上已有 130 多个国家和地区采用此商标注册用商品和服务国际分类表。1994 年我国加入《尼斯协定》，并且积极参与了对尼斯分类的修改与完善。该协定将商品分为 34 类，服务项目分为 11 类，覆盖了 1 万多个商品和服务项目。尼斯分类第十版自2012年1月1日起实行。

从1988年开始，我国实行了按《尼斯协定》建立的商标注册用商品和服务国际分类表。鉴于新产品不断涌现的现实，如果遇到分类表中没有的商品名称，申请人只要填写清楚商品的主要原料、用途等，由商标局按照商品分类的标准最终确定。

申请人除按商品分类表提出申请外，每一件商标注册申请应当向商标局提交《商标注册申请书》1份、商标图样5份；指定颜色的，并应当提交着色图样5份、黑白稿1份。同一申请人在不同类别的商品上使用同一商标的，应当按照商品分类表提出申请。商标注册后，如果该商标要在原核准的同一类的其他商品上使用的，应当另行提出注册申请。另外已经注册的商标需要改变文字、图案的，应当重新提出注册申请。

国内申请人申请商标注册，可以委托国家工商行政管理局认可的商标代理机构代办商标注册申请，也可以直接向国家工商行政管理局商标局申请商标注册。外国人或者外国企业在中国申请商标注册和办理其他商标事宜的，应当委托国家认可的具有商标代理资格的组织代理。

（二）商标注册的审查与核准

商标注册的审查与核准是国家工商行政管理局商标局收到商标注册申请后，对申请注册的商标是否符合商标法的规定所进行的活动。主要包括形式审查、实质审查、初审公告、异议、核准等内容。

1. 对申请注册的商标进行审查

商标局收到商标注册申请后，依法对申请注册的商标进行形式审查和实质审查。

形式审查主要是审查商标注册申请是否具备法定的条件和手续，从而决定对该申请是否受理。形式审查的内容主要有：申请人的资格、申请资料是否齐全。形式审查合格的，商标局编写申请号，发给受理通知书；如果申请手续基本齐备但需要补正的，商标局通知申请人在限定期限内补正；如果申请手续不齐备，或者未按规定填写申请文件或者未按要求补正的，商标局予以退回不予受理。

实质审查主要是对申请注册的商标是否具备法定注册条件的审查。具体包括：一是审查是否具有显著性，即是否便于识别；二是审查是否属于《商标法》规定的禁用标志；三是审查是否与他人在同一种商品或类似商品上已注册的商标相同或相近似。实质审查的结果关系到是否予以公告。

2. 初步审定并公告

这是商标注册的必经程序。商标局经审查后认为申请注册的商标符合法定的各项条件，从而作出初步核准的决定，即初步审定，并予以公告；凡经审查后认为不符合商标法有关规定或者同他人在同一种商品或者类似商品上已经注册的或者初步审定的商标相同或者近似的，由商标局驳回申请，不予公告。

3. 驳回商标注册申请的复审

根据《商标法》32条规定，对驳回申请、不予公告的商标，商标局应当书面通知商标注册申请人。商标注册申请人不服的，可以自收到通知之日起15日内向商标评审委员会申请复审，由商标评审委员会作出决定，并书面通知申请人。当事人对商标评审委员会的决定不服的，可以自收到通知之日起30日内向人民法院起诉。

4. 商标异议及其复审

对初步审定公告的商标，自公告之日起3个月内，任何人都可以提出异议。所谓异议是指对初步审定的商标提出不同意见，要求商标局予以撤销。异议的理由主要有：

(1) 认为与注册在先或者初步审定在先的商标相同或者近似。

(2) 认为违反了禁用条款或者其他规定的。

商标局受理异议后，在听取双方当事人陈述事实和理由基础上，经过调查并做出裁定。如果认为异议成立的，则裁定撤销初步审定的商标，不予注册；如果认为异议不成立的，则裁定驳回异议，经初步审定的商标予以注册。

当事人对商标局作出的商标异议裁定不服的，可以自收到通知之日起15日内向商标评审委员会申请复审，由商标评审委员会作出裁定，并书面通知异议人和被异议人。当事人对商标评审委员会的裁定不服的，可以自收到通知之日起30日内向人民法院起诉。

5. 核准注册

对初步审定的商标，公告期满无异议的或者经裁定异议不能成立的，由商标局予以核准注册，发给商标注册证，并予以公告。商标注册申请人自注册之日起享有商标专用权。

第三节 商标使用的管理

一、商标管理机构

根据《商标法》规定，国务院工商行政管理部门商标局主管全国商标注册和管理的工作。地方各级工商行政管理部门负责本行政区域内的商标管理工作。国务院工商行政管理部门设立商标评审委员会，负责处理商标争议事宜。

二、注册商标的使用管理

因商标权自身的特殊性，法律规定了注册商标的有效期，也即注册商标的使用期限。根据《商标法》规定，注册商标的有效期为10年，自核准注册之日起计算。同时商标权人在其注册商标有效期届满前，依法享有申请续展注册的权利，从而延长其注册商标的保护期。注册商标有效期满，需要继续使用的，商标注册人可以申请续展注册，继续享有商标权。申请续展注册应当在期满前 6 个月内提出申请；在此期间未能提出申请的，可以给予 6 个月的宽展期。每次续展注册的有效期为 10 年，自该商标上一届有效期满次日起计算。宽展期满仍未提出申请的，注销其注册商标。每次续展注册的有效期为 10 年，申请续展的次数不受限制。这是商标权区别于其他知识产权的一个重要特点，也是知识产权的时间性特点的一个例外。

三、未注册商标的使用管理

根据《商标法》第 48 条规定，使用未注册商标，有下列行为之一的，由地方工商行政管理部门予以制止，限期改正，并可以予以通报或者处以罚款：

(1) 冒充注册商标的；

(2) 使用了《商标法》规定的不得作为商标使用的文字和图形的；

(3) 粗制滥造，以次充好，欺骗消费者的。

对于国家规定必须使用注册商标的商品，必须申请商标注册，未经核准注册的，不得在市场销售。

四、注册商标的撤销

撤销是商标管理行为，使用注册商标，有下列行为之一的，由商标局责令限期改正或者撤销其注册商标：

(1) 自行改变注册商标的；

(2) 自行改变注册商标的注册人名义、地址或者其他注册事项的；

(3) 自行转让注册商标的；

(4) 连续 3 年停止使用的。

使用注册商标，其商品粗制滥造，以次充好，欺骗消费者的，由各级工商行政管理部门分别不同情况，责令限期改正，并可以予以通报或者处以罚款，或者由商标局撤销其注册商标。

应当注意的是，注册商标被撤销的或者期满不再续展的，自撤销或者注销之日起 1 年内，商标局对与该商标相同或者近似的商标注册申请，不予核准。

第四节　商标权的法律保护

商标是一种在经济活动和市场交易中产生并被使用的，为了使消费者或经营者区别商品或者服务来源的标记。商标的功能发挥于交易活动中，主要有识别来源功能、品质保证功能和广告宣传功能和竞争等功能。商标注册人依法支配其注册商标并禁止他人侵害的权利，包括商标注册人对其注册商标的排他使用权、收益权、处分权、续展权和禁止他人侵害的权利。

商标注册人因享有商标专用权而具有利益。“权利是受法律保护的利益；主体权利的真正实质是存在主体的利益、利益的实际效用的享受上”①。

商标权的保护是商标法律制度的重要基石。商标权的保护是指国家运用法律手段制止、制裁商标侵权和商标犯罪的行为，以维护国家商标管理秩序的制度。从而保护商标注册人对其注册商标所享有的专用权，以维护公平、公正的市场环境和竞争制度，保障消费者和生产、经营者的利益，保障社会主义市场经济的良好秩序。

一、商标专用权的保护范围

根据我国《商标法》的规定，注册商标的专用权，是以核准注册的商标和核定使用的商品为限，因此，未注册商标的使用人不享有该商标的专用权，一般情况下是不受法律保护的。但是，我国《商标法》也规定：申请商标注册不得损害他人的现有的在先权利，也不得以不正当手段抢先注册他人已经使用并有一定影响的商标。这也体现了商标法在某些情况下对有一定影响的未注册商标权利人正当权利的保护。

注册商标保护的核心内容是对注册商标专用权保护。未经商标注册人许可，任何人都不准在同一种商品或者类似商品上使用与其注册商标相同或者相近似的商标，否则都被认为是侵犯了商标权，由此将承担违法使用注册商标的法律后果。

二、商标侵权行为的种类

根据《商标法》规定，对注册商标的侵权行为主要有以下几种：

(1) 未经商标注册人的许可，在同一种商品或者类似商品上使用与其注册商标相同或者近似的商标的；

(2) 销售侵犯注册商标专用权的商品的；

(3) 伪造、擅自制造他人注册商标标识或者销售伪造、擅自制造的注册商标标识的；

(4) 未经商标注册人同意，更换其注册商标并将该更换商标的商品又投入市场的；

(5) 给他人的注册商标专用权造成其他损害的。

根据《商标法实施条例》第50条规定和有关司法解释，给他人的注册商标专用权造成其他损害的行为主要有：

① 在同一或类似商品上将与他人注册商标相同或近似的文字、图形作为商品名称或商品装潢使用，误导公众的；

② 故意为侵犯他人注册商标专用权行为提供仓储、运输、邮寄、隐匿等便利条

① [法]莱昂．狄骥．拿破仑法典以来私法的普遍变迁．徐砥平译．北京：中国政法大学出版社，2003：18

件的；

③ 将与他人注册商标相同或者近似的文字作为企业的字号在相同或者类似的商品上突出使用，容易使相关公众产生误认的；

④ 复制、模仿、翻译他人注册的驰名商标或其主要部分在不相同或者不相类似商品上作为商标使用，误导公众，致使该驰名商标注册人的利益可能受到损害的；

⑤ 将与他人注册商标相同或者近似的文字注册为域名，并且通过该域名进行相关商品交易的电子商务，容易使相关公众产生误认的。[①]

三、商标侵权行为的法律责任

根据《商标法》的有关规定，侵犯商标权应承担的法律责任分为行政责任、民事责任和刑事责任。

（一）行政责任

根据《商标法》规定，因侵犯商标专用权行为引起纠纷的，由当事人协商解决；不愿协商或者协商不成的，商标注册人或者利害关系人可以向人民法院起诉，也可以请求工商行政管理部门处理。工商行政管理部门处理时，认定侵权行为成立的，责令立即停止侵权行为，没收、销毁侵权商品和专门用于制造侵权商品、伪造注册商标标识的工具，并可处以罚款数额为非法经营额 3 倍以下；非法经营额无法计算的，罚款数额为 10 万元以下。

（二）民事责任

注册商标专用权遭受侵害的，注册商标所有人有权要求停止侵害，消除影响，赔偿损失。根据《商标法》第 56 条的规定，侵犯商标专用权的赔偿数额，为侵权人在侵权期间因侵权所获得的利益，或者被侵权人在被侵权期间因被侵权所受到的损失，包括被侵权人为制止侵权行为所支付的合理开支。侵权人因侵权所得利益，或者被侵权人因被侵权所受损失难以确定的，由人民法院根据侵权行为的情节判决给予 50 万元以下的赔偿。

（三）刑事责任

未经商标注册人许可，在同一种商品上使用与其注册商标相同的商标，构成犯罪的，除赔偿被侵权人的损失外，依法追究刑事责任；伪造、擅自制造他人注册商标标识或者销售伪造、擅自制造的注册商标标识，构成犯罪的，除赔偿被侵权人的损失外，依法追究刑事责任；销售明知是假冒注册商标的商品，构成犯罪的，除赔偿被侵权人的损失外，依法追究刑事责任。

---

① (3)—(5)见《最高人民法院关于审理商标民事纠纷案件适用法律若干问题的解释》法释〔2002〕32 号第一条规定。

四、驰名商标的保护

（一）驰名商标的概念及认定

驰名商标，是指在中国为相关公众广为知晓并享有较高声誉的商标。其中“相关公众”包括“与使用商标所标示的某类商品或者服务有关的消费者，生产前述商品或者提供服务的其他经营者以及经销渠道中所涉及的销售者和相关人员等”。

目前，我国对驰名商标的认定采用两种方式：一种是行政主管机关的认定（以下简称行政认定），另一种人民法院的认定（以下简称司法认定）。

行政认定是指在商标注册、商标评审过程中产生争议时，当事人认为他人经初步审定并公告的商标或已经注册的商标违反商标法规定的，可依法向商标局提出异议或向商标评审委员会请求裁定撤销该注册商标，并提交证明其商标驰名的有关材料，即向商标局提出异议的有关当事人认为其驰名商标的，可以向商标局或商标评审委员会请求认定驰名商标。行使驰名商标行政认定权的是商标局和商标评审委员会。[①]

司法认定是指人民法院在审理商标纠纷案件中，根据当事人的请求和案件的具体情况，可以对涉及的注册商标是否驰名依法作出认定。行使驰名商标司法认定权的是中级以上的各级人民法院。[②]

根据《商标法》规定，认定驰名商标应当考虑下列因素：

（1）相关公众对该商标的知晓程度；

（2）该商标使用的持续时间；

（3）该商标的任何宣传工作的持续时间、程度和地理范围；

（4）该商标作为驰名商标受保护的记录；

（5）该商标驰名的其他因素。

（二）驰名商标的保护

驰名商标是一种无形财富，对生产者或经营者来说，“一个有信誉的商标，便犹如核聚变，商标作为一个中子，通过不断撞击，释放出无可估量的能量”[③]。

谁拥有了驰名商标，谁就拥有了商标资产的价值。对消费者来说，驰名商标即意味着可靠的商品质量和良好的企业声誉，意味着消费者心目中对产品产生的依赖感、信任度。我国加入《巴黎公约》后，为了保护驰名商标所有人的合法权益，商标法对驰名商标规定了一些有别于一般商标的特殊保护规定。

（1）就相同或者类似商品申请注册的商标是复制、模仿或者翻译他人未在中国

---

① 国家工商行政管理总局令第5号、2003年4月17日《驰名商标认定和保护规定》。

② （2002年10月12日最高人民法院审判委员会第1246次会议通过法释〔2002〕32号）《最高人民法院关于审理商标民事纠纷案件适用法律若干问题的解释》。

③ 钟苏雅.商标价值研究.安徽蚌埠：财贸研究，1996(6)

注册的驰名商标容易导致混淆的，不予注册并禁止使用；就不相同或者不相类似商品申请注册的商标是复制、模仿或者翻译他人已经在中国注册的驰名商标，误导公众，致使该驰名商标注册人的利益可能受到损害的，不予注册并禁止使用。可见，我国商标法对驰名商标的保护范围不仅包括在中国注册的驰名商标，还包括未在中国注册的驰名商标；其次是注册驰名商标所有人的禁止权不限于类似商品上的近似使用，而是扩展到非类似商品的使用。

（2）对于已经注册的与驰名商标相冲突的商标，自商标注册之日起 5 年内，驰名商标所有人或者利害关系人可以请求商标评审委员会裁定撤销该注册商标。对恶意注册的，驰名商标所有人不受 5 年的时间限制。

（3）国家工商总局《驰名商标认定和保护规定》第 13 条规定：当事人认为他人将其驰名商标作为企业名称登记，可能欺骗公众或者对公众造成误解的，可以向企业名称登记主管机关申请撤销该企业名称登记，企业名称登记主管机关应当依照《企业名称登记管理规定》处理。

（4）一般商标只在注册国受保护，而驰名商标在《保护工业产权巴黎公约》成员国之间都可以受到保护。

第五节 保护商标权的国际公约

商标权具有严格的地域性，只在注册国领域内有效。如果一国某商标的商品出口到其他国家，要在其他国家取得法律上的保护，就必然会产生商标的国际保护问题。如果某商标未在一国注册，就不能在该国获得保护，进而可能影响到该产品在该国的销售，因此，必须重视对注册商标的国际保护。商标的国际保护，通常是通过签订国际公约来取得。目前，保护商标的国际公约主要有：

一、《保护工业产权巴黎公约》（Paris Convention for Protection of Industrial Property）

《保护工业产权巴黎公约》（以下简称巴黎公约）确立的“国民待遇”原则和“优先权”原则（见专利权的国际保护），在商标权的国际保护中具有非常重要的意义，适用本公约的国家组成联盟，以保护工业产权。其中关于保护原产地名称、官方标志、展览会商标和驰名商标的规定，随着国际贸易的迅猛发展，也日益显示出其必要性和重要性。《巴黎公约》最初的成员国为 11 个，到 2012 年 2 月 17 日为止，缔约方总数为 174 个国家。《巴黎公约》在涉及商标的内容方面有以下规定：

（一）商标独立的原则

对于一个缔约国国民的商标注册申请，不得以该项申请、注册或者续展未在其原属国进行为由而予以拒绝；对已经给予的注册，也不得以上述理由宣告无效。商标在一个成员国内注册，同在其他成员国包括原属国国内的注册是相互独立的，即一个商标的注册在某一缔约国过期或者被撤销，并不影响它在其他成员国注册的效力。

（二）原属国的正式注册

商标的申请和注册条件，都按照各该国国内法律的规定。在原属国注册的商标，本联盟各国也应同样接受注册申请和保护，但如该项商标侵犯第三人已取得的权利、或者缺乏显著性，或者违反道德与公共秩序，尤其是带有欺骗公众的性质时，可以拒绝给予注册。

（三）商标的使用

在本联盟各国，如果对注册商标的使用是强制性的，则对于未使用的注册商标，只有在一段合理的期限之后，而且商标注册人对其不使用提不出正当理由时，才能撤销。

（四）驰名商标保护

商标注册国或使用国主管机关认为一项商标在该国已成为驰名商标，已经成为有权享有本公约利益的人所有，而另一商标构成对此驰名商标的复制、摹仿或翻译，用于相同或类似商品上，易于造成混乱时，本联盟各国均须拒绝给予注册，并禁止使用。商标的主要部分抄袭驰名商标或是造成混乱的仿造者，也应适用本条规定。

（五）保护官方标志和检验印记

商标是用以区别不同生产经营者所提供的商品或者服务的可视性标志，但不是所有的可视性标志都可以作为商标使用。根据《巴黎公约》第 6 条之三的规定：“本联盟各国的国旗、国徽、表明实施国家管制和保证的官方标志、检验印记及政府间国际组织的标志等均不得作为商标注册和使用。”

（六）服务标记、厂商名称

服务标志是提供服务的企业用来区别其服务与其他企业服务的标记，如航空公司、电信、保险和金融、旅馆、饭店、电视台、旅行社等。服务标志与商标具有相同的功能，差别仅在于服务标志用于服务，而商标用于商品或产品。本联盟各国承诺保护服务标记。不应要求它们对该项标记的注册作出规定。但本联盟各国应制定特别法律来保护服务标志，并且应承诺以其他方式来保护服务标志。

《巴黎公约》第 8 条规定：厂商名称应在本公约本联盟各国内受到保护，没有申请或注册的义务，也不论其是否为商标的一部分。

（七）集体商标保护

集体商标是在集体商标所有人的控制下不同企业同时使用的、用来区别不同企业商品或服务的地理原产地、原料、生产方式、质量或其他特性的标记。集体商标所有人可以是由企业作为成员组成的社团,也可以是其他团体,包括公共团体。只要社团的存在不违反其原属国的法律,即使该社团没有工商业营业所,本联盟各国也承诺受理申请,并保护属于该社团的集体商标。各国应自行审定关于保护集体商标的特别条件,如果该商标违反公共利益,可以拒绝给予保护。

(八) 对侵权的制裁

《巴黎公约》规定本联盟各国对于标有非法商标或者厂商名称的商品,以及标有虚假货源或者生产者标记的产品,可以予以扣押或者禁止进出口,或者在国内扣押,具体采取哪一种措施,则由本联盟各国的国内法决定。如果某一国的法律尚未规定或者不准采取以上措施,则在该国法律作出相应修订之前,应代之以该国国民在此种情况下按该国法律可以采取的制裁措施。

(九) 对未经授权以代理人名义注册商标的处理

《巴黎公约》第 6 条之七规定:如果本联盟一个国家的商标所有人的代理人或代表人,未经所有人授权而以其自己的名义向本联盟一个或多个国家申请该商标注册,该所有人有权反对该项申请的注册或要求予以撤销,或者,如该国法律许可,该所有人可以要求将该项注册转让给自己,但代理人或代表人能证明其行为是正当的情况除外。

商标所有人如果未经其授权使用,除依从上述第一款规定外,应有权反对其代理人或代表人使用其商标。

二、《与贸易有关的知识产权协议》(TRIPs)

TRIPs 协议是世界贸易组织中最重要的协议,商标权保护是知识产权保护的重要内容。TRIPs 规定的商标领域的国际义务主要有四项:

(1) 促进商标的注册和保护;

(2) 解除关于对商标的使用、转让和维持的要求;

(3) 保护某些标志或者徽记,使其未经授权不得作为商标注册或者使用;

(4) 由商标注册产生的权利和这些权利的行使。

TRIPs 协议规定任何能够将一企业的商品或服务与其他企业的商品或服务相区别的标记或标记的组合,均应能构成商标。由此明确了商标认定的主要标准是标记的识别性。

TRIPs 协议明确将驰名商标规定在保护范围中,并规定了认定驰名商标的标准,即在确定一商标是否驰名时,各成员应考虑到该商标在相关部门为公众所了解的程度,包括该商标因宣传而在该有关成员地域内获得的知名度。同时对驰名商标的保护力度则更进一步加大:首先,驰名商标不经过注册也能受到保护,而且是按照比普通商标更高的标准进行的保护。其次,对驰名商标实行“跨类”保护,不仅包括了在相同或类似的商品或服务上的保护，而且还扩大到不相类似的商品或服务上，这比以往任何公约的保护力度都要大。

在商标使用范围上，TRIPs 协议将其扩大到服务领域，规定服务商标应与商品商标受到同样的保护。

TRIPs 协议要求成员国对地理标志、尤其是葡萄酒及白酒地理标志进行保护。酒类商品的特征、质量和口感等又往往和它的原产地关系特别密切。TRIPs 协议的有关条款对保护原产地名称进行了规定，即如果在某种商品上使用一个商标标识，该标识误导公众对该商品的本来的产地发生误解，是不许可的。TRIPs 协议第 22 条第 2 款规定在地理标志方面，成员应提供法律措施以使利害关系人阻止下列行为：(1) 在商品的称谓或表达上，明示或暗示有关商品来源于并非真正来源地、并足以使公众对该商品来源误认的；(2) 以《巴黎公约》1967 年文本第 10 条之二，则将构成不正当竞争的。

商标不能以虚假的地理产地进行注册。TRIPs 协议第 22 条第 3 款规定，如果某商标包含有或组合有商品的地理标志，而该商品并非来源于该标志所标示的地域，于是在该商标中使用该标志来表示商品在该成员地域内即具有误导公众不去认明真正来源的性质，则如果立法允许，该成员应以职权驳回或撤销该商标的注册，或使其注册失效。

TRIPs 协议第 23 条的规定，要求成员国对防止酒产品的虚假地理原产地标识给以高标准的保护。应该达到不会使公众产生误认的标准，要排除任何引起混淆的危险。

三、《商标国际注册马德里协定》及《商标国际注册马德里协定有关议定书》

《商标国际注册马德里协定》(Madrid Agreement for International Registration of Trade Marks)简称《马德里协定》，是关于简化商标在其他国家内注册手续的国际协定。1891 年 4 月 14 日在马德里签订，1892 年 7 月生效。它先后被修改或修订过七次(至今为止最后一次是在 1979 年 9 月 28 号)。《马德里协定》是对《保护工业产权巴黎公约》关于商标注册部分的一个补充，根据协定规定，须先参加《保护工业产权巴黎公约》，才能参加《马德里协定》。

《商标国际注册马德里协定有关议定书》(以下简称《马德里议定书》或《议定书》)，则是于 1989 年 6 月 27 号于西班牙的马德里获得通过并于 1996 年 4 月 1 号生效(该议定书至今被修订过两次，最后一次是 2007 年 11 月 12 号)。通常所指的马德里体系或马德里联盟就是指的所有分别参加协定书和议定书或同时参加两者的国家或地区组织的成员国，该系统由设在瑞士日内瓦的世界知识产权组织国际局管理。此外，世界知识产权组织(WIPO)在实际管理及运作商标国际注册过程中，除了上述两个主要国际条约外，还有在 2009 年 9 月 1 号生效的《共同实施细则》

以及 2008 年 1 月 1 号生效的《行政指引》。

（一）马德里国际商标注册主管机关

通常所指的马德里体系或马德里联盟就是指的所有分别参加协定书和议定书或同时参加两者的国家或地区组织的成员国，这两个国际条约是由设在瑞士日内瓦的世界知识产权组织（WIPO）管理和运作的多边国际条约。

（二）马德里联盟成员国

截止 2011 年 1 月，马德里同盟共有 85 个成员国（含地区组织），其中既参加协定书又参加议定书的成员国有 54 个。纯议定书成员国为 29 个。纯协定书成员国只有 2 个。我国在 1989 年和 1995 年分别加入《马德里协定》和《马德里议定书》。

《马德里协定》保护的对象是商标和服务标志。主要内容包括商标国际注册的申请、效力、续展、收费等。该协定规定：商标的国际注册程序是协定的成员国国民，或在成员国有住所或有真实、有效营业所的非成员国国民，首先在其所属国或居住或设有营业所的成员国取得商标注册后，才可以向设在日内瓦的世界知识产权组织国际局申请国际注册。注册经批准后，由国际局公布，并通知申请人要求给予保护的那些成员国。这些成员国可以在 1 年内声明对该项商标不予保护，但需说明理由；申请人可向该国主管机关或法院提出申诉。如果 1 年内未做上述声明，则国际注册就在该国具有国家注册的效力，期限 20 年。

协定还规定：在国际注册 5 年内，原先国家注册的撤销即导致国际注册的撤销。只有当取得国际商标注册届满 5 年之后，该商标在协定各成员国的注册才能独立于其本国注册。国际注册对商标所有人的好处是，通过世界知识产权组织的国际局向《马德里协定》和《议定书》成员国申请注册，手续简单方便、省钱。申请人可以就一个商标，递交一个申请，按国家数缴纳费用，在《马德里协定》和《议定书》成员国范围内指定商标保护的国家。

四、《商标注册用商品和服务国际分类尼斯协定》（Trademark registration for the Nice Agreement Concerning the International Classification of Goods and Services）

《商标注册用商品和服务国际分类尼斯协定》（简称《尼斯协定》）是《巴黎公约》基础之上的政府间多边条约，于 1957 年 6 月 15 日在法国南部城市尼斯签订，1961 午 4 月生效。我国自 1988 年就开始使用尼斯国际分类，1994 年 8 月 9 日正式成为尼斯联盟成员国。

《尼斯协定》的宗旨是建立一个共同的商标注册用商品和服务国际分类体系，并保证其实施。《尼斯协定》建立了商标注册用商品和服务的国际分类，规定协定成员国的商标注册机关在审查国内商标注册申请时，应当在商标注册或者公告中标明商品或者服务的国际分类类别号。同时，按照《马德里协定》及其《议定书》办理的商标国际注册,也必须使用尼斯国际分类。

另外,在使用尼斯国际分类过程中,不仅所有尼斯联盟成员国都使用此分类表,而且,非尼斯联盟成员国也可以使用该分类表,所不同的是,尼斯联盟成员国有权对国际分类的修改和统一使用提出建议,有权参加对国际分类的修订,而非成员国则不享有这些权利。

截止 2005 年 12 月 31 日《尼斯协定》的成员国已发展到 78 个。由于尼斯国际分类提供了商标注册用商品或服务分类的统一工具,便利了商标查询、商标申请、商标审查和商标管理,大大方便了商标申请人进行国际商标注册保护,有利于节约时间和劳力、提高工作效率,致使目前世界上有超过 130 多个国家和地区以及两个商标国际组织的商标注册部门使用尼斯国际分类。

尼斯国际分类表一般每五年修订一次:一是增加新的商品;二是将已列入分类表的商品按照新的观点进行调整,以求商品更具有内在的统一性。目前,尼斯国际分类共包括 45 类,其中商品 34 类,服务项目 11 类,共包含一万多个商品和服务项目。最新的第十版本已经从 2012 年 1 月 1 日起生效实施。

五、《建立商标图形要素国际分类维也纳协定》

《建立商标图形要素国际分类维也纳协定》(Vienna Agreement for Establishing an International Classification of the Figurative Elements of Marks),简称《维也纳协定》,是建立商标图形要素国际分类的协议。1973 年 6 月 12 日在维也纳外交会议上通过,1977 年 5 月 1 日生效。截止到 2010 年 6 月底,共有 28 个国家为《维也纳协定》的成员国。

《维也纳协定》的主要目的是:建立一个国际通用的商标图形要素的国际分类,以促进国际间的商标合作,以便于对商标进行检索和管理。与《尼斯协定》不同的是,商标图形要素国际分类仅涉及商标本身,与商品和服务内容没有关系。《维也纳协定》对包括图形要素的商标建立了分类,该分类将商标图形要素按大类、小类及组分类的一览表组成,并根据具体情况加以注释,包括 29 个大类,144 个组,1596 个项,为商标图形要素的查询和管理提供了便利。协定规定各成员国的商标注册机关应在商标注册或者公告等官方文件中标明此类商标的图形要素分类号码。

由于商标图形要素国际分类的优越性比较显著,目前,除了《维也纳协定》成员国使用这一分类,许多非维也纳协定成员的国家也采用这一分类。其中,我国于 1988 年在采用《尼斯协定》商品和服务国际分类时,同时开始使用这一分类并建立了商标图形要素的国际分类的检索系统。目前国际上商标图形要素分类已经更新为第六版。

六、《商标注册条约》(Trade Mark Registration Treaty,缩写 TRT)

《商标注册条约》(简称 TRT)是 1973 年 6 月在维也纳召开的工业产权外交会

议上签订的国际性商标条约,1980 年 8 月 7 日起生效。《商标注册条约》缔约的目的是在更大范围内促进商标的国际注册。

《商标注册条约》不要求在国际注册之前必须先办理本国注册。条约规定,申请人可以直接向世界知识产权组织国际局(或通过本国的机构)提出商标的国际申请。国际申请符合本条约及其实施细则时,国际局即给予注册并在公报上公布,分别通知申请人要求提供保护的每一个成员国的主管机关。各该成员国的商标注册机关可以在 15 个月的期限内拒绝该项国际申请的效力,否则该项国际注册即取得在该国注册的同样效力。

《商标注册条约》没有《马德里协定》中关于在国际注册后 5 年内,原先国家注册的撤销,即导致国际注册撤销的规定;条约规定提出的商标国际注册可以使用英文,也可以使用法文,而根据《马德里协定》提出的国际注册只能使用法文,且国际注册的有效期为 20 年;而《商标注册条约》规定,国际注册的有效期为 10 年,期限可以续展,每期 10 年,同时续展手续也很简单。

《商标注册条约》同《马德里协定》的内容基本相同,但在商标国际注册方面克服了《马德里协定》的缺陷,弥补了《马德里协定》的不足,使得商标国际注册更为简化、方便。

七、《商标法条约》(Trademark Law Treaty,缩写 TLT)

《商标法条约》是在世界知识产权组织(WIPO)的主持下于 1994 年 10 月 27 日在日内瓦通过的,截止至 1995 年 10 月 27 日即该条约开放签字的截止日期之前,包括我国在内共有 50 个国家和一个国际组织在条约上签字。该条约于 1996 年 8 月 1 日开始生效。

《商标法条约》的目的在于协调各国商标立法,简化有关商标申请注册的行政程序,制定统一的国际标准,促进缔约国间商标权利的相互保护。

《商标法条约》适用于商品和服务商标。该条约对商标注册程序进行了原则规定,主要包括主管机关不得要求申请人提供商业注册证明,申请人可以在一份申请书上申请多个类别的注册以及变更、转让,注册和续展注册的有效期统一规定为 10 年,不必就每一份申请提交一份代理人委托书,不得对签字要求进行公证、认证、证明、确认。条约的这些规定极大地简化了商标申请人在各成员国之间进行申请注册和保护。

八、《商标法新加坡条约》(Singapore Treaty on the Law of Trademarks 缩写 STLT)

《商标法新加坡条约》(STLT)是在 1994 年《商标法条约》的基础上制定的,2006 年 3 月 28 日在由世界知识产权组织(WIPO)主办、新加坡政府承办的"通过经修订的《商标法条约》外交大会"上通过。自 2006 年 3 月 28 日至 2007 年 3 月 27

日,《新加坡条约》(STLT)在世界知识产权组织日内瓦总部开放一年供签署,目前已有51个国家和组织签署了该条约。我国政府于2007年签署该条约。《商标法新加坡条约》(STLT)已于2009年3月16日正式生效。

《商标法新加坡条约》对1994年《商标法条约》的修订所涉及的内容主要有以下几方面:

(1) 扩展了条约的适用范围,使条约不仅适用于含视觉标志的商标,还可适用于由嗅觉及听觉标志构成的商标。

(2) 确立了商标注册和许可使用程序方面的共同标准,使商标注册和许可使用的各项程序走向标准化,并且从电子通信设施的优点和发展潜力考虑,从而使商标注册人和各国商标主管机关能利用现代通信技术更加有效地处理和管理不断发生变化的商标权。

(3) 增加了商标申请人、注册持有人或其他利害关系人未遵守期限时的救济措施。

(4) 增加了商标使用许可的备案规则。进一步促进了成员国间商标权的相互保护。

《商标法新加坡条约》不仅进一步促进了成员国间商标权的相互保护,而且该条约还确定建立"缔约方大会"机制,创立了一个能动性法规框架,邀请缔约国及政府间组织参加会议,并根据实际情况及时、合理地修改条约内容,从而有助于实现国际法律框架能始终根据商标注册人不断变化的实际和发展中国家的需求不断进行调整。

《商标法新加坡条约》统一和简化了商标申请的行政程序,促进了各国商标制度的趋同,这将有助于申请人在不同国家提交商标注册申请文件,降低交易成本,并有利于商标主管机关提高行政效率,缩短授权周期。同时,商标的使用许可制度的规范和完善,为以商标来进行资本运作提供了法律依据和保障,将在很大程度上有利于企业参与国际经济活动。

九、《保护奥林匹克标志内罗毕公约》(Nairobi Treaty on the Protection of the Olympic Symbol 以下简称《内罗毕公约》)

《内罗毕公约》是世界知识产权组织(WIPO)于1981年9月26日在肯尼亚首都内罗毕制定的,目的是为了解决奥林匹克标志的全球保护问题。截至2005年12月31日,《内罗毕公约》的缔约国为44个。

《内罗毕公约》规定成员国非经国际奥林匹克委员会许可,有义务拒绝以国际奥林匹克委员会宪章规定的奥林匹克会徽组成的或含有该会徽的标志作为商标注册,或使其注册无效;并应采取适当措施禁止出于商业目的以此种标志作为商标或其他标记使用。

根据《奥林匹克委员会宪章》(以下简称《奥林匹克宪章》)的规定,奥林匹克标志是指奥林匹克五环图案标志，代表五大洲的团结和全世界的运动员在奥林匹克运动会上相会。《奥林匹克宪章》将奥林匹克徽记定义为“是把奥林匹克五环与另一独特成分联系在一起的某种整体设计”，可见《奥林匹克宪章》把奥林匹克标志视为奥林匹克徽记的一部分。

根据该条约，所有《内罗毕公约》的成员国均有义务保护奥林匹克徽记，制止未经国际奥林匹克委员会的许可而用于商业目的的行为，即用于广告、商品或者商品包装上作商标使用。该条约还规定，为了商业目的使用奥林匹克徽记并为取得国际奥林匹克委员会的许可而向其缴纳许可使用费时，部分收入将分给该有关国家的奥林匹克委员会。

复习思考题

1. 简述商标权的概念和特征。
2. 商标权许可的种类有哪些?
3. 简述商标权的内容。
4. 简述商标注册的原则。
5. 简述商标注册的条件。
6. 商标侵权行为有哪些表现?
7. 简述驰名商标的认定方式和认定条件。
8. 试述驰名商标的特殊法律保护。
9. 简述《保护工业产权巴黎公约》对商标侵权的制裁。
10. 简述 TRIPs 协议对商标保护的内容。

案例分析题

案例 1　某市甲、乙两家科技有限责任公司系各类门锁生产商，于 2008 年 11 月 17 日向商标局同时申请“顺心”和“顺芯”注册商标。甲公司第一次在其产品(门锁)(也称卧室锁)上使用“顺心”商标是在 2006 年 10 月；乙公司在其产品(门户锁)(也称防盗锁)上第一次使用“顺芯”商标是在 2005 年 9 月。请问:商标局应怎样注册? 为什么?

案例 2　2009 年 6 月，某市兴隆县食品厂向商标局申请为其产品注册“兴隆”商标。2009 年 6 月 10 日，商标局审查后认为“兴隆”系县级以上行政区划名称，根据《商标法》第 10 条第 3 款的规定，县级以上行政区划的地名不得作为商标，故驳回该申请。该食品厂于 2009 年 6 月 14 日收到该驳回申请的决定。另外，该县另有一家方便面厂一直使用未注册的“兴隆”商标。

根据我国《商标法》的规定，请回答下列问题:

1. 如食品厂不服商标局驳回申请的决定，应当于何时向哪个部门申请复审?
2. 你认为复审结果应当如何? 并陈述理由。

3. 如果复审结果维持初审决定,该食品厂能否向法院提起诉讼?如果能,应在何时提出诉讼?如果不能,请陈述理由。

4. 如果复审结果改变初审决定,最后核准注册并发给商标注册证,那么,另一家方便面厂能否继续使用"兴隆"作为商标?为什么?

案例 3 某市佳丽化妆品有限责任公司(以下简称佳丽公司),1995 年 1 月经国家工商行政管理局核准注册发给了商标注册证,取得了"肤美"牌系列化妆品的商标专用权。并有部分产品出口。之后,1997 年 3 月,该市另一生产化妆品的公司——美妆公司,在一次交易会上与某贸易公司的代理人洽谈,接受了该公司定牌生产"肤美"牌化妆品 20 万瓶的订货,由该贸易公司提供生产原料和"肤美"牌商标标识。美妆公司在未了解"肤美"为他人同类商品注册商标的情况下便组织生产,并于 1997 年 10 月开始发货,仿冒的"肤美"牌化妆品涌入市场。由于该产品用后会对皮肤产生副作用,使人脸上留下黑斑,不少用户给佳丽公司来信反映,部分客户要求退货、赔偿,致使该公司遭受严重经济损失,信誉也受到很大损害。佳丽公司弄清原委后,向人民法院提起诉讼,要求美妆公司和贸易公司共同承担侵权责任。而美妆公司辩称:其生产的"肤美"牌化妆品系按贸易商定牌生产,不是故意仿冒原告的"肤美"商标,不同意承担侵权责任。

问题:美妆公司并非故意仿冒他人商标,是否应承担侵权责任?为什么?

第十五章　计算机软件保护法

第一节　计算机软件保护法概述

一、计算机软件的概念

软件是计算机系统中与硬件相互依存的一部分，包括程序、数据以及与其相关文档的完整集合。软件是用户和计算机硬件之间的接口与桥梁。1978年世界知识产权组织（WIPO）发表的《保护计算机软件示范条例》中将计算机软件的概念阐述为：计算机软件包括程序、程序说明和程序使用指导三项内容。

“程序”指以文字、代码、图形或其他任何形式表达的能够使计算机具有信息处理能力，在与计算机可读介质结合为一体后，用以标志一定功能、完成一定任务或产生一定结果的指令集合。“程序说明”指用文字、图解或其他方式，对计算机程序中的指令所作的足够详细、足够完整的说明和解释。“程序使用指导”是指除了程序和程序说明以外的，用以帮助理解和实施有关程序的其他辅助材料。

依照我国《计算机软件保护条例》的规定，计算机软件是指计算机程序及其有关文档。

计算机程序是指为了得到某种结果而可以由计算机等具有信息处理能力的装置执行的代码化指令序列，或者可被自动转换成代码化指令序列的符号化指令序列或者符号化语句序列。因此，程序是对计算任务的处理对象和处理规则的描述。

文档是指用自然语言或者形式化语言所编写的文字资料和图表，用来描述程序的内容、组成、设计、功能规格、开发情况、测试结果及使用方法。如程序设计说明书、流程图、用户手册等。

由于计算机软件是以计算机程序为核心的各种软件资料的组合，不同的计算机软件以及在不同的环境使用的计算机软件所包含的因素是不一样的。程序是对计算任务的处理对象和处理规则的描述；文档简言之是为了便于了解程序所需的资料说明。

二、计算机软件的法律特征

(1) 计算机软件是开发者智力劳动的结晶,具有原创性质。软件的开发要求软件开发人员必须具有丰富而扎实的专业和相关知识,极强的逻辑和形象思维能力,了解计算机硬件的最新发展状况与发展前景,熟练掌握和使用编程语言,因此研制开发软件是一种高强度的逻辑思维的劳动,它体现了创作者运用科学思想、逻辑思想和各种算法、文字技巧等诸多智力因素,是思想和知识的结合,凝聚了人类智慧,是一种无形的精神产品。

(2) 计算机软件就其表现形式而言,它是一种指令序列或语句序列,而这种指令序列或语句序列的程序通常用数字、文字、符号等表现出来,并且可以用有形媒体,如纸张、磁带、磁盘、光盘等把他们表现出来并加以固定,因此计算机程序具有文字作品的性质。

通常软件的最终用途是为了执行某一任务,当软件在调入计算机运行之前,首先表现为作品性,人们无法通过“阅读”或“欣赏”计算机程序与文档而制造任何有形产品和实现任何操作。但是,当软件调入计算机运行后,则更主要地表现为工具性,即通过控制计算机硬件动作过程,获得某种功能性结果。所以,计算机软件具有作品性与工具性的双重特性。

(3) 计算机软件开发工作量大、成本高,但复制容易、成本极低。开发计算机软件必须具备相应的物质和技术条件,有充足的开发资金和良好的开发环境。计算机软件的产生,凝聚了开发者的大量时间与精力,是人脑周密逻辑性的产物,好的计算机软件又具有极高的社会价值和经济价值;同时计算机软件比文学作品更具有可操作的特点,比工具、模型等实物具有容易复制和费用低的特点。

复制是对计算机软件的客观再现,不改变软件内容,不影响软件本身的价值,复制后的软件以一定的客观物质形式体现,具有可感知性。计算机软件的复制是指把软件转载于有形物体的行为,如把软件打印在纸上或穿孔在卡片上,把软件转存于磁盘、磁带或 ROM 芯片等等。计算机软件的可复制性决定其可以广泛传播和有效利用,创造经济和社会效益。由于计算机软件复制成本低廉,致使非法复制他人软件牟取暴利便成为可能。

三、计算机软件立法保护的发展及现状

由于计算机软件是高科技发展的产物,作为一种新型的智力产品,除具有作品的一般特征之外,还具有比文学作品更易复制、易改编的可操作性特点,因此,20 世纪 70 年代以来,世界各国普遍加强了计算机软件的立法保护。

1972 年菲律宾率先将计算机程序纳入《著作权法》保护范围,成为世界上第一个以版权法保护计算机软件的国家。

美国版权局于 1964 年就开始接受计算机程序的登记,美国国会于 1974 年设

立了专门委员会，研究同计算机有关的作品生成、复制、使用等问题。美国也确定了以《版权法》保护计算机软件的立法模式，并于1976年和1980年两次修改《版权法》，正式把计算机程序列入版权法保护的范围。作为头号程序生产大国的美国在考虑计算机软件保护模式的问题上，最终决定采用《著作权法》来对计算机软件进行保护，主要是因为著作权保护能自动生成，而且在世界上已存在成熟的国际保护机制，由此，美国不遗余力地在世界范围内推行这一立场。随后，匈牙利、澳大利亚、印度先后把计算机软件列为版权法的保护客体。

英国现行《版权法》颁布于1956年，1985年7月作了修订，成为《版权(计算机程序)修订法》，该法第3条规定:文学作品包括计算机程序。英国法院在案例中也倾向通过版权保护程序。

法国《文学艺术产权法》是1957年3月11日颁布，1985年7月3日作了全面修订，成为《版权与邻接权法》，在原法第3条中的“科学作品”后面增加了“程序作品”一项，另外增加了7条有关程序的规定，该法修订后把计算机软件纳入版权与邻接权法的保护对象中。

日本现行《版权法》于1971年1月1日生效，并于1978年、1985年进行了修订，修订后的日本《版权法》对计算机程序明确予以保护。

联邦德国《版权与相关权利法》于1965年9月9日颁布，1974年1月2日进行修改，1985年6月作了新的修订，在第1条第1款“受保护的对象”中，增加了计算机程序一项，作为语言著作保护。在联邦德国法院的判例中，也倾向于版权保护。

上世纪八十年代中期，欧洲共同体各成员国在知识产权立法方面的差异已对共同体内的贸易及共同市场内的经济活动能力造成直接的负面影响。欧洲共同体开始对成员国的版权法进行了一系列的协调工作，1988年，欧共体委员会通过了《关于版权和技术挑战的绿皮书》，《绿皮书》提议颁布一系列协调成员国版权法的指令。根据《欧共体条约》第100条和100a条，欧共体部长理事会可以颁布指令以协调对建立共同市场有直接负面影响的成员国国内法。这些指令具有强制力，成员国必须通过修改其国内法加以实施。

1991年5月14日，欧共体颁布了《欧共体计算机程序法律保护指令》，该指令第1条“保护的目标”明确要求各成员国对计算机程序，要视之为伯尔尼公约所规定的文字作品给予版权保护。由此，欧共体在计算机程序法律保护问题上最终引进了统一的版权法保护体系。

1992年9月23日，俄罗斯联邦颁布《计算机软件及数据库软件保护法》和《集成电路布图设计保护法》。1993年7月又通过了新的著作权及邻接权保护法。根据俄联邦的《计算机软件和数据库保护法》和《关于著作权及邻接权保护法》的规定，计算机软件和数据库是著作权法保护的对象，计算机软件视为文字作品，数据库视为编辑作品。计算机程序包括源程序和目标程序，不保护程序设计思想、算法和程序设计语言，数据库作者因对材料选择和编排付出了创造性劳动而享有著作权。

随着全球化和知识产权的发展,著作权保护已经成为世界上大部分国家保护计算机软件知识产权的一种主要的保护方式。据统计,全球现已有60多个国家和地区将计算机程序纳入各自的著作权法律保护体系中,采用版权法保护软件目前已经成为国际主流。

1994年4月15日世界贸易组织的《与贸易有关的知识产权协议》(TRIPs)第10条明确规定:"无论以源代码或以目标代码表达的计算机程序,均应作为《伯尔尼公约》1971年文本所指的文字作品给予保护。"1996年12月20日世界知识产权组织通过了《世界知识产权组织版权条约》(WIPO Copyright Treaty,简称WCT),《世界知识产权组织版权条约》的第4条规定:"计算机程序作为《伯尔尼条约》第2条意义下的文学作品受到保护。此种保护适用于各计算机程序,而无论其表达方式或表达形式如何。"

对于数据汇编(数据库)的保护,第5条规定:"数据或其他资料的汇编,无论采用任何形式,只要由于其内容的选择或排列构成智力创作,其本身即受到保护。这种保护不延及数据或资料本身,亦不损害汇编中的数据或资料已存在的任何版权。"由此世界知识产权组织通过《世界知识产权组织版权条约》(WCT)进一步明确规定了计算机程序以及数据汇编(数据库)为受《伯尔尼公约》保护的客体。

随着计算机软件在我国的大量应用和普及,我国对计算机软件的保护给予了高度重视。著作权也称版权,是指作者及其他权利人对文学、艺术和科学作品享有的人身权和财产权的总称。1990年9月我国颁布了《著作权法》,该法第3条规定,软件是作品的一种形式,受著作权法的保护。然而,由于计算机软件作品的特殊性,《著作权法》第58条授权国务院在《著作权法》法律保护的前提下另行规定《计算机软件保护条例》。

1991年6月4日国务院颁布了《计算机软件保护条例》,该条例规定了软件登记制度。1994年,全国人大常委会通过了《关于惩治侵犯著作权的犯罪的决定》;1995年7月,国务院又颁布了《知识产权海关保护条例》;1995年国家版权局发布《关于不得使用非法复制的计算机软件的通知》;2002年2月20日国家版权局颁布了《计算机软件著作权登记办法》;2006年5月国务院又颁布了《信息网络传播权保护条例》。我国现行计算机软件著作权保护的法律渊源主要是2001年12月20日国务院公布的并于2013年1月30日经过第二次修订的《计算机软件保护条例》。

此外,我国还加入了若干国际公约,包括:1992年,我国加入的《保护文学艺术作品伯尔尼公约》、《世界版权公约》等著作权国际公约并颁布了《实施国际著作权公约的规定》,这一系列的法律法规,构成了我国计算机软件著作权保护的基本法律框架,再加上配套的知识产权法律法规,共同形成了我国计算机软件法律保护体系。

四、计算机软件保护法的概念

计算机软件保护法是指调整软件著作权人、软件使用人、软件登记管理机构以及其他当事人之间因为计算机软件的开发、传播和使用所发生的利益关系的法律规范的总称。我国计算机软件保护法属于著作权的范畴，国务院于 2013 年 1 月 30 日颁布了经过第二次修订的《计算机软件保护条例》，该条例作为我国《著作权法》的配套法规，是软件版权保护的主要法律依据。

五、计算机软件著作权主体

依照《计算机软件保护条例》第 3 条第 4 款的规定，软件著作权人，是指依照本条例的规定，对软件享有著作权的自然人、法人或者其他组织。软件著作权自软件开发完成之日起产生。除法律另有规定外，软件著作权属于软件开发者，即实际组织开发、直接进行开发，并对开发完成的软件承担责任的法人或者其他组织；或者依靠自己具有的条件独立完成软件开发，并对软件承担责任的自然人。依据国籍不同，软件著作权主体可以分为外国主体和本国主体。对外国主体而言，如果外国人、无国籍人的软件首先是在中国境内发行的，则依照该条例享有著作权。对于外国人、无国籍人的软件，依照其开发者所属国或者经常居住地国同中国签订的协议或者依照中国参加的国际条约享有的著作权，受该条例的保护。

通常，软件著作权主体主要有以下几种类型：

（一）软件开发者

软件开发者是软件著作权主体，除法律另有规定外，软件著作权属于软件开发者，即实际组织开发、直接进行开发，并对开发完成的软件承担责任的法人或者其他组织；或者依靠自己具有的条件独立完成软件开发，并对软件承担责任的自然人。

（二）合作开发合同约定的人，单独或者共同开发者

由两个以上的自然人、法人或者其他组织合作开发的软件，其著作权主体由合作开发者签订书面合同约定。无书面合同或者合同未作明确约定，合作开发的软件可以分割使用的，开发者对各自开发的部分可以单独享有著作权；但是，行使著作权时，不得扩展到合作开发的软件整体的著作权。合作开发的软件不能分割使用的，各合作开发者是其共同著作权主体，通过协商一致行使著作权；不能协商一致，又无正当理由的，任何一方著作权主体不得阻止他方著作权主体行使除转让权以外的其他权利，但是所得收益应当合理分配给所有共同著作权主体。

（三）委托开发合同约定的人或者受托人

接受他人委托开发的软件，其软件著作权主体由委托人与受托人签订书面合同约定；无书面合同或者合同未作明确约定的，其受托人是软件著作权主体。

(四) 计算机软件作品的著作权主体的归属

计算机软件职务作品仅指自然人开发者在任职期间开发的软件,不包括法人或者其他组织开发者开发的软件。由于计算机软件职务作品的著作权主体的归属有一定的特殊性,因此,根据法律规定,自然人在法人或者其他组织中任职期间所开发的软件有下列情形之一的,该软件著作权由该法人或者其他组织享有,该法人或者其他组织可以对开发软件的自然人进行奖励:

(1) 针对本职工作中明确指定的开发目标所开发的软件;

(2) 开发的软件是从事本职工作活动所预见的结果或者自然的结果;

(3) 主要使用了法人或者其他组织的资金、专用设备、未公开的专门信息等物质技术条件所开发并由法人或者其他组织承担责任的软件。

(五) 规定的人或者接受任务人

由国家机关下达任务开发的软件,著作权主体由项目任务书或者合同规定;项目任务书或者合同中未作明确规定的,接受任务的法人或者其他组织是软件著作权主体。

(六) 继承人或者承受人

软件著作权属于自然人的,该自然人死亡后,在软件著作权的保护期内,软件著作权的继承人可以依照《中华人民共和国继承法》的有关规定,继承除署名权以外的其他软件著作权的权利,成为软件著作权主体。

六、计算机软件著作权的客体

软件著作权的客体是指计算机软件,即计算机程序及其有关文档。计算机程序(包括源程序和目标程序)及其相关文档(如程序设计说明书、流程图、用户手册等)都是软件著作权的客体,依法受到保护。当然,计算机软件并不是单指计算机上使用的软件,还包括其他处理信息装置设备(家用电子产品、电子游戏机、自动控制系统等)上使用的软件,例如嵌入式软件——用芯片能够识别的机器语言编写、并且固化在芯片中的程序及其相应文档。嵌入式软件与计算机上运行的软件不同,不易复制、不易阅读,与芯片硬件密不可分,融为一体,但仍然可以作为语言文字作品与计算机上运行的软件一样都享有软件著作权,依法受到保护。

根据《计算机软件保护条例》的规定,一项受著作权保护的软件应满足以下条件:

(1) 受著作权保护的软件必须是开发者独立开发的。因为软件同其他作品一样具有独创性,而这种独创性并不要求达到一定的程度,仅要求软件是开发者的原始创作即可。

(2) 著作权保护的软件应该是已经固定在某种有形物体上,例如:纸、磁介质、光盘等。因为,计算机软件通常不是用来欣赏的,而是需要通过处理信息装置,产生某种实际效果。例如通过程序控制计算机,以生产、交流和储存信息。

(3) 计算机软件的著作权保护有一个重要的原则,即仅保护软件的表达或者表现形式,不延及开发软件所用的思想、处理过程、操作方法或者数学概念等。软件的表现形式是指软件所包含的以数字、文字及符号来表现的指令序列或语句序列,且这种序列能够用有形载体加以固定。对于程序来讲,无论是体现源代码形式还是体现目标码形式,都可能得到《著作权法》保护。

第二节 计算机软件著作权

一、计算机软件著作权内容

计算机软件的著作权是指软件的开发者或其他权利人依据《著作权法》和《计算机软件保护条例》的规定,对于软件作品享有的各项专有权利。这种权利是基于"软件作品"而产生的。软件著作权的内容是指存在于软件著作权人与不特定人之间的权利义务关系,著作权人享有权利必须依赖于义务人承担义务,即软件著作权人享有某项权利时,同时意味着除著作权人以外的其他人有不得侵犯这项权利的义务。

二、计算机软件著作权内容的分类

计算机软件著作权的内容包括人身权和财产权两大类。

(一) 软件著作权的人身权

人身权,是指计算机软件著作权人基于自己的软件作品而享有的并与该作品有关的以人格利益为内容的专有权利,这种权利是基于计算机软件著作权人人身的,并与人身不可分离、不能放弃或转让,并没有直接财产内容的权利。

根据我国《计算机软件保护条例》第 8 条的规定,软件著作权的人身权主要有发表权、署名权和修改权:

1. *发表权*

发表权,是著作权人享有的决定是否将其作品发表以及如何发表的权利。所谓发表是指将作品的原件或复制件,公之于众。根据我国《计算机软件保护条例》第 5 条的规定,中国公民、法人或者其他组织对其所开发的软件,不论是否发表,依照本条例享有著作权。

2. *署名权*

署名权即表明开发者身份的权利以及在软件上署名的权利,它不受时间的限制,也不因权利人的死亡或者消失而消灭。署名权主要包括以下三方面的内容:

(1) 有权在自己开发的软件上署名;(2) 决定署名的方式;(3) 禁止他人在自己的软件作品上署名。

3. 修改权

修改权指软件开发者自行或授权他人对软件进行增补、删节,或者改变指令、语句顺序等修改的权利。修改是创作的延续,其本身也是一种创作,无论作品是否发表,著作权人都享有修改权。

(二) 软件著作权的财产权

软件著作权的财产权是软件开发者对其软件作品进行支配、利用和处分的权利,软件著作权所有人所享有的财产权可以分为专有使用权、使用许可权和转让权。

1. 专有使用权

是指软件著作权所有人独自享有的排他性的对软件作品的占有使用等权利。专有使用权具体包括:

(1) 复制权,即软件著作权所有人将软件制作一份或者多份的权利;

(2) 发行权,是指软件著作权所有人以出售或者赠与方式向公众提供软件的原件或者复制件的权利;

(3) 出租权,是指软件著作权所有人有偿许可他人临时使用软件的权利,但是软件不是出租的主要标的的除外;

(4) 信息网络传播权,是指软件著作权所有人以有线或者无线方式向公众提供软件,使公众可以在其个人选定的时间和地点获得软件的权利;

(5) 翻译权,是指软件著作权所有人将原软件从一种自然语言文字转换成另一种自然语言文字的权利;

(6) 应当由软件著作权人享有的其他专有使用权。

2. 使用许可权

是指软件著作权人享有的许可他人行使其软件著作权并获得报酬的权利。

3. 转让权

是指软件著作权人享有的全部或者部分转让其软件著作权并获得报酬的权利。

三、计算机软件著作权的保护期

关于著作权的取得在各国立法中主要有两种做法:一种是自动取得制度,另一种是注册取得制度。依照我国《计算机软件保护条例》第 5 条的规定,我国采用的是自动取得制度。以软件作品的完成时间作为软件著作权取得的时间界限,作品完成即取得著作权,不需要履行任何的手续。所以,软件著作权自软件开发完成之日起产生。

根据我国《计算机软件保护条例》的规定,软件著作权的保护期为:

(一) 自然人软件著作权的保护期:

自然人的软件著作权,保护期为自然人终生及其死亡后 50 年,截止于自然人死亡后第50年的12月31日；软件是合作开发的，截止于最后死亡的自然人死亡后的第50年的12月31日。

（二）法人或者其他组织软件著作权的保护期：

法人或者其他组织的软件著作权，保护期为50年，截止于软件首次发表后第50年的12月31日，但软件自开发完成之日起50年内未发表的，不再受保护。

四、计算机软件著作权的继承、许可使用和转让

（一）软件著作权的继承

软件著作权属于自然人的，该自然人死亡后，在软件著作权的保护期内，软件著作权的继承人可以依照我国《继承法》的有关规定，继承除署名权以外的软件著作权的其他权利。继承活动的发生不改变该软件权利的保护期。

软件著作权属于法人或者其他组织的，法人或者其他组织变更、终止后，其著作权在规定的保护期内由承受其权利义务的法人或者其他组织享有；没有承受其权利义务的法人或者其他组织的，由国家享有。

（二）软件著作权许可使用的具体规定

在软件著作权的保护期内，软件著作权人或其受让者有权许可他人行使软件使用权，并可按合同收取费用。许可他人行使软件著作权的，应当订立许可使用合同。使用许可分为专有许可或非专有许可。没有订立合同或者合同中没有明确约定为专有许可的，被许可行使的权利应当视为非专有权利。软件著作权许可使用行为的发生不改变该软件著作权的归属。

（三）软件著作权转让的具体规定

软件著作权人转让其软件著作权的，应当与受让人订立书面合同。软件著作权转让行为的发生不改变该软件著作权的保护期。

五、计算机软件著作权的法定限制

为了维护社会公众利益，促进软件开发技术的发展，保障软件的使用功能，计算机软件保护条例对软件著作权人权利行使范围作了一些限制。当出现下列情况时，不视为侵权行为：

1. 合理使用

为了学习和研究软件内含的设计思想和原理，通过安装、显示、传输或者存储软件等方式使用软件的，可以不经软件著作权人许可，不向其支付报酬。

2. 用户的权利

软件的合法复制品所有人享有下列权利：

(1) 根据使用的需要把该软件装入计算机等具有信息处理能力的装置内；

(2) 为了防止复制品损坏而制作备份复制品。这些备份复制品不得通过任何方式提供给他人使用,并在所有人丧失该合法复制品的所有权时,负责将备份复制品销毁;

(3) 为了把该软件用于实际的计算机应用环境或者改进其功能、性能而进行必要的修改,但是,除合同另有约定外,未经该软件著作权人许可,不得向任何第三方提供修改后的软件。

3. 相似的开发

软件开发者开发的软件,由于可供选用的表达方式有限而与已经存在的软件相似的,不构成对已经存在的软件的著作权的侵犯。

4. 使用软件开发理论及方法的行为

法律对软件的保护不能扩大到开发软件所用的思想、概念、发现、原理、算法,处理过程和运行方法,因此,对软件开发理论和相关方法的使用,不构成对软件著作权的侵犯。

第三节 计算机软件的登记

一、计算机软件登记的法律意义

根据我国《计算机软件保护条例》第 7 条的规定,软件著作权人可以向国务院著作权行政管理部门认定的软件登记机构办理登记。我国计算机软件登记采用的是自愿性登记制度,即国家提供登记服务,是否登记由软件开发者自己决定,登记与否不影响对软件的保护。

自愿登记的法律意义在于,首先,软件登记机构发放的登记证明文件是登记事项的初步证明。该计算机软件著作权登记证书对法院或者行政机关而言,在无相反证据的情况下,可以依登记文件确认事实乃至权利的归属。其次,在软件交易过程中,为了保证权利交易的安全,交易双方当事人都希望有一种能够证明软件权利合法来源的法律文书,而计算机软件著作权登记证书为市场经济环境下的软件正常交易提供了方便。最后,国家著作权行政管理部门鼓励软件登记,并依据国家法律对已经登记的软件予以重点保护。

二、计算机软件著作权登记的程序

(一) 软件登记管理机构

国家版权局主管全国软件著作权登记管理工作。中国版权保护中心是国家版权局认定的计算机软件登记机构。经国家版权局批准,中国版权保护中心可以在地方设立软件登记办事机构，负责该地区计算机软件登记的咨询、受理、初审和发证等具体业务工作。

（二）申请文件

申请软件著作权登记的，应当提交以下主要证明文件：

(1) 自然人、法人或者其他组织的身份证明；

(2) 有著作权归属书面合同或者项目任务书的，应当提交合同或者项目任务书；

(3) 经原软件著作权人许可，在原有软件上开发的软件，应当提交原著作权人的许可证明；

(4) 权利继承人、受让人或者承受人，提交权利继承、受让或者承受的证明对的。

软件著作权人申请登记时，应当提交按规定填写的软件著作权登记表和符合规定的软件鉴别材料，并按规定缴纳登记费。

软件著作权转让合同或者专有许可合同当事人可以向中国版权保护中心申请合同登记。申请合同登记时，应当提交以下材料：

(1) 按要求填写的合同登记表；

(2) 合同复印件；

(3) 申请人身份证明。

软件著作权转让合同登记是为了更好的保护当事人的权利。

（三）审查和批准

中国版权保护中心应当自受理之日起 60 日内审查完成所受理的申请，申请符合法律规定的，予以登记，发给相应的登记证书，并予以公告。

（四）软件登记的撤销

国家版权局根据下列情况之一，可以撤销软件著作权的登记：

(1) 最终的司法判决；

(2) 著作权行政管理部门作出的行政处罚决定。

第四节　侵犯计算机软件著作权的行为及其法律责任

侵犯软件著作权的行为，是指违反著作权法和计算机软件保护条例，侵犯软件著作权人或合法继承人、受让人依法享有的专有权利的行为。

（一）承担民事责任的侵权行为

除《著作权法》或者《计算机软件保护条例》另有规定外，行为人有下列侵权行为的，应当根据情况，承担停止侵害、消除影响、赔礼道歉、赔偿损失等民事责任：

(1) 未经软件著作权人许可，发表或者登记其软件的；

(2) 将他人软件作为自己的软件发表或者登记的；

(3) 未经合作者许可，将与他人合作开发的软件作为自己单独完成的软件发表或者登记的；

(4) 在他人软件上署名或者更改他人软件上的署名的；

(5) 未经软件著作权人许可，修改、翻译其软件的；

(6) 其他侵犯软件著作权的行为。

(二) 承担民事、行政和刑事综合法律责任的侵权行为

除法律、行政法规另有规定外，未经软件著作权人许可，有下列侵权行为的，应当根据情况，承担停止侵害、消除影响、赔礼道歉、赔偿损失等民事责任；同时损害社会公共利益的，由著作权行政管理部门责令停止侵权行为，没收违法所得，没收、销毁侵权复制品，可以并处罚款；情节严重的，著作权行政管理部门并可以没收主要用于制作侵权复制品的材料、工具、设备等；触犯刑律的，依照刑法关于侵犯著作权罪、销售侵权复制品罪的规定，依法追究刑事责任：

(1) 复制或者部分复制著作权人的软件的；

(2) 向公众发行、出租、通过信息网络传播著作权人的软件的；

(3) 故意避开或者破坏著作权人为保护其软件著作权而采取的技术措施的；

(4) 故意删除或者改变软件权利管理电子信息的；

(5) 转让或者许可他人行使著作权人的软件著作权的。

有前款第1项或者第2项行为的，著作权行政管理部门可以并处每件100元或者货值金额1倍以上5倍以下的罚款；有前款第3项、第4项或者第5项行为的，可以并处20万元以下的罚款。

关于承担民事赔偿责任中赔偿损失数额的确定：

依照《著作权法》的规定，侵犯著作权或者与著作权有关的权利的，侵权人应当按照权利人的实际损失给予赔偿；实际损失难以计算的，可以按照侵权人的违法所得给予赔偿。赔偿数额还应当包括权利人为制止侵权行为所支付的合理开支。

权利人的实际损失或者侵权人的违法所得不能确定的，由人民法院根据侵权行为的情节，判决给予50万元以下的赔偿。

(三) 软件复制品有关主体的法律责任

软件复制品的出版者、制作者不能证明其出版、制作有合法授权的，或者软件复制品的发行者、出租者不能证明其发行、出租的复制品有合法来源的，应当承担法律责任。

软件的复制品持有人不知道也没有合理理由应当知道该软件是侵权复制品的，不承担赔偿责任；但是，应当停止使用、销毁该侵权复制品。如果停止使用并销毁该侵权复制品将给复制品使用人造成重大损失的，复制品使用人可以在向软件

著作权人支付合理费用后继续使用。

第五节　计算机软件著作权国际保护

由于计算机软件著作权具有严格的地域性，通过订立国际条约实现软件著作权的国际保护就显得十分必要。1983年世界知识产权组织提出了《计算机软件保护条约》草案，要求参加条约的国家使之国内法律能达到一定的“最低要求”，以防止和制裁侵犯软件权利人权利的行为。但在当时缔结新条约的难度较大，因为在现有的法律框架外单独建立一套机制并非一蹴而就，而且各国的立法和司法实践表明，采用著作权保护已经成为对计算机软件提供法律保护的国际主流。

世界上大多数建立著作权保护制度的国家都是《伯尔尼公约》和《世界版权公约》的成员国，如果这些国家都利用著作权法保护计算机软件，则很容易做到软件的国际性保护，因为已经有了《伯尔尼公约》和《世界著作权公约》等成熟的国际保护机制。1994年世界贸易组织的《与贸易有关的知识产权协议》(TRIPs)是乌拉圭回合拓展出来的新的重要领域，它整合了以往的知识产权条约，是“建立在现有重要知识产权条约基础之上的协定，为WTO全体成员方必须遵守的知识产权保护规定了一系列最低标准”①。

《与贸易有关的知识产权协议》(TRIPs)将计算机软件作为著作权的保护对象。TRIPs协议的第10条第1款规定，无论是以源程序还是目标程序所表达的计算机程序，都必须按《伯尔尼公约》所规定的文字作品予以保护。按《伯尔尼公约》规定，计算机软件同其他文学作品一样，采取自动保护主义，即软件作品一旦开发完成便应享有著作权，受到法律的保护，而不论其是否经过登记。《与贸易有关的知识产权协议》(TRIPs)将计算机软件作为著作权保护的明确规定，是从实质上发展了《伯尔尼公约》的有关规定，无疑已将世界上大多数国家都统一到这一立场上来。

1996年12月20日世界知识产权组织通过了《世界知识产权组织版权条约》简称《WIPO版权条约》，其第4条明确规定不论计算机程序表达方式或表达形式如何，均作为《伯尔尼公约》第2条意义上的文学作品受到保护。这两个《协议》和《条约》为国际间计算机软件版权保护提供了统一的标准和依据。

目前，各国的知识产权法律的保护标准越来越趋向于国际性协调规范，以国际条约为主导的知识产权法的全球化，已经势不可挡。世界各国大都已经着手或将继续在以与贸易有关的知识产权协定(TRIPs协议)及其他知识产权国际新条约的

① John H. Jackson: The Trading System－law and policy of International Economic Relation (2d Edit. 1997) P312

大构架下修改和完善本国的知识产权保护法律制度，以共同建设国际知识产权保护制度的大体系。

一、《保护文学艺术作品伯尔尼公约》(Berne Convention for the Protection of Literary and Artistic Works)

《保护文学艺术作品伯尔尼公约》简称《伯尔尼公约》，于1886年9月在瑞士首都伯尔尼缔结。后经过8次补充和修订，最后一次修订形成的文本是1971年的巴黎文本。《伯尔尼公约》是世界上第一部关于著作权保护的国际公约。该公约由世界知识产权组织管理，总部设在日内瓦。截至2012年3月14日，缔约方总数为165个国家，我国于1992年10月15日加入了这个公约。

《伯尔尼公约》就著作权国际保护的基本原则、受保护作品的范围、保护内容及保护期限方面的规定非常详尽。《伯尔尼公约》的基本内容有：

（一）国民待遇原则

联盟任何一成员国国民的作者，或者在任何一成员国首次发表其作品的作者，其作品在其他成员国应受到保护，此种保护应与各国给予本国国民的作品的保护相同。如果作者是非成员国的国民，其作品首次是在某一个成员国出版，或者在非成员国与成员国同时出版，则不论作者是哪国国民，也同样享有成员国的国民待遇。这个原则也适用于在成员国有住所或惯常居所的不具有成员国国籍的作者。

（二）自动保护原则

根据公约第5条第2款的规定，能够在成员国中享有国民待遇的著作权人，其著作权的保护，不需要履行任何手续(如登记、注册、申请等)，只要作品一产生，就自动受到保护。

（三）独立保护原则

各成员国给予其他成员国作品的法律保护，不以该作品是否在其来源国受到保护为条件。

（四）最低保护限度原则

虽然公约中并没有设定“本公约的规定为最低保护”的规定。但是最低保护限度作为公约的基本原则在一些实体性条款中体现出来。根据这一原则，《伯尔尼公约》要求各成员国对著作权的保护必须达到公约规定的最低标准，即公约特别规定的作者所享有的各项权利。

公约规定了各成员国保护作者和作品的最低标准。这些标准是：

(1) 文学艺术作品的范围：根据公约的规定，受保护的文学艺术作品包括文学、科学和艺术领域的一切作品，不论其表现方式或形式如何。

(2) 公约既保护精神权利，又保护经济权利。经济权利包括：翻译权、公演权、复制权、广播权、摄制成电影权、改编权等。精神权利包括:身份权、维护作品完整权、出版权等权利。

(3) 保护期限:作者有生之年加上死后50年;在作者难以确定的情况之下或匿名作品,不得少于自作品发表之日起50年。

二、《世界版权公约》(Universal Copyright Convention)

根据联合国教科文组织倡导,《世界版权公约》(Universal Copyright Convention)于1952年9月6日在瑞士日内瓦召开的各国政府代表会议上通过,1955年生效。1971年7月在巴黎曾作补充修订。《世界版权公约》的日常事务由联合国教科文组织管理。

《世界版权公约》旨在协调《伯尔尼公约》与《泛美公约》成员国之间在著作权保护方面的关系,建立各成员国均能接受的国际著作权保护制度。公约对著作权保护对象、保护范围、取得保护的条件、保留及解决争端、执行机构以及关于翻译、复印他人作品等问题作了具体规定。我国于1992年7月30日正式加入该公约。截至2012年《世界版权公约》的成员国有98个国家。

《世界版权公约》共有21条,其规定大都属于原则性的,该公约采取较低的国际保护标准,目的是使那些达不到高水平保护的国家愿意加入该公约。《世界版权公约》各成员国承诺对文学、科学、艺术作品,包括文字、音乐、戏剧和电影作品,以及绘画、雕刻和雕塑的作者及其他版权所有者的权利,提供充分有效的保护。

《世界版权公约》的主要原则有:国民待遇原则、有条件自动保护原则、最低保护标准原则等。其中,有条件自动保护原则主要是指:受保护的作品只要具备一定的形式,便可在其他公约成员国自动受到保护,不必再履行任何注册登记手续。公约规定版权保护应该具备一定的形式,即只要在印刷出版物上注明三项内容,在其他缔约国就可以受到该公约的保护。这三项内容是:版权标记(c)、在音像出版物上注明符号(r);版权所有者的姓名;首次出版的年份。如果未满足这三项内容,该作品就会被视为进入公有领域。最低限度保护原则体现在公约对作品的保护期限定为作者有生之年加死后25年或作品首次发表之后25年;要求在出版的作品上有一定版权标记。摄影作品和实用美术作品的保护期限不得少于10年;作者享有的经济权利起码应当包括复制权、公演权、广播权和翻译权。公约并不对作者的精神权利(或称"人身权")提供一般保护,只是在其中"对发展中国家的优惠条款"内,含有禁止篡改他人作品,以及作者有权收回已进入市场的作品等相当于保护精神权利的规定。

三、《世界知识产权组织版权条约》(World Intellectual Property Organization Copyright Treaty, WCT),简称《WIPO版权条约》

1996年12月20日世界知识产权组织在日内瓦召开"关于版权和邻接权若干

问题”外交会议。会议通过了《世界知识产权组织版权条约》。缔结该公约的目的是为了在信息技术和通讯技术领域，特别是互联网领域更充分地保护版权人的利益。2002年3月6日，该条约正式生效。截至2006年10月13日，加入《世界知识产权组织版权条约》的国家已达60个。2007年3月6日，中国政府向世界知识产权组织正式递交加入书。同年6月9日，《世界知识产权组织版权条约》在我国正式生效。

《世界知识产权组织版权条约》(以下简称《WIPO条约》)是对《伯尔尼公约》、《与贸易有关的知识产权协定》的发展与补充，主要内容有：

（一）关于保护客体

《WIPO版权条约》版权保护的客体主要包括两个方面：(1) 计算机程序，《WIPO版权条约》第4条规定，计算机程序作为《伯尔尼公约》第2条意义下的文学作品受到保护。此种保护适用于各计算机程序，而无论其表达方式或表达形式如何；(2) 数据或数据库编程，《WIPO版权条约》第5条规定，数据或其他资料的汇编，无论采用任何形式，只要由于其内容的选择或排列构成智力创作，其本身即受到保护。这种保护不延及数据或资料本身，亦不损害汇编中的数据或资料已存在的任何版权。

（二）关于权利

《WIPO版权条约》新增加了向公众传播的权利，公约第8条规定，文学和艺术作品的作者有权许可将其作品以有线或无线方式向公众传播，包括将其作品向公众提供，使公众中的成员在其个人选定的地点和时间可获得这些作品。

（三）关于技术措施的义务

《WIPO版权条约》要求缔约各方应在法律中规定，未经权利人许可或法律准许，规避(包括破解)由权利人为实现版权保护而采取的技术措施为侵权行为。

（四）关于权利管理信息的义务

《WIPO版权条约》规定，未经权利人许可擅自去除或改变任何权利管理的电子信息属侵权行为；未经许可发行、为发行目的进口、广播或向公众传播明知已被未经许可去除或改变权利管理电子信息的作品或复制品也属于侵权行为。“权利管理信息”是指识别作品、作品的作者、权利所有人信息、作品使用条件以及代表此种信息的相应数字或代码等。条约要求缔约各方应规定适当和有效的法律补救办法，制止任何人对权利人权利的侵犯。

复习思考题

1. 计算机软件的法律特征有哪些？
2. 软件著作权主体的种类有哪些？

3. 计算机软件著作权的内容是什么?
4. 简述计算机软件著作权的保护期限。
5. 计算机软件著作权的侵权行为有哪些?
6. 试述对计算机软件著作权的法定限制。
7. 简述《伯尔尼公约》的基本原则。
8. 《伯尔尼公约》所规定的著作权内容有哪些?
9. 简述《世界版权公约》与《伯尔尼公约》的关系。
10. 试述《世界知识产权组织版权条约》主要内容。

案例分析题

案例1 2001年,北京保监局委托深圳市某科技有限公司研制开发了"保险从业人员电子化考试平台"。该科技有限公司开发成功后,于2002年取得了国家版权局颁发的"计算机软件著作权登记证书"。此后,在某保险公司的网站上,该科技有限公司发现了保险代理从业人员模拟考试系统,该考试系统的一些文档与该科技有限公司制作的软件相似,于是将某保险公司告上法庭,并索赔160万元。

问题:某保险公司是否侵犯深圳市某科技有限公司权利?法律依据是什么?

案例2 2003年,汉王研制出"多字体大字符集汉字、表格识别方法与系统软件V4.5"(简称汉王文本王),并进行了软件著作权登记。此后,汉王公司将此软件与硬件相结合,研制出"汉王文本王5300"、"汉王文本王5800"等产品并上市销售。2005年6月,汉王法务部工作人员登录了www.wjedu.cn网站,该网站首页上显示该网权利信息为"某某教育局主办、某某教育局电教中心技术维护",并在该网发现有"今日下载top10"、"本周下载top10"等栏目中,其中"汉王文本王"等软件赫然在下载之列。据此,汉王公司向法院起诉该教育局侵犯了汉王公司的著作权,请求法院判令,被告立即停止在其网站传播该公司软件,并赔偿损失240万元,损失赔偿应计算到侵权行为结束为止。

问题:该教育局是否侵权?理由是什么?

第十六章　经济仲裁法律制度

第一节　经济仲裁的概述

一、经济仲裁的起源和发展

（一）经济仲裁的起源

从世界范围看，仲裁有着悠久的历史。远在公元前6世纪的古希腊，城邦国家之间的争议即采用仲裁的方式解决。随着商品经济的产生，用仲裁的方法来解决经济往来中的纠纷也跟着发展起来。古罗马是简单商品经济比较发达的社会，当时的《十二铜表法》中已有多处关于仲裁的记载。罗马法《民法大全》“论告示”第二编中，则记载了当时五大法学家之一的保罗的著述：“为解决争议，正如可以进行诉讼一样，也可以进行仲裁。”古罗马的仲裁中，仲裁者根据当事人的协议进行裁断，根据“善良和公平”的标准判定当事人一方向另一方清偿（如退还某物）。

随着商品经济的进一步发展，到了中世纪，特别是欧洲各国之间贸易往来的日益频繁，与此相关的纠纷日益增多，仲裁作为一种快捷、高效的争议解决手段随之发展起来。仲裁虽然是商人们在长期的商事交易实践中发展起来的，但其在实践中不断得到完善并被逐步扩展到了大西洋沿岸各主要国家，以致各个国家逐步在立法上将其制度化、法律化，形成为解决民商事争议的重要制度。[①] 13～14世纪，意大利出现了国际性的商事仲裁。14世纪中叶瑞典编纂的一部地方法典中，承认仲裁是解决商事争议的一种方式。1697年，英国颁布了第一个仲裁法案，正式承认了仲裁制度。

（二）经济仲裁的发展

19世纪中期以后，商品经济进入了飞跃发展期，仲裁方式解决经济纠纷获得了日益广泛的欢迎。西方各国纷纷开展仲裁立法，将仲裁纳入国内法的规定。如德

---

① 宋连斌主编. 仲裁法. 武汉：武汉大学出版社，2010：25

国于1877年制定《民事诉讼法》时专章规定了仲裁制度;瑞典于1887年通过了第一个《瑞典仲裁法》;日本于1890年颁布的《民事诉讼法》中专章规定了仲裁程序;1920年,美国纽约州通过了州的仲裁法,在此基础上,美国国会于1925年制定了《美国联邦仲裁法》。到了20世纪中期,不仅更多的国家建立起了自己的仲裁制度,各国还根据其社会发展的实际需要多次修改或重新制定国内仲裁规定,使其仲裁制度日趋完善和成熟。在我国,第八届全国人民代表大会常务委员会第九次会议于1994年8月31日正式通过的《中华人民共和国仲裁法》(以下简称《仲裁法》),标志着我国开始建立起了真正的现代意义上的经济仲裁制度。

经济仲裁的发展不仅体现在各国仲裁法的发展,国际商事仲裁制度也得到了确立和发展。经济仲裁随着国际贸易的发展,逐步成为解决国际商事纠纷的重要手段。各国仲裁制度的不统一,使得国际商事仲裁实践迫切需要在国际上统一仲裁制度。在国际联盟主持下,有关国家于1923年缔结了《日内瓦仲裁条款议定书》。根据该议定书,有关国家于1927年在日内瓦缔结了《关于执行外国仲裁裁决的公约》。1958年,联合国在纽约通过了《承认和执行外国仲裁裁决公约》,简称《1958年纽约公约》。该公约已经实际取代了两个日内瓦公约,成为全球范围内承认与执行外国仲裁裁决的唯一国际公约。1985年,联合国国际贸易法委员会制定了《联合国国际贸易法委员会国际商事仲裁示范法》,简称《国际商事仲裁示范法》。现在已有不少国家和地区参照该示范法制定或修订了本国或本地区的仲裁法。[①]

二、经济仲裁的概念与特点

(一)经济仲裁的概念

在汉语里,“仲”的字义为“居中”,“裁”的字义为“判断、决定”。根据《新华词典》的解释,“仲裁”就是“双方争执不决时,由第三者居中调解、作出裁决。”[②]在英语里,“仲裁”相对应的单词为:arbitration,《牛津法律词典》解释为“由一名或数名独立的第三人(仲裁人)——而不是由法院——对争议所做的决定。”[③]在法律上,仲裁是指纠纷当事人在自愿的基础上达成协议,将纠纷提交非司法机构的第三者审理,第三者就纠纷居中评判是非,并作出对争议各方均有拘束力的裁决的一种解决纠纷的制度、方法或方式。[④] 仲裁广泛应用于各个领域,有经济仲裁、劳动争议仲裁、人事争议仲裁、体育仲裁等。在国际关系中,仲裁亦是和平解决国际争端的重要法律手段之一。本书所提的“经济仲裁”就是指根据《仲裁法》的规定,处理平等主体的公民、法人和其他组织之间发生的合同纠纷和其他财产权益纠纷的仲裁制度、方

① 刘景一、乔世明著.仲裁法理论与适用.北京:人民法院出版社,1997:6—9
② 新华词典编撰组编.新华词典.北京:商务印书馆,1980:1097
③ [英]伊丽莎白·A·马丁编著.牛津法律词典.上海:上海翻译出版公司,1991:30
④ 黄进、宋连斌、徐前权.仲裁法学.北京:中国政法大学出版社,2008:1

法或方式。

（二）经济仲裁的特点

1. 自愿性

经济纠纷产生后，提交仲裁以双方当事人自愿为前提，有一方不同意仲裁都不能进入仲裁程序。双方当事人同意仲裁后，双方协商确定仲裁机构或仲裁人。仲裁庭的组成人员如何产生、仲裁适用何种程序规则和实体法，都是在当事人自愿的基础上，由当事人协商确定的。当事人意思自治原则在仲裁中得到了充分的体现。

2. 保密性

经济仲裁以“不公开审理”为原则，而诉讼则是以“公开审理”为原则。我国《仲裁法》第40条就明确规定了“仲裁不公开进行。当事人协议公开的，可以公开进行，但涉及国家秘密的除外。”各国有关的仲裁法律和仲裁规则基本都规定了仲裁的保密义务。这样的规定既有利于保护当事人的商业秘密和贸易活动，避免其商誉损害的可能，又有利于化解当事人之间的经济纠纷。

3. 专业性

仲裁员一般都是各行业的专家。在我国，《仲裁法》规定的仲裁员基本任职条件是：“公道正派的人员”、工作年限“满8年”、专业水平要求“具有高级职称或者具有同等专业水平”。各仲裁机构大都备有分专业的仲裁员名单，供当事人选择。当事人选择仲裁员时也会考虑所涉行业专家。现代经济纠纷往往涉及许多领域的专业性、技术性问题，专家性的仲裁员更有利于公正、高效地解决纠纷。

4. 经济性

经济仲裁“一裁终局”，和诉讼“两审终审”相比，时间上的快捷性将会使仲裁成本（如仲裁费、律师费等）相对节省。仲裁员从专业角度对一些技术性问题进行解答和判断，当事人还可能因此节省鉴定费等支出。仲裁过程中，当事人之间的对抗情绪没有诉讼那么激烈，且仲裁是不公开的，对当事人之间今后的商业机会影响也很小。

5. 独立性

各国有关仲裁的法律都规定了经济仲裁的独立性。在我国，《仲裁法》第8条就明确规定“仲裁依法独立进行，不受行政机关、社会团体和个人的干涉。”第14条进一步规定“仲裁委员会独立于行政机关，与行政机关没有隶属关系。仲裁委员会之间也没有隶属关系。”在机构仲裁下，仲裁庭审理案件也不受仲裁机构的干涉，显示出最大的独立性。

6. 国际性

经济仲裁随着现代经济的国际化，更多地应用于国际商事纠纷的处理，跨国仲裁已屡见不鲜。包括我国在内，世界上大多数国家（目前为143个国家）都已成为《1958年纽约公约》的缔约国，在一个缔约国作出的裁决，可以很方便地到另一缔约国去申请执行。可以这样说，涉外仲裁裁决在外国寻求承认和执行已不存在实质性障碍，这一优势是法院判决难以拥有的。

三、经济仲裁的种类与范围

（一）经济仲裁的种类

1. 临时仲裁(ad hoc arbitration)和机构仲裁(institutional arbitration)

经济仲裁以是否在常设的专门仲裁机构进行仲裁为标准，分为临时仲裁和机构仲裁。临时仲裁是19世纪中叶机构仲裁出现以前唯一的国际商事仲裁组织形式，临时仲裁比机构仲裁历史悠久。临时仲裁又称特别仲裁、随意仲裁、临时性仲裁，是指无固定仲裁机构介入而由当事人根据仲裁协议将争议交给他们临时组成的仲裁庭进行审理并作出裁决的仲裁。在临时仲裁中，凡是与仲裁审理有关的事项都可以完全由当事人约定。但是如果当事人不能充分合作，常会导致争议久拖不决。

机构仲裁又称制度性仲裁、常设仲裁，是指当事人根据仲裁协议将争议提交给某一常设仲裁机构并依该机构制定的现存程序规则进行的仲裁。仲裁机构负责部分程序上的工作，当事人在该仲裁机构的仲裁员名册中选择仲裁员。仲裁裁决除了由仲裁员签名外，通常还要加盖仲裁机构印章。与临时仲裁相比，机构仲裁有固定的备用庭审场所、仲裁规则乃至仲裁员名册，有较完整的行政管理机构和办事制度，更有利于争议得到快捷、公正地解决。① 因此，机构仲裁在当今仲裁领域占主导地位，一些国家如中国不存在临时仲裁。

2. 国内仲裁(domestic arbitration)和国际仲裁(international arbitration)

经济仲裁以争议是否具有涉外因素为标准，分为国内仲裁和国际仲裁。国内仲裁是指为解决本国当事人之间没有涉外因素的经济纠纷而进行的仲裁。国际仲裁又称涉外仲裁，是指处理具有涉外因素的经济纠纷的仲裁。国际仲裁与国内仲裁相比，当事人享有更大的自治权，更少受到限制，法院的监督也仅维持在必要限度内。

在我国，以下情形被认为是国际仲裁：凡中国当事人和外国当事人在各自国家或第三国；或者两个不相同国籍的当事人在任何国家内；或者相同国籍的双方当事人在外国，为国际商事争议进行的仲裁。住所地在中国境内的中国当事人，与住所地在中国境外或港、澳地区的当事人之间，在中国涉外仲裁机构，或者在国外或港、澳地区的仲裁机构进行的仲裁也被视为国际仲裁。②

3. 依法仲裁(arbitration in law)和友好仲裁(amiable arbitration)

经济仲裁以仲裁裁决的依据为标准，分为依法仲裁和友好仲裁。依法仲裁是

---

① 宋连斌主编. 仲裁法. 武汉：武汉大学出版社，2010：5

② 刘景一、乔世明著. 仲裁法理论与适用. 北京：人民法院出版社，1997：29—30

指仲裁庭依据一定的法律对经济纠纷进行裁决。这种方式下，仲裁有明确的法律依据，其结果具有可预见性，且易被当事人接受。依法仲裁是各国对仲裁的一般要求，是现代仲裁制度的主要形态。由于仲裁依据的法律本身具有一定的滞后性，对于涉及现有法律规则漏洞、法律间冲突等纠纷，依法仲裁有一定的缺陷。

友好仲裁又称友谊仲裁、依原则仲裁，是指仲裁庭依当事人授权，在认为适用严格的法律规定会导致不公平结果的情况下，不依据严格的法律规定而依据公允善良原则和商业惯例对纠纷进行裁决。友好仲裁适用的前提条件是当事人的明确授权，且不得违背公共秩序和强制性规定。友好仲裁对产生于法律盲区的纠纷处理有合理之处，在效率优先的前提下兼顾公平，更能符合一些当事人的价值追求。但友好仲裁的裁决主观性较强，给予仲裁员的自由裁量权过大。友好仲裁的概念为西方首创，在世界大多数国家已获得肯定，但我国尚未确立该制度。

（二）经济仲裁的范围

经济仲裁的范围是指哪些争议可以通过仲裁的方式解决，哪些争议不能通过仲裁的方式解决。对于不能提交仲裁的争议，双方当事人之间即使同意仲裁，仲裁庭并不能因此获得有效的管辖权，作出的裁决也不能获得承认和执行。根据《1958年纽约公约》第5条第2款第1项的规定：依照被申请承认及执行地所在国的法律，争议事项系不能以仲裁解决的，该国主管机关可以拒不承认及执行仲裁裁决。

在我国，根据《仲裁法》的规定，可以仲裁的争议为“平等主体的公民、法人和其他组织之间发生的合同纠纷和其他财产权益纠纷；涉外经济贸易、运输和海事中发生的纠纷”；不能仲裁的有“婚姻、收养、监护、扶养、继承纠纷；依法应当由行政机关处理的行政争议；劳动争议和农业集体经济组织内部的农业承包合同纠纷”。[①]

四、经济仲裁的优势与缺陷

（一）经济仲裁的优势

经济仲裁作为一种古老的产生于实践中的纠纷解决方式，因其具有其他程序不可替代的独特的优势而为人类社会普遍予以法律承认并日益受到重视。

1. 充分尊重当事人的意思自治

经济仲裁以充分的当事人意思自治为基础，由当事人选择是否仲裁、选择仲裁机构和仲裁员、选择仲裁的法律适用等，仲裁过程中的所有程序几乎都可以由当事人自行决定。而在诉讼过程中，当事人必须按照法律规定严格进行，无法自由选择管辖法院和指定法官等等。在仲裁过程中，当事人对争议的解决可以发挥最大的影响，实现“在契约之内解决契约纠纷”。

① 参见《中华人民共和国仲裁法》第2、3、65、77条。

2. 专家断案和独立仲裁保障公正

现代市场经济专业化分工日益精细，当事人之间的民商事纠纷常常涉及较复杂的专业问题或特殊的知识领域，此类纠纷的成功解决往往需要复杂而特殊的专业知识。仲裁员在专业方面具有较深的资历和丰富的专业实践经验，在认定此类案件的事实上有明显的优势。而经济仲裁的独立性使仲裁员能更好地抵御各种非法律因素的侵扰，在查清事实的基础上，对案件进行公正地决断。

3. 程序灵活、快捷、保密更显经济

经济仲裁不像诉讼受严格的程序限制，很多环节可以根据当事人的需要和实际情况而简化，更为方便、灵活。仲裁的“一裁终局”制度使经济纠纷被较快地解决。时间上的快捷性相对节省了仲裁成本，使仲裁更为经济。仲裁不公开审理、裁决，不仅保护了当事人的商业秘密和贸易活动、维护其商誉，还有利于当事人在小范围内平和地解决纠纷，较小地影响当事人继续合作的可能性。

4. 裁决在国际上被广泛承认与执行

民商事纠纷是否真正得到解决，要看最终的裁判能否被执行，尤其是涉外民商事纠纷的解决。通过诉讼解决，法院判决可能受限于国家主权观念或法院地国和执行地国没有司法协助条约而无法执行，导致当事人的权益落空。而经济仲裁则由于《1958 年纽约公约》、区域性国际商事仲裁条约及大量含有仲裁合作内容的双边司法协助协定的存在，仲裁裁决更容易得到外国法院的承认与执行。基于这一显著优势，国际商业交易的当事人更倾向于选择仲裁方式来解决纠纷。

（二）经济仲裁的缺陷

经济仲裁虽然有一定的优势，但也存在着一定的局限性。一般认为，仲裁有以下缺陷：当事人恶意利用“意思自治”，滥用仲裁程序权利拖延时间，如故意指定不能履行仲裁职责的仲裁员而需要重新组成仲裁庭、无正当理由申请不予执行仲裁裁决等，仲裁对此几乎无有效手段；仲裁没有类似于诉讼法上的第三人制度，争议如果涉及第三人，与第三人的纠纷也只能另案处理，而不能从程序上一揽子解决全部争议，反而拖延了时间、增加了成本；仲裁员的自由裁量权较法官大得多，特别是当事人一方选定的仲裁员，可能有为其代理的心理倾向而影响裁决结果的公正性；仲裁裁决作出即发生法律效力，没有上诉制度使事后救济途径不足，确有错误的仲裁裁决较法院判决更难以纠正等。

第二节　仲裁机构与仲裁协议

一、仲裁机构

（一）仲裁机构的设置

仲裁机构的设立，在大多数国家需要政府的批准并注册，部分国家如瑞典、瑞士不需要政府批准或注册即可成立。多数国家的仲裁机构设在商会内，如瑞典斯德哥尔摩商会仲裁院、瑞士苏黎世商会仲裁院、韩国商事仲裁院等。部分国家的仲裁机构独立设置，如美国仲裁协会等。部分国家的仲裁机构既有独立设置的，又有行业协会内设的，如英国除伦敦国际仲裁院外，同时还有40多个设在专业机构、商会和贸易组织内的行业性仲裁机构。还有部分国家设立了多个仲裁机构，并设有全国性的仲裁协调机构，如德国有德国海事仲裁协会、汉堡商会仲裁院等10余个仲裁机构，德国仲裁协会则作为全国性协调机构设在波恩。

（二）中国的仲裁机构

在我国，根据《仲裁法》的规定，仲裁机构分为“仲裁委员会”和“涉外仲裁委员会”。《仲裁法》第10条规定：“仲裁委员会可以在直辖市和省、自治区人民政府所在地的市设立，也可以根据需要在其他设区的市设立，不按行政区划层层设立。仲裁委员会由前款规定的市的人民政府组织有关部门和商会统一组建。设立仲裁委员会，应当经省、自治区、直辖市的司法行政部门登记”。根据该规定，全国已经设立了219家仲裁机构，名称一般为“(地名)仲裁委员会”，如北京仲裁委员会、上海仲裁委员会、南京仲裁委员会等。“涉外仲裁委员会”是根据《仲裁法》第66条的规定，可以由中国国际商会组织设立，中国国际经济贸易仲裁委员会(CIETAC)和中国海事仲裁委员会(CMAC)是我国的常设涉外仲裁机构。目前，这221家仲裁机构在受案范围上基本混同，均可以受理国内或涉外经济仲裁案件，当事人可以自愿选择任一仲裁机构。

（三）国际商事仲裁机构

实践中，国际商事仲裁机构以其固定的办公场所、完整的组织机构和管理制度，较为完善的仲裁规则和程序，周到的后续服务，对仲裁过程有效的监控等特点，逐渐受到经贸界的重视，在解决国际商事争议中的地位越来越重要。[①] 主要的国际商事仲裁机构有：设在法国巴黎的国际商会国际仲裁院(The ICC International Court of Arbitration)、设在美国华盛顿特区的解决投资争端国际中心(Interna-

---

① 宋连斌主编. 仲裁法. 武汉：武汉大学出版社，2010：49

tional Center for Settlement of Investment Disputes,ICSID)、瑞典的斯德哥尔摩商会仲裁院(SCC)、瑞士苏黎世商会仲裁院(ZCC)、美国仲裁协会(AAA)、英国的伦敦国际仲裁院(LCIA)、中国国际经济贸易仲裁委员会(CIETAC)等。

二、仲裁协议

仲裁协议是经济仲裁制度的基石。有效的仲裁协议才能使当事人的纠纷解决排除法院的司法管辖权,赋予仲裁机构管辖权,使仲裁裁决能被承认与执行。在我国,《仲裁法》第4条规定"当事人采用仲裁方式解决纠纷,应当双方自愿,达成仲裁协议。没有仲裁协议,一方申请仲裁的,仲裁委员会不予受理"。第5条进一步规定"当事人达成仲裁协议,一方向人民法院起诉的,人民法院不予受理,但仲裁协议无效的除外"。第58条规定了仲裁裁决如果没有仲裁协议,人民法院应当裁定撤销该裁决。

(一)仲裁协议的形式和内容

各国仲裁立法几乎都要求仲裁协议必须具备书面的形式,我国亦不例外。《仲裁法》第16条规定"仲裁协议包括合同中订立的仲裁条款和以其他书面方式在纠纷发生前或者纠纷发生后达成的请求仲裁的协议"。"其他书面方式"的仲裁协议,包括以合同书、信件和数据电文(包括电报、电传、传真、电子数据交换和电子邮件)等形式达成的请求仲裁的协议。①

仲裁协议的内容根据《仲裁法》第16条的规定,必须至少具有下列三项内容:"请求仲裁的意思表示;仲裁事项;选定的仲裁委员会。"除此之外,当事人还可根据实际情况和需要,在仲裁协议中对仲裁规则、仲裁地点、仲裁裁决的效力等内容加以约定。

(二)仲裁协议的效力和认定

有效的仲裁协议,通常认为应具备以下要件:缔结仲裁协议的当事人具有完全的民事行为能力;仲裁的意思表示真实;仲裁协议约定的争议事项依法律规定可以仲裁;仲裁协议的内容合法,不违反法律的强制性规定和社会公共利益。在我国,《仲裁法》第17条明确规定了以下情形的仲裁协议无效:"约定的仲裁事项超出法律规定的仲裁范围的";"无民事行为能力人或者限制民事行为能力人订立的仲裁协议";"一方采取胁迫手段,迫使对方订立仲裁协议的"。需要注意的是,仲裁协议是独立存在的。根据《仲裁法》第19条的规定,"合同的变更、解除、终止或者无效,不影响仲裁协议的效力"。

在我国,当事人如果对仲裁协议的效力有异议,仲裁委员会或者人民法院都有权对仲裁协议的效力进行认定。对仲裁协议的效力有异议,当事人应当在仲裁庭

---

① 法释〔2006〕7号《最高人民法院关于适用〈中华人民共和国仲裁法〉若干问题的解释》第1条。

首次开庭前提出。如果一方请求仲裁委员会作出决定，另一方请求人民法院作出裁定的，由人民法院裁定。但是，仲裁机构对仲裁协议的效力作出决定后，当事人向人民法院申请确认仲裁协议效力或者申请撤销仲裁机构的决定的，人民法院不予受理。[1] 当事人之间有仲裁协议，一方向人民法院起诉时未声明，另一方应在首次开庭前提交仲裁协议，由人民法院驳回起诉；但另一方在首次开庭前未对人民法院受理该案提出异议，则视为放弃仲裁协议，由人民法院继续审理。[2]

（三）实践中的仲裁协议

实践中，越来越多的当事人原意选择仲裁，但因各种原因导致签订的仲裁协议常常有瑕疵。有瑕疵的仲裁协议是否有效要看各国法律的具体规定。以下根据我国的相关规定，介绍几种实践中常见的有瑕疵仲裁协议的处理：[3]

(1) 仲裁协议中没有约定仲裁事项或约定不明确的，当事人可以补充约定；达不成补充协议的，仲裁协议无效。当事人将仲裁事项概括约定为合同争议的，并不属于约定不明确，而是可以将基于合同成立、效力、变更、转让、履行、违约责任、解释、解除等产生的纠纷均认定为仲裁事项。

(2) 仲裁协议中没有约定仲裁委员会，当事人只能补充约定，否则仲裁协议无效。但是，如果当事人约定了纠纷适用的仲裁规则，而按照约定的仲裁规则能够确定仲裁机构的，仲裁协议有效。为此，我国仲裁机构多在仲裁规则中规定，如当事人约定按照其规则进行仲裁但未约定仲裁机构的，视为同意将争议提交该仲裁机构仲裁。

(3) 仲裁协议中约定的仲裁机构名称不准确，但能够确定具体的仲裁机构的，应当认定选定了仲裁机构。如“中国国际经济贸易仲裁委员会”经常被当事人误写为“中国国际贸易仲裁委员会”、“中国国际经济仲裁委员会”等，都不影响仲裁协议的效力。

(4) 仲裁协议约定两个以上仲裁机构的，当事人可以协议选择其中的一个仲裁机构申请仲裁；当事人不能就仲裁机构选择达成一致的，仲裁协议无效。

(5) 仲裁协议约定由某地的仲裁机构仲裁且该地仅有一个仲裁机构的，该仲裁机构视为约定的仲裁机构。如协议约定由“甲方所在地（南京）仲裁机构仲裁”，因南京只有南京仲裁委员会这一个仲裁机构，该约定有效。但如果该地有两个以上仲裁机构的，当事人如不能共同选择其中的一个仲裁机构申请仲裁，则仲裁协议无效。

---

① 参见《中华人民共和国仲裁法》第20条，法释〔2006〕7号《最高人民法院关于适用〈中华人民共和国仲裁法〉若干问题的解释》第13条。

② 参见《中华人民共和国仲裁法》第26条。

③ 参见《中华人民共和国仲裁法》第18条，法释〔2006〕7号《最高人民法院关于适用〈中华人民共和国仲裁法〉若干问题的解释》第2、3、4、5、6、7条。

(6) 当事人约定争议可以向仲裁机构申请仲裁也可以向人民法院起诉的，仲裁协议无效。但一方向仲裁机构申请仲裁，另一方没有在仲裁庭首次开庭前提出仲裁协议效力异议的除外。

第三节　仲裁程序

本节内容主要根据我国《仲裁法》第 4 章“仲裁程序”的规定，简单介绍国内仲裁的一般流程。当事人进行国内仲裁时，具体的程序按照其选定的仲裁委员会制定的仲裁规则执行。①

一、申请和受理

平等主体的公民、法人和其他组织之间发生了合同纠纷或其他财产权益纠纷，符合以下条件可以申请仲裁：有仲裁协议；有具体的仲裁请求和事实、理由；属于仲裁委员会的受理范围。申请仲裁时，当事人应当向仲裁委员会递交仲裁协议、仲裁申请书及副本。仲裁申请书应当载明以下事项：当事人的姓名、性别、年龄、职业、工作单位和住所；法人或者其他组织的名称、住所和法定代表人或者主要负责人的姓名、职务；仲裁请求和所根据的事实、理由；证据和证据来源、证人姓名和住所。

仲裁委员会收到仲裁申请书之日起 5 日内，认为符合受理条件的，应当受理，并通知当事人；认为不符合受理条件的，应当书面通知当事人不予受理，并说明理由。实践中，仲裁委员会对当事人提交的仲裁协议及仲裁申请书只进行形式审查，可以立案的，发出缴费通知，要求当事人缴纳相应的仲裁费用。仲裁委员会受理当事人的仲裁申请后，仲裁程序才算正式开始。仲裁委员会要按照其仲裁规则规定的期限将仲裁申请书副本送达被申请人，并将仲裁规则和仲裁员名册送达双方当事人。被申请人有权进行答辩，有权提出反请求。当事人、法定代理人可以委托律师和其他代理人进行仲裁活动，向仲裁委员会提交授权委托书即可。

为了防止仲裁裁决不能执行或者难以执行，当事人可以申请财产保全。仲裁的财产保全，由仲裁委员会将当事人的申请依照民事诉讼法的有关规定提交人民法院进行。申请有错误的，申请人应当赔偿被申请人因财产保全所遭受的损失。

二、仲裁庭的组成

仲裁委员会受理当事人的仲裁申请后，组成仲裁庭来进行审理和裁决。根据

---

① 根据《仲裁法》的规定，中国仲裁协会依照该法和民事诉讼法的有关规定制定仲裁规则。中国仲裁协会制定仲裁规则前，仲裁委员会依照仲裁法和民事诉讼法的有关规定可以制定仲裁暂行规则。目前，各仲裁委员会都备有自己的仲裁规则。当事人进行仲裁时，可具体详细咨询。

仲裁员的人数不同,仲裁庭的组成方式分为两种:由3名仲裁员组成合议庭,设首席仲裁员;由1名仲裁员组成独任庭。当事人可以自由约定仲裁庭的组成方式,不受案情复杂程度、标的额大小的限制。当事人约定采用合议庭方式组庭的,各自选定或者各自委托仲裁委员会主任指定1名仲裁员,第3名仲裁员由当事人共同选定或者共同委托仲裁委员会主任指定,第3名仲裁员是首席仲裁员。如果约定的是独任庭,则由当事人共同选定或者共同委托仲裁委员会主任指定仲裁员。当事人没有在仲裁规则规定的期限内约定仲裁庭的组成方式或者选定仲裁员的,由仲裁委员会主任指定。仲裁庭组成后,仲裁委员会应当将仲裁庭的组成情况书面通知当事人。

仲裁庭组成后,仲裁员如存在可能影响公正仲裁的情形,可自行或依当事人申请回避,以维护当事人的合法权益、确保仲裁的公正性。参与特定案件审理的仲裁员必须回避的情形有:是该案当事人或者当事人、代理人的近亲属;与该案有利害关系;与该案当事人、代理人有其他关系,可能影响公正仲裁的;私自会见当事人、代理人,或者接受当事人、代理人的请客送礼的。为了防止当事人滥用申请回避权,当事人提出回避申请应当在首次开庭前提出,并说明理由。如果当事人在首次开庭后才知道回避事由的,提出回避申请的时间应在最后一次开庭终结前。当事人提出回避申请后,由仲裁委员会主任决定仲裁员是否回避;仲裁委员会主任担任仲裁员时,要求主任回避的申请由仲裁委员会集体决定。仲裁员因回避或者其他原因不能履行职责的,应当依照仲裁法规定重新选定或者指定仲裁员。仲裁庭重新组成后,对于已进行的仲裁程序,可以自行或依当事人的请求决定是否重新进行。

三、审理和裁决

仲裁庭组成后,仲裁程序进入实质性阶段,即审理和裁决。

(一) 仲裁审理

仲裁案件的审理,有开庭审理和书面审理两种方式。在我国,仲裁应当开庭进行。只有当事人协议不开庭的,仲裁庭才可以根据仲裁申请书、答辩书及其他材料作出裁决。不论以何种方式进行审理,仲裁都不公开进行,除非当事人协议公开且不涉及国家秘密。实践中,仲裁案件多为开庭审理,不允许案外人旁听,更不允许媒体采访报道。

开庭日期确定后,仲裁委员会应在仲裁规则规定的期限内通知双方当事人。当事人有正当理由的,可以在仲裁规则规定的期限内请求延期开庭,由仲裁庭决定是否延期。当事人经书面通知,无正当理由不到庭或者未经仲裁庭许可中途退庭的,如果是申请人的行为,可以视为申请人撤回仲裁申请;如果是被申请人的行为,仲裁庭可以缺席裁决。

开庭的顺序在《仲裁法》中没有进行具体规定，仲裁庭可以根据实际情况灵活进行。一般说来，仲裁庭首先核对当事人的身份、确认出庭人员的资格、宣读仲裁庭的组成[①]、告知当事人仲裁权利和义务、询问当事人是否申请回避。当事人对以上没有异议后，仲裁庭正式开庭，通常先进行调查程序：申请人陈述申请、被申请人进行答辩、当事人出示证据互相质证、仲裁庭就事实问题向当事人提问、当事人经许可就事实问题互相发问。接着进行辩论程序：申请人方发言、被申请方发言、双方互相进行辩论。仲裁庭也可以在调查中穿插进行辩论，总之要保障当事人都能充分陈述案情、发表意见。辩论终结时，首席仲裁员或者独任仲裁员应当征询当事人的最后意见。

开庭情况由仲裁庭记入笔录，由仲裁员、记录人员、当事人和其他仲裁参与人在笔录上签名或者盖章。当事人和其他仲裁参与人认为对自己陈述的记录有遗漏或者差错的，有权申请补正。如果不予补正，应当记录该申请。

（二）仲裁和解

当事人申请仲裁后，可以自行和解。在仲裁庭尚未裁决前的任何一个阶段，当事人都可以在没有仲裁庭主持的情形下，通过自行协商达成解决纠纷的方案，即和解协议。这需要当事人一方或双方做出一定的让步，充分体现了当事人在仲裁过程中对自己民事权利享有完全的处分权，让当事人之间的纠纷更简便快捷地解决。当事人之间达成和解协议的，可以请求仲裁庭根据和解协议作出裁决书，也可以撤回仲裁申请。当事人达成和解协议，撤回仲裁申请后反悔的，可以根据仲裁协议再申请仲裁。

（三）仲裁调解

调解和仲裁都是当今经济纠纷主要的非诉讼解决机制，仲裁调解为我国首创，被美誉为“东方经验”。仲裁庭在作出裁决前，可以先行调解。当事人自愿调解的，仲裁庭应当调解。仲裁调解不是裁决前的必经程序，只有在当事人均同意的情形下，才由仲裁庭主持进行。实践中，仲裁庭多在基本查清案件事实的基础上，征得当事人同意后进行调解，或在当事人均要求调解时主持调解。调解不成的，仲裁庭应当及时作出裁决。

调解达成协议的，仲裁庭应当制作调解书或者根据协议的结果制作裁决书。调解书应当写明仲裁请求和当事人协议的结果，由仲裁员签名，加盖仲裁委员会印章后，送达双方当事人。调解书和裁决书具有同等法律效力。调解书经双方当事人签收后，即发生法律效力。调解书签收前，当事人可以反悔；当事人反悔的，仲裁庭应当及时作出裁决。

---

① 仲裁庭这样做，可以让当事人及代理人相互熟悉，让当事人将仲裁员本人和之前书面通知上的仲裁员姓名对应上，更有利于开庭的顺利进行。

（四）仲裁裁决

仲裁裁决，是指仲裁庭对当事人依据仲裁协议提请仲裁的争议案件进行审理后，在查明争议案件事实，分清是非的基础上，适用法律，对双方当事人之间的实体权利义务所作出的具有约束力的判定。[①] 裁决应当按照多数仲裁员的意见作出，少数仲裁员的不同意见可以记入笔录。仲裁庭不能形成多数意见时，裁决应当按照首席仲裁员的意见作出。仲裁庭仲裁纠纷时，其中一部分事实已经清楚，可以就该部分先行裁决。

仲裁庭形成裁决意见后，要依法制作裁决书。裁决书应当写明仲裁请求、争议事实、裁决理由、裁决结果、仲裁费用的负担和裁决日期。当事人协议不愿写明争议事实和裁决理由的，可以不写。裁决书由仲裁员签名，加盖仲裁委员会印章。对裁决持不同意见的仲裁员，可以签名，也可以不签名。裁决书自作出之日起发生法律效力。裁决书中如果有文字、计算错误或者仲裁庭已经裁决但在裁决书中遗漏的事项，仲裁庭应当对此补正；当事人自收到裁决书之日起 30 日内，可以请求仲裁庭予以补正。

四、执行和司法监督

（一）执行

仲裁裁决作出后，当事人应当履行。一方当事人不履行的，另一方当事人可以向人民法院申请执行。[②] 根据《中华人民共和国民事诉讼法》第 239 条的规定：“申请执行的期间为 2 年。”当事人申请执行仲裁裁决，应向被执行人住所地或者被执行的财产所在地的中级人民法院提出。[③] 受申请的人民法院应当执行。正是因为仲裁裁决被国家强制力保障实现，当事人的合法权益能够得到有效的保护，当事人之间的经济纠纷通过仲裁能最终获得解决。

（二）司法监督

在我国，仲裁实行“一裁终局”的制度。裁决作出后，当事人就同一纠纷再申请仲裁或者向人民法院起诉的，仲裁委员会或者人民法院不予受理。[④] 为了保障仲裁的公正性，纠正不正当的仲裁裁决，适度的司法监督是必要的。我国仲裁裁决的司法监督包括撤销仲裁裁决制度与不予执行仲裁裁决制度。

1. 撤销仲裁裁决

撤销仲裁裁决，是指仲裁裁决有法定事由，经当事人提出证据证明，由人民法

---

① 肖建华、乔欣等著. 仲裁法学. 北京：人民法院出版社，2004：195

② 《中华人民共和国仲裁法》第 62 条。

③ 参见法释〔2006〕7 号《最高人民法院关于适用〈中华人民共和国仲裁法〉若干问题的解释》第 29 条。

④ 《中华人民共和国仲裁法》第 9 条。

院审查属实后裁定撤销该裁决。根据《仲裁法》第5章的规定，当事人申请撤销仲裁裁决的，应当自收到裁决书之日起6个月内向仲裁委员会所在地的中级人民法院提出。人民法院组成合议庭进行审理，认为可以由仲裁庭重新仲裁的，通知仲裁庭在一定期限内重新仲裁，并裁定中止撤销程序。仲裁庭拒绝重新仲裁的，人民法院应当裁决恢复撤销程序。在受理撤销裁决申请之日起2个月内，人民法院要作出撤销裁决或者驳回申请的裁定。

经当事人申请，人民法院查实，仲裁裁决有以下情形之一的，应当被裁定撤销：没有仲裁协议的；裁决的事项不属于仲裁协议的范围或者仲裁委员会无权仲裁的；仲裁庭的组成或者仲裁的程序违反法定程序的；裁决所根据的证据是伪造的；对方当事人隐瞒了足以影响公正裁决的证据的；仲裁员在仲裁该案时有索贿受贿、徇私舞弊、枉法裁决行为的。法院认定该裁决违背社会公共利益的，也应当裁定撤销。如果仲裁裁决所根据的证据是伪造的、或对方当事人隐瞒了足以影响公正裁决的证据的，人民法院可以通知仲裁庭重新仲裁，并在通知中说明要求重新仲裁的具体理由。当事人对重新仲裁裁决不服的，可以在重新仲裁裁决书送达之日起6个月内依据仲裁法的相关规定向人民法院申请撤销重新仲裁裁决。①

一方当事人申请执行仲裁裁决，另一方当事人申请撤销的，人民法院应当中止执行。人民法院受理当事人撤销仲裁裁决的申请后，另一方当事人申请执行同一仲裁裁决的，受理执行申请的人民法院应当在受理后裁定中止执行。人民法院裁定撤销仲裁裁决的，应当裁定终结执行。当事人就该纠纷如能重新达成仲裁协议则可以再次通过仲裁解决，否则只能通过人民法院诉讼解决。撤销仲裁裁决的申请被裁定驳回的，人民法院应当裁定恢复执行。②

2. 不予执行仲裁裁决

不予执行仲裁裁决，是指仲裁裁决进入执行程序后，被申请执行人向执行法院提出证据证明该裁决具有法定事由，经该法院审查属实后裁定不予执行。不予执行仲裁裁决的申请，只能由被申请执行人提出。人民法院组成合议庭进行审查核实。仲裁裁决具有以下情形之一的，应当被裁定不予执行：当事人在合同中没有订有仲裁条款或者事后没有达成书面仲裁协议的；裁决的事项不属于仲裁协议的范围或者仲裁机构无权仲裁的；仲裁庭的组成或者仲裁的程序违反法定程序的；裁决所根据的证据是伪造的；对方当事人向仲裁机构隐瞒了足以影响公正裁决的证据的；仲裁员在仲裁该案时有贪污受贿，徇私舞弊，枉法裁决行为的。人民法院认定执行该裁决违背社会公共利益的，也应裁定不予执行。不予执行的裁定书应当送

---

① 参见《中华人民共和国仲裁法》第58条，法释〔2006〕7号《最高人民法院关于适用〈中华人民共和国仲裁法〉若干问题的解释》第21、23条。

② 参见《中华人民共和国仲裁法》第9、64条，法释〔2006〕7号《最高人民法院关于适用〈中华人民共和国仲裁法〉若干问题的解释》第25条。

达双方当事人和仲裁机构。仲裁裁决被人民法院裁定不予执行的,当事人可以根据双方达成的书面仲裁协议重新申请仲裁,也可以向人民法院起诉。①

当事人请求不予执行仲裁调解书或者根据当事人之间的和解协议作出的仲裁裁决书的,人民法院不予支持。当事人申请撤销仲裁裁决被人民法院驳回后,不得在执行程序中以相同理由提出不予执行抗辩。②

第四节 涉外仲裁的特别规定

一、涉外仲裁概述

"涉外仲裁"是我国立法、司法实践中使用的提法,大多数国家采用"国际仲裁"一词,其概念和范围在本书第16章第一节中,此处不再赘述。由于我国加入《1958年纽约公约》时作了商事保留,故我国仅对按照我国法律属于契约性和非契约性商事法律关系所引起的争议适用该公约,即人民法院可以不予承认和执行对非此类争议所作出的涉外仲裁裁决。涉外仲裁的范围,在我国为"契约性和非契约性商事法律关系",具体的是指由于合同、侵权或者根据有关法律规定而产生的经济上的权利义务关系,例如货物买卖、财产租赁、工程承包、加工承揽、技术转让、合资经营、合作经营、勘探开发自然资源、保险、信贷、劳务、代理、咨询服务和海上、民用航空、铁路、公路的客货运输以及产品责任、环境污染、海上事故和所有权争议等,但不包括外国投资者与东道国政府之间的争端。③

当事人可以选择国外仲裁机构进行仲裁。对于需要我国法院承认和执行的外国仲裁裁决,根据我国《民事诉讼法》第283条的规定,由当事人直接向被执行人住所地或者其财产所在地的中级人民法院申请,人民法院应当依照中华人民共和国缔结或者参加的国际条约,或者按照互惠原则办理。

本节中的"涉外仲裁",专指根据当事人之间的仲裁协议,将涉外经济贸易、运输和海事中发生的纠纷提交中华人民共和国涉外仲裁机构或其他仲裁机构进行的仲裁。④

二、涉外仲裁的法律规定

在我国,涉外仲裁适用《仲裁法》第7章"涉外仲裁的特别规定"的规定,该章没

① 参见《中华人民共和国仲裁法》第63条,《中华人民共和国民事诉讼法》第237条。

② 参见法释〔2006〕7号《最高人民法院关于适用〈中华人民共和国仲裁法〉若干问题的解释》第26、28条。

③ 1987年4月10日法(经)发〔1987〕5号最高人民法院关于执行我国加入的《承认及执行外国仲裁裁决公约》的通知第2条。

④ 参见《中华人民共和国仲裁法》第65条,《中华人民共和国民事诉讼法》第271条。

有规定的，适用《仲裁法》其他有关规定。涉外仲裁规则由中国商会依照《仲裁法》和《民事诉讼法》的有关规定制定。涉外仲裁裁决生效后，如果被执行人或者其财产不在中华人民共和国领域内，当事人直接向有管辖权的外国法院申请承认和执行。我国是《1958年纽约公约》的缔约国，涉外仲裁裁决比涉外法院判决更易获得承认和执行。

我国法律中关于涉外仲裁的规定不多，充分尊重当事人的意思自治。特别是对涉外仲裁裁决司法监督的规定，同国际上趋势一致，弱化了人民法院对涉外仲裁的干预。与国内仲裁明显不同，人民法院对涉外仲裁裁决撤销或不予执行的标准都是程序事项。涉外仲裁裁决具有下列情形之一，才能被撤销或不予执行：当事人在合同中没有订有仲裁条款或者事后没有达成书面仲裁协议的；被申请人没有得到指定仲裁员或者进行仲裁程序的通知，或者由于其他不属于被申请人负责的原因未能陈述意见的；仲裁庭的组成或者仲裁的程序与仲裁规则不符的；裁决的事项不属于仲裁协议的范围或者仲裁机构无权仲裁的。[①]

三、涉外仲裁实务

在我国，当事人多选择在中国国际经济贸易仲裁委员会(CIETAC)，按照其仲裁规则进行涉外仲裁。当事人在仲裁协议中订明由中国国际贸易促进委员会/中国国际商会仲裁，或由中国国际贸易促进委员会/中国国际商会的仲裁委员会或仲裁院仲裁的，或使用仲裁委员会原名称为仲裁机构的，均应视为同意由中国国际经济贸易仲裁委员会仲裁。[②]

中国国际经济贸易仲裁委员会(以下简称为“贸仲”)设在北京，在深圳、上海、天津和重庆设有分会或中心。贸仲设秘书局，负责处理其日常事务。下面根据《中国国际经济贸易仲裁委员会仲裁规则(2012版)》(2012年5月1日起施行，以下简称为“仲裁规则”)的规定，简单介绍下涉外仲裁程序。[③]

(一) 诚信合作

仲裁规则规定了，“当事人及其仲裁代理人应当诚信合作，进行仲裁程序”。仲裁过程中，如果一方当事人知道或理应知道仲裁规则或仲裁协议中规定的任何条款或情事未被遵守，仍参加仲裁程序或继续进行仲裁程序，且不对此不遵守情况及时地、明示地提出书面的异议，则视为其放弃提出异议的权利。

---

① 参见《中华人民共和国仲裁法》第70、71条，《中华人民共和国民事诉讼法》第274条。

② 中国国际经济贸易仲裁委员会，原名中国国际贸易促进委员会对外贸易仲裁委员会、中国国际贸易促进委员会对外经济贸易仲裁委员会，同时使用“中国国际商会仲裁院”名称。

③ 本节简单介绍程序适用于争议金额超过人民币200万元的涉外仲裁，争议金额不超过人民币200万元的适用简易程序。具体仲裁手续以及简易程序的办理、具体流程可向中国国际经济贸易仲裁委员会咨询。

（二）申请和受理

当事人申请仲裁时，提交的仲裁申请书还应写明案情和争议要点，并同时提交请求所依据的证据材料。受理案件后，秘书局指定一名案件秘书协助仲裁案件的程序管理工作。被申请人应自收到仲裁通知后45天内提交答辩书。答辩书应包括：被申请人的名称和住所，包括邮政编码、电话、传真、电子邮件或其他电子通讯方式；对仲裁申请书的答辩及所依据的事实和理由；答辩所依据的证据材料以及其他证明文件。

被申请人如有反请求，应自收到仲裁通知后45天内以书面形式提交。提出反请求时，被申请人应提交反请求申请书和有关的证据材料，并在规定的时间内预缴仲裁费。被申请人未按期缴纳反请求仲裁费的，视同未提出反请求申请。申请人的答辩期为收到反请求受理通知后30天内。

当事人提交的仲裁申请书、答辩书、反请求书和证据材料以及其他仲裁文件，应一式五份；多方当事人的案件，应增加相应份数；当事人提出财产保全申请或证据保全申请的，应增加相应份数；仲裁庭组成人数为一人的，应相应减少两份。

（三）合并仲裁

根据仲裁规则进行的两个或两个以上的仲裁案件之间有一定的关联性，如不同仲裁案件的请求是依据同一仲裁协议提出的，不同仲裁案件的当事人是相同的，或者不同案件的仲裁员的选定或指定情况有关联，可以合并仲裁。合并仲裁的前提是，经一方当事人请求并经其他各方当事人同意，或“贸仲”认为必要并经各方当事人同意。除非各方当事人另有约定，合并的仲裁案件应合并于最先开始仲裁程序的仲裁案件。

（四）仲裁庭的组成

仲裁规则规定了，“仲裁员不代表任何一方当事人，应独立于各方当事人，平等地对待各方当事人”。当事人如果约定在“贸仲”仲裁员名册之外选定仲裁员的，该人士经“贸仲”主任依法确认后可以担任仲裁员。当事人自行选定仲裁员的期限为收到仲裁通知后15天内，同时可以各自推荐一至五名候选人作为首席仲裁员人选。“贸仲”主任根据仲裁规则的规定指定仲裁员时，应考虑争议的适用法律、仲裁地、仲裁语言、当事人国籍，以及其认为应考虑的其他因素。

被选定或被指定的仲裁员要签署声明书提交秘书局，书面披露可能引起对其公正性和独立性产生合理怀疑的任何事实或情况。案件秘书将仲裁员披露的信息转交各方当事人。

（五）审理和裁决

仲裁规则规定了，“在任何情形下，仲裁庭均应公平和公正地行事，给予双方当事人陈述与辩论的合理机会”。除非当事人另有约定，仲裁庭可以根据案件的具体情况采用询问式或辩论式审理案件，认为必要时可以发布程序令、发出问题单、制作审理范围书、举行庭前会议等。第一次开庭日期确定后，仲裁庭应不晚于开庭前20天将开庭日期通知双方当事人。当事人申请延期，应收到开庭通知后5天内书面提出，由仲裁庭决定是否延期。

仲裁规则规定了"仲裁与调解相结合"。为了促成当事人的调解，规则明确规定了"如果调解不成功，任何一方当事人均不得在其后的仲裁程序、司法程序和其他任何程序中援引对方当事人或仲裁庭在调解过程中曾发表的意见、提出的观点、作出的陈述、表示认同或否定的建议或主张作为其请求、答辩或反请求的依据"。

当事人不能和解、调解的，仲裁庭应在组庭后6个月内作出裁决书。裁决书由仲裁庭根据事实和合同约定，依照法律规定，参考国际惯例，公平合理、独立公正地作出。一方当事人不履行裁决的，另一方当事人可以依法向有管辖权的法院申请执行。

复习思考题

1. 简述经济仲裁的起源与发展。
2. 简述经济仲裁的概念与特点。
3. 试述友好仲裁的概念与特点。
4. 何谓有效的仲裁协议？
5. 我国涉外仲裁的范围是什么？
6. 我国规定的仲裁员回避的情形有哪些？如何提出？
7. 试比较撤销仲裁裁决制度和不予执行仲裁裁决制度。
8. 试比较仲裁和解与仲裁调解。
9. 评析经济仲裁的优势和缺陷。

案例分析题

案例　A公司和B公司订立了一份技术开发合同，在合同中约定了仲裁条款。在履行合同的过程中，双方发生争议。B公司向约定的仲裁委员会申请仲裁。双方共同委托仲裁委员会主任李某指定仲裁员。李某于是指定了甲、乙、丙三人。A公司要求公开审理本案，被B公司拒绝，但仲裁庭决定公开开庭审理本案。在多次开庭后，A公司掌握了仲裁员甲私下会见B公司的法定代表人并接受该公司赠送礼品的证据。A公司在下一次开庭时出示了上述证据，申请仲裁员甲回避。仲裁庭经过研究驳回了A公司的回避申请，并在最终裁决中做出了不利于A公司的认定。

试分析：本案中有哪些仲裁程序是违法的？A公司可以通过哪些法律途径寻求救济？

第十七章　经济审判法律制度

第一节　经济审判制度概述

一、经济审判的概念

经济发展的同时,也增加了经济纠纷发生的概率。经济纠纷得不到解决,将导致当事人的权益不能正常实现,不利于社会的存续和发展。现代社会创设了多种纠纷解决机制,其中经济审判制度是处理经济纠纷的最终方式,它以国家强制力为后盾来解决争议并保障其实现。经济审判是指法院严格按照法定程序,通过行使国家审判权,对经济纠纷进行审理后作出裁判,并以国家强制力保障生效裁判的履行。

在我国,社会主义市场经济的大发展,为市场主体的营利创造了更多的机遇,经济交往也日益复杂化。期货、证券等现代交易形式的产生和发展,使经济活动主体除了传统的双方或三方当事人外,还可以由众多当事人组成,涉及的法律关系众多而复杂。现代市场的一个交易往往由多个交易构成,如一个货物买卖交易,可能同时涉及保险、贷款、物流、票据行为等等,形成了一个个交易链。在此背景下,经济纠纷牵涉范围较广,不仅仅是当事人之间的权利义务之争,有时还涉及其他市场主体,甚至关系到社会公共利益。经济冲突的综合性日益加强,往往同时具备民事、行政和刑事方面的不同性质。人民法院进行经济审判解决经济纠纷时,可能涉及的法律规范是集民法基本原理、商业习惯法、公司法、保险法、票据法、证券法、海商法、破产法、相关的行政和刑事规范,及国内法、国际贸易法、国际私法为一体的法律体系。① 经济审判的程序上,根据经济纠纷的性质及所依据的法律,分别适用民事诉讼法、行政诉讼法和刑事诉讼法的相关规定。

---

① 李后龙.中国商事审判的演进.南京:南京大学法律评论,2006

二、经济审判的基本制度

（一）公开审判制度

我国《宪法》规定“人民法院审理案件，除法律规定的特别情况外，一律公开进行”。《人民法院组织法》进一步明确“人民法院审理案件，除涉及国家机密、个人隐私和未成年人犯罪案件外，一律公开进行”。即使是不公开审理的案件，也应当公开宣判。除不公开审理的案件，人民法院应在开庭前以公告的形式公布案由、当事人姓名、开庭的时间和地点，审判过程允许群众到庭旁听和新闻媒体进行采访报道。

（二）合议制度

我国《人民法院组织法》规定了“人民法院审判案件，实行合议制”。只有第一审案件中的简单的民事案件、轻微的刑事案件和法律另有规定的案件，才可以由审判员一人独任审判。人民法院实行合议制审判第一审案件，由法官或者由法官和人民陪审员组成合议庭进行；实行合议制审判第二审案件和其他应当组成合议庭审判的案件，由法官组成合议庭进行。合议庭的审判活动由审判长主持，全体成员平等参与案件的审理、评议、裁判，共同对案件认定事实和适用法律负责。合议庭进行评议的时候，如果意见分歧，应当按多数人的意见作出决定，但是少数人的意见应当写入笔录。[①]

（三）回避制度

回避制度是指人民法院审判具体经济案件的审判人员与案件或案件的当事人有利害关系或者其他关系，可能影响案件的公正审判，应当主动退出该案的审理或由当事人请求更换审判人员。我国的回避制度不仅适用于审判人员，也适用于参与审判活动的其他有关人员，以确保经济纠纷能得到客观公正的审判。审判人员等具有下列情形之一的，应适用回避：是本案的当事人或者是当事人、诉讼代理人的近亲属的；与本案有利害关系的；与本案当事人有其他关系，可能影响对案件公正审理的。[②]

（四）两审终审制度

在我国，人民法院审判案件实行两审终审制，一个案件经过两级法院审判后即告终结。地方各级人民法院第一审案件的判决和裁定，当事人可以按照法律规定的程序向上一级人民法院上诉，人民检察院可以按照法律规定的程序向上一级人民法院抗诉。地方各级人民法院第一审案件的判决和裁定，如果在上诉期限内当

---

① 参见《中华人民共和国人民法院组织法》第9条、法释〔2002〕25号《最高人民法院关于人民法院合议庭工作的若干规定》第1、4、11条。

② 我国《民事诉讼法》、《行政诉讼法》、《刑事诉讼法》都对回避制度进行了具体规定，本书中不再赘述。

事人不上诉、人民检察院不抗诉,就是发生法律效力的判决和裁定。中级人民法院、高级人民法院和最高人民法院审判的第二审案件的判决和裁定,最高人民法院审判的第一审案件的判决和裁定,都是终审的判决和裁定,也就是发生法律效力的判决和裁定。①

(五) 审判监督制度

审判监督制度是指人民法院对已经发生法律效力,但确有认定事实或适用法律错误的判决和裁定,依法进行重新审判的特别救济制度。根据我国《人民法院组织法》第13条的规定:“各级人民法院院长对本院已经发生法律效力的判决和裁定,如果发现在认定事实上或者在适用法律上确有错误,必须提交审判委员会处理。最高人民法院对各级人民法院已经发生法律效力的判决和裁定,上级人民法院对下级人民法院已经发生法律效力的判决和裁定,如果发现确有错误,有权提审或者指令下级人民法院再审。最高人民检察院对各级人民法院已经发生法律效力的判决和裁定,上级人民检察院对下级人民法院已经发生法律效力的判决和裁定,如果发现确有错误,有权按照审判监督程序提出抗诉。各级人民法院对于当事人提出的对已经发生法律效力的判决和裁定的申诉,应当认真负责处理。”②

第二节　经济审判组织

一、经济审判组织

在我国,行使经济审判权的只能是人民法院。根据《中华人民共和国宪法》的规定,我国设立了最高人民法院、地方各级人民法院和专门人民法院。最高人民法院监督地方各级人民法院和专门人民法院的审判工作,上级人民法院监督下级人民法院的审判工作。下面根据相关法律的规定,对人民法院的组织和职权进行简单介绍。③

(一) 最高人民法院

最高人民法院是国家最高审判机关。最高人民法院的职权是:(1) 监督地方各级人民法院和专门人民法院的审判工作,对各级人民法院和专门人民法院已经发生法律效力的判决和裁定发现确有错误的,有权提审或者指令下级人民法院再审。(2) 审判下列案件:法律、法令规定由它管辖的和它认为应当由自己审判的第一审

① 《中华人民共和国人民法院组织法》第11条。

② 我国《民事诉讼法》、《行政诉讼法》、《刑事诉讼法》都有审判监督程序的具体规定,本书中不再赘述。

③ 参见《中华人民共和国人民法院组织法》、《民事诉讼法》、《刑事诉讼法》、《行政诉讼法》等。

案件;对高级人民法院、专门人民法院判决和裁定的上诉案件和抗诉案件;最高人民检察院按照审判监督程序提出的抗诉案件。(3) 核准死刑。(4) 对于在审判过程中如何具体应用法律、法令的问题,进行解释。(5) 领导和管理全国各级人民法院的司法行政工作事宜。

最高人民法院审判的第一审案件中,民事案件为在全国有重大影响的案件或认为应当由其审理的案件;行政案件为全国范围内重大、复杂的案件;刑事案件为全国性的重大案件。

(二) 地方各级人民法院

地方各级人民法院分为:基层人民法院、中级人民法院、高级人民法院。

1. 基层人民法院

基层人民法院包括:县人民法院和市人民法院、自治县人民法院、市辖区人民法院。基层人民法院可以设立若干人民法庭,是基层人民法院的组成部分,它的判决和裁定就是基层人民法院的判决和裁定。基层人民法院的职权是:(1) 审判刑事和民事的第一审案件,但是法律、法令另有规定的案件除外。对它受理的案件,认为案情重大应当由上级人民法院审判的时候,基层人民法院可以请求移送上级人民法院审判。(2) 处理不需要开庭审判的民事纠纷和轻微的刑事案件。(3) 指导人民调解委员会的工作。

2. 中级人民法院

中级人民法院包括:在省、自治区内按地区设立的中级人民法院、在直辖市内设立的中级人民法院、省、自治区辖市的中级人民法院、自治州中级人民法院。中级人民法院的职权是:(1) 审判下列案件:法律、法令规定由它管辖的第一审案件,对它受理的案件,认为案情重大应当由上级人民法院审判的时候,可以请求移送上级人民法院审判;基层人民法院移送审判的第一审案件;对基层人民法院判决和裁定的上诉案件和抗诉案件;人民检察院按照审判监督程序提出的抗诉案件。(2) 监督辖区内基层人民法院的审判工作。对基层人民法院已经发生法律效力的判决和裁定,如果发现确有错误,有权提审或者指令基层人民法院再审。

中级人民法院审判的第一审案件中,民事案件为:重大涉外案件、在本辖区有重大影响的案件、最高人民法院确定由中级人民法院管辖的案件;行政案件为:确认发明专利权的案件、海关处理的案件、对国务院各部门或者省、自治区、直辖市人民政府所作的具体行政行为提起诉讼的案件、本辖区内重大、复杂的案件;刑事案件为:危害国家安全、恐怖活动案件、可能判处无期徒刑、死刑的案件。

3. 高级人民法院

高级人民法院包括:省高级人民法院、自治区高级人民法院、直辖市高级人民法院。高级人民法院的职权是:(1) 审判下列案件:法律、法令规定由它管辖的第一审案件;下级人民法院移送审判的第一审案件;对下级人民法院判决和裁定的上诉案件和抗诉案件;人民检察院按照审判监督程序提出的抗诉案件。(2) 复核中级人民法院判处死刑且被告人不上诉的第一审刑事案件,其中同意判处死刑的,应当报请最高人民法院核准。高级人民法院不同意判处死刑的,可以提审或者发回重新审判。(3) 核准中级人民法院判处死刑缓期 2 年执行的案件。(4) 监督辖区内下级人民法院的审判工作。对下级人民法院已经发生法律效力的判决和裁定,如果发现确有错误,有权提审或者指令下级人民法院再审。

高级人民法院审判的第一审案件中,民事案件为辖区内有重大影响的案件;行政案件为辖区内重大、复杂的案件;刑事案件为全省(自治区、直辖市)性的重大案件。

(三) 专门人民法院

专门人民法院是按特定的组织或特定范围的案件建立的,包括军事法院、海事法院、铁路运输法院等。

军事法院包括:中国人民解放军军事法院(军内最高审级)、大军区及军兵种军事法院(中级层次)、军级军事法院(基层级)。军事法院审判现役军人、军队在编职工等特定的刑事案件。

海事法院是专门审判第一审海事、海商案件的人民法院,不受理其他民事案件、刑事案件和行政案件。海事法院只设一级,设立在广州、上海、武汉、天津、大连、青岛、宁波、厦门、海口、北海等港口城市。对海事法院判决和裁定的上诉案件,由海事法院所在地的高级人民法院审判。

铁路运输法院包括:铁路管理分局基层铁路运输法院、铁路管理局中级铁路运输法院。铁路运输法院审判的案件是:发生在铁路运输线上的民事、刑事案件;铁路局在编职工的民事、刑事案件;与铁路运输部门有直接关系的经济纠纷案。中级铁路运输法院的审判工作,受其所在地的高级人民法院监督。

二、经济审判的受案范围

经济审判的受案范围,就是人民法院行使经济审判权的作用范围,即经济纠纷要通过审判的方式解决,必须属于人民法院的职权范围。在市场经济条件下,市场主体进行各种经济活动时,可能发生合同争议、其他涉及财产关系的争议、与行政机关之间因行政管理所发生的涉及经济内容的争议,甚至涉及经济犯罪。经济纠纷的性质,可归属于民事性质、行政性质或刑事性质。经济审判的受案范围根据经济纠纷的性质,分别由民事诉讼法、行政诉讼法、刑事诉讼法进行规定。在我国,因经济犯罪作为刑事案件,由国家专门机关(人民法院、人民检察院和公安机关)严格按照法律规定的程序进行追诉,故本书中不做详细介绍(以下管辖和程序中也不作介绍)。

1. 民事性质的经济纠纷

经济纠纷属于民事性质的,法院审判的受案范围适用民事诉讼法的相关规定。

我国《民事诉讼法》第 3 条规定："人民法院受理公民之间、法人之间、其他组织之间以及他们相互之间因财产关系和人身关系提起的民事诉讼，适用本法的规定。"

在我国，除了人民法院，其他国家机关、社会组织也有解决一定范围经济纠纷的职责，如人民调解委员会、国家行政机关、仲裁机构等。原则上其他国家机关、社会组织不能最终解决的经济纠纷，由人民法院通过经济审判予以最终解决。但对于经济仲裁和经济审判都能受理的经济纠纷，我国采取的是"或裁或审"制度，即此类纠纷的处理只能在经济审判和经济仲裁方式中选择一种，经济仲裁的裁决也是终局性的。

2. 行政性质的经济纠纷

市场主体进行经济活动时，要受到行政机关的管理。在管理活动中涉及经济内容产生争议的，可以依照《行政诉讼法》的规定向人民法院提起诉讼的，只能是侵犯公民、法人或者其他组织合法权益的行政机关和行政机关工作人员的具体行政行为。[①]

我国《行政诉讼法》第 11 条列举了人民法院可受理的具体行政行为的案件：对拘留、罚款、吊销许可证和执照、责令停产停业、没收财物等行政处罚不服的；对限制人身自由或者对财产的查封、扣押、冻结等行政强制措施不服的；认为行政机关侵犯法律规定的经营自主权的；认为符合法定条件申请行政机关颁发许可证和执照，行政机关拒绝颁发或者不予答复的；申请行政机关履行保护人身权、财产权的法定职责，行政机关拒绝履行或者不予答复的；认为行政机关没有依法发给抚恤金的；认为行政机关违法要求履行义务的；认为行政机关侵犯其他人身权、财产权的；法律、法规规定可以提起诉讼的其他行政案件。

三、经济审判的管辖

管辖，是指人民法院之间审判第一审案件的权限分工。经济纠纷发生后，属于经济审判受案范围的，通过管辖来确定对该纠纷进行第一审的具体法院。

（一）民事性质经济纠纷的管辖[②]

1. 级别管辖

级别管辖是上下级人民法院之间审判第一审民事案件的权限分工。根据最高人民法院司法解释的规定，海事、海商案件由海事法院管辖。专利纠纷第一审案件，由各省、自治区、直辖市人民政府所在地的中级人民法院和最高人民法院指定的中级人民法院管辖。第一审涉外民商事案件实行集中管辖。适用集中管辖的案

① 参见《中华人民共和国行政诉讼法》第 2 条。

② 参见《中华人民共和国民事诉讼法》第 2 章、法发〔1992〕22 号《最高人民法院关于适用〈中华人民共和国民事诉讼法〉若干问题的意见》、法发〔1994〕29 号《最高人民法院关于在经济审判中严格执行〈中华人民共和国民事诉讼法〉的若干规定》、法释〔2002〕5 号《最高人民法院关于涉外民商事案件诉讼管辖若干问题的规定》。

件包括:涉外合同和侵权纠纷案件;信用证纠纷案件;申请撤销、承认与强制执行国际仲裁裁决的案件;审查有关涉外民商事仲裁条款效力的案件;申请承认和强制执行外国法院民商事判决、裁定的案件。这些案件的第一审由下列人民法院管辖:国务院批准设立的经济技术开发区人民法院;省会、自治区首府、直辖市所在地的中级人民法院;经济特区、计划单列市中级人民法院;最高人民法院指定的其他中级人民法院;高级人民法院。涉及香港、澳门特别行政区和台湾地区当事人的民商事纠纷案件的管辖,参照集中管辖的规定处理。其他人民法院越权受理涉外民商事案件的,案件将被移送有管辖权的人民法院审理。但发生在与外国接壤的边境省份的边境贸易纠纷案件,涉外房地产案件和涉外知识产权案件,不适用集中管辖的规定。

最高人民法院根据我国地区发展不平衡的状况,以诉讼标的额、诉讼标的额结合案件类型及其他因素两个标准来确定级别管辖。高级人民法院的级别管辖标准分为四个档次,其中北京、上海、广东、江苏、浙江高级人民法院,可管辖诉讼标的额在2亿元以上的第一审民商事案件,以及诉讼标的额在1亿元以上且当事人一方住所地不在本辖区或者涉外、涉港澳台的第一审民商事案件。高级人民法院确定其辖区内的级别管辖标准,但要符合最高人民法院规定的条件并经最高人民法院批准后,方可作为确定级别管辖的依据。①

2. 地域管辖

地域管辖是同级人民法院之间审判第一审民事案件的权限分工。

(1) 一般地域管辖

原则上第一审民事案件,由被告住所地人民法院管辖。被告可以是公民、法人或者其他组织,公民的住所地是指公民的户籍所在地,法人的住所地是指法人的主要营业地或者主要办事机构所在地。公民的住所地与经常居住地不一致的,由经常居住地人民法院管辖。公民的经常居住地是指公民离开住所地至起诉时已连续居住1年以上的地方。但公民住院就医的地方除外。同一诉讼的几个被告住所地、经常居住地在两个以上人民法院辖区的,各该人民法院都有管辖权。

(2) 特殊地域管辖

不同于一般地域管辖,法律规定了以下案件的管辖标准:

因合同纠纷提起的诉讼,由被告住所地或者合同履行地人民法院管辖。如果合同没有实际履行,当事人双方住所地又都不在合同约定的履行地的,应由被告住所地人民法院管辖。购销合同的双方当事人在合同中对交货地点有约定的,以约定的交货地点为合同履行地;没有约定的,依交货方式确定合同履行地;采用送货方式的,以货物送达地为合同履行地;采用自提方式的,以提货地为合同履行地;代

① 参见法发〔2008〕10号《最高人民法院关于调整高级人民法院和中级人民法院管辖第一审民商事案件标准的通知》。

办托运或按木材、煤炭送货办法送货的，以货物发运地为合同履行地。购销合同的实际履行地点与合同中约定的交货地点不一致的，以实际履行地点为合同履行地。加工承揽合同，以加工行为地为合同履行地，但合同中对履行地有约定的除外。财产租赁合同、融资租赁合同以租赁物使用地为合同履行地，但合同中对履行地有约定的除外。补偿贸易合同，以接受投资一方主要义务履行地为合同履行地。

合同或者其他财产权益纠纷的当事人可以书面协议选择被告住所地、合同履行地、合同签订地、原告住所地、标的物所在地等与争议有实际联系的地点的人民法院管辖，但不得违反《民事诉讼法》对级别管辖和专属管辖的规定。合同的双方当事人选择管辖的协议不明确或者选择两个以上人民法院管辖的，选择管辖的协议无效。

因保险合同纠纷提起的诉讼，由被告住所地或者保险标的物所在地人民法院管辖。如果保险标的物是运输工具或者运输中的货物，由被告住所地或者运输工具登记注册地、运输目的地、保险事故发生地的人民法院管辖。

因票据纠纷提起的诉讼，由票据支付地或者被告住所地人民法院管辖。票据支付地，是指票据上载明的付款地。票据未载明付款地的，票据付款人（包括代理付款人）的住所地或主营业所所在地为票据付款地。

因公司设立、确认股东资格、分配利润、解散等纠纷提起的诉讼，由公司住所地人民法院管辖。

因铁路、公路、水上、航空运输和联合运输合同纠纷提起的诉讼，由运输始发地、目的地或者被告住所地人民法院管辖。铁路运输合同纠纷及与铁路运输有关的侵权纠纷，由铁路运输法院管辖。

因侵权行为提起的诉讼，由侵权行为地或者被告住所地人民法院管辖。侵权行为地，包括侵权行为实施地、侵权结果发生地。因产品质量不合格造成他人财产、人身损害提起的诉讼，产品制造地、产品销售地、侵权行为地和被告住所地的人民法院都有管辖权。

因铁路、公路、水上和航空事故请求损害赔偿提起的诉讼，由事故发生地或者车辆、船舶最先到达地、航空器最先降落地或者被告住所地人民法院管辖。

因船舶碰撞或者其他海事损害事故请求损害赔偿提起的诉讼，由碰撞发生地、碰撞船舶最先到达地、加害船舶被扣留地或者被告住所地人民法院管辖。

因海难救助费用提起的诉讼，由救助地或者被救助船舶最先到达地人民法院管辖。

因共同海损提起的诉讼，由船舶最先到达地、共同海损理算地或者航程终止地的人民法院管辖。

(3) 专属管辖

专属管辖的案件，当事人不能协议变更，只能根据法律的规定由特定法院管辖。下列案件是专属管辖：因不动产纠纷提起的诉讼，由不动产所在地人民法院管辖;因港口作业中发生纠纷提起的诉讼,由港口所在地人民法院管辖;因继承遗产纠纷提起的诉讼,由被继承人死亡时住所地或者主要遗产所在地人民法院管辖。

(4) 两个以上人民法院都有管辖权的诉讼,原告可以向其中一个人民法院起诉;原告向两个以上有管辖权的人民法院起诉的,由最先立案的人民法院管辖。先立案的人民法院不得将案件移送给另一个有管辖权的人民法院。人民法院在立案前发现其他有管辖权的人民法院已先立案的,不得重复立案。

3. 移送管辖和指定管辖

(1) 移送管辖

人民法院发现受理的案件不属于本院管辖的,应当移送有管辖权的人民法院。人民法院立案后发现其他有管辖权的人民法院已先立案的,应当在 7 日内裁定将案件移送给先立案的人民法院。受移送的人民法院应当受理,不得再自行移送。有管辖权的人民法院受理案件后,当事人住所地、经常居住地的变更不影响受诉人民法院的管辖权。

(2) 指定管辖

指定管辖适用于以下情形:受移送的人民法院认为受移送的案件依照规定不属其管辖的,应当报请上级人民法院指定管辖;有管辖权的人民法院由于特殊原因,不能行使管辖权的,由上级人民法院指定管辖;人民法院之间因管辖权发生争议,由争议双方协商解决;协商解决不了的,报请它们的共同上级人民法院指定管辖。

两个以上人民法院之间对地域管辖有争议的案件,有关人民法院均应当立即停止进行实体审理。在管辖权争议未解决前,任何一方人民法院均不得对案件作出判决。对抢先作出判决的,上级人民法院应当以违反程序为由撤销其判决,并将案件移送或者指定其他人民法院审理,或者由自己提审。

(3) 管辖权转移

上级人民法院有权审理下级人民法院管辖的第一审民事案件;确有必要将本院管辖的第一审民事案件交下级人民法院审理的,应当报请其上级人民法院批准。下级人民法院对它所管辖的第一审民事案件,认为需要由上级人民法院审理的,可以报请上级人民法院审理。

当事人基于同一法律关系或者同一法律事实而发生纠纷,以不同诉讼请求分别向有管辖权的不同法院起诉的,后立案的法院在得知有关法院先立案的情况后,应当在 7 日内裁定将案件移送先立案的法院合并审理。

4. 管辖权异议

人民法院受理案件后,当事人对管辖权有异议的,应当在第一审提交答辩状期间提出。人民法院对当事人提出的异议,应当在 15 日内作出异议是否成立的书面裁定。当事人对此裁定不服提出上诉的,第二审人民法院应当依法作出书面裁定。管辖权异议成立的,人民法院裁定将案件移送有管辖权的人民法院;异议不成立的，裁定驳回。当事人未提出管辖异议，并应诉答辩的，视为受诉人民法院有管辖权，但违反级别管辖和专属管辖规定的除外。

（二）行政性质经济纠纷的管辖①

各级人民法院行政审判庭审理行政案件。专门人民法院、人民法庭不审理行政案件。根据最高人民法院的司法解释，中级人民法院管辖的第一审“本辖区内重大、复杂的案件”包括：被告为县级以上人民政府的案件，但以县级人民政府名义办理不动产物权登记的案件可以除外；社会影响重大的共同诉讼、集团诉讼案件；重大涉外或者涉及香港特别行政区、澳门特别行政区、台湾地区的案件；其他重大、复杂的案件。

行政案件由最初作出具体行政行为的行政机关所在地人民法院管辖。经复议的案件，复议机关改变原具体行政行为的，也可以由复议机关所在地人民法院管辖。因不动产提起的行政诉讼，由不动产所在地人民法院管辖。

行政机关基于同一事实既对人身又对财产实施行政处罚或者采取行政强制措施的，被限制人身自由的公民、被扣押或者没收财产的公民、法人或者其他组织对上述行为均不服的，既可以向被告所在地人民法院提起诉讼，也可以向原告所在地人民法院提起诉讼，受诉人民法院可一并管辖。

第三节 经济审判程序

实践中，经济纠纷的大多数属于民事性质，故本书中专介绍我国民事诉讼中的经济审判程序。②

一、第一审程序

经济审判第一审程序分为普通程序和简易程序。基层人民法院和它派出的法庭审理事实清楚、权利义务关系明确、争议不大的简单的民事案件，可以适用简易程序。普通程序是人民法院审判第一审经济纠纷案件通常适用的主要程序，《民事诉讼法》对其作了明确、全面的规定。下面结合最高人民法院的相关司法解释，对普通程序进行详解：

---

① 行政诉讼的管辖和民事诉讼的管辖相似，本书中不作详细介绍，具体参见《中华人民共和国行政诉讼法》第3章、法释〔2000〕8号《最高人民法院关于执行〈中华人民共和国行政诉讼法〉若干问题的解释》、法释〔2008〕1号《最高人民法院关于行政案件管辖若干问题的规定》。

② 参见《中华人民共和国民事诉讼法》、法发〔1992〕22号《最高人民法院关于适用〈中华人民共和国民事诉讼法〉若干问题的意见》、法发〔1993〕34号《最高人民法院关于第一审经济纠纷案件适用普通程序开庭审理的若干规定》、法释〔1998〕14号《最高人民法院关于民事经济审判方式改革问题的若干规定》。

(一) 起诉和受理

经济纠纷发生后,当事人可以向有管辖权的人民法院提起诉讼,请求人民法院通过依法审判来保护其合法权益。起诉必须符合下列条件:原告是与本案有直接利害关系的公民、法人和其他组织;有明确的被告;有具体的诉讼请求和事实、理由;属于人民法院受理民事诉讼的范围和受诉人民法院管辖。起诉应当向人民法院递交起诉状,并按照被告人数提出副本。起诉状应当记明下列事项:原告的姓名、性别、年龄、民族、职业、工作单位、住所、联系方式;法人或者其他组织的名称、住所和法定代表人或者主要负责人的姓名、职务、联系方式;被告的姓名、性别、工作单位、住所等信息;法人或者其他组织的名称、住所等信息;诉讼请求和所根据的事实与理由;证据和证据来源,证人姓名和住所。

人民法院收到起诉状后,经严格按照起诉条件进行全面审查,认为符合起诉条件的,应当在 7 日内立案,并通知当事人。同时,人民法院应通知原告预交案件受理费,通知后原告仍不预交或者申请减、缓、免未获人民法院批准而仍不预交的,裁定按自动撤诉处理。起诉不符合受理条件的,人民法院应当裁定不予受理,原告对裁定不服的,可以提起上诉。当事人超过诉讼时效期间[①]起诉的,人民法院应予受理。受理后查明无中止、中断、延长事由的,判决驳回其诉讼请求。

(二) 审理前的准备

审理前的准备工作主要有:

(1) 在法定期限内,分别向当事人送达受理案件通知书、应诉通知书和起诉状、答辩状副本等。人民法院应当在立案之日起 5 日内将起诉状副本发送被告,被告在收到之日起 15 日内提出答辩状。人民法院应当在收到之日起 5 日内将答辩状副本发送原告。被告的书面答辩中应阐明其对原告诉讼请求及其所依据的事实和理由的意见。人民法院在送达案件受理通知书和应诉通知书的同时,还要向当事人送达举证通知书。举证通知书应当载明举证责任的分配原则与要求、可以向人民法院申请调查取证的情形、人民法院根据案件情况指定的举证期限以及逾期提供证据的法律后果。[②]

(2) 通知必须共同进行诉讼的当事人参加诉讼。当事人也可以向人民法院申请追加,经人民法院审查有理的,书面通知被追加的当事人参加诉讼。如共有财产权受到他人侵害,部分共有权人起诉的,其他共有权人应当列为共同诉讼人。

(3) 告知当事人有关的诉讼权利和义务、合议庭组成人员。人民法院应当在受理案件通知书和应诉通知书中向当事人告知有关的诉讼权利义务,或者口头予以

① 《中华人民共和国民法通则》第 135 条规定:“向人民法院请求保护民事权利的诉讼时效期间为二年,法律另有规定的除外。”

② 法释〔2001〕33 号《最高人民法院关于民事诉讼证据的若干规定》第 32、33 条。

告知。如果已经确定开庭日期的，应当一并告知当事人及其诉讼代理人开庭的时间、地点。合议庭组成后，应当在 3 日内将合议庭组成人员告知当事人。告知后，因情事变化，必须调整合议庭组成人员的，应当于调整后 3 日内告知当事人。在开庭前 3 日内决定调整合议庭组成人员的，原定的开庭日期应予顺延。合议庭成员在开庭前不得单独接触一方当事人及其诉讼代理人。

(4) 审查双方提供的诉讼材料，了解案情，审查证据，掌握争议的焦点和需要庭审调查、辩论的主要问题。调查收集应当由人民法院调查收集的证据。对专门性问题合议庭认为需要鉴定、审计的，应及时交由法定鉴定部门或者指定有关部门鉴定，委托审计机关审计。人民法院在必要时可以委托外地人民法院调查。下列证据由人民法院调查收集：当事人及其诉讼代理人因客观原因不能自行收集并已提出调取证据的申请和该证据线索的；应当由人民法院勘验或者委托鉴定的；当事人双方提出的影响查明案件主要事实的证据材料相互矛盾，经过庭审质证无法认定其效力的；人民法院认为需要自行调查收集的其他证据。上述证据经人民法院调查，未能收集到的，仍由负有举证责任的当事人承担举证不能的后果。

(5) 对于证据较多或者复杂疑难的案件，人民法院应当组织当事人在答辩期届满后、开庭审理前交换证据。经当事人申请，人民法院也可以组织当事人交换证据。在证据交换的过程中，审判人员对当事人无异议的事实、证据应当记录在卷，并由双方当事人签字确认，在开庭审理时如双方当事人不再提出异议，便可予以认定；对有异议的证据，按照需要证明的事实分类记录在卷，并记载异议的理由。通过证据交换，确定双方当事人争议的主要问题。当事人收到对方交换的证据后提出反驳并提出新证据的，人民法院应当通知当事人在指定的时间进行交换。证据交换一般不超过两次。但重大、疑难和案情特别复杂的案件，人民法院认为确有必要再次进行证据交换的除外。①

(6) 开庭审理前的和解与调解。在双方当事人自愿的条件下，合议庭可以在开庭审理前让双方当事人及其诉讼代理人自行协商解决。当事人和解，原告申请撤诉，或者双方当事人要求发给调解书的，经审查认为不违反法律规定，不损害第三人利益的，可以裁定准予撤诉，或者按照双方当事人达成的和解协议制作调解书发给当事人。合议庭审查案卷材料后，认为法律关系明确、事实清楚，经征得当事人双方同意，可以在开庭审理前径行调解。调解达成协议的，制作调解书发给当事人。

(7) 开庭审理前达不成协议的，合议庭应即研究确定开庭审理的日期和庭审提纲，并明确合议庭成员在庭审中的分工。开庭日期确定后，书记员应当在开庭 3 日前将传票送达当事人，将开庭通知书送达当事人的诉讼代理人、证人、鉴定人、勘验人、翻译人员。当事人或其他诉讼参与人在外地的，应留有必要的在途时间。公开

---

① 参见法释〔2001〕33 号《最高人民法院关于民事诉讼证据的若干规定》第 37、38、39、40 条。

审理的，应当公告当事人姓名、案由和开庭的时间、地点。

（三）开庭审理

开庭审理应当在答辩期届满并做好必要的准备工作后进行。当事人明确表示不提交答辩状，或者在答辩期届满前已经答辩，或者同意在答辩期间开庭的，也可以在答辩期限届满前开庭审理。经济审判一般应当公开进行，但涉及商业秘密的案件，当事人申请不公开审理的，可以不公开审理。

1. 宣布开庭

开庭审理前，书记员应当查明当事人和其他诉讼参与人是否到庭。当事人或其他诉讼参与人没有到庭的，应将情况及时报告审判长，并由合议庭确定是否需要延期开庭审理或者中止诉讼。原告经传票传唤，无正当理由拒不到庭的，可以按撤诉处理。

合议庭开庭审理的，书记员先宣布当事人及其诉讼代理人入庭、宣布法庭纪律后，再宣布全体起立，请审判长、审判员、陪审员入庭。书记员向审判长报告当事人及其诉讼代理人的出庭情况。审判长核对当事人及其诉讼代理人的身份，并询问各方当事人对于对方出庭人员有无异议。当事人的身份没有异议后，审判长宣布各方当事人及其诉讼代理人符合法律规定，可以参加本案诉讼。审判长宣布案由及开始庭审，不公开审理的应当说明理由。被告经人民法院传票传唤，无正当理由拒不到庭的，审判长可以宣布缺席审理，并说明传票送达合法和缺席审理的依据。

审判长要宣布合议庭组成人员、书记员名单，告知当事人有关的诉讼权利义务，询问各方当事人是否申请回避。当事人提出申请回避的，合议庭应当宣布休庭。当事人申请回避的理由不能成立的，由审判长在重新开庭时宣布予以驳回，记入笔录；当事人申请回避的理由成立，决定回避的，由审判长宣布延期审理。当事人对驳回回避申请的决定不服，申请复议的，不影响案件的开庭。人民法院对复议申请，应当在3日内作出复议决定并通知复议申请人，也可以在开庭时当庭作出复议决定并告知复议申请人。

2. 法庭调查

法庭调查按下列顺序进行：由原告口头陈述事实或者宣读起诉状，讲明具体诉讼请求和理由；被告口头陈述事实或者宣读答辩状，对原告诉讼请求提出异议或者反诉的，讲明具体请求和理由；审判长归纳本案争议焦点或者法庭调查重点，并征求当事人的意见；原告出示证据，被告进行质证；被告出示证据，原告进行质证；审判人员出示人民法院调查收集的证据，当事人进行质证；经审判长许可，当事人可以向证人发问，当事人可以互相发问；审判人员可以询问当事人。

法庭调查中，如果案件有两个以上独立存在的事实或者诉讼请求的，可以要求当事人逐项陈述事实和理由，逐个出示证据并分别进行调查和质证。对当事人无争议的事实，无需举证、质证。经过庭审质证的证据，能够当即认定的，应当当即认定;当即不能认定的,可以休庭合议后再予以认定;合议之后认为需要继续举证或者进行鉴定、勘验等工作的,可以在下次开庭质证后认定。未经庭审质证的证据,不能作为定案的根据。

合议庭决定再次开庭的,审判长对本次开庭情况应当进行小结,指出庭审已经确认的证据,并指明下次开庭调查的重点。第二次开庭审理时,只就未经调查的事项进行调查和审理,对已经调查、质证并已认定的证据不再重复审理。法庭调查结束前,审判长应当就法庭调查认定的事实和当事人争议的问题进行归纳总结。

3. 法庭辩论

双方当事人对案件事实无争议,只是在责任承担上达不成协议的,开庭审理可以在双方当事人对事实予以确认的基础上,直接进行法庭辩论。

审判长宣布法庭辩论开始,由各方当事人依次发言。辩论应当围绕争议焦点进行。一轮辩论结束后当事人要求继续辩论的,可以进行下一轮辩论。下一轮辩论不得重复第一轮辩论的内容。法庭辩论时,审判人员不得对案件性质、是非责任发表意见,不得与当事人辩论。

法庭辩论终结,审判长或者独任审判员征得各方当事人同意后,可以依法进行调解。调解时,可以先由各方当事人提出调解方案。当事人意见不一致的,合议庭要讲清法律规定,分清责任,促使双方当事人达成协议。必要时,合议庭可以根据双方当事人的请求提出调解方案,供双方当事人考虑;也可以先分别征询各方当事人意见,而后进行调解。经过调解,双方当事人达成调解协议的。人民法院应当根据双方当事人达成的调解协议制作调解书送达当事人。双方当事人达成协议后当即履行完毕,不要求发给调解书的,记入笔录经双方当事人、合议庭成员、书记员签名或盖章后,即具有法律效力。调解不成的,应当及时判决。法庭辩论终结,审判长还要征询当事人的最后意见。

4. 合议庭评议和宣判

经过开庭审理后调解不成的,合议庭应当休庭进行评议。评议是秘密进行的,就案件的性质、认定的事实、适用的法律、是非责任和处理结果作出结论。评议中如发现案件事实尚未查清,需要当事人补充证据或者由人民法院自行调查收集证据的,可以决定延期审理,由审判长在继续开庭时宣布延期审理的理由和时间,以及当事人提供补充证据的期限。合议庭评议案件,实行少数服从多数的原则。但评议中的不同意见,书记员必须如实记入笔录,由合议庭成员在笔录上签名。

合议庭评议后,由审判长宣布继续开庭并宣读裁判。宣判时,当事人及其他诉讼参与人、旁听人员应当起立。宣判的内容包括:认定的事实、适用的法律、判决的结果和理由、诉讼费用的负担、当事人的上诉权利、上诉期限和上诉法院。不能当庭宣判的,审判长应当宣布另定日期宣判。对公开审理或者不公开审理的案件,人民法院一律公开宣告判决。当庭宣判的,应当在10日内发送判决书;定期宣判的,宣判后立即发给判决书。

被告经传票传唤，无正当理由拒不到庭的，或者未经法庭许可中途退庭的，可以缺席判决。宣判前，原告申请撤诉的，由人民法院裁定是否准许。人民法院裁定不准许撤诉的，原告经传票传唤，无正当理由拒不到庭的，可以缺席判决。

5. 法庭笔录和闭庭

法庭笔录是书记员对法庭审理的全部活动的记录，由合议庭成员和书记员签名。法庭笔录应当由书记员当庭宣读，也可以告知当事人和其他诉讼参与人当庭或者在5日内阅读。庭审笔录经宣读或阅读，当事人和其他诉讼参与人认为记录无误的，应当在笔录上签名或盖章；拒绝签名、盖章的，记明情况附卷；认为对自己的陈述记录有遗漏或者差错，申请补正的，允许在笔录后面或另页补正；如果不予补正，应当将申请记录在案。

审判长宣布闭庭。书记员宣布全体起立，合议庭成员等退庭。合议庭成员退庭后，书记员宣布当事人和旁听人员退庭。

6. 审结期限

经济审判案件，人民法院应当在立案之日起6个月内审结；有特殊情况需要延长的，由本院院长批准，可以延长6个月；还需要延长的，报请上级人民法院批准，可以再延长3个月。[①] 审结期限从立案的次日起，至裁判宣告、调解书送达之日止，但公告期间、鉴定期间、审理当事人提出的管辖权异议以及处理人民法院之间的管辖争议期间不计算在内。

(四) 判决和裁定

1. 判决

经济审判的判决，是人民法院对经济纠纷案件依法定程序审理完毕后，在查清案件事实的基础上行使国家审判权，对案件的实体问题依法作出的权威性判定。判决书应当写明判决结果和作出该判决的理由。判决书内容包括：案由、诉讼请求、争议的事实和理由；判决认定的事实和理由、适用的法律和理由；判决结果和诉讼费用的负担；上诉期间和上诉的法院。判决书由审判人员、书记员署名，加盖人民法院印章。

人民法院审理案件，其中一部分事实已经清楚，可以就该部分先行判决。最高人民法院的判决，以及依法不准上诉或者超过上诉期没有上诉的判决，才是发生法律效力的判决。

2. 裁定

裁定是经济审判过程中，对于程序性事项所作的判定。裁定适用于下列范围：不予受理；对管辖权有异议的；驳回起诉；保全和先予执行；准许或者不准许撤诉；中止或者终结诉讼；补正判决书中的笔误(笔误是指法律文字误写、误算，诉讼费用

---

① 参见法释〔2000〕29号《最高人民法院关于严格执行案件审理期限制度的若干规定》第2条。

漏写、误算和其他笔误)；中止或者终结执行；撤销或者不予执行仲裁裁决；不予执行公证机关赋予强制执行效力的债权文书；其他需要裁定解决的事项，如宣告破产、延期审理等。其中，不予受理、对管辖权有异议的和驳回起诉所作的裁定，可以上诉。

裁定书应当写明裁定结果和作出该裁定的理由。裁定书由审判人员、书记员署名，加盖人民法院印章。口头裁定的，记入笔录。最高人民法院的裁定，以及依法不准上诉或者超过上诉期没有上诉的裁定，是发生法律效力的裁定。

二、第二审程序

第二审程序，是当事人不服地方人民法院第一审判决或裁定，在法定期限内向上一级人民法院提起上诉后，上一级人民法院进行审理应适用的程序。

(一) 上诉

当事人不服地方人民法院第一审判决的，应在判决书送达之日起 15 日内向上一级人民法院提起上诉；不服地方人民法院第一审裁定的，应当在裁定书送达之日起 10 日内提起。上诉期从当事人各自收到判决书、裁定书的次日起计算。上诉应当递交上诉状。一审宣判时或判决书、裁定书送达时，当事人口头表示上诉的，人民法院应告知其必须在法定上诉期间内提出上诉状。未在法定上诉期间内递交上诉状的，视为未提出上诉。

上诉状应当通过原审人民法院提出，并按照对方当事人的人数提出副本。当事人直接向第二审人民法院上诉的，第二审人民法院应当在 5 日内将上诉状移交原审人民法院。上诉状的内容，应当包括当事人的姓名，法人的名称及其法定代表人的姓名或者其他组织的名称及其主要负责人的姓名；原审人民法院名称、案件的编号和案由；上诉的请求和理由。

原审人民法院收到上诉状，应当在 5 日内将上诉状副本送达对方当事人，对方当事人在收到之日起 15 日内提出答辩状。人民法院应当在收到答辩状之日起 5 日内将副本送达上诉人。对方当事人不提出答辩状的，不影响人民法院审理。原审人民法院收到上诉状、答辩状，应当在 5 日内连同全部案卷和证据，报送第二审人民法院。

(二) 审理

第二审人民法院审理上诉案件，除依照《民事诉讼法》第 14 章“第二审程序”的规定外，适用第一审普通程序。

第二审人民法院对上诉案件，应当组成合议庭，开庭审理。经过阅卷、调查和询问当事人，对没有提出新的事实、证据或者理由，合议庭认为不需要开庭审理的，可以不开庭审理。第二审人民法院可以径行判决、裁定的案件为：一审就不予受理、驳回起诉和管辖权异议作出裁定的案件；当事人提出的上诉请求明显不能成立的案件；原审裁判认定事实清楚，但适用法律错误的案件；原判决违反法定程序，可能影响案件正确判决，需要发回重审的案件。第二审人民法院在审理上诉案件时，需要对原证据重新审查或者当事人提出新证据的，应当开庭审理。

第二审人民法院对上诉案件的审理应当围绕当事人上诉请求的范围进行，当事人没有提出请求的，不予审查。但判决违反法律禁止性规定、侵害社会公共利益或者他人利益的除外。被上诉人在答辩中要求变更或者补充第一审判决内容的，第二审人民法院可以不予审查。

（三）第二审的裁判

人民法院审理对判决的上诉案件，应当在第二审立案之日起 3 个月内审结。有特殊情况需要延长的，经本院院长批准，可以延长 3 个月。人民法院审理对裁定的上诉案件，应当在第二审立案之日起 30 日内作出终审裁定。第二审人民法院的判决、裁定，是终审的判决、裁定。

第二审人民法院审理上诉案件，可以进行调解。调解达成协议，应当制作调解书。调解书送达后，原审人民法院的判决即视为撤销。第二审人民法院判决宣告前，上诉人可以申请撤回上诉，由第二审人民法院裁定是否准许。未能调解或不同意撤诉的上诉案件，第二审人民法院经过审理，根据不同情形，分别处理：

1. 维持原判

原判决认定事实清楚，适用法律正确的，第二审人民法院判决驳回上诉，维持原判决。

2. 依法改判

经过审理，第二审人民法院认为原判决适用法律错误的，依法改判；原判决认定基本事实不清的，查清事实后改判。

3. 发回重审

第二审人民法院裁定撤销原判决，发回原审人民法院重审的情形是：原判决认定基本事实不清的；原判决遗漏当事人或者违法缺席判决等严重违反法定程序的。当事人对重审案件的判决、裁定，可以上诉。

4. 裁定的处理

第二审人民法院对不服第一审人民法院裁定的上诉案件的处理，一律使用裁定。第二审人民法院查明第一审人民法院作出的不予受理裁定有错误的，应在撤销原裁定的同时，指令第一审人民法院立案受理。

三、审判监督程序

审判监督程序是对已经发生法律效力的判决、裁定，认为确有错误而通过该程序予以纠正的司法救济程序。审判监督程序可以由人民法院自行提起，或由人民检察院抗诉提起，或依当事人申请。本书中专介绍当事人申请再审的审判监督程序。[①]

当事人对已经发生法律效力的判决、裁定，认为有错误的，可以向上一级人民法院申请再审；当事人一方人数众多或者当事人双方为公民的案件，也可以向原审人民法院申请再审。当事人申请再审的，不停止判决、裁定的执行。当事人申请再审，应当在判决、裁定发生法律效力后2年内提出；2年后据以作出原判决、裁定的法律文书被撤销或者变更，以及发现审判人员在审理该案件时有贪污受贿，徇私舞弊，枉法裁判行为的，自知道或者应当知道之日起3个月内提出。当事人以下列再审事由于法定期限内申请的，上一级人民法院应当受理：有新的证据，足以推翻原判决、裁定的；原判决、裁定认定的基本事实缺乏证据证明的；原判决、裁定认定事实的主要证据是伪造的；原判决、裁定认定事实的主要证据未经质证的；对审理案件需要的主要证据，当事人因客观原因不能自行收集，书面申请人民法院调查收集，人民法院未调查收集的；原判决、裁定适用法律确有错误的；审判组织的组成不合法或者依法应当回避的审判人员没有回避的；无诉讼行为能力人未经法定代理人代为诉讼或者应当参加诉讼的当事人，因不能归责于本人或者其诉讼代理人的事由，未参加诉讼的；违反法律规定，剥夺当事人辩论权利的；未经传票传唤，缺席判决的；原判决、裁定遗漏或者超出诉讼请求的；据以作出原判决、裁定的法律文书被撤销或者变更的；审判人员审理该案件时有贪污受贿，徇私舞弊，枉法裁判行为的。

当事人申请再审，应当向人民法院提交再审申请书，并按照对方当事人人数提出副本，并提交已经发生法律效力的判决书、裁定书、调解书，身份证明及相关证据材料。人民法院应当自收到符合条件的再审申请书等材料后5日内完成向申请再审人发送受理通知书等受理登记手续，并向对方当事人发送受理通知书及再审申请书副本。人民法院受理再审申请后，应当组成合议庭围绕再审事由是否成立进行审查。人民法院经审查再审申请书等材料，认为申请再审事由成立的，应当径行裁定再审；认为仅审查再审申请书等材料难以作出裁定的，应当调阅原审卷宗予以审查。在审查再审申请过程中，对方当事人也申请再审的，人民法院应当将其列为申请再审人，对其提出的再审申请一并审查。申请再审人在案件审查期间申请撤回再审申请的，由人民法院裁定是否准许。人民法院经审查认为申请再审事由不成立的，应当裁定驳回再审申请。驳回再审申请的裁定一经送达，即发生法律效力。

因当事人申请裁定再审的案件由中级人民法院以上的人民法院审理，但当事人依照规定选择向基层人民法院申请再审的除外。上一级人民法院经审查认为申

---

① 参见法释〔2008〕14号《最高人民法院关于适用〈中华人民共和国民事诉讼法〉审判监督程序若干问题的解释》。

请再审事由成立的,一般由本院提审。最高人民法院、高级人民法院也可以指定与原审人民法院同级的其他人民法院再审,或者指令原审人民法院再审。按照审判监督程序决定再审的案件,裁定中止原判决的执行。人民法院按照审判监督程序再审的案件,发生法律效力的判决、裁定是由第一审法院作出的,按照第一审程序审理,所作的判决、裁定,当事人可以上诉;发生法律效力的判决、裁定是由第二审法院作出的,按照第二审程序审理,所作的判决、裁定,是发生法律效力的判决、裁定;上级人民法院按照审判监督程序提审的,按照第二审程序审理,所作的判决、裁定是发生法律效力的判决、裁定。人民法院审理再审案件,应当另行组成合议庭。

四、执行程序

执行程序,是指当事人拒不履行生效法律文书上确定的义务,经另一方当事人依法申请,由人民法院运用国家强制力迫使其履行义务的程序。

(一)执行程序的一般规定

发生法律效力的民事判决、裁定,以及刑事判决、裁定中的财产部分,由第一审人民法院或者与第一审人民法院同级的被执行的财产所在地人民法院执行。法律规定由人民法院执行的其他法律文书,由被执行人住所地或者被执行的财产所在地人民法院执行。执行工作由执行员进行。采取强制执行措施时,执行员应当出示证件,在执行完毕后,将执行情况制作笔录交由在场的有关人员签名或者盖章。被执行人或者被执行的财产在外地的,可以委托当地人民法院代为执行。

当事人、利害关系人认为执行行为违反法律规定的,可以向负责执行的人民法院提出书面异议。经人民法院审查,书面异议的理由成立的,裁定撤销或者改正;理由不成立的,裁定驳回。当事人、利害关系人对裁定不服的,可以自裁定送达之日起 10 日内向上一级人民法院申请复议。

执行过程中,双方当事人自行和解达成协议的,执行员应当将协议内容记入笔录,由双方当事人签名或者盖章。申请执行人因受欺诈、胁迫与被执行人达成和解协议,或者当事人不履行和解协议的,人民法院可以根据当事人的申请,恢复对原生效法律文书的执行。被执行人向人民法院提供担保,并经申请执行人同意的,人民法院可以决定暂缓执行及暂缓执行的期限。被执行人逾期仍不履行的,人民法院有权执行被执行人的担保财产或者担保人的财产。

人民法院自收到申请执行书之日起超过 6 个月未执行的,申请执行人可以向上一级人民法院申请执行。上一级人民法院经审查,可以责令原人民法院在一定期限内执行,也可以决定由本院执行或者指令其他人民法院执行。执行完毕后,据以执行的判决、裁定和其他法律文书确有错误,被人民法院撤销的,对已被执行的财产,人民法院应当作出裁定,责令取得财产的人返还;拒不返还的,强制执行。

（二）执行的申请

当事人拒绝履行发生法律效力的民事判决、裁定的，对方当事人可以向人民法院申请执行，也可以由审判员移送执行员执行。当事人拒绝履行调解书和其他应当由人民法院执行的法律文书的，对方当事人可以向人民法院申请执行。应当由人民法院执行的法律文书包括依法设立的仲裁机构的裁决、公证机关依法赋予强制执行效力的债权文书等。

申请执行的期间为2年，自法律文书规定履行期间的最后一日起计算；法律文书规定分期履行的，从规定的每次履行期间的最后一日起计算；法律文书未规定履行期间的，从法律文书生效之日起计算。执行员接到申请执行书或者移交执行书，应当向被执行人发出执行通知，并可以立即采取强制执行措施。

（三）执行的措施

被执行人未按执行通知履行法律文书确定的义务，应当报告当前以及收到执行通知之日前一年的财产情况；拒绝报告或者虚假报告的，人民法院可以根据情节轻重予以罚款、拘留。

被执行人未按执行通知履行法律文书确定的义务，人民法院可以采取的执行措施有：(1) 向有关单位查询被执行人的存款、债券、股票、基金份额等财产情况，根据不同情形扣押、冻结、划拨、变价被执行人的财产，但不得超出被执行人应当履行义务的范围。(2) 扣留、提取被执行人应当履行义务部分的收入，但应当保留被执行人及其所扶养家属的生活必需费用。(3) 查封、扣押、冻结、拍卖、变卖被执行人应当履行义务部分的财产，但应当保留被执行人及其所扶养家属的生活必需品。人民法院采取上述措施时，应当作出裁定。其中采取第1、2种措施时，还应发出协助执行通知书，有关单位必须办理。对被查封、扣押的财产，执行员必须造具清单，由在场人签名或者盖章后，交被执行人一份。被查封的财产，执行员可以指定被执行人负责保管。因被执行人的过错造成的损失，由被执行人承担。(4) 拍卖、变卖。财产被查封、扣押后，被执行人在指定期间仍逾期不履行的，人民法院应当拍卖被查封、扣押的财产。(5) 发出搜查令。被执行人不履行法律文书确定的义务，并隐匿财产的，人民法院有权发出搜查令，对被执行人及其住所或者财产隐匿地进行搜查。(6) 对判决、裁定和其他法律文书指定的行为，被执行人未按执行通知履行的，人民法院可以强制执行或者委托有关单位或者其他人完成，费用由被执行人承担。(7) 被执行人未按判决、裁定和其他法律文书指定的期间履行给付金钱义务的，加倍支付迟延履行期间的债务利息。被执行人未按判决、裁定和其他法律文书指定的期间履行其他义务的，支付迟延履行金。(8) 被执行人不履行法律文书确定的义务的，人民法院可以对其采取或者通知有关单位协助采取限制出境，在征信系统记录、通过媒体公布不履行义务信息等。

复习思考题

1. 简述经济审判的概念。
2. 简述经济审判的基本原则。
3. 简述地方各级人民法院的组织和职权。
4. 经济审判的受案范围是什么?
5. 民事性质经济纠纷的管辖是如何规定的?
6. 简述民事第一审程序的开庭审理。
7. 民事第二审程序的裁判有哪些?
8. 审判监督程序中,当事人如何申请再审? 人民法院怎样处理?
9. 人民法院有哪些执行措施?
10. 试比较经济仲裁与经济审判。

案例分析题

案例1 2009年8月到12月,甲公司为承建工程向乙公司购买建材80万元,已支付60万元,尚欠20万元未支付。乙公司多次催要无果,向某区人民法院提起诉讼,请求判令甲公司支付剩余货款。受诉法院根据上述事实,判决被告甲公司支付原告乙公司剩余货款20万元及本案诉讼费用。甲公司不服该区人民法院的判决,向二审法院提起上诉。该法院依法组成合议庭审理了本案。经审理,人民法院认为:原判决认定事实清楚,适用法律正确,判决驳回上诉,维持原判决。被告仍不服,向高级人民法院申请再审。高级人民法院经过复查认为:原一审、二审判决确有错误,于是裁定撤销原判决,将案件发回原一审人民法院重审。原一审人民法院决定仍由原合议庭组成人员审理本案。

试分析:高级人民法院能否指定原一审人民法院再审? 再审程序中,原一审人民法院的合议庭组成是否合法? 如果一审判决后,甲公司没有上诉,而是等到上诉期满以后申请再审,在此种情况下,中级人民法院受理后应当依何种程序处理?

案例2 2010年3月,住所地在南京的甲公司与住所地在上海的乙公司订立了一份加工承揽合同。合同的独立附件中约定了争议解决条款:凡因执行本合同发生的一切争议,均应由双方协商解决,协商不成的,应由甲公司所在地的仲裁委员会进行仲裁。此后乙公司认为在甲公司所在地申请仲裁会遭遇地方保护主义,于是向合同履行地的人民法院提起诉讼,在起诉时其未说明存在仲裁协议的情况。人民法院受理了本案,并向甲公司送达了起诉状副本。甲公司未向人民法院提交答辩,提出了管辖异议。人民法院未予理睬直接审理,判决甲公司败诉。甲公司收到判决后,由于人员变动,未来得及在上诉期内上诉。

试分析:人民法院在审查案件的过程中发现存在仲裁协议应当如何处理? 甲公司如何进行救济?

主要参考文献

[1] 张文显.法理学(第三版).北京:高等教育出版社,2007

[2] 朱雪冬.新编法学基础教程.上海:上海交通大学出版社,1998

[3] 姜宪明.法学概论.南京:东南大学出版社,1998

[4] 梁慧星.民法总论.北京:法律出版社,2007

[5] 江　平.民法学.北京:中国政法大学出版社,2007

[6] 谢怀拭.合同法原理.北京:法律出版社,2000

[7] 韩世远.合同法总论.北京:法律出版社,2004

[8] 郑成思.知识产权法(第二版).北京:法律出版社,2003

[9] 刘春田.知识产权法(第三版).北京:高等教育出版社,2007

[10] 文希凯.专利法教程.北京:知识产权出版社,2011

[11] 汤宗舜.专利法教程.北京:法律出版社,2004

[12] 黄　晖.商标法.北京:法律出版社,2004

[13] 刘文琦:产品责任法律制度比较研究,北京:法律出版社,1997

[14] 漆多俊.经济法学.北京:高等教育出版社,2004

[15] 种明钊.竞争法.北京:法律出版社,2002

[16] 朱锦清.证券法学.北京:北京大学出版社,2009

[17] 符启林.证券法学.北京:中国金融出版社,2011

[18] 顾功耘.商法教程(第二版).上海:上海人民出版社.北京大学出版社,2006

[19] 赵旭东.商法学.北京:中国政法大学出版社,2011

[20] 叶朱著.商法学.南京:东南大学出版社,2004

[21] 范　建.王建文.商法学.北京:法律出版社,2007

[22] 张新民.商法学(第二版).重庆:重庆大学出版社,2011

[23] 范　建.王建文.公司法.北京:法律出版社,2011

[24] 张秋华.王晓红.经济法概论.北京:中国人民大学出版社,2010

[25] 吴鹏飞.经济法学.北京:知识产权出版社,2008

[26] 王卫国.破产法.北京:人民法院出版社,2009

[27] 王欣新.破产法.北京:中国人民大学出版社,2009

[28] 秦成德.电子商务法学.北京:电子工业出版社,2010

[29] 齐爱民,徐亮.电子商务法原理与实务(第二版).武汉:武汉大学出版社,2009

[30] 高复平,尹腊梅.电子商务法律基础.北京:北京师范大学出版社,2011

[31] 邓　杰.论电子签名的法律功能与法律效力.武汉:武汉大学学报(哲学社会科学版),2006:244—245

[32] 郭懿美,蔡庆辉.电子商务法经典案例研究.北京:中信出版社,2006

[33] 黄健中.消费者权益保护法新释与例解.北京:同心出版社,2000

[34] 于海纯.新保险法案例评析.北京:对外经济贸易大学出版社,2009

[35] 宋连斌.仲裁法.武汉:武汉大学出版社,2010

[36] 黄　进.仲裁法学.北京:中国政法大学出版社,2006

[37] 姜宪明,李乾贵.中国仲裁法学.南京:东南大学出版社,1997

[38] 韩　波,郑其斌.民事诉讼法(第二版).北京:中国政法大学出版社,2012

[39] 常　怡.民事诉讼法学研究.北京:法律出版社,2010